LI XIYIN XIANSHENG JINIAN WENJI

李锡胤先生纪念文集

《李锡胤先生纪念文集》编委会◎编

李锡胤年谱

1926.5 出生，父李怀坼字朗庵，母

1933 私塾读书。

1939-40 稽山中学上学。

1941-42 湖塘避难。

1943 初一至 上海东南中学上学。

上海暨二大学英文系

1944

1955 秋一冬 浙江龙泉师大

1946-47 台湾师范学院

1948-50 北平燕京大学

1950-52 哈尔滨外国语

哈南尚区青

1950 黑大编译

1952-60 黑大编译 俄英

黑龙江大学出版社
HEILONGJIANG UNIVERSITY PRESS
哈尔滨

图书在版编目（CIP）数据

李锡胤先生纪念文集 /《李锡胤先生纪念文集》编
委会编 . -- 哈尔滨 ： 黑龙江大学出版社，2023.6
ISBN 978-7-5686-0960-9

Ⅰ . ①李… Ⅱ . ①李… Ⅲ . ①李锡胤—纪念文集
Ⅳ . ① K825.5-53

中国国家版本馆 CIP 数据核字（2023）第 048904 号

李锡胤先生纪念文集
LI XIYIN XIANSHENG JINIAN WENJI
《李锡胤先生纪念文集》编委会　编

责任编辑　　张微微　邢会芳　蔡莹雪　张　迪　徐晓华
出版发行　　黑龙江大学出版社
地　　址　　哈尔滨市南岗区学府三道街 36 号
印　　刷　　哈尔滨市石桥印务有限公司
开　　本　　720 毫米 ×1000 毫米　1/16
印　　张　　43.5　彩插 36
字　　数　　747 千
版　　次　　2023 年 6 月第 1 版
印　　次　　2023 年 6 月第 1 次印刷
书　　号　　ISBN 978-7-5686-0960-9
定　　价　　158.00 元

本书如有印装错误请与本社联系更换，联系电话 0451-86608666。

《李锡胤先生纪念文集》编委会

孙　超　黄东晶　叶其松　贾旭杰

关秀娟　王松亭　易绵竹　荣　洁

纪念我国杰出的语言学家、教育家李锡胤先生！

李锡胤先生参加学术会议

■ 李锡胤在学术会议上发言

■ 李锡胤（中）1996年参加第九次现代汉语语法学术讨论会

■ 李锡胤在做报告

■ 李锡胤（右二）参加学术会议

■ 李锡胤参加国际学术会议

　从左至右：刘宏、王铭玉、华劭、李锡胤

工作中的李锡胤先生

■ 20 世纪 80 年代中期的辞书研究所

　从左至右：王鲁生、李锡胤、吕存亮、潘国民、陈叔琪

■ 黑大博导团队

从左至右：俞约法、张家骅、张会森、华劭、李锡胤、郑述谱、吴国华

■ 李锡胤（右四）与同事在一起

■ 李锡胤（右四）参加博士学位论文答辩会

■ 李锡胤参加博士论文答辩会

　从左至右：邓军、俞约法、华劭、李锡胤、张家骅、李勤、王铭玉

■ 李锡胤（四排左五）1996 年参加黑大 55 周年校庆

■ 李锡胤（一排左五）与 2003 届毕业生合影

■ 李锡胤为研究生讲授数理逻辑

李锡胤先生与友人在一起

■ 李锡胤（一排右二）与哈外专时期副校长赵洵（一排右三）等

先生纪念文集
LI XIYIN XIANSHENG
JINIAN WENJI

■ 从左至右：华劭、张家骅、李锡胤

■ 从左至右：郑述谱、李锡胤、丁昕

■ 李锡胤（左）与潘国民（右）

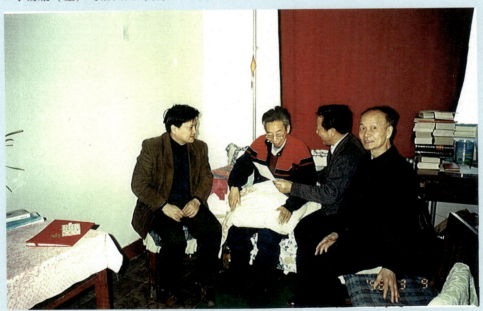

■ 李锡胤（右一）等在北京拜访著名文学家、翻译家戈宝权（左二）

■ 李锡胤（左一）与著名学者王福祥教授（左二）及黑大校友孔维（右一）

■ 李锡胤（左三）与李莎（左二）等

■ 李锡胤（左五）与俄罗斯著名汉学家宋采夫和夫人等

李锡胤先生所获荣誉

■ 李锡胤（四排左二）1980 年参加黑龙江省第五届职工劳动模范代表大会

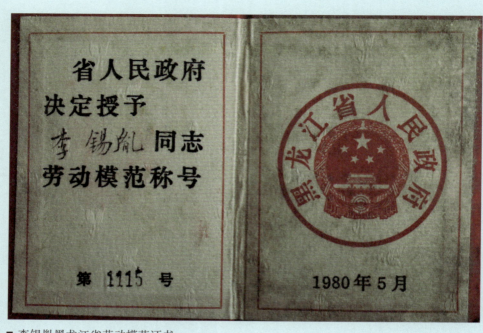

■ 李锡胤黑龙江省劳动模范证书

■ 李锡胤第七届全国人大代表证书

姓　　名　李锡胤

性　　别　男

出生年月　1926年5月

选举单位　黑龙江省

第 00640 号

代表在任期内可持证视察

全国人民代表大会常务委员会

1993年 3 月　日

■ 李锡胤第八届全国人大代表证书

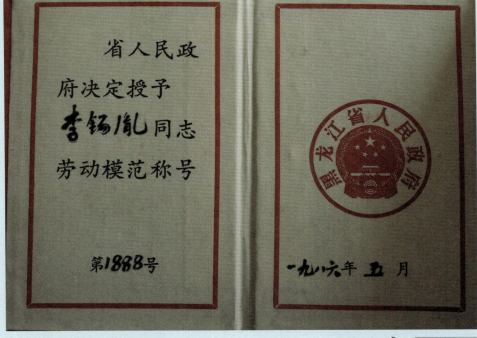

省人民政府决定授予

李锡胤同志

劳动模范称号

第1888号

一九八六年 五月

■ 李锡胤黑龙江省劳动模范证书

先生纪念文集

李锡胤

LI XIYIN XIANSHENG
JINIAN WENJI

■ 季羡林（右）为李锡胤（左）颁发国家图书奖证书

■ 李锡胤（左五）在首届中国辞书奖颁奖大会上

生活中的李锡胤先生

■ 李锡胤与母亲、夫人、儿子合影

■ 李锡胤陪同母亲看望李素安，与李素安合家留念（1956 年杭州）

■ 李锡胤与夫人和女儿李彤

李锡胤
先生纪念文集
LI XIYIN XIANSHENG
JINIAN WENJI

■ 李锡胤与外孙女俞简

■ 李锡胤与甥徒（杭州）

■ 李锡胤在看报

■ 李锡胤在校园跑步锻炼

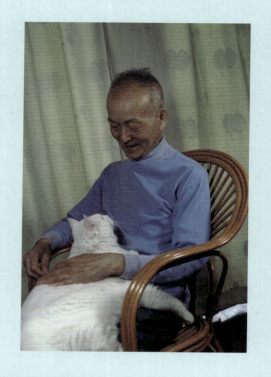

■ 李锡胤在家中

■ 李锡胤（右三）与学生、同事

■ 李锡胤（右二）及夫人（左二）与学生柳艳梅一家

■ 李锡胤（右一）与博士生吴国华

■ 李锡胤（中）与学生傅兴尚（左一）和易绵竹（右一）

■ 李锡胤（一排左四）与第 24 届世界大学生运动会火炬手合影

■ 2015 年 6 月 27 日李锡胤（左五）离哈赴沪定居，行前与友人拍照留念

李锡胤先生书法作品

■ 李锡胤手书李锡胤年谱

■ 李锡胤手书《俄汉详解大词典》定稿情况汇报

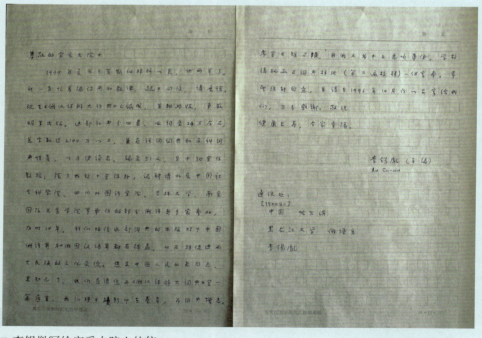

■ 李锡胤写给宋采夫院士的信

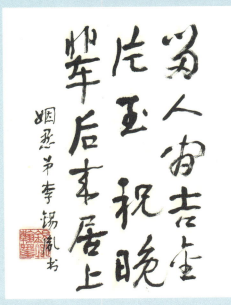

■ 李锡胤 2009 年写给杭州外甥

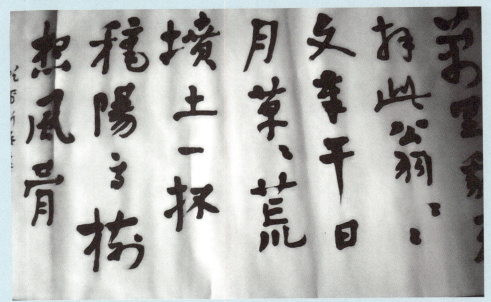

■ 李锡胤谒托尔斯泰墓题诗

■ 李锡胤 2022 年赠予外甥单广绍

■ 李锡胤写给姐夫孙元超

古物拓聚　元超又属题　锡胤

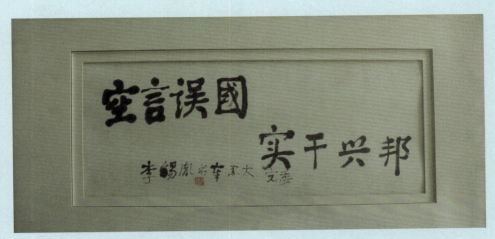

■ 李锡胤为黑大党委题词

■ 李锡胤赠刘琨

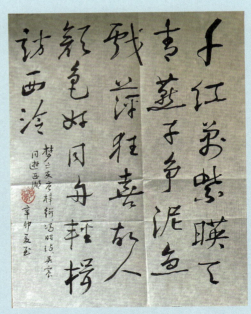

■ 李锡胤梦亡友唐梓衍、冯昭玙、吴振同游
西湖作

李锡胤先生学术著作

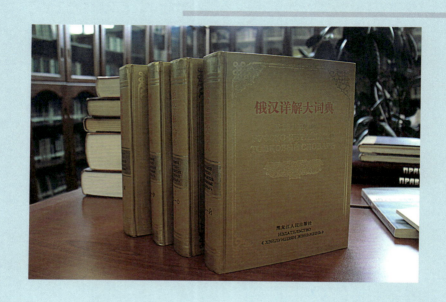

李錫胤

"白发岂为名利徇，青春须向事功索"

（代序）

李锡胤先生是黑龙江大学俄语语言文学学科第一代带头人，全国优秀教师、全国资深翻译家、普希金奖章获得者、第一届中国辞书事业终身成就奖获得者、国务院特殊津贴获得者、中国俄语教育终身成就奖获得者，历任全国人大代表、哈外专编译室成员、黑龙江大学编译室副主任、中国科学院语言研究所外语词典组组长、黑龙江大学俄语系研究员、辞书研究所所长等。

先生 1926 年 5 月生于浙江绍兴。青年时代，曾先后在复旦大学、浙江大学、台湾省立师范学院（今台湾师范大学）学习英语。1948 年考入北平燕京大学学习社会学。1950 年，因国家急需俄语人才，转学到哈尔滨外国语专门学校（黑龙江大学前身）。从此，开始了他的俄语学习、研究和教学生涯，直至 2015 年办理退休手续迁居上海。先生毕生致力于俄语教学和研究、辞书编纂、文学翻译等工作，为学校的学科发展、科研治学、高端人才培养、梯队建设等方面作出了卓越贡献。他的家国情怀、育人理念、高尚品德一直都是我们学习的楷模。黑龙江大学为有这样一位博学多识、学贯中西、声誉卓著的教育家而感到自豪。

2022 年 9 月 5 日上午 11 时许，先生在海南省万宁市人民医院不幸辞世。先生辞世后，俄语学科组织开展专项纪念李锡胤先生的活动，推出先生的纪念文集，缅怀先生对我校、对中国外语教育所作出的杰出贡献，传承老一辈外语学者严谨治学、潜心育人的优良传统。

我虽然与先生交集不多，但先生的学识、人品早已耳熟能详。现在，这册文集即将正式出版，我感到由衷的欣慰。文集的作者汇集了我国俄语界的知名学者和中坚力量，也有我校俄语学科的同事和与先生曾经共事过的同人，更多的则是先生的学生——他灌之以心血辛勤培育出来的学生，他们饱含深情，为我们呈现了一位把一生都奉献给俄语教学、辞书编纂和研究，贡献给黑龙江大学俄语学科发展事业的老先生的一片丹心。

回顾先生65年的俄语教学与研究工作，其突出贡献主要体现在以下四个方面。

一、开创并奠定了黑龙江大学俄语学科在中外辞书编纂方面的学术领先地位

黑龙江大学的词典编纂工作始于哈外专时期，是在王季愚、赵洵两位校长的直接领导下开始的，先生负责具体落实，起着承上启下的支撑作用。1950年哈外专成立了教材编译科，后改为编译室，从事教材、辞书的编写和编纂工作。先生于1952年毕业后留校任助教，次年调入编译室，先后参与了《俄汉成语词典》《俄语搭配词典》《现代俄语语法》的编写和《俄语语法》的编译工作。1958年哈尔滨外国语学院改建为黑龙江大学，先生任编译室副主任，负责《俄汉详解词典》的编写工作。1962年先生借调至北京中国科学院语言研究所，任外语词典组组长，继续负责编写《俄汉详解词典》。1972年，先生回黑龙江大学俄语系参加编写《大俄汉词典》，并审订《苏联百科词典》。1975年，先生应邀出席广州"中外语文词典编写出版规划座谈会"，商定由黑龙江大学牵头承担《大俄汉词典》的编纂工作。先生组织了72人的编写团队，1982年交稿，1985年由商务印书馆出版。

1985年，先生牵头给赵校长写信，阐述要再次编《俄汉详解大词典》的设想，并得到她的理解和帮助，赵校长向省委领导转交了这封信。在省委和学校领导的关心支持下词典组保留，成立辞书研究所，直属于学校领导，编纂《俄汉详解大词典》。在当时的条件下，这样一个任务目标，从构思，到提出，到实施，到达成，体现出先生"高瞻远瞩的睿智，崇高的境界，博大的格局，锲而不舍的韧性，强大的学术感召力以及高尚的人格魅力"。经过十年的辛勤劳动，《俄汉详解大词典》于1998年由黑龙江人民出版社出版，全书四卷，246000词条，是当时我国收词最多的双语词典。

《大俄汉词典》和《俄汉详解大词典》已成为每一个学俄语的人案头必备

的工具书。《大俄汉词典》荣获首届中国辞书奖一等奖（1995），《俄汉详解大词典》获第四届国家图书奖及第三届国家辞书奖一等奖（1999）。《大俄汉词典》出版发行时，苏联有5种杂志进行了报道介绍。

除上述两部词典外，先生还是《苏联百科词典》中译本译审委员会副主任，《俄汉成语词典》《俄语新词新义词典》《外国文学大词典》《便携俄汉大辞典》的编者。这些词典作品是先生毕生词典编纂工作的辛勤结晶，是留给后人的宝贵财富，体现了他作为一位辞书人不断追求、不停进取的精神，也充分展示了他在词典编纂实践方面的卓越成就。

正是在先生的引领下，我校的词典编纂实践活动才能够蒸蒸日上，不断取得新的成果，在将近60年的历程中完成了《新时代俄汉详解大词典》《俄汉详解大词典》《大俄汉词典》《苏联百科词典》《俄语8000常用词词典》《俄语常用词词典》《俄汉新词词典》《俄语新词语词典》《俄语新词新义词典》《乌克兰语汉语词典》《新编乌克兰语汉语词典》《便携俄汉大词典》《俄汉双解俄语方言词典》《新编俄汉缩略语词典》《俄汉成语辞典》《希腊罗马神话词典》《俄语多功能词典》《俄语常用动词分类词典》《新时代大俄汉词典》等丰硕成果。重新修订后的四卷本《新时代俄汉详解大词典》收词约30万条，共2700余万字，被学术界誉为"词典丰碑"，入选国家新闻出版广电总局2014年重点图书计划，获黑龙江省第十七届社会科学优秀成果奖一等奖和教育部第八届高等学校科学研究优秀成果奖（人文社会科学）著作论文类一等奖；词典编写团队被评为2016"感动龙江"年度群体。重新修订的《新时代大俄汉词典》是教育部重点研究基地重大项目成果，是目前国内规模最大的单卷本俄汉大型词典，总字数达1300万。这些辞书为中俄人文交流与合作作出了突出贡献。

二、新中国培养的一代中西通才之翘楚

哈外专建立之初，许多青年才俊怀着报效祖国的使命感来到哈外专学习俄文，先生也不例外。以先生为代表的这代学者知识结构可谓"空前绝后"。

说空前，是因为他懂西学，所知甚广，先后求学于复旦大学、浙江大学、台湾省立师范学院的英文专业，燕京大学社会学系和哈外专俄语专业，精通

英、俄语言文学，兼通法语、日语，研究涉猎哲学、逻辑学、高等数学、社会学等多个领域。

说绝后，是因为他国学功底深厚，从小背诵古诗词三千多首，善作古诗词，诗集《霜天星影》一版再版。他中国旧诗的思想境界与艺术水平，"可与龚自珍、鲁迅旧诗媲美"，书法、篆刻也自成一家，可谓"学贯中西富五车，诗词书法见真功"。

特殊的人生经历，造就了先生深厚的学术功底。他翻译了海明威的《老人与海》、法国学者布莱斯·格里兹的《现代逻辑》、格里鲍耶陀夫的《聪明误》、俄罗斯古代文学经典《伊戈尔出征记》、乌克兰学者G. 米兰的《翻译算法》等学术著作和文学作品，其译本因风格简洁，接近原作，多成为经典汉译文本。先生还是我国较早从事语义学研究、自然语言信息处理研究、翻译研究等的学者之一，且著述丰厚。

先生的学术造诣、渊博知识与思想境界，非一般学者所能企及。颜渊赞孔子"仰之弥高，钻之弥坚；瞻之在前，忽焉在后"，先生当之无愧也。

三、深得中国文化精髓，是五千年中华优秀传统文化孕育的儒者和志士

先生一直视诸葛亮、杜甫、苏轼、林则徐等先贤为榜样，终生怀有强烈的事业心和责任感。当他见报载，某地有人落水，围观者众，竟无人救援，且有索酬者，他痛赋《病狮》："病狮东亚劫几经，梦回舐痛一雷鸣。翻身又是沉沉睡，援溺攘金史可曾？"

真正知识分子的特点，即有忧患意识。先生在《译〈老人与海〉》十首之一头两句时吟道："无边夜气压沧溟，一种幽愁伴独醒。"先生于古稀、耄耋之年，位卑未敢忘忧国，他自谓"媚世无方忘世难"（《笔耕》）、"入世非诳世"（《古稀告存》），皆肺腑之言，足见其爱国爱民爱真理之一片赤心。先生坚信中国将会出现第二次文明复兴，一定会实现现代化，但是"这个现代化必须有一个条件，就是大家必须要付出努力"。

虚怀若谷，视名利为身外物，正是中华传统文人的真正品格。先生穿最平民的衣服，每天在操场慢跑，硬生生要求把分房、加工资的机会让给他人，离

哈前把五千余本藏书悉数捐给母校，因为他坚信，"没有黑大，就没有我李锡胤"。

四、心系事业，胸怀天下，无私奉献，甘为人梯，是俄语教学、科研从业者的一座丰碑

先生自任研究生导师以来，诲人不倦，桃李天下，真正做到因材施教，根据每个学生的具体特点和学术兴趣指导其选题和研究工作，涉及语义学、自然语言信息处理、语言与文化、文学研究、翻译研究等众多领域，他培养的学生多数已成长为全国各个高校的学术骨干和学科带头人，有的还走上领导岗位，推动着中国的外语教育和学术研究不断地向前发展。先生主张科研工作要"风物长宜放眼量"，鼓励做有深度的研究，建议年轻人 40 岁前广涉各科，40岁后有所为有所不为。先生曾经半开玩笑地对学生说：做学问要坚持"三心二意"。所谓三心是指决心、信心和恒心；所谓二意是指得意和乐意。先生认为：只有坚持"三心二意"，才能把学问做好；只有坚持"三心二意"，才能传承学问，将其发扬光大。

先生一生立足三尺讲台，精心育人，并积极为外语学科的建设和发展建言献策，经常勉励后学要发扬古人"明知不可为而为之"的精神，奋发有为，把所学的知识服务于国家发展、民族复兴。先生曾是第七、八届全国人大代表，始终心系国家。他曾多次对弟子们说：我们生在这个社会，就要多为这个社会作出贡献，要为人民服务，只有这样，社会才能进步。先生 80 多岁高龄仍然坚持为研究生授课，参加与青年教师、研究生的学术交流。无论是哪个学校、哪个专业的年轻人，只要求教到先生的面前，他都热情地给予指导，与大家进行讨论和交流。他把自己的毕生精力都贡献给了俄语学科、贡献给了黑龙江大学。先生的父辈以"锡胤"二字为其命名，希望他能事业有成，福被后人（"锡胤"，意为"赐姓"）。先生一生所为，其受惠者何止一家之子孙后代！

清华大学原校长梅贻琦先生说过："所谓大学者，非谓有大楼之谓也，有大师之谓也。"大学有了大师，就有了道德、学术的高境界、高品位，教师、学生就有了学习效仿的榜样，就能形成"长江后浪推前浪""江山代有才人

出"的学术繁荣局面；才能逐渐摈除浮躁浅薄的不良学风，我们的高等教育才有振兴的希望！社会只有懂得敬畏大师，才能敬畏学术，才能尊师重道；也才能逐步摈弃谄媚权势、崇拜金钱的市井流氓之邪气——我们的民族、社会、国家才能大有希望！

我们这个时代太需要像锡胤先生这样的一些大家们，他满腔的爱国之情，勤勉的事业之心，对传统文化的深切热爱，对俗气的自觉抵制，对自己专业的精研，以及学贯中西的底蕴，博古通今的视野和情怀，犹如时代的清醒剂，成为后学们前行的路标。

我深信，锡胤先生并没有离开我们，他被永远铭记在我们每一位黑大俄语人的心田里。

谨以此篇小序向以李锡胤先生为代表的老一代黑大俄语人表示由衷的敬意和谢忱！

黑龙江大学党委书记　王永清

2023 年 3 月 3 日于黑龙江大学

征文通知

2022 年 9 月 5 日，中国著名语言学家、辞书编纂家、翻译家，黑龙江大学资深教授李锡胤先生与世长辞，享年 97 岁。为弘扬先生广博深厚的学术思想，追念先生与我们结下的珍贵情缘，更好地继承先生的未竟事业，面向未来、开拓创新，黑龙江大学俄语学科拟出版《李锡胤先生纪念文集》。

文集现面向学界广大学者、同人和师生征稿，欢迎拨冗撰文，踊跃投稿。您或是先生生前故交，或曾与先生共事，或曾师从先生，凡是您感受至深的，或是推心置腹的交谈，或是学术思想的交锋，或是循循善诱的教诲，先生嘉言懿行，方方面面、点点滴滴，都可以成为您诉诸笔端的思想采撷点和取材构思的角度。来稿文体、字数不限，写出真情实感、特别之处即可，可另附照片。请在尊作文末括号内注明您的姓名、单位、职务、学历、电话、电子邮箱等信息。

征文分学术性论文和纪念性文章，作者可自主选择，或可两者兼有。主要设有（但不限于）以下栏目：

百科全书式的学者——李锡胤先生学术思想研究

1. 李锡胤语言学思想研究
2. 李锡胤自然语言信息处理理论与实践研究
3. 李锡胤辞书编纂理论与实践研究
4. 李锡胤文学与翻译思想研究
5. 李锡胤古典诗词创作研究

以其不争，故天下莫能与之争——李锡胤先生忆往

1. 亲人回忆
2. 好友回忆
3. 学生回忆
4. 其他回忆

论文写作语言可为中文、俄文或英文，体例要求请参见附件。截稿日期为 2022 年 12 月 31 日。论文全文发送至：lixiyin20220905@ 163. com。

录用稿件将获赠样书 1 本。

编者序

2022 年 9 月 5 日上午 11 时许，黑龙江大学博士生导师李锡胤教授因病医治无效，在海南省万宁市与世长辞，享年 97 岁。

李锡胤先生是我国著名的语言学家、辞书编纂家、翻译家、教育家，新中国培养的第一批俄语语言文学学科带头人。他博学多识、学贯中西、虚怀若谷、胸怀天下，毕生精力都奉献给了我国的语言学研究、词典学编纂和教育事业。其渊博的学术思想、潜心育人的敬业精神、高山仰止的人格魅力滋养和陪伴着我国一代又一代俄语学人的进步和成长。为了探索先生学术精义、传承先生学术精神、弘扬先生学术理念，纪念和追忆先生与我们结下的珍贵情缘，我们特别筹划和组织出版《李锡胤先生纪念文集》（下称《文集》）。经过近一年的筹备和组织，在俄语学界各位同人的鼎力支持和积极参与之下，《文集》即将付梓面世。希望《文集》的出版和面世能够激励后学砥砺前行、努力探索、积极创新，更好地完成先生未竟的事业。

《文集》主体分为六个部分。第一部分包括《李锡胤先生纪念文集》代序、《李锡胤先生纪念文集》征文通知、《李锡胤先生纪念文集》编者序、李锡胤先生生平简介。第二部分"李锡胤先生学术思想追溯"主要为先生教学科研经验之谈，以及先生为同事、所指导博士生和博士后著作撰写的序言。第三部分"李锡胤先生学术思想传承"主要为学术性论文，围绕先生在词典学、计算语言学、文学、翻译学、教学等领域的思想、观点展开研究，涉及词典编纂、语言符号、语义、文化、翻译、学科建设等方面的理论问题。第四部分"与李锡胤先生的一生情缘"主要为纪念性文章，追忆和怀想与先生相识、相处、相知、相交的点点滴滴。字里行间都流露出真情实感，一切仿佛就发生在昨天，历历在目、言犹在耳，不禁让人感同身受。第五部分"李锡胤先生家人的追忆"寄托的则是家人的深情缅怀和绵绵追思。第六部分为"唁函、唁电"。最后是李锡胤先生科研成果目录。

《文集》收录近60位校内外专家学者、青年才俊的稿件，这里有先生多年的至交、共事多年的同人，有先生的弟子、再传弟子，也有仅听过他一次课或一次讲座，有过一次学术接触或一席之谈的同人、同事、学生。无论是学术性论文，抑或是纪念性文章，都以同样的心情表达了对这位已故学者、学贯中西大师的深深崇敬和仰慕之情。黑龙江大学党委书记王永清教授也非常关心《文集》的编辑和出版工作，并亲自拨冗作序。

特别想说的是，《文集》能够顺利出版，离不开校内外前辈、领导、专家、同人的大力支持，也离不开黑龙江大学出版社的大力支持，再多的语言都无法表达我们由衷的感激之情。在此要特别感谢教育部高等学校外国语言文学类专业教学指导委员会俄语专业教学指导分委员会、中国俄罗斯东欧中亚学会俄语教学研究分会的大力支持！感谢全国30余所高校、出版社同人的鼎力相助！感谢俄罗斯语言文学与文化研究中心主任叶其松研究员、中俄学院院长贾旭杰教授的鼎力支持！感谢先生家人提供的大量素材、照片、手稿等。同时，更要感谢那些在背后默默付出的校内外专家学者、老师和同学们，因篇幅所限，我无法一一列出你们的名字，但对你们的无私奉献我深表谢意并珍藏于心。你们克服重重困难，或者已是耄耋之年，或者体弱多病，或者工作劳碌，或者事务缠身，你们都不计得失、始终如一地全力支持《文集》出版工作。你们在《文集》编排、栏目设计、成果整理、文字审校、体例规范等方面积极地给予指导、建议和帮助，这些我们都感怀至深，一一铭记。值此《文集》面世之际，也谨向诸位一并致以最为诚挚的谢意和崇高的敬意！

《文集》是先生毕生学习、生活、教学和学术成就的记录和缩影。为了保持体例一致性，我不揣冒昧地对作者简介内容进行了适当增减。而对于作者排序，虽几经斟酌、考虑诸多方案，但终因难两全，最后权且按校外专家依姓氏笔画排序、校内师生大体依入校时间先后排序。此方案也未及一一征询作者意见，如有不周之处，敬请包涵和批评指正。

先生虽离我们而去，但他终生乐观豁达、心系事业、胸怀天下、无私奉献、潜心育人、求新探索的精神和虚怀若谷、淡泊名利的高贵品格将光照后世，永远铭刻于我们心中。

愿先生的灵魂继续守护我们！守护我们筚路蓝缕的学人精神！

孙超

2023 年 5 月 16 日于黑龙江大学

李锡胤先生

1926 年 5 月 出生，父亲李怀圻，字朗庭，母亲缪吉花；

1933 年 私塾读书；

1939 年至 1940 年 稽山中学上学；

1941 年至 1942 年 湖塘避难；

1943 年初至夏 上海东南中学上学；

1944 年 上海复旦大学英文系上学；

1945 年秋至冬 浙江龙泉浙江大学分校英文系借读；

1946 年至 1947 年 台湾省立师范学院一年制专修科毕业；

1948 年至 1950 年 北平燕京大学社会学系上学；

1950 年至 1952 年 哈尔滨外国语专门学校学俄语，毕业；

1950 年 哈尔滨市南岗区奋斗人民公社人民代表；

1952 年至 1960 年 黑龙江大学编译室编译教材；

1958 年 与刘桂英结婚，李松儿出生，病死；

1959 年 哈尔滨市劳模，哈尔滨市南岗区奋斗人民公社人民代表；

1962 年 女李彤出生，后嫁俞全申；

1962 年至 1970 年 北京中国科学院哲学社会科学部外语词典组组长；

1962 年至 1970 年 江西丰城、河南息县参加社教运动；

1972 年 调回黑大，女李秋出生，后嫁乔颖；

1980 年至 1986 年 两次黑龙江省劳模，黑龙江省社科优秀成果奖；

1987 年 到康金井历井大队参加劳动锻炼；

1988 年 第七届全国人民代表大会代表；

1990 年 全国资深翻译家；

1992 年 黑龙江大学优秀科研成果一等奖；国家出版总署首届辞书奖（集体）；

1993 年 第八届全国人民代表大会代表；

1995 年 普希金奖章；

1996 年 全国优秀教师；

1999 年 第四届国家图书奖（集体）；

2000 年 黑龙江省社科优秀成果特等奖（集体）；《伊戈尔出征记》获黑龙江省翻译工作者协会颁发的优秀翻译特等奖；

2003 年 被中央电视台评为"东方之子"，白岩松同志来黑大采访。

培养博士生：蒋国辉、易绵竹、吴国华、张玉华、赵秋野、王松亭、荣洁、张中华、傅兴尚、韩红、何文丽

培养博士后：李战子、吴军、傅兴尚、许汉成、黄忠廉、韩习武、毛延生、宋宏

（根据李锡胤老师手写年谱整理）

目　录

李锡胤先生学术思想追溯

李锡胤先生学术思想传承

与李锡胤先生的一生情缘

李锡胤先生家人的追忆

唁函、唁电

李锡胤先生

学术思想追溯

对第一学期词法集中讲授的意见

李锡胤

五二年俄语速成学习的方法，使我校部分师生感到很大的兴趣。一方面推动我校重新检查过去的教学，因而工作有了一定的改进，但另一方面也产生过一些偏向。从认识上来看这些偏向，较突出的有两个问题：①认为一次学习的材料不妨多些；一时不能掌握，可留待"循环""反复"。②认为学习外语可以，而且应该"重点突破"，也就是说某一阶段攻语法，某一阶段攻单词，某一阶段攻会话。我以前对这种看法也很赞成，但经过一段时间的具体工作，尤其是经过教育学的学习，有了新的看法。目前我们学校中第一点认识，基本上纠正了，所以下面只通过第一学期词法集中讲解的问题来和大家讨论第二点认识。

（一）语法是思维抽象的成果

斯大林同志在《马克思主义与语言学问题》中说："（语法）……是人类思维长期抽象化工作的成果。"（斯大林 1953：22）语法（文法）的意义是"把词和语加以抽象化，而不管它的具体内容。文法把词的变化和用词造句的基本共同之点综合起来，并用这些共同之点组成文法规则、文法定律"。（同上）这一个天才的定义，大家都是承认的。同时也没有问题，大家同意人类认识过程是由感性到理性，由具体到抽象。但是在教学实践上，就忽视了这一

3

点。凯洛夫在《教育学》中分析学习的认识过程时，首先承认它和一般认识过程是一致的。它的特殊性只在于学习是在教师指导下进行的，学习的材料是集约的，是循序渐进的，所以不像一般认识那样，要在较长的感性认识阶段中摸索出规律。要向学生讲清中国新民主主义革命的三大法宝，必须同时介绍许多具体史实，让学生从史实中自然而然地确信并牢记引出的结论（三大法宝），否则就像没有空气的鸟，要飞是困难的。尤其是外国语，如果学生刚学会百把个单词，你要教他记，因为 отец 的变格是 отца，отцу，отца，отцом，об отце，сын 的变格是 сына，сыну，сына，сыном，о сыне，所以阳性变化是 -а，-у，……一整套，这差不多等于让学生背诵无意义的材料，背当然可能背出来的，但这是一时的死记。有不少同志强调一开始集中讲词法可以使学生对俄语语法有一个总的概念，对变格变位有一个轮廓。词形变化是很重要的，应该专门来讲授，但正因为如此，讲解词形变化就特别需要循序渐进，使同学熟练掌握。如果在学生对具体的俄语现象接触得还很少的时候，硬要在短期内把"总的概念"灌输下去，所得一定是非常空洞，没有什么实用意义的东西。有一次在路上听见两三位同学在讲俄文"Ему мне нравится."、"Ему ей нравится."。他们记住了第三格的词尾变化（算不差的呢），但是对第三格得到了一个什么概念呢？集中语法以后，不少学生在造句时或汉译俄时，造出如下的句子："Книга меня."（我的书），"Карандаш тебя брата."（你哥哥的铅笔）（摘自学生集中语法讲解后考试试卷）。这也是因为集中语法讲解时，讲解名词和代词变格的时间相隔只有几天，名词的二格用法及变法还没有掌握好，代词的变格又上来了，于是就混淆在一起了。《苏维埃教育学》杂志五一年第五期登载过一篇《论掌握》的文章（作者为 В. И. Воитулевич），里面十分强调概念要明确而清晰，能和其他概念截然分开。在集中讲解俄语语法时，约廿天的时间教给学生许多概念，学过的概念还没有彻底了解和掌握，新概念就上来了，加以这些概念多半是抽象的定义和规则，缺乏大量的具体语言事实作为用以概括和抽象的基础（因为大部分学生在集中词法讲解以前没有学过俄语，很少见过俄语句样子，而学过其他外语的学生也是极少的）。因此，概念之间最容易互相混淆，纠缠不清。这样模糊的各概念组成的"总的概念"，当然难免像浓雾里的一朵花，像暮色苍茫里的山影。这样做的结果，在以后课文中遇到语法现象时，不得不重新再讲一遍（因为集中讲解阶段学生没有掌握好），这不仅重复，浪费时间，而且在第二次讲解时，教学中往往遇到甚多阻碍，如有些学生就认为以前在集中讲授阶段已经学过，已经懂了（其实懂得并不透彻，甚至可能有错误），第二次讲解时，注意力便不集中，兴趣不大。

当然，有时把集中词法讲授内容缩减到最低限度，如只讲正规的变格、变位，主要的词类，形动词、副动词、形容词短尾、数词、感叹词等都不讲，部分学生也可能在这个集中阶段"掌握"所授内容，考试成绩也可能不坏，于是我们有些教师便以此证明集中讲解的优越性，其实，这样的"掌握"有极大的形式主义成分，因为学生所记的抽象规则缺乏具体的事实作为根据，所以学生并不能活用这些规则。就在集中讲解阶段，考试题目的形式稍一变化，很多学生就已经做不出来了（应该指出，集中讲解阶段，由于学生知道的词条太少，所以用以讲解语法规则而一同授予学生的词与词之间的搭配种类也极其贫乏，因此考试题也往往是千篇一律的。这种考试往往有些形式主义，所以并不能从这种考试的成绩得出什么肯定的结论）。在以后分散讲解语法时，在讲读课讲授过程中，学生不能活用集中讲解阶段所背会的规则这一缺点就尤其明显。所以判断集中讲解的成效不能单凭集中讲解阶段考试的成绩，而主要应该看集中讲解语法在以后讲读课中所起的作用。

（二）"系统性"和"集中"

谈到集中讲解的优点时，往往听到说：以前语法讲解没有系统，集中后系统性加强了。其实，我想"集中"并不见得有利于系统性，相反地，如果"集中"得不恰当，在某种程度上说，反而会妨碍系统性。先从系统性谈起。乌申斯基说过，科学上的和教育学上的叙述科学，是截然不同的两件事。凯洛夫在《教育学》上写道："系统性首先要有严格的逻辑联系，按顺序排列教材，在这个时候，其次的一个排列，是以它以前的一个排列为基础的，而这以前的一个排列，则由于逻辑的必然趋势，需要有进一步的排列。"后来他又说："学习教材的顺序不仅由科学底逻辑所制约，也由基本的教授法则所制约。"（凯洛夫 1950：86，121）从上面引的话可以知道语法教学上的系统性不应是讲名词变格就一下子从一格到六格，讲动词就从变位到副动词，而是随着学生知识的逐渐积累，一步一步地进行讲授。有时候一个语法现象，可以分作几次讲：由简单到复杂，由浅近到深透。在具体工作中，对这层道理是很容易体会的。因为各种语言现象之间有着紧密的联系，掌握一点新的东西，往往要依靠各方面巩固的旧有知识、技能和熟练技巧，不能机械地分头突击。例如学习正字法和语音有很密切的关系，学习构词法等又必须有足够的词条，如果后一种语言工具没有掌握好，只是走马观花地看了一遍，马上要想掌握前者是很困难的，是事倍功半的。苏联中学用的德语教科书和英语教科书，最初有一个вводный курс，主要解决语音问题，而语法讲授都是配置在各课中间，从四年级到十年级循序渐进；像冠词等俄语中所缺少的（因而对他们也就是较困难的）语法现象，都是多次反复在各课中出现，一点一点地讲解，而不是集中讲解。

有的同志认为，集中讲授语法，全面地、简单地向学生讲解词法是语法教学中的第一圆周，集中语法后的语法课程是第二圆周，因此，这是符合圆周式地排列教材的原则的。我觉得这里有些值得研讨的地方。首先，圆周式的排列只意味："预定着在教学底连续阶段中，以逐渐加深的方式反复地排列教材。"（凯洛夫 1950：121）凯洛夫接着举机械定律、电流定律等为例。我们知道，这些定律从中学六年级起到十年级都要学，在大学里还要深入讲解，这样循环往复，使知识不断深入。但这绝不是说最初学物理学时，可以把其中全部（或者大部）重要定律简单扼要地解释一番，"集中突击"一下。外国语文采取圆周式教学是应当的，但我们觉得所谓圆周就是说语音、语法、词条、书写、口语、阅读、翻译等等连续不断地反复学习、巩固、深化、自动化的一个过程。用词造句的规律也在这反复渐进的过程中，逐步揭开，最终形成一个完整的系统，而不是说一开始便应授予学生"系统的""全面的"（即令是简单的）语法知识。

《苏维埃教育学》杂志编辑部在总结教学原则讨论的文章中说："研究系统性原则也要求心理学的基础：教师必须经常关怀着学生们真能在系统中领会知识，并能理解这系统。"（《光明日报》1954）。乌申斯基说："如果不把新事实建立于旧事实底坚实基础之上，而一个又跟着一个地教授他以事实，那末，儿童便永远不会掌握它。"（凯洛夫 1950：112）这里已经很明显地可以看出来，最初词法集中讲授这一个"圆周"是整个教学系统中一个人为的环节，在学生刚刚开始学习俄语的时候，要在短短的时间内，讲许多抽象概念，学生当然不能记住；强记记住了，也多是生吞活剥。

（三）成年人学习外语的"特点"问题

喜欢一开始就集中讲授词法的同志，往往强调成年人学习外语的心理"特点"。当然，成年人和儿童在学习上是不同的，前者有许多知识和生活经验，所以理解能力要比儿童强得多，尤其是成年人有本族语文的基础，可以和外语对照，一经点破，便豁然开朗。本族语的许多知识、技能和熟练技巧在学习外语时可以转化。但这些特征丝毫不意味：成年人一开始学习词法时可以只凭推理，不需要掌握较多的具体语言材料；更不意味他们在短短的不到一个月的时间内，能（就说初步吧）掌握许多抽象的语法规律。巴甫洛夫关于高级神经活动的研究结果，指出分析器的工作，最初都是比较粗糙，不精确的，只有经过多次的反复练习，才能逐步分化，而未经精确分化的东西，往往不容易保持；如果一大堆都是囫囵吞枣的，那一定互相纠缠不清（如前述运用二格的例子）。这一个规则，不论对成年人或儿童，都是适用的。并且，我们知道，知识、技能、熟练技巧三者，是互相推移，互相作用的。尤其在学习外语的过程中，"理解"这一环节是很重要的，但远不是足够的；学习外语，要求自动化——通过对一个一个语言工具的熟练掌握，逐渐形成运用整套语言工具的自动化。我自己接触过好些年龄比较大的学生，他们在理解语法现象上是比较容易的，概念也比较容易接受（他们大半有法语及英语的基础）。但是他们混淆不清，需要再三解释的地方仍然不少，尤其是去年我们课程进行太快时，有些人简直感到吃不消。这说明了成年人学外语有许多便利的地方，然而他们每天接受新知识的可能性也有一定限制。考虑成年人的特点，首先在遇到某一个别（不是接连许多个）语言现象时，可以先讲一般的规则，接着再通过具体材料证明、巩固、深化；其次，语法讲解时间可相对地缩短，但绝不是集中在不到二十天的时间。我校今年出版的第一册课本，基本上包括了全部重要的语音和词法规则，大约一年可以学完。这已经考虑到成年人的特点了，再要缩短实在有些不恰当。

（四）集中讲授词法以后，能不能加速初级俄语教程的速度？

这里牵涉两个问题。（一）初级俄语教程（第一学年）的速度是否应该加快？我个人的意见是不应加快。因为学习一种外国语言，基础十分重要，基础打不好，以后学习吃亏很大，基础打好了，以后学习的速度则可以适当加快。所以宁肯适当地加快二、三学年学习进度，也不要加快第一学年（尤其是第一学期）的教学进度。（二）集中语法讲解以后，学生俄语水平是否就骤然提高，因此讲读课的起点可以提高，从第一课起便出现许多种语法现象，而不再需要从最简单的课文开始？我校也曾经这样试过（在前十级部），但效果很不好，因为，如前所述，学生对集中讲授的语法材料掌握得并不好，即使"掌握"了，也不能活用，因此"起点"提不上去。从第一课开始，课文就较难，学生消化不了，即使把课文背熟，也不能活用。

但是，假如集中语法讲解以后的讲读课课文还是遵循着由浅入深的顺序，那么集中讲授的语法材料往往需要一个相当长的时间（有时是半年）才能在讲读课课文中全部出现，拖的时间长了，集中讲解的材料容易遗忘。结果在讲读课中遇到这些材料时，往往还需要再讲一遍。反而重复，并浪费不少时间。根据我校目前情况看来，有了词法集中讲解（占去约廿个教学日）以后，第一册课本在第一学年内反而讲不完了，而以前词法不集中讲解时（如在五级），一年授完一册则还有富余，后者（如五级）的效果并不比前者（如十级、十二级、十三级）差。

为了论证集中讲授词法以后，教学进度可以加快，还有一种意见，认为语法集中讲解后，学生以后学课文时，可"自由"了，不再受语法限制了。这样看语言，未免有些狭窄。完全忽略了一点，即语法虽是学习语言的关键之一，但是，除它之外，还有两个重要的方面，即语音和词汇，虽然语法掌握得很好，如果发音不清，词汇很贫乏，就不可能"自由"地用俄语会话或阅读。语法本身，必须在较长时间中，和发展口语、扩大词汇的过程相结合，逐步掌握。孤立地集中突击，就会使抽象思维的结果和具体语言现象脱离，成为无源之水。

总之，我个人以为：

①全部词法规则主要应分散在第一册内，结合课文讲授。前后次序，看学生接受程度和讲授需要而定（例如必须先讲动词过去式，才能讲完成体动词，必须先讲被动态动词，然后再讲被动形动词）。讲到一定的阶段，可进行比较系统的总结（包括补遗），如总结名词、形容词等。书后可附本书中讲过的全部语法规则，并按词类系统分列，以便学生查考。

②每一个新的语法现象在课文中出现之前，可以先讲有关的语法规则，然后再讲解课文，使学生能通过理论较容易地理解具体现象并掌握它。

③对于准备培养成为师资的研究生或个别班次，可以在他们掌握较多的俄语知识后，按叙述科学的研究系统讲授理论语法。这对他们将来做教学工作，有很大益处。

最后，还要说明两点：

①集中讲授词法当然也有一定的好处。比如格的变化（不包括用法）集中起来以后，记忆时可利用其内部联系，因此比较容易记住。而各格分开讲授时，往往不易通过各格变化的内部联系去记忆，因此较难记住。其次，过去分散讲解，光六个格就要讲五六个月，拖的时间过长。因此，我校在改变第一学年俄语教学计划及教学大纲时，不仅应考虑到集中讲授词法的缺点，也应考虑到它的一定优点，以便制定出安排各门课程及教材的妥善的方法。

②本文中牵涉到的其他一些问题，因为我知识、经验都缺乏，提不出具体建议，只好留待亲身讲授的教师同志们研究。对本文错误的地方，诚恳地希望大家批评。

参考文献

［1］斯大林. 马克思主义与语言学问题［M］. 北京：人民出版社，1953.

［2］凯洛夫. 教育学［M］. 沈颖，等，译. 北京：人民教育出版社，1950.

［3］《苏维埃教育学》杂志1951年4月号［N］.《光明日报》副刊，1954-07-12.

关于俄汉双语词典的几个问题

李锡胤

前言

外语教学中，词典是一个非常重要的工具。学生整个学习过程都离不开各种类型的词典。

许多教学工作者承认外语学习有两个阶段：第一个阶段学生主要用本族语思维，第二个阶段开始用外语思维。然而这两个阶段组成一个完整的过程，互相间的界线不是绝对的：学生在第一个阶段中，对某些简单的现象也可能直接和外语词句联系起来；而相反，在第二个阶段中比较繁复的思维仍然不能脱离本族语言外壳。换句话说，本族语言自始至终影响着外语学习——有时起推进作用，有时起阻碍作用。

谢尔巴主张学生必须学会使用原文词典，同时他非常重视双语词典，对它提出了严格的要示。[1]

原文词典主要是为本国人编的，当然不能很好地考虑到外国人的要求。拿俄语词典来说，首先，学俄语不久的人，根本不能查《乌沙阔夫词典》或《奥哲果夫词典》。如果不认识 лицо 这个词，如何能理解 передняя часть головы человека 这个解释呢？其次，外文解释有时候不如相应的翻译明确、简洁。试比较《乌沙阔夫词典》中对 голова 一词的解释 "верхняя часть тела человека или животного, состоящая из черепной коробки и лица" 和任何一本俄汉词典中的译文"头，脑袋"。（许多情况下不易精确地翻译，以后要谈到）原文词典对外国人来说最大的缺点是它不考虑由于本族语的影响所造成的种种困难。例如，"喝汤"在俄文中应作 есть суп，而不能说 пить суп，这个与中国北方普通话的习惯相反，因此中国学生容易弄错；而乌沙阔夫和奥哲果夫词典中都没有说明，而且根本没有给 есть суп 这个词组，因为对俄罗斯人来说这个词组并不引起任何困难。

由此可见，仅从教学的角度来看（从语言学角度看，双语词典也有很大意义，但本文不打算详述），双语词典是不可缺少的。非专业性质的双语词典应该是一本对学习外语极有帮助的工具书，它能使学生充分利用本族语言的知识，同时避免本族语言造成的障碍。

双语词典牵涉到的问题非常多，如选词问题、语法形式问题、同音异义现象等等，其中许多问题基本上与原文详解词典的问题相同，本文不能全面阐述，只谈与双语词典密切相关的几个问题：词义、翻译、解释；同义词（广义的）间的意义分化；词的搭配力；词的多义性与译释。我们以为正是在这些方面，现有的俄汉辞典大有改进的必要。

词义、翻译、解释

词作为语言单位，具有两重性质：指物性（предметная отнесённость）和语义性（семантическая сторона）。前者体现为词反映一定的客观事物或现象，后者体现为每个词的意义都与其他语言单位所表示的意义相联系着，处于纷繁错综的体系之中。词的语义性受语言体系的制约，反映出语言的民族特征。关于这一点，沙赫莱（О. Б. Шахрай）的《论国际词汇在不同语言中意义上的相互关系》[2] 一文谈得很有意思，该文清楚地说明：基本上表示同一概念，而且语音外壳也互相对应的所谓国际词汇，在不同语言中具有不同的语法特征，不同的引申意义，不同的搭配范围。因此，该文作者指出："词义的基础是概念，在概念之上往往还有附加表象、各种意义联想（смысловая ассоциация）、情感要素和形象要素等等，上下文联系和同义词联系对词的含义有很大影响，而这种联系在不同语言中又是各不相同的。"

看来，不同语言中的词，并非简单地互相对应，而是处于错综复杂的关系之中。双语词典中简单地、不加深思地用似是而非的翻译来代替词义解释，往往会导致错误的理解。如：

баскетбол 一词在《俄汉新辞典》(刘泽荣主编，1956 年版) 中译为"(运动) 篮球"，在《俄华辞典》 (陈昌浩、Б. С. 伊三克校阅，1951 年版) 和《俄华大辞典》(尚永清、姜晚成等编译，1956 年修订本) 中均译为"篮球"。从翻译的角度看，两本词典都没有译错，然而从解释词义的角度看，他们有共同的缺点。利用这三本词典掌握 баскетбол 词义的人很容易把"传篮球"、"买了一个篮球"错误地说成 передать баскетбол 或 купил баскетбол。原来俄语 баскетбол 一词只能表示篮球这一种运动，不能表示这一种运动所用的器材——一个篮球（俄语是 баскетбольный мяч）；而汉语词"篮球"既可以表示某种运动，又可以表示一个球，甚至这个词单独出现时，往往首先使人想起的是一个球。所以只用"篮球"来翻译 баскетбол 而不加恰当的标注的话，容易发生歧义。[3]волейбол 的情况也同样。

不能想象俄罗斯人不会分辨咖啡的苦味和芥末的辛味，然而他们却用 горький 一词表示这两种不同的味道。虽然大多数场合下，горький 表示"苦的"，但像《俄汉新辞典》那样只译作"苦"，未免过于简单化。

从词义的角度立论，汉语中没有 дядя 的对应物。因为 дядя 是"父亲或母亲的兄弟"或"父亲或母亲的姊妹的丈夫"。显然汉语中只有分别的称呼"伯父，叔父；舅父；姑丈；姨丈"，却没有他们总的称呼。тётя 的情况也一样。

动词 надеть 是汉语"穿，戴，佩带"等的总称，而不是它们每一个的对应物。

这一类情况下，只能用列举译名的办法，像《俄汉新辞典》、《俄华辞典》和《俄华大辞典》那样。其中《俄华辞典》的俄语注解很有益，不仅阐明了 надевать 所表示的意义，而且也列举了它的搭配范围：надевать 穿上 (одежду, обувь, носки)；戴上 (головной убор, перчатки, очки, ювелирные изделия)；系 (пояс)；套上 (сбрую, чехол)；还有 ребёнку шапку (给小孩戴上帽子)。

用个别名称替代总括名称造成的错误不难找到。залив 是"海、洋、河流、湖泊突入陆地的部分"，例如：Для уженья « лещей », если оно производится в реках, избираются места тихие и глубокие, всего лучше заводи и заливы. （С. Акс.）（如果在河上钓鳊鱼，得挑安静水深的地方，最好是各种水湾），句中 заводь 和 залив 是 "河湾"；而 Войдя в середину заливы, ... мы бросили якорь. （Гонч.）（进了海湾之后……我们就抛下锚），句中 залив 显然是 "海湾"。[4] 而《俄华辞典》中译成 "〈地理〉湾"。这样，一方面，把 залив 看作地理学名词，显然不妥当（比较前面引的每一个例子）；另一方面，这样的译名加上后面的两个例子 "морской залив 海湾，Рижский залив 里加湾"，仍然没有说明是否一定指海湾。

有时候，俄语词的一个意思相当于截然不同的数个汉语词或一个汉语词的数个意义。例如 повести бровями （扬起眉毛），повести плечом （肩膀平稳地前后移动），повести рукой （手向前伸，平稳地左右移动），对我们来说似乎是三个不同的动作，因为我们缺少与 повести （чем）相应的词。《俄华大辞典》译作 "поводить—повести чем （略微）摇动，摇挥（身体某部）" 有好几点不妥当。首先，这词没有 "挥" 的意思；其次，"摇动双膝" 就不能说 поводить коленями；再次，用 "略微" 这一意味代替 "平稳地（плавно）" 也不妥，试看高尔基的一个句子：Места на земле вон сколько, — он широко повел рукой на степь. （大地上空处有的是，—— 他伸开手臂向草原上比画了比画说道）。这里用 широко 来修饰，没有 "略微" 的意味。《俄华大辞典》中这一词义项下只两个例子：поводить руками （略微）挥手，摇手；поводить бровями 抬眉，扬眉（第一例子的译文不对——参看前面的部分）。我们认为这一个词，可以先给以系统的定义：повести （чем-л.）平稳地摆动，挥动（手、肩等）或耸动（眉毛），然后举例并分别加以具体而确切的译解。

заходить — зайти 的情况比较复杂。我们只拿它第一个意思来研究。根据《乌沙阔夫词典》，заходить — зайти 表示 "顺道走到某处，顺便走访某人 ‖ 偶尔到某人处作短时间的拜访 ‖ за кем-чем 暂时到某处或某人处取某物或邀请某人"。《俄汉新辞典》中把 заходить за кем-чем 分立为第二个意思，译作 "去取（东西），去找（人），去接（人）"，这里显然丢失了一些细微的意味——"在短促的时间内" 或 "顺便"。而正是这意味才使 "Я зашёл за вами." （意思是请对方马上同去某地或顺便来邀请）[5] 和 "Я пришёл за вами." （没有 "在短促的时间内" 或 "顺便" 的意思）区别开来。《俄华大辞典》译作"заходить … за кем-чем（为某目的而）特意来到（某处），去（来）会（某人）"，则：第一，丢掉了"在短时间内"的意味；第二，丢掉了"取某物"的意思；第三，错加了"会晤"的概念；第四，"为某目的"不知指什么。

　　上边所举的少数几个例子已足够说明俄汉语词对应关系的复杂性。用简单的译文或用未经周密考虑的译解来叙述俄语词的意义往往会把汉语词的其他意义无中生有地强加在俄语词之上（如 баскетбол 等），或者使俄语词义遗失某些意义或意味，削足适履地迁就相应的汉语词（如 горький）；有时候简单的译文歪曲了原文本来所表示的事物，或者个别的名称替代总括的名称；此外，不适当的译解会使读者莫名其妙，以致造成错误的应用。

同义词间的意义分化

　　词汇的语义特征还明显地表现在词的同义关系上。反映同一客观事物的词在不同语言中和其他词处于不同的同义关系之中。

　　像俄语和汉语这样高度发达的语言，同义词是异常丰富的，因此这两种语言之间同义现象的对比，是一个很复杂的问题。然而俄汉辞典即使不把同义词作为研究对象，也不能避免这个麻烦的问题，因为它和词义的翻译、解释、搭配力等等都有密切的关系。

　　根据 B. B. 维诺格拉多夫的意见，俄语同义词，简单地说，可分两类，第一类是意义上大同小异的词（идеографическая синонимика），第二类是意义相同而修辞色彩不同的词（стилистическая синонимика）。

　　像 деревня 和 село 的区别，对辞典编纂工作来说并不困难。деревня 的本义在《奥哲果夫词典》中作 небольшое крестьянское селение；село 的解释在两本词典中都是 большое крестьянское селение。但不知为什么在两本俄华辞典中都没有反映其间的差别。《俄华辞典》中 деревня 译作"乡下，乡村，农村"；село 译作"乡村，村落"。《俄华大辞典》中前者译作"村，村庄（沙皇时代则指无教堂者而言）"；后者译作"①行政村落，村庄，乡村②（沙皇时代）有教堂之村"。

　　另外一类同义关系也不难处理。例如，俄语中马的毛色常用特殊的形容词表示：вороной（黑色的，比较 чёрный），пегий（斑色的，比较 пёстрый）。表示人的发色也是如此，如 рыжий（红色的，比较 красный，алый 等），русый（浅褐色的，比较 светло-коричневый），седой（银白色的，比较 белый）等。词典中这些形容词后面只要注出它的专用范围就不会产生错误。表示不同程度的性质的形容词，也应算作意义上大同小异的词，因为实际上它们反映了不同的客观属性。例如 большой—громадный；страх—ужас；бедный—нищий 等。[6] 在俄汉词典中这些词往往通过汉语的程度副词区别开来，如"大的"—"极大的"、"恐慌"—"非常恐慌"、"贫穷的"—"极穷的"等等。

мыть 和 стирать 的区别对中国人来说就不大容易分辨。当然我们也知道洗织物的动作和洗家具、食器等的动作是截然不同的，但是我们却用同一个动词来表示，这就说明我们平时不大强调它们之间的差别。《俄华大辞典》中 стирать 译作"洗濯，洗（衣服）"。这里把 стирать 的使用范围缩小了，实际上应该是"洗濯，搓洗（各种织物）"。мыть 一词，虽然也可以指"洗衣服"的"洗"，然而这多限于口语体裁。

перемена 主要指"学校中的课间休息"，而 перерыв 可以指"工厂、机关里的工间休息"，也可以指"学校课间休息"或"会议报告的中间休息"。《俄华大辞典》中 перерыв 简单地译成"休息、停歇"，使人不明白它是不是也有 отдых（该辞典译作"休息"）的意思。

освоить 和 усвоить 都有"学会、掌握"的意思。然而前者常和 новый способ，новый метод，новое производство 等词组连用，表示"学会运用新方法、新操作方法"，后者没有这种搭配可能。前者常和科学部门的总的名称连用，如 освоить арифметику，грамматику，технику（掌握算术、语法、技术）；后者常和具体事物的名称连用，表示"理解，学会"，如 усвоить урок，новые слова，грамматические правила 等等。但是《俄华大辞典》中译文"осваивать 学会、精通、掌握（新事物等），усваивать 掌握、通晓、精通"，却没有反映二者之间的区别。

出租房间或一套住房，俄语是 отдать комнату，квартиру внаймы（或 внаём）；然而，出租衣服、钢琴等能移动的物品，得用 отдать одежду，рояль напрокат，这种差别也不是简单的翻译所能表达的。在《俄华大辞典》的解释中："внаём, внаймы — ［副］отдать в. 借出，出租 взять в. 租，雇；租用""（注意：没有单词的译文）承租：отдавать н. 出租，出赁"，两者的区别被一笔抹杀了。

如果说 корка 多用于 апельсинная, лимонная, арбузная корка（橙、柠檬、西瓜的皮）等，кожица 指薄的果皮如 яблочная кожица（苹果皮），кожица груши, помидора（梨、西红柿的皮）等，那么 кожура 既能表示"橙皮、柠檬皮"，也能表示"苹果皮、梨皮"。这三个同义词在几本俄汉词典中都没有清楚的交代，例如《俄华辞典》中："корка 皮"，"кожура 皮子"，"кожица 皮子，皮儿"。

最难处理的是像 завод — фабрика 这样的同义词。把它们的差别归结为重工业工厂和轻工业工厂之间的差别是不恰当的。《俄华大辞典》在 завод 词条中，除了笼统的译文"工厂，工场"之外，还收集了不少具体例子，如 автомобильный, винокуренный, военный… завод; бумажная, красильная, прядильная, ткацкая, суконная… фабрика。这是无可奈何的方法，然而毕竟也是一个很有益的权宜之计。

修辞色彩上的同义词一般都用修辞标注来区别，如《俄汉新辞典》中"обидеть 欺负，欺侮；得罪 — изобидеть ［口语］（厉害地）欺负，得罪；выход……走出，……离开 — исход ［旧］走出，离去；глаза 眼睛— око ［古］眼，目，眼睛"。

具有不同感情色彩的同义词，往往在修辞色彩上也有区别，例如 лицо, умереть 与 рыло（人面），помереть。后两词除了含有鄙视意味外，都属于俗语词。试比较："По лицу его видно было, что он хотел говорить и ждал для этого удобной минуты. (Чехов)（当时从他的脸上可以知道，他想说话而且在等待说话的机会）""— И по роже его видно, что он за штука. (Чехов)（看他的嘴脸就能断定他是个什么家伙）"。

上面引的例子只是极小的一部分，已足够说明俄语同义现象给辞典工作带来多少困难。词典中解释每一个词义的时候，必须将这个词和它的同义词明确地划清界限。例如 сокращать 的本义应释为"缩短（指时间、距离或文章、词等等）"，如 рабочий день, часы приёма; Болезнь сократила ему жизнь, расстояние, путь следования; статью, текст, слово。而 укорачивать 应译为

"裁短，剪短，折短"，例如 палку，верёвку，доску，платье，рукава，волосы，усы，ногти。至于加不加"辨义"一项，倒不是主要问题。可惜现有的几本俄汉辞典在这方面注意得还不太够，似乎编者以为这是同义词词典的任务，普通的词典只分别地解释词的意义，让读者自己去比较。这种做法有点像：闭门推出窗前月，吩咐梅花自主张。其实同义现象是语言中客观存在的事实，它和词的意义、用法、修辞色彩等有密切关系。辞典工作者不去主动地过问它，也会被动地受它的影响。正像俄罗斯谚语说的："从门里推出去，从窗子里爬进来。"

词的搭配力

词的搭配力并不是无限的，它受着种种的限制。

首先，词的语法特性限制了词的搭配力。

其次，词的指物性限制了词的搭配力。例如，形容词按语法特征能和名词连用，然而人们从来不说 соломенные часы（麦草秆的表），каменный сон（石头的梦）等等。[7] 词汇搭配的这种限制往往是各族语言所共同的。

再次，词的搭配受修辞色彩的限制。例如俚俗词一般不能用于庄严的文章中。

词汇搭配的另一种限制是语义上的，它是一种语言现象，复杂地反映出语言的民族性质。

语义上的限制，有时和各民族的现实生活有关。例如，从语法和逻辑角度来看，бамбуковый（竹的）和 лес（森林）完全能搭配。然而因为北方竹子很少见，即使有，也不是一大片一大片的竹林，所以俄罗斯人常用的词组是 бамбуковая роща（竹丛、小竹林）。中国情况就不同了，南方大竹林很多，难怪历代有许多文人，徘徊于"竹林"这两个词上。又如俄语 как грибы после дождя 和汉语"雨后春笋"，两者表示的意义相同，但因生活环境不同，而借用的形象也各异。

许多语义上的搭配限制，粗看似乎没有什么原因，但只要仔细推敲就能发现与某些细微的意味有关。

румяный 在《俄华辞典》中译为"绯红的"。这样当然使我们不能理解为

什么它主要只能和 лицо，щёки；яблоко；мальчик，девочка 等词搭配，而不能说 румяный флаг，румяная кофта。原来 румяный 这个形容词从 румянец 构成（如《奥哲果夫词典》的解释为 покрытый румянцем，而后者的意思是"脸颊上的红晕，红色"），所以它主要只能修饰与脸颊有关的名词以及表示有绯红面颊的人的名词。[8] 至于将苹果比作面颊，也不难理解了。

照一般词典的解释，动词 прийти 可以通过前置词 в 与某些表示心理－情感状态的名词第四格连用，整个词组表示"处于某种心理－情感状态"，例如 прийти в восторг，в восхищение；в ярость，в бешенство；в уныние，в отчаяние，в ужас 等，然而不能说 прийти в радость；в гнев；в грусть，в печаль；в страх 等。根据我们收集的材料来看，"прийти в…"通常只和表示强烈情感状态的词连用，这是它搭配限制的一个原因。《俄华大辞典》中写作"приходить… во что变为，成为；起来；п. в сознание 恢复知觉；п. в ветхость 变得颓废；颓废起来"是完全译错了（应作为"变得陈旧不堪"，而且把 приходить в ярость 与 приходить в негодность，в ветхость 混为同一意义，也不妥当）。单拿表示感情状态的意义来说，这里挂一漏万，远没有反映出搭配范围。

глубокий 一词有若干词义，而且表示时间概念（说明时间上的程度）时，带有"静寂""迟暮"等细微意味。因而可以说 глубокая ночь（深夜），глубокая осень（晚秋），глубокая старость（暮年）；但不能说 глубокий день（весна，лето）等。《俄汉新辞典》并未把这个词的若干词义区分开来，仅举了数例，更没有从反面阐明它的细微意味及搭配范围。

某些词的搭配，也受同义词的限制。同义词分别与不同的词搭配，有时蛛丝马迹可以看出一些规律，有时却由于语言习惯及个别人独出心裁的用法，无规律可循。

《乌沙阔夫词典》中，дорога 一词的本义与 путь 一词的本义基本相同。奥哲果夫解释更简单：путь ① дорога в 1 знач.。《俄汉辞典》对这两个词的解释也不外是"道路，路"之类。可是表示具体某一段道路时，往往用 дорога，例如：просёлочная дорога，автомобильная дорога，шоссейная дорога 等；而表示抽象的道路时，往往用 путь，例如：славный путь，жизненный путь 等。又试比较下列两句：

— Скажи, не знаешь ли, где дорога? — Дорога-то здесь, я стою на твёрдой полосе! — отвечал дорожный...[9] （"请问，你知道大路在哪儿吗？" "路吗，这儿就是：我正站在硬实的路面上呢！"那个过路人回答道……）

Коммунистическая партия прошла долгий и славный путь.

在上面情况下一般不能互相代替，但有时为修辞上的要求及其他原因，还是可以代替的，如：

Выхожу один я на дорогу;

Сквозь туман кремнистый путь блестит.[10]

（我独自动身上路，石子路在夜雾中闪烁发光。）

идти 和 ездить 都能和表示交通工具的名词连用。这时候，两者的分化非常有意思：автомобиль，автобус，трамвай，легковая（машина）等词做主语时，谓语可用 идёт 或 ездит。телега，экипаж，коляска，кибитка，карета 等做主语时，谓语只能用 ездит，不能用 идёт。又 лодка，пароход，теплоход，корабль 等词只能要求动词 идёт。词的搭配不仅有上述种种限制，而且正像 В. В. 维诺格拉多夫院士所指出那样，俄语中许多词的搭配范围极为有限。这是完全可以一一枚举的，例如 брезжить ［（开始）发微光］这个动词只和 утро，заря，звезда，свет，рассвет，огонёк 这几个词连用。[11] потупить（垂下）这个动词只和 взор，взгляд，глаза，голова 这几个词连用。[12]

陈旧形容词 кромешный 除了个别情况下和 жизнь，мука，мрак，ночь，пьянство 连用外，平常差不多只存在于 тьма кромешная（地狱）和 ад кромешный（地狱）两个固定词组之中。《俄汉辞典》应把这些词的搭配关系一一列举出来，以便利读者的实际运用。

这样一些搭配限制，在现有的几本俄汉辞典中往往被忽视了。而学习外国语的难处却正是在这些问题上。我们认为《俄汉辞典》在翻译和解释俄语词的同时，应该尽可能划出词的搭配范围——或者用文字说明，或者用列举法，或者加上反面材料（如：прийти в горе，прийти в радость 误）。

词的多义性与译释

以上都是就词的某一意义出发来讨论的，现在简单地谈一下俄汉辞典中对词的多义性（及词义中的各种意味）的处理问题。

《俄汉新辞典》往往模仿《奥哲果夫词典》，把两个不同的意思合拼成一个。这种简单的做法，不能用"词典必须简明、经济"的理由来解释。因为这样做使词的意义结构（смысловая структура）不明确，使意义（значение）与意味（оттенки）的界线不清晰。例如 альт, бас, баритон 三个词各有三个音乐方面的意义：①唱歌或乐器的某种音；②唱这种音的歌手、歌者；③发这种音的乐器。在《俄汉新辞典》中，只有 баритон 词条中分别标出这三个意思，在其他两词条中都只有两个意义，即把 ①②归拼成一个意义：альт〈乐〉①（女子或儿童的）中音；唱中音者②中音提琴。бас〈乐〉①男低音；男低音歌手②低音乐器。"音"和"歌手"这是两个完全不同的概念；如果这三个词义非拼为两个不可，把②③合拼，倒更合适些——都是"发某种音的"。

любопытный 有三个意思：①好奇心重的②表露出好奇心的③令人好奇的。《俄汉新辞典》把①②归拼为"好奇的，富于好奇心的，出于好奇心的 любопытный человек, любопытный взгляд"。同是这本辞典，把 курчавый 的两个意思"①鬈的（指发、毛等）②生着鬈发的"合为"卷起来的（头发、毛等），卷发的；卷毛的"。这都是不大恰当的。

更严重的是《俄汉新辞典》有时把许多不同的意义笼统地放在一起，完全模糊了俄语词固有的意义结构。例如 глубокий 的词条中，编者没有分别各种不同的意义，简单地放上许多"字面的"翻译——"深处的；深远的；〈转〉深刻的；深厚的；深密的；高深的；〈军〉纵深的"。然后把五花八门的例子堆在一起：глубокая река... глубокая тайна... глубокое чувство... глубокая нарезка, глубокая ночь 等。

照我们的意见，глубокий 的词条至少应该包括下列内容，才能比较全面地反映它的意义结构 ["‖"表示各种意味（оттенки），"误"表示反面材料]：

глубокий

I）深的，由面顶至底部距离很大的

река, колодец, шахта 深的河、井、矿井

ущелье, выем, колея 深的谷、沟、车辙痕

место в реке 河底深处

ящик，ниша 深的箱子、龛

чаша，тарелка 深的碗、碟

галоши 高帮套鞋

кресло 高背圈椅

рана，порез，морщины 深的伤、刀伤、皱纹

‖ Небо такое глубокое. 天空很高。

‖ вспашка，бурение 深耕，深钻

‖ 积得很厚的

снег，песок 厚的雪、沙（误：пыль）

Ⅱ）埋得很深的，位于深处的

дно 深的底

корни 深的根

залегание породы 深的矿藏

‖ тыл 大后方

‖ 从深处发出来的

вздох，дыхание 深深的呼吸

голос 低沉的声音

Ⅲ）（指夜或秋、冬季节）晚的、深的；（指时代）远古的；（指年龄）老的

осень，зима 深秋、冬 ночь 深夜

древность，старина 远古

старость 风烛残年

старик 老耄

（误：весна，лето；день；молодость）

Ⅳ）高度的，极度的（指寂静、黑暗等）

тишина，безмолвие 非常静寂，万籁无声

молчание，покой 一声不响，非常安静

тьма，мгла，мрак 非常黑暗

тайна 绝对秘密

‖ сон，обморок 酣睡，完全不省人事

V）强烈的（与表示情感-心理状态等的抽象名词连用）

чувство，любовь，горе，печаль，сожаление，отчаяние 强烈的情感、爱、悲哀、悲伤、惋惜、绝望（误：гнев，радость）

презрение，уважение，почтение 强烈的鄙视、尊敬、尊重

интерес，внимание 极大的兴趣、注意

впечатление，стремление 强烈的印象、向往

дружба，вера 深厚的友谊，坚定的信念

размышление，задумчивость 深思，沉思

‖ 严重的

ошибка，противоречие 严重的错误、矛盾

изменение 重大改变

кризис 严重的危机

‖ поклон 深深鞠躬

VI）（指思想意识、学问等方面）深刻的，严肃的

идея，смысл，мысль，значение 深刻的意思、意思、思想、意义

знания，понятие 深入的知识、理解

изучение вопроса 深入研究问题

научная статья 深刻的科学论文

«Шинель» — одно из глубочайших созданий Гоголя.（Белинский）《外套》是果戈理最深刻的作品之一。

‖（指人或人的智慧）善于深刻思考的，有深刻见解的

ум，человек，мыслитель 深刻的智慧、人、思想家

Она мыслящая девушка，глубокая натура. 她善于思考，是一位见地深刻的姑娘。

Он глубокий знаток литературы. 他是造诣很深的文学研究者。

‖ 显露出严肃、深刻表情的

глаза，взгляд 深沉的眼睛、目光

同样有意思的是名词 вопрос。《俄汉新辞典》中 вопрос 后面只写上"问题"两个字。现在我们比较一下这个词的意义结构。

俄语中的 вопрос 和汉语中的"问题"，都能表示：①希望对方回答或做

出解释的问话：задать，поставить вопрос（问问题，提出问题）；интересный вопрос（有趣的问题）。在这个意义上，вопрос 和"问题"两个词都能引申为"有怀疑、不明确的地方；未经决定的事情"：Это ещё вопрос（这还是个问题）；поставить что-либо под вопрос（把……作为问题保留下来）；оставаться，находиться，быть под вопросом（还成问题，尚未解决）。②某方面的事情、工作或任务：вопрос чего-либо，о чём-либо（关于……的问题）；аграрный，национальный вопрос（土地问题，民族问题）；анализировать，разрешить вопрос（分析问题，解决问题）；вопрос времени，техники（时间问题，技术问题）；вопрос жизни и смерти（生死攸关的问题）。甚至在某些固定结构中，也互相对应，如 вопрос в том，что...（问题在于……）；по личному вопросу（就私人问题）。③刊物或书籍的名字，只用复数形式，如《Вопросы ленинизма》（《列宁主义问题》）；《Вопросы языкознания》（《语言学问题》）。

但是 вопрос 除了上述三个意思之外，还有一个陈旧的意思——"审讯"。例如 Тут Минос...чинит расправу и вопросы.（Батюшк.）（于是阎王进行审讯）。这个意思是汉语词"问题"所没有的，《俄汉新辞典》应把这个意思写出来。至于汉语"问题"现在被广泛用作"缺点，错误；困难；可疑之处"等意思，这是俄语词 вопрос 所没有的。例如："工作有问题"（В работе есть неполадки.）；"思想有问题"（идеологически не передовой）；"这句子的语法结构有问题"（В конструкции этого предложения есть грамматические ошибки.）。

在第一个意义（本义）上 вопрос 和"问题"两个词是相等的。вопрос 的第三个意思应用范围比较窄，比较固定，所以这里 вопросы 和"问题"也很接近。然而，我们还得考虑另一个因素：汉语词"问题"之所以获得这个意思，很可能就是受了俄语的影响；当然不必说中国古书没有以"……问题"为名的（因为"问题"这个词本身也是比较新的），即使在不久前，以"……问题"为名的书刊也很罕见。

作"某方面的工作、事情"讲时，"问题"的应用范围比 вопрос 广泛得多。俄语中谈到"事情、工作"而丝毫不附带"有待解决，作为讨论的对象"等意味时，一般多用 дело 等词，而汉语中，尤其是接近书卷体的言语中，近来往往用"问题"这个词。例如，和"某人谈一个问题"（поговорить об одном деле），"这个问题真棘手"（дело трудно）。

简短的结论

从上面不成系统而远非全面的叙述，我们可以得出下面几个粗浅的结论：

①非专业性的中型俄汉词典，应该考虑汉俄词汇的特点，考虑学习要求。它应该是一本有助于中国人学习标准俄语的良好工具书。

②解释词义时，应注意该俄语词究竟反映什么客观现实（不仅注意如何译成汉语！），有哪些附加意味、修辞色彩。译解时，应严格防止丢了原词的一些意味或色彩，或者把汉语色彩无中生有地强加在俄语词之上。

③普通的俄汉词典虽然不以区别同义词为自己的目标，然而编者在写每个词的词条时，必须注意它的同义关系。把该词与词义的解释尽量确切化、具体化。至于词条中放不放"辨义"专栏，倒不是最重要的问题。

④词的搭配力问题是非常复杂、困难的。双语词典必须尽可能划清词的搭配范围。方法有三种：说明［如 румяный 绯红的（指面颊）］，反面材料（如 глубокое лето ——误），列举［如 брезжить 发微光（只与下列词连用：утро，заря，звезда，свет，рассвет，огонёк）］。

⑤俄汉词典必须特别注意原词的多义性，确定不了俄汉词词义全相等的时候[13]，不宜笼统地用一个或数个译文代替确切的解释。必须明确地揭示出原词的意义结构，并说明每个意义是否常用。

（1956）

注释

1. 见 Л. В. 谢尔巴《普通词典学试论》，载《苏联科学院通讯》（文学与语言之部），1910 年，第 3 期。又见 Л. В. 谢尔巴《中学外语教学》（中文版，1956 年），第 8 章。

2. 载苏联《外语教学》，1955 年，第 1 期。

3. 《俄汉新辞典》中加了"〈运动〉"字样，仍然不能说明问题，因为这一标注只能理解为该词是"运动方面的用语"。试比较同一词典中：кобыла ①

〈运动〉木马。

4. 这两个例句转引自：苏联科学院编《现代标准俄语辞典》，第四卷，1955 年。

5. 参看：苏联科学院编《现代标准俄语词典》第四卷（1955 年）对 заходить 一词的解释。

6. 例词引自：克留耶娃《俄语同义词小词典》(«Краткий словарь синонимов русского языка»)，莫斯科，1956 年，第 11 页。

7. 在某些情况下，词的搭配范围圈不受此项限制，例如 «Моление Даниила Заточника» 中 "Кто видал небо полстяно и звёзды лутовяные, а безумных, мудрости глаголюща？（谁看过毡子的天，菩提树皮的星星？谁又看到过说聪明话的傻子?）"。

8. 俄语中修饰"表示人体某一部分"的形容词往往同样能修饰"表示人的名词"。例如 босыми ногами — босая девушка；седые волосы — седой старик，русые волосы — русый парень。

9. 见普希金《大尉的女儿》(«Капитанская дочка») 第二章。

10. 见莱蒙托夫《我独自动身上路》(«Выхожу один я на дорогу»)。

11. 见 В. В. 维诺格拉多夫《俄语辞典学的理论与实践》，载《语言学问题》，1956 年，第 5 期。

12. 见 В. В. 维诺格拉多夫《俄语》，1947 年，第 27 页。

13. 俄汉词词义完全相等的情况多见于科学术语，如 алюминий 〈化学〉铝，капиллярность 〈生理〉毛细管现象。

俄语中带前缀 без- （бес-，безъ-）
和 не- 的对应形容词

李锡胤

俄语中有相当多的一部分性质形容词和关系形容词带有前缀 без-（бес-，безъ-）和 не-。笼统地说，它们都通过否定某一种性质（"不……的"）或关系（"没有……的"）来表示事物的属性。

前缀 без-（бес-，безъ-）都是加在名词词干之上（有时同时加上后缀，但可以不加后缀）构成形容词词干，然后再加上形容词词尾而成形容词，表示"没有……的"。

前缀 не- 都是直接加在形容词之上，构成新的形容词，表示 а）与原来（不带该前缀的）形容词意义恰好相反（或者在程度上加以限制、减弱）；б）没有原来形容词所表示的属性的。

有一部分形容词本来是从名词词干构成的，它们加前缀 не- 而构成的新的带否定特征的形容词，恰好与同一名词词干加前缀 без- 和相同的形容词后缀及词尾而构成的同样带否定特征的形容词相对应。

严格地说，如果考虑到派生关系，这两类带有表示否定意义的前缀的形容词，不能说形态上互相对应，而只是形式上互相对应而已。

但是这两类词在意义及修辞色彩上的互相关系却很复杂：有时候几乎完全一样，有时候意义一样而修辞色彩不同，有时候意义结构有些不同，有时候意义上毫无共同之处。正是它们形式对应上的一致性和意义对应上的复杂性，使学俄语的人容易混淆。

我们从《Словарь русского языка АН СССР》中，挑出全部上述的对应形容词，按它们的意义及修辞色彩分为若干对应情况。当然从整个现代俄语着眼，这里归纳的形容词远非全貌，因为语言在不断发展，而利用前缀 без- 及 не- 派生形容词，在现代俄语中是属于能产型的。

1）意义及修辞色彩都没有显著区别：безотлагательный, неотлагательный（刻不容缓的）；безотлучный, неотлучный（经常在某处，一刻不离开的）；безумолчный, неумолчный（总是静不下来的）；безуспешный, неуспешный（没有成功的）；беспрестанный, непрестанный（经常的，不停歇的）；беспробудный, непробудный（睡得很死的；酩酊大醉的）；бессвязный, несвязный（无连贯的，无系统的）；бесчестный, нечестный（不名誉的，不正直的）。

有些对应词在某一意义上相同，但整个词义结构上有所不同：безвинный（无辜的），невинный（无辜的；天真无邪的 ~ ребёнок；贞洁的 ~ ая девушка）；безвредный（没有害处的；〈旧〉不会被害的），невредный（没有害的；〈口语〉不怀害人之心的 ~ человек）；безграмотный（不识字的，带有语法错误或修辞错误的 ~ое сочинение），неграмотный（不识字的，带有语法错误或修辞错误的；写起来或说起来老是文理不通的 ~ ученик）；беззаконный（不法的 ~ поступок），незаконный（不合法的 ~ое действие, ~ брак；私生的 ~ ребёнок, ~ая дочка）；безопасный（没有危险的；没有害处的 ~ое средство；〈旧〉不会受到危险的 Теперь я безопасен.），неопасный（没有危险的；无力为害的 ~ противник, соперник；不严重的 ~ больной, ~ая рана）；безосновательный（根据不足的），неосновательный（根据不足的；〈口语〉轻率、不严肃的 ~ человек, ~ая жизнь）；беспартийный（党外的），непартийный（党外的；不合于党的原则的 ~ое поведение, ~ая позиция）；безутешный（无法排遣的 ~ое горе），неутешный（无法排遣的；难以得到安慰的 ~ая супруга）；безызвестный（不熟识的）；неизвестный（不熟识的；不出名的 ~ артист；[用作名词] 陌生人；〈数学〉未知数）。

2）意义相同，修辞色彩不同：

безотвязный〈口语〉, неотвязный（纠缠不放的）；безотложный〈旧〉, неотложный（刻不容缓的）；беспроглядный〈旧〉, непроглядный（很黑暗

的）；безустáнный〈旧〉，неустáнный（不知疲倦的）。

неисхóдный〈旧〉，безысхóдный（无法解脱的 ~ое гóре，~ая тоскá）。

某些意义上对应的词不仅修辞色彩不同，而且词义结构也有所区别：безоглядный（〈旧〉一望无边的；没有考虑周到的 бéгство бы́ло безоглядным），неоглядный（一望无边的）；бессчáстный（〈旧〉不幸的），несчáстный（不幸的 ~ человéк；〈口语〉带来不幸的，充满倒霉事的 ~ день；〈口语〉可怜的 Несчáстный ты человéк！）。

непорóчный（〈旧〉没有过失的 ~ая слýжба；贞洁的 ~ая дéвочка），беспорóчный（没有过失的）；несмы́сленный（〈旧及俚〉笨的，什么也不懂的 ~ человéк），бессмы́сленный（笨的，什么也不懂的；无意义的 ~ набор слов；无理智的 ~ постýпок）。

3）意义毫无共同之处的：безвóльный（没有意志力的），невóльный（不知不觉的；勉强的，被强迫的）；безглáсный（不会说话的），неглáсный（不公开宣布的，秘密的）；безжи́зненный（死的；死板板的），нежи́зненный（不现实的，脱离生活实际的；不真实的）；безнадёжный（没有成功的希望的），ненадёжный（不可靠的，不可信赖的）；безýмный〈旧〉神经病的；〈口语〉不理智的 ~ план；〈口语〉极度的 ~ая рóскошь，устáлость，~ страх），неýмный（不聪明的）；бесподóбный（无比优越的），неподóбный（不正经的 ~ые словá）；беспорядочный（无秩序的；不守秩序的 ~ человéк），непорядочный（不正派的 ~ человéк）；бесприю́тный（无处安身的），неприю́тный（使感觉不舒适的 ~ зал）；бессознáтельный（失去知觉的；不知不觉的，下意识的），несознáтельный（理智力尚未发育完全的；政治觉悟低的）；бесцензýрный（未经图书审查官通过的），нецензýрный（不合图书审查官要求的；下流的 ~ая брань，~ые словá，~ая пéсня）。

批判结构主义语言学的几条方法论原则

赵　洵　李锡胤

现代资产阶级语言学中最时髦的思潮要算结构主义了。这是一个复杂的语言学流派，有不少分支：如哥本哈根学派和美国描写语言学派等。他们的研究重点有所不同，具体的论点和方法也不相同，而且各分支的直接思想渊源也不完全一样。欧洲的结构主义受索绪尔[1]的观点影响更大、更直接些，而美国的结构主义受行为主义心理学[2]的影响很厉害。然而他们都有共同的哲学基础：实证论，特别是新实证论（逻辑实证论）和实用主义的哲学思想。

现在有一种非常错误的观点：似乎机器翻译、机器做文件摘要等等都是结构主义语言学的功劳。他们说：不论你怎么批评，结构主义语言学做出了成绩。我们认为这是本末倒置的说法。20世纪以来，数学得到长足的进步，数学基础的原理，愈来愈广泛地应用于其他各门学科。特别是控制论的发展和电子计算机的进展，使得许多自然科学有了重大的变化，而且还影响到一系列研究语言和思维的学科。应用语言学就是"应运而生"的新学科，它实际上是数学和计算技术的一个应用部门。当然，这种新的方面的研究，不能不揭示出许多从前没有被注意到的语言现象，对于语言的研究也是有用的。但是人类的自然语言作为社会现象（社会交际和交流思想的工具），性质并没有变，自然语言和思维的联系以及和人类社会历史的联系也没有变。现代科学技术对语言的形式的研究提出了新的要求，需要把语言事实做形式的安排。在资本主义国家中唯心主义哲学家们便抓住这个机会，对语言和语言科学做种种歪曲，造成他们的"新理论""新体系",硬加在整个语言科学的研究领域之上。

为了尽快地把我国建设成为一个强大的社会主义国家,我们必须在各个领域内加强工作,赶上和超过世界先进水平。我们也要从现代数学和计算科学的角度去研究语言事实的一个侧面,但是这丝毫不意味着我们必须接受结构主义语言学的理论体系。我们的任务在于运用马克思列宁主义、毛泽东思想来彻底批判结构主义理论的实质,使语言科学(包括应用语言学等在内)牢固地建立在辩证唯物主义的基础之上。

本文试图对结构主义语言学的几条方法论原则进行初步批判。

一

结构主义语言学的第一条方法论原则是:语言分析要完全形式化,尽量排除意义。

结构主义语言学家反对他们所称的"传统语言学"的一条很重要的"理由"是,说传统语言学在语言分析时往往是从意义入手,而不是纯粹从形式进行分析的。

美国结构主义语言学家布龙菲尔德(L. Bloomfield)把言语的意义归结为"刺激-反应"的联结。他以为说话人的心情和听话人的反应是各不相同的,因而由某种语言符号所引起的"刺激-反应"的联结也是每次有所不同的。他虽然也承认"说这种语言的人通过语言符号合作得很圆满",因而可以假定这语言符号有一个"不变的、可以说得明确的意义";但是,照他说,这只是一个假设,而且"这假设是无法证明的"。(布龙菲尔德 1955:158)布龙菲尔德和他的学生都要求在语言分析中尽量排除意义的因素。例如,布洛克(B. Bloch)和特雷格(G. L. Trager)两人合著的《语言分析纲要》一书中谈到意义和形式时写道:"我们的各种分类都必须无例外地建筑在形式之上。"(布洛克、特雷格 1942:68)

结构主义者排除了意义之后就拿"分布"作为压倒一切的、几乎是唯一的标准。哈里斯(Z. S. Harris)在《结构语言学的方法》一书中就说描写语言学所研究的是某些言语特点的规律性,这些规律性表现在分布之中。(哈里斯 1951:5)

举例子说，如果我们面前有两个不同的音：不送气的 p 和送气的 p'，我们把它们算作两个音位，还是算作一个音位呢？这问题不能从音响学或生理学的角度加以解决，只能从它们的分布情况入手。在汉语里，p 和 p'可以出现在相同的环境中而区别两个不同的语素："爸" pav 和"怕" p'av。在俄语里就不如此，俄语的 p 和 p'在各种环境中可以任意替换而不会引起语素的变化（不考虑所谓语音修辞学的问题）。所以 p 和 p'在汉语里是两个不同的音位，而在俄语里是同一个音位的两种变体。

这些具体方法在某些特定场合下不是绝对不能采用[3]，但是把它们绝对化起来，无条件地使用于语言学的整个领域中，排除对意义的考察，就必然会走上绝境。从方法论来说，它训练人们形而上学地观察问题。

结构主义语言学家有时似乎也谈意义问题。他们甚至提出"共变"（commutation）的概念，意思是说：语言形式方面的改变必然会引起语言内容的相应改变，反之亦然。[4]迦尔文（P. L. Garvin）在《谈结构主义方法》一文中甚至说："语言学中结构主义方法的根本假设是……形式和意义的共变关系。"（迦尔文 1964：144）

事实上，他们所谈的"意义"也只是从形式派生出来的抽象物罢了，也就是说，语言单位的意义是该语言单位的分布特征的总和。举例来说，什么是"房子"这个词的意义呢？照他们的意见，不能从词与现实事物的联系中去找意义，因为这据说是超语言的因素。所以他们说，必须列举这样的"环境"：

一所高大的 x。

这所 y 是用砖砌的。

工人们造 z。

等等。这里 x、y 和 z 各表示一种位置（分布特征），而"房子"这个词的意义就等于 $x+y+z+...$。可见他们所谓的"意义"是形式的同义语。哈里斯就说过，他自己在分析语言现象时有时提到意义，这只是图简便而已。

资产阶级学者不光认为意义是形式的派生物，而且还认为现实世界是语言形式的派生物。这就产生了所谓"萨丕尔-沃尔夫假设"，意思是说："实际上'真实世界'在很大程度上无意识地建筑在语言规范的基础之上……我们如此这般地看到、听到、感受到这一些或那一些现象，主要靠我们的语言规范提供给我们的固定的表达形式。"（沃尔夫 1956：134）美国数学家丘吉

（A. Church）说得更明白：客体是符号所表示的意义的函数。这意思是说客观现实是随着语言符号而变化的，而不是相反。

马克思主义从来认为语言是同思维直接联系的。马克思、恩格斯指出："语言和意识具有同样长久的历史；语言是一种实践的、既为别人存在并仅仅因此也为我自己存在的、现实的意识。"（《马克思恩格斯全集》1960：34）可见任何语言形式必须表达一定的意义，否则它就不能起到交际工具的作用。

我们承认语言是文化的一种形式，但这不等于说语言可以脱离任何内容而自成一套空洞的体系。因为我们知道，事物往往具有两重形式：一重是非本质的，和内容没有直接关系；一重是本质的，和内容紧密相连。语言对文化或意识来说是一种本质的、内在的形式。毛主席指出过，宣传品没有活泼生动的人民语言的形式，"语言乏味，像个瘪三"，那是达不到宣传的目的的。

至于"萨丕尔–沃尔夫假设"的反动性更是显而易见。他们断定操不同语言的民族，思想也是不一样的，他们眼中的世界也是不一样的。他们说：如果亚里士多德说的是汉语，他一定会创造出另一套逻辑来的。这就是说，操不同语言的人民，他们彼此是不能理解的，他们认为语言就是世界观。这是地道的反动的主观唯心论！我们唯物论者首先承认物质是第一性的。客观世界不以人们的认识或民族的语言为转移。相反，人们的认识和民族语言必须反映这个客观世界。类似"萨丕尔–沃尔夫假设"的思想，在前几个世纪就存在了。费尔巴哈在《宗教本质讲演录》中讽刺过这种论调："如果人们毫不害臊地认为感性的物质世界来自思维或某种精神的意志，如果人们大言不惭地硬说事物不是因为存在才被思维，而是因为被思维才存在，那末就让他们也毫不害臊地认为事物是由词产生的吧，让他们大言不惭地硬说词之所以存在不是因为有物，而物之所以存在倒是只因为有词吧。"（《列宁全集》1959：70）列宁在这几行旁边批着"注意"两个字。

二

结构主义语言学的第二条方法论原则是：在语言研究中提倡主观的演绎法，排斥对具体语言事实的归纳。

现代资产阶级学者把演绎法和归纳法加以歪曲，而且使它们截然对立起来。他们否认客观事物是认识的泉源，硬说什么从具体的语言事实进行归纳只能得出"抽象"的概念。照他们的说法，把这种抽象概念看作真实是不恰当的，而且这种概念既然是从某一种具体语言中抽象出来的，它就没有普遍的意义，不能用于对不同语言的比较研究。这样，结构主义者认为语言分析所需要的是一套演绎系统。

丹麦学者叶尔姆斯列夫（L. Hjelmslev）谈到语言研究方法时写道："因此我们这种研究程序……是分析的而不是综合的；这是与语言学中常说的归纳相对立的一种过程。现代语言学中提到这一对立时一般把这样的程序或类似的程序叫作演绎法。"（叶尔姆斯列夫《语言理论导论》第 4 节）

结构主义者宣称要寻找一套对各种语言都适用的语言学理论，不仅如此，这种理论据说还能预言实际上并未存在的"语言"。

正是从这种方法论原则出发，结构主义者热衷于建立语言学的公理系统。像其他公理系统一样，它将包括：1）元素的总和；2）一套形成规则；3）一套转换规则。

他们说，根据这个公理系统可以研究各种语言的结构特征，得出形式上说得通的全部句子以及了解句与句之间的互相转换关系。

结构主义语言学家宣称语言研究的公理系统可以不止一个，只在取便学者而已。他们还提出不矛盾性、完备性和简单性三个标准来品定系统的优劣。

这样一套演绎系统，不仅被用于各种不同的语言，而且也用于语言的不同平面。结构主义者提出所谓同构原则（isomorphism），意思是说在音位学、形态学、句法学等不同平面中，可以而且必须用同一套分析方法。叶尔姆斯列夫在《语言理论导论》中，就主张用"常体–变体"的方法去研究音位学、语法学和词汇学。我国也有人把音位学的一套硬搬到语义学上去，说什么语言中的语义单位不是词而是"义位"，这是一种抽象的单位（如"局部""局面""邮局"等是词，而"局"是个义位），它与概念相应。这实际上是语义决定思想的论调。

这种片面强调演绎的方法论是主观唯心主义的产物。首先它歪曲了人类认识事物的过程，抹杀感性认识的阶段，把演绎和归纳形而上学地截然对立起来。

毛主席在《实践论》中精辟地阐明了人类认识运动的秩序。他指示我们说："人们总是首先认识了许多不同事物的特殊的本质，然后才有可能更进一步地进行概括工作，认识诸种事物的共同的本质。当着人们已经认识了这种共同的本质以后，就以这种共同的认识为指导，继续地向着尚未研究过的或者尚未深入地研究过的各种具体的事物进行研究，找出其特殊的本质，这样才可以补充、丰富和发展这种共同的本质的认识，而使这种共同的本质的认识不致变成枯槁的和僵死的东西。"（《毛泽东选集》1962：298）毛主席这段话正确地而且异常清晰地说明了两个认识过程（由特殊到一般，由一般到特殊）和它们之间的相互关系，深刻地揭示了认识特殊和认识一般的辩证法。这对于我们了解归纳和演绎的问题有深刻的意义。我们首先必须观察大量的语言事实，了解每一事实的特殊本质，才能进一步进行概括工作，抽出共同的、一般的语言规律；然后再以这种语言规律为指导，继续研究尚未认识的语言现象。这是认识过程的客观规律，各种科学研究工作都必须遵循，语言学当然也不例外。

恩格斯曾批评过把归纳和演绎割裂开来的错误做法，他说："归纳和演绎正如分析和综合一样是必然相互联系着的。我们不应当在两者之中牺牲一个而把另一个高高地抬上天去，我们应当力求在其适当的地位来应用它们中间的任何一个，而要做到这一点，就只有注意它们的相互联系，它们的相互补充。"（恩格斯 1955：189）

现代资产阶级社会科学家所标榜的那种演绎法特别有害。他们往往主观地规定几条"公理"，然后从这些"公理"推演出各种各样的"定理"，做出各种各样的"证明"。这样就轻而易举地为他们的主观唯心论披上一件"科学的"外衣。旧中国胡适提出的"大胆假设，小心求证"的口号，卖的就是这种药。

结构主义者企图借助于"公理系统"，建立对各种语言都适用的普遍语法。我们认为，为了机器翻译等的需要而创造所谓的"中介语言"，这或许有些用处（当然目前也只是探索），但是对人类自然语言的研究就是另一回事了。要知道，任何一种自然语言都比"中介语言"要丰富、复杂得多。甚至美国的逻辑学家喀利也不得不承认："当然，逻辑的观点是有局限性的；事实上在各种自然语言中逻辑只是要考虑的因素之一而已。"（《应用数学学术会议论文集》：57）

斯大林同志正确地指出："社会以外是没有语言的。因此要了解语言及其发展的规律，就必须把语言同社会发展的历史，同创造这种语言、使用这种语言的人民的历史密切联系起来研究。"（斯大林 1964：14）因此，那种不谈民族语言特点的所谓"普遍语言学"（实际上就是"逻辑斯蒂"）等等，都是对人类自然语言的歪曲。

三

结构主义语言学的第三条方法论原则是：语言研究中断面的研究（synchrony）与历史的研究（diachrony）截然对立，实际上排斥后者。

这种对立最早见于索绪尔的《普通语言学教程》。索绪尔竭力主张在语言研究中区分断面研究和历史研究。断面研究着眼于操同一语言的集体在同一时间内所使用的语言体系，而他所理解的历史研究则是该体系所以形成的过程。索绪尔正确地反对 19 世纪一些语言学家考订古词的"原子主义"的方法（即分散地、孤立地考订个别的词或语法形式的来源），认为必须研究整个语言体系的演变。然而他用形而上学的方法来对待这个问题，把断面研究和历史研究完全割裂了。

索绪尔拿下棋为譬喻：看下棋主要应该注意当前棋局上的棋子分布情况，至于各个棋子如何走到现在的位置上，那是无关紧要的。这个比喻初看起来，似乎非常机智，其实是不伦不类的。因为人类语言和下棋规则是根本不同的东西。首先，语言是历史地形成的，任何一条语言规则都是历史地发展过来的，并且正处在变化的过程之中；而下棋的规则是与下棋的过程丝毫没有关系的：比如象棋中规定了"马"走斜角，不管你怎么走法，它也不会变化。其次，如果照索绪尔的说法推论下去，那么我们说，下棋规则同目前棋局上的分布情况也是没有关系的，因为不管"局面"如何，"马"总得走斜角（只有"兵""卒"有点儿不同，它们如果走过河就可以横走了）；而语言在这方面也和下棋不同，语言规则处于不断的变化、改进之中，这种变化的趋向如何，在很大程度上取决于语言规则的历史特点，取决于从前的和今天的语言事实。

斯大林同志明确地指出："可以推想，现代语言的要素还在奴隶时代以前的远古时期就已奠下基础了。那时语言是不复杂的，基本词汇是很贫乏的，但是有它的语法构造，虽然这种构造是很原始的，但总算是语法构造。"（斯大林 1964：17）接着斯大林同志还指出："并且语言从一种质过渡到另一种质，不是经过大爆发，不是经过一下子破旧立新，而是经过语言的新质和新结构的要素逐渐的长期的积累、经过旧质要素的逐渐灭亡来实现的。"（斯大林 1964：18）从这两段话可以看出：研究语言现象不能割断语言的历史。例如：现代汉语北京话的声调为什么分为阴平、阳平、上声、去声四类，而苏州话、厦门话的声调，却分为阴平、阳平、上声、阴去、阳去、阴入、阳入七类呢？这都是汉语语音演变的结果。必须从汉语的历史发展去考察，才能了解其"所以然"。一般说，现代汉语（包括方言）声调的分类，主要和古汉语声调（平上去入四声）的分化、古汉语声母的清浊有关。又例如：现代俄语中以 -o 结尾的名词，复数第一格照例变为以 -a 结尾，可是 плечо（肩）的复数第一格形式却是 плечи。按照单纯的断面描写，这条规则就到此为止。人们死记住：окно—окна（窗子），письмо—письма（信），плечо—плечи 就是了。但是，到这儿我们只知其然而不知其所以然，因为没有了解"来龙去脉"，没有做历史的研究。我们必先弄明白，原来 плечи 是古俄语里的双数形式，因为人有两个肩膀，常用双数，所以这形式流传下来，等到俄语中双数范畴消失时，它就被看作复数形式了。

语音方面的情况是这样，词汇方面的情况更是如此，因为词汇是处在几乎不断变化的状态中。例如：现代汉语为什么把条例、标准、法则、端正、老实等叫作"规矩"，把为了正义的目的舍弃自己的生命，或为了某种目的舍弃自己或别人的利益叫作"牺牲"呢？不考察汉语词义的历史演变就无从解释。"规矩"一词本义指可以画方画圆的制图仪器。"牺牲"一词原意指做祭品用的牛羊。又例如：现代俄语中有三个词：однажды，дважды，трижды，它们的意思是"有一次"，"两次"，"三次"。这三个词是由数词 один，два，три 的词干加上 -жды 构成的。从现代俄语的角度不能理解 -жды 是什么东西。只有考察它的历史，我们才能明白 -жды 的古代形式是 -шьды，它是"走来"的意思（和现代俄语中 идти 的过去时形式 шёл 同一来源），所以 однажды 原来是"来了一次"的意思。事实证明，研究现代的语言现象，必须联系语言的历史。难怪英国语义学家乌尔曼（St. Ullmann）在《语义学原理》一书中也指出：有时候，为了更好地理解现代的现象，必须参考过去的情况；而且在另一些时候，要想真正了解断面的联系，特别是了解一些不稳定的、不规则的现象，只能在历史中找证据和支持。（乌尔曼 1957：144-152）当然，对于语言做技术方面的研究，就没有必要考虑这些历史情况，机器的"记忆"也不会考虑这些。可是人们的思想方法是不能拿机器做榜样的。

研究现代语言还应该联系使用该语言的人民的历史和文化传统。例如，汉语中"推敲"这个词来自贾岛的故事，"足下"来自介子推的故事，"酒池肉林"来自纣王的故事，等等。成语里这种情况尤其明显，如赵高"指鹿为马"，孔丘"困于陈蔡"，孔明"出师未捷"，孟光"举案齐眉"，等等。

四

结构主义语言学的第四条方法论原则是：在语言研究中片面强调量的规定性，轻视甚至排斥语言现象的质的规定性。

结构主义语言学的这条原则，最近表现得愈加明显。他们宣称要建立一套"精密的"语言研究方法，于是滥用数理统计学、数理逻辑、概率论等等的方法，把作为社会现象的语言所特有的本质置于脑后。

例如巴-希来尔（Bar-Hillel）（1953）根据波兰数理逻辑学家阿久凯维奇的原理"创造"了"新"的"准算术方法"（quasi-arithmetical notation）。他先确定两个基本范畴：n 代表"名词及类似的词或词组"，s 代表"句子"。然后用"乘法"和"左除法"、"右除法"求得复杂范畴。如"张三睡着"是 s，"张三"是 n，那么"睡着"就等于 $s \div n$，即 $\frac{s}{[n]}$〔［ ］表示"右除数"，因为"睡着"在"张三"的右边〕。而"小张三睡着"也是 s，"小张三"和"张三"都是 n，"小"则是 $n \div n$，即 $\frac{n}{(n)}$〔（ ）表示"左除数"，因为"小"在"张三"的左边〕。据说这种"准算术方法"能够帮助我们确定一个符号链是不是一句合乎语法的句子。譬如，"小张三睡着"这一串符号，可以换成表示各范畴的符号：$\frac{n}{(n)} \, n \, \frac{s}{[n]}$ ——这种范畴符号所组成的式子可以"约分"，先从左边约起：$\frac{n}{(n)} \, n \, \frac{s}{[n]}$ 得出 $n \, \frac{s}{[n]}$。然后约右边的：$n \, \frac{s}{[n]}$ 得出 s。我们知道 s 代表句子，可见 $\frac{n}{(n)} \, n \, \frac{s}{[n]}$ 所代表的那一串符号链是一个合乎语法的句子。

这种"方法"对于研究人类自然语言来说简直是一种数学游戏，根本不解决实际问题。我们并不反对语言学的某些领域在研究中运用数学方法，这是具体的方法问题。我们反对的是：片面强调量的规定性而拒绝考察语言作为社会现象的质的规定性。我们承认数量的重要，但是事物的数量和质量是辩证地统一的，两者互相依存、互相矛盾、互相转化。我们研究数量方面往往是为了更好地解决质的方面的问题。

关于语言发展的规律，我们也不能只从数量方面看问题。西方有些学者一味根据统计数字来解释语言的变化，而拒绝从语言的内部，从语言和社会历史的联系去分析变化的原因，这是完全错误的。

辩证法重视量和质的互相转变，这是对立统一运动的形式。列宁在《黑格尔〈逻辑学〉一书摘要》的手稿中摘出"辩证法的要素"，其中有一条就是："从量到质和从质到量的转化。"（《列宁全集》1959：239）恩格斯指出过："全部所谓纯粹数学都是研究抽象的，它的一切数量严格说来都是想象的数量，一切抽象在推到极端时就变成谬妄或相反的东西。数学的无限是从现实中借来的，虽说是不自觉地借来的，所以它不能从它自身、从数学的抽象中来说明，而只能从现实中来说明。"（恩格斯 1955：228）结构主义语言学者在方法论上，正是把数量的抽象推到极端，抛弃一切对现实的考察，抛弃对语言的质的规定性的研究。这样，他们的研究越"深入"就越脱离实际，越歪曲语言事实。毛主席在《矛盾论》中强调说："用不同的方法去解决不同的矛盾，这是马克思列宁主义者必须严格地遵守的一个原则。"（《毛泽东选集》1962：299）数学公式不能代替对具体语言现象（这是一种社会现象）的研究。

事实上，结构主义语言学在这方面也是碰了壁的。卡尔纳普在《逻辑句法》的序言中，声称要将数理逻辑完全搬来研究"实际的（会话的）语言"。但是实际上他没有做到，而且恰好在实际语言的句法问题上遇到了重重的困难。近来有些研究符号控制论的人也不得不承认：从一般的符号转向语言符号的时候，抽象的"符号使用者"必须变为社会性的人，他是历史地形成的固定的语言团体的一个代表；因此在"符号环境"中就不得不增加了"超语言学"的因素——各种社会性的因素。

综上所述，结构主义语言学的方法论原则是：形式排斥内容，演绎脱离归纳，断面的体系脱离历史的发展，量的规定性排斥质的规定性。这些原则在本质上是和辩证法对立的统一规律针锋相对的，它既是唯心的，又是形而上学的。上面提到的四条原则，它们的基本思想就是要抽掉语言的表达思想的特质，使语言变为僵死的形式的体系；只研究语言的空洞结构。它的反动实质是可以透过那些烦琐的公式看清楚的。唯心论有各种形式。唯心主义者写的书中，常常有许多一眼看去似乎十分深奥的话，其实它也是个纸老虎，只要剥掉它的外衣，本质就不难理解。所以看方法论原则的时候，也不能离开认识论的基础。列宁指出：哲学唯心主义"当然有认识论的根源，它不是没有根基的，它无疑地是一朵不结果实的花，然而却是生长在活生生的、结果实的、真实的、强大的、全能的、客观的、绝对的人类认识这棵活生生的树上的一朵不结果实的花"（《列宁全集》1959：412）。19世纪和20世纪科学迅速发展了，在一系列科学领域内（特别是数学、物理学等）许多概念产生了激烈的新的变化。这种变化一方面使科学历史发生了空前的发展，它必然将进一步廓清通向辩证唯物主义的道路；另一方面，在各个帝国主义和资本主义国家内，唯心的、形而上学的哲学家拼命抓住科学中的新进展，肆意加以歪曲，使它们为反动的政治服务。列宁在批评经验批判主义时说过："在经验批判主义认识论的烦琐语句后面，不能不看到哲学上的党派斗争，这种斗争归根到底表现着现代社会中敌对阶级的倾向和思想体系。"（《列宁选集》1960：254）因此，我们必须在语言研究工作中学习运用毛主席一分为二的观点，分清唯心论和唯物论、辩证法和形而上学的界线，才能在许许多多令人望而生畏的烦琐的方法后面发现隐藏着的唯心的思想体系。我们不能只谈方法；离开了理论体系，就不会真正理解这种或那种方法。事实上，没有纯粹的方法论，只有为一定思想体系服务的方法论。

西方语言学家在某些方面的研究成果我们可以借鉴，他们用的某些具体方法我们有时候也可以参考，问题在于必须抛弃他们对语言本质和对语言研究的错误和反动的理论，彻底批判他们错误的和反动的方法论原则。周总理说：我们不能走世界各国技术发展的老路，跟在别人后面一步一步地爬行。人类总得不断地总结经验，有所发现，有所发明，有所创造，有所前进。[5]这对于我国科学工作者是莫大的鼓舞。我们应当好好学习马克思列宁主义、毛泽东思想，批判一切唯心的、形而上学的错误理论，刻苦地进行科学研究工作，为我国社会主义建设添上一砖一瓦。

注释

1. 索绪尔（F. de Saussure），资产阶级语言学家，1906 年起在日内瓦大学执教，著有《普通语言学教程》，这本书被认为是现代结构主义语言学的理论基础。

2. 行为主义是现代美国心理学的主要派别，创始人是华生（J. B. Watson）。他们认为心理学是研究行为的科学，排斥对意识的研究。行为主义心理学是为帝国主义政治服务的。

3. 例如"分布"法用于语音研究是有效的（当然还有些困难问题），用于词义研究就有很多问题。

4. 例如[tʻuˇ]这个音组中只要改变一个音位(→ [tʻuˇ])就会引起意义方面的"共变"（土→堵）。

5. 见周恩来总理 1964 年 12 月在第三届全国人民代表大会第一次会议上所做的《政府工作报告》。

参考文献

［1］巴－希来尔. 句法描写的一种准算术方法 ［J］. 英文本. 语言，1953（29）.

［2］布龙菲尔德. 语言 ［M］. 英文本. 1955.

［3］布洛克，特雷格. 语言分析纲要 ［M］. 英文本. 1942.

［4］恩格斯. 自然辩证法 ［M］. 北京：人民出版社，1955.

［5］哈里斯. 结构语言学的方法 ［M］. 英文本. 1951.

［6］迦尔文. 论语言学方法 ［M］. 英文本. 1964.

［7］列宁全集：第 38 卷 ［M］. 北京：人民出版社，1959.

［8］列宁选集：第 2 卷 ［M］. 北京：人民出版社，1960.

［9］马克思恩格斯全集：第 3 卷 ［M］. 北京：人民出版社，1960.

［10］毛泽东选集：第 1 卷 ［M］. 北京：人民出版社，1962.

［11］丘吉. 数理逻辑引论：第一卷 ［M］. 俄文译本.

［12］斯大林. 马克思主义和语言学问题 ［M］. 李立三，等，译. 北京：人民出版社，1964.

［13］沃尔夫. 语言、思想与现实 ［M］. 英文本. 1956.

［14］乌尔曼. 语义学原理［M］. 英文本. 1957.

［15］叶尔姆斯列夫. 语言理论导论［M］.

［16］喀利. 应用数学学术会议论文集（Ⅶ）：语言结构及其数理方面［M］. 英文本.

浅谈英语动词分类

李锡胤

英语句子绝大多数都有一个定式动词，这个动词在句子中除了本身的词汇意义外，还表示句法意义。句法意义也就是一种关系 R。关系有前件和后件，表示为 a R b。前件一般相当于句子的主语，后件相当于句子谓语中除去定式动词后的主要部分。所谓主要部分，意思是说把起次要作用的限定-扩展成分和疏状-扩展成分等排除出去。

我们认为可以拿动词在句中所表示的关系意义为依据，给动词进行分类。这种类别是功能类别，与形态类别及语义类别（如状态动词、过程动词、动作动词、使动动词等）不一样。一个动作的不同意义可以分属于不同的功能类，英语常用动词的多功能现象尤为普遍。（事实上，英语的及物动词与不及物动词的区别也不像俄语那么分明）然而大多数英语动词属于固定的功能类别，兼用于某些其他型式而已。

本文提出的分类法远非完善，笔者只是抛砖引玉，希望得到同志们的指教。为了方便起见，笔者在属文时往往与 A. S. Hornby 的动词型式对照，但并不完全相符合，例句也多借用 Hornby 的。动词型式的图示与笔者在《A. S. Hornby 英语动词型式图示》［见《黑龙江大学学报（外语版）》1979 年第 1 期］一文中所用者不同。

Ⅰ.0　**系词**　a≈b（表示 a 属于以 b 为代表的一类，a 具有 b 属性，a 处于 b 的环境中等。a、b 代表静词或起静词作用的不定式或动名词。)

词汇：be

例句：He is my father.

This book is mine.

What is that?

This house is to let.

We are to be married in May.

与 Hornby 的 22 型、25E 型相应。

Ⅰ.1　准系词　图示法同Ⅰ.0

词汇：get, become, prove...

例句：Please get ready to start.

It feels soft.

与 Hornby 的 22 型（除 be 外）相应。

Ⅱ.0　不及物动词　a →∅　（→表示过程或动作。∅表示零位。）

词汇：glitter, burn, live, lie, sleep, die, peep...

例句：Birds fly.

We all breathe, eat and drink.

The sun shines.

Stand up!

与 Hornby 的 21 型、23 型相近。

Ⅱ.1　准不及物动词　a →∅ (for) b

（圆括号中的词可有可无）

词汇：walk, run, last, weigh, cost, stay...

例句：They had come a long way.

The forests stretched（for）miles and miles.

We waited（for）two hours.

The thermometer went up ten degrees.

与 Hornby 的 20 型相应。

Ⅱ.2.0　连动动词（一）　a →〔a〕$\overset{to}{\Rightarrow}$···（⇒ 代表 "→ 或 ="，〔 〕代表深层结构中的成分，右上方的词是表层结构中的符号，它替代

〔 〕里的成分)。这个型式做成深层结构分支图如下：

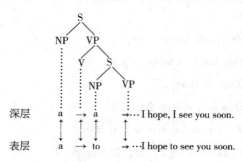

词汇：a) stop, wait, come...

与 Hornby 的 25A 型相应。这时⇒表目的。come、go 等运动动词后面的不定式可以不带 to。参看 Ⅱ.2.3。

b) live, get...

与 Hornby 的 25B 型相应。这时⇒表结果。

c) awake...

d) seem, happen, chance...

与 Hornby 的 25C 型、25D 型相应。

例句：We stopped to have a rest.

I came to bury Caesar, not to praise him.

He lived to be ninety.

I chanced to meet him in the park.

Ⅱ.2.1　连动动词（二）　a →〔a〕^{-ing}⇒ …

词汇：stop, enjoy, remember, mind, help...

例句：Please stop talking.

She can't help laughing.

与 Hornby 的 17A 型相应。

Ⅱ.2.2　连动动词（三）　a→〔a〕^{-ing/to} ⇒

词汇：begin, like, prefer

例句：I hate refusing/to refuse.

He likes swimming/to swim.

与 Hornby 的 17B 型相应。

Ⅱ.2.3 连动动词（四） $a \rightarrow [a] \overset{\text{inf}}{\Rightarrow}$

（这型式中〔a〕转换为表层结构时，它后面的动词用不带 to 的
不定式。）

词汇：a) need, dare...

b) come, go, run...

（这时→表目的。也可用Ⅱ.2.0 型。）

例句：You needn't go yet, need you?

He did not dare ask her.

They'll go ask him.

We'll run tell him.

Ⅱ.2.4 连动动词（五） $a \rightarrow [b] \overset{\text{-ing}}{\rightarrow} [a]$

这个型式做成深层结构分支图如下：

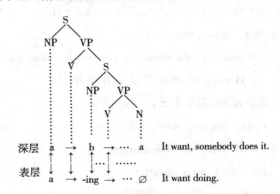

词汇：need, want

例句：That needs explaining.（ = That needs to be explained.）

与 Hornby 的 17C 型相应。

Ⅱ.2.5 连动动词（六） $a \rightarrow [b] \overset{\text{inf}}{\rightarrow}$

（本型式中〔b〕转换为表层结构时，它后面的动词用不带 to 的
不定式。）

词汇：hear, help...

例句：I heard say that...

He helped do it.

Ⅲ.0　及物动词　a → b

词汇：read, write...

例句：I write a letter.

She made a mistake.

与 Hornby 的 1 型相应。

Ⅲ.1.0　双宾及物动词（一）　a → b to c 或

$$a \rightarrow \begin{bmatrix} \text{pron.} \\ \text{to c} \end{bmatrix} b$$

词汇：give, show, bring...

例句：I showed my photo to Henry. ／I showed him the photo.

与 Hornby 的 18A 型及 19A 型相应。

Ⅲ.1.1　双宾及物动词（二）　a → b for c 或

$$a \rightarrow \begin{bmatrix} \text{pron.} \\ \text{for c} \end{bmatrix} b$$

词汇：buy, leave, save...

例句：He made a new dress for her. ／He made her a new dress.

与 Hornby 的 18B 型及 19B 型相应。

Ⅲ.1.2　双宾及物动词（三）　a → b c

词汇：envy, forgive, save, ask...

例句：I envy you your fine garden.

He asked me a question.

与 Hornby 的 19C 型相应。

Ⅲ.2　准及物动词　a→prep. b

词汇：depend on, look at...

例句：He called on me.

I'll arrange for transport.

Ⅲ.3.0　兼语动词（一）a → b $\begin{bmatrix} \text{inf} \\ \text{b} \end{bmatrix}$ → ...

（这型式中〔b〕转换为表层结构时，它后面的动词用不带 to 的不定式。）

词汇：let，make，see，hear，feel，watch，notice，help…

深层结构分支图如下：

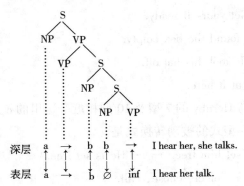

例句：I heard（them）say that…

She helped（me）do it.

I made him go away.

I felt the house shake.

与 Hornby 的 5 型相应。在 hear、help 等词后面，如果不致产生歧义，则口语中 b 可以省略。

Ⅲ.3.1　兼语动词（二）　$a \to b\,[\overset{to}{b}] \Rightarrow c$

词汇：want，ask，tell，expect…

例句：I asked him not to do it.

He warned her not to be late.

I told the servant to open the window.

与 Hornby 的 3 型相应。

Ⅲ.3.2　兼语动词（三）　$a \to b\,[\overset{-ing}{b}] \Rightarrow c$

词汇：keep，find，hear，leave…

例句：I found him working at his desk.

I heard him giving orders.

与 Hornby 的 6 型相应。这一型式的被动转换式是：

He kept me waiting.　←→　I was kept waiting.

Ⅲ.3.3　兼语动词（四）　　a → b〔b = 〕c

词汇（a）：get, make, set, turn...

例句：Get yourself ready.

　　　I found the box empty.

　　　He took his hat off.

　　　Put it here.

　　　与 Hornby 的 7 型及 10 型相近。这里的 c 是形容词、副词等。这一型式的被动转换式是：

　　　I set him free. ← → He is set free.

词汇（b）：elect, chose, call...

例句：They chose Mr. Smith chairman.

　　　They named their son Henry.

　　　与 Hornby 的 8 型相应。这里的 c 是名词等。这一型的被动转换式是：

　　　They elected him king. ← → He was elected king.

词汇（c）：get, have, hear...

例句：I have got my hair cut.

　　　She had a new dress made.

　　　与 Hornby 的 9 型相应。这里 c 是过去分词。这一型的被动转换式是：

　　　I have my hair cut. ← → My hair was cut.

词汇（d）：believe, consider, think...

例句：They believed him（to be）innocent.

　　　We proved him（to be）wrong.

　　　与 Hornby 的 4 型相应。这一型与上述几型的区别在于 c 前面也可以加 to be。这一型的被动转换式是：

　　　They believed him（to be）innocent. ← → He is believed（to be）innocent.

Ⅳ.1.0　包孕动词（一）　　a →〔（that）b/a ⇒〕

　　　（本型图示中，〔 〕表示从句；引导词 that 可有可无；b 也可以与 a 同一。)

词汇：hope, expect, think, suggest, see...

例句：I hope (that) you'll come.

He saw (that) the plan was useless.

与 Hornby 的 11 型相应。这一型的被动转换式是：

He saw (that) the plan was useless. ← → It was seen that...

深层结构分枝图如下：

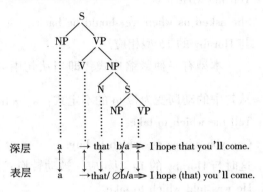

Ⅳ.1.1 包孕动词（二） a→b {(that) c/b, a⇒}

（本型中 c 也可能与 b 或 a 同一；但 b 与 a 不同一；除 -self
之外。）

词汇：tell, warn, remind...

例句：I told him (that) he was mistaken.

We satisfied ourselves that the plan would work.

与 Hornby 的 12 型相应。这一型的被动转换式是：

I told him (that) ... ← → He was told (that) ...

Ⅳ.2.0 Wh- 包孕动词（一） a → {wh- b/a ⇒...}

（wh- 代表疑问代词或疑问副词。）

词汇：wonder, care, suggest...

例句：I wonder whether he will come.

Say what you want.

与 Hornby 的 15 型相应。

本型有一种紧缩形式，即当从句中 b＝a 时，b 可略去，而从句中的动词变为带 to 的不定式，如：

$$a \to \{wh\text{-}[\overset{to}{a}] \Rightarrow \cdots\}$$

例句：I wonder how to do it.

这时与 Hornby 的 13 型相应。

Ⅳ.2.1 **Wh- 包孕动词（二）**　　$a \to b\{wh\text{-}c/b,\ a \Rightarrow \cdots\}$

词汇：tell, ask, advise...

例句：Tell me what it is.

She asked us when we should be back.

与 Hornby 的 16 型相应。

　　本型有一种紧缩形式，即当从句中 c＝b 时，c 可略去，而

从句中的动词变为带 to 的不定式：$a \to b\{wh\text{-}[\overset{to}{b}] \Rightarrow \cdots\}$

例句：Tell me which to take.

Can you advise me which to buy.

这时与 Hornby 的 14 型相应，被动转换式是：

He was told which to take.

＊　　＊　　＊　　＊

本文内容可概括如下表：

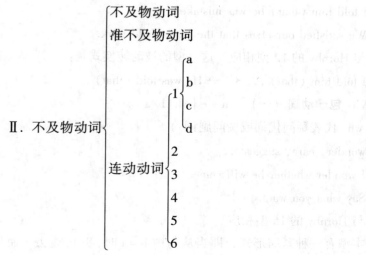

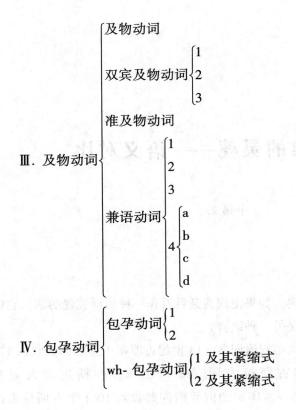

Ⅲ. 及物动词
　　及物动词
　　双宾及物动词 {1 2 3}
　　准及物动词
　　兼语动词 {1 2 3 4 {a b c d}}

Ⅳ. 包孕动词
　　包孕动词 {1 2}
　　wh- 包孕动词 {1 及其紧缩式　2 及其紧缩式}

双语词典的灵魂——语义对比

李锡胤

双语词典也叫作翻译词典。如果把词典条目看作一种机译装置的话，它的输入语是一种语言，输出语是另一种语言。

许多国家中，最早的词典是双语词典。13 世纪古罗斯手抄本词表收入 174 个古犹太词、古希腊词和古斯拉夫词。16 世纪末，杜斯达诺夫斯基（Л. З. Тустановскнй）编的第一本印刷的俄罗斯词典收入 1061 个古斯拉夫词和外语词，用乌克兰语、白俄罗斯语及俄罗斯语进行译解。英国在盎格鲁－撒克逊时代就出现拉丁语－英语词汇表；到 1400 年左右若干词汇表合成一本拉丁语－英语词典。根据加克（В. Г. Гак）（1977）的研究，西班牙语、法语、德语、匈牙利语、捷克语、波兰语的词典发展史也是这种情况。

早期双语词典的编者把问题看得简单，他们似乎以为各种语言中都有现成对应的词；编双语词典时，只消一一对号就行。这种看法在双语词典的实际编写工作中一直起着作用，可以说至今尚有影响。另一方面，这样做法，实践中必然遇到许多困难，编写像印欧语和汉语这两种相去甚远的语言的翻译词典时尤其感觉得到。我国有些人提倡双解词典，就是为了弥补两种语言词汇对应上的缺陷，而求援于原语言的分解式定义。苏联词典学家 Л. В. 谢尔巴，在 1940 年第一次科学地指出：对每两种语言，需要编纂四本双语词典，其中有一本是用本族语详解的外语－本族语词典。这里所谓"详解的"，意思是说：词条中输出的不是勉勉强强的"对应词"，而是精确的对应词，或者（找不到精确的对应词时）是用本族语给外语词意义所下的定义。

事实上，如果超出词典学的理论和实践的范围之外，那么，不少语言学家和哲学家强调语言单位的民族特点，已经大大过了头。有的人认为作为文化要素的语言是人类互相理解的障碍，他们否定翻译的可能性；有的人还认为："对某一个词取得一致理解的集体远比'某个民族'这一抽象概念要窄得多。"（А. А. Потебня 1899）详细探讨这个问题不是本文的目的。

双语词典当然也要反映条目词的写法、读法、形态学特点、支配关系和词源等项，但这些方面它和单语词典基本相同；如果有差别的话，原因不在于不同的语种，而在于不同的编纂目的。双语词典作为一种词典类型，特点就在于条目中被定义者与定义者是两种语言手段。因此双语词典中词义反映得正确与否、精确的程度如何，都取决于两种语言词汇的语义对比。

这里对比的直接双方当然就是两种语言的对应词。但是还必须明确从什么角度进行对比，对比哪些方面。为了弄清这些问题，要从语义三角说起。自奥格登（Ogden）和黎恰茨（Richards）以来，这有好多解释，我们采用简单的一种：

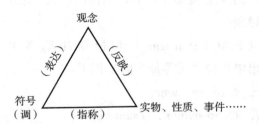

词作为一种符号有能记者和受记者两方面，前者是音位系列或字母系列，后者是该符号所表达的观念，以及通过观念反映出来的实物、性质、事件等等。需要说明的是：第一，符号指称实物等等，但符号和实物等没有本质的内在联系，而都是通过人脑的反映（观念）而联系的。第二，照叶尔姆斯列夫（Hjelmslev）的说法，符号的内容方面也有两重性："实体"和"形式"。举例说，光谱的"实体"是一种连续统，而经过人脑反映作为符号的受记者的，却是一种"形式"：分别为红、橙、黄、绿、青、蓝、紫等互相分割开的单色了。

从翻译或语义对比的角度来观察，语义三角可以改用下列示意图：

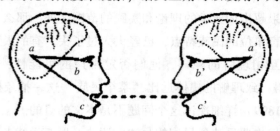

a 和 a' 表示观念，b 和 b' 表示看到（或听到、摸到等）的实物、性质、事件等，c 和 c' 表示两种不同的语言符号。

这里 c……c' 就是翻译词典里的条目词和它的定义之间的关系的表面形式。粗看起来这么简单，实际上要进行对比的却是 b—a—c 和 b'—a'—c' 两条系列。

问题的复杂性在于：操两种语言的人习惯见到、听到、触到的事物不是完全相同的，通常所称的"异国情调"，就是彼此的差异；他们脑子的官能相同，但他们头脑中的观念系统和思维模式却不尽相似；不同的语言体系在表达观念的同时，不完全对应地赋予后者以独特的形式、限定观念的范围、影响观念的分类和互相关系。

维利萨根（E. M. Верещагин）和柯斯托莫洛夫（В. Г. Костомаров）（1973）举出俄语中六种"无等价物的"词汇：

苏维埃词语，如 совет, мтс；

新生活词语，如 субботник, целинник；

传统生活词语，如 щи, борщ；

历史词语，如 сажень, аршин；

成语性词语，如 объегориться；

民间文学词语，如 оборотень。

如果"无等价物的"词只限于上述六种，事情就简单多了。问题出在大量的貌似"等价"、实则不全对应的词汇之上。

词汇的语义对比从哪些方面着手呢？我们认为：第一，从某词的某一意义与另一种语言中对应词的对应意义进行对比；第二，从同一语言中某词义和其他词义之间的关系及联系为一方面，与另一语言中对应词义的对应关系及联系为另一方面来进行对比。前一种我们称为意义（sens, значение）的对比，后一种称为意值（valeur，значимость）的对比。

已经有过好些文章谈到两种语言词义对比的问题，他们举出词义所表达的概念外延有广狭之别，内涵有多寡之分，此外还举出参差现象和交叉现象。这些都是正确和有益的观察，我们不再重复了。我们把词义分为四类：

1. 事物–现象名称：名词词义；
2. 性质名称：形容词、表示性质的抽象名词等的词义；
3. 动作–状态名称：动词、动名词等的词义；
4. 关系名称：介词、连词及表示关系的名词、形容词等的词义。

这四类词义中，都有从具体到抽象的若干层级，也都有一部分词义在另一语言中没有"等价物"。

事物–现象名称中，很大部分表示十分具体的事物或现象，人们摸得着、看得见；它们很容易在另一语言里找到"等价物"，如 стол—桌子，ropa—山。对这种词义如果加上双解，恐怕很少有读者看了翻译以后还有兴趣去看原文的分解式定义，因为这时候，分解式定义远没有对应译文来得准确而明了。如，《现代汉语词典》（1978）对"乒乓球"所下的定义是"球类运动项目之一，在球台中央支着球网，双方分站在球台两端用球拍把球打来打去"。这定义是准确的；但是对一个譬如英国人来说，终不如 table tennis 或 ping-pong 来得一目了然，从中不仅知道这一项目是"把球打来打去"，而且连怎么个打来打去法，也一清二楚了。

具体事物名称中也可以有抽象的因素，这时候就丧失了完全的对应。例如人们经常提到的词：俄语的 рука 既表示英语的 hand，也表示 arm；俄语的 нога 既表示 foot，也表示 leg。又如俄语的 дверь 和 окно，似乎和汉语的"门"、"窗"正好对应，其实这两个俄语词，分别表示"门洞"、"（一扇）门"和"窗户洞"、"（一扇）窗子"。

有些具体事物名称和抽象名称不能简单地翻译成对应词。这里首先包括一个民族特有的事物名称，前面提到六种"无等价物"的词中，除第五种外，都是苏联的和俄罗斯民族的特有事物。随着文化交流的增长，这类词逐渐减少，如 совет 和汉语词"苏维埃"已成了完全"等价物"了。近来，国俗语言学（лингвострановедение）非常注重民族文化特点在语言中的反映。双语词典适当地反映某些民族文化特点是有益的。鲍林格（D. Bolinger）（1965）正确地指出：一本词典的成功不能无视关于世界的知识，而必须通过这种知识和借助于这种知识。

举例说，苏联科学院编的十七卷本《俄语词典》中 счастье 条目下加了一个旧词组：слепое счастье（字面翻译是"瞎眼的幸福"），不加说明，中国读者就不易理解。原来，欧洲人的观念中，幸福女神是蒙着眼睛的，她乘风而来，可能碰上任何一个人；可是她的长发被风刮到前面，她到了你身边时，你乘机抓住她的长发，幸福就属于你的了；如果你没有及时抓住，她飞过你身边，你再抓就抓不住了。（中国旧观念中的"福星"是个手执玉如意的大官僚；而在传统宿命论支配下，认为"时来风送滕王阁"，是"运气来，推不开"的。这种对比，词典中不用写上去，但在解释成语、谚语和选例句的时候，可作为潜在的对比项。）

民族文化特点除了表现在上述一类词义中外，还有一部分词，它们所表示的事物客观上是不限于一个民族的，可是某民族对之加以注意，因而给它们起了名称；而另一民族却比较不那么认真看待，也不起名，所以给翻译工作造成困难。例如俄语词 поволока 的意思是：鹿、兔子等在雪地上跑过时留下的脚印的表面，朝前方或朝一旁微微蹶起一点松的雪花，猎人管这种痕迹叫 поволока。再如俄语中蘑菇名称之多，正如汉语中菊花名称一样，这两批名目想在对方语言中找现成"等价物"是徒劳的，虽然这些植物没有"逾淮变枳"的记载。

双语词典中对付这种民族-文化特有事物名称的办法，最好大概莫过于加插图了。一幅简单的插图，有时抵得上百来个字的定义。俄国和苏联的语词性词典一般都缺少插图。但是达里（Даль）在解释帽子形状和猪肉各部位的名称时也不得不利用图形弥补文字的不足。

奈达（E. A. Nida）（1964）观察事物-现象名词的抽象层级，如下图所示：

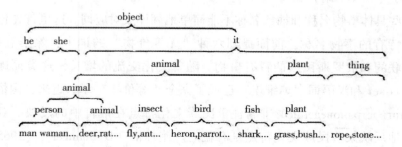

他指出：底下的一级名词，意义最具体，越往上，意义越抽象；而且越是抽象的词，在不同语言中意义差别越大。

举几个俄语的例子：бельё，往往被译为"内衣"，事实上它表示一个概括的"种"概念，既包括内衣类，也包括桌布、餐巾之类和褥子、枕巾之类；相应的汉语词我们没有找到。俄语词 хватка 有一个抽象意义。"У него большая хватка."或者"Он человек большой хватки."勉强可译为"他善于广泛地汲取有用的知识和技能"，但孤立的词义，实在不容易译出。这好像照相似的：摄全景的时候，个别物件融合在周围环境之中，不那么显眼；而放进词典条目，每一个细部都成了特写镜头。编词典的苦处，也就在此。

性质名称首先包括形容词，此外还有表示形质的名词。与事物–现象名称相比，性质名称都较为抽象，语义范围普遍具有含糊的特征，而且往往是相对的。譬如"大"和"小"，究竟怎么样的体积才叫大呢？一座"小"山比一个"大"老鼠可要大得多！从语义对比的角度看，性质名称有自己的特殊性：其中一部分具有鲜明主观评价色彩的性质名称，在不同语言中反倒容易找到等价物，如 хороший—好的，плохой—不好的，добрый—善良的，злой—恶的（至于善恶、好坏的标准，那是阶级性问题，与语言不发生直接关系），等等；而一部分比较具体的性质名称，在不同语言中反倒参差难齐，如 горький 既表示"苦辛味的"，也表示"（酒味或烟气等）冲鼻的，呛人的"，而且在俄语中这两种意思是不分化的（苏联科学院编的十七卷本《俄语词典》和四卷本《俄语词典》，这两种意思都合并在一个义项里）。同样，ревнивый 的意思是：生怕别人觊觎自己心爱的人或物。在汉语里，涉及意中人时，用"吃醋的"表示，涉及其他物品时，如 ревниво оберегать своё изобретение 就很难说是"带醋意"了，只能译成：他热心维护自己的发明物，唯恐别人染指。又如颜色词中，与汉语"蓝色的"和"青色的"相对应的俄语词只有一个：синий。而"青青的草"却是 зелёная трава，"青布"却是 чёрная ткань。可以图示如下：

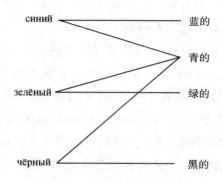

各种语言中都有一些特别精细的字眼，例如俄语 дружная 形容 весна 时表示"迅速转暖，草树骤然放青，没有乍暖乍寒的反复现象的春天"，这词组在斯米尔尼茨基（А. И. Смирницкий）的俄英词典中定义为 suddenly arriving spring, spring with rapid and uninterrupted thawing of snow。这种词"挂"在人民嘴上，诗人把它看成"诗眼"，到词典编者面前却成了魔障！

性质名称中还有更麻烦的现象。某些形容词不是描述一个属性，而是同时包含好几个区别性特征。这些特征组合的可能性是非常多的，因而相应词的语义结构很繁杂，而在不同语言中是很难找到"等价物"的。拿描写马的各种毛色的俄语形容词为例：

马的毛色	身	头	鬃	腿	尾
вороная	黑	黑	黑	黑	黑
караковая	黑	黑*		黑	
чалая	棕	棕		棕	
гнедая	棕		黑	黑	黑
игреневая			白灰		白灰
буланая	黄		深褐	深褐	深褐
соловая		黄	白 淡色	黄	白 淡色
чубарая	白底黑点 黑底白点				
пегая	棕 黑 暗红，带大白点			白	

动作-状态名称，主要是动词和动作名词。粗看起来，似乎动作没有什么民族特点可言，其实不然。例如：обираться 有一个意思是指人临死前无意识地抚摸自己的衣服；这是在汉语中找不到对应的。我们所谓"回光返照"，或

者子路的整冠待死，都不是这种意思。помяться 是指踌躇时，站着把身子重心时而放在左脚上，时而放在右脚上。操汉语的人也可能做这种动作，可是不给它造一个专门的动作名称。повести чем-н. 译作"动一动，动弹一下"是повести бровью, усом, плечами, глазами, носом, пальцем, рукой 等词组中各种不同动作的"公倍数"，可不是"最小公倍数"，因为"动一动，动弹一下"还可指整个身子等等，这是超出 повести 这个动作名称的范围之外了。

关于动词语义分析问题 J. D. McCawley 提出了一套方法。（Э. М. Медникова 1974）他先列出各个语义要素：

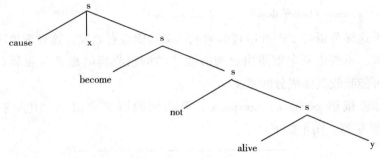

S——"主词-述词"型句子结构。X——整句的主词，Y——从句的主词。分支左项都是起述词（predicate）作用的语义要素。整个图的意思是：X（人名）caused（假定为过去的动作）Y（人名）to become not alive。

语义要素允许重新组合，也就是允许把低一级的述词合并到高一级的述词里去，这叫作"述词升级"（predicate raising）。举例说，英语中

 not alive 可合并为 dead

 become dead 可合并为 die

 cause Y to die 可合并为 kill y

 如图所示：

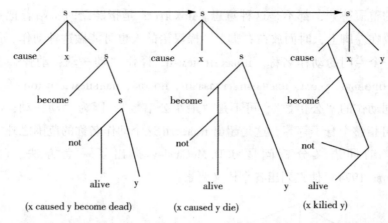

(x caused y become dead)　　　(x caused y die)　　　(x kiiled y)

我们以为这样分析对于两种语言的词汇语义对比很有启发。这种现象不局限于述词升级，不少语义学家指出过的所谓"动词吸收宾语意义"也属此，而且动词还可能吸收其他成分的意义。

例如，俄语 обедать，завтракать 等动词的语义要素是"吃＋午饭"或"吃＋早饭"等。图示如下：

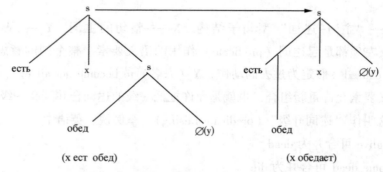

(x ест обед)　　　　　　　　(x обедает)

而 перебывать 一词，可以表示下列意义：

1）X 到（许多）地方；2）（许多）X 到某地方；3）（许多）X 到（许多）地方。

可见这个动词把几个"许多"的意义吸收为自己的语义要素。俄语动词的前缀非常积极，也就是说，它们的吸收力特强。所以，法国作家梅里美（1854）写道：俄语一个词能表达好多意思，换一种语言往往得用好几句话。

关系词首先包括介词和连接词。它们大致可以分为两类：第一类反映客观事物或事件之间的关系和联系，它们比较容易在另一语言中找到对应词或词组，如英语的 on（the table）——在（桌子）上，in（the table）——在（桌子抽屉）里等；第二类表示词与词之间的联系和关系，它们的"等价物"就难找，尤其是汉语和印欧语系各语言的差别很大，彼此的"等价物"更少，外汉词典主要不得不靠语法式的定义。

关系词还包括那些表示关系的名词，我们把亲属称谓等等都算在内。说也奇怪，俄语的亲属词汇，除了 отец，мать 之外，大多数与汉语不对应（且不把转义考虑在内）。翻译者遇上 брат，сестра，дядя，тётя，бабушка，дедушка，真不知用中国话称呼他什么好！更不用说什么 двоюродный，троюродный 这些辈分的人了。

现在我们来讨论意值的对比。前面某些地方已经涉及这问题，因为意义和意值实际上很难分割开。

照索绪尔等人的观点，一个词的词汇意义不仅决定于它与某一观念的互相联系，还决定于它在词汇系统中与其他词之间的关系。每个词都是词汇系统这张"大网"上的一个"网点"，离开了"网"，这"网点"就没有"价值"。

我们先观察聚合关系（paradigmatic relation），然后观察组合关系（syntagmatic relation）。聚合关系包括多义关系、同义关系和语义场关系。多义现象的比较，我在《俄语词汇的多义现象》（载《外语学刊》，1980 年第 1 期）一文的最后一节谈过了，不再重复。这里只补充一点与双语词典直接有关的问题。词的（单一的或若干个）词汇意义客观地存在于语言的词汇–语义体系之中、存在于人们的社会语言意识之中。双语词典要反映这个客观事实，正如单语词典一样。可是一个词的若干意义往往密切相连，形成一条连续统（continuum）。词典里所分的义项，都是相对的。因此，除了照历史演变过程排列词义以外，共时性的诸义项允许有不同的排列法。举例说，关于 вырасти 一词，我们收集了下面十七种句子：

1. *Дети очень выросли за лето.*

2. *Она уже выросла.*

3. *Вырасти из пальто.*

4. *Он вырос в детском доме.*

5. *Ты умом не вырос.*

6. *Из него вырос настоящий моряк.*

7. *Она выросла в активного строителя социализма.*

8. *Дерево выросло.*

9. *Там, выросла липа.*

10. *Борода выросла.*

11. *Ногти выросли.*

12. *Выросли новые города.*

13. *Небольшой посёлок вырос в целый город.*

14. *Группа выросла.*

15. *Количество (чего) выросло.*

16. *Любовь к матери выросла.*

17. *Передо мной выросли чёрные силуэты домов.*

归纳成下表：

	人	植物	毛发、指甲	城市	组织	数量	感情	泛指物
长高，长大	①②	⑧						
长长			⑩⑪					
长到不合身	③							
长成，成熟	④⑤⑥							
成长为	⑦							
生长于		⑨						
兴起				⑫⑬				
扩大					⑭			
增多						⑮		
增强							⑯	
出现在面前								⑰

不难看出，不同的动作与不同的主语有着有机的联系，一般来说，从动作出发和从主语出发，结果是差不多的。经过合理的归并我们先得出下列义项：

（毛发、指甲）长长

（城市）兴起，（组织）扩大

（数量）增多，（感情）增强

（泛指物）出现在面前

还留下①—⑨例句，怎么归纳呢？如果从主语出发可得出：

（人）长大，长高；长到衣服不合身

（人）长成，成熟；成长为

（植物）长高；生长于

而如果从动作出发可得出：

（人或植物）长高，长大；（人）长到衣服不合身

（人）长成；成长为；（植物）生长于

两种归纳法反映同样的语义连续统，所以都是正确的。双语词典的义项归纳法可以和单语词典有所不同（事实上，各种单语词典的义项归纳法也常常不全相同），要看如何使读者容易接受、容易窥见整个词的语义连续统、容易与本族语进行比较。

词典实践中正是这么做的。例如俄语 брезгать 一词在苏联科学院编的四卷本《俄语词典》中只有一个义项：испытывать отвращение к кому-чему，гнушаться。而斯米尔尼茨基的《俄英词典》中分为二义：①be squeamish（about）②disdain, shrink。谢尔巴的《俄法词典》也分为二义：①avoir du dégoût pour ②mépriser, dédaigner。相反，видеть 一词在《俄语词典》中有好几个意义，而《俄英词典》把它们合在一起：ВИДЕТЬ（вн.；в разн. знач.）see。

严格意义上讲，或者从理想主义出发，同义词是若干个不同形式的词表达同一事物或概念。借用 R. 卡纳普的公式表示：

$$(x) \ [\ P(x) = Q(x) \ ]$$

x 表示事物或属性的集合；P（或 Q）表示"用符号 P（或 Q）表示"（设 P 或 Q 是单义词的话）；或者"处于符号 P（或 Q）所表示的意义范围之内"（设 P 或 Q 是多义词的话）。

这个公式适用于同一语言的同义现象，也适用于不同语言的同义对应现象。这两种同义现象本质上相同，差别只在于 P 与 Q 属于同一符号系统还是不同的符号系统而已。

上面说过，这是从理想主义出发的；因为自然语言中 P(x) 等于 Q(x) 的情况是极少的，在绝大多数场合下只是相近似罢了。所谓同义语，说的是它们

意义上大同小异：它们具有若干共同的语义要素，同时具有个别互相区别的语义要素。

从前的各种单语词典，对同义词只看到"大同"而不注意"小异"，常常简单地用同义词来释义。近代的单语词典改变了这种做法，主要依靠定义来释义，同义词只用作一种辅助手段。像美国韦伯斯特的《新世界词典》，法国的《小罗贝尔词典》等都在词条中专设"同义词"一项（«Le petit Robert»中用 v. 表示）。一般词典中加这一项，不是想取代专门的同义词词典，而只是为了从聚合关系的角度更确切地揭示词义。这是聪明的措施。

双语词典中的同义现象，除了

1) （x）［P（x）~ Q（x）］外，还有：

2) （x）［P（x）~ P'（x）］，这里 P 和 P' 代表两种语言中意义对应的词，或叫同义对应词。

双语词典正从简单地用单词译单词演变到用一种语言给另一种语言的词义下定义。下定义这种方法部分地解决了同义现象和同义对应对象的问题，但不可能完全解决，正如单语词典的情况一样。因此在双语词典中采取罗贝尔词典和韦伯斯特词典的长处，增加辨义一项，将是很有裨益的（我国旧《英汉四用词典》尝试过）。

再深入一步考察，双语词典中的同义关系不仅仅增加了第二个公式，而且由于这第二公式，使第一个公式复杂化了：许多词在原语言中不是同义词，而对于操另一种语言的人却成了同义现象。有一种保守观点，认为这些不能算同义词，似乎只有被操本族语的人承认、在本族词同义词词典里"注了册"的才算。我们不同意这种看法，因为同义对应词（有人称之为"翻译的同义词"）是客观存在的，翻译工作者经常碰到；而且我们认为这问题对于文化-心理语言学是有很大意义的。可惜目前缺少研究，下面仅举个别例子。

俄语把"干物烧焦的糊焦味儿"叫 гарь，而把"液体（尤其指牛奶）锅巴的焦味儿"另起名称叫 пригарь。这种区别在单语和双语词典中必须详细注出。

俄语 лезть 的意思是"（缘物）爬上"或"（穿过窄小地方）爬进，进入"。ползать 是"（双脚双手在地面或其他物的表面）爬行"。这是两种截然不同的动作，可是因为译成汉语都有一个"爬"字，所以意思相近似了。

носить 有两个语义要素：①拿着（某物）②走动；译成汉语是"（把某物）拿来或拿去"。держать 只有一个语义要素："（把某物）拿在手中"，强调的是"拿着"。由于语义要素的多寡不同，特别是由于强调的特点不同，这两个词在俄语中不算同义词。对于中国读者来说，这两个词的译文都有一个"拿"字，而且"拿来、拿去"在汉语中是个动补结构，似乎动作集中地用"拿"字表达，"上、下、来、去"等只起补足作用。这样就使 носить 和 держать 的意义形成同义关系了。

另一方面，拿 носить 和 возить 比较，前者的语义要素是：①拿着（某物）②行动③步行。后者是：①拿着（某物）②行动③乘交通工具。这里共同的语义要素多于区别要素，本来合乎同义词的定义。可能因为俄语移位动词体系中，步行和乘交通工具的区别是很突出的，贯彻于整个系统，所以像 идти — ехать，носить — возить 等都不看作同义词。汉语语言意识中"移位，运动"的语义要素突出出来，移位的方式要用状语表示，不作为动词的语义要素，因此这些俄语词在俄汉词典中，最好作为同义对应词加以注明。

俄语把"骨刺"叫作 игла，实际上看作一根针；而把"扎入肉里的刺"叫 заноза，是利用动词 занозить（扎进）的词干来表示的。操俄语的人的语言意识中，这是完全不同的两个概念，没有共同之处。译成汉语，上位概念都是"刺"，成了地道的翻译同义语（这问题笔者很感兴趣，假我时日，当做进一步研究）。

现在简单地谈一下语义场的对应问题。

关于语义场众说纷纭。我们认为语义场不外反映两个事实：第一是客观事物中"物以类聚，人以群分"；第二是语言中有许多类比现象。反映第一种现象的语义场，表示同位关系者常常以颜色词、亲属名称、军阶名称等为例，议论得很多。这里不再赘述。在双语词典中表示这些语义场，使每个名称在场中明确地占有各自的地位，最好的办法莫过于列出表格。这是语词性词典与百科词典的共同释义方法。当然，双语词典中翻译仍是不能缺少的。

差位关系（即上位概念与下位概念之间的关系）的语义场，单语词典要系统地反映。如苏联叶夫盖尼娃（А. П. Евгенева）主编的四卷本《俄语词典》中：

дуб 是一种 *дерево*...

дерево 是一种 *растение...*

растение 是一种 *организм...*

организм 是一种 *существо...*

这类名称，一般说通过翻译就清楚了，不必标出上位概念。

反映语言中类比现象的语义场，在像俄语这种综合语言中是很多的。如同根词、同前缀词、同后缀词、同类型的复合词等等。俄语词典对这些词努力做出范式定义（типовые определения）。双语词典的译文也应力求一致，并且往往需要加统一的注解。

现在让我们从组合关系的角度来看意值的对比，也就是从对应词在言语中的各种用法来比较它们的语义。

罗素认为：词义是不完全固定的。只有观察词的用法才能揭示其意义。用法是第一位的，词义是从用法中得出来的。

巴勃金（А. М. Бабкин）（1975）不同意波铁布尼（А. А. Потебня）的说法，似乎：词在言语里才是词，进了词典便成了标本。巴勃金认为编词典的工作从做卡片开始到把词编进词条，都把上下文（контексты）和词联系在一起，从不使词脱离上下文。

单语词典的词条中不能没有例句，双语词典就更为如此了。

各种语言都有一部分"脾气古怪""落落寡合"的词。例如英语的 doff 与 put off 或 take off 同义，但它只能指"脱去上身穿的东西"，如 doff hat, coat, jacket 等，不能说 doff skirt, shoes 等。die 是"死"的意思，但英语这词不用于自己的父母亲及兄弟姊妹等身上，有点类似语言禁忌。俄语也有这种情况，如 гривна 一词只能和数词 шесть, семь, восемь, девять 连用，因而只以复数第二格形式存在于言语之中。

多义词进入言语之后意义便具体化了。用温莱赫（U. Weinreich）（1963）的表示法（设 A, B, C... 是符号〈词〉，C_1, C_2... 是符号的各个意义要素，∧代表"及"，∨代表"或"）：

$$\text{多义词}\begin{cases} A\ (C_1 \vee C_2) \\ A\ [C_1 \wedge (C_2 \vee C_3)] \\ A\ [(C_1 \wedge C_2) \vee (C_2 \wedge C_3) \vee (C_3 \wedge C_4)] \\ \cdots\cdots \end{cases}$$

进入言语之后，多义词与其他词汇搭配在一起，它的词义便具体化了：若干个词义之中，某一词义突出起来，得以"实现"。表示为：

设 $A\{C_1 \wedge C_2 \wedge [C_3 \vee (C_4 \wedge C_5)]\}$ ；$B; C$

如 A 与 B 搭配，则"实现"为 $A(C_1 \wedge C_2 \wedge C_3)$

如 A 与 C 搭配，则"实现"为 $A(C_1 \wedge C_2 \wedge C_4 \wedge C_5)$

这也就是所谓"语义的一致关系"。下面举几个具体例子。

俄语动词 мочь，通常译为"能，能够，会，可以"。译得没有错，但是汉语译文的多义性既传达了原词的多义性，也模糊了原词的多义性。我们认为解决办法有两个，或者详细地分出各个义项：

1. 有能力、有条件（做某事）。如 "*Не могу поднять что-н.*"。

2. 有资格、被允许（做某事）。如 "*Вы можете уйти.*"。

3. 有愿望、有兴趣（做某事）。如 "*Могу вам сказать.*"。

4. 有可能（发生某事）。如 "*Может быть он уехал.*"。

或者在笼统的译文之后，列举各类例句，使读者把多义的译文与具体例句对上号。

有些词用在一定的上下文中，产生出与原义完全不同的，甚至相反的意义。例如，нравиться 本来是"使人喜悦"的意思，用在下面句子中却表示"使人不满"："*Мне это нравится! Ни слова не сказал, да и уехал!*"。

试看下面两对句子：

1）*Однажды судьба улыбнулась ему.* 有一次他碰上好运。

Пожалуй, двадцать-то пять рублей в месяц улыбнутся. 看来一月二十五个卢布要落空。

2）*Пришли все знакомые, кроме Ивана.* （伊凡没有来）

Пришли, кроме Ивана, Коля и Наташа. （伊凡来了）

还有一些词，意义很笼统，不能分化成若干义项；而在言语中的用法又很多。词典就得多给出一些例句。如：

кто——谁？什么人？

1）［*София*：］*Ах! Боже мой! Упал! Убился!* ［*Чацкий*：］*Кто? Кто это*? （哪一个人？）

2）*Кто был это? — Должно быть Петруша.* （叫什么名字的？）

3）*Кто он? — Он бедный сапожник.*（干什么的?）

4）*Кто он тебе? — Мой дядя.*（你的什么人?）

这里情况和 мочь 不同，кто 的词义根本没有分化的可能，不用例句，就只能给一个最广泛的译文："谁? 什么人?" 至于在不同例句中，可以用不同的译法，帮助读者具体地理解词义。

注释

＊眼圈、嘴尖带棕斑

参考文献

［1］ ГАК В Г. О некоторых закономерностях развития лексикографии （учебная и общая лексикография в историческом аспекте）［М］// Актуальные проблемы учебной лексикографии. М., 1977.

［2］ ЩЕРБА Л В. Опыт общей теории лексикографии［М］//ЩЕРБА Л В. Языковая система и речевая деятельность. М., 1974.

［3］ ПОТЕБНЯ А А. Из записок по русской грамматике［М］. Харьков : Д. Н. Полуехтов, 1888–1899.

［4］ ВЕРЕЩАГИН Е М, КОСТОМАРОВ В Г. Язык и культура［М］. М., 1973.

［5］ BOLINGER D. The Atomization of Meaning［J］. Language, 1965, 41（4）.

［6］ NIDA E A. Toward a Science of Translating［M］. LEIDEN：E. J. BRILL, 1964.

［7］ МЕДНИКОВА Э М. Значение слова и методы его описания［М］. М. : Высш. школа, 1974.

［8］ БАБКИН А М. Слово в контексте и в словаре［М］//БАБКИН А М, СЕРГЕЕВ В Н. Современная русская лексикография. Ленинград : Наука. Ленингр. отделение, 1975.

［9］ WEINREICH U. On the Semantic Structure of Language［M］//GREEN-BERG J H. ed. Universals in Language. Cambridge：M. I. T. Press, 1963.

从《聪明误》看 19 世纪初叶俄语的若干特点

李锡胤

一部伟大作品是当代社会面貌和人民生活的镜子。在这面镜子里，同时也反映出当代语言的特点。俄国作家格里鲍耶陀夫（А. С. Грибоедов）的《聪明误》（«Горе от ума»）就是这么一部剧本。本文只谈《聪明误》里反映出来的 19 世纪初叶俄语发展过程中的若干特点。

19 世纪前半叶是现代俄罗斯文学语言最后形成的阶段。在这时期，俄罗斯人民生动活泼的口语大量进入文学语言，俄语各个平面（语音、语法、词汇等）的规范都相对稳定地得以确立。俄国作家普希金、克雷洛夫、格里鲍耶陀夫、莱蒙托夫等人对俄罗斯文学语言做出了十分巨大的贡献。

语言的主人是人民，作家并不是语言的"立法者"。优秀作家运用语言的杰出技巧，能起很好的示范作用，影响语言的发展，淘汰糟粕，提炼精华。然而，作家只有在当代全民通用语言的基础上，才能进行加工。优秀作品之所以容易为广大群众所接受，就因为彼此有"共同的语言"。

考察《聪明误》的语言，可以帮助我们了解俄罗斯文学语言发展史上一个重要时期（19 世纪前 25 年）的特点。特别是因为格里鲍耶陀夫充分吸收当时俄国人民的口语成分。他的才能也表现在他用诗体写作，而语言接近口语，流利自然，绝无矫揉造作、生吞活剥的毛病，以至于《聪明误》的许多句子，今天已成脍炙人口的谚语。

下面分六个方面来讨论。

一、读音

①重音。

хо́лодность

забы́тых［复数二格］

слыли́［слыть 的过去时复数］

у́мны〈俚〉［умный 的短尾复数］

ну́жды（нет）〈口语〉

（всё）взято́〈俚〉

неу́жели〈口语〉

геогра́ф

внуча́т［复数二格］

кроме́

пенье́［一格］，пенью́［三格］

дался́［да́ться 的过去时］

и́збу〈口语〉［四格］

скромны́［口语〉［短尾］

суда́рь 和 су́дарь

бе́ды 和 беды́［复数一格］

отве́рнем〈俚〉

вздрогнём［вздрогну́ть 的第一人称复数］

Софи́я 和 Со́фья（前者接近法语发音）

су́дьи 和 судьи́［复数一格］

новы́ 和 но́вы［но́вый 的短尾复数］

опро́метью〈方言〉和 о́прометью

②反身动词的 -сь 在口语中可读作硬辅音 -с。如 поднялóсь［поднялóс］

③辅音脱落。如 бе́здна 读作 бе́зна，与 бесполе́зна 押韵。又 прикма́хер 应作 парикма́хер（来自德语 Perüche+Macher），这里反映索菲亚说外来语读音不地道。

④重音前附（当时口语中十分常见）。

а в тé поры

нé веселы стáли（照 Востóков 的说法：当时口语中 мил，вéсел，дóрог，мóлод 等词与 не 连用时，重音可往前移）

что зá люди

⑤其他的读音特点。

гóсподи［госпóдь 古呼格的遗迹。г 读作有声的 h］

скýчна 与 неразлýчно 押韵。这词当时一般已读［скýшна］，与现在读法同。

подú-тка 即 подú-ка。

二、书写

①形容词阳性词尾非重读时，可写作 -ой。如 девя́той，прокля́той 等。

②形容词单数二格可写成 -ово 或 -ова，带方言色彩。如 другóва，пустóво。

③名词词干末尾 -ь 后边的 -и 常脱落。如 фамúлья，мильóн，пéнье，противорéчье 等。

④其他。

прóтиву［＝прóтив］

у дéвичей［＝у дéвичьей］

бахрамá［＝бахромá］

сткля́ночки［＝стекля́ночки，стеклó 来自古俄语 стькло́，后来处于弱位的 -ь 脱落，而成 сткло́；但同时由于古复数一格 стéкла 的影响，因而又产生 стеклó 这一形式］

полоýмный［"有神经病的"。来自中古希腊词 palavōmenos，古俄语作палаýменъ。后来由于俗词源的影响，把 пала 和 пол 混了］

об Чáцком，又 об твоём，об воспитáньи［照一般规则，辅音前用 о］

三、词形变化

①三音节以上的词中，如果有全元音组，则全元音组可以脱落一个元音。如 пóлма〔=плáмя，本应作 пóломя〕。

②阳性名词单数二格用 -у 者，较现在多。如 вéтру，склáду。

③трй дни〔= три дня，古俄语中 дьнь，кóрень，кáмень 等词的单数二格以 -и 结尾，以区别于教堂斯拉夫语的 -е。这反映当时莫斯科的口语习惯〕。

④阳性名词复数一格词尾 -ы（и）和 -á（-я）并存者常见。如 волосá—вóлосы，лéты—летá。

⑤阳性名词复数二格与单数一格相同者常见。如 пуд〔复数二格。现作 пудóв〕，нерв〔现作 нéрвов〕。

⑥某些表示职位、身份的人称名词，复数二格及四格与复数一格相同。如（мéтить в）генерáлы，подмастéрьи。

⑦以 -мя 结尾的名词，口语中有时不变化。如 врéмя нет。

⑧由于受民间口语的影响，князь 一词用作同位语时可以不变格。如 у князь-Григóрия。

⑨当时有些名词性的范畴尚未稳定。如 испýга 与 испýг 并存，而且前者更常见。剧中出现 от испýги。

⑩толк 一词原来是从 толковáть 派生的，只用复数；后来派生出"流言"的意思，也用单数。如"Всё тот же толк，и те же стихи́ в альбомáх."。

⑪дверь 的第五格 дверя́ми 当时也已经少用了，代之以通用的 дверьми́。

⑫人称代词古代复数一格阳、中性作 они́，阴性作 онé，到 19 世纪初已无此限制了。如"Воспоминáния！Как óстрый нож онé."。数词 оди́н 的复数一格，古代也有 одни́（阳、中性）和 однé（阴性），19 世纪初已经混用了。

⑬16 世纪文献中短尾形容词复数词尾用 -и，17 世纪中叶起，渐多用 -ы。但直到 19 世纪初仍有用 -и 者。如"Вы рáди."。

⑭весть，несть 及它们的派生词 провéсть，свесть，произнéсть 等形式，在当时口语中用得很普遍。但 вести́，нести́ 等形式也并存了。

⑮（бог）весть，这是动词 вéдать 的第三人称单数形式。古俄语有五个所

谓无派生词干动词（нетематические глаголы，即 дати，ести，ведати，имати 和 быти），它们的变位形式特殊。（у нас）есть（что-н.）和（бог）весть 都是残留现象。

⑯18—19 世纪初，动词词干加 -а 可以构成副动词，意义与现代以 -в，-вши 结尾的副动词相似。如 воротясь，рассердясь，кляня，смеясь。

⑰剧本手稿中 ушибить 的被动形动词都写作 ушибена，这反映当时口语的说法。

⑱某些动词不用于将来时；剧本中却有 буду уметь 的用例。

四、句法

①《聪明误》中不定式谓语句用得很多，表示各种各样的情态意义和感情色彩。下面举几个例子：

Шутить！И век шутить！Как вас на это станет！（惊异）

Себя крушить，и для чего？（疑问。18—19 世纪初，不定式谓语句后面常有停顿，并用 и 连接后面的半独立部分。这时 и 表示感情色彩。）

Ах！Как игру судьбы постичь？（疑虑）

Не ночевать же тут.（决心〈不〉）

А вам，искателям невест，не нежиться и не зевать бы.（〈不〉应该）

Кому сюда придти？（可能）

Уж день！..Сказать им.（打算）

②"быть+短尾形容词第三格形式"做谓语，构成一种无人称句型，古代常用。（保留在谚语中：Бранью праву не быть. Горду быть — глупым слыть.）《聪明误》中的例子：

Зачем же быть ... так невоздержну на язык?

В презреньи к людям так нескрыту?

现代俄语中，短尾形容词没有格的变化；而"быть+第三格"这一句型只限于用名词的第三格，表示"必然"，如"Быть дождю!"。（《聪明误》中短尾形容词变格的例子还有：из чужа，из далёка）

③名词第五格形式直接做谓语，不加系词，意思与 являться кем-чем-н.

相同。如

Ах! Этот человéк всегдá причи́ной мне ужáсного расстрóйства!

④用带第三格形式的名词做表语，这种句子在 19 世纪初相当广泛。如

Но есть ли в нём та страсть, то чу́вство, пы́лкость та … чтóбы мы́слям бы́ли всем, и всем егó делáм душóй — вы, вам угождéнье?

另一方面，用作表语或同位语的名词要求另一个第三格形式做补语的情况，当时也比较多。如 кни́гам враг (= враг книг)，родня́ вам (= вáша родня́) 等。

⑤19 世纪初，包含以 -о 结尾的谓语副词的句子中，常用 для когó 代替 комý。如

Для нас равнёхонько.

⑥用被动形动词短尾中性形式做谓语的无人称句，当时常见，可分三类：

а）表示命令、建议等。如

Однáко вéлено к сердéчному толкну́ться.

Опя́ть уви́деть их мне сужденó судьбóй!

б）表示说话、写上。如

Моя́ невéстушка, котóрой уж давнó об вас говоренó.

На лбу напи́сано：теáтр и маскерáд!

в）表示命中注定。如

Ведь скáзано ж инóму на родý…

⑦стать, остáться, бýдет 等动词谓语后面可以加短尾形容词做表语。如

Ваш бáтюшка, вот бýдет благодáрен.

Не вéселы стáли.

Стáли ýмны.

Остáлся цел.

⑧полагáть, дýмать, сказáть 等后面可以加副词做补足语。如 "Я полагáл вас далекó от Москвы́。"，这是受法语句式的影响。

⑨第二人称命令式用于第三人称。这是口语的用法。如

Осéнний вéтер дуй, хоть спéреди, хоть с ты́ла.

⑩前置词重复出现，这是受民间文学的影响。如

Что в ход нельзя́ пусти́ть［бума́ги］без спра́вок, без ины́х...

Тверди́ла я, в любви́ не бу́дет в э́той про́ка.

⑪有些动词的支配关系与现在不同。如

спосо́бствовать кому́ к чему́（现作 спосо́бствовать кому́ в чём）

укоря́ть чем（现作 укоря́ть в чём）

смея́ться кому́（现作 смея́ться над кем）

⑫为了表示尊敬, 往往用动词、名词、形容词的复数形式代替单数形式。如

И слы́шат, не хотя́т поня́ть.（丽莎指索菲亚而言）

Вы старики́.（丽莎对法穆索夫说的话）

Давно́ полко́вники, а слу́жите неда́вно.（法穆索夫对斯卡洛茹布说的话）

Вы глу́хи.（丽莎对莫尔怯林说的话）

Вам пе́рвым.（恰茨基对法穆索夫说的话）

甚至在副词 по́лно 后面也加一个复数第二人称的标志 -те:

Да по́лноте-с!（丽莎对法穆索夫说的话）

⑬常用疑问代词和疑问副词来代替不定代词和不定副词。如

Учёность — вот причи́на, что ны́нче пу́ще, чем когда́（＝когда́-нибудь）, безу́мных развело́сь люде́й, и дел, и мне́ний.

С чего́ б взяла́ она́.（＝С чего́-нибудь взяла́ б она́.）

Кто придёт.（＝Кто-нибудь придёт.）

у кого́（＝у кого́-нибудь）

⑭用名词同位语代替定语。如

поко́йник дя́дя（＝поко́йный дя́дя）

франт-прия́тель（当时口语中人称名词后面往往加 прия́тель, 表示亲切口气, 如 друг-прия́тель）

⑮虚词用法的某些特点。

Поми́луйте, что（＝как）э́то вдруг припа́ло усе́рдье к пи́сьменным дела́м.

Что ты так ра́но подняла́сь.（что＝почему́, 这用法常见于口语）

Чего́（＝почему́）сомни́тельно?

Для какóй забóты?（＝для 表示原因）

А вам на что?（＝для чегó）

По смýтном сне безделица тревóжит.（＝после，这种用法现在只用于动名词的前面）

по себе（＝пóсле себя）

про всех готóв обéд（＝для）

из дéтства（＝с）

зачéм（表示原因。＝почемý）

не тóлько, *что* отéц（что 无意义。＝не тóлько отéц）

тóлько, *что* спросил（что 无常义。＝тóлько спросил）

五、词汇

《聪明误》的词汇特点，可以从下列几类词中看出。

①口语词及俚语词。（18 世纪末至 19 世纪初，俚语概念与现在的口语差不多。所以 1806 年俄国学院词典对 просторéчие 的解释是：в просторéчии или в разговóрном языкé употребляемое。）

разбóр 种类；（人们的）身份

незнáчущий 即 незнáчащий

эдак, эдакий 即 так, такóй

ужли 即 неужéли

сдеть 即 снять

тóропко 即 торопливо

наперёд 即 зарáнее

ловчéй 即 скорéе

откýдова 即 откýда

середи 即 среди

покýдова 即 покá

осьмóй 即 восьмóй

экая 即 такáя

проси́ться 即 проси́ть

вишь 即 вот ви́дишь

ско́ро 匆忙地 （Я ско́ро к ним вбежа́л！）

добро́ 幸亏 （Добро́, заткну́л я уши́.）

вдруго́рядь 第二次

сме́ртный 十分强烈的

окро́ме 即 кро́ме

не мо́жно 即 нельзя́

②文语词、旧词及陈旧词义

мину́ть 即 минова́ть

проти́ву 即 про́тив

почёрпнуть 即 взять

отъяви́ть 即 объяви́ть

говоря́щий 有台词的 （指演员）

цвети́стый 开满花朵的

жа́ловать 重视，垂青

вспо́мниться 即 опо́мниться

до́лжник 债主 （现在作"欠债者"讲）

лю́ди 青年男子们

сторона́ 地区，地方

явлю́сь 我会来的 （有公文色彩）

чужевла́стье 异邦统治

有些旧词具有鲜明的教堂斯拉夫词色彩，如

издре́вле 早先，从前

тем па́че 即 тем бо́лее

прийти́ в забве́ние 遗忘

③外来词。18—19 世纪初俄语大量借入法语词。

тюрлюрлю́ 一种女式披肩 （法 tu-lur-lu）

эша́рп 女式围巾 （法 écharpe）

баре́жевый 一种轻的毛织品 （法 barège）

мсьё 先生（法 monsieur）

антресóль 两层楼之间的小阁子（法 entresol）

фарс 闹剧（法 farce）

вакáнсия 空缺（法 vacance）

ирритáция 惊慌（法 irritation）

жокé 驭者，骑手（法 jockey）

реверси́ 一种牌戏（法 reversi）

морáль 教训（法 moral）

манéж 调马场（法 manège）

жилéт 背心（法 gilet）

моди́ст 女时装师（法 modiste）

окáзия 偶然事件（法 occasion）

паж 年轻侍者（法 page）

рюмати́зм 风湿病（法 rhumatisme）

сурьёзный 严肃的（法 serieusement）

шпиц 一种小犬（德 Spitz，高仅 45 厘米左右，竖耳，毛蓬松。从前贵妇人养作闺房玩物）

куртáг 皇上接见群臣的日子，朝觐日（法 cour+德 Tag）

прикмáхер 理发师（德 Perüche+Macher）

áнглийский клоб 即 англи́йский клуб（English club）

此外，还有一些受法语影响的词组，如

дели́ть смех с кем-н. 同某人一起开开玩笑（法 partager la joie de...）

óчень ви́жу 明明知道

больши́е окáзии 重要场合（法 les grands occasions）

сдéлать дрýжбу 订交（法 faire amitié）

事实上，格里鲍耶陀夫努力试图用固有的俄语词去替代外来词，例如：

жильё（代替当时听起来还有明显外国味儿的词 этáж）

дéйствие，явлéние（手稿中最初用的是当时刚从法语借入不久的 акт 和 сцéна，后来改用俄语词）

六、名言谚语

　　普希金曾经预料过：《聪明误》中的大多数句子将变成谚语。现在这一预言已经成为现实。下面只举极少一部分由格里鲍耶陀夫创造的俄语谚语和名言（《聪明误》剧中人物的名字大多数已变为代表一定典型性格的普通名词了，这一点且不去谈它）：

Го́ре от ума́.

Уме́ренность и аккура́тность.

Шёл в ко́мнату, попа́л в другу́ю.

Счастли́вые часо́в не наблюда́ют.

Подпи́сано, так с плеч доло́й.

А су́дьи кто?

Чины́ людьми́ даю́тся, а лю́ди мо́гут обману́ться.

Свежо́ преда́ние, а ве́рится с трудо́м.

Шуми́м, бра́тец, шуми́м.

И дым оте́чества нам сла́док и прия́тен.

Ба! знако́мые все ли́ца!

Мильо́н терза́ний.

Дома́ новы́, да предрассу́дки ста́ры!

Грех не беда́, молва́ не хороша́.

И вот обще́ственное мне́ние!

Взгляд и ничего́.

Что ста́нет говори́ть княги́ня Ма́рья Алексе́евна!

雪莱的《奥西曼狄亚斯》与译诗浅尝

李锡胤

雪莱的十四行诗《奥西曼狄亚斯》早已脍炙人口，原文是：

OZYMANDIAS

I met a traveller from an antique land

Who said：Two vast and trunkless legs of stone

Stand in the desert．Near them，on the sand

Half sunk，a shattered visage lies，whose frown

And wrinkled lip，and sneer of cold command

Tell that its sculptor well those passions read

Which yet survive，stamped on these lifeless things，

The hand that mocked them and the heart that fed；

And on the pedestal these words appear：

"My name is Ozymandias，king of kings：

Look on my works，ye Mighty，and despair！"

Nothing beside remains Round the decay

Of the colossal wreck，boundless and bare，

The lone and level sands stretch far away.

这诗的主题是反暴君，反映了雪莱的民主主义倾向。奥西曼狄亚斯指的是古埃及第十九王朝法老拉美西斯二世（Ramses Ⅱ，约公元前 1304—公元前 1237），他是埃及历史上第二位御宇久长的统治者，武功很盛，使当时埃及势力及于巴勒斯坦和南部叙利亚；他的王朝很富，大造神庙和宫室。并且为自己造了许多石像。1981 年新从埃及发掘出他的石雕躯干，长十二米，重二十吨，可以想见全像了。有些学者认为拉美西斯二世就是《圣经·出埃及记》中所说的那个法老。《圣经》记载着埃及人派以色列人为法老建造积货城，法老还下令杀害所有希伯来男婴，据说先知摩西也是好不容易在他眼皮底下活下来的。这些传说说明奥西曼狄亚斯是以什么样的人物为原型的。

十四行诗又译为商籁，是欧洲流传颇广的一种抒情的格律诗。它产生于 13 世纪意大利，后传入欧洲各国。主要有意大利式和法兰西式。商籁最初要求很严，除了音步、押韵等以外，还不许同一个实词在诗中重复出现，而且最后一个词必须是全诗的关键词，等等。传入英国后，要求稍稍放宽，成为伊丽莎白式。在 19 世纪浪漫主义诗人笔下，形式就更灵活了。

十四行诗在内容上也要求有完整的结构。照早先的规矩，前八行诗（两段四行诗）提出论题，或者说构成一种"紧张情绪"（emotional tension）；后六行诗（两段三行诗）解答论题，或者说解除"紧张"。英国伊丽莎白式更要求最后两行是警句，总括全诗的中心思想。

《奥西曼狄亚斯》这首诗反映了 19 世纪伊丽莎白诗体的变迁。它的格律放宽了，在内容结构上沿着一般"开端——发展——高潮——结局"的线索展开。

雪莱并不是主要写商籁体的诗人，他与拜伦相近，横放杰出，不可拘束。在这首诗中，诗人巧妙地利用了十四行诗那种典雅严整的形式在衬托拉美西斯二世九五之尊的气象，而归结为"君王虚有平陈业，换取雷塘数亩田"，加重了讽喻力量。

基于以上肤浅的认识，我尝试着把这首诗译成中文：

奥西曼狄亚斯

从远方古国归来一位朋友，

他走过荒无人烟的千里沙丘，

曾见到两条石雕巨足，

附近半埋着一颗裂缝石首。　　　　　（开端）

那脸上紧蹙双眉，紧闭双唇，

俨然当年一代人主的骄矜；

多亏石工悉心体会，

活生生刻下了睥睨万世的丰神，

虽然那雄心，连那巧手早经丧亡。　　（发展）

石座上镌有："奥西曼狄亚斯——众王之王*；

看朕伟绩，后来者直如粪壤！"　　　（高潮）

而残骸周围——极目荒遐，

请问还留下什么属万岁陛下，

莫非那普天之下的莽莽黄沙？　　　　（结局）

（*出自阿姆哈拉语 negus negesti）

现在，结合这首诗谈一点粗浅看法。我认为诗歌翻译有两个基本概念，一是"近似"，一是"应变"。"近似"这个概念是大家熟悉的，我用它来代替人们常说的翻译的"等价"或"相等"，因为我觉得后者条件太严。"近似"当然不能离得太远，可是它允许有一个"区间"，而且把"相等"作为一个特例包括进来，正如数学中"曲面"把"平面"当作一个特例一样。"应变"在物理学上指"物体受载时其形状和尺寸改变的数值与原来尺寸之比值"。翻译时，原文的形式与内容结构（不是主要内容本身！）也会产生适应于翻译语言要求的"应变"。拿上述这首诗来说，译十四行诗要不要在音步、韵脚等各个方面完全仿造呢？我以为一般地说，近似即可。因为实在没有必要向中国诗坛移植地道的意式、法式或英式的十四行诗体，而且实际上也不大可能。

我在译文中采用"两段四行诗——两段三行诗"的结构。四行诗是一、二、四押韵，符合中国绝句的办法；三行诗是每行押韵，是中国旧诗中常见的（如岑参的《走马川行》）。译诗每行五音步，保持十四行诗整齐的特点。但四行诗中的第三行少一个音步，又第二段三行诗的第一句，用停顿（破折号）代替了一个音步。这在欧洲诗的宽式格律中是允许的，中文念起来也更富于变化些。

关于译诗时个别词语的变换，讨论的文章很多，这里不去说它。且说最后两句，我最初译成：

> "简直是什么也未曾留下，
> 　除了那一望无际的莽莽黄沙！"

搁笔后重读几遍，觉得太平淡了，可能是因为中国诗中这类表达方式太常见，成了吊古伤今的滥调，于是我大胆地改为反诘句，突出雪莱反暴君的所谓"公民激情"。

有些美国诗人喜欢根据中国古诗（甚至根据译文）独创性地写出自己的诗作，他们管这种做法叫抒情意译，或叫"创造性的叛逆"（creative treason）。我也援例戏成一绝：

> 犹于眉目溢骄矜，王者之王朕一人！
>
> 沙碛石骸行客笑：当年负依正惛惛。
>
> 　　　　　　　（古埃及壁画甚精，差拟"斧依"〔yǐ〕）

与研究生讨论动词谓语与题元的关系及其他

李锡胤

（一）

1）在句子中，俄语动词 быть 或英语的 verb to be 是关系符号，而俄语以 делать 为代表的动词或英语的 verb to do 是操作符号。正像数学中 = ，< ， > 是关系符号， + ， － ， × ， ÷ 是操作符号。

2+2 = 4　　　　　　　　　等式（相等关系式）

请演算：2+2　　　　　　算题（操作题）

同样，在语言中

①我招呼伊凡　　　　　　操作句

②我所招呼的人是伊凡　　关系句

我们可以用 P(x) 表示一元操作句（不及物动词谓语句），P(x, y) 表示二元操作句等；用 R(x, y) 表示二元关系句，R(x, y, z) 表示三元关系句。但为了简便，不妨统一用 P 代表动词谓语。如：

把①写作：招呼（我，伊凡）。

把②写作：是（我所招呼的人，伊凡）。

然而关系谓语动词"是"太泛，几乎是空洞的，而且如

③他是我的哥哥

分明表示"兄弟"关系，而不是空洞的"是"的关系，又如性质命题

④玫瑰比鸡冠花红

分明表示"更红"关系，而不是空洞的"比"的关系。因此，我们使关系谓词动词的内涵更充实些：

把③写作：是……的哥哥（他，我）；

把④写作：比……更红（玫瑰，鸡冠花）；

把②也写作：是伊凡（我所招呼的人）。

2）语言中关系与操作的区别，不像数学中区别那么明确，有些关系意义常常用操作谓语来表示。例如"讨厌"是一种关系，俄语用"Он надоел мне."，英语用"I was annoyed with him."等表示法。

Золотова 在《句法词典》中所说的 реляционные глаголы 和 глаголы компликативного значения 都表示"关系"；此外，她所谓 глаголы модификаторы，表示的是"二阶关系"（情态意义），如：

⑤"Она не может понять этого."可写成 не может［она$_1$，понять（она$_2$ этого）］

3）操作句也有阶的问题，阶是句子结构的层次性标记，例如：

⑥我看花 　　　　　　看（我，花）

⑦我看他浇花 　　　　看［我，浇（他，花）］

⑧我看他没错 　　　　看［我，没错（他）］

⑥和⑦是感知动作，⑧是认知动作（表示判断，"我以为他没错"）。⑥是一阶谓语句，⑦和⑧是二阶谓语句。

如果限于二位谓语句 P（x，y）来谈的话，一阶谓语句的 y 是（广义的）个体名称或事件、判断等的名物化结果，二阶谓语句的 y 代表某事件、判断等本身。例如上例可写作

⑥看（人，个体）

⑦看（人，事件）

⑧看（人，判断）

4）从⑥—⑧，如果 x 表示人，则"看"可能是一阶谓词或二阶谓词；如果 x 表示动物（如 Васька），则只能是一阶谓词（除非用于拟人化）。或许可以分出

看$_1$（人或动物，个体）

看$_2$（人，事件）

看$_3$（人，判断）

从这样的视角着眼，可能发掘些新的问题，例如主语与谓语之间的语义互相制约性，主语在句子语义结构中的重要性等。

拿人称名词用作主语的情况来说，人的行为与动物的行为大不相同，其他物体更不用说。人的食衣住行真是五花八门，动物简单多了。正因为人的行为太泛，所以把主语名词仅仅区分人、动物、物件、抽象名称等未免太从简了，必须进一步次范畴化。

句子或语篇分析时往往动词谓语比名词主语更受人重视，因为每个动词大致代表一个 event，比较容易各个捕捉；各种名词要联起来才能凑成 staging，或者人的名词要表演一连串行动才能发展成一个 plot。

（二）

下面几个俄语词不容易分辨，我提个不成熟的看法，供参考。语言不像精密科学，多数"语言学规则"也只是个倾向性或习惯性问题而已。

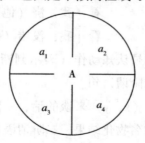

весь А——着重整体（А цельном）。"全体"，英语 whole，法语 tout。

все a_1，a_2，a_3 и a_4 —— 着重个体的全数（без исключения）。"所有"，英语 all，法语 tous。

каждый a_i—— 着重各个体的共性（$a_i = a_1$ или a_2 или a_3 или a_4，без различия）。"每一个"，英语 each，法语 chaque。

всякий a_i—— 暗含各个体有差异，而强调"求同存异"（$a_i = $ ◢ или

◣ или ◢ или ◥ ，который угодно）。"任何一个"英语 no matter which，法语 n'importe lequel。

любой a_i ——着重"不考虑各个体的任何可能的特殊性"（a_i = ◥ или ◣ или ◢ или ◥ или даже ◡ ...，какой угодно）。"无论什么样的"，英语 any，法语 n'importe quel。

（1991 年 1 月 15 日）

普希金给我们的启示

李锡胤

俄国哲学家恰达耶夫写道："说人们每一秒钟都在为民族的命运而悲伤，这可能是夸张，但是，从这种情感的深处的确产生了彼得大帝的强劲的气质，罗蒙诺索夫的全能的智慧和普希金的优美卓绝的天才。"（别尔嘉耶夫 1995：35-36）

天才给人的启示是多种多样的。我学的是俄罗斯语言和文学，"一生低首普希金"，从三个方面领略诗人的启示。

50 年代初，我的俄语知识还是粗识之无的时候，就拿戈宝权同志的译诗与原作对照阅读。后来跟苏联专家学文学史，比较广泛地读普希金的诗和散文，深佩诗人才华；豪放的诗风使我联想晚唐的杜牧。50 年代中期，我着手翻译和研究俄国名著《聪明误》，读到普希金对格里鲍耶陀夫的评语："国士的才能未能施展，诗人的天赋未受人知。"又见萨里扬的名画《普希金路遇格里鲍耶陀夫一棺归来》。画面上普希金勒马回头，流露出惺惺惜惺惺的神情，深深打动了我。

到了80年代，我与张草纫同志合译《俄罗斯抒情诗百首》，同时写了几首咏普希金诗篇的绝句：

爱情时誉两难凭，祖国声声唤独醒。

天外芒寒星色好，起予风露舞纵横。（致恰达耶夫）

纱笼歌舞足温柔，难遣浩茫万斛愁；

我欲布帆浮海去，鬼雄诗魄与同游。（致大海）

卷天风雪夜敲门，寂寞纺车伴老人。

且唱村姑晨汲水，好凭旋律觅童心。（冬天的黄昏）

1994年我访问皇村学堂。眼前似乎还是当年的"一张床、一把椅子、一瓶清水、一支芦笛"；时光流回到1815年1月8日，诗人正在杰尔查文面前朗诵：

"俄罗斯儿女奔赴前线，

不分老少，奋起迎敌……"

我在皇村树林影里写下了：

四十年前旧知闻，驱车今日访皇村。

桦荫流出淙淙水，似说当年普式金。

在辞书学方面普希金给我的启示主要是通过苏联科学院《普希金词典》和格里柯良的专著《同义词词典资料》（以普希金语言为材料）。这两部著作雄辩地反映了诗人所用词汇的丰富和选词辨义的精微。我在长达40多年的词典工作中，每遇疑难，经常通过这两部书请教普希金，仿佛执经问字；而一般是不会令我失望的。

从认知语言学出发，我在考虑篇章（текст）的理解与生成时，以《致凯恩》为素材，根据我的理解，反过来尝试重建诗篇的生成过程。我把它分为四个阶段：

①人们头脑中现存的"百科词库"，亦即形形色色的基本概念和信息。用〇表示概念，用线表示概念间的关系和联系，形成一个开放系统。

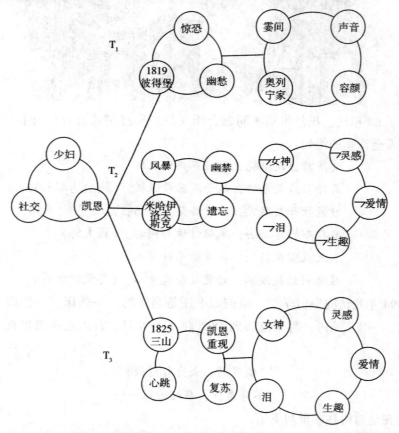

T₁ 表示 1819 年在彼得堡奥列宁家惊艳时刻。T₂ 表示诗人在米哈伊洛夫斯克幽禁的年代。T₃ 表示 1825 年在三山重逢时候。

②人脑接受外界刺激后，"词库"中被激活的元素连接而成命题，构建事件。我们用谓词逻辑式表示下列命题集：

T₁　记得（我，瞬间）

　　出现（你）∧像（你，美的化身）∧像（你，幻梦）

困扰（忧伤，我）∧ 打扰（生活，我）

响起（你的声音）∧ 浮现（你的倩影）

T₂　流逝（岁月）∧ 驱散（风暴，美梦）

忘记（我，你的声音和倩影）

处在（我，幽禁之中）∧ 处在（我，乡下）

消失（女神、灵感、泪、生趣、爱情）

T₃　复苏（心灵）∧ 出现（你的倩影）

欢跳（心）

重获（女神、灵感、生趣、泪、爱情）

③与总话题相应，各命题-事件连贯成片段，构建情节。下面□表示谓词的位置，它代表单个事件；左向连接的□表示主体题元的位置，右向连接的□表示直接客体题元的位置，⌒表示间接客体题元的位置，○表示各种修饰-疏状元的位置。横箭号（←或→）表示谓词与题元间的关系，竖箭号（↕或↓）表示事件（命题）间的联系。其他连线表示一般联系，必要时注明联系的性质。请注意：以上各阶段，都是在意识中进行，所以我们用汉语作为元语言。可以设想尚未填入俄文词项。

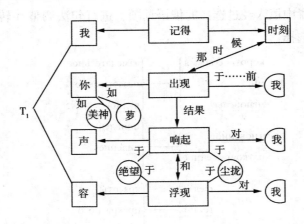

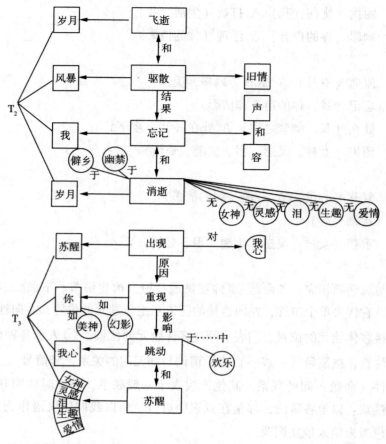

④在各位置中填入经过选择的俄语词项，进行句法调整（转换），构建表层篇章。词汇选择：

句法转换：

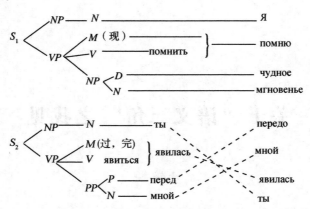

诗篇经过这么一分析，显得枯燥乏味，深恐唐突天才。但反复思量，诗人不也是靠骨骼和经络等"构建"成的吗？所以也心安理得了。

参考文献

〔俄〕尼·别尔嘉耶夫. 俄罗斯思想［M］. 雷永生，邱守娟，译. 北京：三联书店，1995.

关于"语义三角"之我见

李锡胤

摘　要：本文认为 C. K. Ogden 和 I. A. Richards 在 *The Meaning of Meaning* 中所画的"语义三角"把"符号、概念、所指物"三者放在一个平面上，容易引起误解。"形""义""物"三者的关系不是处于同一平面上，而是涉及两个层面，一个是符号系统，另一个是某可能世界。"形"之于"义"是一物（符号）的正、反面，而符号与所指物的关系是映射。文中引 Alonzo Church、A. Tarski、H. Kamp 等人的论述作为佐证。最后提出三种指物关系：明指、暗指和喻指。

关键词：语义三角；表义关系；映射；指物关系；明指；暗指；喻指

语义学中经常提到"语义三角"。它涉及语言符号的"形/音、义、物"三者的关系，是个老问题。本文提出一管之见，与学友商榷。

从古就有人提出"名"与"实"的关系。如我国荀况在《正名》篇说过："……名无固实，约之以命实，约定俗成，谓之实名……"（这是语义问题）；又说："名闻而实喻，名之用也。"（这是语用问题）。西方也早有"唯名"与"唯实"之争，一直延伸到中世纪。

世上万事万物，即使同一种类的东西也呈现为不同的个体；何况各人所遇到的个体又千差万别。所以必须进行抽象化或概念化，才能形成共识，即所谓"约定俗成"。

古希腊斯多葛学派提出 lekton 这个名称，指的是约定俗成地反映在人们头脑里的关于物的概念。"形/音"和"物"都是物理实体，而 lekton 则是非物理实体，也就是"义"。

G. Frege 1892 年发表的《意义与所指》（"über Sinn und Bedeutung"）一文，明确区别了词所表达的"义"和词所指称的"物"。他非常成功地举出两个例子：

（1）"启明星"的意义是"早上出现（于东边天空）的星"，"长庚星"的意义是"黄昏出现（于西边天空）的星"。而两者实际所指的都是太阳系中最明亮的一颗行星——金星（Venus，天文符号♀）。

（2）三角形中三条中线相交于一点：

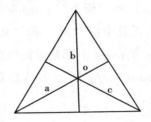

因而"线 a 与线 b 的交点"，"线 b 与线 c 的交点"和"线 a 与线 c 的交点"三句表述虽然意义各异，却都指称重心（点 o）。

G. Frege 同时指出：自然语言中一个物可以与几个义相联系，一个义可以用几个形来表达。

G. Frege 关于"义"与"物"的区别不限于名词，而且推广到句子。他认为，在句子层级上，呈现在人们面前的"形"是一个陈述句，它所表达的"义"是一个判断（或命题），它所指称的"物"是真值（wahcheitswert）。

G. Frege 的论文之后 23 年，F. Saussure 的《普通语言学教程》（*Cours de linguistique générale*）问世。

又过了 7 年出版了 C. K. Ogden 和 I. A. Richards 的著作《意义之意义》（*The Meaning of Meaning*），其中包含"语义三角"图：

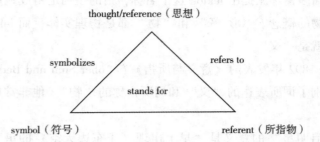

C. K. Ogden 和 I. A. Richards 与 G. Frege 一样，明确区别"义"和"物"，而且强调 symbol（照我理解，这里指的是符号的"能指"，也就是"形"）与 referent（物）之间的约定性关系。可惜的是他们似乎没有理会 F. Saussure 关于符号的"能指"（signifiant）与"所指"（signifié）的理论，而把"形、义、物"看作平面上的三只角，无意中使"形"和"义"互相分离了。而且图上所标的 stands for，symbolizes 和 refers to 都是模糊概念，可意会而难以定义。

C. K. Ogden 和 I. A. Richards 二人以后，别人跟着在平面上着眼。有的把内部形式穿插进去，绘成梯形：

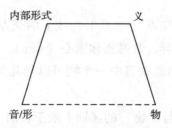

S. LÖbner 在所著的《语义学津梁》（*Understanding Semantics*，2002）中则绘成类似的三角形：

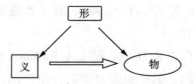

我们以为"形、义、物"三者的关系不是在同一平面上的，而是涉及两个层面：一个是符号系统，另一个是现实世界或某一可能世界。"形"与"义"，犹一物（符号）之正、反面；符号与所指物的关系是映射关系。略似下图：

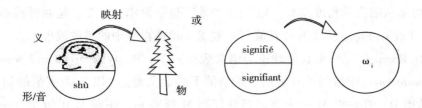

符号内部能指（"形/音"）和所指（"义"）之间的关系靠约定俗成；符号与"物"之间的关系也是约定俗成的。只不过前者是"社会契约"锁定的"明媒正娶"，后者是言语环境促成的"私订终身"。

G. Frege 主要从逻辑角度立论。当时逻辑学集中研究形成规则、推理规则、公理化等"句法"层面，G. Frege 筚路蓝缕，刚开始为现代语义学奠基，他所说的 sinn 实际上是后来 F. Saussure 的"值"（valeur）。

Alonzo Church 在《数理逻辑引论》（*Introduction to Mathematical Logic*，1956）中关于语义问题写道："想象有些人使用书面语言写下合格公式（wff），并写出它的后承公式或推论。再试想有一位旁观者不懂该语言，也不知道这些公式具有内容。……对于这位旁观者来说，语言符号的意义只是游戏规则所给予的那种意义，正如同棋子儿的不同花色一样。对他而言，公式正如棋盘上的布局，其意义只不过是眼下的局面有可能照下棋规则走向各种后续局面而已……他懂得的是语言理论上的句法。"

"雪是黑色的"——句法上是一个合格句子：NP + VP。但从逻辑看"雪（x）∧ 黑色（x.）"是一个命题函项（propositional function）。要使它变成命题（proposition），还必须加上量词："所有的雪是黑色的"，或"某些地方（如煤矿附近）的雪是黑色的"，命题才有真值，而命题的真值取决于它映射于哪些可能世界之中。刚才所举的全称命题取假值，而存在命题取真值。

A. Tarski 的真值语义学公式是：

v（"p"）= 1 iff P

v（"p"）= 0 iff $\neg$ P

用语言实例说明：

"It is raining."为真，当且仅当天正在下雨，其中英文是对象语言，中文是工具语言（元语言）。"It is raining."这句话用在下雨的场合是真的，用在晴天或阴天则是假的。

可见从语言学角度来看，句子的"形"是字符串，"义"是判断或描述，"物"（或 G. Frege 所说的"真值"）是某一可能世界中的事件或事态。

H. Kamp 在《一个真值理论与语义表征》（*A Theory of Truth and Semantic Representation*）中给句子（话语）的真值下的定义是："以 m 为表征的句子 S（或话语 D）在模型 M 中为真，当且仅当 M 兼容 m，亦即 M 正包孕（proper embed）m，或者说，m 域映射于 M 之中而保持其诸元素所具有之属性与关系。"为了解释"Pedro owns Chiquita. He beats her."这一话语，他画出一个"话语表征图"（discourse representation）图（m）：

```
U          v
  .          .

Pedro   owns     Chiquita
u = Pedro
v = Chiquita
u  owns  v
```

照他的意思，在与这 m 相兼容的模型 M 中，该话语为真。

不难看到，H. Kamp 的理论正好佐证了本文的论述：m 表征符号内部能指与所指之间的关系，而 $\overset{\text{map in}}{\underset{m\qquad M}{\frown}}$ 表征符号与现实/可能世界之间的关系。

根据 Ch. S. Peirce 的理论，符号的能指与所指间的"表义"关系（我们暂统称为 signification）有三种：

（1）"实似"关系（indice）——如"乌云"之于"下雨"。

（2）"象似"关系（icône）——如象形字"☉"；拟声词"cuckou"。

（3）"信似"关系（symbole）——如"man"或"человек"之于人。

我们把符号与世界之间的映射统称为"指物"关系（denotation），也试分为下列三种：

（1）"明指"关系（désignation）——如："It is raining"之于天降雨。

（2）"暗指"关系（suggestion）——语用意义往往通过暗指关系表示出来。如：（甲）"雨下得不小"——（乙）"给你伞"。

（3）"喻指"关系（métaphore 或 allégorie）——如："大海捞针"。

参考文献

［1］FREGE G. On Sense and Reference ［M］//FREGE G. Translations from the philosophical wintings of Gottlob Frege. Oxford, England：Wiley-Blackwell, 1980.

［2］SAUSSURE F. Cours de linguistique générale ［M］. Paris, 1915.

［3］OGDEN C K, RICHARDS I A. The Meaning of Meaning ［M］. New York：Harcourt, Brace & Wold, Inc. , 1922.

［4］LÖBNER S. Understanding Semantics ［M］. New York, 2002.

［5］KAMP H. A Theory of Truth and Semantic Representation ［M］//GROE-NENDIJK J, JANSSEN T and STOKHOF M eds. Formal Methods in the Study of Language. Amsterdam：Mathematical Centre, 1981.

［6］ЧЁРЧ А. Введение в математическую логику ［M］. М.：Изд-во иностр. лит. , 1960.

两根藤上的一双苦瓜
——［俄］纳德生和［清］黄仲则

李锡胤

摘　要：文章尝试在西方诗人和东方诗人之间做些比较。分四方面：诗人的社会背景和身世、诗人的情结（贫-病情结、母爱-师恩情结、早恋情结）、诗歌成就、后人评说。

关键词：纳德生；黄仲则；情结；诗歌比较

文学的比较从前专着眼于文学创作的来龙去脉（渊源和影响），后来推广到其他方面。但还有人认为只有在单一文明的范围内才有可比性。如美国的韦斯坦因说："……企图在西方和中东或远东的诗歌之间发现相似的模式则较难言之成理。"（韦斯坦因 1987：6）我对比较文学知之甚少，只是读了两位诗人的作品，感到同样的悲苦苍凉，不免做一番对照。

1. 社会背景和身世

1.1　大不相同的社会背景

纳德生（Семён Яковлевич Надсон）生活在 19 世纪后半叶，当时俄国资本主义有所发展，工矿业进步较快，城市人口增加。但国内阶级矛盾没有缓和。1866 年 Каракозов 谋刺沙皇未遂被害，政府加强镇压。70 年代数百名知识分子"到民间去"宣传革命。70 年代末民意党 8 次谋刺沙皇。1881 年 3 月亚历山大二世遇刺。随后政府血腥镇压。民粹派内部"和现实妥协"的观点抬头。文艺界兴起"为艺术而艺术"的主张。进步文人受压制，但批判现实主义的思潮仍在。诗坛上以涅克拉索夫（Некрасов）为代表的一方与80年代受西欧象征派影响的作家为另一方形成对立。

黄仲则生活在"乾隆盛世"。清高宗承康雍余烈，生产迅速发展，到他晚年，中国经济总产量占世界首位，人口占世界的1/3，外贸长期出超。高宗统御全国，夸耀"十全武功"。江南发展尤快，当时全世界有50万以上人口的城市共10个，而中国占6个（江宁、扬州、苏州、杭州、京师、广州）。同时开博学鸿词科，开编《四库全书》。另一方面，屡兴文字狱，强化思想统治。官吏腐败，人民贫富悬殊，矛盾深化；每逢天灾，流民遍野。文人除科举外别无出路；诗坛上宋诗派影响渐大；袁枚从案牍簿牒中解放性灵，可惜又将性灵付与了"燕钗蝉鬓"！

1.2　异中见同的身世

两位诗人生年相差110年有零，而且生前活动的场所一在以西欧文化为基础的俄国，一在以亚细亚文化为基础的大清帝国，真是"风马牛不相及"。然而贫病交迫的命运把他们联系在一起。请看下面大大简化了的年表和升沉曲线图，就不用多言了。

（一）纳德生

出生（1862）俄历12月14日（公历26日）生于彼得堡。父为音乐家，犹太血统，年轻时死于精神病。母生于贵族门第，后为人做家教和保姆。

7岁（1869）母肺病，改嫁；后夫精神失常，自缢死。诗人随母居舅家，入学。

9岁（1871）开始写诗。

11岁（1873）入第二军事寄宿中学。早慧，母病重，诗人不忍离母，经劝逼才返校。不久母死，年31岁。

16岁（1878）开始发表诗作。初恋 Наташа М. Дешевова，女无诚意。

17岁（1879）中学毕业，入巴甫洛夫军校学习。

因病赴梯弗里斯休养近一年，后返校。继续发表诗作。Наташа 肺病猝卒。

19岁（1881）受 А. Н. Плещеев 赏识。咳嗽，咯血。

20岁（1882）编入陆军，驻喀琅施塔得。单恋一女子，未果。结识

В. М. Гаршин，К. Н. Леонтьев 等人。

21 岁（1883）天寒衣单，受寒，病加剧。

22 岁（1884）赴瑞士、德、意等国治病（用文学基金贷款）。

23 岁（1885）回国居乌克兰养病。第一本诗集问世，声名鹊起。

24 岁（1886）1 月诗集再版问世；3 月出第三版。科学院授予普希金奖章。不久受布立宁（В. П. Буренин）攻击，称诗人为"文学基金的食客"。

25 岁（1887）1 月 19 日病逝于雅尔塔，实足活了 24 年 36 天。

（二）黄仲则

出生（1749）农历正月初四生于高淳。父为县学生。

4 岁（1752）父死。"家壁立"，母督之读，后读于舅家。

9 岁（1757）"试为制举文，援笔立就"，有神童之目。

15 岁（1763）结集之诗始于本年。

16 岁（1764）应童子试，拔第一。　　初恋发生于此数年。

17 岁（1765）补博士弟子员。

18 岁（1766）与洪亮吉交。

19 岁（1767）娶妻。从邵齐焘学于常州。"家贫孤露，时复抱病"。乡试未中。

20 岁（1768）江宁乡试未中。依徽州同知。

21 岁（1769）客湖南按察使王太岳幕。

22 岁（1770）江宁乡试未中。

23 岁（1771）省试不中。客沈业富太守署中。冬入朱筠幕中校文。

24 岁（1772）采石矶赋诗。冬，客随园度岁。

26 岁（1774）江宁乡试未中。

27 岁（1775）主寿州正阳书院讲席。冬，北上京师。

28 岁（1776）应乾隆东巡召试，取二等，充武英殿书签官。

29 岁（1777）举家至京师。顺天乡试不中。

30 岁（1778）在京受业王昶门下，极文酒之盛。

31 岁（1779）顺天乡试不中。参与翁方纲"都门诗社"。

32 岁（1780）顺天乡试不中。家眷南归。游山东，冬返京师。

33 岁（1781）秋游西安，访巡抚毕沅。冬还都，病甚。

35 岁（1783）为债主所迫出都，将复至西安，次解州，农历四月二十五日卒。实足活 34 年 3 个月又 21 天。

2. 诗人的情结

2.1　贫–病情结

纳德生的生父和后爸都患精神病早死，母亲改嫁后 4 年得肺病而死，年仅 31 岁。纳德生本人 17 岁那年也染上肺病，折磨终生；贷款出国治疗也没治好，不久病死。他只因为上不起正规学校，才进免费的军校；有一次病休后返校，因衣衫单薄，途中受寒，病加剧。贫病交迫的生活，形成他内心的情结，反映在他的诗篇中。例如《母亲》诗中描绘了他儿童时代的悲惨生活。全诗如下，可见一斑：

母亲（1878，生前未发表）

睡吧，孩子们；走累了：

七俄里路真够走的！

瞧，鞋子本来是破旧的，

新鞋子哪里买得起。

冷吗？给你破絮，盖上吧……

没有一片柴——阴冷的屋子！

孩子啊，贫穷逼死人，

教我如何对付这日子？

今天我把你爸的尸骨

草草埋进土里，

我的小鸟儿呀，天一亮

妈早早去串门乞贷。

黄仲则的贫–病情结更为突出。他少时家贫孤露，时常抱病，"好作幽苦语"，塾师说他："一身寥落已自怜，况复疾疢来相缠"。他 20 岁以前，离家途中得病，一方面有"事有难言天似海"的浩叹，同时还自信"岂有生才似此休"；平生也有一些"草堂风雪看吴钩"之类的激昂之音。但经过八次试场失利，举家移京（"全家如一叶，飘堕朔风前"），债台高筑，八口难支的时候，诗人谑浪笑傲；不知者以为"逾闲荡检"，实则伤心到了绝望的程度。诗人 20 岁出头就自知"年命不永"。25 岁对洪亮吉说："脱不幸我先若死……"。33 岁寓京师，友人武亿访问他，"病寝一木榻……太息曰：景仁惫甚，脱不幸死，奈何？"

2.2 母爱–师恩情结

母爱情结在纳德生身上是十分明显的。从他的传记看，他一生唯一的亲人只有母亲，而且 11 岁头上就失怙。他写过三首题为《母亲》的诗（1878，1880，1886），蓼莪之悲，不堪卒读。这里只引一首。我想：再加任何话，都是蛇足了。

母亲（1886）

回想童年，无限凄怆：
陌路人家将我收养，
在昏暗屋角里悲泣，
体会吃嗟来食的艰难。
逆来顺受，糊弄半饱，
人间的爱却是稀少。
当静寂的寒宵，
从无人来床前为我祈祷。
在被遗忘的角落，孤独无告……
我抑郁——羸疾使我苦恼，
因悲愁而过早老成，
因伤心而善感多情……
欢乐的幻想向我飞来，
低低地向我诉说情怀，
轻轻地吻我眉睫，
吻干我童稚的泪水！……

静夜……斗室教人烦闷……

月光透帘泼泻如银……

我把头深深埋进衾枕，

寻找忘忧的梦境！……

唉！窸窣脚步声……

依稀在呼唤，越来越近……

只听得一声"孩儿"，

娘的双臂把我紧紧搂定。

"你来了，娘，在我身旁，

亲娘呀！……你终于从天而降！

为苦儿带来礼品

从虚无缥缈的远方？

就像以前晚上

从草原带回蝴蝶——鲜艳翅膀，

从河塘带回金鱼——细鳞闪光，

从园子带回果子——气味芬芳？

还为我唱一支动人的歌？

给我讲：熹微的光影里，

缭绕的烟雾之际，

天真无邪的人儿在环飞？

安琪儿午夜降临大地

在凡人们中间休憩，

收集祷告者圣洁的泪滴，

串上晶莹的银丝？……

今天，娘呀，儿更需要怜惜，

今天——嗨，我恨死这些人！——

他们嘲弄我，冷酷无情，

深深刺伤幼稚的心……

快来呀，娘亲！……"

咳，都因为娘爱抚的玉手，

幻象充满了无限温柔，

我渐渐阖上了疲倦双眸，

贴紧早已湿透的枕头！……

黄仲则的母爱情结比较隐晦。我想这是因为诗人生前母夫人虽然含辛茹苦，却还健在。他人海栖止，"临风叹，只六旬老母，苦节宜偿""亲在名心留百一"，因为《孝经》上说："立身行道，扬名于后世，以显父母，孝之终也。"黄仲则诗中有不少怀念母亲的名句。例如别母远游时"白发愁看泪眼枯"，离家生病时"今日方知慈母忧"，抱病出京，途经井陉时"谁与高堂寄消息，此身已度井陉来！"直到濒死，诗人"作太夫人书，目已瞑！"诗人的母爱情结还从《题洪稚存机声灯影图》《新安程孝子行》《寻墓篇为程仲南作》等诗篇中折射出来。

尊师是中国文化优秀传统的一个内容，西方文化较为淡化。黄仲则诗中怀念师恩的作品相当多。他弱冠拜邵齐焘为师，师生意颇相得。邵师也把他视为"孔融小友"，赠诗相勉。虽然两年后邵师捐馆，黄仲则却永生铭记，集中在不同年代追念邵师的诗词共6首，有句："想先生当日，也曾凭吊；此时弟子，空哭青山""后死亦知终未免，愿分抔土作比邻"等。诗人对凯龙川和潘峨溪两位房师也一直怀念。

2.3　早恋情结

两位诗人都早在15—16岁就发生初恋。

纳德生的初恋经过很简单。他在日记上写道：1877年11月（当时他14岁零11个月！——胤）结识Дешевовые一家，包括两位家长和一儿一女（女儿即Наташа——胤）。1878年1月30日写道："我的绝望情绪完全消失。我重新与生命和解了。"然而诗人怀疑Наташа别有钟情，于是他又堕入悲伤，而且疑心自己误会。造化拨弄人，过了16个月Наташа染急性肺炎而死。诗人还写道："1879年3月31日。她——我的太阳，我的明星——长逝了……消失在可怕而不可知的黑暗之中，所谓死亡！上帝呀，让她的灵魂安息吧！"他写诗献给她：

"我又是孤单一身……

从此无可恋之人

也无可思慕之人！……"

诗人的"怀疑"是事实。1885年诗人在法国尼斯治病时追记他亲眼看见Наташа与一位男士在花园约会。诗人当时曾萌投河自杀的念头，仅因为这年天旱河中无水而未遂。纳德生的初恋像短梦一样结束了，但他一直痴恋着梦境中的情人。肺病折磨他时，他梦见 Наташа 在身边安慰他。诗人死前第二年（1885），出版第一本诗集，扉页上写着："献给 H. M. Д-ой"，接着是一首短诗：

> "这些不是我的手写下的，
>
> 是你，像从前一样，把着我手写的，
>
> 如果有半句诳语，
>
> 将会使你在九泉辗侧不安！"

纳德生的第二次单恋是肤浅的。他编入陆军，驻扎在克龙什塔特，认识了一位并不有心的女子，不果而散。

黄仲则的初恋对象是表妹，反映在《如梦令·晓遇》、《奴儿慢·春日》、《醉春风·幽约》、《浪淘沙·幽会》等等词作以及日后追忆的 16 首《绮怀》诗中。具体情节丘竹师的《黄景仁的恋爱诗歌》、郁达夫的《采石矶》等都有详述，不再复引。仅仅读"似此星辰非昨夜，为谁风露立中宵？""茫茫来日愁如海，寄语羲和快着鞭！"就胜过多少"疑云"、"疑雨"！

黄仲则生平还有一些平康艳事，这是中国旧时代文人陋习，不用多言。但即使在这类逢场作戏的场合，诗人也不同于"浮花浪蕊"。"错缘刺史无坚约，岂视萧郎作路人"。自讼也是一种情感的流露。

总而言之，两位诗人都有初恋情结。纳德生是俄国式的"多情却被无情恼"（苏轼），黄仲则是地道旧中国式的"薄命怜卿甘作妾，伤心恨我未成名！"（魏子安）

3. 诗歌的成就和特点

两位诗人留下来的作品主要是诗歌。

照 1916 年《纳德生诗集》（«Стихотворения С. Я. Надсона», 第 28 版，彼得格勒）所收作品来看，诗人共创作 565 首篇幅不长的诗。他的诗到十月革命前先后共印行 218000 本。

黄仲则生前未能见到诗集刊行。死后翁方纲选刊《悔存诗钞》，删去全部绮语。他的《竹眠词》始刊于 1834 年。此后"刊而仍毁，再刊再毁"，终于赖诗人的孙媳吴孺人勤力针黹，积钱雕版，以达于成。现《两当轩集》共收诗 1181 首，词 216 阕。

纳德生天才横溢，虽然一直没有书香条件，却取得诗人桂冠。他的诗直抒胸臆，真诚感人。其中不少诗篇被谱入歌曲，广为传唱。但可惜诗人年命不永，才力未臻完全成熟，许多诗追摹普希金、莱蒙托夫，未尽脱窠臼。有人指出：他作品中所用词汇不够丰富，而叙事诗似显一般化（如《布良斯克的老爷》《佛陀三宵》等）。

黄仲则天赋极高。少时读书，博闻强记，7 岁就有神童之目。他的诗才汪洋恣肆，不拘一格。有人以为他真的"诗少幽燕气"，有人以为他宗李杜，都未免片面。集中《三忠祠》、《余忠宣祠》、《东阿项羽墓》、《金缕曲》（岳坟和韵）、《虞忠肃祠》等等都是大气磅礴之作；《车中杂诗》摄下了乾隆盛世的"流民图"。难怪 200 年后，缪钺读《两当轩集》"更从激壮赏豪思"。

说也凑巧，两位天才，生前不但人不逢时，而且诗也不逢时。19 世纪末叶，俄国上层知识分子纷纷倾向尼采的"艺术即是表示自我"，和波德莱尔的象征派。而纳德生的遭际却把他引向涅克拉索夫、赫尔岑一边；他反对"为艺术而艺术"，主张反映现实生活。他的一首诗中叙述农妇的儿子Ваня，只因为遇见老爷和他的贵宾，忘了脱帽致敬而被送去当兵："老爷一瞧——这小子没有脱帽。"／"造反了！快扭送当兵算了。"他自叹力薄，在《致迦尔洵函》中写道："病躯使我不能更好地了解农民的生活。"但他在 1882 年还有勇气与忧患较劲儿，他写道："И уш где-ж ты, кручина, девалась! …Приди — я с тобою померяюсь силой!"真是可人！可怜的是到了逝世前两年，诗人感到绝望，他写道："我的缪斯死了……／她只在瞬间照亮了我；花儿谢了，焰火熄了，留下深沉的夜，像坟墓里一样漆黑！……"

黄仲则生逢"乾隆盛世"。朝野重科举，而他 8 次应试不中；"一第比登天"——在那时候这是很大的打击。文坛上乾嘉学派开始形成，士人重考据；而对黄仲则而言，正如袁枚答黄生书中所说："考据之功，非书不可，子贫士也，势不能购尽天下书……"诗坛上宋诗派占上风，其特点是"以文字为诗，以才学为诗，以议论为诗，且其作多务使事，不问兴致，用字必有来历，押韵必有出处"（严羽《沧浪诗话》），而至性至情的黄仲则正不屑为此，他要"春鸟秋虫自作声"，他甘愿"华思半经消月露，绮怀微懒注虫鱼"。淦克超在《黄仲则的诗》一文中说得相当中肯："他偏生在清朝全盛的时候，要想'决踽'、'破槛'真是谈何容易！……何况文弱的书生，文弱的诗人呢?"

4．后人的评论

后人的评述很多，这里只选极少数的几则，褒贬都有。

4.1　评纳德生

谢德林：纳德生"是一位优秀的天才青年"。

契诃夫1887年的一封信中说"纳德生的诗才比同时代所有诗人加在一起更高"。契诃夫认为当时青年诗人首推迦尔洵、柯罗连柯和纳德生三人。

基辅大学生界1886年向纳德生致函写道："您的诗篇以神奇的天才体现了我们赖以生活和因之激动的一切，使我们痛苦和使我们高兴的一切，表达了我们的悲愁、挫折和希望。我们从您的诗篇中汲取力量和爱心，找到我们思想的回响，听到鼓舞的声音。我们要对您说：你的诗留在我们心坎里，永远是贞洁和神圣的。"（纳德生的档案材料）

纳德生诗集出版后第二年，布立宁写杂文讥刺他是"文学基金的食客（нахлебник）"。（胤按：事实上纳德生临死前用仅有的钱偿清了文学基金的贷款）

俄国白银时代的未来派诗人对纳德生颇有微词。马雅可夫斯基口气更尖刻，在纪念普希金125华诞的诗中写道："身后排名，我与您相近：你在п部，我在м部。中间还有谁人? ……糟糕，挤进一个纳德生。我们要求把他撵到后面щ部去。"

4.2　评黄仲则

家贫孤露，时复抱病，性本高迈，自伤卑贱，所作诗词，悲感凄怨。（邵齐焘）

（仲则诗）咽露秋虫，舞风痛鹤。（洪亮吉）

仲则，秋声也，如雾晓孤吹，如霜夜闻钟，其所独到，直逼古人。（吴蔚光）

（仲则诗词）不啻哀猿之叫月，独雁之啼霜也。（王昶）

如芳兰独秀于湘水之上，如飞仙独立于阆风之巅。夫是之谓天才，夫是之谓仙才。自古一代无几人，近求之，百余年以来，其惟黄仲则乎！（张维屏）

翁方纲、张埙等名流均尊宋诗。张埙《论诗四绝》注云："仲则存时，予颇不惬其诗。"

翁方纲刊《悔存诗钞》："凡涉绮语及饮酒诸诗皆不录存。"洪亮吉有句："检点溪山余笠屐，删除花月少精神。"（杨钟羲《雪桥诗话》）

黄仲则《两当轩集》希踪太白，予读之，颇有杜、韩气息，而似太白者转少。（汪佑南）

仲则律诗则不免靡靡之音；盖天赋奇才，中年早死，故养未纯粹，诣未精深耳。（朱庭珍）

黄仲则《竹眠词》鄙俚浅俗，不类其诗。（陈廷焯）

想起我与父亲的远别，重逢时节也不知在何年何月，家道又如此，真正叫人想起我们常州诗人黄仲则的名句来："惨惨柴门风雪夜，此时有子不如无。"（瞿秋白《饿乡纪程》）

诗人作不得，身世重悲酸。吾乡黄仲则，风雪一家寒。（瞿秋白）

二百年来灵气在，天才犹使海潮惊。（钱仲联）

5. 结束语

纳德生——Как мало прожито, как много пережито.（纳德生句。列宁曾在《革命的任务》一文中引用过）

黄仲则——一身未遇庸非福，半世能狂亦可哀。（黄仲则句）

参考文献

［1］ВАТСОН М В. Стихотворения С. Я. Надсона［M］. Петроград, 1916.

［2］АН СССР. История русской литературы［M］. М.：Изд-во Акад. наук СССР, 1954.

［3］АН СССР. История русско-советской литературы［M］. М.：Изд-во Акад. наук СССР, 1958–1961.

［4］ СОКОЛОВ А Г. История русской литературы конца XIX в. – начала XX века ［M］. M.：Высшая школа，1984.

［5］ 黄仲则. 两当轩集 ［M］. 上海：上海古籍出版社，1983.

［6］ 黄葆树，陈弼，章谷. 黄仲则研究资料 ［M］. 上海：上海古籍出版社，1986.

［7］ 黄葆树. 纪念诗人黄仲则 ［M］. 上海：学林出版社，1983.

［8］ 徐稚芳. 俄罗斯诗歌史 ［M］. 北京：北京大学出版社，1989.

［9］ 〔美〕乌尔利希·韦斯坦因. 比较文学与文学理论 ［M］. 刘象愚，译. 沈阳：辽宁人民出版社，1987.

俄罗斯计算语言学家 B. A. Тузов 的俄语形式化理论

李锡胤

摘　要：俄罗斯计算语言学家 B. A. Тузов 1984 年出版《语言的数学模型》（«Математическая модель языка»），2004 年出版《俄语计算语义学》（«Компьютерная семантика русского языка»），先后叙述了他的俄语形式化理论。本文介绍的内容主要是作者的前一部著作，因为两部著作的理论基础是一致的。后一著作分为三部分：1）建构语义语言（形式语言），2）编制语义词典，3）编写语义分析的程序。

关键词：计算语言学；模型；函项；复合函项；语义学；转换

1. 引言

语言是一个有组织的有穷的函项系统 f_1, f_2, $\cdots$, f_n。

语言中的语句是一个或（笔者注：在多义现象时）数个复合函项（суперпозиция）。

语言的外现语法（внешняя грамматика）是一组方法，它给任一语句 x 建构相应的复合函项 σ_x 就等于读出 x 的意思。

准确而单义地描述外现语法就是完成语言句法结构的形式化。

语言可以看作一个代数系统 $(f_1, f_2, \cdots, f_n, M)$，其中 M 是集合，在不同的理论中有不同的名称：深层结构，语义结构，语义集，语料集等。

系统（f_1，f_2，$\cdots$，f_n，M）是语言的主要部分。描述这一系统就是给出语言的深层语法。

不同语言中 f_1，f_2，$\cdots$，f_n 可以不相同，但是（至少对于可以互译的一些语言而言）函项的总体是一样的。这就说明各语言统一的深层普遍语法是存在的。

描写俄语语法就是为每一个俄语词建构一个相应的函项条目，例如：

купил = （кто-что x，кого-что y，у-кого z，за-что v，кому-чему w）сделал（笔者注：кто-что 表示第一格，占主语位置。其余同此。最后的 сделал 表示 купил 的义类和语法范畴。）

函项条目包括它的纲（заголовок）和目（тело，即 аргументы），规定了目的数量、语法类型（тип）和函项本身的类型。像 f_1（$\cdots$，$f_2\cdots$）这样的函项是成立的，如果函项 f_2 所表示的类型与函项 f_1 中相应格位所要求的类型相符的话。一个函项条目只包括基本的目。

В. А. Тузов（2003）指出，俄语形式化必先：

1）创制一种语义语言（семантический язык），能用以描写每一个俄语词的意思（смысл）；

2）用上述语义语言描写每一个俄语词，编成语义词典[①]；

3）编写语义分析的程序，用以把俄语文句（текст）译成语义语言。

2. 语言理论的基本要求

Chomsky N.（1965）在第一章中谈到"语言理论应该是什么样子"时列举若干基本要求。现在从我们所用的方法出发来观察这些要求。

完备的语法必须给无穷字符串中每一个句子以结构描述，得出的是函项 f_1 的句码。这种描述很像 Chomsky N. 的句法树：每个句码可看作一棵句法树，反之亦然。两者的基本区别仅在于对其阐释（интерпретация）有所不同而已。

---

① В. А. Тузов 主编的《俄语基本概念词典》（«Словарь базисных понятий русского языка»）和《派生词词典》（«Словарь производных слов»）作为 Тузов（2003）的第 2、3 章问世。

我们把句法树的顶点阐释为函项，而把 Chomsky N. 的顶点阐释为符号 S。

具体语言的语法可以充实普遍语法。如前所述，任何语言实质上受函项 f_1 的集所决定，对该集的描述构成普遍语法。每种语言的外现语法（即具体语法）决定着给函项 f_1, f_2, $\cdots$, f_n 等以外观的描述。普遍语法对绝大多数自然语言而言是统一的。语言与语言之间的区别仅在于外现语法。诸人工语言与诸自然语言之间的区别在于各自的函项 f_1, $\cdots f_2$, $\cdots$, f_n 不是相同的。

生成语法并不是为说/听话人所用的模型。即使把某一具体语言的函项描述得十分精确，也不一定与说/听话人所掌握的描述完全一致。对普遍语法的某种描述都只不过是相应语言的多种描述法取一种而已。交谈的必需条件是说话人和听话人具有互相近似的模型。两人的模型一模一样是绝无仅有的。其间的差异可能有两种类型：1）用以描述函项 f_i 的元语言有差异；2）实质上的差异——诸函项的总体本身有差异。

研究语言应用（употребление языка）受限于对语言能力（компетенция）的理解程度。语言的语法包含对函项 f_1, f_2, $\cdots$, f_n 的描述和对语法正确的句子或复合函项 σ 的描述。语法所描述的语句是无穷尽的，因此，语法正确的句子在深层可能是由任意多的函项所组成，但并不是每一个语法正确的句子都被应用。问题在于我们能不能找出几条决定句子"能用度"的条件。我们所用的模型能够自然而简单地表述：句子的"能用度"取决于它应用的繁复。总的来说，复合函项 σ 的实现要靠无穷的记忆 x，每一位自然语句的掌握者都有一个常项 K_0，它限制着记忆力 V。例如，为了实现句子 x，需要记忆力 V_x；语法正确的句子 x_1 比句子 x_2 的"能用度"更高，即 $V_{x1} < V_{x2} \leqslant K_0$。

句法必须能使每一个句子生成一个深层结构和一个表层结构，并且使这两个结构互相呼应。在我们的模型里句子 x 的表层结构是复合函项 σ，实现这个结构便生成深层结构。例如，与 разбить（开辟/打碎）一词相应的（大大简化了的）函项是：

разбить ＝（кто-что x, кого-что y）делать：（［X, сквер］ CAUS（x, IN-CEP（FUNC$_0$（y）））|［X, Y］ CAUS（x, INCEP（DEGRAD（y）））)

（笔者注：这里 ［X, сквер］ 表示题元选择的范围，这里表示只能用 сквер 等有限词汇代入 Y_0。）

这里有四个标准函项：

CAUS (x, y)　　　　　　意思是：x 使 y 存在

$FUNC_0 (x)$　　　　　　　x 存在

INCEP (x)　　　　　　　x 开始

DEGRAD (x)　　　　　　x 变坏

连用可得，例如：

CAUS $(x,$ INCEP $(FUNC_0 (y)))$ 意为：x 使 y 开始存在。

$[x, y]$ 表示 x 和 y 的取值范围，这范围决定着函项（разбить）的意思。

句子 Иван разбивает сквер（伊凡辟建一方庭园）的意思或深层结构与下列函项相应：

CAUS（Иван, INCEP（$FUNC_0$（сквер）））＝Иван 使 сквер 开始存在。

句子 Иван разбивает чашку（伊凡打破一只杯子）的意思与下列函项相应：

CAUS（Иван, INCEP（DEGRAD（чашку）））＝ Иван 使 чашка 损坏。

在我们模型中下列两句在句法层面上就可区别：

I persuaded John to leave.（我说服约翰，让他离开。）

убеждать ＝（кто-что x, кого-что y, {в-чём ∕ что-делать} z) делать

其复合函项是：убеждать（я, Джон, уехать）或 persuade（I, John, leave）。

I expected John to leave.［我希望约翰（自动）离开。］

ожидать ＝（кто-что x, что-делать（y)) делать

也就是：ожидать（я, уехать（Джон）) 或 expect（I, leave（John））。

儿童学习语言不光学单词，而主要是学习与单词相关的函项。儿童不经意间开始明白某类函项要求哪些题元，题元如何连成句子。可见语法不应描述为"主语-谓语-宾语"等，而应描述各类函项；函项的纲标明如何连接各目（题元）。学习语言的语法就是学习各函项的纲和目。

语言学理论的首要任务是开发语言的普遍要素（универсалы）。虽然外现语法各不相同，但它们都包含统一的形式。

$x = f($тип$_1$ x_1, тип$_2$ x_2, $\cdots$, тип$_k$ x_k) тип

（笔者注：x 代表词；f_i 代表与 x 相关的函项；x_i 代表题元。）

掌握句法总得找出一个语义基础。函项 f_i 所联系的题元数目和题元类别

（тип）决定于该函项的语义。这样不难设想：既然人们能学会句法，就必定存在着一个语义基础。

3. 句法

两种自然语言句法结构的差异可能是词汇的不同：$\{a_1, a_2, \cdots, a_n\}$，也可能是语法类别的不同：$\{$тип$_1$, тип$_2$, $\cdots$, тип$_m\}$。

俄语中语法类别的集与疑问代词各格形式的集相重合：$\{$кто-что, кого-что, у-кого, о-чём, сколько, $\cdots\}$。

例（1）：

переписываться 1（互相通信）=（кто-субъект x, с-кем-адресат y）делать

переписываться 2（誊写）=（что-объект x, кем-субъект y）делать

可简写成：

переписываться 1 =（кто x, с-кем y）делать

переписываться 2 =（что x, кем y）делать

例（2）：

братья переписываются（兄弟互相通信）分析为

переписываются 1（братья, #）

письма переписываются（誊写信件）分析为

переписываются 2（письма, #）

例（3）：

он велел ей помочь 有两义：

велел = f_{i1}（кто-что x, кому-чему y, что-делать z）делать

помочь = f_{i2}（кому-чему x, что делать y）делать

он = f_{i3}（ ）кто-что

ей = f_{i4}（ ）кому-чему

整句的复合函项写作：

$\sigma = f_0\left(f_{i2}\left(f_{i4}\left(f_{i1}\left(f_{i3}(e)\right)\right)\right)\right)$

演算 f_{i3} 得：（ ）он

演算 f_{i1} 得：велел（он, #, #）

演算 f_{i4} 得：велел（он, #, #）ей

演算 f_{i2} 得：велел（он, ей, #）помочь（#, #）／велел（он, #, #）помочь（ей, #）

演算 f_0 得：велел（он, ей, помочь（#, #））／велел（он, #, помочь（ей, #））（他叫她来帮忙/他叫人帮她忙）

（笔者注：这里用的实际上是 λ 函数运算。为了易于理解，可以换一种写法如下：

$$\sigma = f_0\left(f_{i2}\left(f_{i4}\left(f_{i1}\left(f_{i3}\left(e\right)\right)\right)\right)\right)$$

（　）он

велел（он, #）

велел（он, #, #）ей

велел（он, ей, #）помочь（#, #）或

велел（он, #, #）помочь（ей, #）

велел（он, ей, помочь（#, #））或

велел（он, #, помочь（ей, #））

例（4）：

必须确定题元数目，如 любить 要求双题元：

любить =（кто-что $b\text{-}x$,｛кого-что／что-делать｝$b\text{-}y$）делать ［b 表示必需题元］

所以 собаки Петра любят（狗喜欢伊凡）只能理解为 любят（собаки, Пётр），不能理解为 любят（собаки（Пётр），#）。

副词可看作动词的函项：副（动）。形容词可看作名词的函项：形（名）。

副词（或形容词）也可作为动词（或名词）的题元。Иван хорошо охарактеризовал Петра（伊凡对彼得评价很好）可理解为 хорошо（охарактеризовал（Иван, Пётр, #））或 охарактеризовал（Иван, Пётр, хорошо）。

语法分析（грам. разбор）是对每一个纲进行函项演算。纲并不包含函项的全部信息，所以即使句子 x 是单义句，也可以有不止一种语法分析法：$\sigma_{x(1)}$，…，$\sigma_{j(k)}$。只有经过意义（значения）层级上的演算，才能得出唯一正

确的解释。例如：Директор запретил выступление рабочего, потому что он критиковал деятельность администрации завода（厂长不让那工人$_i$发言，因为他$_i$批评了领导）；Директор запретил выступление рабочего, потому что он боялся критики（厂长$_i$不让那工人发言，因为他$_i$怕挨批评）。

从本模型出发，重新定义传统名称：

主语——函项中最高成分（самая верхняя）的第一个题元。

谓语——函项的最高成分。

主体（субъект）——主动态动词的第一目（题元），或被动态动词的第二目。它又是 CAUS 函项的第一题元。

客体（объект）——主动态动词的第二题元，属 кого-что 类，或被动态动词的第一目。它是 CAUS 函项的第二目。

4. 语法分析句子

举 例：Потребность в необходимой информации, сообщающей о конкретных примерах преобразования дискретного процесса в непрерывный, исключает возможность создания гипотез о типах преобразований, которые характеризуют обычные операции перекодирования.（由于缺少从离散过程转变为延续过程的具体例子，人们无法做出关于重新编码的诸类型的假设。）

потребность（要求）= f_1（какая x, кого-чего y, {для-кого-чего | в-ком-чём | при-ком-чём | сделать} z）что

в = f_2（кого-что в）в-кого-что | f_3（ком-чём в）в-ком-чём | f_4（что в）куда | f_5（чём в）где

необходимая（必要的）= f_6（кому-чему x, {для-кого-чего | к-чему | в-чём | при-чём} y）какая

необходимой（同上，单数六格）= f_7（同上）какой 2

информация（信息）= f_8（какая x, кого-чего y, {для-кого-чего | кому-чему} z, о чём v, к-чему ω）что

информации（同上，单数六格）= f_9（同上）чего ∨ чему ∨ чём（笔者注：这里"同上"是粗略说法，其是上一行"какая x"，这里变为单数二格形

式 "какой x"。以下均同此。)

сообщающая（报道的）= f_{10}（кому-чему x，{ что | о-ком-чём } y，через-кого-что z）какая

сообщающей（同上，单数六格）= f_{11}（同上）какой 2

о = f_{12}（ком-чём о）о ком-чём | （где о）о-чём

конкретный（具体的）= f_{13}（）какой ［此函项无题元，用（）表示］

конкретных（同上，复数六格）= f_{14}（）каких

пример 1（榜样）= f_{15}（какой x，кого-чего y，для-кого-чего z）что

примерах 1（同上，复数六格）= f_{16}（каких x，кого-чего y，для-кого-чего z）чём

пример 2（例子）= f_{17}（какой x，чего y，на-что z，из-чего v）что

примерах 2（同上，复数六格）= f_{18}（同上）чём

преобразование（改变）= f_{19}（какое x，кого-чего y，в-кого-что z，чем v）что

преобразования（同上，单数二格）= f_{20}（同上）чего

преобразований（同上，复数二格）= f_{21}（同上）чего

дискретный（离散的）= f_{22}（）какой

дискретного（同上，单数二格）= f_{23}（）какого

процесс（过程）= f_{24}（какой x，чего y）что

процесса（同上，单数二格）= f_{25}（同上）чего

непрерывный（延续的）= f_{26}（）какой

исключать（除去）= f_{27}（кого-что x，из-чего y，за-что z）делать

исключает（同上，第三人称单数）= f_{28}（кто-что x，кого-что y，из-чего z，за-что v）делает

возможность（可能性，单数四格）= f_{29}（какую x，чего y，делать z）что

создание（建立）= f_{30}（какое x，чего y，кем-чем z）что

создания（同上，单数二格）= f_{31}（同上）чего

гипотеза（假设）= f_{32}（какая x，кого-чего y，о-ком-чём z）что

гипотез（同上，复数二格）= f_{33}（同上）чего

тип（类型）= f_{34}（какой x, кого-чего y）что

типах（同上，复数六格）= f_{35}（同上）чём

характеризовать（说明）= f_{36}（кого-что x, { как-кого | как-какого | как | как-какое} y）делать

характеризуют（同上，第三人称复数）= f_{37}（кто-что x, кого-что y, {как-кого | как-какого | как-какое} z）делают

обычный（普通的）= f_{38}（для-кого-чего x）какой

обычные（同上，复数一格）= f_{39}（同上）какие

операция 1（手术）= f_{40}（какая x, чего y, на-чём z）что

операции 1（同上，复数一格）= f_{41}（同上）что

операция 2（操作）= f_{42}（какая x, кого-чего y, по-чему z）что

операции 2（同上，复数一格）= f_{43}（同上）что

перекодирование（重新编程序）= f_{44}（какое x, чего y, чего z）что

перекодирования（同上，单数二格）= f_{45}（какого x, что y, чем z）чего

которые（联系用语）= f_{46}（ ）какие

5. 演算

第一个词 потребность 的函项条目如下：

f_i（какая x, кого-чего y, {для-кого-чего | в-ком-чём | при-чём | сделать} z）что

第二个词 в，其意义有四个可选类型：в-кого-что, в-ком-чём, куда 和 где。其中 в-ком-чём（f_3）适合 f_1 的题元 z，可以代入而成：

f_1（#, #, f_3（ком-чём））что

第三个词 необходимой，它属 какой 2 类，不依存于任何词，故写作：

f_1（#, #, f_3（ком-чём））что, f_7（#, #）какой 2

第四个词 информации，要求 какой 2 型的词为题元，所以它吸引 f_7（#, #），而本身依附于 f_3，结果可写成：

f_1（#, #, f_3（f_9（f_7（#, #）какой, #, #, #）））что

第五个词 сообщающей 依附于 информации：

f_1 (#, #, f_3 (f_9 (f_7 (#, #) & (#, #), #, #, #))) что 以下类推：

f_1 (#, #, f_3 (f_9 (f_7 (#, #) & f_{11} (#, f_{12} (f_{18} (f_{14}, #, #, #))), #, #, #))) что

f_1 (#, #, f_3 (f_9 (f_7 (#, #) & f_{11} (#, f_{12} (f_{18} (f_{14} (f_{20}, #, #, #, #), #, #))), #, #, #))) что

f_1 (#, #, f_3 (f_9 (f_7 (#, #) & f_{11} (#, f_{12} (f_{18} (f_{14} (f_{20} (#, f_{25} (f_{23}) , #), #), f_2, #, #))), #, #, #))) что

f_1 (#, #, f_3 (f_9 (f_7 (#, #) & f_{11} (#, f_{12} (f_{18} (f_{14} (f_{20} (#, f_{25} (f_{23}) , #, #), f_2 (кого-что в), #), #, #, #))), #, #, #))) что

f_1 (#, #, f_3 V_0 (f_{11}) (f_9 (f_7 (#, #), #, f_{12} (f_{18} (f_{14} (f_{20} (#, f_{25} (f_{23}) , f_2 (f_{24} (f_{26})), #), #, #))), #, #, #))) что

现在以 f_{28} (F_1, #, #, #) 代替最后一行句码，继续演算：

f_{28} (F_1, f_{29} (#, #), #, #)

f_{28} (F_1 f_{29} (#, f_{31} (#, f_{33} (#, #, #), #)), #, #)

f_{28} (F_1 f_{29} (#, f_{31} (#, f_{33} (#, #, f_{12} (#)), #)), #, #)

f_{28} (F_1 f_{29} (#, f_{31} (#, f_{33} (#, #, f_{12} (f_{35} (#, #))), #)), #, #)

f_{28} (F_1 f_{29} (#, f_{31} (#, f_{33} (#, #, f_{12} (f_{35} (#, f_{21} (#, #, #, #)))), #)), #, #)

f_{28} (F_1 f_{29} (#, f_{31} (#, f_{33} (#, #, f_{12} (f_{35} (#, S_0 (f_{37} (f_{20} (#, #, #, #), #, #))))), #)), #, #)

f_{28} (F_1 f_{29} (#, f_{31} (#, f_{33} (#, #, f_{12} (f_{35} (#, S_0 (f_{37} (f_{20} (#, #, #, #), f_{43} (f_{39} (#), f_{45} (#, #, #)), #)))))), #), #, #)

函子 S_0 具有把句子改变为主体的作用。例如把句子 Преобразования характеризуют операции 改为词组 преобразования, которые характеризуют операции 或 преобразования, характеризующих операции。函子 V_0 使形动词改写为动词，例如 сообщающей → сообщает。

演算过程中，从句、形动词和副动词结构均改写为句子。

6. 转换

（1） 句子同义转换

句 x 的意义是对句码 σ_x 演算的结果。句 x 与句 y 同义，即 $\sigma_x = \sigma_y$。句子的意思（смысл）是诸同义转换式所共有的常项（инвариант）。

同义转换系统要能支持逻辑推演。例如：

Если Пётр победил Ивана, то либо Иван потерпел поражение, либо Саша лжёт.（如果彼得胜伊凡，则伊凡败或萨沙说谎。）

Если Иван не проиграл битву, то Пётр одержал победу и народ торжественно встретил его.（如果伊凡没败，则彼得胜而且人们庆贺他。）

Если его торжественная встреча с народом состоялась, то либо Иван оказался побеждённым, либо Саша говорит правду.（如果没人庆贺彼得，则伊凡败或萨沙没说谎。）

请证明：Иван одержал победу.（伊凡胜了。）笔者认为可作形式化推演如下：

1）$A \rightarrow B \vee C$

2）$\neg B \rightarrow A \wedge D$

3）$D \rightarrow B \vee \neg C$ 求证：B

4）$\neg B$

5）$A \wedge D$

6）A

7）D

8）$B \vee \neg C$

9）$\neg C$

10）$B \vee C$

11）C 与9）矛盾

但是，这里并不是只管形式的符号逻辑，而是所谓内涵逻辑（содержательная логика）。换言之，这里不仅关心真伪值，而且关心句子所包含的信息。

（2）**词 x 与词 y 的派生关系**

1）x 与 y 词根相同；

2）$f_y = F(f_x)$；

3）对词 x 而言，有一个词 z 与 f_x 相应，而且有一个复合函项 $\sigma(f_x)$，其中 $\sigma(f_x) \supset f_x(x_1, \cdots, x_n, f_y(x_1, \cdots, x_1))$。

如果 $\sigma(f_x)$ 与 f_x 相符，或者 $f_x(x_1, \cdots, x_n, f_y(x_1, \cdots, x_1))$ 与 $f_y(x_1, \cdots, x_1)$ 相符，则 y 是句法派生词，否则是词汇派生词。前者例如：уважает (x, y) = испытывает $(x$, уважение, $y)$（x 尊敬 $y = x$ 对 y 怀有敬意）。后者例如：любит $(x$, петь$)$ →COPUL $(x$, певун$)$（如果 x 爱唱歌，则 x 是歌迷）。

又如：нанимать $(x, y$, в-армию$)$ & COPUL $(y$, чужестранец$)$ →COPUL $(y$, наёмник$)$（如果 x 雇 y 当兵，而且 y 是外国人，则 y 是外籍雇佣兵）。

（3）**词类转换**

表 1　词类转换

x 实词	$S_0(x)$ 名词	$V_0(x)$ 动词	$A_0(x)$ 形容词	$Adi_0(x)$ 副词
убедительность	убедительность	убеждать	убедительный	убедительно
уважать	уважение	уважать	уважительный	уважительно

（4）**词形转换**

表 2　词形转换

x 动词	$D_0(x)$ 副动词	$P_{0(1)}(x)$ 主动形动词	$P_{0(2)}(x)$ 被动形动词
сообщать	сообщая	сообщающий	сообщаемый
сообщить	сообщив	（который сообщает）	（который сообщают）
		сообщивший	сообщённый
		（который сообщит）	（который сообщили）

例如：

G_0（он уважает её）= σ_0（уважает（он, она））= S_0（уважает）（он, она）= уважение（он, она）= уважение его к ней（他尊重她）

U_0（он уважает её）= A_0（уважает）（она）= уважительный к ней（他是尊重她的）

Adv_0（он уважает её）= уважительно к ней（他对她尊重）

V_0（любовь его к ней）= V_0（любовь（он, она））= V_0（любовь）（он, она）= любит（он, она）= он любит её（他爱她）

D_0（он уважает её）= он（D_0（уважает）（она））= он, уважая её（他出于爱她之心）

$P_{0(1)}$（он убеждает её）= $P_{0(1)}$（убеждает）（он, она）= он（$P_{0(1)}$（убеждает）（она））= он, убеждающий её = он, который убеждает её（他说服她）

$P_{0(2)}$（он убеждает её）= $P_{0(2)}$（убеждает（он, она））= она（$P_{0(2)}$（убеждает（он）））= она, убеждаемая им = она, которая убеждается им（她被他说服）

（5）θ 角色转换

表 3　θ 角色转换

x 动词	S_1（x）动作者	S_2（x）客体	S_3（x）源点
экзаменовать	экзаменатор	экзаменующийся	—
уважать	уважающий	уважаемый	—
бегать	бегун	—	—
покупать	покупатель	товар	продавец

例如：

G_1（Иван покупает книгу у Петра）= покупатель, покупающий книгу у Петра.

G_2（Иван покупает книгу у Петра）= товар, покупаемый Иваном у Петра. = товар, который покупает Иван у Петра.

G_3（Иван покупает книгу у Петра）= продавец, у которого Иван покупает книгу.

7. 基本函项

1) anti［反义］

anti（поджигать）（点燃）= тушить（熄火）; anti（горячо）（热）= холодно（冷）

2) mult［积聚］

mult（зерно）（粮食）= куча зерна（粮堆）; mult（волк）（狼）= стая волков（狼群）

3) sing［单计］

sing（стрелять）（射击）= выстрелить（стрельнуть）（射击一次）

4) caus［致使］

caus（x, висит（y））（使悬挂）= x вешает y（悬挂）; caus（x, спит（y））（使睡）= x усыпляет y（催眠）

5) incep［开始］

caus（x, incep горит（y））（使燃烧）— x поджигает y（点着）

6) cont［持续］

caus（x, cont $func_0$（y））— x поддерживает существование y（维持其生存）

7) fin［完了］

liqu（x, f）= caus（x, fin $func_0$（y））= x уничтожает y（使消灭）

8) gener［上位概念］

gener（газ）（煤气）= вещество（物质）

9) perf［动作终态］

perf（ложится（x））（躺）= x лёг（躺倒了）

10) result［动作结果］

result（ложится（x））（躺）= x лежит（躺着）

11) var_i［情况变异］

var_1（z, $func_0$（x））（改变为）

var_2（x, copul（y, z））（成为）

12）loc ［处所］

loc（Иван, Москва）= Иван в Москве （伊凡在莫斯科）

13）temp ［时际］

temp（var_2（x, loc（y, z）），v）— y перемещается из z в x во время v （y 在 v 时间内从 z 移位到 x）

14）hab ［拥有］

var_2（x, hab（y, z））— y имел z, стал иметь x （y 用 z 换取 x）

var_1（x, hab（y, z））— z перешёл от y к z

15）magn ［强化］

magn（спать）（睡）= крепко спать （熟睡）

16）ver ［适宜］

ver（шутка）（玩笑）= уместная шутка （适当的玩笑）

17）bon ［优良］

bon（влияние, x）（影响）= благотворное влияние на x （好影响）

18）fact ［实现］

perf fact（мечты）（希望）= мечты сбылись （希望成了现实）

19）prepar ［准备］

perf prepar（Иван, ружьё）⊃ Иван приготовил ружьё （伊凡把枪上好膛）

20）degrad ［趋劣］

degrad（молоко）（牛奶）= молоко скисло （牛奶变酸了）

21）facile ［轻易］

antifacile ［为难］

facile（perf（caus（Иван, incep（$func_0$（стол）））））= Иван легко сделал стол （伊凡轻易做成一张桌子）

22）set ［入群］

23）caus（f_1（x_1, x_2, $\cdots$, x_n），（y_1, y_2, $\cdots$, y_m））［缘由（f_1, f_2）］

caus（x, f）— x_1, делая f_1, делает так, чтобы f_2 （x 做某事而引起另一件事）

24）uzor ［使用］

caus（uzor（Иван, лопата），incep（$func_0$（клумба）））= Иван

разбивает клумбу лопатой（伊凡用铲子筑花坛）

25）mloc［知悉］

mloc（все, copul（луна, круглая））= все знают, что луна круглая（大家知道月亮是圆的）

26）opmloc［想起］

27）cor［符合事实］

28）conten［内含］

29）deb［理应］

deb（caus（Иван, висеть（картина）））= Иван должен повесить картину（伊凡应该把画挂上）

30）poss［能力］

poss（caus（Иван, висеть（картина）））= Иван может повесить картину（伊凡能把画挂上）

31）tam［让步］

32）логические функции［几种逻辑函项：$\neg f_1, f_1 \& f_2, f_1 \vee f_2, f_1 \supset f_2, f_1 = f_2$］

目的函项可表述为 caus & mloc：

caus（x, y）& mloc（x, cor（$y \supset z$））—— x делает y с целью z（x 为了 z 而做某事 y）

33）repet［逆向］（笔者注：repet 疑为 repeal 之误）

уйти（离开）—— вернуться（回来）

34）sens［感知］

S_0（poss（sens（x, y）））—— способность x чувствовать y（x 能感知 y）

35）sep［使分出］

caus（x, sep（y, z））—— x отделяет y от z（x 使 y 从 z 分离出来）

36）sel［选出］

37）quam［心态］

perf（quam（$func_0$（они）, весело, #））= им было весело（他们很愉快）

38）aspect［出没］

caus（x, opmloc（y, aspect（x）））—— x появляется перед y（x 出现在

y 前）

caus （x, fin opmloc （y, aspect （x））） — x исчезает из поля зрения y （x 从 y 眼前消失）

39）norm ［合规范］

caus （x, incep знать （z, считать （x, antiplus norm （v （y））））） — x критикует y перед z за v （x 为某事 v 而当着 z 面批评 y）

基本函项的系统能够反映自然语言中基本概念的系统。

B. A. Тузов （2004）除了最基本的 Caus （x, y）［致使］外，列举常见的函项如下（按字母顺序排列）：And （x, y）［并存］, Anti （x）［反义］, Anti Bon （x, y）［不利于］, Apart （x, y）［分出］, Aspect （x）［显现］, Bon （x, y）［利于］, Cond （x, y）［以……为条件］, Cont （x）［延续］, Content （x, y）［包含］, Control （x, y）［控制］, Copul （x, y）［就是］, Cor （x）［为真］, Deb （x）［必需］, Degrad （x）［变坏］, Depend （x, y）［依存于］, Emo （x）［擅长］, Fact （x）［保持］, Fin （x）［结束］, Func （x）［存在］, Hab （x, y）［拥有］, Humaro （x）［心情］, Imperf （f）［过去某时］, Incep （x）［开始］, Intemp （x）［当……之时］, Kon （x）［相伴］, Kond （x, y）［由 x 及 y］, Kontr （x, y）［反对］, La （x）［有定］, Lab （x, y）［遭受］, Loc （x, y）［位于］, Magn （x）［加强］, Mov （x）［移位］, Mult （x）［众多］, Ne （x）［否定］, Ne （#）［空集］, Norm （x）［常规］, Oper （x, y）［实行］, Or （x, y）［或者］, Percep （x, y）［领会］, Plus （x）［增长］, Poss （x）［可能］, Prepar （x, y）［准备从事］, Rel （x, y）［相关］, Repet （x）［重复］, Result （f）［结果］, Role （x, y）［起作用于］, Sing （x）［作为……之一分子］, Stato （x）［状态］, Temp （x, y）［发生于某时］, Uzor （x, y）［用于］, Uzore （x, y）［借助于］, Utilise （x, y）［有利于］, Var （x, y）［变为］。

8. 复合应用

利用基本函项可以描写与 огонь （火）有关的词义：

$func_0$ （огонь）= горит огонь ［火在燃烧］

result （$func_0$ （огонь））= тепло, свет, дым ［热，光，烟］

magn（огонь）= большой огонь［猛火］

mult（magn（огонь））= пожар［火灾］

mult（пожар）= волна пожаров［火］

S_0（func$_0$（огонь））= горение［燃烧］

oper$_1$（x, S_0（func$_0$（огонь）））= x горит［x 点着］

perf（func$_0$（mult（пожар）））= прокатилась волна пожаров［火势蔓延］

poss（oper$_1$（x, S_0（func$_0$（огонь））））= x может гореть［能燃］

S_1（poss（oper$_1$,（x, S_0,（func$_0$（огонь）))））= горючий［燃料］

caus（x, incep гореть（y））= x поджигает y［点着］

incep caus（x, incep гореть（y））= x зажигает y［点燃］

perf caus（x, incep гореть（y））= x поджёг y［烧光］

S_1（caus（x, incep（func$_0$（пожар））））= поджигатель［纵火者］

caus（x, fin гореть（y））= x тушит y［熄灭］

caus（x, cont гореть（y））= x поддерживает горение y［助燃］

deb（oper$_1$（x, S_0（func$_0$（огонь））))= x не может не гореть［不可能不燃烧］

A_1（deb（oper$_1$（x, S_0（func$_0$（огонь）))))= огнеопасный［有起火危险的］

mult（caus（x, fin func$_0$（пожар）))= x многократно тушит пожар［多次熄灭］

S_1（mult（caus（x, fin func$_0$（пожар）)))= пожарник［消防员］

result（perf（func$_0$（пожар）))= пожарище, пепелище［火灾场］

perf（oper$_1$（x, S_0（func$_0$（огонь）)))= x сгорел = perf liqu（огонь, func$_0$（x））= огонь уничтожил x［烧毁］

result perf（oper$_1$（x, S_0（func$_0$（огонь）)))= пепел, зола［灰烬］

oper$_1$（x, S_0（func$_0$（огонь）))$\supset$ liqu（огонь, func$_0$（x））= из того, что x горит, следует, что огонь уничтожает x［烧光了］

S_3（loc（caus（x, incep гореть（y）), z））= печка, очаг, плита, камин［炉子］

$perf\,(func_1\,(S_0\,(func_0\,(огонь)\,)\,),\,x)\,) = огонь\ охватил\ x\ [火势包围]$

$S_0\,(perf\,(caus\,(x,\,incep\ гореть\,(y)\,)\,)\,) = поджог\ x\text{-}m\ y\ [纵火烧掉]$

$oper_1\,(x,\,поджог) = x\ совершает\ поджог\ [放火]$

$quam\,(incep\ oper_1\,(x,\,S_0\,(func_0\,(огонь)\,)\,),\,\#,\ мгновенно) = x$ мгновенно начал гореть $= x$ вспыхнул [突然烧着]

$S_0\,(вспыхнуть) = вспышка\ [爆燃]$

$S_{instr}\,(поджог) = спичка,\ зажигалка\ [火柴]$

$S_{instr}\,(гасить) = огнетушитель,\ вода\ [灭火物]$

$caus\,(x,\,caus\,(y,\,incep,\,func_0\,(пожар)\,)\,) = x$ толкает y на поджог [推入火堆]

$caus\,(x,\,perf\,(liqu\,(огонь,\,func_0\,(y)\,)\,)\,) = x$ сжигает y [烧毁]

$plus\,(func_0\,(пожар)\,) = пожар\ разрастается,\ разгорается\ [火势变猛]$

$antiplus\,(func_0\,(пожар)\,) = пожар\ утихает\ [火熄]$

$poss\,(caus\,(x,\,incep\,(гореть\,(y)\,)\,)\,) = x$ может поджечь y [能点燃]

$perf\ poss\,(caus\,(x,\,incep\,(гореть\,(y)\,)\,)\,) = x$ мог поджечь y [本来能点燃]

$perf\ fact\ poss\,(caus\,(x,\,incep\,(гореть\,(y)\,)\,)\,) = x$ удалось поджечь y [点着了火]

$perf\ fact\ poss\,(caus\,(x,\,incep\,(гореть\,(y)\,)\,)\,) = x$ не удалось поджечь y [没点着火]

$perm\,(x,\,plus\,(func_0\,(пожар)\,)\,) = x$ не борется с разгорающимся пожаром [不设法扑灭大火]

$magn\ caus\,(x,\,fact\,(poss\,(func_0\,(пожар)\,)\,)\,) = x$ сделал всё, чтобы возможность пожара не реализовалась $= x$ сделал всё, чтобы предотвратить пожар [努力消灭火患]

9. 复合动词

利用基本函项来定义复合动词（"动+名"固定词组）的意义。例如：

брать, обязательство $= oper_1\,(x,\,обязательство)\ [承担义务]$

бросать обвинение = oper_1（x，обвинение）［责怪］

брать руководство = incep（oper_1（x，руководство））［领导］

ввергать в отчаяние = caus（x，отчаиваться（y））［使沮丧］

вводить обычай = caus（x，incep func_0（обычай））［使成习惯］

вести переписку = oper_1（x，переписка）［通信］

внушать страх = caus（x，бояться（y））［恐吓］

впадать в бешенство = incep oper_1（x，бешенство）［发怒］

вызывать беспокойство = caus（x，беспокоиться（y））［引起不安］

вызывать уважение = caus（x，oper_1（y，уважение））［使人尊敬］

делать запас = oper_1（x，запасание）［储藏］

делать копию = oper_1（x，копирование）［复写］

класть начало = caus（x，incep oper_1（x，начало））［开头］

多义动词处理法：

горит =（кто-что x，чем y，на-ком-чём z）делает：（oper_1（set（x，глаза），блеск（y）| copul（set（x，S_1（set（#，лицо））），красный）| degrad（set（x，S_2（еда）））| caus（set（z，S_1（caus）），degrad（set（x，S_2（одевать）））））| oper_1（x，S_0（func_0（огонь（y）))))))

基本函项之间的互相蕴涵关系举例：

perf（caus（x，y））$\supset$ perf（f）

bon（f，x）$\supset$ oper_1（x，удовольствие）

hab（x，y）$\supset$ poss（uzor（x，y））（x 有 $y \supset x$ 可使用 y）

¬ poss（f）$\supset$ antideb（f）

perf（oper_1（x，y））$\supset$ perf（func_0（y））

10. 元理论的基本原则

В. А. Тузов（2004）提出几条元理论的基本原则（основные принципы метатеории）：

1）语言是代数系统（f_1，f_2，…，f_n，M）（f_n 指函项，M 指语言结构）。

本论题说明：各种语言（包括人工语言）的普遍语法是可能存在的。

2）合适的语法给每一语句作出结构描写：写出相应的复合函项。

3）各种语言的语法都是普遍语法的具体化。

4）每一种词类（части речи）在语句的句法结构中都起着固定的作用。

名词是函项的题元。形容词是名词上的简单函项，相当于修饰格算子（оператор присваивания）。短尾形容词是名词上的简单函项，相当于一位谓词。动词是十分积极的函项，主要用在名词上，相当于一位或多位谓词。副词是动词上的函项，相当于修饰格算子。简单前置词是名词上的函项，能改变名词的语法类型，组织句中词与词间的联系。复杂前置词和连接词是以复合函项 σ 为题元的函项，用以连接完整的语句。

5）语言的语法与其语义不可分离，语法就是一本语义词典。

①对词的抽象描写也比不描写好。

②语句的句法结构乃是其语义结构的合适反映。

6）计算机或人掌握语言乃是编制和充实语义词典。人们掌握语言，不仅学习词，而主要是学习与词相应的函项。只有当你知道某词与哪些题元连用并且会推演其词义时，你才能应用这个词。

③语义学是掌握句法的基础。

④语言交流的必要条件是说者与听者的语义词典互相近似。

7）V 语言不区分物理界的概念和意识界的概念。чёрный стол 和 чёрные мысли 中的 чёрный 表示同一个意义。Время не терпит 和 Он терпит боль 中的 терпит 也是。

这是形式化的语义词典与常见的词典不同之处。

8）形式化的语义词典不应包括多余的词义。

⑤不宜将自然语言用作精确解释词义的工具。

⑥"语言"这个概念不可能精确定义，但任何语言都可以精确地形式化，也就是说，都可用于计算机。

［笔者注：上面所列的论题虽然是对词和句子说的，但同样适用于各种语素（морфы）。］

11. 关于计算语言学

句子是一个完满的复合函项。句义是从复合函项逐步推演出来的。

计算语言学的目的是教计算机理解自然语言的语句。计算机不懂自然语言，却能把理解语言的过程实现程序化。

计算语言学只求解决语法和语义问题，不解决语用问题，以避免无穷性。

首先要消除词汇的多义性。例如 сарай горит（棚屋着火了）和 глаза горят（眼睛闪光），其中动词 гореть 有两个意思，可表述为两个不同的函项：

gorit（saraj）和 gorit（glaza）

然而，对于语言这个概念，可以言说而不可以下严格定义。对于词这个概念也如此。因此只能给计算机输入最广泛的词义（如 узел 的广泛意义是"各式各样的结子"）。而词的广泛意义只是一个函项 f，要加进各个题元方才表达具体意义。

参考文献

［1］ Тузов В А. Математическая модель языка ［М］. Ленинград：Изд-во Ленинградского университета，1984.

［2］ Тузов В А. Компьютерная семантика русского языка ［М］. Санкт-Петербург：Изд-во Санкт-Петербургского университета，2004.

［3］ Chomsky N. Aspects of the Theory of Syntax ［M］. Cambridge，MA：The MIT press，1965.

附录：《当代语言学》编辑部委托张家骅教授（《当代语言学》顾问委员会委员）担任特邀编审，组织一期俄罗斯语言学专号（《当代语言学》2007年第4期）。李锡胤教授大力支持专号的编辑工作，《俄罗斯计算语言学家 В. А. Тузов 的俄语形式化理论》就刊登在这一期中，是他老人家在编者遭遇稿件闪失登门求助时，慷慨承诺，欣然命笔并几经扩充成文，补救编者于尴尬，准时交差，没有辜负《当代语言学》编辑部的厚望。《俄罗斯语言学专号》总共刊载六篇文章，按目录顺序分别是：彭玉海，《俄罗斯语言学家 В. Г. Гак 的研究述评》，289—302（约 22 000 字）；杜桂枝，《Н. Ю. Шведова 语言学理论中的"体系性"思想及其方法论》，303—316（约 21 000 字）；薛恩奎，《И. А. Мельчук 的"意思⇔文本"学说》，317—330（约 21 000 字）；李锡胤，《俄罗斯计算语言学家 В. А. Тузов 的俄语形式化理论》，331—346（约

25 000 字）；傅兴尚，《В. З. Демьянков 的解释论及解释论制导下的文本计算》，347—358（约 20 000 字）；陈勇，《А. Е. Кибрик 的语言类型学研究》，359—372（约 20 000 字）。其中，篇幅最长、年纪最长、反复修改最多、贡献最大的是中国语言学界人人尊崇的李锡胤先生！

浅介［俄］B. B. Мартынов 教授
《通用语义符码 YCK-3》中的基本思路

李锡胤

前言

用词句表达出来的意思（信息）只是一小部分。大部分意思（信息）是通过人们集体或个体的经验（其中包括各种预设）来补足的。

世界无涯，语言善变；以善变逐无涯，吾知其难也。不得已而区分四种情况：

所指		能指	
		语言	
		无限	受限
世界	受限	1	3
	无限	2	4

（本文作者注：研究工作应从第 3 区开始，逐步适当地向第 1 区、第 4 区推广。至于第 2 区，恐怕只好"到此止步"！）

创制语义符码系统应满足下列条件：

① 有一个形式化的世界模型：相关于诸类个体和诸类事境（ситуации）的多层级抽象知识系统。

② 确定诸个体与诸事境之间的联系。

③ 给诸问题（задачи）以形式分类。

④ 解题。

困难在于缺少一个有效方法，以便给形式系统注入语义内容。

YCK-3 具有如下性质：

① YCK 是一种充分描述意思的语言，它的每一符码链都具有单义性。

② YCK 是各国通用的规范性语言，能描述世界任何一个部分。

③ YCK 的语义内容不是靠社会"契约"赋予的，而是从通用的公理集演绎而得出的。

④ YCK 有能力理解世界，也就是说：它能通过系统内符码链的形式转换来表述新概念、建构事件因果联系的假设。

YCK 的语义句法（семантический синтаксис）

YCK 是应用关系逻辑的理论和术语。引入三类基本语句：关系结构语句，关系性质语句，符号学语句。前两类是逻辑语句，与第三类有异。

X 属于关系域（область отношений）R，当且仅当存在至少一个 Y，X 与该 Y 有 R 关系。

Y 属于关系 R 的逆域（противобласть），当且仅当存在一个 X，X 与该 Y 有 R 关系。

从结构上看关系有三类：

初级，即个体-个体（XRY）；

次级，即个体-关系 [$XR（YRZ）$]；

三级，即关系-关系 [（XRY）R（WRZ）]。

关系有两项与多项之分。多项关系可归纳为两项关系。

此外还要引入模态逻辑和集合论的基本语句。例如：

在任何时间 t 内 p 成立（$\forall_t \quad p_t \equiv \square p \equiv \{t_p\}_u$）（$u$：全体）

在某些时间 t 内 p 成立（$\exists_t \quad p_t \equiv \diamond p \equiv \{t_p\}_p$）（$p$：部分）

$\square$ 和 $\diamond$ 可互换：$\neg \diamond \neg p \equiv \square p \quad \diamond \neg p \equiv \neg \square p \quad \neg \diamond p \equiv \square \neg p$
$\diamond p \equiv \neg \square \neg p$

把 YCK 的逻辑式改写成符号式，需要用形式化方法：把关系式 *XRY* 改写为 *SAO*。*S* 是左项，叫主语；*O* 是右项，叫宾语；*A* 是中项，叫谓语（акция）。*SAO* 这样的结构是核心结构。

表征核心结构的句子类型是基本句型。例如"张三是李四的爱人""华佗是曹操的医生"。在 YCK-3 中以动作句（акция）为基本句型。"*X*—врач *Ya*"被变换成"*X* лечит *Y*"。

在 *SAO* 中 *S* 和 *O* 之间的关系是通过 *A* 而显现的。在多项式如"*X* 在 *Y* 和 *Z* 之间"中，*Y* 和 *Z* 的关系是隐含的。

核心结构不能没有显性关系而只有隐性关系，也不能有多于一个的显性关系。

结构中成分与成分间有主从关系，或者用 *A* 表征，或者是隐含的。

SAO 是反对称关系（其中 *S* 与 *O* 的位置不能对换）。*SĀO* 表示对称关系，即其中 *S* 与 *O* 没有主从关系。

SAŌ 表示 *O* 替代 *S*。这时，*S* 与自己有关系 *A*，即 *A* 有自反性。⁻表示缺位（незамещённость）。

SAO 之类的核心结构中 *S* 不可能带⁻（即不可能出现*S̄*）。

核心结构可以含隐性关系，得以扩展而成为 *SAOO*，*SSAO*，*SAAO*，*SSAAO*，*SAAOO*。其中 *S* 永远统制（доминировать）其他成分，而且如果有两个 *S* 的话，第一个 *S* 统制第二个 *S*。不允许左右两端同时扩展（ˣ*SSAOO*，ˣ*SSAAOO*）。

在扩展式中显性统制（*SAO*）与隐性统制（*SSAO*，*SAOO*，*SAAO*）可以并存，如 *SSAO*。扩展式中可能出现另一个基本结构，如 *S*（*SAO*）*AO*，*SA*（*SAO*）*O*。这时出现一个次级关系（"个体-关系"的隐性关系）。

扩展式中不能用"关系"代替"个体"，即不允许出现ˣ（*SAO*）*AO*，ˣ*SA*（*SAO*）。

扩展式中"关系"成分出现在"个体"成分之右，不能出现ˣ（*SAO*）*SAO* 等。

YCK–俄语词典（举例）

（Ⅰ）"个体–个体"关系

A. 核心句型（俄语中典型句型是"主语+动词+宾语"）

① SAO——X преобладает над Y_m. （A 表示即时关系或过程）

② $SA\bar{O}$——X преобладает над собой. （$\bar{O}$ 表示 $O=S$）

③ $S\bar{A}O$——X постоянно преобладает над Y_m. （$\bar{A}$ 表示持续的属性，俄语中常用形容词表示，如 X выше Ya.）

④ $S\bar{A}O$——X постоянно преобладает над собой. （意思与性质形容词相近，如 X самый светлый.）

⑤ $S\neg AO$——X не преобладает над Y_m. （$\neg A$ 表示左端不统制右端。此句意思近似 X действует на равных с Y_m.）

⑥ $S\neg A\bar{O}$—— X не преобладает над собой. ［意思近似 X не первенствует. X（ничем）не выделяется.］

⑦ $S\neg\bar{A}O$——X постоянно не преобладает над Y_m. （意思近似 X равен Y_y, X и Y одинакового объёма.）

⑧ $S\neg\bar{A}\bar{O}$——X постоянно не преобладает над собой. （意思近似 X последствен.）

B. 扩展句型（核心结构+其他句子成分）

① $SAOO$——X держит Y в Ze.

② $SAO\bar{O}$——X держит Y у себя.

③ $S\bar{A}OO$——X постоянно держит себя в Ze. （即 X находится где-н.）

④ $S\neg\bar{A}\bar{O}\bar{O}$—— X постоянно не держит себя в себе. （即 X не существует.）

（Ⅱ）"个体–关系"关系（从略）

（Ⅲ）"关系–关系"关系（从略）

综合举例（改用汉语例句）

S_1 кто-что	S_2 чем	A_1 助动词	A_2 动词	O кого-что	O где	连接符
S 电话机			A 摆在		O 桌上	
S 张三	S 用电话机	A 可以	A 通话	O 与李四		因此，原先
S 张三			$\neg A$ 不知道	O 李四消息		尔后
S 张三			A 知道了	O 李四消息		

本文作者的后语

这篇东西算不得文章，只是一篇读书笔记。我想把俄语语言学家 B. B. Мартынов 教授的 YCK-3 思路挂一漏万地介绍给我国俄语学界。他在二十世纪七十年代出版《Семиологические основы информатики》，八十年代出版《Универсальный семантический код: YCK-3》，在当时苏联影响很大。他在白俄罗斯大学工作的学生 A. H. Гордей 精通汉语，以汉语为语料出版了《Принципы исчисления семантики предметных областей》，分析方法很新颖，内容丰富。好多年前我翻译出版了乌克兰语言学家 G. Miram 教授的 *Translation algorithms*，如今年过八旬，想全译 B. B. Мартынов 的著作已力不从心，只能把这类担子交给年青同志去承担了。

我国科学的发达，非迎头赶上不可，必须广泛、正确、系统地吸收各国学者的新成果。"他山之石，可以为错"，要开发不同山头的岩石资源，不能入主出奴。

吴国华《文化词汇学》序

阎家业　李锡胤

"国情语言学"（一译"语言国情学"）在俄语文献中称为лингвострановедение，它是 20 世纪后半叶才兴起的一门语言科学，虽然近一二十年成了热门话题，但它与其他科学一样，刚兴起时往往着重材料的积累、归纳和分类。吴国华同志前几年主编的《俄语文化背景知识词典》就是走的这条路子，为此后的研究打下了坚实的基础。他没有在成绩面前止步，而是不断探索新的视角、方法和结论，经过几年刻苦努力，写成了这本《文化词汇学》。本书从符号学和称名语义学的角度来探讨称名单位的民族文化特征，着手解决以下问题：基本词汇意义和附加意义、联想意义之间的关系，形成文化附加意义的诸因素，构成隐含文化附加意义的成素，不同语言中对应词汇的基本形式语义类别，不同语言中词汇意义对比方法，不同语言中词汇意义的民族文化特征的描写方法。

总的说来，我们认为作者创新之处在于：

1. 用二级符号理论来解释词汇称名功能和机制。从这出发：

1）阐明了从索绪尔以来一直被深信不疑的关于符号任意性的原理在语言学中的应用范围：这条原理在自然语言这种复杂符号系统的根词中是成立的，但在数量大得多的派生词、复合词、称名词组中情况大不相同，所谓"内部形式"的范围大大扩展了。

2）修正了传统语言学理论中同样被深信不疑的关于专名不表示概念的论

点。事实上，一说起熟悉的那位张三，我们就会想起此人的外貌和优缺点，也就是此人的"本质属性"。"本质属性"不形成概念，还能形成什么？至于"游离状态"的"张三"，只是两个音节，还不是符号单位，只是"候补"罢了。我们不懂日语，"灭茶苦茶"对我们来说只是四个类似汉字的形体，不是符号，不能用来交际。

2. 用对比（контраст）的方法来区分不同语言中对应词语的附加意义，进而描写其民族文化特征，这是科学的途径。因为理论上说，文化总是民族性的，而语言是文化的组成部分之一，词语的意义无不具有民族文化特色，不经比较就显现不出来。孤立地在一种语言中找民族文化要素，就像久入芝兰之室而要分辨芝兰之香一样困难。

前一点是本书在理论上的突破，后一点是在实践中的价值。

本书内容曾以语文学博士学位论文形式在莫斯科进行答辩，受到俄国科学院宋采夫院士、俄国教育科学院科斯托马罗夫院士等著名学者的高度评价：认为吴国华同志的这一著作可用作国情语言学和俄语词汇学的教学参考书，对编纂俄汉双语词典和教学法参考书等均大有裨益。

阎家业、李锡胤

1996 年 1 月

吴国华、杨喜昌《文化语义学》序

李锡胤

　　吴国华、杨喜昌两位同志新著的问世，是我国语言学研究的可喜收获。本书材料充实，论说精当，有许多创新之处——读后自见分晓。我只就两个方面，试着对内容做点"注疏"工作。

　　自从索绪尔以来，语言符号的任意性（arbitraire）普遍被人们接受。照《普通语言学教程》的表示法是：

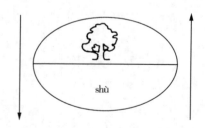

shù

　　上面代表人们脑子中树的形象，下面 shù 是个音组形象。这两者的结合是约定俗成的，没有任何理据性。从抽象的符号学角度看，当然没有错。任意性原则的确认，使符号（包括自然语言符号）的研究大大深入了一步。

　　问题在于：人类自然语言可以从抽象符号学的角度进行研究，也可以（而且需要）对具体的语言实体加以描写。

　　自然语言为人们表达和交流精神文化（思想、感情）服务，同时语言本身也是人类精神文化的产物和组成部分。

　　举个包含中国文化特征的例子。假设月下老人婚姻簿上注册的只是某男某女，胡乱红绳一系，便成夫妻，"哪怕你铜墙铁壁，哪怕你皇亲国戚"。这倒省心。可是凡人找对象却远不这么简单。从历时性看，从前要考虑门当户对；从共时性看，目前要考虑文化水平。而且不同的文化环境中"诚聘"的条件远非雷同。抛彩球的办法是最符合月下老人普通婚姻学教程，但实际上只是特例而已。乔太守把它当作普遍原则办案，落得个"乱点鸳鸯谱"的笑柄。

所以自然语言的情况是：

本书作者正是着眼于这中间地带。

第二个方面是语言单位的复杂性。词根、词缀、派生词、复合词、固定词组、固定句式、隐喻手段……它们的理据性程度大不相同。本书提出多层级符号系统，正是充分考虑了"初恋"和"黄昏恋"的不同文化含量。

请允许我离开一步来"注疏"原作。

一般来说，构建一个符号系统先要给出初始符号（变项和常项），再定义由初始符号组成的符号，然后根据符号之间的换算（或转换）关系，确定若干公理，最后利用公理推出各条定律。

索绪尔以来的语言学研究基本上是沿这一路子发展过来的。二十世纪前半叶（具体说来是 1957 年以前）是结构语言学占主流，后半叶是乔姆斯基的转换生成语言学占主流。在对语言结构的看法上，着重点前后是不相同的。前者强调单位符号所构成的系统（或结构），所以着重对单位符号的辨认（identification）和范畴化（categorization）；后者着眼于不同符号（列）间的转换关系。换句话说，结构语言学所理解的结构是单元符号所组成的静态结构，转换生成语言学所理解的结构是各符号（列）互相转换的规则所组成的动态结构。相应地，前者侧重于词汇范畴（词类）的结构功能，后者侧重于句式（基本句）的转换规则。

随着对语言系统的元素和结构的认识的加深，文化与语言的关系问题随之要求新的视角和新的研究方法。本书在这方面做了尝试：把文化语言学的研究范围从词汇延伸到了词的搭配和句子（第九章和第十章）。

本书涉及其他许多方面，有些问题是作者提出来与同行专家商讨的，必将引起广泛的兴趣，推动我国语言学研究。

李锡胤于黑龙江大学

2000.08.26

张家骅《语法·语义·语用
——现代俄语研究》序

李锡胤

张家骅同志的新著《语法 · 语义 · 语用——现代俄语研究》出版了。这是一件非常值得欢迎的事。

二十多年来，家骅同志潜心研究俄语理论，发表多篇论文，成绩斐然。他尤其深入钻研俄语体学，著《现代俄语体学》一书，于 1996 年问世，颇受俄语学界重视。

《语法 · 语义 · 语用——现代俄语研究》内容广泛，涉及语言学基本问题：如布拉格学派的标记理论、J. L. Austin 的言语行为理论、语义学、语用学、实际切分、惯用语等等，也涉及词汇信息库的微机鉴定，以及俄语教学中出现的其他一些具体问题。

家骅同志在语言研究工作中力求严谨、扎实，书中体现了他的这种一丝不苟的学风。这本书值得称道之处是：立论以丰富、翔实的第一手语言材料为基础；包含许多中国学者从母语角度观察俄语的特殊感受。恐怕正是由于这些原因，其内容不乏开拓、创新之处。这些真知灼见对于语言理论建设和语言教学实践有重要的意义。

本书的重心我以为仍然在俄语体学。这也不奇怪：专家说话，三句不离本行！

《体学研究的新视角》是作者的一篇"纲领性文件"（如果让我排目的话，我将把它排在各篇体学论文之前）。它说明作者立足于俄罗斯丰富的学院传统之上，从内部界限出发，参考 Z. Vendler 关于动词四分法的学说，并采用语用学和言语行为论的观点和方法。书中其他体学论文都是从这一视角"投影"出去的：作者利用丰富的语料逐篇深入分析俄语中体的范畴特征，细致说明不同语境中的各种用法。从当代语义学、语用学、认知语言学、自然语言逻辑分析与概念分析等领域借鉴新的思想和方法，这对于转换传统语法学的研究角度、开拓新的研究领域，必将起到愈来愈积极的作用。

本书和《现代俄语体学》可以说是姊妹篇（其中有些内容重复是难以避免的），后者着重实际应用的归纳和列举。那里没有说的话，在本书中说出来了。我建议读者不妨先读本书，然后再读它的姊妹篇（《现代俄语体学》）。

21 世纪刚刚开始，本书是我国俄语学 20 世纪老根上绽开出来的一朵报春花。祝愿在新世纪中随着我国科、教、文化大发展的步伐，俄语学继续保持万紫千红的气象。

"Но нельзя верить, чтобы такой язык не был дан великому народу!"（И. С. Тургенев）

李锡胤

2020 年 11 月 25 日

袁长在《俄语语调——理论与实践》序

李锡胤

人类自然语言原来和动物"语言"一样，都是声响符号。只由于声响传播的距离有限，而且闭口即逝，无法保存久远，所以让形体符号（文字）占了上风。尤其从二十世纪中叶以来，"Chomsky 语言学革命"兴起，学者们竞相研究形体符号的生成和转换，取得辉煌成绩。在语言学界虽然一直有人不间断研究语音面貌，并应用于语言教学，然而学术的发展，往往"一山突起，万籁无言"。Chomsky 晚近的"最简方案"对"语音形式"（PF）还是语焉不详。

本书作者袁长在教授是黑龙江大学俄语专业的老教授，长期从事高年级实践课教学，认真研究苏联人 Е. А. Брызгунова 的语调理论，在工作中反复实验，取得很好成果，获得国内同行专家好评，深受学生欢迎。

《俄语语调——理论与实践》是作者翱翔于俄语音韵天地间二十余年的结晶。作者从最基本的音和语调诸概念开始，逐步深入、繁化，总结出俄语逻辑语调的五个组成部分：音调、语段重读、停顿、语速、语气，构成俄语逻辑语调的完整体系。本书十分重视实践，包含大量练习，附有录音光盘。读者只要循序渐进地阅读，反复练习，一定会受益匪浅。

我敢预言：目前计算语言学正向语音识别方向发展，不久的将来定能有惊人成果，则语调理论是不可或缺的。

李锡胤

2011 年 6 月 17 日

王松亭译著《古史纪年》序

——喜读《古史纪年》

李锡胤

王松亭同志在黑龙江大学攻博期间翻译此书。那年（1993）冬天很冷，他硬是"午夜一灯，晓窗千字"，我说他有股子悬梁刺股劲儿。次年由黑龙江大学俄语系内部印刷 300 册，供本校研究生阅读。这次商务印书馆正式发行修订本，广大读者得能共赏宏文，是大好事。

1994 年 7 月 12 日，我和松亭同志在莫斯科拜访普罗科菲耶夫（Н. И. Прокофьев）教授［顺便说说，他是古俄语权威布斯拉耶夫（Ф. И. Буслаев）院士的孙婿］，他得知松亭翻译了《古史纪年》，十分兴奋，滔滔不绝地讲起二战时他在前线利用战斗间隙，于战壕之中为战友们讲述古罗斯勇士的故事，鼓舞士气，被评为优秀宣传员。

松亭同志译稿的内部印刷本，我曾于 1994 年在莫斯科访问时赠送汉学家宋采夫（В. М. Солнцев）院士和普希金俄语学院莫尔科夫金（В. В. Морковкин）教授，他们都十分赞赏，认为这是两国人民间文化交流的一件大事。

时间飞逝，松亭同志初译后，我获先读之快，商榷数事。如今耄耋，重读新稿，回忆当年师从苏联专家布托林（Д. И. Буторин）和戈尔什科夫（А. И.

Горшков）学古俄语文献，恍如隔世。龚定盦诗："恍从魏晋纷纭后，为溯黄农浩渺前。"

李锡胤

2010 年端阳于黑龙江大学

王松亭《隐喻的机制和社会文化模式》序

李锡胤

　　隐喻也是一种比喻。简单说来，比喻就是拿一个东西来比拟另一个东西，朱熹所谓"以彼物比此物也"。

　　比喻的机制可以借用函数公式来表示（x 代表本体，y 代表喻体）：

$$f(x) \rightarrow y$$

　　这里不用"＝"而用"→"，是因为实际上 $f(x)$ 和 y 之间只是一种替代的可能性或倾向性而已。

　　用这种表示法不难区别中国传统的赋、比、兴。

　　赋是 $f(x)$，例如："张三很凶"。

　　比是 $f(x) \rightarrow y$，例如："张三凶得像条狗"。

　　兴是 $[f(y\ldots x) \rightarrow] y$，例如："<u>相鼠有皮</u>，人而无仪！人而无仪，不死何为？……"（［ ］中是不表示出来的部分。）

　　上述的比喻（或比）公式，指的是明喻：喻体和本体同时出现。至于隐喻（本体不出现）则是：

　　$[f(x) \rightarrow] y$，例如："张三是条狗"。

　　换喻与隐喻很相近，它是：

　　$[f(x\ldots y) \rightarrow] y$，例如："万国衣冠拜冕旒"。

　　象征也是一种隐喻，是"一揽子式"的隐喻，可表示为：

　　$[f(x \wedge y \wedge \ldots \wedge z)] y$，例如："卐"象征法西斯的政纲、信仰、组织等。

　　松亭同志的专著研究隐喻问题，我们也如此。为了表达方便，下文谈到隐喻时仍写出完整的比喻公式，不略去不表示出来的部分。

　　一方面，我们把凶恶的人（x_1）、势利的人（x_2）、忠实的伙伴（x_3）等比作狗（y）：

$$\left.\begin{array}{l} f(x_1) \\ f(x_2) \\ f(x_3) \end{array}\right\} \rightarrow y$$

　　这是"共喻"。

　　另一方面，我们把凶恶的人（x）比作狗（y_1）、狼（y_2）、毒蛇（y_3），亦即：

$$f(x) \rightarrow \left\{\begin{array}{l} y_1 \\ y_2 \\ y_3 \end{array}\right.$$

　　这是"歧喻"。

　　再如：

　　f_1（水载舟）→人民拥护政府

　　f_2（水覆舟）→人民推翻政府

　　用 φ 代替 $f_1 \vee f_2$ 的话，则 $\varphi(\alpha) \rightarrow \beta$ 表示：

　　φ（水，舟）→人民与政府（的关系）

　　又如：

　　f_3（水"利万物而不争"）→"与善仁"的人

　　f_4（水"处众人之所恶"）→"居善地"的人

　　用 ψ 代替 $f_3 \vee f_4$ 的话，则 $\psi(\gamma) \rightarrow \delta$ 表示：

　　ψ（水的优良属性）→人的美德

　　这里 α、β 不总是单称名词（或专名），也不一定代表元素纯一的集合，而是代表社会—文化地、同时也是语言地决定的集合。φ、ψ 也不是不变的函数，而是一个函数域，松亭同志称作隐喻引力场。隐喻引力场也是社会—文化地和语言地决定的，不少隐喻引力场是许多民族（语言）所共有的，有些为若干或某一民族（语言）所特有；而在一定条件下，个别引力场是个人创造的，一些文人墨客曾在这领域里留下自己的"手泽"。

有了上述说明，可以大致地看出：

西方的古典派主要研究 $a \rightarrow b$（a，b 都是词汇单位），着眼于修辞学、辩论术中所用的单位素材；浪漫派主要研究 α，$\beta\ldots$（扩充为词、句、语篇等各级语言单位），着眼于文学创作中的运用。二十世纪的学者开始把注意力转向 φ，ψ，而且把隐喻现象当作解释民族文化特性和窥探人类认知"黑箱"的手段之一。

王松亭同志勤学覃思，勇于创新。曾经师从我国俄语历史语法专家杨隽教授学古俄语，成绩斐然，翻译《古史纪年》，受到俄罗斯学界好评。后来悉心研究隐喻问题，赴莫斯科访学期间博览有关资料，写成博士论文。本专著就是在论文的基础上加工而成，材料丰富，论说精当。

作者要我写序，就拉杂写这些，或许稍有助于了解专著的脉络。

李锡胤于黑龙江大学

1998 年 10 月

李锡胤先生

学术思想传承

试析《俄汉详解大词典》词条释义
和例证翻译中的得与失①

王加兴

摘　要：《俄汉详解大词典》就词条释义和例证翻译而言，与我国现有的各部俄汉词典相比，具有以下四个特点：1. 词条释义更为精确、贴切；2. 义项全；3. 释义手段多样化；4. 例证的译文更为精当，更加合乎汉语规范。这套词典在词条释义和例证翻译中也有一些不足之处：有的释义仍需改进，有的译名不统一，并存在着用方言释义的现象；例证的个别译文对原文的理解有误，有的汉语表达不完全符合习惯用法。

关键词：《俄汉详解大词典》；词条释义；例证翻译；特点；不足

四卷本《俄汉详解大词典》（黑龙江人民出版社 1998 年）收词 24.6 万余条，主编单位黑龙江大学辞书研究所聘请了全国 50 名俄语资深专家参与编撰工作，费时 12 年完成。它的出版是我国词典编撰史上的一大盛事。

本人在数年的使用过程中获益匪浅，尤其在翻译文学作品时，借助于这套词典解决了不少实际问题，但同时也发现了一些不足和缺憾。本文拟对《俄汉详解大词典》（以下简称《详解》）词条释义和例证翻译中的得与失做一些具体的分析。

---

①　本文系 2021 年度国家社科基金重大项目课题"尤里·洛特曼著作集汉译与研究"（21&ZD284）的阶段性成果。

一

我们认为，就词条释义和例证翻译而言，《详解》与我国现有的各部俄汉词典相比，具有以下四个特点：1. 词条释义更为精确、贴切；2. 义项全；3. 释义手段多样化；4. 例证的译文更为精当，更加合乎汉语规范。为了能更好地说明《详解》的这四个优点，我们将俄语工作者普遍使用的《大俄汉词典》（以下简称《大俄汉》）（商务印书馆 1985 年）作为参考来进行分析。

1. 词条释义更为精确、贴切

我们选取下面 4 个词条作为分析的对象：

词条	义项	《大俄汉》释义	《详解》释义
миазмы		瘴气	腐烂物散发出的有毒气体
аспирантура	②	研究生（们）	副博士研究生（们）
конверт	②	（缝成口袋式的）襁褓	婴儿睡袋
ластик	①	（擦铅笔字用的）橡皮	（擦字迹用的）橡皮

"миазмы" 的原文释义为 "ядовитые испарения, газы, образующиеся от гниения"[1]，汉语释义为 "腐烂物散发出的有毒气体"，与原文是吻合的。译成 "瘴气" 是不准确的，因为 "瘴气" 有其特定的含义，它是指 "热带或亚热带山林中的湿热空气，从前认为是瘴疠的病原"（中国社会科学院语言研究所词典编辑室 2016：1652-1653）。

"аспирантура" 一词在俄语中只是指攻读副博士学位的研究生（们），并不包括 "硕士研究生（магистратура）" 和 "博士研究生（докторантура）"，而在汉语中 "研究生" 通常分为 "硕士研究生" 和 "博士研究生"，因此 "аспирантура" 不能译成 "研究生（们）"，只能译为 "副博士研究生（们）"。

"конверт" 释义为 "婴儿睡袋"，较之 "（缝成口袋式的）襁褓" 不仅更加贴近现代汉语，而且更加简练，在现代汉语中 "睡袋" 即为 "袋状的被子"（中国社会科学院语言研究所词典编辑室 2016：1230）。

"ластик" 的俄文释义为 "кусочек резины для стирания написанного"，显然，释义为 "（擦字迹用的）橡皮" 较之 "（擦铅笔字用的）橡皮" 更加准

确。从这一细微的改动中可以看出编者力求精当和完善。

2. 义项全

《详解》采用了多层次释义法，这种立体释义的方法使得词条义项分得很细，凸现出了词的区分意义、意味和特用三个层次。仅此一点，就令笔者极为受用。笔者在翻译文学作品时，在《大俄汉》中常常查不到的义项，在《详解》中都能逐一查到。如："Меловая скала над чёрным хлюпавшим потоком осталась позади."，此处的"хлюпать"在《大俄汉》中查不到合适的义项，《详解》中则列有"（水等）哗啦哗啦地响"（黑龙江大学辞书研究所 1998：5770）[2]。再如："... зашелестел худой незнакомец издалека, хлопал себя по груди."，此处的"зашелестеть"在《大俄汉》中也找不到合适的义项，而《详解》则列出了该词的区分意义："低声说起话来。"（1475）

义项全的另一个表征是，一些词义的扩展、变化和更新在《详解》中及时得到了反映，如"взрыв"一词，除了原义"爆炸"外，《详解》还列有该词的新义项"人口爆炸；信息爆炸"（458）。再如"ранчо"一词本来只有一个意思，即"（拉丁美洲的）大农牧场，大畜牧场"。后来这一词语的含义有了扩展和细微的变化，这在《详解》中也及时得到了反映："①（拉丁美洲的）小庄园，乡间别墅；②（美国的）牧场"（4392）。俄罗斯总统普京在 2001 年 11 月中旬访问美国时，就应邀到布什总统在得克萨斯州的家庭"ранчо（牧场）"做客。

3. 释义手段多样化

为了"向纵深揭示词义内涵"（见编者前言），《详解》采用了多种释义手段，正如编者前言中所列举的，有"翻译、详解、指出使用范围、同义词、反义词、各种标注、部分专名的拉丁文学名、词源等等"（前言1）。本人在使用过程中感到受益最明显的有两点：1）描述性的释义；2）同义词。

1）描述性的释义

我们对具有外国特色的一些专名往往缺乏清晰的概念，而描述性的释义便能帮助我们了解认识这类词语的内涵。就这种释义的方法而言，可以将精细描述的部分作为定语放置在译名之前，如词条"собор"释义为"（一个城市或修道院由牧首、主教、修士大司祭主持仪式的）大（教）堂"（4926）。这种精细的描述比仅释义为"大教堂，大礼拜堂"清楚明了得多，而且从这一释义中，我们可以看出"собор"与表示普通教堂的"церковь"两词的区别所在。

2）同义词

用同义词释义是《详解》的又一特色。这一手段运用于各种词类的词条释义之中。如名词"патрон 2（义项①）"释义为"弹筒，弹药筒，弹壳（同义 гильза）"（3273）；形容词"заносчивый"释义为"傲慢的，自负的（同义 высокомерный，самоуверенный）"（1384）；副词"замечательно"释义为"极，非凡，特别，少有地（同义 исключительно）"（1374）；动词"забраться（义项①）"释义为"爬上，攀登，钻进（同义 залезть，вкарабкаться）"（1284）；等等。

不仅如此，《详解》有时还采用其他手段来指出或暗示出同义词之间的细微差异，如采用修辞标注：词条"воспрещаться"释义为"〈文语，公文〉禁止，不准（同义 запрещаться）"（576），这里既标明"воспрещаться"和"запрещаться"是同义词，又通过修辞标注"〈文语，公文〉"指出了"воспрещаться"的使用范围及语体色彩。有时还通过附加性的注释来指出同义词之间在语义上的细微区别，如"забродить 3"释义为"（走路时把衣裙等）溅上泥（同义 испачкать，истрепать）"（1285），这里既给出了同义词，又通过括号里的限定语指出了与同义词之间的区别。

4. 例证的译文更为精当，更加合乎汉语规范

试比较下列两个例证的译文：

词条	例证	《大俄汉》译文	《详解》译文
нежный	нежный запах	好闻的气味	清香，幽香
свободный	свободное платье	肥大的，不箍身子的衣服	宽松的连衣裙

上表中，译文"好闻的气味"并没有把"нежный запах"的意思完全表达出来，"нежный"在此处俄文释义为"мягкий，приятный на запах"，译文"好闻的"只包含了"приятный"，而不包含"мягкий"，译文"清香，幽香"与原文完全对应。

将"свободное платье"译为"肥大的，不箍身子的衣服"是欠准确的，"свободный"在此处俄文释义是"не тесный"，而译文"肥大的"在程度上明显过甚，且在修辞色彩上有不赞的意味，用"宽松的"相释，无论从含义

还是从修辞色彩上都是对等的。至于译文"不箍身子的衣服"在汉语中是欠通顺的。

二

笔者在使用《详解》的过程中，同时也发现了词条释义和例证翻译中的一些问题和不足。在词条释义方面，有的释义仍需改进，有的译名不统一，并存在着用方言释义的现象；在例证的译文中，个别译文对原文的理解有误，有的汉语表达不规范，不符合习惯用法。

1. 词条释义中的问题

1）有的释义仍需改进

笔者在使用过程中发现，有些词条的释义还不够完整和精当。试举两例。词条"мероприятие（义项①）"仅释义为"措施"（2305）是不够完整和精当的。这一词条原文释义为"совокупность действий, объединённых одной общественно значимой задачей"。我们可以经常见到带有"мероприятие"的词组搭配和用法而又无法将它译为"措施"，如"праздничные мероприятия""культурные мероприятия""Просим вас принять участие в нашем мероприятии."等类似的用法很多，似应译成"活动"。再如词条"куратор（义项①）"，《详解》释义为"监督人"，并将例证"куратор студентов"译为"大学生的监督人"。（2039）笔者于 20 世纪 80 年代在莫斯科高校进修时还经常见到或听到词组"куратор студенческой группы"，按照这种释义应译为"大学生班级监督人"。这究竟是什么概念？后来笔者了解到，在俄罗斯高校里"куратор"就相当于我国高校的"班主任"或"辅导员"。笔者在工具书《Образование в России: словарь-справочник》中找到了证据。该书将"куратор"释义为"то же, что классный руководитель, но чаще в профессиональных образовательных учреждениях"。顺便解释一下，俄罗斯将高等院校都列入"профессиональные образовательные учреждения"之中。

2）译名不统一，前后欠照应

有些名词，特别是专有名词，不仅作为词目出现在《详解》中，有时还作为其他词条的例证出现在词典中。由于它们分别在不同的词条中，因而出现了前后不相统一的译名。如，以创作民间诗歌（народная песня）而驰名的 19 世纪俄罗斯诗人 "Кольцов Алексей Васильевич"，该词条的译名为 "柯尔卓夫"（1875），而在词条 "песня" 的例证中则译为 "科利佐夫"（3426）。再如：

词条	不统一的译名
атропин	阿托品，颠茄碱（该词条的译名）
	阿脱品（词条 "пустить" 例证中的译名）
Одиссея	《奥德修记》（该词条的译名）
	《奥德赛》（词条 "баснословный" 例证中的译名）
Бахтин	巴赫金（该词条的译名）
	巴赫京（词条 "карнавализация" 例证中的译名）

一些固定词组也出现了前后不一致的译名，如 "контрольно-пропускной пункт" 这一词组在缩略语词目 "КПП" 中译为 "通行检查站，出入检查口"（1966），而词条 "контрольно-пропускной пункт" 所列的固定词组则译为 "边防检查站"（1914）。

更有甚者，同一个固定词组竟出现了完全不同的两种译文，如 "тёмная лошадка"，在词条 "тёмный" 中，这一固定词组释义为 "黑马（指最终才被发现的暗中操纵者或参与者）"（5270）。而在词条 "лошадка" 中，这一词组又释义为 "未摸清脾气的马（指脾气、性格、品质鲜为人知的人）"（2126）。

3）用方言释义

一般来讲，双语词典对修辞色彩上属于中性的词语应避免使用方言来释义，这是一条基本原则。《详解》中出现了一些用方言释义的情形。如，通用词 "мозоль" 释义为 "膙子，老趼"（2384）。"膙子" 是方言词，用它作为首选词来释义，就更不合适了。"мозоль" 的释义似应改为 "茧子，趼子，老茧，老趼"。再如，通用词 "подгузник" 释义为 "（婴儿的）尿布，褯子"（3573）。"褯子" 亦为方言词，应剔除。在俄罗斯的电视节目中常常见到有做 "подгузник" 广告的，这一词条可释为 "尿布，尿不湿"。

2. 例证翻译中的问题

1）个别译文对原文的理解有误

如词条"экзекуция"有一例书证："Хотели его отпороть... Но по случаю страстной недели и пасхальной экзекуция была отложена."，译文是："想要鞭打他，但适逢热烈的复活节周，肉刑延期执行。"（6057）这里"страстная неделя и пасхальная"被错误地翻译成"热烈的复活节周"。实际上"страстная неделя"和"пасхальная（неделя）"都是东正教的重大节日，前者通译为"复活节前的一周"或"受难周"，后者通译为"复活节周"。在俄文中"стра́стный"和"страстно́й"是不同的两个词语，前者意为"强烈的，热烈的"，后者意为"复活节前（一周）的，（基督）受难的"，编者误以为是前者，并将重音打在了"а"上。这一书证的译文似应改为："想要鞭打他，但适逢受难周和复活节周，肉刑延期执行。"

再如词条"потомок"有一例书证："Черноморские козаки — потомки запорожцев."，译文为："黑海沿岸的哥萨克是扎波罗热—谢恰哥萨克的后裔。"（3835）其中"запорожец"一词的俄文释义是"казак из Запорожской Сечи"，通常译为"扎波罗热—谢奇的哥萨克"或"扎波罗热营地的哥萨克"，这里之所以译成了"扎波罗热—谢恰（的）哥萨克"是因为编者误以为"Сечи"的原形系"Сеча"，而实际上该词的原形是"Сечь"。

2）有的汉语表达不规范，不符合习惯用法

如词条"решительно"有一个例证："У нас есть решительно всё."，其译文为："我们任什么，全都有。"（4528）这句译文汉语欠通顺，似应改为："不管是什么，我们全都有。"

有的译文不完全符合汉语的表达习惯，如词条"юридический"的例证"юридическая консультация"，译文是"法律顾问处"（6122）。在莫斯科街头可以看到"юридическая консультация"的招牌，译为"法律咨询（处）"更符合汉语的习惯用法。

在例证的译文中也出现了使用方言的情形，如词条"пышный"的例证"пышный пирог"，译文是"暄腾的馅饼"（4257）。"暄腾"为方言词，似应改为"松软的馅饼"。

以上所举译例中有不少都是"文化词"——即指蕴含社会文化意义的词

语。对其中的一部分词语，借用文化学家尤里·洛特曼的话来说，尽管很难做到"精准的翻译（точный перевод）"，但要追求"相对适切的翻译（условно-адекватный перевод）"。（Лотман 1992：36）

总之，这套词典对笔者帮助很大，希望在以后的修订版中能弥补本文所提及的缺憾，以臻完善。

需要说明的是，笔者无意对《详解》的词条释义和例证翻译做全面而详尽的评析。在数年的使用过程中，笔者将值得关注的一些实例陆续记录了下来，在对这些实例进行归纳整理的基础上做了思考和分析，遂成此文。

注释

1.《详解》的主要参考书目中列有 Ожегов 主编，1990 年出版的《Словарь русского языка》和科学院编，1981—1984 年出版的四卷本《Словарь русского языка》，因此本文引用的俄文释义均采用这两个版本。

2. 本文所选《详解》词条和释义均出自《俄汉详解大词典》（黑龙江人民出版社 1998 年），为使行文简洁，以下仅标出页码，不再一一说明。

参考文献

［1］Бегун В, Ляйкауф Г. Образование в России：словарь-справочник ［M］. М.：Флинта，Наука，2001.

［2］Лотман Ю М. Избранные статьи в трёх томах. Т. I. Статьи по семиотике и топологии культуры ［С］. Таллин：Александра，1992.

［3］黑龙江大学辞书研究所. 俄汉详解大词典 ［M］. 哈尔滨：黑龙江人民出版社，1998.

［4］中国社会科学院语言研究所词典编辑室. 现代汉语词典 ［M］. 7 版. 北京：商务印书馆，2016.

作者简介：王加兴，南京大学俄罗斯学研究中心主任、二级教授、博士、博士生导师；兼任教育部人文社会科学重点研究基地黑龙江大学俄罗斯语言文学与文化研究中心研究员、教育部高等学校外国语言文学类专业教学指导委员会委员、俄语专业教学指导分委会副主任委员、中国中外文艺理论学会巴赫金研究会常务副会长、中国俄罗斯东欧中亚学会常务理事等；俄罗斯 A&HCI 期刊 *Quaestio Rossica* 编委，国内学术期刊《俄罗斯文艺》《解放军外国语学院学报》《中国俄语教学》等编委。主要研究方向：俄罗斯文学、俄语修辞学、俄罗斯文化。

俄语文学语篇中语篇情态的作用

王辛夷

摘　要：俄罗斯一些语言学家认为，语篇中存在述谓-关系综合体，它由两个及以上超句体构成，分为述谓超句体和关系超句体。述谓超句体是主要的、核心的，关系超句体是次要的、辅助的，它们在语篇的接受中扮演着不同的角色。前者"讲理"，即描述事实；后者"讲情"，即体现语篇情态。它们"团结协作"，使读者能够更好地理解作者的意图。

关键词：俄语；文学语篇；述谓-关系综合体；语篇情态

1. 引言

多年前拜读过李锡胤先生的大作《篇章结构的功能分析尝试》，对其中的两段话印象颇深："篇章成分可能是描写的。描写一个动物或静物，一个环境，一件艺术品等都是即物写生，绘声绘影；极言之，有什么就写什么，是什么样子就写成什么样子。如果描写一桩事件或一场剧情，那就按照发生先后，一步一步再现出来。《诗经》传统所谓'赋'也。

篇章成分可能是抒情的。它反映作者接触某事件后感情上发出相应的联想和共鸣，于是随兴之所至，触景生情，看花溅泪。极言之，想到什么就写什么，想怎么写就怎么写。《诗经》传统所谓'兴'者，仿佛似之。"后来又研读了俄罗斯著名语言学家 И. Р. Гальперин（加利佩林）的专著《作为语言学研究对象的语篇》（«Текст как объект лингвистического исследования»），作者对"述谓–关系综合体"的论述使我联想到了先生所说的"赋"与"兴"，И. Р. Гальперин 所说的述谓超句体和关系超句体与"赋"和"兴"有异曲同工之妙吧。

语篇接受是人们汲取知识和获取信息的重要途径，任何文学作品都存在着语篇的客观宗旨和作者的主观宗旨，读者在接受语篇的过程中想要领悟这两种宗旨，就需要认真阅读语篇，并通过语篇的内容及语言手段感知作者的主观情态，从而达到阅读的目的。情态性理论在语篇接受中占据重要位置，特别是文学语篇，它反映在语篇信息当中。И. Р. Гальперин 归纳的语篇范畴中占据首位的就是"信息的类型"[1]。可见，信息性是语篇语言学和语篇分析的重要概念，对语篇接受和语篇解读具有重要的指导意义。述谓–关系综合体正是语篇信息和语篇情态的载体。

2. 语篇的信息性

语言学讨论的信息指的是以语言为载体所传出的消息内容。所谓语篇的信息性是指语篇能够"给接受者传达新的或意想不到的东西"（R. De Beaugrande & W. Dressler 1981：139）。И. Р. Гальперин 在谈到信息的类型（виды информации）时指出，语篇的信息类型分为三种：事实内容信息（содержательно-фактуальная информация）、理念内容信息（содержательно-концептуальная информация）和潜在内容信息（содержательно-подтекстовая информация）（以下分别简称为事实信息、理念信息、潜在信息）。所谓事实信息，是指对周围现实世界或想象世界中已经发生、正在发生或将要发生的事实、事件、过程的表述。事实信息是显性的，通过语言来表达，其语言单位所使用的都是其直接的、物质–逻辑的、词典中标明的意义。事实信息体现的是语篇的客观语用宗旨。理念信息向读者传授作者对现象和用来描写现象的手段之间关系的理解，对其原因–结果关系的理解，对其在社会、政治、文化生活中的意义的理解，包括对独立个体与复杂的心理、美学–认知之间的关系的理解。这一类信息提炼于整部作品，它是对前面指出的发生在社会和作者自己所描述的世界的各种关系、事实、事件、过程的创造性的再认识。值得注意的是，理念信息并不总是很清晰地表现出来，它要求对其进行详细解读。如此，事实信息与理念信息的区别在于前者是存在性质，而后者是美学–文艺性质。理念信息是一个综合概念，需要经过思考来进行解码，它不能被归为作品的思想，它是作者的意图加上作者对内容的解读。理念信息体现的是作者的主观语用宗旨。潜在信息是一种隐含信息，它源自事实信息，产生的原因在于语言单位能够生成联想、伴随意义的特性，在于超句体内部语义不断增加的特性。潜在信息是非必需的，但当它出现时，它和事实信息共同构成独特的语篇复调（контрапункт）。（参见 Гальперин 1981：27–28）语篇的信息性离不开语篇的"述谓–关系综合体"。

3. 语篇中的述谓–关系综合体

最早提出"述谓–关系综合体"概念的是俄罗斯语言学家 Т. М. Баталова（巴塔洛娃）。她认为，在语篇统一体中存在一个"述谓–关系综合体"（предикативно-релятивный комплекс）。这是交际单位复杂、多元、多层级的系统（сложная многокомпонентная иерархическая система）。（Баталова 1977：2）关于这一概念，И. Р. Гальперин 给出了较为详尽的解释。他指出，Т. М. Баталова 在其著作中把两个及两个以上的超句子统一体（简称超句体）称为述谓–关系综合体。其依据是：根据语义划分出来的、针对一个主题的若干超句体，在意思层面和衔接形式上结合成更高层次的单位。置身其中的超句体具有相对独立性，它们传递着各种局部的信息，在交际内容的发展中以各种方式相互作用。语言形式上，构建这种述谓–关系综合体的原则不是由进入其内部的超句体的数量决定，而是由它们之间的关系以及信息结构的性质决定。И. Р. Гальперин 进一步指出，根据信息量和完成的交际任务的不同，述谓–关系综合体中的超句体分为述谓的（предикативные）和关系的（релятивные），前者是主导的（ведущие）、主要的（определяющие），后者是次要的（второстепенные）、从属的（подчинённые）。述谓超句体是整个述谓–关系综合体的核心，因为它们完成的是报道新信息的任务。而关系超句体正相反，它们似乎显得有些可有可无，因为它们的信息意义没有那么大，但是这不会减弱

它们在创建报道内容表现力中的美学作用。（参见 Гальперин 1981：72-73）

Л. М. Лосева（洛谢娃）在《如何构建语篇》（«Как строится текст»）一书中谈到"自由句"（свободные предложения）时指出："这些'自由句'在语篇中……把几个超句体结合起来构成更大的语义和结构'板块'（смысловые и структурные блоки）。"（Лосева 1980：70）按照该学者的说法，所谓"自由句"是指"独立于超句体之外而存在的句子，包括作者的各种插叙以及就所描写的事件抒发的议论等，它们起着独特的修辞功能"（Лосева 1980：69-70）。笔者认为，Л. М. Лосева 此处所说的"独立句"，是一种特殊的关系超句体，其作用主要不是携带新信息，而是就新信息所表达作者的立场或情感，是作者的"有感而发"，是所谓的"兴"。

К. Кожевникова（科热夫尼科娃）认为，语篇可以按照最紧凑的原则构建，此时作者严格挑选所述行为特征必需的内容，把它们组织在叙述轴独立的时间和空间节点上，由此形成一个简明扼要的整体图景。但语篇还可以通过其他方式构建，比如很多细节可以加入到叙述当中，使信息散布在更多的语篇成分当中，这种情况下读者对内容会形成一个既广又深的印象，作者对所述内容的主观态度就会被读者所接受和掌握，语篇的修辞手段和形象性跃然纸上。（转引自 Реферовская 1989：24）很显然，К. Кожевникова 所指的所谓"叙述"亦是关系超句体所特有的功能。

Г. Я. Солганик（索尔加尼克）也曾对述谓-关系综合体进行过论述，他使用的术语是"片段"（фрагмент）："片段是由两个或两个以上散文段（通常所说的超句体）组成的、有共同主题并由专门的句法手段联系起来的语义-句法单位。"（Солганик 2007：153）Г. Я. Солганик 更多的是从超句体之间意义的融合方面加以论述的，同时强调几个超句体共用一个"大主题"的问题："和句子一样，语篇中的超句体不是孤立存在的，通常一组超句体在意义上或相互融汇，或相互对立，进入到某种更为复杂的意义联系当中来推进思想-主题的发展。通常一个主题贯穿到两个以上的超句体当中时，这些超句体就形成了更大的言语单位——片段。一般情况下，散文段是意思、信息和结构的载体，它开启整个作品或者新的主题，表达主题的发展。"（Солганик 1997：48）

从以上语言学家的论述来看，述谓-关系综合体中的关系超句体负责表达作者的主观情态，也即语篇情态。

4. 语篇情态性

苏联科学院 1980 年出版的《俄语语法》（简称《80 年语法》）认为，情态性是一个"多义术语，它用来表示具有共同特征的各种不同现象，用各种不同的方法（语法的、词汇的、语调的）表达谈话人对所报道内容的态度或所报道内容与现实的关系"（Шведова 1980：214）。《80 年语法》对情态性研究的最大意义在于将句子的情态性范畴分为客观情态性和主观情态性，前者表示句子内容与客观现实的关系，后者表示说话人对所述内容的态度。

关于"情态性"，俄罗斯著名语言学家 В. В. Виноградов（维诺格拉多夫）认为："情态性是言语内容与现实之间的关系。"（Виноградов 1975：55）Г. А. Золотова（佐洛托娃）指出，情态性可以从以下三个方面进行考量：1）从说话者角度确认表述内容与现实之间的关系；2）说话人对表述内容的态度；3）句法内部的情态性。（Золотова 1962：65）А. В. Бондарко（邦达尔科）从功能语义角度将情态性定义为一系列现实化范畴的集合，这些范畴是从说话人的角度，根据现实–非现实的主要特征而确立的表述内容命题基础与现实之间的关系。（参见 Бондарко 1990：59）根据语言学家们所给出的定义可以看出，与情态性密切相关的是"人""现实""报道内容"这几个要素，也即人对所述对象的态度。

20 世纪 70、80 年代，语篇语言学的研究如火如荼，学者们开始在语篇层面研究语言学的各种概念及其表达手段，包括情态性。

И. Р. Гальперин 在其专著《作为语言学研究对象的语篇》（«Текст как объект лингвистического исследования»）中对语篇主观情态性进行了详尽的论述，他指出，主观情态性就是对所描述事实的评价，其功能是在句子、表述和语篇之间搭建了一座桥梁。И. Р. Гальперин 认为，将主观评价情态（субъективно-оценочную модальность）分为语句情态性（фразовая модальность）和语篇情态性（текстовая модальность）是合理的。如果说语句情态是通过语法或词汇手段表达的，那么语篇情态除了这些手段外，还通过人物的特征、述谓–关系片段的特殊分布以及格言、推论、语篇中独立成分等手段来实现。（参见 Гальперин 1981：115）И. Р. Гальперин 进一步指出，早期的研究将情态性仅仅看作是表述内容与现实之间的现实/非现实性关系是不够的，还应关注到情态性所包含的主观评价因素："将主观情态性引入情态性范畴是扩展句子语法分析的重要步骤，在句子、表述和语篇之间搭建了一座桥梁。"（参见 Гальперин 1981：115）

Г. Я. Солганик 指出："语篇情态性是在与之密切相关的主观情态性的基础上形成的，指说话人对所述内容的态度，它是人类中心主义的语法表达——言语的最重要、最基本的属性。作为句子的主要特征之一，情态性（主观情态性）也存在于超句体中。同时，作为一个联系紧密的语义-句法统一体，超句体也是一个情态统一体（модальное единство）。"（Солганик 2010：64）Г. Я. Солганик 进一步指出："构成语篇情态性的主要手段：一是言语生产者（производитель речи），没有言语生产者就不可能有言语……言语和其生产者之间的媒介是言语主体。在言语主体基础上形成的言语类型（代词我、你、他）表达不同程度的语篇情态。也就是说，语篇情态性首先体现的是说话者对自己言语的态度，而这一态度体现在言语生产者和言语主体之间这样或那样的相互关系中。二是言语生产者对世界、对现实的关系。言语生产者将自己的思想和感情与现实联系起来，表达他对所交流内容的态度。语言中，实现这些关系的手段是主观情态性及其倾向。语篇中，起相似作用的是语篇情态性，它表达言语生产者对语篇和对现实的态度。这是任何语篇都必备的品质。并且在每一个言语作品中，这种（或这些）关系被保留下来，并决定言语作品的特性（характер）、本质（сущность）和品质（качества）。语篇情态性就是言语生产者对现实和对言语本身的一种特殊倾向。"（Солганик 2010：69-70）

Н. С. Валгина 这样定义语篇情态性："语篇情态性在语篇中体现了作者对报道内容的态度，体现了由作者构建并作用于读者的观念、观点、立场和价值取向。"（Валгина 2003：75）。

Л. Г. Бабенко 在分析了文学作品的主观情态后，为主观情态性给出了这样的定义："语篇情态性是一系列客观情态意义与主观情态意义的集合，评价因子（оценочный фактор）在形成和构建这些意义的过程中起到了主要的作用。"（Бабенко 2009：142）

可以看出，从句子过渡到语篇后，语言学家们很自然地将句子层面的情态意义过渡到语篇层面。同时学者们也注意到语篇情态性与句子情态性的区别。

比较而言，语篇情态性更多地指向作者，指向主观情态性。语篇情态性不仅能够在语篇构建中发挥作用，还能够决定语篇的语体、谋篇布局以及情感表达等，是人类言语活动中最重要的范畴之一。

5. 语篇情态在语篇接受中的作用

语篇信息、语篇的述谓–关系综合体和语篇情态在语篇的接受过程中的关系如何呢？

前面谈到，И. Р. Гальперин 把语篇信息分为事实信息、理念信息和潜在信息。事实信息是直观的、显性的，通过具体的语言表达方式给出关于描述对象的事实。理念信息并不总是可以直观看得到的，除了语篇的事实信息外，作者还要告诉语篇接受者他对所表述内容的态度与立场。这种信息要读者对语篇内容进行仔细、持续研读之后才能获得。潜在信息是隐含的，它没有词语的直接表现形式，初次阅读或快速阅读时可能不会被读者注意。它的生成与语篇接受者的联想能力和相关文化背景知识的掌握有关。读者的知识越丰富，接受语篇的能力越高，他对隐含的信息理解得就越具体，就越能发现丰富的潜在信息。述谓–关系综合体中各个超句体所含信息量和完成的交际任务不同，述谓超句体是核心，承载着大量的新信息；而关系超句体则是次要的、从属的，对应理念信息，它们对于叙述的推进并非必需，但在语篇中它们为描写提供细节，品评事件及人物，传递主观情态意义，因而完全不是多余的。一句话，"它们含有所有构建丰满叙述的细节，以此来对读者加以影响，最终丰富语篇的修辞，使语篇获得多样性"（Реферовская 2007：23）。

根据以上关于语篇信息性及述谓–关系综合体的定义和阐释可以看出，两者之间存在着密切关系，语篇的事实信息对应述谓–关系综合体的述谓成分，它是携带信息的主力，易于捕捉和接受，快速阅读述谓成分，就可以基本掌握事实信息。但 И. Р. Гальперин 指出："即使是述谓部分也不能完全传递整个语篇所含的信息，无论这些述谓部分有多么重要。同时，拥有述谓性的修饰语总是隐性地揭示句子的主要意思，述谓性很强的重要报道也只是促进对整个语篇理念信息的解码。由此可以得出结论，语篇的理念信息是附加在它的完整性当中的。"（Гальперин 1981：38）理念信息需要细心体会和品读才能获得。那么，需要仔细和反复阅读的是哪部分呢？当然是关系超句体，它们是超意义和超线性的，也可以是修辞的。而修辞表现力是通过不断重复"富余信息"[2]中的已知信息、已知报道和不断回到已知联想中获得的，因为"富余"是语言必不可少的特征。当然，所谓"富余"是一个相对概念，因为如果随意去掉关系成分，被压缩的信息就会使文学作品变成协议条文。"某种程度上甚至可以说，关系成分的'富余'本身在创建文学作品独特的表现力的同时，就变成了新信息。"（Баталов、Кузнецова 2019：262）关系超句体常常打断述谓超句体，以此表达作者的"插叙"，或者帮助读者了解那些与主要叙述事件没有直接关系的次要内容，所以其所携带的"富余信息"在语篇的接受中发挥不可或缺的作用，而这里面蕴涵的正是 И. Р. Гальперин 所提到的语篇情态："文学作品中，对于语篇情态的表达起主导作用的是述谓-关系综合体中的关系片段。在大多数类型的语篇中，对陈述主体的主观评价态度并不揭示现象的本质，而只是相应地给予陈述对象以色彩，并给出关于作者世界观的想象。因此，在述谓和关系片段所携带的不平等的信息中，语篇情态最常在关系片段中找到自己的位置。"（Гальперин 1981：115-116）可见，在述谓-关系综合体中，"述谓成分"是"树杈"，"关系成分"是"树叶"，前者"骨感"，后者"丰满"，只有骨感与丰满相结合，才能反映出语篇的客观宗旨和作者的主观宗旨。

请见例句：

Перед Огневым стояла дочь Кузнецова, Вера, девушка 21 года, по обыкновению грустная, небрежно одетая и интересная. // Девушки, которые много мечтают и по целым дням читают лежа и лениво всё, что попадается им под руки, которые скучают и грустят, одеваются вообще небрежно. Тем из них, которых природа одарила вкусом и инстинктом красоты, эта лёгкая небрежность в одежде придаёт особую прелесть. // По крайней мере, Огнев, вспоминая впоследствии о хорошенькой Верочке, не мог себе представить её без просторной кофточки, которая мялась у талии в глубокие складки и всё-таки не касалась стана, без локона, выбившегося на лоб из высокой прически, без того красного вязаного платка с мохнатыми шариками по краям, который вечерами, как флаг в тихую погоду, уныло виснул на плече

Верочки, а днём валялся скомканный в передней около мужских шапок или же в столовой на сундуке, где бесцеремонно спала на нём старая кошка. От этого платка и от складок кофточки так и веяло свободною ленью, домоседством, благодушием. // Быть может, оттого, что Вера нравилась Огневу, он в каждой пуговке и оборочке умл читать что-то тёплое, уютное, наивное, что-то такое хорошее и поэтичное, чего именно не хватает у женщин неискренних, лишенных чувства красоты и холодных. // Верочка была хорошо сложена, имела правильный профиль и красивые вьющиеся волосы. Огневу, который на своём веку мало видел женщин, она казалась красавицей. (А. П. Чехов, «Верочка»)

奥格涅夫面前站着库兹涅佐夫的女儿薇拉，一个二十一岁的姑娘，经常神态忧郁，装束随随便便，很招人喜欢。//凡是喜爱幻想，成天躺着，随手抓到书就懒洋洋地读下去的姑娘，**凡是**感到烦闷和忧郁的姑娘，总是不注意打扮的。对那些天生风雅又有审美的本能的姑娘说来，这种漫不经心的装束反而使她们增添一种特殊的魅力。//至少，后来奥格涅夫每逢想起俊俏的薇罗奇卡，总是不由地想起她穿一件肥大的短上衣，腰部有着很深的褶子，可又不贴紧身体，还想起她梳得很高的头发里溜出一绺鬈发，披散在她的额头上，还想起她每到傍晚总是带着一块编织的红色围巾，边上垂着许多毛茸茸的小圆球，软绵绵地披在她的肩膀上，像无风的天气里的一面旗帜，每到白天它就被揉成一团，丢在前厅里那些男人的帽子旁边，或者丢在饭厅里一口箱子上，随那只老猫毫不客气地趴在上面睡觉。她这块围巾和她上衣的那些褶子总是带着一种自由懒散、不爱出门、心平气和的气息。//也许因为奥格涅夫喜欢薇拉，他才能在她每个小纽扣上、每条小皱褶中看出亲切、舒适、纯朴，看出优美和诗意，这些正是不诚恳的、丧失美感的、冷淡的女人所没有的。//薇罗奇卡身材好看，五官端正，头发美丽地卷曲着。奥格涅夫生平看见的女人很少，觉得她称得起是个美人。(契科夫，《薇罗奇卡》)

这个述谓-关系综合体的起始部分是由一个独立句构成的超句体，点出整个述谓-关系综合体的主题——薇拉是一个什么样的姑娘。她"神态忧郁，装束随随便便，很招人喜欢"。这是述谓成分，是核心信息，也是事实内容信息，承担推进语篇内容的叙述、描写的任务，保障基本线的不间断发展。接下来的内容都是"关系成分",是对前面内容的补充和丰富,体现着作者的主观情态。首先是作者的插叙,两个"凡是"让读者联想到薇拉就是属于这样的姑娘,她"装束随随便便",因为她"喜爱幻想""成天懒洋洋地看书""感到烦闷和忧郁"。作者在此并未直接和直白地夸赞薇拉,但从他的论述中读者完全能够感受得到作者对女主人公的喜爱和赞美。接下来作者详细地描述了男主人公奥格涅夫心目中薇拉的形象,从她的短上衣及其褶子、披散在额头的一绺鬈发到一块编织的红色围巾。最后也是一个独立句构成的超句体,是述谓-关系综合体的结束,它起到一个总结和画龙点睛的作用,"她是个美人"。前面所说的这些"关系成分"是不可或缺的,它们说明与基本线相关但处于次要地位、不承担推进语篇内容情节发展的任务,包括描述主要事件完成的时间和地点,对语篇中人物给予补充评价等,目的是帮助读者逐步把薇拉这一少女的形象和性格丰富起来。从语言手段的使用上,我们也可以看到作者的独具匠心,这里反复出现上下文同义词,比如关于少女服装的描写:"装束随随便便""不注意打扮""漫不经心的装束";关于其性格的描写:"经常神态忧郁""一种自由懒散、不爱出门、心平气和的气息""亲切、舒适、纯朴,看出优美和诗意"等。同时,作者还通过语境反义词"不诚恳的、丧失美感的、冷淡的"来反衬薇拉的美和美德。这些都是读者根据作者通过语言手段传达出来的理念内容信息,再加上读者通过自己的深度阅读加深了对少女的认识。

И. Р. Гальперин 指出:"句子中有'新知'和'已知'概念,超句体中'新知'可以解读为信息。"(Гальперин 1974:16)我们这里也不妨认为,述谓-关系综合体中,"新知"可以解读为信息,即事实信息。如果所述内容没有任何新知,只是重复已知,就要挖掘其理念信息,这需要读者善于对语篇内容及其表达形式进行分析并捕捉到语篇的美学-认知价值。作者的插叙以及隐喻、提喻、讽刺、替代等手法可以帮助人们实现这种能力。人的这种思维能力注定了其接收通过语言手段表达的文学作品的本质。文学作品透过语言展现出其基本思想——理念信息,该信息不但不会压制事实信息,反而会与之共存。

总之,述谓-关系综合体就是一个相互对立又相互联系的多元、多层级的系统。述谓超句体只有在与关系超句体相结合时才能履行其职责。И. Р. Гальперин 总结到,"关系超句体在书面语篇中的作用是说明、补充、例证,以此揭示隐含在述谓超句体中的意思。如果从述谓-关系综合体中剔除反映语篇情态的关系超句体（或者这些超句体中的主要句子），就会造成述谓超句体意思的缺失"（参见 Гальперин 1981：73）。

注释

1. 加利佩林归纳出语篇的范畴包括：语篇的信息类型（виды информации）、语篇的切分性（членимость текста）、衔接（когезия）、连续统（连续性）（континуум）、语篇片段的语义独立（автосемантия отрезков текста）、语篇的回眸与前瞻（ретроспекция и проспекция）、语篇的情态性（модальность текста）、语篇的整合（интеграция）、语篇的完结性（завершённость）。

2. 由于语言符号的不对称性，语篇表层结构中语言符号的数量与深层结构中表达的信息量并不吻合。当语言符号数量少于内容时，相对于用较少的语言表达较多的信息，这就是"语义省略"（семантическая экономия）；当语言符号数量多于内容时，相对于用较多的语言表达较少的内容，这就是"语义富余"（семантическая избыточность）。（参见 Н. С. Валгина 2003：232）

参考文献

［1］ De Beaugrande R，Dressler W. Introduction to text linguistics［M］. London & New York：Longman，1981.

［2］ Бабенко Л Г. Оценочный фактор в формировании модального пространства текста［C］//Оценки и ценности в современном научном познании：сб. науч. тр. Калининград：Издательство РГУ им. И. Канта，2009.

［3］ Баталов А А，Кузнецова А А. Предикативно-релятивный комплекс в англоязычном художественном тексте［J］. Тамбов：Грамота，2019，12（11）：261−264.

［4］ Баталова Т М. Соотношения предикативных и релятивных отрезков текста［D］. М.：Московский государственный педагогический институт，1977.

［5］ Бондарко А В. Вступительные замечания［C］//Теория

функциональной грамматики. Темпоральность. Модальность. Л. : Наука, 1990.

［6］ Валгина Н С. Теория текста［M］. М. : Логос, 2003.

［7］ Виноградов В В. О категории модальности и модальных словах в русском языке［C］//Исследования по русской грамматике: избранные труды. М. : Наука, 1975.

［8］ Гальперин И Р. Информативность единиц языка: Пособие по курсу общего языкознания для студентов филол. специальностей ун-тов и пед. ин-тов［M］. М. : Высшая школа, 1974.

［9］ Гальперин И Р. Текст как объект лингвистического исследования［M］. М: Русский язык, 1981.

［10］ Золотова Г А. О модальности предложения в русском языке［J］// Научные доклады высшей школы. Филологические науки, 1962（4）: 65−79.

［11］ Лосева Л М. Как строится текст［M］. М. : Просвещение, 1980.

［12］ Реферовская Е А. Коммуникативная структура текста в лексико-грамматическом аспекте［M］. М. : Наука, 1989.

［13］ Реферовская Е А. Лингвистические исследования структуры текста в лексико-грамматическом аспекте［M］. М. : ЛКИ, 2007.

［14］ Солганик Г Я. Стилистика текста: Учебное пособие［M］. М. : Флинта, Наука, 1997.

［15］ Солганик Г Я. Синтаксическая стилистика: Сложное синтаксическое целое［M］. 4-е изд. М. : Высшая школа, 2007.

［16］ Солганик Г Я. Очерки модального синтаксиса: монография［M］. М. : Флинта, Наука, 2010.

［17］ Шведова Н Ю, и др. Русская грамматика［M］. М. : Наука, 1980.

［18］ 李锡胤. 篇章结构的功能分析尝试［J］. 外语学刊（黑龙江大学学报）, 1993（6）: 1−7.

作者简介：王辛夷，北京大学外国语学院教授、博士生导师，教育部人文社会科学重点研究基地黑龙江大学俄罗斯语言文学与文化研究中心兼职研究员。曾任教育部高等学校外语类专业教学指导委员会俄语专业教学指导分委员会委员、北京大学俄语系主任。主要研究方向：俄语普通语言学、俄语语篇语言学、俄语修辞学、对比语言学。

外国文学的计量研究
——研究背景、发展现状及研究路径①

王 永

摘 要：计算机技术的发展不仅使社会生活发生了重大变革，也为学术研究带来了很大的便利。借助数据库，研究者可以节约大量耗费在文献检索方面的时间，并且可以通过数据分析发现传统研究无法发现的特征。然而，外国文学界对此关注较少，产出的相关成果不多。本文通过对文学计量研究成果的综合分析，阐明在外国文学研究中运用计量方法的必要性与可行性，同时，结合相关研究详细介绍文学计量研究的步骤和方法。本文不仅有助于外国文学研究者了解数据、统计方法和文学研究的关系，还可以为其提供具体的研究路径，推动外国文学计量研究成果的产出。

关键词：外国文学；计量方法；数据库；统计分析

李锡胤先生是我的硕士生导师冯昭玙先生的生前好友，而能有幸拜入华劭先生门下，也得益于先生的大力引荐。在黑龙江大学博士后流动站工作期间，还得到过先生的弟子傅兴尚、许汉成的帮助。李锡胤先生不仅学识渊博、古今贯通，而且始终跟踪国际学术前沿，勇立学术潮头。他带领团队从事自然语言信息处理的研究，不仅研制出了俄汉行电子词典，更是在该领域产出

① 本论文为国家社科基金重大项目"中国外国文学研究索引（CFLSI）的研制与运用"（18ZDA284）的阶段性成果，原发表于 *Interdisciplinary Studies of Literature*（《文学跨学科研究》）2021 年第 4 期。

了一系列学术成果。易绵竹等编著的《工程语言学》，傅兴尚、许汉成等编著的《俄罗斯计算语言学与机器翻译》是我的案头必备。这些成果让我对计算语言学充满了好奇，并在 2011 年开始涉足计算语言学的孪生兄弟——计量语言学，进而转向文学的计量研究。先生一直关心后学的成长，得知我的出站报告修改成书出版后，还特意打电话给我表示祝贺，勉励学生继续努力。拙文无疑是在先生的学术思想影响下产生的，谨以此文怀念敬爱的李锡胤先生。

0. 引言

大数据、云计算、人工智能、数字人文，是新世纪尤其是近十年来的学术热点话题之一。面对大数据时代，有的高校和学术机构积极响应。2015 年 3 月，复旦大学中文系启动"语言·大脑·计算"交叉学科平台。2019 年 12 月，清华大学联合中华书局主办的《数字人文》创刊号发行。各种与大数据、数字人文相关的译著、编著先后出版。

毋庸置疑，计算机技术已渗透到社会的各个领域，且不论"全球化本身是由数字技术的崛起所推动的"（奥恩 2018：19），所发挥的重要作用也是有目共睹的。可以说，"计算机已经达到改变世界的'全力'发展阶段""大数据正在彻底改变从社会科学到商业的各个领域"（奥恩 2018：前言Ⅳ–Ⅴ）。

然而，迄今为止，数据这块石头尚未在外国文学界激起千层浪，不少学者持保留乃至质疑的态度。这一方面或许由于部分研究者过分夸大了定量研究的价值和有效性；另一方面，基于数据的研究往往停留在图表呈现及数据的陈述上，而进一步结合文学内容展开深度阐释的成果较少，难以充分显示出新方法对文学研究的价值。但最重要的原因，恐怕是对文学的计量研究了解不多。

那么，面对大数据时代日新月异的计算机技术及其为各学科领域带来的丰硕成果，外国文学界该如何看待？文学的计量研究已取得哪些成果？如何开展外国文学的计量研究？本文将从外国文学开展计量研究的大背景、计量研究发展现状及具体的研究路径等方面展开阐述。

1. 外国文学计量研究的背景

有学者断言：" '大数据' 时代的很多学科都将发生巨大甚至是本质性的变革和发展，进而影响人类的价值体系和知识体系，当然也影响到我们的学术研究。"（郑永晓 2014：143）

事实确实如此，计算机技术的发展正在影响着一个又一个学科。近二十年来，国内出版的相关著作及发表的论文增长迅速。自然科学自不必说，社科领域的应用也是如火如荼。在人文领域，历史学、传播学、语言学的定量研究已产出较为可观的成果，与此相比，文学领域的差距明显。

从出版的著作看，当当网上同"大数据"密切相关的有《大数据时代》《数据化决策》《大数据架构详解：从数据获取到深度学习》等；同"云计算"相关的如《云计算：概念、技术与架构》《云计算通俗讲义》《图解云计算架构：基础设施和 API》等；以"人工智能"及"AI"为关键词的如《人工智能 从小白到大神》《人工智能：国家人工智能战略行动抓手》《AI·未来》《AI 经济：机器人时代的工作、财富和社会福利》等；而与"数字人文"相关书籍较少，主要文献有《数字人文：改变知识创新与分享的游戏规则》《数字人文：数字时代的知识与批判》《赛博文化与数字人文：2017 数字媒体研究年会文集》《〈献帝春秋〉钩沉：从数字人文角度看古籍辑佚》《面向知识挖掘的平行句法语料库构建研究》，以及清华大学和中华书局合办的辑刊《数字人文》，复旦大学国家文化创新研究中心推出的文集《数字人文研究》。

从产出的论文看，知网可以检索到大量与"数据"有关的论文。年度论文发表趋势图如下[1]：

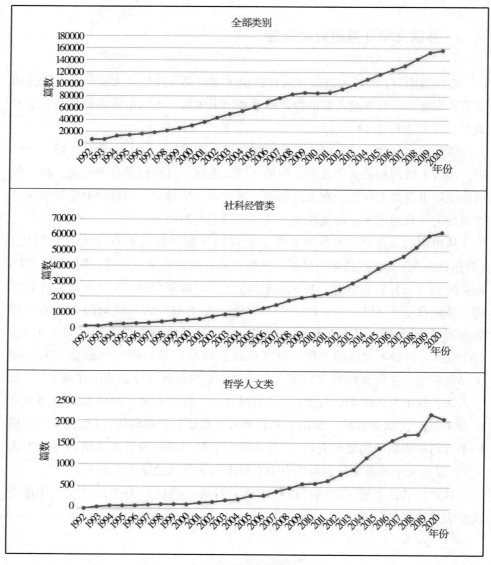

年度论文发表趋势图

数据显示，计算机技术在整体学术领域的应用上上升趋势明显。与其他学科相比，哲学人文领域的发文数明显逊色，且前期进展速度较慢，但近些年有较大幅度的增长。

从上述检索结果可以看出，计算机技术引导的成果非常显著。尤其是新世纪以来，随着大数据、人工智能、云计算等技术越来越多地在人们的生活中得到运用，各学科领域越来越认识到计算机技术在学术研究中的重要性，开始大规模运用数据开展研究，相关成果显著增加，至今保持持续增长。即使是落后于其他学科的哲学人文领域，近十年来的成果已有较大幅度的增长。

与此相比，外国文学研究领域对计算机技术的接受明显滞后。尽管各种会议、各种论坛上"大数据""数字人文""跨学科"的字眼并不鲜见，但在实际研讨过程中，更多的跨学科关注点集中于文学与历史学、政治学、经济学、法学的跨界研究，而对大数据、数字人文、数据库关注度较小，对数据能如何用于外国文学研究更是了解不多。即使与文学学科内的中国文学相比，也落在后面。知网上通过关键词"数据"可以搜索到的文学类（世界文学及中国文学）中文论文仅数百篇，而世界文学更是寥寥无几。

然而，时不我待，我们身处一个数字化、互联网的时代。人工智能发展迅速，AlphaGo 的围棋水平令人心服口服；人机协同创作的诗歌、AI 书法、AI 绘画、AI 主播，让人难辨真伪。面对强大的计算机技术，对比其他学科运用数据开展研究所取得的学术成果，我们认为，外国文学界既无须盲目追风，但也不能视而不见。尽管在数十年甚至更长的时间内，传统研究依然是其主流，但与此同时，我们应该正视大数据时代的技术发展给外国文学学科带来的机遇和挑战，开阔视野，学习和借鉴新方法。可以说，外国文学的计量研究，既是现代计算机技术发展的使然，又是深入挖掘文学问题、开拓文学文本研究范式的必然。

2. 文学计量研究的发展现状

文学的计量研究之所以可行，是由于这种研究已有一百多年的发展史，并已形成了几个主要的研究方向。

国内对这部分的了解和介绍较少。《山东社会科学》发表的译文《查找与替换：约瑟芬·迈尔斯与远距离阅读的起源》认为，人文学科定量或计算方法的奠基学者起码应该往前追溯到迈尔斯。这位美国诗人兼加州大学伯克利分校的学者早在 20 世纪 30 年代的研究生期间就用人工方式"完成了自己的第一个远距离阅读项目：分析罗马诗人偏爱的形容词"（布马、赫弗曼 2018：46）。50 年代，她与团队合作完成了计算词语检索项目。几十年中，她采用单词计数方法，对华兹华斯、怀亚特、奥登等诗人的语言及创作风格做了分析。这种研究无疑"有利于我们建立一个远距离阅读和定量文学史研究方法的多元化的学科史谱系"（布马、赫弗曼 2018：45）。也有学者提到 21 世纪英美学者基于语料库对文学文体所做的研究，如"Tabata 研究了狄更斯小说中的文体风格变化；Clupeper 对莎翁作品《罗密欧与朱丽叶》中的对白做了关键词、词性及语义域的研究；Fischer-Starcke 则集中在对简·奥斯汀众多文学作品的研究等"（任艳、陈建生、丁峻 2013：17）。

但这只是文学计量研究发展史上的一鳞片爪。事实上，文学计量研究有着百余年的发展，大致可分为三个阶段：1）计算机出现之前的统计分析；2）计算机技术开始发展的 20 世纪中期；3）大数据时代。为了系统展示其总体发展过程并为我国的文学研究者提供参照，前两个阶段的发展侧重介绍俄罗斯学者的研究成果[2]，第三个阶段综述我国学者的研究成果。

计算机出现之前，文学的计量研究主要采用人工统计方法。20 世纪初，随着形式主义诗学的兴起，俄罗斯的文学批评家和语言学家开始采用统计方法研究文学（诗歌）作品。波利万诺夫（Л. Поливанов）、维诺库尔（Г. Винокур）等文学批评家和语言学家，以及别雷（А. Белый）、丘特切夫（Ф. Тютчев）等诗人对诗歌的节奏、韵脚、诗节乃至情节、结构、主题、题材、文学流派等方面做了统计分析，在诗体语言的量化特征研究上取得了一定的成就，也为现代文体测量奠定了基础。莫罗佐夫（Н. Морозов）对普希金、果戈理、托尔斯泰等作家使用的前置词、语气词、代词等词类做了统计分析，以此辨别作家作品真伪，成为最早采用定量方法鉴别著作权的研究者之一。雅尔霍（Б. Ярхо）则将统计方法运用于斯拉夫文学、日耳曼文学、中世纪文学、古俄罗斯文学、民间文学的研究中，试图构建文学研究的计量理论。他认为，"运用统计方法，可以解决大量同作品的修辞、作品的主题和谋篇、作品的总体思想和情感以及作品的题材有关的各种问题。文学的生成、演变和类型学问题，尤其是文学流派问题可以转换为完全对等的数字语言。"这种方法是一种"精密"研究方法，其本质在于"从分析到综合"，即"先从文学文本中提取重要特征进行分析，再对这些数据进行统计运算，然后对研究现象的发展及功能规律得出结论"（Ярхо 2006：xviii）。遗憾的是雅尔霍英年早逝，而他写于 30 年代，近 400 页的未竟之作《精密文学研究方法论》，也直到 2006 年才得以整理出版。

20 世纪 50—60 年代，随着计算机科学的发展，更多的学者在文学研究中尝试运用概率论、信息论、控制论等自然科学的理论与方法。如博布罗夫（С. Бобров）用常数和变量进行排列组合获取统计数据的方法，将普希金的诗歌与俄罗斯民间创作进行对比分析，最终证明普希金的长诗《西斯拉夫之歌》虽然以俄罗斯民间歌曲为基础，但绝不是俄罗斯古代诗歌的翻版，而是俄罗斯诗歌史上史无前例的新诗典范。（Бобров 1964：134）列斯基斯（Г. Лесскис）则从 19 世纪 60 年代 7 位作家的 11 部心理小说中随机抽取了 70 643 个句子进行研究，通过对描述性文字、对话说明、直接引语三大言语类型的统计分析，揭示出不同作家的写作风格，如陀思妥耶夫斯基的人物引语比例明显高于其他作家，显示出作家的"复调小说"特征。托尔斯泰使用描述性文字的比例高于其他作家，显示出其小说的哲理性特征。可以看到，这些研究已具备了当今数字人文的雏形。

雅尔霍的精密方法论研究后继有人。伊万诺夫在诗歌节律研究的基础上对诗歌的统计分析做了理论思考。他认为，精密方法有助于发现文学创作的时代特征及个性特征。"诗行统计有助于清晰地显示某种创作手法在今天是否已变得寻常""在诗歌研究中采用精密方法的最终目的应该是清晰地揭示诗人在创作中贯彻的一些基本概念，这些概念模糊地存在于诗人对创作性质的直觉认识中"（Иванов 1967：118）。

近几十年来，俄罗斯学者的文学计量研究偏向类型研究和规律性研究。比如文体测量侧重分析作家的个人风格，通过数据深层挖掘，揭示文本的内部结构及其构成规律，探究其不同维度和层面的相互关系。此类研究的结果可以用于作品甄别。安德烈耶夫（С. Андреев）则在其专著《诗歌文本参数相互作用模型》（2014）中，集中分析了普希金、莱蒙托夫等俄罗斯诗人以及柯勒律治、济慈等英国诗人的作品，对诗歌文本的节律、句法、词法、词汇单位与主题的相关性等进行多维度、多层面的分析研究，揭示出诗体文本各参数之间的相互关系与系统规律方面的特征，阐述了这些参数相互作用的机制，为诗歌文本的计量研究提供了理论与方法[3]。

总体而言，俄罗斯学者对文学开展的计量研究已有相当长的历史，且形成了文学计量研究的重点领域：诗歌格律研究、作家风格研究以及方法论研究。

我国文学研究界也较早就开始关注数学方法在研究中的运用。傅修延、夏汉宁在《文学批评方法论基础》一书中介绍了系统论、控制论、信息论和数学方法的基本原则及其运用于文学批评取得的成果，指出"文学批评要向更高的水平发展，要走向精确化与定量化，就不能不求助于数学方法"（傅修延、夏汉宁 1986：296）。数据的实际应用研究则可以追溯到 1987 年，《复旦学报（社会科学版）》发表了李贤平的论文《〈红楼梦〉成书新说》。作者凭借其数学专业出身的背景，将数理统计方法及计算机技术运用于《红楼梦》的著作权研究。论文选定四十七个虚字作为识别特征，对小说各回中这些虚字出现的频率做出统计，采用主成分分析、典型相关分析、类 x^2 距离与相关系数等聚类统计方法对各回进行分类，推翻了红学界盛行六十六年之久的胡适的观点。虽然该文统计方法中择取的数据点受到一些质疑，但毕竟"使红学研究开始有了'量'的概念"（李贤平 1987：15）。不过，此后的若干年内，数据统计方法未能得到更多同行的响应。直至 21 世纪以来，在大数据学术潮流的影响下，我国文学研究界才迈开了文学计量研究的步伐。

21 世纪初，中国古典文学研究者敏锐地意识到计算机技术对于文学研究的重要性，学者们从研究目标出发开始建设相应的数据库。在此后的 20 年间，先后建成了国学数典、文渊阁四库全书、四部丛刊、中国基本古籍库、中国地方志、中国金石总录等全文数据库。这些数据库具有强大的检索功能，包含海量的古籍善本电子版，使我国的"古典文学研究至少在文献的搜集、整理层面，取得了堪称革命性的突破"（刘成国 2018：131-132）。利用这些数据库和分析系统以及自建的数据库，古典文学界在影响研究、版本鉴别、考据、用典等方面取得了显著的研究成果。

刘成国在《王安石年谱长编》的研究过程中利用中国基本古籍库中"宋会要辑稿"检索系统，几分钟内，便将王安石长媳萧氏、过继孙王棣、次子王旁、孙王桐、曾孙王璹、王珏的相关记载全部查出。然后首次利用阅读南宋文集时偶然发现的王珏墓志铭，以及常见的《至正金陵新志》，得以全面重建王安石身后四代后裔谱系，并澄清了宋代笔记、史书中关于王安石二子王雱、王旁的诸多错误记载，进而对这些记载产生讹误的原因一一分析，抉发出隐含其间的修辞策略及叙事意图。（刘成国 2018：132）刘京臣则于 2007—2010 年间借助自建的数据库，从字句、用典、意象、意境等角度，以唐朝六大诗人为

中心，通过数据分析，考察盛唐中唐诗歌对于宋词的影响。所有结论均建立在数据分析挖掘基础之上。（刘京臣 2015：183）

古典文学研究界讨论较多的还有数据库的信息标注问题，认为更完善的数据库应该包含诸多与作家相关的信息标注，如：作家的出生地、家族背景、科举、游历、仕宦、爱好、作品数量、作品创作时地、文体构成比例、作品选录情况。根据这些信息，可以对研究对象做可视化分析，可以构建地理知识图谱、作家关系图等。另一分析热点是文本情感分析（Text sentiment analysis）。有学者提出"将诗词文本经过语义概念分类，并将情感分为正面情感与负面情感，能使文学研究更趋细化和深化"（罗凤珠 2009：141）。不过，迄今为止，情感分析主要用于互联网的舆情研判、大众点评分析以及各种媒体报道的倾向性分析上。

外国文学界的数据运用研究成果虽然较为单薄，但也有一定进展。相关论文，除了通过"数据"搜索到的 90 篇，加上通过关键词"计量"搜索到的世界文学类论文 18 篇，共计 108 篇。我们对这"一百零八将"做了人工校对，剔除其中"敬告读者""入选 CSSCI""投稿须知"之类完全不属于文学研究的论文以及同数据运用无关的论文共 43 篇，与数据运用相关的论文共 65 篇。这些论文研究问题所属类别大致可分为六大类：1）大数据与外国文学研究关系的整体思考；2）大数据时代与文学教学；3）基于大数据的文学作品传播与接受度研究；4）数据库建设构想；5）基于文献数据库的研究；6）文学文本的计量研究。可以看到，只有最后一类属于文学本体研究。此类论文不到 10 篇。从研究目标看，有的论文旨在阐释文学的创作特征，也有的试图检验计算机技术及其他学科的研究范式在文学研究领域的有效性；从研究角度看，主要依据的是语言学的相关理论，比如语料库语言学、文体学、语义学等；从具体研究路径看，既有根据研究问题采集数据再结合文本做定性研究的，也有利用数据挖掘、检索工具等技术手段获得相关数据再对数据做细致分析的[4]。

综上所述，文学的计量研究不仅有丰富的历史积累，且有可资借鉴的成果。正如研究者所指出，"数字人文的科学方法论和跨学科性质为建构外国文学研究新范式提供了可能性"（董洪川、潘琳琳 2018：176）。

3. 文学计量研究的路径与方法

文学的计量研究主要有三种范式：外部研究、文本内部的形式研究以及文本内部的内容研究。从近期的研究成果看，以外部研究成果居多，内部形式研究次之。这是由于外部研究及形式研究涉及的主要是客观知识，这些知识既容易实现数字化，又便于后期的计算机操作，挖掘统计数据。

作家谱系研究、作家关系网构建、文学地理知识图谱、文学发展的地区及时代研究，都属于外部研究。这类研究的重点在于构建数据库，将相关知识数字化，只要有数据库就可以得出统计分析的结果。内部研究的形式方面，如诗歌格律、作家创作风格、用典、版本等研究，其重点同样在于构建数据库。只要将相关的文学文本数字化，借助数据挖掘及统计分析工具，可以完成绝大部分任务。近来的热门话题之一"远读"（参见 Franco 2013）也属于此类研究。这类研究对主要依赖文献的研究（如考据研究）冲击最大，传统研究范式需要若干年甚至几十年才能完成的任务，借助大数据和计算机技术可能不到半天就可以完成。"有学者甚至预言，随着数据库技术从'机械检索'到'智能分析'的进步，古典文学研究中的考证范式将面临崩溃。"（刘成国 2018：133）正因如此，这两类研究抑或将成为数字人文首先攻克的堡垒，最终实现数字人文研究者的理想：让机器替代人工阅读和创作，因为"依托数字环境的各种技术，通过加强对文本的批判性集展，版本迭代和文本流动将得以实现"（伯迪克 等 2018：30）。当然，这些研究虽然基本能自动完成，但自动化处理的前提是要有相关的数据库，而数据库的构建远非一朝一夕、一己之力所能完成。

第三类，内部研究的内容方面，需要借助数据统计分析发现某些诗学特征，并进一步结合文本做深入的阐释。目前已发表的此类研究成果大多是技术操作过程的展示有余，诗学特征的阐释不足。借助数据分析发现的某些特征未能进一步运用到文本分析中深入阐释文学问题，这在一定程度上削弱了计量分析对文学研究的价值。然而，创作主旨、意象、文化内涵、人物情感等内容方面的特征，对文学研究而言恰恰是最为重要的。因此，须重点介绍对文学内容开展计量研究的路径与方法。

此类研究大致有以下几个步骤：1）确定研究问题；2）从语料库（公共语料库、自建语料库）中采集数据；3）对数据进行统计分析并得出结论；4）以数据统计分析结论为线索，结合文学文本做深入阐释。

第一个步骤，确定研究问题。这看起来不言自明，任何一种研究都始于问题。但基于数据的研究更须强调研究问题的重要性。鉴于数据有可为与不可为之处，研究者须了解数据统计分析的应用范围。

一般而言，创作特征在语言上有较为明显体现的问题是计量研究的首选。因为语言的多种特征较易标注，而且可以量化。比如未来派诗人致力于艺术实验，试图用诗歌来表现社会，勾画未来。为了达到这个目的，他们在创作中大胆对诗歌语言开展实验，以表达某些"基本概念"。视觉诗是其中非常典型的示例，为了表达视觉形象，诗人尝试采用与此相匹配的语言形式。正因如此，未来派诗人卡缅斯基的视觉诗《与母牛跳探戈》是文学计量研究的理想对象。研究者通过数据统计分析发现了诗人在词类分布、句法结构及语义搭配上的诸多特征，进而揭示出诗人以词语完成立体未来主义构图，践行其"诗画同行"理念的诗学特征。（王永、李昊天 2015）美国语言诗派的重要代表，查尔斯·伯恩斯坦的诗歌也非常适合计量研究。此外，文学作品中与人物的情感有关的问题也可以做计量研究，因为人类情感不仅有质的区别，还有程度上的不同。通过对某些情感词进行统计分析，我们可以研究作品主人公的性格、行为、道德等问题。

第二个步骤是从语料库采集数据。这个步骤涉及两个问题，其一是语料库，其二是采集哪些数据。

语料库是文学计量研究的重要基础。语料库越完善，研究就越深入。但语料库的建设需要相关学科研究者与技术人员的合力，要有足够的财力且不说，而且耗时费力还不一定讨好。文学文本语料库的构建非常复杂。在书籍的电子版越来越多、各种软件功能越来越强大的今天，文本数据的导入可以轻而易举地完成，但仅能搜索到文本的语料库无法用于内容研究。内容研究需要的语料库需要有语言方面如词法、句法、语义等信息标注。此外，数据统计分析的准确度和深度，取决于语料库信息标注的准确度和丰富度。目前互联网上开放的各种语料库，大多从 20 世纪 90 年代开始建设，并且在向公众开放后仍在不断更新迭代。信息较为完善的语料库背后，都有强大的技术团队和众多语言学各分支学科专家的支持。仅有技术，自动标注的数据错误率非常高，需要相关学科的研究专家在对错误进行分析后告知原因，再由技术人员重新修改代码，如此反复无数次之后，再由人工最后校对完成。因此，只有两股力量通力合作，才能构建出能够为语言研究者及文学研究者使用的语料库。在我们自己掌握技术手段之前，可以先借助现有的语料库，挖掘可以挖掘的数据开展相关研究，视需要再自建小型语料库。

与中国古典文学研究不同的是，外国文学研究具有相对便利的条件。因为国外尚无较好的中国古典文学数据库，所以只能自己建设。外国文学研究则不同，几种主要语言的国家都已建成强大的语料库。比如英国的杨百翰大学语料库（BYU）（https：//corpus. byu. edu/），英国国家语料库（BNC）（http：//www. natcorp. ox. ac. uk/；https：//corpus. byu. edu/bnc/），美国国家语料库（ANC）（http：//www. anc. org/），俄罗斯国家语料库（http：//ruscorpo-ra. ru/）等，都包含了文学作品库。

用于文学文本内容计量研究的数据采集，须从研究目标出发。这个过程需要研究者基于自己的知识储备做出大致判断，做出某种假设[5]，再利用功能较为完善的数据库，获取高频词、词类、句法、语义等方面的相关数据。比如作家研究，可以先选定作为研究对象的作家，即能得到该作家的所有文本；之后，通过输入相关条件，就能得到各种所需的数据。前文提到的诗人卡缅斯基视觉诗的计量特征研究，假设视觉诗在词类分布和句法构成上均有体现。因此，主要采集词类及句法数据[6]。数据提取路径为：进入语料库的诗歌子库；选定诗人卡缅斯基，获得所有文本及其总词数；在"语法特征"框内依次输入名词、形容词、动词等词类为统计条件，获得各个词类的词数；对所有采集的数据进行人工校对，修改错误的数据。而"曼德尔施塔姆诗集《石头》的'世界文化'网络"研究，先期推测是：曼氏诗作中"世界文化"的构成在很大程度上可以通过对人名地名的分析得出。因此，主要提取这两个语义类别的词语，从诗歌子库中采集曼德尔施塔姆作品中带有"人名（t：hum）""地名（t：topon）"语义标注的词语，并对获取的词语参照纸质版进行人工校对。

当然，从公众语料库中采集的数据通常不足以完成任何计量研究的既定目标。大多数都需要自建语料库，即在电子文本的基础上，利用文本分析工具采集相关数据，或者人工对所需统计的特征进行标注，再得出数据。比如要对作品的人物做情感分析，须编制情感词表。虽然社科领域的情感分析为文学作品的情感分析提供了一定的参照，但其情感分析的指标类别较为简单。绝大部分仅分为积极（正面/肯定）评价、消极（负面/否定）评价及中性（无明显评价特征）三大类。而文学作品的人物情感非常丰富，仅"爱"就有"喜""恋""怜""好（hào）""中意""爱慕""迷恋""稀罕"等近义词，以及"如胶似漆""心心相印""情意绵绵""一见钟情"等语语。因此，要做相关研究，须先设定若干指标，根据词典列出同义词、近义词、相同意象词表，再借助计算机辅助的文本分析软件，测量情感词表中单词在样本文本中的词频，进而做出情感计算分析。

第三个步骤，对数据进行统计分析，得出分析结果。

数据提取后，要对其进行统计分析。这是文学计量研究中最为重要，但难度较大的步骤。不少研究者面对获取的数据看不出任何端倪，不知数据背后隐藏着什么文学密码。解码的过程需要研究者对研究对象非常熟悉，对文学文本有较深的理解，更需要有较为广博的知识。如果说在大数据分析条件下，词频分布是首要的统计参数，那么对于文学内容研究而言，词频退居次要位置，词语的语义分类更为重要。没有一定的知识积累，就无法对数据做出较为客观准确的分类，也就无法进一步做出数据分析。

以前文提到的"曼德尔施塔姆诗集《石头》的'世界文化'网络"研究为例，数据采集完成后，人名和地名根据不同分类原则进行分类。人名涉及的因素较多，根据"世界文化"构成这一研究目标，以欧洲文化史、人物性质、文学艺术流派、人物所在国别为分类原则，将所有人名逐一分类；地名主要按地理行政区划来分。结合词频统计做出分析。最后，基于以上数据分析，得出结论：1）《石头》体现出阿克梅派的特征——"对世界文化的眷恋"。诗人笔下的"世界文化"网络，是一个上至古希腊罗马，下至诗人所处时代，以欧洲为中心，辐射到美洲、亚洲和非洲的时空域。2）在诗人的"世界文化"网络中，古希腊罗马文化占有独特地位，其中罗马构成了"世界文化"的核心。3）在"世界文化"网络中，文学艺术构成其最为重要的载体。这个结论构成了后续文本阐释（即第四个步骤）的基础，使得该研究最终得以揭示出曼德尔施塔姆诗歌创作中"世界文化"网络特征，且所提出的观点和阐释都具有较高的科学性和精密性。（王永 2017）

第四个步骤是定性研究，文学研究者非常熟悉，在此不再赘述。

4. 结语

综上所述，计量研究适用于诗歌、小说、戏剧等各种文学体裁，可以从外部研究、形式研究及内容研究等诸多层面进行数据统计分析。一方面，无论在哪个层面，数据都可以为文学研究提供科学的基础和准确的数据，带来定性研究可能无法获得的新发现，使文学研究具有精确性；另一方面，计算机技术也有其局限性，自动统计分析更多地适用于处理共性元素，在大数据分析基础上找寻文学创作的某些规律。

当然，运用计量方法研究文本内容是定性研究与定量研究的有机结合。这种研究需要研究者不仅具有传统研究所必备的文学知识、思维能力及问题意识，还要具备一定的数据库运用能力。但数据只是起点，而非终点。只有结合文学作品做深入阐释，数据的统计分析才能为文学研究带来既有深度又有精度的高质量成果。

外国文学研究有着深厚的学术传统，且不断推陈出新。在大数据时代，我们有理由相信，文学的计量研究将使外国文学研究如虎添翼，在传统研究的深厚之上添加准确性、全面性、动态化的特质。那时，"定量研究与定性研究的联袂"，定能使"文学研究结出丰硕的成果"（王永、李昊天、刘海涛 2017：95）。

注释

1. 图内数据截止至 2021 年 8 月 11 日 16 时 48 分。

2. 本文作者在这方面的研究仅限于俄罗斯，期待有学者能系统研究英美等国的文学计量研究发展。

3. 俄罗斯文学的计量研究是与语言学的计量研究共同发展起来的。详见王永、李昊天、刘海涛：俄罗斯计量语言学发展述评，《外国语》，2017 年第 6 期。

4. 相关研究可参阅以下文献：

任艳、陈建生、丁峻：英国哥特式小说中的词丛——基于语料库的文学文体学研究，《解放军外国语学院学报》，2013 年第 5 期；王永、李昊天：俄语视觉诗的计量特征——以卡缅斯基诗集《与母牛跳探戈》为中心,《外国文学研究》,2015 年第 5 期;詹宏伟、黄四宏:大数据时代的文学经典解读——《罗密欧与朱丽叶》计量文体分析,《外语与翻译》,2017 年第 2 期;毛文伟:数据挖掘技术在文本特征分析中的应用研究——以夏目漱石中长篇小说为例,《外语电化教学》,2018 年第 6 期;韩诺,等:基于迁移学习的文学人物心理分析,《心理技术与应用》,2019 年第 10 期。

5. 这种假设有可能通过研究被证实,也可能被推翻。其实这也是数据统计分析具有挑战的地方。研究可能成功,也可能失败。但这次的失败可以成为下一次成功的基础。

6. 因语料库中没有句法标注,该数据经人工标注后再统计。

参考文献

[1] Moretti Franco. Distant Reading [M]. London & New York:Verso,2013.

[2] Андреев С Н. Модели взаимодействия элементов стихотворного текста [M]. М.:Флинта,Наука,2014.

[3] Бобров С П. К вопросу о подлинном стихотворном размере пушкинских «Песен западных славян» [J]. Русская литература,1964(1):119-137.

[4] Иванов В В. О применении точных методов в литературоведении [J]. Вопросы литературы,1967(10):115-126.

[5] Лесскис Г А. О размерах предложений в русской научной и художественной прозе 60-х годов XIX в. [J]. Вопросы языкознания,1962(2):78-95.

[6] Ярхо Б И. Методология точного литературоведения [M]. М.:Языки слав. культур,2006.

[7] 安妮·伯迪克,约翰娜·德鲁克,彼得·伦恩费尔德,等. 数字人文:改变知识创新与分享的游戏规则 [M]. 马林青,韩若画,译. 北京:中国人民大学出版社,2018.

[8] 董洪川,潘琳琳. 数字人文与外国文学研究范式转换 [J]. 西南民族大学学报(人文社会科学版),2018,39(9):174-179.

[9] 傅修延,夏汉宁. 文学批评方法论基础 [M]. 南昌:江西人民出版

社，1986.

[10] 雷切尔·萨格纳·布马，劳拉·赫弗曼. 查找与替换：约瑟芬·迈尔斯与远距离阅读的起源 [J]. 汪蘅，译. 山东社会科学，2018（9）：45-49.

[11] 李贤平.《红楼梦》成书新说 [J]. 复旦学报（社会科学版），1987（5）：3-16.

[12] 刘成国. 机遇、挑战与回应——数据库时代古典文学研究中的考证：以宋代为例 [J]. 浙江社会科学，2018（2）：131-137，159-160.

[13] 刘京臣. 大数据时代的古典文学研究——以数据分析、数据挖掘与图像检索为中心 [J]. 文学遗产，2015（3）：182-190.

[14] 罗凤珠. 引信息的"术"入文学的"心"——谈情感计算和语义研究在文史领域的应用 [J]. 文学遗产，2009（1）：138-141.

[15] 任艳，陈建生，丁峻. 英国哥特式小说中的词丛——基于语料库的文学文体学研究 [J]. 解放军外国语学院学报，2013（5）：16-20，127.

[16] 王永，李昊天，刘海涛. 俄罗斯计量语言学发展述评 [J]. 外国语，2017，40（6）：86-97.

[17] 王永，李昊天. 俄语视觉诗的计量特征——以卡缅斯基诗集《与母牛跳探戈》为中心 [J]. 外国文学研究，2015，37（5）：48-58.

[18] 王永. 曼德尔施塔姆诗集《石头》的"世界文化"网络 [J]. 文学跨学科研究，2017（4）：120-131.

[19] 约瑟夫·E. 奥恩. 教育的未来：人工智能时代的教育变革 [M]. 李海燕，王秦辉，译. 北京：机械工业出版社，2018.

[20] 郑永晓. 加快"数字化"向"数据化"转变——"大数据"、"云计算"理论与古典文学研究 [J]. 文学遗产，2014（6）：141-148.

作者简介：王永，黑龙江大学外国语言文学学科博士后（2003—2005），合作导师华劭教授。浙江大学教授，博士生导师。曾任浙江大学人文学部副主任、外国语学院副院长等职。现兼任教育部高等学校外语类专业教学指导委员会俄语专业教学指导分委员会委员、中国俄语教学研究会常务理事等。目前主要从事俄语语言与文学的计量研究，系国家社科基金重大项目"中国外国文学研究索引（CFLSI）的研制与运用"首席专家，曾获教育部高校科研成果奖。

俄国文学和文化语境中的《伊戈尔远征记》①

刘文飞

摘 要：《伊戈尔远征记》自 1790 年代被发现以来，其真伪一直引起俄国境内外学者的激烈争论，持续的争论不仅促成了一门"远征记学"，也扩大了俄国古代文学的世界影响。在俄国文学和文化的语境中看待这部 12 世纪的英雄史诗，可以归纳出它与俄国文学相伴相生的历史，评估它在俄罗斯民族意识和文化认同的生成过程中发挥的巨大作用。

关键词：《伊戈尔远征记》；俄国文学；古代罗斯；"远征记学"

一

俄国中古史诗《伊戈尔远征记》的发现是一个偶然，也是偶然中的必然。

关于《伊戈尔远征记》被发现的最早书面报道，见于德国汉堡《北方观察家》（*Spectateur du Nord*）杂志 1797 年 10 月号，该报道称"两年前"在俄国发现了一部题为《伊戈尔武士之歌》的史诗，足以媲美爱尔兰的莪相诗作。俄国学者后来探明，这部文稿的发现时间可能更早一些，时在 1791 年 8 月。（Ф. М. Головенченко 1955：7） 《伊戈尔远征记》的发现者是穆辛-普希金

---

① 本文为国家社科基金重大招标项目"多卷本俄国文学通史"（项目批准号：17ZD283）阶段性成果。

（Алексей Иванович Мусин-Пушкин，1744—1817）。他在雅罗斯拉夫尔的救主变容修道院获得一份这部史诗的 16 世纪抄本，后邀几位历史学家、版本学家和古文字学家一同对原稿进行整理和翻译，并于 1800 年由莫斯科参政院印刷所正式出版这部史诗，当时题为《勇敢的诺夫哥罗德-谢维尔斯克公伊戈尔·斯维亚托斯拉维奇征讨波洛维茨人史歌》（«Ироическая песнь о походе на половцев удельного князя Новогорода-Северского Игоря Святославича»）。《伊戈尔远征记》作于 1185—1187 年，其写作时间是这样确定的：史诗所描写的历史事件，即伊戈尔大公的远征，在多部史书中均有记载，发生在 1185 年；诗中提到一位当时还健在的历史人物，即伊戈尔的岳父——加里奇公雅罗斯拉夫·奥斯莫梅斯尔（Ярослав Осмомысл）卒于 1187 年。

《伊戈尔远征记》的发现可谓恰逢其时。18 世纪末 19 世纪初的俄国距彼得大帝实施改革已近一个世纪，彼得大帝设定的让俄国追赶西欧列强的宏伟蓝图已基本实现。1762 年即位的叶卡捷琳娜女皇同样雄心勃勃，试图将俄国打造成欧洲乃至全球最强大的帝国。这位嫁来俄国的德国公主在成为俄国女皇后，始终不忘让俄国在各个方面向西欧列强看齐，其中也包括文化上的比肩。为此，她以"开明君主"自居，在俄国展开声势浩大的"启蒙运动"，她与法国启蒙思想家们通信，曾邀狄德罗于 1773 年访俄。她创办文学期刊，并亲自写作文学作品，还为俄国的图书出版业奠定基础。在这一文化大背景下，发掘俄国古代文献并以此彰显古代罗斯文明之辉煌和久远，为俄国的强国身份寻觅历史佐证，便顺理成章地成为一项"文化国策"，叶卡捷琳娜女皇甚至专门颁旨，要求在全国范围内收集整理古代文献资料。

也正是在这一历史时期，穆辛-普希金开始了他的收藏家生涯。《伊戈尔远征记》最终被穆辛-普希金发现，同样并非偶然。穆辛-普希金可不是一位普通的古董爱好者，而是身居诸多要职的文化活动家，是半官方的收藏家。他生于贵族家庭，1772 年自军中退伍后游历西欧诸国，1775 年回国后开始有意识地收藏各种古籍，逐渐网罗到一些珍贵的古籍和文献，其中就包括多部古代罗斯编年史和彼得大帝的档案。叶卡捷琳娜女皇获悉穆辛-普希金的收藏活动后表示赞赏，她不仅把自己的一些收藏"赏赐"给他，还于 1791 年 7 月 26 日正式任命他为正教院事务大臣（обер-прокурор Синода），并下旨让俄国各地的教会和修道院等机构向他提供古籍和手稿。穆辛-普希金在获得这一得天独厚的收藏便利后，其收藏日益丰厚，在三年后的 1793 年便已藏有 1725 份文献，《伊戈尔远征记》便是其中之一。《伊戈尔远征记》被发现后，穆辛-普希金在 1792—1796 年做成一份抄本，呈送叶卡捷琳娜，这份被保存至今的抄本称"叶卡捷琳娜抄本"（Екатерининская копия）。由于对部分俄国古籍的收藏和整理，穆辛-普希金于 1789 年成为俄国科学院院士，1794 年起担任俄国艺术科学院主席。1797 年退休后，穆辛-普希金定居莫斯科，把他丰富的收藏也全部转移至莫斯科。然而，在 1812 年拿破仑入侵俄国引发的莫斯科大火中，穆辛-普希金的所有收藏悉数被焚，其中也包括他在雅罗斯拉夫尔修道院找到的那份《伊戈尔远征记》抄本。

穆辛-普希金当初发现的《伊戈尔远征记》并非原稿，而是 16 世纪的抄本，而这唯一的抄本又在莫斯科大火中化为灰烬，仅余"叶卡捷琳娜抄本"和 1800 年初版本，如此一来，这部古代史诗的真实性便在俄国境内外引起很多人怀疑。在其出版后不久，有人就认为这是一部后世伪作，甚至认为作伪者就是穆辛-普希金及其周围的人。《伊戈尔远征记》的真伪问题，从此便像莎士比亚一些剧作的真伪、爱尔兰诗人莪相是否存在、曹雪芹《红楼梦》后四十回由何人续作，乃至《静静的顿河》的作者权等问题一样，成为世界文学史上的著名疑案之一。

1801 年，德国历史学家奥古斯特·施勒策尔（August Schlözer）从俄国历史学家卡拉姆津处获悉《伊戈尔远征记》的发现。他起先有疑，后被卡拉姆津说服，于是在德国撰文介绍此书。《伊戈尔远征记》的第一位外国译者是波兰诗人戈德布斯基（Cyprian Godebski），但他在 1804—1806 年将《伊戈尔远征记》译成波兰语时，却认为这是一部拟古之作。这一时期，关于这部史诗的真伪问题，俄国本国学者也各持己见，比如莫斯科大学教授卡切诺夫斯基（М. Каченовский）视其为伪作，莫斯科大学的另一位学者卡拉伊多维奇（П. Калайдович）则对卡切诺夫斯基的意见做出反驳。普希金 1832 年 9 月 27 日在莫斯科大学发表演讲，反对卡切诺夫斯基的看法，认为《伊戈尔远征记》真实无疑。1836 年，普希金在其生命的最后几个月里写作专文论述《伊戈尔远征记》（最终未能写完），他在题为《伊戈尔远征歌》的文章中从一位诗人的写作经验出发，认为这部史诗中的"古风"（дух древности）是无法仿造的，他还用"排除法"说明，当时的俄国诗人中无人能"伪造"出这样一部天才之作。

一些作家怀疑我们这部古代诗歌经典的真实性，他们挑起激烈争论。幸运的伪造能让外行陷入迷惑，却无法遮挡真正内行的目光。沃波尔没有受骗，当查莱顿把老修士罗利的诗寄给他看的时候。约翰逊也立即揭穿了麦克芬森声称"发现"的莪相诗作。但是，无论卡拉姆津和叶尔莫拉耶夫，还是沃斯托克夫和霍达科夫斯基，均从未怀疑过《伊戈尔远征歌》的真实性。伟大的怀疑论者施勒策尔在没看到《伊戈尔远征歌》时曾怀疑其真实性，但在读了这部长诗后却坚定地宣布这是一部地道的古代作品，甚至认为不需任何旁证，他认定这是一个显而易见的真实！

无需其他旁证，只需有诗人本人的话语。完全无法伪造的古代气息，便证明了这部诗歌自身的真实性。在我们 18 世纪的作家中，谁有足够的天赋能做到这一点呢？卡拉姆津吗？可卡拉姆津不是诗人。杰尔查文吗？可杰尔查文连俄语都不懂，更遑论《伊戈尔远征歌》的语言。其余的诗人加在一起，也想象不出雅罗斯拉夫娜的哭诉、关于搏战和逃亡的描写中所饱含的丰富诗意。谁会突发奇想，要将一位无名大公的不成功征战当作诗歌的描写对象呢？谁能如此巧妙地用那些词语来描述其诗作中的某些片段呢？这些词语后来在古代编年史中再次出现，或者说在其他斯拉夫语言中又被发现，这些词语在那些语言中依然得到鲜活的使用。这似乎预先决定了诸斯拉夫语言的意义。我们假定他是掌握这些语言的，可这样的混成难道是自然的吗？……罗蒙诺索夫也不生活在 12 世纪。罗蒙诺索夫的颂诗用俄语写成，其中也含有一些他从他爱不释手的《圣经》里摘录的语句。但是，你们在罗蒙诺索夫那里也找不到波兰语、塞尔维亚语、伊利里安语、保加利亚语、摩尔达维亚语和其他斯拉夫语的词汇。（А. С. Пушкин 1962：421-422）

应该说，普希金的观点很独特，也很有说服力：一部作品的历史韵味是很难仿造的，能仿造出如此杰作的人，自身一定是一位诗歌天才，他也不可能一直默默无闻。在普希金之后，许多俄国文学文化名家，如卡拉姆津、别林斯基、赫尔岑等，都表达过相近的看法，《伊戈尔远征记》的历史真实性因而在俄国得到广泛认可。1852 年，另一部俄国古代文学经典《顿河彼岸之战》（«Задонщина»）被发现，并被整理出版，其中许多内容与《伊戈尔远征记》形成互证，质疑《伊戈尔远征记》真实性的声音从此大为降低。但是，此后百余年间，相关的学术争论仍此起彼伏，其中较有代表性也较有影响的有如下几种：

19世纪中期，波兰裔俄国出版家森科夫斯基（О. Сенковский）认为，《伊戈尔远征记》系基辅神学院一位毕业生在18世纪后半期的伪作。1890年代，法国斯拉夫学者路易·莱热（Louis Léger）认为《伊戈尔远征记》是在稍后发现的《顿河彼岸之战》的基础上创作出来的，但认为其创作时间可能较早，在14—15世纪；另一位法国斯拉夫学家安德烈·马松（André Mazon）1940年出版了一部关于《伊戈尔远征记》的专著，认定这部史诗就是穆辛-普希金等人同时依据裘相诗作和《顿河彼岸之战》伪作而成，目的是为叶卡捷琳娜1780年代的南俄扩张政策提供历史依据。在第二次世界大战后的东西方冷战时期，关于《伊戈尔远征记》真伪问题的学术探讨开始染上意识形态色彩，相对而言，苏联境外的斯拉夫学者多认为《伊戈尔远征记》系伪作，而苏联境内学者则多捍卫其真实性。德奥斯拉夫学者亨德勒（M. Hendler）等人在20世纪70—90年代发表一系列文章，认为《伊戈尔远征记》的作者就是卡拉姆津。美国哈佛大学历史学家基南（E. Keenan）则认为这部史诗出自被誉为"斯拉夫学之父"的捷克学者多布罗夫斯基（Josef Dobrovsky）之手，因为多布罗夫斯基1792年到过俄国，他有机会接触到各种古籍，被基南用作证据的是《伊戈尔远征记》中出现的许多捷克语和拉丁语词汇。为应对这场"学术冷战"，苏联学者做了大量工作，写出一系列反驳文章，涌现出许多杰出学者，如阿德里安诺娃-佩列特茨（В. Адрианова-Перетц）、古济（Н. Гудзий）、雷巴科夫（Б. Рыбаков）、卢里耶（Я. Лурье）、利哈乔夫（Д. Лихачёв）和洛特曼（Ю. Лотман）等。1962年，苏联学者联袂出版了一部很有分量的论文集，题为《12世纪的典籍〈伊戈尔远征记〉》[1]。当然，学术毕竟时常"超越街垒"（поверх барьеров）（帕斯捷尔纳克语）。在苏联境内，也一直有学者质疑《伊戈尔远征记》的古籍身份，如苏联历史学家济明（А. Зимин）就坚持己见，认为《伊戈尔远征记》是伪作。济明的著作长期无法面世，在他死后20余年的2006年才得以公开出版。白银时代著名诗人古米廖夫和阿赫马托娃的儿子——历史学家列夫·古米廖夫（Л. Гумилёв）虽不否定《伊戈尔远征记》是一部古代真作，但认为其成书于13世纪，是一部隐喻之作，其中的波洛维茨人影射蒙古人，伊戈尔影射涅夫斯基。反过来，在苏联境外也有捍卫

《伊戈尔远征记》的学者，其中最著名的就是流亡美国的俄国形式主义理论家雅各布森（Р. Якобсон），针对安德烈·马松等人的观点，雅各布森在他 1948 年出版的一部著作中提出反驳，他主要从《伊戈尔远征记》的语言和诗学风格角度展开论证："尽管这位学者（指安德烈·马松。——引者按）立论大胆，但结论却很残酷：一方面，《伊戈尔远征记》中没有任何成分能让人去质疑（或至少是猜疑）这是一部创作于 12 世纪、抄写于 16 世纪的作品；另一方面，这个文本又含有大量不可能出现在稍后文本中的特征，最为重要的是，18 世纪那些有学问的人也不可能知悉此类特征。"（Ф. М. Головенченко 1955：471）寻着雅各布森的路径，俄国当代语言学家扎里兹尼亚克（А. Зализняк）也从语言学甚至语法学、词汇学等角度论证《伊戈尔远征记》的历史属性，在《〈伊戈尔远征记〉：一位语言学家的观点》[2] 一书中，他通过对作品中名词的数、动词的时态、方言、正字法、作为后附词的代词等方面的细致分析，指出在 16—18 世纪不可能出现对古俄语有如此精深之了解的学人，因为古俄语在当时已不再被广泛使用，而当时的古文字学还很不发达，换句话说，一位 16—18 世纪的人难以具备如此全面、精深的史学知识和古文字能力，使他有能力仿写出这部杰作。

如今，关于《伊戈尔远征记》真伪问题的争论已不再热烈，越来越多的学者倾向于认同它实为真作，尽管探讨仍在持续，济明和扎里兹尼亚克的著作均出版于 21 世纪，这就构成一个证明。这场延续 200 余年的学术争论，无论对于《伊戈尔远征记》这部作品自身还是对于整个俄国文学和文化而言，均具有十分重大的意义。从被发现之日起，《伊戈尔远征记》就引起人们非同寻常的关注，像被置于聚光灯下、显微镜前，它所受到的细读、剖析和阐释因而就格外地多。"许多著名文学家、诗人、语言学家和历史学家几乎都研究过《远征记》。直到目前，《远征记》已经形成一种专门学问，专门的论文不断涌现。我们中国对《红楼梦》的研究，有所谓'红学'之称，而目前就苏联对《远征记》研究所形成的势态来看，我们不妨说已经出现了'远征记学'。"（魏荒弩 2000：67）关于《伊戈尔远征记》的争论，又使得俄国境内外的学者把更多目光投向古代罗斯及其文学和文化。在《伊戈尔远征记》被发现的年代，俄国人对其历史文化还知之不多，伴随着这部史诗所引起的"寻古热"和"识古潮"，俄国的古代史、古文字学、考古学等学科得到突飞猛进的发展，俄罗斯民族的文化自信心和自豪感也得到巨大提升。在俄国境外，关于《伊戈尔远征记》的学术争论也在客观上极大地扩大了俄国古代文学和文化的世界影响，许多研究《伊戈尔远征记》的国外学者后来都成了著名的斯拉夫学者，比如较早对《伊戈尔远征记》提出质疑的法国学者莱热就被视为法国斯拉夫学的奠基人之一。关于一部文学作品的争论和阐释居然成了俄国文学史中一个历久弥新的话题，《伊戈尔远征记》也因此被视为俄国历史中一座真正的文化纪念碑。

<h1 style="text-align:center">二</h1>

被发现的《伊戈尔远征记》系古俄语抄本，原抄本上没有标点符号，字母间距大致相同，抄本中的诗句也不分行，这给断词、断句都带来困难。由于抄本完成年代与原作创作年代已相隔数世纪，抄写者对所抄作品的文字可能存在某些理解和辨识障碍，抄本中的各种错误也在所难免。如此一来，对《伊戈尔远征记》的解读从一开始就是某种意义上的解谜和破译，而穆辛-普希金印行的 1800 年版本就严格意义而言也是一个译本。在此之后，将《伊戈尔远征记》译为现代俄语，就成了历代俄国学者和诗人竞相一试身手的契机。时至 1968 年，作家楚科夫斯基（К. Чуковский）在一篇题为《过往和现今的译本》的文章中写道："《伊戈尔远征记》已被 44 次或 45 次译成俄语，每一次都方式不同。这 44 种或 45 种译本中的每一种均反映了各具特色的译者个性，也反映了译本产生的时代，因为每位译者均把那些构成当时现实美学之基础的因素带入其版本。"（К. И. Чуковский 1986：387）在楚科夫斯基此言之后 50余年间，《伊戈尔远征记》的古译今版本仍不断涌现，总数早已过百。俄罗斯一家专业网站[3] 共收入并展示了《伊戈尔远征记》的 200 多种版本，其中校勘本 10 种，现代俄语译本 107 种，外语译本 116 种。在外语译本中，法、英、德语最多，分别为 9、7、6 种；汉语译本也被收入，即李锡胤译本（但在该网站中，中译者却被错误地标为魏荒弩）。如此之多译本的存在，构成了世界文学翻译史中的一道奇观。

这些译本风格多样，有出自学者之手的"逐字逐句的释译"（дословный объяснительный перевод），也有出自诗人之手的"诗体改编"（поэтическая адаптация）。在《伊戈尔远征记》的"翻译史"中，最著名的译本有：茹科夫斯基（В. Жуковский）译本（1819 年），迈科夫（А. Майков）译本（1870年），巴里蒙特（К. Бальмонт）译本（1930 年），施托尔姆（Г. Шторм）译本（1934 年），扎博洛茨基（Н. Заболоцкий）译本（1945 年），施克里亚列夫斯基（И. Шкляревский）译本（1982 年），利哈乔夫译本（1980 年代）等。总体说来，随着"远征记学"的发展，这部长诗的译文越来越追求准确。但是，《伊戈尔远征记》的翻译毕竟是诗歌翻译，而诗歌翻译的"准确性"向来是一个相对概念，因为诗歌翻译往往是二度创作，更何况《伊戈尔远征记》的翻译过程是绵延的，不同时代的译本自然会试图吻合其所处时代的文学风尚，因此，对于《伊戈尔远征记》的译本而言，"准确就成了一个变动的、辩证的概念……你们无论如何都无法事先判断，在 1980 年或 2003 年什么样的译本将被认为是准确的。每个时代均会创建出其关于准确译本的概念"（К. И. Чуковский 1986：395）。也就是说，《伊戈尔远征记》的每一种译本都是与时俱进的，都是译者个性和时代风格相互结合的产物。

《伊戈尔远征记》的译本大致可分为两大类型，即学者译本和诗人译本，总体而言，学者译本更注重准确性和学术性，而诗人译本更注重形式感和诗意。这两类译本在遣词造句、诗歌格律等方面往往差异很大。比如《伊戈尔远征记》的两种汉译，就分别为这两种译法的典型体现。李锡胤先生的译本《伊戈尔出征记》直接译自古俄语，译者在译注者前言中声明："这里基本上采用逐句对照翻译，但不是逐字翻译，因为我以为逐字翻译往往貌合神离，尤其是诗歌作品。"为尽量准确传达原文意义，译者用散文体译出全诗，并加了583 条注释。在书名的翻译上，李译同样体现出其学术性："至于书名，现成的《伊戈尔远征记》也不坏。但是根据 В. Г. Фёдоров（费奥多罗夫）少将考证，此次军事行动只是一次短期袭击，路程不过 500 俄里（合 550 公里）左右。比起更早的十字军东征或 907 年、941 年、944 年罗斯远征拜占庭来，规模小多了，路也近多了。从这些考虑，我改译为《伊戈尔出征记》。"（李锡胤2003：前言 13）魏荒弩先生译本则更注重作品诗性的再现，他的译本依据利哈乔夫的诗体译文译出，同时参照牛津大学出版社 1915 年版英译本。他的译作在 1957 年初版，1982 年再版，之后，他从 1995 年 5 月至 10 月，对照原文，又做了一次认真校订，并反复诵读了多遍。（魏荒弩 2000：前言 14）魏先生本身就是一位优秀诗人，经他反复打磨的《伊戈尔远征记》汉译的确很有诗意。我们来对比一下两种中译的开头部分。

李锡胤译本：

弟兄们，且听我用从前熟悉的调子，来吟唱斯维亚特斯拉夫的公子——伊戈尔——出征的悲惨故事。

我要讲的是真人真事，而不是依照博扬的构思。

魏荒弩译本：

弟兄们，我们是否应当

用古老的曲调来咏唱

伊戈尔——伊戈尔·斯维雅托斯拉维奇

远征的悲惨故事呢？

应当把这一支歌儿唱起，

但须遵循这个时代的真实，

而不是按照鲍扬那样来构思。

当然，在《伊戈尔远征记》的诸多译作中也有例外，即学者的译作也充满诗性，而诗人的译作却注重学术性。在这一方面，最受关注的是利哈乔夫的译本和纳博科夫的英译本。作为作家和诗人的纳博科夫，却在他的《伊戈尔远征记》英译本中更追求准确性和学术性；而作为学者和院士的利哈乔夫，则在他的某些《伊戈尔远征记》译本中追求诗性和通俗性。利哈乔夫自 1930 年代起就开始研究包括《伊戈尔远征记》在内的俄国古代文学，他先后完成多种《伊戈尔远征记》译本，既有逐字译释的"科学院版"，也有面对普通读者的"儿童文学版"，并写下数十本专著和数百篇论文，是俄国境内外公认的《伊戈尔远征记》研究权威，如今俄国境外的《伊戈尔远征记》译者，大多选择利哈乔夫的译本为母本。而既是文学教授又是作家和诗人的纳博科夫，1940 年代在美国大学讲授俄国文学时开始把《伊戈尔远征记》译成英文，他的译作于 1960 年正式出版。纳博科夫根据他对古俄文的解读，把全诗译成 800 多行，而不是大多数人"断句"成的 500 多行。纳博科夫在其《伊戈尔远征记》

译本序言中称，他的翻译方式就是"为了内容而无情地牺牲形式"（ruthlessly sacrificed manner to matter），"试图给出一种逐字逐句的译本"（attempted to give a literal rendering of the text）（V. Nabokov 1960：序言 17）。他的这种翻译原则，后来在他译释普希金的诗体长篇小说《叶甫盖尼·奥涅金》时又得到了更为坚决的贯彻。

《伊戈尔远征记》持续 200 多年之久的翻译过程，与关于其真实性的争论一样，极大地提升了这部作品受关注的程度，也极大地扩大了它的世界影响。这些出现在不同时期、由不同身份译者所完成的数百种译作琳琅满目，让人叹为观止。《伊戈尔远征记》就像一个永远年轻的新娘，走在长长的历史甬道上，任由两旁的译者给她披上一件又一件崭新的嫁衣；《伊戈尔远征记》又像一面巨大的镜子，持续不断地折射出不同文化时空中的斑斓景象。每个时代的译本均呼应其所处时代的文学气象，同时也记录下了文学风尚不断演进的轨迹；反过来，一部又一部《伊戈尔远征记》的现代译本往往也成为俄国文学进程中的一种推进剂、一个刺激因素，在很大程度上促进了俄国文学自身的丰富和发展。《伊戈尔远征记》的翻译史就是其阐释史，也就是说，俄国文学历史是被阐释和被接受的一个缩影。

三

《伊戈尔远征记》横空出世，人们在就其真伪展开激烈争论的同时，也无不为其高度的文学性而发出赞叹。首先，这部史诗结构和谐，像交响乐一般既严谨又自如。整部作品除序诗和结尾外共分三个部分，分别描写伊戈尔不成功的远征、基辅大公斯维亚托斯拉夫的团结召唤以及伊戈尔的最终逃脱。在描写伊戈尔征战的第一部分，作者从容不迫地叙述伊戈尔和兄弟、侄子等率领的部队会师，大军不顾日食凶兆毅然出征、首战告捷、露天宿营、大战三天后兵败被俘等场景。在这动人心魄的战争叙事之后，作品第二部分转为严肃苍凉的思古和抒怀，基辅大公斯维亚托斯拉夫做了一个梦，在对这场梦做出解析之后，他向四面八方的罗斯公国发出呼吁，即"含泪的金言"（золотое слово, со слезами смешанное），呼吁大家团结起来抵抗外敌入侵，重振罗斯往昔辉煌。第三部分像是抒情的慢板，伊戈尔的妻子雅罗斯拉夫娜在普季夫尔城头为丈夫及其军队而哭泣，这哭泣似乎感天动地，终使伊戈尔顺利逃脱敌营，在罗斯大地的迎接中返回祖国。整部作品的叙事从激烈壮阔的战争场景到沉静悠远的历史思考，再到乐观抒情的结局，既起伏跌宕，又浑然天成。自始至终，这部史诗中都充满着悲喜的交加、明暗的对比、动静的结合和快慢的交替，其整体结构因而呈现出巨大的张力和表现力。一位俄国学者认为，《伊戈尔远征记》的诗学结构原则就建立在一系列二元对立之上，如俄罗斯人-波洛维茨人、人-自然、光明-黑暗、欢乐-悲伤、现在-过去、作者-鲍扬等。（Т. М. Николаева 2011）其次，《伊戈尔远征记》体现出一种十分独特的调性。这是一部以真实的历史事件为描写对象的史诗作品，但其中又渗透着作者高度个性化的抒情声音。《伊戈尔远征记》的佚名作者在写作这部作品时无疑有其现实目的，但他作为一位诗人的抒情本能和"自我表现"也同样在作品中获得了淋漓尽致的展示，尤其是贯穿全诗的所谓"抒情插笔"（лирическое отступление），更赋予整部作品以强烈的个性色彩，比如在描写伊戈尔远征时多次出现的那句深情感叹："啊，罗斯的大地已消失在山冈的那一边！"由此，《伊戈尔远征记》就成了"历史故事"和"歌"的合成，个人情绪和族群意识的合成，政论的"金言"和抒情的"哭诉"的合成。美国一部俄国文学工具书中《伊戈尔远征记》词条的作者甚至认为：这部作品"并非一部史诗"（not an epic）（V. Terras 1985：425），而是一首"拉长的社会抒情诗"（an extended social lyric）（V. Terras 1985：427）。最后，《伊戈尔远征记》体现出一套完备的诗歌表现手法和诗歌象征体系。这里既有固定修饰、复沓、排比、拟人等民间诗歌的常用手法，也有象征、组合隐喻和"作者闯入"等颇具"现代感"的诗歌表达手段。俄国文学史家米尔斯基（Д. Святополк-Мирский）在论及《伊戈尔远征记》时着重谈及这部作品的"现代性"："长诗的风格没有丝毫的原始和野蛮。它惊人地、谜一般地充满现代感，充满精美形象的暗示和典故，复杂而又含有微妙的象征意味。这部长诗的新近研究者之一格鲁舍夫斯基（Hrush-ewsky）教授正确地指出，只有在当今，在学校里长期获得关于现代诗歌的教育之后，我们才能真正感觉并理解《伊戈尔远征记》的各种诗歌手法。它过于现代，以至于即便是在 1795 年，也很难有人将它模仿。"（米尔斯基 2020：21-22）顺便提一句，俄国境外斯拉夫学者在质疑《伊戈尔远征记》的真实性时大多依据三大理由：一是原抄本的缺失，死无对证；二是其中的泛神论思想，即所谓"双重信仰"（двоеверие），与作品成书年代的教会统治和神学垄断构成反差；三是这部作品中高度复杂的修辞方式和诗学手段鲜见于同时代，乃至整个俄国古代文学。（Vladimir E. Alexandrov 1995：661）其实，除这里的第一点外，另外两个质疑反而均可用来说明《伊戈尔远征记》作者高度的艺术个性和诗歌天赋。

《伊戈尔远征记》是一部文学成品、一部文学精品，它构成俄国古代文学中的一座独门独院（особняк），或曰一个特例。与此同时，这部作品所体现出的种种特征，又说明它的创作时间正处于俄国口头创作和书面文学开始相互影响、相互交织的关键历史时刻，也就是说，标志着俄语诗歌的诞生和成长。只不过在这部史诗写成后不久，古代罗斯被蒙古-鞑靼人统治了两个世纪，之后又有长达数世纪的中世纪"神学专制"，俄国文学因此再也没有出现，或者说没能留存诸如《伊戈尔远征记》这样的文学经典。也正因为如此，《伊戈尔远征记》在18世纪末的发现便愈显珍贵，它不仅佐证了俄国文学的辉煌过去，更成为当时俄国作家和文人们借以驶向世界文学海洋的一艘宝船。《伊戈尔远征记》的广为人知，是在1800年校勘本面世之后，1800年为这部史诗的再生之日，而在此之前一年，被誉为"俄国文学之父"的普希金在莫斯科诞生。这两个不约而同的"诞生"意味深长，富有象征意义。在《伊戈尔远征记》得到广泛阅读和讨论的19世纪前二三十年，正是俄国现代文学的生成期，是俄国文学由古典主义时期向19世纪的黄金时代过渡的时期。在这一时期，《伊戈尔远征记》受到包括卡拉姆津、茹科夫斯基、别林斯基、普希金等在内的那一时代几乎所有大作家、大批评家和大诗人的重视，这实非偶然，他们自然会把这部杰作当作建造俄国现代文学大厦的第一块基石。自彼时起，《伊戈尔远征记》与俄国文学一同成长，一起发展，它是俄国文学崛起的动力之一，也是后世俄国作家和诗人们进行创作时不断观照的一个互文对象、一个"元文本"，在俄国文学发展史中有着持久的影响，留下了深刻的痕迹。我们试以它在俄语诗歌中的作用轨迹为例说明这一点。

《伊戈尔远征记》的发现不仅令俄国历史学家大喜，也立即引起俄国文学家的关注。同时身为历史学家和文学家的卡拉姆津，就是最先被穆辛-普希金邀去辨识抄本的少数几位专家之一。在穆辛-普希金的抄本公开发表之前，俄国古典主义诗人赫拉斯科夫即已在其长诗《弗拉基米尔》（1797年）中提及

《伊戈尔远征记》。俄国古典主义诗歌像所有古典主义文学一样，思古和怀古是主要母题之一，《伊戈尔远征记》的内容和形式，乃至它被发现这一事件本身，自然会成为俄国古典主义诗人的吟诵对象。《伊戈尔远征记》被发现的时刻，正值俄国文学中的前浪漫主义（предромантизм）和浪漫主义（романтизм）的酝酿时期，这部长诗中悲喜交加的情绪、瑰丽壮美的自然描写和强烈的爱国主义情感等，都为浪漫主义诗歌输入了强大的诗歌能量。俄国浪漫主义诗歌的奠基者之一茹科夫斯基亲自动手，完成了《伊戈尔远征记》的第一个现代俄语译本。雷列耶夫等十二月党人诗人在《伊戈尔远征记》中发掘出"公民诗歌"的主题，并在创作中加以继承和发扬。《伊戈尔远征记》中仅被偶然提及的古代罗斯抒情诗人鲍扬（Боян），却成了俄国浪漫主义时期诗人们心目中理想的诗人形象、重要的灵感源泉，甚至成为"整个俄国诗歌的源头"（Л. И. Сазонова 1986：462）。《伊戈尔远征记》中的主题、形象、语汇和调性等大量进入后世诗歌，为一代又一代俄语诗人所借鉴、仿效和发挥，对俄国诗歌在 19 世纪黄金时代的成熟产生了重要作用。到 19、20 世纪之交的俄国诗歌的白银时代，《伊戈尔远征记》作为一个本身就具有"现代感"的诗歌文本，又成为当时不同诗歌流派诗人竞相诉诸的对象，在这一时期出现多种新译和改编。这一时期的大诗人，如勃留索夫、勃洛克、赫列勃尼科夫、曼德尔施塔姆、巴里蒙特、沃罗申、叶赛宁、帕斯捷尔纳克、茨维塔耶娃等，其诗作中都曾出现"远征记主题"，甚至是直接的引句，如勃洛克的《库利科沃古战场》、曼德尔施塔姆的《斯坦斯》和帕斯捷尔纳克的《波浪》等诗作。茨维塔耶娃 1926 年在一份调查问卷上回答"什么是您最喜爱的书"的问题时写道，她在死后希望与三本书一同被焚化，即《尼伯龙根之歌》、《伊利亚特》和《伊戈尔远征记》。她写有多首与《伊戈尔远征记》相关的诗作，如《雅罗斯拉夫娜的哭泣》（1920 年）、《可汗的俘虏》（1921 年）等。在 20 世纪，《伊戈尔远征记》的旋律依然贯穿在俄语诗歌中。卫国战争期间，以抵抗外来侵略为主题的《伊戈尔远征记》自然会赢得更为广泛的阅读和阐释，诗人扎博洛茨基还在战时完成了这部史诗的现代重译。在战后陆续兴起的"高声派诗歌"和"细语派诗歌"运动中，《伊戈尔远征记》中的政治呼唤和抒情哭诉又分别获得了创新性的继承。到了以布罗茨基为代表的 20 世纪下半期俄语诗歌的"青铜时代"，新一代诗人同样钟情于这部古代诗歌经典，对于现代主义和后现代主义诗歌而言，《伊戈尔远征记》依然是一汪永不枯竭的清泉。在布罗茨基的诗作中，《伊戈尔远征记》中的形象不断出现，如《我知道这阵吹向草地的风》（1975 年）、《牧歌》（1980 年）和《演出》（1986 年）等诗。出生于 1970 年的当代俄语诗人阿梅林（М. Амелин），自觉对接古代诗歌遗产，其诗歌创作体现出某种"古典主义的后现代主义"倾向，他还动笔新译了《伊戈尔远征记》。在被发现后的 200 余年间，《伊戈尔远征记》伴随着一代又一代俄语诗人，或为他们提供各种诗歌资源，或成为他们诗歌抒情的客体，它就像一根红线贯穿着俄语诗歌发展史的始终。

四

《伊戈尔远征记》被视为古代俄国文学中一座孤独的灯塔，俄国古代文化的一个孤儿。普希金曾感慨："《伊戈尔远征记》就像一座孤独的纪念碑，耸立于我们古代文学的荒原。"（А. С. Пушкин 1958：307）然而，这究竟是自普希金时代至今大多数人所想象出的文学景象，还是《伊戈尔远征记》产生年代的历史真实呢？在利哈乔夫看来，《伊戈尔远征记》这一文学孤例只是冰山的一角，它其实能折射出古代罗斯文化的辉煌存在。在《〈伊戈尔远征记〉及其时代的文化》一书中，利哈乔夫自若干独特角度给出了较为有力的政论："蒙古统治之前的罗斯文化是高水平的、精致的。在这一文化背景下，《伊戈尔远征记》并非一座孤独、例外的纪念碑。"（Д. С. Лихачёв 1985：前言 3）比如，《伊戈尔远征记》中提及的诗人鲍扬，就不见有作品传世，可见当时有许多文学作品均未能留存下来；基辅罗斯与其周边国家和地区，如拜占庭、保加利亚、塞尔维亚、捷克、莫尔多维亚、波兰等交往很多，不可能不受到这些地区高度发达的文化之影响和渗透；12 世纪留存下来的大量教堂建筑、语言、民歌和民间工艺等，也足以证明古代罗斯文化已相当发达，文学不可能独自置身于整个文化的发展潮流之外。"《伊戈尔远征记》是一株生长了数百年的橡树，一株树干强壮、枝繁叶茂的橡树，它的枝干与 19、20 世纪俄国诗歌大花园里其他繁茂树木的根部紧密相连，它的根则深深扎入俄国的土壤。"（Д. С. Лихачёв 1985：前言 4）利哈乔夫以对俄国古代文学和文化的研究著称，更以对俄国古代文学和文化的高水准存在及其欧洲属性的论证而彪炳俄国学术界，他对《伊戈尔远征记》的研究目的就是彰显俄国古代文学和文化的辉煌，这反过来也说明，《伊戈尔远征记》对于俄国文化而言的确是不可或缺的，有无这样一部作品，俄国古代文化的整体呈现就会完全两样。甚至可以说，作为一种高度发达的文学和文化之产物的《伊戈尔远征记》，以一己之力支撑起了古代罗斯的文化大厦，论证着俄国作为一个欧洲文明古国的身份。《伊戈尔远征记》就像是俄国学者们捡到的一把金钥匙，他们用它打开了俄国古代文学和文化的宝库。

《伊戈尔远征记》受到历代俄国人的推崇和爱戴，其主要原因之一就在于这部史诗所具有的鲜明的民族特征、所蕴含的高昂的爱国主义情绪。《伊戈尔远征记》被发现之后，世代俄罗斯读者一定能从中读出他们先民的某些气质和精神，比如开疆拓土的尚武精神、面对大自然的泛神论态度、俄罗斯女性的忠贞和善良气质，以及对包括战败在内的悲剧命运的深刻体验等。《伊戈尔远征记》所表现出的这些心理特征，可能就是俄罗斯民族固有的性格基因，就这一意义而言，《伊戈尔远征记》是高度民族性的。别林斯基在谈及《伊戈尔远征记》时，首先关注的就是其民族性，他在《论民族诗歌》一文中写道，"任何民族的诗歌均处在与其历史的紧密关联中：诗歌和历史中均同样包含民族的隐秘心理，因此其历史可用诗歌来解释，其诗歌亦可用历史来解释。"（В. Г. Белинский 1954：328）他这样评价《伊戈尔远征记》："这是斯拉夫民族诗歌一朵美丽、芬芳的花朵，值得关注、铭记和爱戴。"（В. Г. Белинский 1954：333）有了自觉的民族意识，才有自觉的文学；而高度自觉的文学，又会对民族性格的塑造发挥巨大作用。文学作品，尤其是民族形成时期的文学经典，从来都是构建民族身份认同和想象共同体的首要工具，《伊戈尔远征记》更不例外。在《伊戈尔远征记》中，贯穿的主旋律就是爱国主义。马克思在1856 年 3 月 5 日致恩格斯的信中这样概括《伊戈尔远征记》的主题："这部史诗的要点是号召俄罗斯王公们在一大帮真正的蒙古军的进犯面前团结起来。"（中共中央马克思恩格斯列宁斯大林著作编译局 1998：23）为突出这一主题，《伊戈尔远征记》的作者特意选取古代罗斯王公一场失败的征战作为描写对象，因为"失败主题在当时与召唤主题有机地联系在一起，即召唤改变做法，捍卫俄罗斯土地"（Д. С. Лихачёв 1985：10）。写失利而非胜利，旨在唤起俄罗斯族人的悲情和勇气。为达到这一目的，史诗作者既歌颂了伊戈尔的勇敢无畏，也谴责了他的擅自妄为，既歌颂了古代罗斯的辉煌胜利，也为各罗斯公国间的不和和内讧而扼腕叹息。《伊戈尔远征记》中由基辅大公斯维亚托斯拉夫道出的"含泪的金言"，就是这部史诗爱国主义主题的最集中表达。大公向伊戈尔发出指责，也向四面八方的诸侯发出呼吁，呼吁他们团结一致，重现祖先的辉煌，重塑罗斯的强大。不难想象，这样一部爱国主义、英雄主义的史诗作品，一定会在俄罗斯历史上生死攸关的历史节点上发挥强大的作用。1812 年的卫国战争就提升了《伊戈尔远征记》的社会地位，它从此被解读成一部爱国主义诗篇。在此之后，"每当国家发生了一个重大事件，文学中便会重新出现对《伊戈尔远征记》的兴趣，民族意识、人民的记忆和文化便会立即将它映照"（Л. И. Сазонова 1986：465）。

《伊戈尔远征记》在俄国文化中的意义，还在于它对其他艺术领域的影响和渗透。自 1800 年起《伊戈尔远征记》进入俄国受众视野之后，以《伊戈尔远征记》为对象的音乐、戏剧、绘画等作品就层出不穷。1871 年，俄国作曲家鲍罗丁开始创作取材于《伊戈尔远征记》的"史诗歌剧"《伊戈尔王子》，这部歌剧最终由作曲家里姆斯基-科萨科夫和格拉祖诺夫续作完成，成为俄罗斯民族乐派的奠基之作之一。此后，根据《伊戈尔远征记》改编的歌剧、舞剧和音乐作品层出不穷，其中许多作品成为常演不衰的名作，如季先科（Б. Тищенко）的芭蕾舞剧《雅罗斯拉夫娜》、扬钦科（О. Янченко）的第四交响乐《伊戈尔远征记》等。伊戈尔远征记的各种版本常配有插图，许多插图都成为美术史上的名作，如法沃尔斯基（В. Фаворский）的铜板木刻画。以《伊戈尔远征记》为题材进行油画创作的画家为数甚众，如瓦斯涅佐夫（В. Васнецов）、列里赫（Н. Рерих）、比利宾（И. Билибин）、科布拉泽（С. Кобуладзе）、谢罗夫（В. Серов）、比斯季（Д. Бисти）、纳扎鲁克（В. Назарук）等，他们笔下此类题材的画作，有许多都被世界各地著名美术馆永久收藏。苏联时期发行过《伊戈尔远征记》的邮票和钱币，在《伊戈尔远征记》手稿被发现的修道院成立了国立伊戈尔远征记博物馆，每逢《伊戈尔远征记》成书年代或初版年代的整数纪念日，俄罗斯都会举办盛大的纪念活动，如 1985 年在莫斯科举行的纪念《伊戈尔远征记》成书 800 周年国际学术研讨会。1995 年，俄罗斯出版了一套五卷本《〈伊戈尔远征记〉百科全书》[4]。不难看出，《伊戈尔远征记》早已成为俄国首屈一指的文化符号、无可替代的文化瑰宝，它在俄罗斯文化中享有的重要地位是俄国社会中"文学中心主义"现象的又一例证。

自 1790 年代被发现以来，围绕《伊戈尔远征记》真伪问题展开的争论，以及对这部古代史诗的现代翻译和阐释，始终是俄国文学和文化中的一项重要工作。逐渐形成的"远征记学"，不仅记录下《伊戈尔远征记》与俄国文学史和俄国文化史的互文性关系，也凸显了这部史诗在俄罗斯民族意识和文化认同的生成过程中所发挥的巨大作用。

注释

1. Д. С. Лихачёв, Слово о полку Игореве — памятник XII века, М. Л.：Издательство АН СССР, 1962.

2. А. А. Зализняк, «Слово о полку Игореве»：взгляд лингвиста, М.：Яз. славян. культуры, 2004.

3. http：//nevmenandr. net/slovo/, 2022 年 5 月 10 日。

4. Л. А. Дмитриев, Д. С. Лихачёв, С. А. Семячко, О. В. Творогов, Энциклопедия «Слова о полку Игореве», в 5 т., СПб.：Дмитрий Буланин, 1995.

参考文献

［1］ Головенченко Ф М. Слово о полку Игореве［М］. М.：Издательство МГПИ, 1955.

［2］ Пушкин А С. Собрание сочинений в 10 т.：Т. 6［М］. М.：Государственное издательство художественной литературы, 1962.

［3］ Чуковский К И. Переводы прежде и теперь［С］//Сазонова Л И. Слово о полку Игореве：800 лет. М.：Советский писатель, 1986.

［4］ Nabokov V. The Song of Igor's Campaign：An Epic of the Twelfth Century ［М］. NY.：Vintage Books, 1960.

［5］ Николаева Т М. Слово о полку Игореве：поэтика и лингвистика текста；Слово о полку Игореве и пушкинские тексты［М］. М.：

КомКнига，2011.

［6］ Terras V. Handbook of Russian Literature ［M］. New Haven and London：Yale University Press，1985.

［7］ Vladimir E. Alexandrov，et al. The Garland Companion to Vladimir Nabokov ［M］. NY & London：Garland Publishing，INC. ，1995.

［8］ Сазонова Л И. «Слово о полку Игореве» в русской поэзии XX века ［С］//Сазонова Л И. Слово о полку Игореве：800 лет. М. ：Советский писатель，1986.

［9］ Пушкин А С. Полное собрание сочинений в 10 т. ：Т. 2 ［M］. М. ：Государственное издательство художественной литературы，1958.

［10］ Лихачёв Д С. «Слово о полку Игореве» и культура его времени ［M］. Л. ：Художественная литература，1985.

［11］ Белинский В Г. О народной поэзии ［С］//Полное собрание сочинений：Т. 5. М. ：Издательство АН СССР，1954.

［12］ 佚名. 伊戈尔远征记 ［M］. 魏荒弩，译. 北京：人民文学出版社，2000.

［13］ 李锡胤. 伊戈尔出征记 ［M］. 北京：商务印书馆，2003.

［14］ 米尔斯基. 俄国文学史 ［M］. 刘文飞，译. 北京：商务印书馆，2020.

［15］ 中共中央马克思恩格斯列宁斯大林著作编译局. 马克思恩格斯全集：第 29 卷 ［M］. 北京：人民出版社，1998.

作者简介：刘文飞，文学博士，首都师范大学燕京人文讲席教授、博士生导师。

双语词典的收词、释义、配例等
——缅怀李锡胤先生

陈 洁

摘 要：此文介绍了李锡胤先生有关双语词典编纂收词、释义、配例方面的若干观点。收词不宜太啬、太滥，这涉及词典的深度与广度，要避免成为"孤岛"。释义，不可将同一词条的不同义项作为不同的词条割裂开来；给词条释义有时需要"留白"，未必面面俱到。词的不同意义有时表达概括性词义的不同外延，词的近似内涵或邻接的外延时常难以区分，则形成一个义项的不同意味。配例，一般从语法、语义和俄汉语对比角度着手。上述观点对俄汉、汉俄双语词典编纂均具有重要价值。

关键词：词典学；双语词典编纂；俄汉互译

李锡胤先生的不幸离世，是俄语界难以弥补的损失。李先生学富五车，满腹经纶，博知古今，融通中外，成就涵盖词典编纂理论与实践、语言学、翻译理论与实践，等等。李先生的学术作品行文，犹如他的为人处世态度，平实质朴，但不失深邃、睿智；时常文白兼具，旁征博引，天马行空，收放自如。视野宏观高远，微观细腻严谨。有时还风趣幽默，给人轻松快乐之感。如他主张编写词典既是科学又是艺术，从艺术观点看，每一词条是一篇小小说——微型小说。以苏联科学院语言研究所编纂的四卷本《俄语词典》中 база 词条简化处理后为例。

база，-ы 阴性

1）（建筑）桩基。

2）社会结构的基础。экономическая ～ 经济基础，основная материальная ～ социализма 社会主义基本物质基础。

‖（какая）主要物质条件的总和。техническая ～ МТС 机器拖拉机站的技术条件，кормовая ～ животноводства 畜牧业的饲料供给条件。

3）基地 авиационная ～ 航空基地，военно-морская ～ 海军基地，туристская ～ 旅游中心（站）。

‖ 仓库。большая ～ на берегу реки 河边一座大仓库。

［词源：法语 base<希腊语］

词条内容翻译为小小说如下：巴莎者俄籍女子也（阴性）。家传希腊，派衍法国（词源）。性娴静（规则变化，又修辞属中性），初习建筑，颇有根底（本义）。后稍涉经世之学（第二义项），富国裕民，洞悉原委。复后，委身服务行中（意味）；军人、游客，每有匮乏，则慷慨解囊（第三义项）。咸称之（属常用词汇）。

李先生认为，词典配例极为重要。若删除配例，这篇"小小说"便贫乏多了。配例的目的是让词出现在"典型环境"中，得能突出其"典型性格"（这里用性格两字颇为合适）。（李锡胤 1991：141-142）

我因为曾跟顾柏林教授学习编写俄汉双语词典的缘故，细心拜读过李先生词典编纂等方面的成果，尤其是李先生有关双语词典的收词、释义、配例等思想，让我深受教益。

1. 有关双语词典的收词

李先生认为，编纂用本族语解释外族语的内向型双语词典，一般要有一本或数本原文词典作为蓝本，稍作增删收词，就可避免很多难题，但切忌随意取舍，信手抄来。要避免两种极端做法：1）收词太啬。如对"规范语"理解过窄，导致众多不十分生僻的词也无一席之地，对读者十分不利。2）收词太滥。如从各种工具书杂凑或从书报上遇到就收。这样收不胜收，挂一漏万；另外，将许多蜉蝣词（подёнки слова）和不必要的外语转写法收罗进来。（李锡胤 2007：5）

上海外国语大学顾柏林等教授曾编写过一部《汉俄科技词典》[1]，编写这部词典时，当时没有找到合适的蓝本，就请复旦大学理工科专业的老师，分别拟定了其所从事专业的常用术语和词汇，以此内容作为蓝本进行词条的俄文翻译。目前我们以《汉俄科技词典》为基础正在编写的《汉俄综合科技词典》，是以《新世纪汉英分类词典》[2]为蓝本，并根据上海市工程翻译协会部分会员提供的诸多领域的常见科技词条，予以增补而成为定稿。上海外国语大学编写的《汉俄大词典》（2009），是以中国社会科学院语言研究所编写的当时最新版《现代汉语词典》及其增补本为蓝本，并收录了当时该词典及其增补本未收录，但已经广为流传的许多词汇等，如：（钟点工）почасовой рабочий，（做家务的钟点工）домработница（домработник）на почасовой оплате（顾柏林 2009：2672）；（致癌物）канцероген，карциноген，канцерогенное（ракообразующее）вещество。（顾柏林 2009：2658）

李先生认为，双语词典收词多寡，不仅是广度问题，也包含深度问题。因为语言的词汇是大致成体系性的。词汇这个大集里面有众多大小不等的子集，子集中又有子集。其中有些子集疏密有别。有的子集可以用科学分类法予以描写，有的子集仅能从日常生活的常识中进行描述。不成体系的，挂 n 漏 m 的选词，不仅使词典覆盖面"体无完肤"，而且深度也弄得参差不齐。

倘若选收了 турбулентное течение（湍流），但不收 ламинарное течение（层流），释义将不完整。若不选录 коллекция（收集），则 коллекционные марки（纪念邮票）就不可用 марки для коллекции 进行解释，从而成了"孤岛"。语词性词典若不收入人名、地名，必然使众多派生词和派生词义成为"孤岛"。如 парижская синь〈艺术〉（巴黎蓝），платоническая любовь（柏拉图式的爱情，精神上的恋爱）。（李锡胤 2007：4-5）

正是在李先生这一思想指导下，黑龙江大学编写的两部四卷本辞书——《俄汉详解大词典》（1998）和《新时代俄汉详解大词典》（2014），调整了先前《大俄汉词典》（1985 年版，2001 年修订版）将人名、地名作为附录置于词典正文后面的做法，改为把人名词条和部分地名词条置于词典正文书页相应位置上，使具有相同词根的词条内容紧密相连，且在正文的人名词条和地名词条中增加了百科知识性解释。

2. 有关双语词典的释义

有关多义词，李先生认为，词的不同意义有时分别表达不同的概念，如 посошок 多指俄罗斯农村老人用的粗木拐杖，转义指饯行的最后一杯酒（口语、戏谑）。天寒地冻时节，蹒跚出门，喝上一盅，好似多了根拐杖，使步子稳健些。不可将同一词条的不同义项作为不同的词条割裂开来。然而，给词条释义有时需要"留白"，未必将词条所有的义项逐一列出。如 вулкан，有两个义项：1）火山喷岩孔；2）火山。但俄汉词典往往只给出后者意义，舍弃前者意义。（李锡胤 2007：7-8）这是翻译中时常需要根据词典中词条释义做出意义取舍、变通的缘由之一。

词的不同意义有时表达概括性词义的不同外延，如 оценить 表示：1）给……估定价格；2）（转）评价。词的近似内涵或邻接的外延时常难以区分，则形成一个义项的不同意味（оттенки значения）。如 гаснуть 主要指"停止发光"，тухнуть 主要指"停止燃烧"。这乃意味差别。（李锡胤 2007：8）

《汉俄大词典》（2009）中，将汉语中词类属性一致，但内涵意义有别，或意味、用法不同的多义词，皆作为同一词条分别释义。如"界面"，1）пограничная поверхность〈物理学〉；2）интерфейс〈信息、计算技术〉；用户~ интерфейс пользователя，多语言 ~ многоязычный интерфейс。（顾柏林 2009：1065）

"敢"（有勇气）сметь, не бояться；（胆敢）осмелиться, отважиться, дерзнуть。（顾柏林 2009：凡例 18）

《汉俄大词典》中将汉俄语词语意义相当，但所指范围不同、外延各异者，在同一词条内用译文加以说明。如（梯子）лестница；（绳梯）стремянка；（船或飞机上的梯子）трап。（顾柏林 2009：凡例 18）

3. 有关双语词典的配例

李先生引用这样一句法语俗语说明配例对语词性词典的重要性："没有例子的词典只是一具枯骨。"（李锡胤 2007：13）配例可以从下列三个方面考虑。

3.1　语法方面

语法方面的配例时常涉及如下三种情形。

1）一般情况。如俄语形容词可以与名词、副词等搭配。болезненно бледный（与修饰性副词搭配），очень хороший（与程度副词搭配），полезный для чахотных（与限制性成分搭配）。

2）语法形式上受限制情况。如只与俄语未完成体或完成体动词不定式连用。

3）语法同义现象。（李锡胤 2007：13）

3.2　语义方面

语义方面的配例需要注意如下五种情况。

1）经常组合共现情形。如："Часы спешат（отстают, идут, стоят）."，但是"Доктор стоит（идёт）."不典型，不适合配例。（李锡胤 2007：14）

2）能够显示词义范围。如："Иванов ест.""Лошадь ест. Насекомые питаются чем...""Кушайте, пожалуйста!"（李锡胤 2007：14）

《汉俄大词典》中将类似情形同样通过配例凸显俄汉语搭配差异：［上（安装）］ставить，（上子弹）заряжать винтовку；（上刺刀）примкнуть штык；（上螺丝）ввинтить винт；（上梁）ставить балку。（顾柏林 2009：凡例19）

3）词汇上受限制情形。如："Брезжит заря（огонёк, свет...）."（霞光初现）（显露出微小的火光/光亮）。

4）有助于区别同义现象。"отгадать загадку"（猜中谜语），"Все догадались, на кого он намекнул."（大家都猜到了，他指的是谁。）（李锡胤 2007：14）

《汉俄大词典》中词条配例同样重视通过词语搭配区分同义关系，如：（每）каждый/любой/всякий；（每次）каждый/всякий раз；（每天）каждый день；（每一个人）каждый/любой/всякий человек；（每人发两本书）каждому по две книги。（顾柏林 2009：凡例18）

5）有助于凸显修辞色彩。аз грешный（旧的表达，现在有戏谑、讽刺意味）（罪孽深重的我）。（李锡胤 2007：14）

3.3 从俄汉语对比角度配例

从俄汉语对比角度配例应该关注下列两种情形。

1）汉语搭配方法基本相同的词组，但读者不敢贸然使用，或意义略有区别。приготовлять обед（准备饭菜），但是，不可换作 подготовлять обед。большие деньги（大钱，许多钱财：Он при больших деньгах.）。（李锡胤 2007：14）

《汉俄大词典》中将类似情形也是通过词语搭配凸显俄汉语表达异同之处：（增加）увеличить，повысить；（增加收入）увеличить/повысить доходы；（增加体重）прибавиться в весе；（增加信心）вселить веру。（顾柏林 2009：凡例 19）

2）俄汉语表达法截然不同情况。безразмерные чулки（弹力袜），коронная роль（拿手好戏），сухое молоко（奶粉），держать корректуру（校对），Подарок улыбнулся！（礼物落空了！）（李锡胤 2007：14）

俄汉双语词典方面，让我颇为获益的还有词典的附录内容，特别是《新时代俄汉详解大词典》（2014）附录部分，对名词变格、重音变化诸多类型进行了归纳。这对解决俄语教学和应用中的疑难问题大有裨益。李先生有关俄汉词典编纂的真知灼见，对汉俄词典编纂也具有重要价值。

俄语词典，特别是俄汉双语词典，通常是我们国内俄语工作者使用率最高的工具书。老一辈的俄语工作者为我们留下了丰厚的俄汉双语词典成果及无比珍贵的俄汉双语词典编纂理论。愿我们能够薪火相传，继承发扬老一辈俄汉双语词典的编纂精神，淡泊名利，脚踏实地，潜心钻研，长期攻关，与时俱进，将俄汉双语词典编纂传统弘扬光大，为中俄文化交流和祖国复兴大业做出积极贡献，以此告慰俄语工作先驱者们。愿李锡胤先生安息！

注释：

1. 顾柏林等，北京：商务印书馆，莫斯科：俄语出版社，1997，近 200 万字。

2. 俞宝发主编，上海：复旦大学出版社，2003。

参考文献

［1］顾柏林 . 汉俄大词典［M］. 上海：上海外语教育出版社，2009.

［2］李锡胤 . 双语词典的配例问题［C］//李锡胤论文选 . 哈尔滨：黑龙江人民出版社，1991.

［3］李锡胤，词典的广度、深度，词义层次及体系［C］//李锡胤集 . 哈尔滨：黑龙江大学出版社，2007.

作者简介：陈洁，上海外国语大学俄罗斯东欧中亚学院教师。研究方向：俄汉语对比与翻译研究。

符号学与语言国情学的关系
——兼论语言是一种多层级的符号系统

吴国华

摘　要：语言是最重要的符号系统，同时也是占支配地位的交流手段。本文将符号学引入语言国情学的研究，试图用"语言是一种多层级的系统"理论阐释词语的称名功能，特别是"二次称名"功能和机制。研究表明，在第一级符号系统中，语言的民族文化特点主要体现在词的理据方面；而在第二级符号系统中，能指和所指在很大程度上取决于民族的传统观念、宗教信仰、审美观、价值观等诸多因素。符号学与语言国情学是整体与部分的关系，符号学对语言国情学的"渗透"是多层次、多角度的，将语言符号系统的层级性与民族文化语义结合起来研究，由表层、浅层转入深层，可望"柳暗花明又一村"。

关键词：符号学；层级学说；语言国情学；民族文化语义

该文是我在黑龙江大学师从李锡胤先生攻读博士学位期间的阶段性研究习作，受先生语言学思想特别是有关符号学原理论述的影响与启迪，于1993年6月作为课程论文形成初稿。在成文过程中，又先后多次聆听先生的指教，几经修改后发表于《解放军外语学院学报》1994年第1期，并被《人大复印报刊资料（语言文字学）》1994年第3期全文转载，后又被收入《符号语言学》（王铭玉等编，上海外语教育出版社，2005）。先生对符号学原理的系列论述和解读，对我后来撰写博士学位论文无疑起到了至关重要的引领作用。大

218

家知道，到 1990 年代初语言国情学创立已经 20 多年了，但学界普遍认为该学科知识性充足，而理论阐释尚存在不完善性，对词语非概念意义、文化因素对语义成素的影响等也缺乏系统的理论分析和规则的操作方法。领悟先生关于语言符号层级的思想，特别是研读先生《双语词典的灵魂——语义对比》（李锡胤 1991：92-114）、《写实与象征——试论海明威的〈老人与海〉》（李锡胤 1991：256-271）等著述，使我豁然开朗：用"语言是一种多层级的符号系统"来阐释词语的称名功能特别是"二次称名"功能和机制，用语言对比（对照）的方法揭示不同语言间的民族文化语义特点，是一个可望取得突破的路径。先生把脉问题症结的悉心指导使我深受启迪、终身受益，鼓励思考探索的谆谆教诲言犹在耳、难以忘怀。天涯海角有尽处，师恩无穷难报答。今日重拾旧文并做部分修改，以表达对恩师的深切缅怀和无限思念。恩师走了，并未走远，他的学术思想和治学精神将永远嘉惠学林，激励后学！

1. 引言

符号学（semiotics, semiology）有两层意思：（1）指符号的一般理论，它把语言的、心理的、社会的、哲学的等因素放在一起来研究；（2）指对以交际为目的的符号系统的分析。语言是基于符号及意义的一门科学。在人类社会里，语言明显地起支配作用并被普遍认为是占支配地位的交流手段，但任何言语行为又都借助于非语词手段和社会背景来完成信息的传达。因此，"语言符号不同于信号和象征符号，它是交际和信息符号的基本形式，是具有可被感知和具有携带信息能力的两重性的单位"（柯杜霍夫 1987：165）。

从外语习得的角度看，其无非是为了交际，而文化背景知识无疑是交际的基础。语言国情学（лингвострановедение）主张，掌握语言不仅仅是指掌握语言的语音、词汇和语法，还应掌握许多超语言信息。掌握语言的标准绝非仅仅依据掌握词语的数量，还应以了解隐含在语言单位中的文化背景知识的多寡来衡量。（Е. М. Верещагин、В. Г. Костомаров 1983：8-13）也就是说，学外语者的水平高低取决于在对所学语言过程中出现的一些现象的知觉揭示的覆盖面的程度。这正好与符号学的概念相吻合。

语言是最重要的符号系统，而符号则是信息的组成部分，并通过自身反射出人的感知的观念。美国符号学先驱皮尔斯（Charles S. Peirce）曾说："如果我们不能说这宇宙完全由符号所构成的话，我们至少可以说这宇宙是渗透在符号里。"（古添洪 1984）我国古代文献中也有不少类似的说法，诸如"象外之象，景外之景""睹一事于句中，反三隅于字外"等。符号是记录语言的手段，但语言和文字绝不是所指示的事物本身，而只是"符号"的"替代物"。正如洪堡特（Wilhelm von Humboldt）指出的："每一种语言总是描述它所属民族周围的事物，只有当人们进入另一个圈子时，才能越出这一圈子的界限。"（柯杜霍夫 1987：35）这说明，研究语言不应仅仅局限于语言本身，也当重视语言深层的文化机制。

2. 一级符号系统与二级符号系统

自从索绪尔（F. de Saussure）奠定了结构主义理论开始，语言学主要是把语言作为一个稳定的结构系统来进行研究，用一套精确的术语来分析和描述语言，以揭示语言内部的本质和规律，为语言的发展和进一步的深入研究建立了坚实的基础。索绪尔认为，符号有两个关系项：能指（signifier）和所指（signified）。能指是一种带有任意性的、约定俗成的音响形象，而所指则是附着在上述形象上的概念或意义。在他看来，语言学是符号学中一个最特殊，也是最为核心的部分，符号学的研究方法同样适用于语言学。（索绪尔 1982：100-106）

词作为一种符号有能指和所指两个方面。对能指和所指的关系，我们采用李锡胤先生的观点，他在《双语词典的灵魂——语义对比》一文中指出："前者是音位系列或字母系列，后者是该符号所表达的观念，以及通过观念所反映出来的实物、性质、事件等等。"（李锡胤 1991：94）因为，符号是用来装载和传达意义的，任何语言中的词形本身原来只是字母和笔画的缀合，无所谓符号或者不是符号，因此本身没有什么意义。可是，一旦我们用其作为表达的工具，那些笔画就成了符号，就被我们赋予了意义。由此，有三个因素不可忽略：①符号，②符号代替的事物，③符号的使用者。

法国符号学家巴特（R. Barthes，一译巴尔特）认为，在意指过程中存在着多重层次和多重符号系统。他说，能指和所指之间不是"相等"的，而是

"对等"的联系。我们在这种关系中把握的不是一个要素导致另一个要素的前后相继的序列，而是使它们联合起来的相互关系。他举一束玫瑰花为例，用玫瑰花来表示激情，这样它就是能指，激情就是所指。两者的关系（联想式整体）产生第三个术语 signification（意含），一个新的充实的符号。这里，这束玫瑰不同于作为能指的那束玫瑰，即不同于作为园艺实体的那束玫瑰。作为能指，"玫瑰"是空洞无物的，而作为符号，它是充实的，而使其充实的正是我自己的意图和社会的常规及渠道本质之间的结合。（见特伦斯·霍克斯 1987：82-83）这就是说，在第一级符号系统中具有"符号"（即能指和所指的"联想式整体"）地位的东西在第二级符号系统中变成了纯粹的能指。可见，"词内部的符号关系是多层级的"（Ю. С. Степанов 1975：10）。见图示：

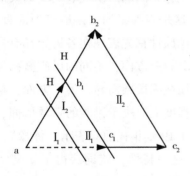

I₁＝一级符号系统的能指

I_1＝一级符号系统的能指

I_2＝一级符号系统的所指

II_1＝二级符号系统的能指

II_2＝二级符号系统的所指

a＝语音形式

b_1＝词义

c_1＝客观对象

H＝民族文化

b_2＝新的词义

c_2＝新的客观对象

第一级符号系统中，语言的民族文化特点主要体现在词的理据方面。所谓词的理据，即词的内部形式、词源结构，也就是事物命名的原因或根据。它是词表达概念（理性意义）的方式，这种方式是通过作为事物命名的根据的特征和词义之间的联系反映出来的。虽然人们最初替事物命名时是任意的、约定俗成的，但这种任意，有许多不过是在事物诸多特征中任选其一，并冠以相应的名称。俄语中"小鸡"被命名为 цыплёнок（发啾啾声的小家禽），是因为人们用 цып-цып 来呼唤小鸡，其中的 -ёнок 为后缀，表示小的动物。这样цып-цып 这一特征就成了表达"小鸡"这一概念的基础。俄语词 сороконожка（蜈蚣）由 сорок（四十）和 ножка（小脚）两部分构成，意为"四十条小脚动物"。现代俄语中 стол（桌子）原指"高出地面的地方""御座""宝座"，由此，俄语词 столица（首都）就是从"宝座"的所在地而得名的。汉字是音、形、义三位一体的符号系统，与俄语词相比，汉语词的理据性更大。对此，郑述谱在《试论词汇的比较研究》一文中指出："由于汉语与汉字的特殊密切关系，而汉字与一般的拼音文字不同，集音、形、义于一体，在现代汉语中，词的双音化趋向愈来愈强，这些因素都进一步加强了汉语词汇的理据性。"（郑述谱 1991：10）

第二级符号系统中，作为第一级符号系统中具有符号地位的东西充当能指，并通过"传统观念"起作用，产生新的所指，其主要手段是隐喻和换喻。词的引申变义反映了民族生活的现实，反映了民族的审美观、价值观，反映了语言使用者对词的所指对象的心理印象。可见，从符号学角度对第二级符号系统进行分析时，自然要涉及该语言民族的文化背景问题。研究表明，词义的民族性远远超出语法和语音表现出的民族性。这是因为，词汇是语言中最直接、最具体反映全民族共同生活的因素。词义的民族性首先表现在各民族都有自己与其他民族不同的特异生活、习俗和心理状况。一方面，不同的民族概括词义在相互对应的两个词所概括进去的具体内容往往因民族而异；另一方面，在第二级符号系统中，所指和能指的关系在很大程度上取决于民族的宗教信仰、审美观和价值观等因素。例如，俄语词 морж 在 1960 年代前只表示"海象"，后来，基于海象不分冬夏都在水中游泳，基于这一特性，该词获得了新义"冬泳爱好者"。再比如，рябина（花楸树，花楸果）在中国鲜为人知，而在俄罗斯却"家喻户晓"。据统计，这种树在世界上有 80 个品种，而在俄罗斯就有 34 个品种。（А. А. Брагина 1987：46）。因此，俄罗斯人常说：Рябина живёт с нами от рождения до старости, тоскует, радуется и поёт.（花楸树同我们永远在一起，忧我们之所忧，乐我们之所乐，唱我们之所唱）。俄语词 рябина 是俄罗斯大自然的象征，无怪乎作家雅申（А. Я. Яшин）在小说 «Угощаю рябиной» 中写道：Рябина, это сама Россия!（花楸树，就是俄罗斯的化身）。这里的 рябина 就是一个"换挡加速"了的"充实的"符号。这说明，词汇中潜在的社会文化意义，为使用者的形象表达提供了可能性。

就文学作品而言，题材内容和事实是第一层次的，可以看作是一种"能指"，而寓意或主旨则要在更深层次上去考察。在这里符号的"充实的"内容被"抽干"后成为空洞的"能指"，然后又被赋予新的"所指"，成为"充实的"符号。在"新的符号"形成过程中不可避免地受到民族文化因素的制约。

可见，对所学语言词语的掌握和对外国文学作品的赏析，不具备所学语言的文化背景知识是不行的，否则无法理解其中的信息量，无法准确理解符号的意指功能。这里我们想引用一下雅各布森（P. Якобсон）所提出的信息交流模式（见特伦斯·霍克斯 1987：83-84）：

语境

信息

说话者 ──────────────→ 受话者

接触

代码

从上图可以看出，有六个要素制约着交流过程。首先是"信息"，其次是"说话者"和"受话者"，以及两者间的"接触"。此外，在发送和接收的过程中，信息要进行某种形式的转换，即必须经过说话者一方"编码"，再由受话者一方"解码"，才能完成交流过程，这就要求说话者和受话者双方有一种共同的"代码"。最后，信息的意义还受制于"语境"。正如雅各布森所言，信息具有对语境的敏感性，其意义取决于它所出现的环境条件。

北京医科大学严仁英教授在 1992 年 8 月 8 日的《健康报》上曾提及这样一件事：1982 年，她随"中国儿童发展研究中心"所派代表团去美国访问，在学术交流过程中，中国代表在谈到"优生"时，使用了 eugenic 一词，对方顿时有些愕然。经解释，才弄清原委。二战时期，德国纳粹头子希特勒叫嚣"日耳曼民族是优等民族"，随即大肆屠杀犹太人，并宣称要 eugenic（优生）日耳曼民族。正是由于希特勒的这一使用，使该词被仇视纳粹、富于反战情绪的人们赋予了色彩。经历过战争的人们，听到 eugenic 一词时，往往会回忆起希特勒屠杀犹太人的惨景。因此，对方善意地提醒，最好不要把"优生"译成 eugenic，以避免人们产生"淘汰劣等"的误解。这个例子说明了第一级符号系统向第二级符号系统的"换挡加速"现象的第二级 signification 的复杂性。有关第二级 signification 的形成过程和原因我们将另文探讨。

3. 符号学与语言国情学是整体与部分的关系

符号学对语言国情学的"渗透"是多层次、多角度的。不同的民族语言反映不同的文化背景，其民族文化特征反映一个民族的自然环境、经济、文化艺术、社会制度、风俗民情等特点。在不同的民族文化里，人们对事物可能有不尽相同的情怀，因而对于表达这些事物的语言就会有不尽相同的文化伴随意义（культурная коннотация）。无论是词，还是词素、词组、句子、文本、文学作品概莫能外。对此，雅各布森认为，从词素到整个文学作品都是符号，都有形式（即能指）和意义（即所指）两个方面。（见李锡胤 1991：258）

一个人名、地名，由于各民族的生活条件、地理环境、历史文化等各具特色，会被赋予不同的内涵。例如，一提到民族英雄，我们会想到抗倭名将戚继光，俄罗斯人也会想到他们传说中的英雄 Ермак（叶尔马克）。本族人会涌起崇敬之感，而外族人却无这种心理机制，即便意识到符号学这一问题，有时也很难接受这一事实。地理名称包孕着丰富的历史文化内容，从来都为语言大师所青睐，久而久之成了成语、谚语和俗语的一部分。比如，由于 Тула（图拉）是俄国最古老的冶金制造中心，也是 самовар（茶炊）的主要产地，有"茶炊之都"的美誉，因此俄语中产生了"Со своим самоваром в Тулу не ездят."的说法，字面意义是"去图拉不必带自己的茶炊"或"带着茶炊去图拉"，其引申义表示"多此一举"。再比如，Бородино（博罗季诺）是莫斯科州莫扎伊斯克区的一个村落，在 1812 年的博罗季诺战役（бородинское сражение）中，俄军元帅 М. Кутузов（库图佐夫）在此挫败拿破仑；伟大的卫国战争初期（1941 年 10 月），苏联红军在此使希特勒的闪电战化为泡影。上述历史事件在俄（苏）作家、诗人的作品中均有所反映。因此，不难看出，当 Бородино 用作普通的地理方位名称时，它是一个普通的能指，而当它（在一定的语境中）意指"俄罗斯人民胜利的象征"时，整个第一级符号系统又成了一个新的"能指"。值得注意的是，这时的 Бородино 不同于作为普通能指的那个 Бородино，也就是不同于作为纯粹地理名称的能指，使其由第一级符号系统上升到第二级符号系统的是以上述历史文化背景为基础的"联想式整体"。

华劭先生（1992）认为，近几十年来语义研究实际上已过渡到知识研究。知识虽是哲学和心理学科内的研究对象，但知识主要是用词语来表示的。因此，他建议应形成认知语言学。这里华劭先生为语言学研究者提供了一个如何走出"为语言研究语言"困境的合理思路。对"知识"的研究不可避免地会涉及民族文化问题，因为从认知语言学角度看，一个人网络状态的语言能力和线性的连贯话语不完全等于其客观知识、自我意识、认识过程；然而，通过这两种语言形式去认识后者，又是认知科学的重要组成部分。

语言是一种社会现象，随着社会的发展变化而发展变化。同语音和语法相比，词汇的变化最为迅速，因此探究其符号意义也就成了一大难题。"因为词汇的数量太大，且又不断地变化、增长，对其规律难以进行完整的准确的分析描述。"（郑述谱 1991：9）词汇的变化主要体现在词语数量的增多，但词义增多也不完全等于词数的增多，因为一批新义增加，必有一批旧义死亡。有的新义则寄合在旧词中，不一定必须要造新词。词在词汇中不是孤立的，一个词的意义起了变化，也会影响到其他的词。例如，"红"，本义是红色，后引申为"喜事"，故"红事"指结婚。有了"红事"就影响到"白"义，故"白事"指丧事。值得一提的是，"红"和"白"义的引申同汉民族的民俗文化有关。装"红脸""白脸"也是这样的，"一个唱红脸一个唱白脸"意指在解决矛盾冲突的过程中，一个充当友善或令人喜爱的角色，另一个充当严厉或令人讨厌的角色。此外，词义的变化使词义质量愈加完善。以俄语词 товарищ（同志）为例，该词是借用了两个突厥语 tavar 和 is（或 es）构成，前者指"牲口、财产及其他贸易品"，后者意为"朋友""旅伴"，因此，товарищ 最初是指"一起经商的人或伙伴"。到 14、15 世纪以后，该符号所表示的内容外延逐渐拓宽。在 19 世纪文学作品中，товарищ министра 指"副部长"，不了解这一点，不了解该符号当时的所指，势必会出现理解上的障碍。到 19 世纪末 20 世纪初，该词义又附着了很浓的政治色彩，表示同一政党内志同道合者，为推翻沙皇制度、建立工农政权而斗争的人；后来，凡有共同的观点、活动和生活条件的均可称 товарищ；苏联解体后，该符号的"所指"又发生了一些新的变化。因此，用符号学理论对词汇民族文化语义进行分析时，必须考虑到语言符号的历时性特点。

从符号学的角度看，日常言语交际中的某些"借用"（заимствование）现象，也应纳入语言国情学的研究范围。例如，陀思妥耶夫斯基（Ф. М. Достоевский）在《一件糟糕的事》中写道，构成彼得堡俄罗斯人和真正俄罗斯人的区别特征之一，即前者从来不说 завтрак（早饭），而是用德语词 frühstück。这里，显然同说话人的心理作用密切相关。在词汇语义研究中，有的学者排斥语义中的心理学成分，以为不科学。（见朱星 1985：72）我们认为，词义的主观心理作用是客观存在的，个人心理作用当然价值不大，但词义的社会心理作用反映的却是社会现实，具有普遍性，不可不重视。值得注意的是，日常言语交际中的"借用"，不是简单的"音译"或"照搬"，而是使符号由"空洞的"过渡到"充实的"。从说话者的角度看，上例显然包含了特定的社会文化内涵和某种情感，而成为一个新的"充实的"符号。

信息在传递时会受到各种因素的影响，如说话者同受话者之间的关系，各自的特点、语境等。要完成跨文化交际过程，就必须了解组成信息的符号的"所指"。有时同样是一个词、一句话，形式上看起来是对应的，实际上是我们在"解码"时处在一种错觉的状态中。正如李锡胤先生所指出的那样："语言是'代码依赖型'符号，经过破译，意义自明；文学是'语境依赖型'符号，除了破译字面意义外，还得根据语境加以阐释。"这是因为"……自然语言和文学作品的形式和意义之间正好都有一层'馅儿'，那就是文化"。（李锡胤 1991：265-266）从这个意义上说，所谓"破译"（或"解码"），其实就是破"文化密码"。

4. 结语

语言国情学的主要任务之一，就是揭示隐含在词语或语篇中的民族文化语义。不同民族之间的文化差异，是造成跨文化交际障碍或文化休克（культурный шок）的一个主要原因。如何系统地揭示词语的民族文化语义，如何完善对语言国情学的理论阐述，这正是我们试图将符号学引入语言国情学研究的一个主要目的。掌握语言中所隐含的"代码"，并能"解码"，是克服跨文化交际障碍的有效途径之一。因此，我们认为，用符号学理论原理来拓展深化语言国情学的研究是大有潜力、大有可为的，这除了因为语言学同符号学的紧密关系外，更重要的是两者都具有综合性、跨学科的特点，只有使之相辅相成，才能促进各自的发展。尤其是语言国情学从 1970 年代初创立至今，可以说是知识性充足，理论表述上尚存在着不完善性，而借助符号学的帮助，从表层、浅层转入深层，可望"柳暗花明又一村"*。

注释

* 俞约法教授在谈及语言国情学发展时提到，该学科应拓宽自己的疆域，

扩大研究范围，从表层、浅层转入深层，在那里将会"柳暗花明又一村"的。见俞约法：《语言国情学及其背景》，载《俄语教学与研究论丛》第九辑，1992。

参考文献

［1］Брагина А А. Ягода рябина ［J］. Русский язык за рубежом，1987（1）.

［2］Верещагин Е М，Костомаров В Г. Язык и культура ［M］. Москва：Русский язык，1983.

［3］Степанов Ю С. Основы общего языкознания ［M］. Москва：Просвещение，1975.

［4］古添洪. 记号诗学 ［M］. 台北：东大图书公司，1984.

［5］华劭. 语言、语言能力和语言人格 ［C］.//俄语教学与研究论丛：第九辑. 哈尔滨：黑龙江大学出版社，1992.

［6］李锡胤. 双语词典的灵魂——语义对比 ［C］.//李锡胤论文选. 哈尔滨：黑龙江人民出版社，1991.

［7］李锡胤. 写实与象征——试论海明威的《老人与海》［C］.//李锡胤论文选. 哈尔滨：黑龙江人民出版社，1991.

［8］柯杜霍夫. 普通语言学 ［M］. 常宝儒，等译. 北京：外语教学与研究出版社，1987.

［9］索绪尔. 普通语言学教程 ［M］. 高名凯，译. 北京：商务印书馆，1980.

［10］特伦斯·霍克斯. 结构主义和符号学 ［M］. 翟铁鹏，译. 上海：上海译文出版社，1987.

［11］郑述谱. 试论词汇的比较研究 ［J］. 中国俄语教学，1991（4）：9-12.

［12］朱星. 汉语词义简析 ［M］. 武汉：湖北人民出版社，1981.

作者简介：吴国华，黑龙江大学原俄语语言文学研究中心学术委员会委员、教授、博士生导师。

俄汉"судьба/命运"观念语言文化单位的组合关系研究

张志军

摘　要：本文在已有研究即语言文化场场性分工的框架下，立足于语言学层面的组配关系，依托俄语国家语料库、北京大学 CCL 语料库中真实存在的语料，归纳分析同观念词"судьба/命运"搭配的形容词、动词、名词及其他词类，相应地构建该观念的形容词场、动词场、名词场及其他词类场，通过对比分析，以期揭示两个民族"судьба/命运"观念及文化上的差异。

关键词："судьба/命运"观念；语言文化单位；组合关系；俄汉对比

引言

我们采用归纳法，即根据词性的不同对与"судьба/命运"观念同名语言文化单位（лингвокультурема），即 судьба 和"命运"搭配的词进行划分，结果得到形容词场、动词场、名词场以及其他词类场。语料库是一个相对封闭的系统，具有一定的可操作性。因此，我们将 Национальный корпус русского языка（俄语国家语料库）、北京大学中国语言学研究中心现代汉语语料库（简称 CCL 语料库）作为辅助工具，从中筛选出相应的语料对观念词"судьба/命运"的组合搭配进行深层次地描写与阐释，在对比中发掘俄汉"судьба/命运"观念的共性与个性。

一、俄汉 "судьба/命运" 观念形容词场

通过对俄汉语料库中同观念词 "судьба/命运" 搭配的形容词进行统计分析，我们得出同 судьба 搭配的形容词共有 118 个，与 "命运" 搭配的形容词共计 79 个。下文，我们根据这些形容词的语义信息进行归纳整合分析。

（一）与 судьба 搭配的形容词场

1. 社会属性场

"社会通常指那些生活在一个固定地区、以共同的物质生产活动为基础而相互联系的人类共同体。"（《现代汉语辞海：第二卷》2002：892）"属性是指事物本身固有的性质。"（《现代汉语辞海：第二卷》2002：946）我们认为，人类作为现实生活中的高级生物，其一切生产、生活活动均受一定的社会关系制约，人类本身就处于千千万万的社会关系中，这种复杂的社会关系也就决定了人类的高级性、社会性动物的本质。马克思说："人的本质不是单个人所固有的抽象物，在其现实性上，它是一切社会关系的总和。"（《马克思恩格斯选集：第一卷》2012：60）

本场与 судьба 搭配的形容词经过分析有如下一些词，其义素成分都能显示出人与人、人与事、人与物的社会关系，这类形容词主要有：народная（人民的），человеческая（人类的），государственная（国家的），национальная（民族的），общая（共同的），личная（个人的），собственная（个人的），женская（女性的），политическая（政治的），историческая（历史的），дальнейшая（以后的），солдатская（士兵的），будущая（未来的），грядущая（将来的），жизненная（生活的），военная（战争的），等等。例如：

（1）Я семь лет прожила на Дальнем Востоке. Там начиналась моя поэтическая и *человеческая судьба*. 我在远东生活了七年。我充满诗意的**人类命运**就此开始了。

（2）Его дальнейшая *политическая судьба* зависит от того，решится ли он пойти по такому пути. 他未来的**政治命运**取决于他是否决定走这条路。

（3）Все это мы делали вместе. У нас общая *историческая судьба*. 我们

一起做了这一切。我们有着共同的**历史命运**。

（4）С первых же дней войны, куда ни забрасывала б его *солдатская судьба*, Алексей Куликов всегда искал земляка. 阿列克谢·库里科夫从战争的最初几天起，无论他的**士兵的命运**将其抛向何方，他总是在寻找同胞。

（5）*Военная судьба* сталкивала меня с Цикалом всякий раз, когда я попадал раненый в санроту. 每当我受伤时，**战争的命运**都让我和奇卡尔相遇。

2. 不可避免场

"不可"是指"不可能；不可以"。（《现代汉语辞海：第一卷》2002：77）"避免"是指"设法不使某种情况发生"。（《现代汉语辞海：第一卷》2002：50）"不可避免"，即无法阻止某种情况发生。因此本场中主要义素成分是"无法避免而注定要发生"。与 судьба 搭配的有：неизбежная（不可避免的），непредотвратимая（不能防止的），неминучая（注定的），неминуемая（必然的），фатальная（命中注定的），неотвратимая（无法阻止的），самовластная（主宰一切的），неумолимая（不可改变的），等等。例如：

（6）*Неизбежная судьба*, рок, фатум? Тоже плохо для смысла жизни. **不可避免的命运**、运气、厄运？对于生命的意义来说同样是不利的。

（7）Я верю не в предчувствие, а в непреложную силу тёмного рока. Фатум, рок, *неотвратимая судьба*! 我相信的不是预感，而是命运无可争议的力量。厄运，运气，**必然的命运**！

3. 不可预知场

不可预知，即不能预先知道事件是否发生，如何发生。因此，本场中的义素成分主要指"无法控制、变化莫测，具有神秘色彩"。在"不可预知场"中与 судьба 搭配的有：загадочная（神秘的），замысловатая（奥妙的），капризная（变幻无常的），коловратная（变化莫测的），изменчивая（变化无常的），неведомая（神秘不解的），неверная（不忠实的），обманчивая（不测的），переменчивая（多变的），слепая（偶然的），сокрытая（隐秘的），бурная（动荡不安的），таинственная（神秘不解的），тайная（神秘莫测的），неизвестная（无人知晓的），непостижимая（无法解释的），непостоянная（不寻常的），висящая в неизвестность（悬而未决的），своенравная（反复无常的），превратная（变化无常的），等等。例如：

（8）Но самая *загадочная судьба*, как и следовало ожидать, выпала на долю московского Сен-Жермена. 但正如人们所预料的那样，**最神秘的命运**落在了莫斯科圣日耳曼身上。

（9）Материальные нужды одолевают, так сказать, а *коловратная судьба* препятствует правильному развитию ментальной моей скорлупы... "可以这么说，物质需求被克服了，而**变化莫测的命运**却阻碍了我精神外壳的正常发展……"

（10）Его пугала далёкая, занесённая снегом Сибирь, *неизвестная судьба* заброшенной туда младшей сестрёнки... 遥远的、白雪皑皑的西伯利亚让他感到恐惧，被抛弃在那里的小妹妹那**不可预知的命运**给他吓坏了……

（11）*Непостоянная судьба!* 善变的命运！

（12）Что за *превратная судьба*! 多么变化无常的命运啊！

在一些俄罗斯人的意识中，命运是无法预知的，未来发生什么根本无法掌控。同时，命运也是多变的。

4. 幸福美好场

"幸福"是指"享受到或满意于舒适、安全或愿望得到实现的心里境况"。（《现代汉语辞海：第三卷》2002：1131）"美好"，是指"在能力和前途方面令人鼓舞、胜人一筹的"。（《现代汉语辞海：第二卷》2002：654）因此，本场所包含的义素成分主要是"好"，能给人带来满足、让人鼓舞的形容词。在"幸福美好场"中与судьба搭配的有：

благодатная（富足的），благосклонная（有好感的），блистательная（辉煌的），великая（伟大的），высокая（崇高的），гордая（高尚的），громкая（响亮的），дивная（美好的），добрая（善良的），прихотливая（奇妙的）завидная（令人羡慕的），изумительная（惊人的），красивая（美妙的），фантастическая（奇幻般的），лёгкая（轻松的），милосердная（仁慈的），прекрасная（美好的），светлая（光辉的），светозарная（充满幸福的），славная（令人满意的），счастливая（幸福的），удивительная（令人惊奇的），хорошая（好的），чудесная（奇妙的），яркая（灿烂的），ясная（清晰的），успешная（成功的），могучая（能量大的），сказочная（神话般的），等等。例如：

（13）Этой книге была уготована *прекрасная судьба*. 这本书注定有**美好的命运**。

（14）На самом деле это очень *счастливая судьба*. 事实上，这是非常**幸福的命运**。

（15）Однако *прихотливая судьба* уготовила ему иную участь. 然而，**奇妙的命运**给他带来了另一种命运。

（16）Его *блистательная судьба* сложилась бы не так ярко. 他**辉煌的命运**本不会如此光明。

尽管在一些俄罗斯人看来，命运无法掌控，但是他们仍然希望一切美好的事情发生，希望命运可以给他们带来好运。

5. 不幸灾难场

"不幸"是指"不幸运；令人痛苦、失望、伤心"。（《当代汉语词典》2009：127）"灾难"是指"导致毁灭性或巨大损失的灾祸"。（《现代汉语辞海：第三卷》2002：1279）该场的主要义素成分是"倒霉、不走运、不祥"等。该场与 судьба 搭配的词有：

бедственная（苦难的），безжалостная（残酷无情的），безотрадная（凄凉的），бесславная（可耻的），беспощадная（残忍的），гибельная（致命的），гнетущая（使人感到苦恼的），горестная（痛苦的），горькая（苦的），грозная（遭到不幸的），драматическая（戏剧性的），жалкая（可怜的），жестокая（残酷的），злая（恶的），зловещая（预示不幸的），коварная（突然降临的），крутая（专横的），лихая（凶恶的），лютая（残酷无情的），невесёлая（不快乐的），незавидная（不好的），незадачливая（不走运的），нелепая（不合情理的），немилосердная（残忍的），несчастливая（不幸的），несчастная（不幸的），обидная（令人委屈的），печальная（忧伤的），роковая（命中注定不祥的），скитальческая（漂泊的），страшная（可怕的），суровая（严酷的），трагикомическая（啼笑皆非的），трагическая（悲剧的），тревожная（引起担心的），трудная（困难的），тяжёлая（艰难的），тяжкая（痛苦的），ужасная（可怕的），унылая（充满忧郁的），дырявая（不好的），кромешная（漆黑的），насмешливая（嘲讽的），тёмная（凄惨的），несправедливая（不公正的），等等。例如：

（17）***Жестокая судьба*** отняла у вас право носить имя вашего отца. **残酷的命运**剥夺了您拥有您父亲名字的权利。

（18）Но ***роковая судьба*** оставила этот вопрос без ответа. 但是**注定不祥的命运**使这个问题没有答案。

（19）Несчастная принцесса настрадалась от мужа-варвара, а в России её ждала «***ужасная судьба***». 不幸的公主遭受了野蛮丈夫的折磨，而在俄罗斯，等待她的是"**可怕的命运**"。

可见，在一些俄罗斯人的意识观念中，命运总是会给人带来不好的事情。

综上所述，一方面人们顺从命运，认为命运不可避免，另一方面却又想与命运抗争。

（二）与"命运"搭配的形容词场

"汉语语法中形容词的构成方式最为多样。按照不同的标准分成不同的分类。按照能在句子中充任什么成分，可以把形容词分成一般形容词（如'很红'）和非谓形容词（如'共同'）；按照其表达功能分为性质形容词（如'伟大的祖国'）和状态形容词（如'红通通'）；把'大、长、粗、厚、高、胖、热、好、积极、快、熟'等称为正向形容词，把'小、短、细、薄、矮、瘦、凉、坏、消极、慢、生'等称为负向形容词。"（刘月华、潘文娱、故韡 2012：190-193）同与观念词 судьба 搭配的形容词分类相适应，我们同样将与观念词"命运"搭配的形容词按照其义素成分划分为五个不同的子场：

1. 社会属性场

该场内包含的形容词主要有：伟大的，不平凡的，接下来的，最后的，未来的，最终的，将来的，最终的，今后的，以后的，同样的，共同的，不同的，各不相同的，不相同的，相同的，相似的，类似的，公正的，等等。例如：

（20）她总是感到自己此生会有**不平凡的命运**，她要做一颗人间最亮的明星。

（21）然而，同样的技术、同类型设备、同样的设计单位设计建设的型煤厂却经历了**各不相同的命运**……

（22）我们正遭受着与晋人南渡、宋人南渡**相似的命运**。

在社会属性场中，与"命运"搭配的形容词大多是表示时间及相同与否的词，没有太多的感性色彩。只有个别的，如"伟大的""不平凡的"等，这类形容词属于性质形容词，具有褒义的色彩。

2. 不可避免场

该场内形容词主要有：无法抗拒的，不可避免的，无法抗争的，难免覆灭的，必然灭亡的，上天安排的，注定的，天生的，必然的，被淘汰的，无法改变的，既定的，等等。例如：

（23）衰亡和毁灭是度过了光辉灿烂的时期后恒星所**无法抗拒的命运**。

在不可避免场中，与"命运"搭配的形容词的义素成分大多指"注定、不可避免"。

3. 不可预知场

该场内形容词主要有：无法预知的，层出不穷的，变化无常的，斑驳陆离的，变化的，起伏变化的，多变化的，大起大落的，生死未卜的，跌宕起伏的，等等。例如：

（24）我是为这些**不可改变的命运**感到难过。

（25）他没有收入，**变化无常的命运**把他压倒了。

（26）在形式主义这**起伏变化的命运**中，有几点是值得人深思的。

4. 幸福美好场

该场有以下形容词：幸福的，好的，很好的，更好的，美好的，最好的，良好的，较好的，等等。例如：

（27）好的教养往往给一个青年带来**好的命运**。

（28）无论作者在钮可谟上校体内倾注了多少心血和爱，却并没有给自己的主人公以**更好的命运**，他忍痛让老钮可谟死在救济院而以悲剧告终。

（29）如果我们意识不到我们彼此之间都是同志，都是为着一个希望——希望为争取我们的权利而斗争——而坚牢地结合成一个朋友们的大家庭，那我们是不会获得**良好的命运**的！

5. 不幸灾难场

该场内形容词主要有：毁灭的，失败的，悲惨的，不幸的，失利的，多灾多难的，家破人亡的，垂死的，悲剧性的，任人宰割的，死亡的，破败消亡的，惨败的，艰苦的，生死存亡的，覆灭的，苦难的，坎坷的，不济的，落魄的，动荡的，灭亡的，悲剧的，艰辛的，欲哭无泪的，贫困的，可怕的，危在且夕的，艰难的，困苦的，等等。例如：

（30）而其他一些作家，如女诗人阿赫玛托娃、诗人及作家曼德尔斯坦、著名作家布尔加科夫也都在二三十年代遭到不公正的批判和**悲剧性的命运**。

（31）……为什么那个少女必须背负这么**艰苦的命运**？

（32）朋友家出了大事情，都急急慌慌赶来看，一个个大睁着眼睛，为老朋友**不幸的命运**捏着一把汗。

（三）与"судьба/命运"搭配的形容词场异同

上文我们借助俄汉语料库中具体例证，分别归纳整理了同俄汉观念词"судьба/命运"搭配的形容词场的各个子集。在每个子集中其构成单位都具有相同的义素成分，这些义素成分也就是各个子集形成的基础。为了做到对比分析的直观性，我们对各子集的形容词的数量进行了定量统计，并在此基础上，借助义素分析法对每个子集内的语言文化单位所包含的相同义素成分进行归纳分析，以期寻找各个子集差别义素的语义特征。

俄汉语观念词"судьба/命运"的共同之处在于，与其搭配的表消极意义的形容词要多于表积极意义的形容词，这是由"命运"的不可抗力决定的。因为人一出生就被赋予"命运"，人们对"命运"不可变性表现出恐慌的心理，因此，对于"命运"的表征也就具有共同性，这也就是"命运""好/坏"的对立。但是，这种共同性中又存在个性的特点，这突出表现在汉语中，从数量上看，汉语中表示"命运"不幸的数量是 30 个，远大于表示美好的数量8 个。

从数量角度出发，俄汉两种语言在社会属性场以及不可避免场的数量相差不大，其修饰观念词的形容词意义也基本相同，这说明表示社会属性场和不可避免性的义素成分在俄汉两种语言的意义结构中是相同的。虽然，不可预知性和不幸灾难的义素成分在俄汉观念词"судьба/命运"的意义结构中均有体现，但这两个义素同时也是具有差别性特征的。在"不可预知场"和"不幸灾难场"中，观念词 судьба 的不可预知性（20 个）和不幸灾难（45 个）的义素要多于观念词"命运"的不可预知性（10 个）和不幸灾难（30 个）的义素。从语义角度出发，在"不幸灾难场"中，"不公正/公正"是俄汉语的主要分歧。在"不可预知场"中，两种语言的侧重点相对不同。俄语 судьба 关注的是神秘性，因而无法预知；汉语"命运"侧重的是"命运"多变，因而无法预知。

在"幸福美好场"中，俄汉两种语言差别不大。在该场中，俄汉语与观念词"судьба/命运"搭配的形容词都既有"好的"这个义素成分，又有"幸福"这个义素成分。这是因为，"命运联系于希望，就像幸福和'爱'联系一样，命运和幸福都需要去相信。"（科列索夫 2006：140），换言之，судьба（命运）即 вера（信仰）。

语言作为一种社会现象，其存在与发展不可避免地受到不同民族的社会文化的制约。在此，我们认为，对与俄汉观念词"судьба/命运"搭配的词的研究能够反映出俄汉两个民族的语言意识及民族个性。通过对上述与观念词"судьба/命运"搭配的形容词的分析，我们认为，俄汉两种语言中"命运"常常与"不幸"相联系，都认为命运是"不可避免的"和"不可预知的"。

从同俄汉观念词"судьба/命运"搭配的形容词场可以看出，俄汉两种语言中对待观念词"судьба/命运"的态度是存在差异性的。俄语中的命运观念显然极端些，好与坏均要达到极致，在语料库中，表达这种极端性的形容词也有很多。

除上述特征外，形容词的其他语法形式也可与观念词搭配使用。俄语中，有些形容词短尾可以在句子中充当谓语，也可用来修饰 судьба，如 неизвестна（不可知），благосклонна（备受青睐）等。例如：

（33）Дальнейшая его **судьба неизвестна**. 他未来的**命运不得而知**。

但这种用法不在我们统计范围内。

二、俄汉"судьба/命运"观念动词场

"动词表示作为过程的行为，在句中主要作谓语。动词是语法范畴和语法形式最丰富的词类，除了体、态、式、时、人称等动词的语法范畴外，有些动词形式还具有性和数的范畴。"（张家骅 2006：73）"动词在句子中起主要的作用，它本身表示一个动作或一种状态（包括'被动状态'）；它一面和动作者（主体）有联系，一面又和动作客体有联系；……"（李锡胤 2007：109）我们在对与观念词"судьба/命运"搭配的动词进行分析时，主要从动词态的角度切入。

动词的态范畴表示行为对其语义主体和客体的关系，即表示被行为说明的事物是行为的语义主体或语义客体。动词的态主要分为主动态和被动态。主动态表示被说明的事物是行为的语义主体；被动态表示被行为说明的事物是行为的语义客体；被动结构用于表达被动态意义，主动态结构用于表达主动态意义。（张家骅 2006：77-81）我们认为，观念词 судьба 在句中抑或充当语义主体，抑或充当语义客体，因此其所在句子就表现为主动结构以及被动结构两种形式，其作为一个整体共同构成同观念词搭配的"动词场"。需要强调的是，同上文一样，我们所做的研究是力图在最大的语料基础之上进行的相对封闭的研究，其语料来源俄语为俄语国家语料库，汉语来自北京大学 CCL 语料库，因此，从总体上看，我们所进行的是以样本估计总体的研究方法。

（一）与 судьба 搭配的动词场

1. 主动结构场

同观念词 судьба 搭配的动词，其主动结构包含两种类型：судьба 是行为的主体，在句中做第一格形式的主语，其谓语相应地为主动态动词或动词的主动态形式；"人"为行为的主体，表人名词或代词在句中做第一格形式的主语，其谓语相应地为主动态动词，судьба 则为行为客体，以各种间接格形式出现，不带前置词的第四格为多见。

судьба 为行为主体的类型：动词主要有 обещает（承诺），дарила（赐予），наградила（赋予），отвела（赋予），свела（带来），забросила（引领），сделала（赠送），дала（赠给），приучила（教会），ведёт（引领），отказала（拒绝），смеётся（笑），улыбнулась（笑），случилась（发生），сложилась（形成），ожидает（等待），подбросила（抛给），сводила（牵着），пощадила（难以幸免），等等。例如：

（34）**Судьба** сразу **подбросила** мне подарок — заказ на скульптурный портрет. **命运**立即**抛给**我一个礼物——一份雕塑肖像的订单。

（35）Но **судьба отказала** Шанель в замужестве，и для мира моды она осталась Великой Мадмуазель. 但**命运拒绝**了香奈儿的婚姻，因此对于时尚界来说，她仍然是一位伟大的小姐。

"人"为行为主体的类型：动词主要有 разделить（судьбу）［分享（命运）］；вверили（судьбу）［相信（命运）］；решить/решать（судьбу）［决

定（命运）］；не жаловался（на судьбу）［没有抱怨（命运）］，не роптал/не должны роптать（на судьбу）［没有抱怨（命运）］，не пеняйте же（на судьбу）［不要责怪（命运）］，не проклинает（судьбу）［不诅咒（命运）］；благодарил/возблагодарил（судьбу）［感谢（命运）］；предопределяют/предопределили（судьбу）［预先决定（了）（命运）］，пророчили судьбу［预言了（命运）］，предрекала（судьбу）［预言了（命运）］，предугадать/предугадала（судьбу）［预测（了）（命运）］，предсказал（судьбу）［预言了（命运）］，предвидел（судьбу）［预见了（命运）］，провидит（судьбу）［预见（命运）］，（судьбу）предскажешь［你会预知（命运）］，напророчил（судьбу）［预言（命运）］；умолял/умоляет（судьбу）［乞求（命运）］；распоряжаться/распорядиться（судьбой）［掌握（命运）］，властвовать（над судьбой）［主宰（命运）］，скорректировал（судьбу）［调整了（命运）］；обхитрить（судьбу）［智胜（命运）］；обманул（судьбу）［欺骗（命运）］；（судьбу）перевернуть［扭转（命运）］，изменила（судьбу）［改变了（命运）］；выбирает（судьбу）［选择（命运）］，построил（судьбу）［构建了（命运）］，реконструировать（судьбу）［重建（命运）］；имеет（свою судьбу）［有（自己的命运）］，смирился（со судьбой）［接受了（命运）］；проследить（их судьбу）［追踪（他们的命运）］，отследить их судьбу［追踪（他们的命运）］，следит（за его судьбой）［正在关注（他的命运）］；победили（судьбу）［战胜了（命运）］。例如：

（36）Поэтому папа постепенно *смирился со* своей *судьбой*, Макс — тоже. 所以爸爸慢慢地**接受了**自己的**命运**，马克斯也是。

（37）Человек сам *выбирает судьбу*. 人**选择**自己的**命运**。

（38）Иногда достаточно сделать один шаг, чтобы *изменить судьбу* к лучшему. 有时，只需迈出一步就能更好地**改变命运**。

（39）Он победил свой недуг силой своего таланта. Он *победил судьбу*. 他用天赋的力量战胜了疾病。他**战胜了命运**。

（40）Сейчас оба смеялись. *Обманули судьбу*. 现在两人都笑了。**欺骗了命运**。

2. 被动结构场

同观念词 судьба 搭配的动词，其被动结构是指，судьба 是行为的客体，其在句中主要作为第一格的形式主语存在，该类动词主要有：определялась（被确定），переменится（被改变），распорядилась（被宣布），решена（被解决），решилась（被决定），менялась（被改变），изменилась（被改变），等等。参见以下例句：

（41）В этот момент, как будто чувствуя, что его **судьба решена**, из соседней комнаты подал голос Гоша. 就在那一刻，仿佛他觉得自己的**命运**已经**注定**，从隔壁房间传来了戈什的声音。

（42）**Судьба изменилась**, — и никто не поддержал его в трудные минуты. **命运**已经**改变**，在他需要的时候没有人支持他。

从上述例句中我们看到，观念词 судьба 作为第一格形式主语存在，其表达的是行为客体意义，此时，行为主体并没有出现。

显而易见，主动结构场中动词的数量远多于被动结构场中动词的数量，而"人"为行为主体类型中的动词数量又远超 судьба 为行为主体类型的动词数量。

（二）与"命运"搭配的动词场

同与观念词 судьба 搭配的动词分类相适应，在分析同观念词"命运"搭配的动词时，我们同样从被动结构、主动结构两个角度出发。

1. 主动结构场

汉语中的主动结构也包含两种类型："命运"是行为的主体，即动作的主动发出者，在句中做主语，其谓语相应地为主动态动词，人或事物是动作的承受者；"人"为行为的主体，表人名词或代词在句中做主语，其谓语相应地为主动态动词，"命运"则为行为客体。

"命运"为行为主体的类型：与观念词"命运"搭配，并表示主动结构的动词可以构成一个集合，即"主动结构场"。这类动词有：选择，改变，决定，掌握，给，拨弄，带向，捉弄（了），打击，给予，安排，摆布，领着，拖着，赐予，安排，注定，开玩笑，嘲弄，露出，垂青，推上，造就，亏待，包含，不依人愿，敲门，推开，发生，逆转，揶揄，折磨，引起，牵动，等等。例如：

（43）你不去选择命运，**命运才选择**了你。

（44）不是**命运安排**你，而是你安排自己的命运！

"人"为行为主体的类型，与其搭配的动词主要有：改变（命运），掌握（命运），主宰（命运），不相信（命运），摆脱（命运）的束缚，战胜（命运），不屈服于（命运），把握（命运），挑战（命运），诅咒（命运），抱怨（命运），决定了（命运），相信（命运），等待（命运），有（自己的命运），感谢（命运），等等。例如：

（45）这些农民以自身素质的提高**改变了命运**……

（46）在油田发生天然气爆炸和遭遇特大风暴潮两次生与死的考验中，他以顽强的毅力**挑战命运**，奇迹般地逼退了死神的威胁，把满腔的热情、无悔的青春、全部的智慧献给了祖国壮美而平凡的石油事业，为祖国做出了巨大贡献。

（47）现在回想起来，我应该**感谢命运**的这种安排。

（48）我们**不相信命运**，大学生还没有听天由命的资格。

（49）刘冰走在堤岸上，既有一种大战临近的紧张，又有一种**主宰命运**的悲壮。

（50）也正是这种**不屈服于命运**的精神使王世芬又奇迹般地生活了 30 年。

（51）只有这样，我们才能更好地**掌握命运**，笑到最后。

2. 被动结构场

在汉语中，被动结构的一般形式主要有"受……所""被……所"等。同观念词"命运"相搭配，并表示被动意义的主要有：遭受……，听任……摆布，受……左右，归因于，屈服于，向……屈服，被……安排，被……赐予，被……播弄，受……捉弄，等等。参见以下例句：

（52）我们感觉到，我们好像**受命运**的**指引**，找到我们的归宿。

（53）罗密欧：唉！我是**受命运玩弄**的人。

大量的例句表明，在汉语观念词"命运"的被动式中，人或事物是动作的承受者，而"命运"本身却是动作的发出者，此时，"命运"就是"不可避免的"，一切都是受"命运"安排的。

（三）与"судьба/命运"搭配的动词场异同

通过对俄汉语料库中同俄汉观念词"судьба/命运"搭配的动词的主动态

形式与被动态形式的对比分析，我们发现，与"судьба/命运"相搭配的动词数量均为主动场占多数。差异性比较明显的地方是被动场，由于语言所属类型的不同导致语言结构的差异，俄语在该场中充当形式主语的是 судьба，但却暗含客体意义；汉语的被动场，"命运"本身却是动作的发出者，人则是动作的承受者。

总的来说，语料库中无论俄语还是汉语均认为"命运"具有被改变的可能性，人可以不受"命运"控制而通过自己的各种努力去积极地改变命运，主宰自己的命运。

三、俄汉"судьба/命运"观念名词场

（一）与 судьба 搭配的名词场

在俄语中，名词可以在句子中充当任何成分。与观念词 судьба 搭配的名词则主要充当 судьба 的定语，表示领属意义，即为 судьба 的所有者。这类名词多以第二格的形式修饰观念词 судьба。根据义素的差异性特征，我们将能够与 судьба 搭配的名词划分为国家场、人类场和民族场。

1. 国家场

国家场，即能够与观念词 судьба 搭配，并表达"国家"义素的语言文化单位的集合。这样的名词主要有：

（судьба）России［俄罗斯的（命运）］，（судьба）республик［共和国的（命运）］，（судьба）Отечества［祖国的（命运）］，（судьба）страны［国家的（命运）］，（судьба）режимов［政权的（命运）］，等等。例如：

（54）И вообще, не судьба народов, а **судьба режимов**. 总的来说，不是人民的命运，而是**政权的命运**。

（55）От того, как сложится **судьба** этой **банды**, зависит будущая судьба России. 俄罗斯的未来命运取决于这个**集团的命运**如何发展。

（56）Борис Львович считал, что **судьба страны** важнее его личных переживаний, но при этом прекрасно понимал, что грозит ему в случае неудачи. 鲍里斯·利沃维奇认为，**国家的命运**比他的个人经历更为重要，但与此同时，他也清楚地明白，如果失败，他将面临什么样的危险。

在国家场中，与 судьба 搭配的名词并不多，大部分都是"国家"这个义素成分，只有一个表示"政权"。

2. 人类场

人类场所指的是以人为圆心，以其在社会、家庭中的称谓为半径所构成的场的集合。这类场的语言文化单位主要有：

（судьба）женщины［女性的（命运）］，（судьба）матери［母亲的（命运）］，（судьба）мужчины［男性的（命运）］，（судьба）поэта［诗人的（命运）］，（судьба）детей［孩子的（命运）］，（судьба）многих［很多人的（命运）］，（судьба）интеллигенции［知识分子的（命运）］，（судьба）народов［人民的（命运）］，（судьба）граждан［公民的（命运）］，（судьба）человека［人的（命运）］，等等。例如：

（57）От вас зависит и дальнейшая **судьба матери**. **母亲**未来**的命运**也取决于你们。

（58）**Судьба интеллигенции**. Наше прошлое. Глобальные проблемы. **知识分子的命运**。我们的过去。全球性问题。

（59）От этого спора зависела **судьба человека**, его свобода. 这场争论决定了**人的命运**和自由。

在人类场中，与 судьба 搭配的名词大多是一类人的命运，具有相同称谓的人的命运，他们可以被看作是一个集体。

3. 民族场

"民族"是"泛指历史上形成的、处于不同社会发展阶段的各种人类共同体"（《新华词典》2005：686）。因此，"民族场"所指的就是其所构成的场的集合。这类场的语言文化单位主要有：（судьба）империи［帝国的（命运）］，等等。

另外，"形容词（代词）+名词"组合也可以做 судьба 的非一致定语。这类组合主要有（судьба）малого народа［小人物的（命运）］，（судьба）своей страны［自己国家的（命运）］，（судьба）партии Либеральная Россия［俄罗斯自由党的（命运）］，（судьба）молодого политика［年轻政治家的（命运）］，（судьба）исторической личности［历史人物的（命运）］，（судьба）целого поколения［一代人的（命运）］，等等。例如：

（60）Но великий народ, народ со своей большой культурой, со своими национальными традициями, обязан быть добрым, особенно если с ним соединена *судьба малого народа*. 但一个伟大的民族，一个拥有伟大文化、拥有自己民族传统的民族必须仁慈，尤其是当一个**小人物的命运**与之相连时。

（61）Понятна теперь дальнейшая *судьба партии*. **党的**未来**命运**现已明朗。

（62）В ней воплотилась *судьба целого поколения* — поколения мужественных и стойких защитников Родины, поколения талантливых и целеустремлённых исследователей. 它体现了**整整一代人的命运**—— 一代勇敢而坚定的祖国保卫者，一代才华横溢、志存高远的研究者。

在民族场中，与 судьба 搭配的名词更具有民族性的特点，而且大部分都是"形容词（代词）+名词"组合结构，并不是具体的一个单词。从这些语言文化单位可以看出，很多名词都是时代的产物，例如：（судьба）малого народа［小人物的（命运）］，（судьба）партии［党的（命运）］等。

综上所述，在与 судьба 搭配的名词场中，各子场的数量为：国家场 5 个，人类场 10 个，民族场 7 个。由此可见，各子场使用的名词的数量差距不大，人类场中名词最多。

（二）与"命运"搭配的名词场

"汉语中的名词是表示人或事物（包括空间、方位和时间）名称的词。"（刘月华、潘文娱、故韡 2012：35）在北京大学 CCL 语料库中同观念词"命运"搭配的名词其主要形式是与助动词"的"连用，在句中充当定语，共同修饰观念词"命运"。

"有些名词作定语时不表示领属关系，而表示人的职业或事物的原料、属性、来源等，属于描写性定语。"（刘月华、潘文娱、故韡 2012：478）"能充任定语的词语是多种多样的，如名词、数量词、代词、形容词（短语）、动词（短语）、主谓短语、固定短语等等，定语后常常用结构助词'的'，即'的'是定语形式上的标志。"（刘月华、潘文娱、故韡 2012：475）

按照义素成分的不同，我们将同观念词"命运"搭配的名词同样划分为国家场、人类场、民族场三个层次。需要说明的是，因为在俄语分析过程中，我们所列举的语言文化单位均是观念词的直接修饰成分，比如在 судьба страны 结构中，我们要分析的语言文化单位已不是 страна 的原型，而是将其变格后的第二格形式。那么在诸如同"祖国"与"的"连用修饰"命运"的相似结构中，其搭配后的语言文化单位中带有助动词"的"的这种结构也就是名词性的，而不是形容词性的，因此，我们也将该种形式列入名词场。

1. 国家场

在国家场中，与"命运"搭配的名词有：中国（的），国家（的），祖国（的），民族（的），政治（的），时代（的），阶级（的），共和国（的），历史（的），等等。例如：

（63）他把清廉同**国家的命运**、人民的利益融为一体，使人生进入了更高的境界。

（64）45 年来，我院与人民**共和国的命运**休戚相关，走过了一条充满光明而又艰难曲折的道路。

在国家场中，与"命运"搭配的名词的语言单位基本都有"国家、时代"。在中国人的观念中，"有国才有家，有家才有我。"所以，国家的命运高于一切，这种观念在每个中国人的心中根深蒂固。我们有这种思想观念，也是和中华民族文化的历史分不开的。

2. 人类场

该场中与"命运"搭配的名词有：人类（的），人民（的），一代人（的），个人（的），人物（的），普通人（的），兄弟姐妹（的），年轻人（的），父辈（的），等等。例如：

（65）这样的二律背反在矛盾冲撞中、裂变重塑中造就了我们这**一代人的命运**。

（66）在中国反帝反封建、重整河山的年头里，这 11 个**兄弟姐妹的命运**大都富有传奇色彩。

（67）然而对这些孩子来说，却意味着重蹈**父辈的命运**：他们像父母当年所做的那样，离开父母，走到一个生疏的地方。

在人类场中，与"命运"搭配的名词相当丰富，有个人、有亲属称谓的、有一代人的。所有这些只要与"人"有关系的词都与命运有关。

3. 民族场

该场中与"命运"搭配的名词有：老百姓（的），华侨（的），华人

（的），农奴（的），儒家文化（的），海外侨胞（的），农民（的），中国现代化（的），等等。例如：

（68）风趣地对记者说，再怎么讲，好歹我们都能在下世纪看到**儒家文化的命运**，到那时，人们对我的观点也许不会持怀疑态度了。

（69）洋华工许大成的故事，反映海外**华侨的命运**和祖国命运息息相关的历史事实。

（70）广大台湾同胞、港澳同胞、**海外侨胞的命运**与祖国的命运是紧密相连的。

在民族场中，与"命运"搭配的名词具有明显的民族性，具有中华民族传统文化的精髓，能充分体现中国有别于别国的最本质的特征。

（三）与"судьба/命运"搭配的名词场异同

在同观念词"судьба/命运"搭配的名词场中，俄汉两个观念词的共同性在于，与其搭配的名词均具有"国家的""民族的""人类的"相同语义成分，而其内部的语义差别则通常与俄汉民族特有的民族文化有关，如俄语名词第二格形式 империи、партии 修饰 судьба；汉语"老百姓的""农民的""儒家文化的""华人的""华侨的"等形式修饰"命运"。

四、俄汉"судьба/命运"观念其他词类场

在俄汉语中，同观念词"судьба/命运"搭配的词类除了形容词、动词和名词外，还有其他词类，只是数量相对较少，比如数词、代词等，它们在反映俄汉"судьба/命运"观念方面不占据主要地位，其差别也并不明显。

（一）与 судьба 搭配的其他词类场

1. 数词场

主要有 одна，две，три，четыре 等数词，参见以下例句：

（71）Кто был в состоянии придумать четыре столь различных характера, *четыре судьбы*, четыре стиля — задача, с которой даже в XIX или XX веке вряд ли справился бы самый талантливый писатель? 谁能想出四种如此不同的性格、**四种命运**、四种风格——即使在 19 世纪或 20 世纪，最有才华的作家也未必能完成这项任务？

（72）Три решения — *три судьбы*. 三个决定——**三种命运**。

（73）Два мира — *две судьбы*：Сходства и отличия российского и западного креативного рынка？两个世界 ——**两种命运**：俄罗斯和西方创意市场之间有何异同？

在数词场中，与 судьба 搭配的都是数字小的整数词，如一、二、三、四等。因此，在俄罗斯人的观念中，命运的选择性并不多，往往有一种、两种、三种、最多四种命运之路选择，使用频率比较高的是一和二。

2. 代词场

与 судьба 搭配的代词主要有：моя，наша，ваша，её，его，их，твоя，等等。

（74）А что если на этом тёмном участке записана наша душа, *наша судьба*？如果我们的灵魂、**我们的命运**被记录在这样黑暗的地方该怎么办？

（75）*Её судьба* была другая. **她的命运**是不同的。

（76）*Их судьба* не стала *его* судьбой. **他们的命运**并没有成为他的命运。

在代词场中，我们不难发现，所有的物主代词都可以与 судьба 搭配，经研究发现，его，моя 这两个词与 судьба 搭配的频率最高。其中，его 出现的频率为498，моя 出现的频率为337，其次是 их（181），наша（141），由此可见，在俄罗斯人的观念中，"他的"命运备受关注。

（二）与"命运"搭配的其他词类场

1. 数词场

在汉语中经常用"一种""另外一种""两种"等形式修饰观念词"命运"，此时，是数词"一""两"与量词"种"组合共同修饰"命运"。例如：

（76）四家企业面临**两种命运**的抉择……

在数词场中，与"命运"搭配的词只限于一、二、三，没有再多的数词与"命运"搭配。这也说明，对于中国人来说，命运的选择性同样不多，使用频率高的也是数词一和二。

2. 代词场

汉语中的代词，如"我""你""他"等与助动词"的"连用，也可以与"命运"搭配，修饰"命运"，常见形式有：我（的），你（的），他（的），她（的），它（的），我们（的），你们（的），他们（的），自己（的），自身（的），等等。例如：

（78）1964 年，一则关于中国的报道改变了**我的命运**：中国粮食实行自给，依赖进口粮食的历史一去不复返。

（79）你们要记住祖国的命运就是**我们的命运**。

（80）在社会变革的时期，有些人不了解发展的趋势，不能掌握**自身的命运**。

在代词场中，所有的人称代词都可以与"命运"相搭配，其中，使用频率最高的是"他（的）"（240），其次是"他们（的）"（166）、"我（的）"（165）、"她（的）"（124）。这说明，在中国人的观念中，也是第三人称男性的"他"的命运备受关注。

（三）与"судьба/命运"搭配的其他词类场异同

通过对上述与观念词"судьба/命运"搭配的其他词类场的分析，我们发现，与 судьба 和"命运"搭配的其他词类以数词和代词为主，此时，它们的语义基本相同。这说明其他词类场在反映俄汉"судьба/命运"观念时差异性并不明显。

在代词场中，我们发现，与"судьба/命运"搭配的代词基本相同，而且使用频率排在前三的都是一样的，即 ero/他（的），моя/我（的），их/他们（的）。这说明代词在俄汉语中使用频率相同。

但在数词场中，与 судьба 相搭配的数词有一、二、三和四；而与命运搭配的数词只有一、二、三。

结语

我们从语言文化学的视角出发，研究俄汉"судьба/命运"观念的同名语言文化单位的组合关系。根据组合关系内涵，我们建立了"судьба/命运"观念形容词场、动词场、名词场及其他词类场。大量语料事实表明，形容词比重最大，其次是动词、名词，其他词类相对较少。在具体的分析过程中，根据语料的实际情况，我们在每一词类内部进行了更为细致的划分。本文从社会属性场、不可避免场、不可预知场、幸福美好场和不幸灾难场五个方面归纳形容词场，动词场下分为主动结构场、被动结构场，名词场则划分出国家场、人类场和民族场。

尽管俄汉两种语言分属不同类型，但通过在俄汉权威语料库中收集的大量语料及其对这些语料进行的分析研究中我们发现，在同"судьба／命运"搭配所涉及的词类当中，无论是俄语，还是汉语，形容词在数量上所占比例都是最高的，其次是动词和名词，最后是其他词类。在此基础上，我们得出如下结论：在中心结构中，我们从组合层面对与俄汉"судьба／命运"观念同名语言文化单位搭配的词进行分类，形容词占据核心地位，动词和名词处于中心位置，而其他词类则处于边缘位置。

俄汉"судьба／命运"组合场的异同有来自于"语言内因素"，如"语言类型"、"文字特点"和"语法结构"的影响，也有来自于"语言外因素"的影响。结合语料研究俄汉"судьба／命运"观念语言文化单位的组合关系，使我们能够观察到不同民族对待"命运"时的不同态度，能够从各个侧面挖掘其语言和文化的差异、认知和思维方式的不同；语言上的差异能够体现文化上的差异；俄汉"судьба／命运"观念在其同名语言文化单位的组合关系中体现出的差异性也反映出了其民族性的不同。

参考文献

［1］当代汉语词典编委会．当代汉语词典［M］．北京：中华书局，2009：127.

［2］科列索夫．语言与心智［M］．杨明天，译．上海：上海三联书店，2006.

［3］李锡胤．李锡胤集［M］．哈尔滨：黑龙江大学出版社，2007.

［4］刘月华，潘文娱，故韡．实用现代汉语语法［M］．增订本．北京：商务印书馆，2012.

［5］中共中央马克思恩格斯列宁斯大林著作编译局．马克思恩格斯选集：第一卷［M］．2版．北京：人民出版社，2012.

［6］现代汉语辞海编委会．现代汉语辞海：第一卷［M］．太原：山西教育出版社，2002.

［7］现代汉语辞海编委会．现代汉语辞海：第二卷［M］．太原：山西教育出版社，2002.

［8］现代汉语辞海编委会．现代汉语辞海：第三卷［M］．太原：山西教育出

版社，2002.

[9] 商务印书馆辞书研究中心. 新华词典 [M]. 北京：商务印书馆，2005.

[10] 张家骅. 新时代俄语通论：下 [M]. 北京：商务印书馆，2006.

　　作者简介：张志军，黑龙江大学俄语语言文学博士（1996—2000），导师张家骅教授。哈尔滨师范大学科学研究所研究员（二级教授）、博士生导师。校级教学名师、校第九届学术委员会委员、2000 年"校杰出青年基金"获得者、省新世纪优秀人才、教育部项目评审专家、教育部学位与研究生教育评估专家、国家社科项目同行评议专家、国家社科基金项目成果通讯鉴定专家，曾为校级重点学科"外国语言学及应用语言学"学科带头人，现任"外国语言文学"一级博士点方向带头人。主要研究方向：对比语言学、语言文化学。

计算翻译学研究相关论题探赜
——重读 G. 米兰著、李锡胤译《翻译算法》有感

易绵竹

　　摘　要：计算语言学的产生与早期机器翻译实验有着不解之缘。我们将计算翻译学（computational translatology）设想为计算语言学的一个分支学科，主要从基础理论和工程应用角度探讨机器翻译的语言学保障与软件技术保障等相关论题。重读业师李锡胤先生 20 年前的译著《翻译算法》，我们仍能从中获得诸多对于探索计算翻译学研究范式的有益启发。

　　关键词：人工翻译；机器翻译；翻译算法；计算翻译学；计算语言学

0　绪言

　　实时关注跟踪国内外语言学及其相关学科前沿动态，无疑是被人们称作"夫子"的李锡胤先生所具有的特质。依稀记得，2000 年底，笔者应邀参加教育部人文社会科学百所重点研究基地黑龙江大学俄语语言文学研究中心成立大会并受聘专职研究员，在会间先生就曾推荐研读乌克兰学者 G. 米兰用英文撰著出版的 *Translation Algorithms*（Miram 1998）。先生在将该书中文译本《翻译算法》交由黑龙江人民出版社付印之前给笔者邮来预印本校译，嘱咐写一篇书评，译著出版与书评发表几乎同时（易绵竹、南振兴 2003）。当时，笔者正主持部委级技术攀登工程项目——基于伊拉克战争题材新闻数据集进行俄汉机

器翻译实验研究，《翻译算法》所述基本论点为我们研发机器翻译实验系统和进行算法设计提供了许多启示，由此萌生探究计算翻译学的设想。

1 著者简介与著作梗概

1.1 著者简介

根据网页 http：//ukr-europe. com/ru/miram/介绍，本书著者根纳季·爱德华多维奇·米兰（Геннадий Эдуардович Мирам）1965 年毕业于基辅外国语学院，随后在近东当译员；1984 年在莫斯科军事学院通过应用语言学专业副博士学位论文答辩；1994 年在莫斯科师范大学通过题为《科技文本的句法和语义分布模式》（«Дистрибутивная модель синтаксиса и семантики научного текста»）的论文答辩，获语文科学博士学位；后任基辅国立塔拉斯·舍甫琴科国立大学国际关系学院教授，主讲"翻译理论与实践""口译实训"等课程。他出版专著十余部，多次在国际会议、新闻发布会、首脑峰会上担任同声传译，负责用于英俄专利文摘机器翻译系统 SIMPAR/СИМПАР 研发的语言学保障，该系统被莫斯科专利信息研究所采用。

1.2 著作梗概

米兰在自序中开宗明义指出，尽管翻译活动源远流长，然而人们对于翻译的认识仍停滞不前。究其原因，就是翻译活动始终未纳入语言学和哲学的主流之中，很少有人尝试从学理层面整合翻译所涉及的方方面面。在我们看来，这是著者对整个翻译学研究现状的基本判断，从一个侧面强调从科际整合与学科交叉角度研究翻译问题的迫切性和重要性。著者把翻译学中存在的主要问题归结为基础性和经验性研究仅涉及翻译活动的可见部分，即机械的词汇对应和语法对应，而机械对应的弊端从机器翻译结果中可见一斑。因此，著者认为只有足够重视翻译活动的直觉部分，才能从根本上保证优秀译作的产生。显然，著者力求填补翻译理论的某些空白，经受机器翻译系统设计面临的实践挑战。

全书分为 5 章，各章的主要内容简述如下：第 1 章阐释理论、模型和算法等基本概念，讨论翻译中的消歧问题和作为语言建模对象的翻译问题；第 2 章评介翻译理论的 4 个学术流派——转换说、指称说、交际说和分布说，剖析这些理论方法的优点和局限性及其在何种程度上能够解释满足形式化要求的翻译过程；第 3 章评述语料的采集加工、形式化机用语法、语义模型和机器翻译建模方法；第 4 章介绍机器翻译模型和机器翻译系统相关知识，全面论述面向计算机的翻译过程；第 5 章解析苏联及西方机器翻译平台的设计方案，以加深读者对机器翻译特点的真切感知。从全书谋篇布局中，可以管窥计算翻译学研究论题的基本轮廓。

2 创作动机与基本论点

2.1 创作动机

著者自述创作动机是教会假想的机器人胜任翻译工作，能够从具体翻译"案例"中抽绎一般规则。据此，著者认为有必要：1）教会初学者对语言知识和翻译知识进行形式化表征，使其掌握更多机器翻译系统设计及前沿进展知识；2）以现有翻译理论为一端，以翻译形式模型和机器翻译系统为另一端，之间搭建一座桥梁，使初学者洞悉翻译过程背后的各种理论和模型；3）教会初学者利用当代语言学中的形式化方法和工具，根据计算机处理所要求的形式化标准，对语言单位和语言结构进行形式化描写，以保证初学者最终学会自主设计简易的机器翻译模型。

A. 戴蒙德为该书作序指出其三个突出特色：其一，从形式化方面（而非直观方面）探讨翻译理论问题；其二，统合人工翻译与机器翻译的模型和算法，在两者之间架起一座桥梁，由于人工翻译能够利用上下文、情景和背景知识，大多数机器翻译系统只能调用上下文知识，而该书介绍的几种方法则可破除这一藩篱；其三，考虑到对计算语言学知识不甚了解的读者之需，扼要介绍了有关语言模型、形式语法、应用语义学等内容。

2.2 基本论点

首先，我们从此书中萃取几条颇有新意的学术观点，并对这些观点加以简要评析。

1）建构语言模型和翻译模型的任务就是建立上下文知识、语境知识和背景知识的形式模型，使其能被自动机所辨识。著者将语言单位产生歧义的原因置于由**符形**、**符义**和**符物**所构成的语义三角中加以审视，指出消歧就是利用形式化方法使语言单位的意义得以明晰化，人们具有一个高效而快速的信息分析

系统，能够在交际过程中不断利用上下文知识、语境知识和背景知识这三种有效的消歧手段进行话语分析。（详见该书1.2）

2）为了实现翻译操作，我们需要有：a）一个**理论**，它告诉我们什么是可观察的事实，哪些是事实之间相互关系的普遍原则；b）一个**模型**，它显示可观察事实的系统性；c）一个**算法**，它告诉我们采取哪些步骤有条不紊地实现翻译过程。著者通过对理论、模型和算法的概念界定和抽象辩论，并辅以驾车行驶的具体示例来揭示三者之间的关系。（详见该书1.3）

3）语言是一个模型，语言建模是给这个语言知识建模。这是著者讨论翻译作为语言建模对象得出的结论，不仅详述了翻译建模所应考虑的诸多语言因素，如源语文本和译语文本的元素和结构、从源语文本到译语文本的转换规则、源语和译语的语言系统、源语文本与译语文本的概念内容和组织及其相互关系等，而且直观展示了翻译实现过程：在可观察事件（源语元素）的基础上抽绎等价选择和代入的规则；构建一个模型，包括选作替代物的译语元素以及抽绎出来的规则；基于该模型生成译语文本。此外，著者还介绍了演绎式和归纳式翻译建模方法，对于机器翻译模拟实验系统设计极具参考价值。（详见该书1.4）

4）在任何翻译过程中，可观察事实总是两种语言的形式及其荷载的概念内容。著者以形式等价和概念等价两个指标为参考项，对照分析转换说、指称说、交际说和分布说等各种人工翻译理论，认为这些理论均未完全把翻译提高到形式化所要求的精确度，因而在设计不同类型的机器翻译模型中需要综合利用各种形式化方法。应当承认，这种观点已成为当前机器翻译研究者所达成的共识。（详见该书2.6）

随后，著者单辟一章《翻译构模与自动化》，集中讨论该书的一个关键问题："我们的理论是否精确到足以构建翻译的形式模型和设计相关算法？"著者从四个方面对这个问题展开讨论，主要观点可概述如下：

◆ 在不同的翻译模型和自动翻译系统中，初始语料集必须包括可观察的事实（源语和译语的语言单位）和可观察事实的概念对应物（各类意义）；翻译等价物就是与源语单位意义相同的译语单位；为了设计一个翻译模拟系统，必须编辑源语和译语词典，并且确定它们的对应词条。（详见该书3.1）

◆ （机用）文法是一套用以替代文本词形的非终端符号、用以使终端符号转换成非终端符号或使其某阶非终端符号转换成另一阶非终端符号的规则。著者在此举例介绍了机器翻译系统中最通用的一些文法，如上下文无关文法、上下文有关文法、有限状态文法、合一文法、依存文法等。（详见该书3.2）

◆ 意义的形式化描写必然会有主观和不完全的地方，为此可利用系统化（把一个意义当作互相关联的成分系统的一个部分来描述，而非当作单个成分）、范畴化（把每个意义归入相应的范畴，建立一个意义的层级体系）和上下文联系（把一个词义与上下文联系起来使之明确化），以消除主观性和不完全性等不利因素。著者指出，描述形式语义学必须区分虚设意义（virtual meaning）和现实意义（actual meaning），前者是存在于语言体系（词典）中的意义（meaning），后者是指出现在文本中并受上下文和/或环境影响的意思（sense）。为自然语言处理所做的语义形式化描写一般以意义为对象，为排除歧义性须采用消歧算法，包括义素描述、关系描述、参考语境、题元结构等方法。据此，著者认为计算语义学的任务就是：①确定源语的词汇意义及其在译语中翻译等价物的意义；②确认源语文本中词汇的现实句法关系，并挑选正确的句法函数及其在译语文本中的翻译等价物。（详见该书3.3）

◆现有机器翻译系统几乎都不是专用一种方法，而是混合应用方法，这是著者通过评析各种面向计算机的翻译建模方法得出的结论，符合当前机器翻译研究发展的整体趋势。这些方法主要包括编码–解码法或直接法（direction method）、基于转换的方法（transfer-based method）、基于枢轴语言/中介语的方法（pivot language/interlingua-based method）、基于人工智能的方法（artificial intelligence-based method）和统计方法（statistical method）。（详见该书3.4）

实际上，20世纪90年代以来，学界把机器翻译研究方法一般归纳为两大类：基于规则（rule-based）的方法和基于语料库（corpus-based）的方法，前者亦称理性主义方法，后者亦称经验主义方法。国际上许多机器翻译研究者已经达成共识，应当将上述两种方法结合起来，而这种方法论取向则被称作混合策略（hybrid strategy）。

3 机器翻译系统设计和机器翻译平台解析

3.1 机器翻译系统设计

在该书第 4 章（第 75—107 页，约占全书 1/4 的篇幅），著者如数家珍般地详述自己设计的一个用于翻译专利摘要的英俄机器翻译系统 SIMPAR，它是基于转换的系统，在句法部分采用依存语法和直接成分语法，在语义部分提供一般的语义信息和语义消歧算法，并引入"语义指标"（semantic indices）概念，表明著者对机器翻译系统中的语义分析予以特别关注。著者正确指出，对于机器翻译系统设计者来说，客观的语言建模是一个迫切的挑战。

SIMPAR 系统的句法语义模型是基于哈里斯（Z. S. Harris）的分布理论而建立起来的。分布理论的基本假设是：词汇组合比单个词更客观地反映词汇意义和句法功能。著者认为，分布分类法有助于机器翻译系统把若干语义特征和句法特征合并为单一的集合，它不仅能够证明句法现象和语义现象在生成上和功能上的交互联系，而且在系统运作上具有明显优势，即有利于制定单一明确的消歧算法。SIMPAR 系统设计者利用鉴别语境作为初始的机器翻译建模步骤，从美俄两国专利摘要中选出英语的 6 种鉴别语境和俄语的 7 种鉴别语境，用以定义句法集合中"名词"的各个语义子集，如物质名词、过程名词、形容词名词等分别标示为 N/M、N/P、N/A。SIMPAR 系统语言模型区分名词、修饰语、副词、关系词（动词和前置词），其中动词和前置词通过在多种语义子集中实现的句法价而与名词联系，而名词则通过语义关系与其他名词相联系。在这种模型框架内，词汇的基本语义关系同样利用鉴别语境来处理。关于该模型的设计方案、功能模块和技术性能，在该书 4.3 节中有详尽描述和实例演示。

3.2 机器翻译平台解析

著者并非要全面介绍机器翻译研究现状，而是力图阐明一个核心问题：机器翻译系统设计必须"面向目标"（target-based），即面向某一类文本、面向所译语言的某一个子系统、面向专门的一类使用者（用户）。在我们看来，这个问题的实质就是只有充分考虑受限语言和受限领域的特点，机器翻译系统设计才能取得成果。著者强调，在着手设计机器翻译系统之前，必须首先仔细分析源语和译语文本的语料，至少应分析源语文本中最典型的句法结构和词汇单位及其在译语中的对应物。换言之，要为整个子语言系统建模，仅仅选择一部分词汇编制一本机译系统用的词典是无济于事的。可见，机器翻译是一项十分浩繁的语言工程，它被认为是 21 世纪最具挑战性的知识工程。

著者对苏联、日本和西方几个代表性的机器翻译平台进行解析，详述各类平台的建模思想、设计方法、技术路线和应用领域，并将它们归入不同的派别。

1）Л. Л. Нелюбин 的机器翻译建模思想是：首先开发一个适用于专门子（语言）系统并能生成一类专门文本的模型，然后再设计整个机器翻译系统。按照这种思想，待译文本被看作相对稳定的框架（frame），它由若干槽位（slot）和填充物（filler）组成，这里的框架其实是由一些语言元素变量所组成的结构。这种受限的机器翻译模型（RMTD）专为某一类特定文本而设计，充分考虑到该类文本的结构特点、形式特点和交际特点。为设计这类机器翻译模型，必须制定源语文本和译语文本中多种功能元素和交际元素总表。RMTD模型利用框架的词典发现源语中各个框架，找出它们在译语中的对应物并将其填入源语和译语相关的填充物。RMTD 模型采用变异的直接翻译法，首先查找整个语句的对应物，然后再找出对应的词汇，这也是框架法在直接翻译设计中的与众不同之处。RMTD 模型被用于军事文献翻译，在英法气象预报机器翻译系统 TAUM-METEO 和汉英数学文献机器翻译系统 CULT 中也成功应用了框架法。

2）Ю. Н. Марчук 将翻译等价（translation equivalency）理论作为机器翻译设计思想，其基本观点是：严格意义上的翻译（有别于对源语文本的解释）可以并且必须只考虑相关语言系统所蕴含的意义。依据翻译等价理论，翻译表现为双成分模型（two-component model）：静态成分和动态成分。源语和译语的静态成分包括语言各个层面的元素（形态单位、词汇单位和句法单位），而这些元素则通过概念的等同性相互关联成为各种翻译等价：完全等价、差异等价和转换等价。在翻译过程中，通过动态成分（分析算法、合成算法及转换算法）促成源语和译语结构在静态成分之间的等价对应，经过必要的转换操作即生成译语文本。可见，基于翻译等价理论设计机器翻译模型采用的是转换法，翻译被视为各个语言层面一连串的转换，在转换等价模型内翻译是一个有解问题。实验表明，应用这种设计方案研发的机器翻译系统对于技术文献翻译是有效的。

3）P. Г. Пиотровский 建立的机器翻译模型被称为复制型模型，其主要功能是复制语言单位和语言结构。该模型将语言分析器和语言合成器通过输入-输出结合起来，而每一个分析-生成模块构成某一语言层面上语言单位和语言结构的形式表征。该模型包括形态模块、句法模块和语义模块，分别执行不同的功能。这种机器翻译方案的一大优点是把加工过程和被加工语料区别开来，使其成为检测各种语言学假设的通用工具，从而能够应用于任何语言对。从理论上来看，复制型机器翻译模型设计方案接近转换法和分布法，它被广泛应用于大众化机译软件包 STYLUS 的开发。应当指出，复制型机器翻译模型设计得益于 P. Г. Пиотровский 提出的工程语言学（инженерная лингвистика）思想和语言自动机（лингвистический автомат）构造与工作原理。（易绵竹、杜彦平、吴占芳 2001：320-324）

顺便指出，著者将 Ю. Д. Апресян 主持研制的 ETAP（ЭТАП）系统列为第四种机器翻译模型设计思想但未加评述。ETAP 系统设计思想源自 И. А. Мельчук 创立的"意思⇔文本"（Смысл⇔Текст）语言学模型理论和莫斯科语义学派倡导的语言整合描写与系统词典学理论，ETAP 系统已实现与联合国大学高级研究所主持研发的通用网络语言（Universal Networking Language，UNL）接口，其设计理念和学术价值在国际计算语言学界仍具有持久的影响力。（易绵竹等 2002：195-204）

4）M. Nagao（长尾真）不把机器翻译当作"真正的科学"，戏称机器翻译属于"肮脏的领域"，因此把主要精力放在更具"理论性"的研究（如语法分析、语义分析、语用分析、语篇分析等），而机器翻译被当作"副产品"。M. Nagao 主持开发的日英机器翻译系统 JEMTS 基于下列原则：句法信息优先；语法支持的软件能接受不同的语法；语义信息是补充性的；因词而异的语法规则；译文保留待定的结构和未知的源语词汇。JEMTS 是基于转换的机器翻译模型，它设置转换前环（pre-transfer loop）和转换后环（post-transfer loop），把日语句子改写为中介语表达式，把深层结构改写为对英语更为合适的中介语表征。该系统的语义部分与中介语方法近似，语义分析技术以类似于 C. J. Fillmore 提出的语义格为基础，含有 33 种用于语义分析器的语义关系和 50 个用于限定可以出现在格空位（槽）的名词初始语义概念。JEMTS 系统的设计方法是一种兼具指称法（深层语义分析）和分布法（词汇共现程式）特点的新型转换法。特别值得一提的是，M. Nagao 早在 20 世纪 80 年代提出的基于实例的机器翻译（Example-Based Machine Translation，EBMT）方法已被机器翻译研究者所广泛采用，翻译记忆（Translation Memory，TM）技术正是脱胎于这种设计思想。应当指出，翻译记忆技术乃是设计计算机辅助翻译（Computer-aided Translation，CAT）系统的核心技术，它被认为是专业翻译领域的首选技术，并因此而得到推广。（赵铁军等 2000：334-342）

5）P. Isabelle 继 TAUM-METEO 系统之后开发了专为航空技术维护手册翻译的英法系统 TAUM-AVIATION，采用"综合型"设计方案，并辅以传统的语言层次思想，宣称"核心部分不受具体两种语言的影响：以语言学描述作为本系统的语料"，翻译过程是把经典的分析-转换-合成模型与基于中介语的模型混合起来实现的，翻译算法独立于所加工的语料。该系统设计的总体思路属于转换学派，其中语义部分包含 35 种语义特征和一系列投射规则，可为深层句法树各个节点赋予一套语义特征标签。

4　余论

通读《翻译算法》，我们获得的最深印象是：此书不仅是一部深入浅出的导论性著作，而且是一本特色鲜明的实用教程，可以用作语言学和人文学科专业翻译通论课程教辅资料。著者以翔实例证和大量图表（共计 50 幅）阐释各派人工翻译理论和机器翻译设计方案，持论公允，技术操作性强。译者语言精练娴熟，翻译风格平实，在吃透原著的基础上加注若干"译者按"，深刻揭示了原著相关论题的核心要义，有助于我们对计算翻译学进行拓展研究。根据我们的设想，计算翻译学应当成为一门以计算语言学理论为先导、以语言翻译实践为指向的应用性学科，重点研究语言类型学、语言建模和翻译建模方法、机器翻译系统设计原理和实现技术、机器翻译的自动评价准则等。（参见朱夫斯凯、马丁 2018：696-734）

当前，多语言网络空间多模态信息呈爆炸式增长之势，以语言信息智能处理为核心的信息技术已成为当代智能科技创新的重要基础和源泉。语言科学、数据科学、认知科学、智能科学、神经科学、计算机科学与技术等跨学科交叉融合研究蔚然成风，助推基于语言规则的机器翻译（RBMT）、基于语料库的统计机器翻译（SMT）、神经网络机器翻译（NMT）的范式更迭与技术革新，不仅可为计算翻译学理论研究和实证研究寻绎新路径，而且能够促进机器智能翻译大规模产业应用。我们认为，认知翻译学作为翻译学的一个分支学科亦可为计算翻译学注入活力。翻译认知研究（Cognitive Translation & Interpreting Studies）秉持认知心理哲学取向，形成了源自第一次认知革命的信息加工范式（亦称计算翻译范式，computational translatology）和源自第二次认知革命的认知翻译范式（cognitive translatology）两种对立的认知观。其中计算翻译范式认为现实是外在和超验的，人类的心智并不等同于大脑，强调：1）意思可以计算；2）文本中的隐义和显义是超验的；3）读者或听众使用作者或讲话者想要形成的语境。（详见马丁、雷炳浩、孙三军 2022：1-25）

参考文献

［1］ MIRAM G. Translation Algorithms ［M］. Kyiv：Tvim inter，1998.

［2］ 米兰. 翻译算法 ［M］. 李锡胤，译. 哈尔滨：黑龙江人民出版社，2003.

［3］ 易绵竹，南振兴. 人译理论研究与机译系统设计的入门向导——G·米兰著、李锡胤译《翻译算法》评介 ［J］. 外语学刊，2003（3）：106-109.

［4］ 易绵竹，杜彦平，吴占芳. 语言自动机的建造及工作原理——俄罗斯学者的相关研究述评 ［C］//张全，萧国政. HNC 与语言学研究. 武汉：武汉理工大学出版社，2001：320-324.

［5］ 易绵竹，薛恩奎，李绍哲，等. 一种与 UNL 接口的机器翻译系统 ETAP-3 概要 ［C］//黄河燕. 机器翻译研究进展——2002 年全国机器翻译研讨会论文集. 北京：电子工业出版社，2002：195-204.

［6］ 赵铁军，等. 机器翻译原理 ［M］. 哈尔滨：哈尔滨工业大学出版社，2000.

［7］ 朱夫斯凯，马丁. 自然语言处理综论：第 2 版 ［M］. 冯志伟，孙乐，译. 北京：电子工业出版社，2018.

［8］ 马丁，雷炳浩，孙三军. 翻译认知研究的未来展望 ［J］. 翻译界，2022，13（1）：1-25.

作者简介：易绵竹，中国人民解放军战略支援部队信息工程大学洛阳校区教授、黑龙江大学俄罗斯语言文学与文化研究中心客座研究员。1989.09—1993.03 黑龙江大学俄语系博士研究生，导师李锡胤研究员；1993.03—1994.10 莫斯科普希金俄语学院博士学位应考者。

俄罗斯语言学界的主观情态与意向研究①

周民权

摘　要：主观情态与主观意向一直是语言学界的热门研究命题。B. B. 维诺格拉多夫、Н. Ю. 什维多娃、Н. Д. 阿鲁秋诺娃等俄罗斯语言学家承前启后，薪火相传，对其做了深入研究。从"述谓情态"到"主观情态"，再到"主观意向"，该研究由浅入深，由表及里，彰显了语法学向语义学、语用学研究的转换与跨越，演绎了结构主义语言学理论向"人类中心论"研究范式的升华，从而使得"主观意向"这一语言现象与人们理解判断世界的能力及其思维方式、心理定式、价值观念融为一体，在人类言语交际中发挥引领作用。

关键词：俄罗斯语言学界；主观情态；主观意向；言语行为

李锡胤先生学贯中西，兼收并蓄，被国内语言学界誉为"国宝级的学术泰斗"，令我等晚辈与后学高山仰止，心向往之。我曾虔诚拜读先生的诸多语言学研究著述，受益匪浅，其中印象最深的是《转向：在别人还没注意时，先看出问题——就〈语用学的哲学渊源〉给作者的信》（载《外语与外语教学》2000 年第 1 期）一文，先生在该文中通过与国内著名英语学者钱冠连教授商榷的形式，就其在《语用学的哲学渊源》中所提出的观点，精辟论及言

① 本文系教育部人文社会科学重点研究基地重大项目"阿鲁秋诺娃语言文化思想系列研究与本土化探索"（项目批准号 17JJD740006）的阶段性研究成果。

语行为、言语活动等研究命题的哲学基础，独具匠心，富有创意，充分彰显了一代宗师的真知灼见，先生深邃的语用学思想对我而后的相关学术研究产生了重要影响。值此《李锡胤先生纪念文集》征文之际，奉上拙文，聊以致祭。

谨以此文纪念李锡胤先生及其语言学思想和自然语言信息处理理论与实践研究。

1 引言

认知语言学认为，语言主观性侧重描述语言使用者在言语交际过程中自我呈现的意识和能力，是其作为交际主体的一种基本属性。这种主观性凸显了语言使用者对客观世界的认知能力、语义生成过程中的加工能力以及言语输出时的语用能力。

语言不仅是符号元素的叠加以及对客观命题的表征，而且可以表达说话人的主观意向（субъективная интенциональность）。说话人需对语言的系统单位和使用规则进行有意识的改造，通过交际过程中使用的词语、句子结构和语音语调来体现话语中的"自我"，以达到既定的交际目的。语言的这一交际特性集主观情态（субъективная модальность）与意向于一身，表达一定的主观意向，而主观情态则是主观意向得以形成的基础。

应该说，对主观意向意义的上述认知并非一蹴而就，而是受益于数代学者的不懈努力。追根溯源，意向研究始于德国现象学家 E. 胡塞尔，他在《逻辑研究》（1900）一书中提出的意向性理论认为，声音或墨迹仅仅是一些毫无意义的物理现象，只是由于人类心理活动的意向性具有赋义功能，才使语言符号获得具体的意义。半个多世纪之后，1955 年，被称为"语用学之父"的英国哲学家 J. 奥斯汀提出包括言说行为、意向行为、取效行为在内的言语行为理论，重点研究意向意义。

1957 年，美国哲学家 H. 格赖斯明确提出意向意义理论（intentional theory of meaning）。该理论认为："意义即意图，话语的意义表现为发话人的意图（intentions）、信念（beliefs）等心理意向状态，语义概念可以不借助于任何语义手段而只用心理概念来解释。这种将语义还原为心理概念并用后者去分析前者的意义理论，打破了哲学界传统意义理论的框架，有助于对话语意义的语义、语用分析，有助于（语言）交际的研究，具有很高的哲学价值和语言学价值。"（王传经 1995：38）其后，美国哲学家 J. 塞尔把奥斯汀的言语行为理论和格赖斯的意向意义理论融为一体，他认为，言语行为是人的大脑中各种意向活动的再现，而主观意向则是言语行为的基础，人们通常借助言语行为来描述世界。

塞尔进一步明确指出，意向意义包含两个层面：表征意向和交际意向，表征先于交流，表征意向先于交际意向。（刘彬、何庆庆 2019：89）表征意向是指语言对语言符号的客观描述，而交际意向则指说话人实施言语行为，表达主观意向。

我们认为，俄罗斯学者的相关研究与西方学者的上述观点大同小异，契合当代语言学界的"人类中心论"研究范式。语言学家之所以要研究言语行为，用言语行为来描述语言，是因为任何语言交际都牵扯到言语行为，人类语言交际的基本的或最小的单位不是作为符号的词和句子，而是借助于一定条件下构造的具体语句实施言语行为。（Аноним 1986：152）作为语言交际的最小单位，言语行为成为俄罗斯语言学家研究主观意向意义的最佳路径。

2 主观情态研究

俄罗斯语言学界的主观意向研究源于主观情态研究，而真正意义上的主观情态研究始于 20 世纪 40 年代，其代表人物当推 B. B. 维诺格拉多夫院士。他在 1947 年出版的《俄语：关于词语的语法学说》一书中提出"述谓情态"（предикативная модальность）概念，并明确指出："每个句子都具有情态特征，具有情态特征的句子反映的是客观现实在人们的社会意识中的主观见解。"（Виноградов 1947：31）

B. B. 维诺格拉多夫认为："语法关系可以有两种：一种是词组中词之间、句子中词之间的客观句法关系，另一种是整个语句（высказывание）或句子与现实的关系，称为主客观或情态关系。"（Виноградов 1947：594）情态关系主要通过感叹句、疑问句、描写句、命令句等 4 种情态句型体现出来，语调则是彰显说话人的主观意向的重要手段，其各种各样的情态变化使得说话人的交际意图得以显现。

В. В. 维诺格拉多夫指出："在情态关系的范围内，人们通常会考虑否定和肯定、各种式、具有时间形式的各种主观意义等。"（Виноградов 1947：726）主观意义主要体现在以下 3 种场合：

（1）表达主体对行为的情感关系时，通常用具有意图、愿望、请求、命令、可能性、必须性等情感意义的动词与动词不定式连用；

（2）表达可信度、评价、来源、感受等不同的情感意义时，可以使用某些插入结构；

（3）表达概括、结论、突出、加确、解释、接续、独立、对立、数量质量评价、强调区分、数量限定等不同类型的情态意义时，情态词一般与情态语气词以及某些连接词连用。

上述情态关系在 В. В. 维诺格拉多夫主编的苏联科学院 1952—1954 年《俄语语法》中被提到了首要的位置："句子所报道的内容同现实的关系首先是情态关系。"（Виноградов и др. 1954：81）这实际上是 В. В. 维诺格拉多夫列出的情态语义场，其特征可以用说话人的交际意图以及说话人所期待的交际效果来概括。显而易见，В. В. 维诺格拉多夫在对词汇的语义进行研究时，已经注意到了某些被固定在词汇语义中的"人的因素"，即在现代语言学中被称为"语用"的信息。（杜桂枝 2002：37-38）

Н. Ю. 什维多娃继承和发扬了 В. В. 维诺格拉多夫的这一学说，把述谓情态划分为客观情态（объективная модальность）和主观情态，"前者指对报道内容和客观事实的描写，而后者则指的是说话人就报道内容而表达的各种各样的情感和评价，而评价意义则完全属于主观情态的范畴"（Шведова 1960：366）。这一观点在她主编的苏联科学院《俄语语法》（1980）中得到了更为全面而明确的论证："主观情态表示说话人对于所言内容的态度；主观情态意义纷繁多样，其最一般的、初始的分类是以评价-判定意义和纯评价意义的相互对立为基础的。评价-判定意义指的是对于所言内容的主观态度，其中包括对所言内容的评价，而这种评价可以根据事实本身、事件、所言内容的性质及其时间流逝特征，或者根据所言内容同其他事实或事件的相互联系而被认为是非主观的……纯评价意义则完全属于主观情态意义的范畴，其意义多种多样，包括说话人对于所言内容的个人的主观态度。它主要涉及非中立、评价、强调、确定性和非确定性、语句的表现色彩及其情感评估、语调、语法结构、词汇手

法、语气词、插入词语和结构、感叹词等。"（Шведова 1980：214-217）

我国国内俄语学界学者郝斌（2001），李勤、孟庆和（2005），曹越明（2015），李洪儒（2018）等对于上述客观情态的说法提出质疑，认为将时间和非现实意义融合在一起表达可能、希望、应该或需求等内容无疑是同主观性联系在一起，属于主观情态，而将它们归入客观情态，使得客观情态的界定模糊不清。尽管如此，学者们对主观情态的看法是一致的：只要涉及评价与判断，均应将其视为主观情态。

在相关著述中分析对比客观语体与主观语体时，Н. Ю. 什维多娃反复强调个人言语因素对语体形成所产生的影响。她认为，在涉及某个完整的意义时，主观语体可以转化为客观语体，即成为某个独一无二的修辞体系。诚如 O. A. 拉普捷娃所言：一些相同的语言外因素可以公平地划归不同的功能语体，例如，科学语体通常准确无误，前后连贯，逻辑性强，言简意赅，内容充实，这些特点也同样适用于公文事务语体。（Лаптева 1989：124）

需要指出的是，俄罗斯学界对主观情态的上述研究在很大程度上深受瑞士语言学家、索绪尔的学生 Ш. 巴利（Ch. Bally）的影响。Ш. 巴利在《普通语言学与法语语言学》（1955）一书中对"主观情态"做了深入研究，将其理解为反映说话人个性和情感的最广泛的表达手段。他认为句子由两个部分组成：第一部分同形成概念的过程相关（例如：雨，康复），为 диктум，该词来自于拉丁语 dictum，意为"客观内容"；第二部分是由思维主体进行的相关情态（модальность）表达。情态的逻辑和分析表达是由情态动词完成的，如думать（想），радоваться（乐于），желать（希望）等，这些情态动词的主体为情态主体。情态动词及其主体共同构成了模态（модус），该词在语言学中也被称作"主观述评"，实现对客观陈述的补充。情态是句子的灵魂，与思维一样，它主要是由说话主体的积极行为形成的。所以，如果句子中没有情态表达，就不能给句子赋予意义。（Балли 1955：44-46）

Ш. 巴利的研究表明，客观陈述和主观情态是一个句子所不能缺少的部分，前者同客观事实相关，后者是思维主体进行的相关操作，即情态的表达，它是句子的主要部分，是句子的"灵魂"。（Балли 1955：44）

从现代语用学角度来看，上述语言学大师所定义的主观情态意义与说话人的交际意图、希望看到的言后效果密切相关。"俄语中存在大量的词汇、语法、语音等手段专门来表达或提示这种交际意图、言外之意。这些手段在语句中的出现就意味着说者自我因素在语句中的加强、明确化及明显化。"（杨明天 2002：20）

在 В. В. 维诺格拉多夫与 Н. Ю. 什维多娃两位院士的引领下，一批又一批俄罗斯学者以主观情态为基础，积极投身于主观意向研究，其代表人物当推 Н. Д. 阿鲁秋诺娃（1923—2018）院士。她作为俄罗斯自然语言逻辑分析学派的奠基人，主编并出版专题文集和专著近 50 部，发表论文 200 余篇，著述甚丰，学术视野极为广阔，其中不乏主观意向研究成果。

Н. Д. 阿鲁秋诺娃倡导用语义哲学、逻辑学相关理论对各种语言文化现象进行专题性分析的学术思想独树一帜，在国际语言学界处于研究前沿。她基于语用学和交际学理论的主观意向研究阐明了其与主观情态的异同，视角独到，富有创见，在俄罗斯语言学界影响巨大，颇具代表性，值得重点探究。

3　主观意向研究

语言学界多年的研究表明：句子（предложение）是属于语法-语义范畴的语言单位，其意义是抽象的、静态的、孤立于语境之外存在的，而语句（высказывание）则是属于语用范畴的言语单位，完成一定的交际功能，其意义是具体的、动态的、与一定的交际情景密切相关，如"Вам нетрудно подвинуться?"（请您让个座，好吗?）"Во дворе собака!"（院内有狗!）这两个语句在既定的语境中分别表示"请求"和"警告"等交际意向。凡此种种，无疑涉及语句中的主观意向，Н. Д. 阿鲁秋诺娃在其一系列著述中对此做了深入研究。

Н. Д. 阿鲁秋诺娃于 1973 年发表的《语言学中的预设概念》一文是俄罗斯语言学界第一篇涉足语用学理论的文章，影响巨大，可被视为俄语语用学研究之先声。（周民权 2009：24）该文的中心思想可以被归结为：意向性背景与语用预设本质相似，都是一种思维假设和主观判断。此后，她在自己主编的《语言逻辑分析》文集及其他著述中，多次探究主观意向意义，其主要观点见诸《语用学与意向性问题》（1988）、《语言意义的类型：评价、事件、事实》（1988）、《语言与人的世界》（1999）、《自然语言逻辑分析：审美语言》

（2004）等著述，集中体现在语句中的主观意向、说话人与受话人的主观意向、第二话轮中的主观意向等三个方面。

3.1 语句中的主观意向

Н. Д. 阿鲁秋诺娃在《语用学与意向性问题》（1988）中明确指出："对于语言的思考不能忽视人的心智与情感、礼仪与美学基础以及感知和认识世界等几个方面。人的精神体验融会贯通于语言。"（Арутюнова 1988：6）这一论断完全契合"人类中心论"研究范式。显而易见，阿鲁秋诺娃已经超越传统的结构主义语言学理论，将注意力转向语言中"人的因素"，即语言的研究对象已不再拘泥于句子之类孤立的语言单位及其相互关系，更加关注语言中所有与人的主观因素有关的问题，如交际者、性别、年龄、职业、受教育程度、社会地位、语境、交际策略、统觉基础、话语目的等语用信息。如此等等皆与语句中的主观意向密切相关。

Н. Д. 阿鲁秋诺娃继承和发扬了 В. В. 维诺格拉多夫与 Н. Ю. 什维多娃的相关学说，基于逻辑语义视角，在表达说话人对客观事实进行品评的主观情态部分进一步挖掘主观意向意义，从中解析彰显说话人交际意向的语用要素。诚如 Е. В. 帕杜切娃明确指出的那样："在构造语句时，说话人同时实施两重行为：言说行为和意向行为，如表达肯定、许诺、请求、感谢、劝告、命令、提问等，从而实现说话人的交际目的。"（Падучева 1996：226）具体来说，语句的意向功能指的是构造语句的言语行为类型，一些语句因自身的功能可以用在各种言语行为中，而另一些语句则用在较单一的言语行为中。换言之，只有语句才具备意向功能，它不像句子那样游离于语境之外。

Н. Д. 阿鲁秋诺娃在其专著《句子及其意义：逻辑–语义问题》（1976）中使用的"意义"一词不是沿用传统的俄语 значение，而是 смысл，这本身就足以说明问题。俄语学界普遍认为，俄语 значение 一般表示句子的字面意思，即词典中的基本释义，属于表层结构，而 смысл 则表达句子的内在含义，受制于具体的交际语境，属于深层结构。例如，在莫斯科大街上，有位素不相识的路人问你："У вас есть часы?"如果将其理解为字面的疑问（вопрос）"您有表吗?"就不合时宜，大错特错。这实际上是对方向你发出的一个请求（просьба），意为"请告诉我，现在几点钟"。如果在某商场一楼总服务台，有顾客用同样一句话问服务员："У вас есть часы?"其意思可能有变，意为

"请问，你们这里是否售表?"，尽管这是一个疑问句，但其内在含义与字面意思相去甚远，在不同的语境中表达不尽相同的交际意向。

显而易见，Н. Д. 阿鲁秋诺娃关注的并不是句子的字面意义或对其内容予以品评，而是其深层的语用含义，这种含义表达的正是说话人的交际意图，即主观意向，诚如俄语学者孙淑芳所言：主观"意向语义与主观情态意义不是一回事。前者指完成一定的言语行为，而后者表达说话人对句子内容的评价和态度"（孙淑芳 2012：57）。

Н. Д. 阿鲁秋诺娃在《句子及其意义：逻辑-语义问题》一书中提出不少新观点，其中最重要的论点之一是：语句交际焦点的变化会引起其逻辑实质的根本改变。如"Петя разбил окно."（别佳打破了窗户。）是品评判断，而"Окно разбил Петя."（打破窗户的是别佳。）是证同判断；"Яблони растут в саду."（苹果树生长在花园里。）是对地点的判断，而"В саду растут яблони."（花园里生长着苹果树。）是存在判断。（杨利芳 2014：70）

在 Н. Д. 阿鲁秋诺娃看来，句子中报道的主位（тема，通常指交际上无标记的主语）具有证同特征，在交际中性的句子中一般做主语，是事物的符号替代物，发挥证同功能，体现交际者的表征意向，而句子中报道的述位（рема，通常指交际中无标记的谓语）具有概念意义特征，它并不是事物的符号替代物，仅在句中履行述谓功能的成分，表达概念意义。（Арутюнова 1976：109）

可以看出，Н. Д. 阿鲁秋诺娃把表示"句子成分"的分类问题与"现实切分"（актуальное членение）现象紧密联系起来，将形式层面与内容层面的研究有机地结合为整体，必要时又能对它们进行清晰的区分，只是在有利于研究的条件下，才会运用形式主义的方法以及现有的逻辑概念要素，用于揭示日常语言的特性，从而体现语句所表达的主观意向意义。

Н. Д. 阿鲁秋诺娃将词汇语义研究与句子语义研究有机地结合起来，通过语句的语境揭示词语的真实含义。她认为："词的意义取决于其在语句中的交际作用。而根据词语词汇意义在逻辑交际行为（即判断结构）中的不同作用，即词在句子中的逻辑交际功能，她首先区分出两类最重要的意义——将词与现实世界联系起来的证同意义和将词与人对世界的思维联系起来的述谓意义。前者要求词的意义是实指物的具体特征，而后者则相反，揭示词的概念（分类）意义。"（杨利芳 2014：69）这种对实词词汇意义的研究方法独具匠心，对当时的词汇语义学和主观意向研究具有革命性意义，开启了学术研究的新领域，夯实了主观意向意义的研究基础。

在 1999 年出版的代表作《语言与人的世界》一书中，Н. Д. 阿鲁秋诺娃更加关注语言与人的主观意向之间的联系，将语言现象与人理解和判断世界的能力、人的价值和规范体系联系起来，系统地阐明形象、象征和符号等符号学概念的形成规律，从中发掘语句中的主观意向意义。诚如 Л. С. 利哈乔娃谈到交际主体及象征符号时明确指出的那样："交际是一种主体之间相互作用的形式，但并不仅仅是相互作用和交流，更确切地说，是一种象征性的相互作用，通常会使用某些象征符号和标志符号来完成意义表征和交际。"（Лихачёва 2000：97）。Н. Д. 阿鲁秋诺娃持相同观点，她认为："交际是一种主体之间象征性相互作用的形式。说话人的主观意识和情感态度在"脱离"事实的情况下，会对受话人造成某种程度的伤害，如'Как ты мог！'这句话包含了说话人的愤怒或不满，表达了对受话人的直接指责。"（Арутюнова 1999：459）

在传统俄语语法的词类体系中，插入语（更广义的情态词）的归类并不明确，在词典的标注中缺乏连贯性，常常前后不一。针对这一问题，Н. Д. 阿鲁秋诺娃提出自己的看法，认为插入语的使用带有很大的随意性，只要它表达意向意义，副词、名词或者词组均可使用，且不依赖于谓词的意义而独立存在，完全取决于说话人的交际意图。也就是说，插入语的使用具有明显的不确定性，从而导致出现意向的不确定性，这也是俄语主观意向意义的典型特征之一。"俄语语句中表达主观意向的插入语通常是 наверно，наверняка，верно，конечно，видно，по-видимому，очевидно 等副词，当它们进入插入语位置时，几乎所有表示真值性、必然性、感知和认知的谓词都能够获得推测意义，即意向不确定性。说话人借助于它们抒发自己的正面或者负面情感。意向不确定性同样与民族心智的某些特点相互一致，其中包括其与民族心智和现实之间的距离感相互一致。"（Арутюнова 1999：804）在现实生活中，人在思维中由推测转向认知，而在语言中则恰恰相反，插入语的语义呈现朝不确定性方向递减的趋势。这一过程在俄语中表现强烈，几乎涵盖了整个真值评价体系。

除此之外，Н. Д. 阿鲁秋诺娃认为，情态不确定性还可以通过其他很多方法来表达，如形容词 определённый，известный 具有不确定意义。在这些俄语所特有的结构中，不确定性标志对应的不是指物意义，而是特征意义。也就是说，不确定性不仅包括情态性，而且包括特征性。例如，В. В. 维诺格拉多夫在研究陀思妥耶夫斯基的《双重人格》的文体时，就曾写道："接连不断地使用不定代词和副词所表达的标记不确定性，营造了某种神秘暗示、恐怖期待的气氛，后者通常做喜剧性处理。这是强调小说怪诞文体的方法，也是把行为特征的标记扩展到其所有次要细节的方法。"（Виноградов 1976：114）据此，Н. Д. 阿鲁秋诺娃得出结论："特征性和情态性这两类不确定性构成了俄语典型的特点，其比重在渐增，而不是渐弱。"（Арутюнова 1999：805）

在研究代词类别所表达的不确定性时，Н. Д. 阿鲁秋诺娃首先关注的是代词 то（尤其是 какой-то 和 как-то）以及情态不确定性符号（尤其是 как бы）。它们构成了语篇的结构要素以及标记名词指称事物的关系，绝不是经常可以省略的。例如，如果把不定代词从语句 "Какой-то мальчик вдруг побежал к реке." 或 "Какой-то рыбак сидел на берегу." 中删去，改为 "Мальчик вдруг побежал к реке."，"Рыбак сидел на берегу."，会导致不确定的指称更换为具体的指称，在原有语调不变的情况下，讲的可能只是确定的和具体的人。

需要指出的是，不定代词指示的是特征特殊的、不同寻常的变体，该变体难以觉察且难以确定。因此，不定代词并不总是可以从语篇中删除的，如不能说 нечаянно воровать，但可以说 воровать как-то нечаянно。（Арутюнова 1999：833）上述研究表明，俄语中的情态性和特征性这两类不确定性通常是通过语句展现出来的，具体的语境能够赋予它们具体的含义。一般来说，不定代词在肯定的语境中较少使用，它使用的主要场合是：特征意义由完整的限定组合，即由名词及其修饰语一起表达。如：

①А что за прелесть была в его речи, в какой-то особой плавности и стройности слога.（В. В. Набоков）

②Он уловил какую-то давно знакомую, золотую, летучую линию, тотчас исчезнувшую навсегда.（В. В. Набоков）

不仅如此，不定代词的使用还能够给肯定的语境带来否定的语气：

③И на этом деревянном лице вдруг скользнул какой-то тёплый луч, выразилось не чувство, а какое-то бледное отражение чувства.（Н. В. Гоголь）

④И бури немощному вою

С какой-то радостью внимал. （А. С. Пушкин）

这里所说的"某种高兴"与一般意义上的高兴不同，它指的是与所描写的异常情景相互一致的高兴情感的变体：风暴的怒吼不会引发"常见的"高兴，但可以引发某种带有否定语气的高兴。

如此看来，在俄语语句中，不定代词在表达特征意义时，带有明显的主观意向性，说话人可以借助于它们抒发自己的某种情感，从而使得不定代词的不确定性有增无减，获得来自它们本身的模糊不定的附加意义。

3.2　说话人与受话人的主观意向

主观意向与说话人的命题态度密切相关，属于说话人存在方式的一种语言意义。该意义是指"语言的这样一种特性，即在话语中多多少少总是含有说话人'自我'的表现成分。也就是说，说话人在说出一段话的同时表明自己对这段话的立场、态度和感情，从而在话语中留下自我的印记"（沈家煊2001：268）。说话人实现其主观情态所体现出来的意义叫作主观意义，该意义是说话人受某种目的驱使而对语言系统单位、单位之间关系和语言单位使用规则的有意偏离的结果，是说话人生活、存在的方式，又叫作说话人意义。所谓说话人意义，"它是一种由个体人（индивид）根据一系列既可能共同发挥作用，也可能独自行使功能的语用因素赋予词的主观内容。此处所说的语用因素包括：（1）说话人有关词所意谓事物或现象的知识量；（2）说话人交际，广言之，生活活动的目的和任务；（3）他（们）所谈到事物或现象本身的特点"（李洪儒2005：45）。说话人意义与句子的字面意思、客观意义不同，它受制于语境，可能包括句子的字面意思，但比后者的范围更大、表意更广，比如间接言语行为所具有的说话人意义；也可能偏离字面意义，比如隐喻，或者表示与字面意义对立的意义，如讥讽。（李洪儒、王晶2011：17）因此，研究说话人意义就是研究主观意向意义。

Н. Д. 阿鲁秋诺娃认为，说话人意义的研究离不开言语行为（речевой акт）。言语行为可以从两个方面去探究：一是看其真值，二是看其所实施的行为动作。

从语用学视角来看，说话人和受话人参与言语交际时，总是有目的和指向的，表现为一种具有明确指向的言语习性反应行为（речеповеденческий акт）。

也就是说，言语行为通常是在"я—ты—здесь—сейчас"这一语用标记框架下实施的，表示"说话人与受话人的言语交际是在此地此时进行的"，即时性很强，无论是现实交际中的口语对话，还是文艺作品中的书面描写，都无一例外地遵循这一语用规则。显而易见，Н. Д. 阿鲁秋诺娃所说的"指向性"直接体现了说话人在交际中的主观意向。

然而，按照语言相对论的早期代表人物德国语言学家 W. 洪堡德（1999）的观点，语言用不同的方式对现实进行范畴划分，这些迥异的方式限定了我们大脑组织知识的方式。这一相对论观点的精髓一直延续至今：语词的概括度和语法化、构词形态学范畴对于不同语言使用者的认知起到决定作用。据此，我们认为，"说话人"之所以被视为对话的主导者，很大程度上是受语词概括度的影响所致，俄语 говорящий（说话人）就是对这种概括的最好诠释，слушающий（受话人）则被排斥在外，这里显然忽视了一个重要的语用问题：说话人和受话人作为对话的直接参加者，都是"说话的人"（человек говорящий）。

尽管学界对说话人意义即主观意向意义的说法没有什么异议，但对"说话人"的界定及指涉对象看法不一，一些学者顾名思义，认为"说话人"作为始发语的发起者，是对话的主导者，而"受话人"只是听众，处于被支配地位，不在"说话人"之列，因而对于受话人意义的研究甚少。关于受话人意义，有学者认为，尽管受话人在分析、理解语言现象时会生成主观性，但是主观意向意义的核心内容是说话人意义。这种以说话人意义为中心、排斥受话人意义的看法在语言学界较为流行。

然而，Н. Д. 阿鲁秋诺娃对此提出质疑，她认为，把说话人界定为"始发语的发起者，是对话的主导者"这一传统观点值得商榷。说话人与受话人这两个语用要素是相对的，并不是绝对意义上相互独立的"说"与"听"。受话人作为反馈话轮的应答语发起者，既是受话人，也是说话人，其话语亦应在"说话"之列，而当受话人开始说话时，始发语的发起者，即说话人，便成为受话人，角色互相转换，如此循环往复，不一而足。因此，说话人与受话人相互平等，在言语交际中享有同等的语言学地位，不存在主次之分。

Н. Д. 阿鲁秋诺娃在《受话人因素》（1981）一文中明确指出，语用意义的形成受制于一系列因素，其中不仅涉及说话人和言语行为得以实施的社会环境，而且包括"受话人"这一重要因素，因为"语句的阐释在很大程度上取决于受话人。在进入交际时，受话人和说话人一样，不是包揽一切的人，而是在一定功能范围内充当某种角色，与说话人相辅相成，构建对话基础，二者缺一不可"（Арутюнова 1981：356）。

不难看出，Н. Д. 阿鲁秋诺娃所指的"说话人意义"囊括了说话人和受话人两个层面的意义，旨在强调交际双方——说话人和受话人之间相互平等的交际关系，与传统的"说话人中心论"相左。我们认为，Н. Д. 阿鲁秋诺娃的观点不无道理，深刻揭示了问题的症结所在：受话人这一前提条件的满足乃是言语行为取得成效的重要因素之一，这一交际主体理应受到重视，"搞错受话人"可能会事与愿违。受话人的角色所决定的不仅仅是言语的社会礼仪方面，他还迫使说话人关注自身的言语提炼，因为说话人任何一种不合时宜的言语表征必将危及他本人的利益，并可能会招致受话人一连串的质疑，反之亦然。

由此看来，"先声夺人""先入为主""先下手为强"等交际策略值得商榷，平等对话、不分尊卑理应成为人类最基本的交际原则。

3.3 第二话轮中的主观意向

为了翔实佐证自己关于受话人因素的见解，Н. Д. 阿鲁秋诺娃在 1990 年发表的《第二话轮现象或者关于争论的益处》一文中进一步论证所提观点。她针对通常对始发语的研究与描写远远多于作为反馈话轮的应答语这一现象，深入分析了第二话轮（вторая реплика）的重要作用与逻辑语义，认为第二话轮并非处于交际边缘，"受话人的应答语具有独立的主观意向空间，并非完全受制于始发语"（Арутюнова 1990：177）。在日常言语交际中，受话人可以通过应答反客为主，主动出击，积极实施多种言语行为：他可以提出问题，接受或不接受始发语规定的交际程序，同时还可以对说话人表示假象同意、反驳、否定、让步，也可以接受请求，可以拒绝，或者未置可否，保持沉默。"正是应答语独特的交际功能发展了语言中诸多的逻辑语法范畴。妥协、认可会产生双重情态意义。"（武瑗华 2001：194）例如：

⑤ — Ты говоришь вздор. （"你在胡说八道。"）

— Возможно, это и вздор, но я думаю именно так. （"也许吧，但我认为就是这样。"）

⑥ — Это плохая книга. （"这本书不好。"）

— Может быть, но я прочёл её с интересом. （"可能是吧，但我津津有味地读完了这本书。"）

⑦ — Ты был здесь и взял ключи. （"你来过这里，拿走了钥匙。"）

— Я действительно был здесь, но то, что я взял ключи, неправда. （"我是来过这里，但我拿钥匙这事儿压根儿没有。"）

在⑤⑥⑦例句中，受话人的应答语中都对说话人的说法首先表示未置可否，然后通过转折句"但是……"予以反驳，阐明事实，以此表明自己的主观意向。类似的反馈应答语还包括具有"让步"含义的言语表征，例如：

⑧ — Разве это не правда? （"难道这不是实情？"）

— Правда-то правда, да не вся. （"实情是实情，但并不完全是。"）

例⑧中的应答语起先貌似同意对方的说法，但下一句则间接予以否定，表明了受话人认为"这不是完全的实情"的真实意图：既然"不完全"，那就意味着不是"实情"。几乎所有肯定词都能够成为此类让步句的构成要素，如汉语中的"好是好，但……""对是对，然而……""确实，可……""是这样，但……"等。再如：

⑨ — Ключи взял ты. （"拿走钥匙的是你。"）

— Нет, ключи взял не я, а Иван. （"不，拿走钥匙的不是我，而是伊万。"）

⑩ — Это же форменный дурак. （"这人是个大傻瓜。"）

— Нет, этот дурак совсем не дурак. （"不，这个傻瓜一点儿都不傻。"）

在⑨⑩句中，受话人的应答语中均使用了对比否定手段，首先对说话人的说法予以否定，紧接着表明自己的看法。

上述应答语所展现出来的评价具有双重意向意义，无论表达"是"还是"不是"，都不是针对"原始"现实，而是针对始发语所表达出来的现实，其中既包括可验证内容，也包括不可验证的主观评价、假设等。关于应答语中的否定判断，Н. Д. 阿鲁秋诺娃认为它是第二性的，诚如许多语言学家和逻辑学家所指出的那样，"否定判断不能被看作与肯定判断平等的第一性判断"（Арутюнова 1990：177）。

由于相同命题的肯定与否定不可能同时出现在一个人的话语中，交际双方的对话便是肯定与否定的最自然的语境，这就是通过话语结构对否定的第二性特征进行分析所得出的合理解释。否定的第二性特征取决于它的一系列用法，以汉语为例：

（1）否定不用于对现实的直接反映，直接感受不用否定表达（如对苹果的直接感受不用否定句"不是梨，不是桃"表示）；

（2）否定一般不用于带狭义谓词的、对现实的直接观察（如不能指着汽车说"车不是在奔驰"，或指着鸟说"鸟不是喳喳叫"）；

（3）直觉所产生的隐喻不能否定（如不能指着一个人说："他不是熊猫"）；

（4）有情感参与的、对事物的直观评价，往往用带主观情感色彩的谓词表达，这种情况下一般不用否定式（如不能说："电影不太棒了"，"操场不绿油油的"）。（武瑷华 2001：194-195）

上述否定用于应答语，即第二话轮中最为合适，也最为自然，尤其是表示对比否定时，如汉语中常见到类似说法：

⑪ —— 他简直就是一头活驴。

—— 不，他不是活驴，是你儿子，都是你教育不好。

⑫ —— 我这么做都是为你好。

—— 不，不是为我好，是为你自己好。

上述对比表明，Н. Д. 阿鲁秋诺娃的第二话轮研究为汉语中的相关研究提供了视野参照。她通过该研究为受话人正名，表明受话人在反馈话轮以说话人的身份表达自己的主观意向，为传统意义上的"说话人"概念注入新的内容，拓宽了说话人意义研究的内涵与外延，这正是 Н. Д. 阿鲁秋诺娃对语用学研究的重要贡献之一。

需要指出的是，话轮研究属于会话分析范畴，而会话分析可以从多个视角进行，如功能语言学中的语篇分析、社会语言学中的话语分析以及心理语言学、人类学中的相关研究等，而 Н. Д. 阿鲁秋诺娃的第二话轮研究则基于语用学视域，指的是会话过程中随着说话人在任意时间内所说的话语结束，受话人开始说话，从而发生角色互换，形成第二话轮。

严格地讲，第二话轮并不是受话人的专利，当他成为说话人之后，第二话轮的拥有权则属于原先的说话人，即新的受话人，如此循环往复，形成链式话语转换。因此，第二话轮属于话轮研究范畴，所谓"第二"只是一个相对的概念，是针对首轮会话提出的，一旦话轮开始转换，"第二"也就失去了原有的意义，而说话人意义则成为研究者关注的重点。

4 结语

俄罗斯语言学界的主观情态与意向研究为我们提供了以下六点启迪：

其一，主观情态与主观意向一直是当代语言学的热门话题，涉及语法学、语义学、语用学、哲学、逻辑学等多个学科领域，并与句子、语句、命题、命题态度、意义等术语交织在一起，似乎难以区分。实际上，二者密切相关，互为存在前提，但各有侧重：主观情态是主观意向赖以形成的基础，有主观和客观之分，分别表达说话人对于语句内容的态度以及句子与现实之间的对应关系，属于语法学和语义学研究范畴；而主观意向则是主观情态的深度延伸，没有主、客观之分，只有主观意义，通常是指实施一定的言语行为，属于语用学研究范畴。

其二，主观意向是人类言语交际活动中不可或缺的语言现象，其研究对象囊括说话人意义与受话人意义。该研究的现实意义在于：说话人与受话人作为言语交际的主体，相辅相成，互为依托，享有平等的语言学地位乃至社会地位，这涉及人格平等、机会平等、权利平等以及赋予语言学研究以应有的社会价值，对于匡正人际交往中的对话及谈判机制，具有可资借鉴的参照。

其三，主观意向中的"主观"并非通常广遭非议的受个人偏见所限定的臆断，而是特指哲学意义上人的意识活动，亦是人在语境中的一种思考方式，其中既包括积极的主观能动性，也不乏消极的唯意志论。

其四，"语句中的主观意向"所涉及的"语句"并非孤零零的句子，而是进入交际的言语行为，带有明确的目的性和指向性，说话人与受话人在各自的话轮中利用丰富多样的语料表达其交际意图，主观意向性贯穿于他们进行言语交际的整个过程。

其五，对话是主观意向研究的最佳平台，交际双方互为存在前提，缺一不可。对话的交际目的并不拘泥于对话所实施的言语行为，它能否实现还要取决于对方的反应。交际目的是由说话人设定的，而实现其意图的则是受话人，反之亦然。设定目的和达到目的的游离于动机与反应之间，受话人对等的反应不仅能够保证说话人实现其既定交际目的，而且可以为对话的言语连贯性提供保证。

其六，"第二话轮"这一语言现象与人们理解判断世界的能力及其思维方式、心理定式和价值观念密切相关，与人的主观意向融为一体，从而使得形象、象征和符号等符号学概念形成规律，在人类言语交际中发挥引领作用。

综上所述，可以看出，以 В. В. 维诺格拉多夫、Н. Ю. 什维多娃、Н. Д. 阿鲁秋诺娃为代表的俄罗斯语言学家紧跟时代学术潮流，秉持本土化研究理念，勇于探索，接力传承，从俄语中的"述谓情态"到"主观情态"，再到"主观意向"，由浅入深，由表及里，彰显了语法学向语义学、语用学研究的转换与跨越，演绎了结构主义语言学理论向"人类中心论"研究范式的升华，从而确立了"主观意向"这一语言现象在俄语语言研究中的学术地位。

参考文献

［1］ АРУТЮНОВА Н Д. Предложение и его смысл：Логико-семантические проблемы ［М］. Москва：Наука，1976.

［2］ АРУТЮНОВА Н Д. Фактор адресата ［J］. Известия Академии наук СССР. Серия литературы и языка，1981，40（4）：356–367.

［3］ АРУТЮНОВА Н Д. Прагматика и проблемы интенсиональности ［С］. Москва：ИНИОН，1988.

［4］ АРУТЮНОВА Н Д. Речевой акт ［М］//ЯРЦЕВА В Н. Лингвистический энциклопедический словарь. Москва：Советская энциклопедия，1988：136–137.

［5］ АРУТЮНОВА Н Д. Феномен второй реплики или о пользе спора ［С］//АРУТЮНОВА Н Д. Логический анализ языка：Противоречивость и аномальность текста. Москва：Наука，1990：175–189.

［6］ АРУТЮНОВА Н Д. Язык и мир человека ［М］. 2-е изд. Москва：Языки русской культуры，1999.

［7］ БАЛЛИ Ш. Общая лингвистика и вопросы французского языка ［М］. Москва：Издательство иностранной литературы，1955.

［8］ ВИНОГРАДОВ В В. Русский язык （Грамматическое учение о слове） ［М］. Москва：Государственное учебно-педагогическое издательство，

1947.

［9］ ВИНОГРАДОВ В В. К морфологии натурального стиля （Опыт лингвистического анализа петербургской поэмы «Двойник»）［М］// ВИНОГРАДОВ В В. Поэтика русской литературы. Москва：Наука，1976：101–140.

［10］ ВИНОГРАДОВ В В и др. Грамматика русского языка［М］. Москва：Издательство Академии Наук СССР, 1952–1954.

［11］ ЛАПТЕВА О А. Мысли Виктора Владимировича Виноградова о социальных и личностных факторах речи в связи с теорией литературного языка［J］. Вопросы языкознания, 1989（4）：111–127.

［12］ ЛИХАЧЁВА Л С. Этикет в социальном взаимодействии：полипарадигмальный подход［М］. Екатеринбург：Уральское издательство，2000.

［13］ Новое в зарубежной лингвистике. Выпуск XVII. Теория речевых актов［С］. Москва：«Прогресс», 1986.

［14］ ПАДУЧЕВА Е В. Семантические исследования：Семантика времени и вида в русском языке. Семантика нарратива［М］. Москва：Языки русской культуры，1996.

［15］ ШВЕДОВА Н Ю. Русская грамматика, т. 2：Синтаксис［М］. Москва：Наука，1980.

［16］ ШВЕДОВА Н Ю. Очерки по синтаксису русской разговорной речи［М］. Москва：Издательство Академии Наук СССР, 1960.

［17］ 曹越明. 俄语主观情态性的句法学研究及语用观［J］. 天津外国语大学学报，2015，22（3）：23–28.

［18］ 董沛文. 论胡塞尔意义理论的意向性［J］. 理论探索，2010（1）：45–47.

［19］ 杜桂枝. 俄罗斯语言学中的语用学研究［J］. 外语学刊，2002（3）：37–43.

［20］ 郝斌. 俄语句子情态性的表达［J］. 外语学刊，2001（2）：17–26.

［21］ 李洪儒. 试论语词层级上的说话人形象——语言哲学系列探索之一

［J］. 外语学刊，2005（5）：43-48.

［22］李洪儒，王晶. 说话人意义及其结构的研究维度——语言主观意义研究（一）［J］. 外语教学，2011，32（5）：16-20.

［23］李洪儒. 语法学中情态研究的新趋势：从句法观到语用观［J］. 外语教学，2018，39（5）：21-26.

［24］李勤，孟庆和. 俄语语法学［M］. 上海：上海外语教育出版社，2005.

［25］刘彬，何庆庆. 心智哲学视域下意向语境的认知翻译研究［J］. 中国外语，2019，16（6）：87-93.

［26］沈家煊. 语言的"主观性"和"主观化"［J］. 外语教学与研究，2001，33（4）：268-275，320.

［27］孙淑芳. 意向语义与情态意义［J］. 外国语，2012，35（5）：54-58.

［28］王传经. H. P. Grice 的意向意义理论述评（上）［J］. 外语教学与研究，1995（1）：38-44.

［29］武瑷华. 俄语语用学的基本问题［J］. 当代语言学，2001，3（3）：187-198，238.

［30］杨利芳. 阿鲁秋诺娃及其语言学研究［J］. 河南科技大学学报（社会科学版），2014，32（3）：68-71.

［31］杨明天. 俄语主观情态的语用研究［M］. 上海：上海外语教育出版社，2002.

［32］周民权. 20 世纪俄语语用学研究［J］. 解放军外国语学院学报，2009，32（2）：23-28.

作者简介：周民权，苏州大学外国语学院教授，博士，博士生导师，教育部人文社会科学百所重点研究基地黑龙江大学俄罗斯语言文学与文化研究中心专职研究员暨重大项目首席专家，西安外国语大学"西外学者"特聘教授，摩尔多瓦共和国国际信息工程科学院名誉院士。获江苏省教育科学研究优秀成果奖、江苏省人民政府哲学社会科学优秀成果奖、苏州市人民政府哲学社会科学优秀成果奖等奖项。主要研究方向为语用学、翻译学、功能语言学、社会性别语言学等。

沙赫马托夫的语言哲学思想及其当代评介①

姜 宏

摘 要：19 世纪末至 20 世纪初，俄罗斯百科全书式的语言学家沙赫马托夫不仅提出了句子中心学说，而且建构起至今对俄语语法学研究都具有重要作用的俄语语法学体系，更为重要的是，他基于心理－交际语言观，采取历史比较方法，将俄语标准语历史与俄罗斯民族史、方言史以及国家发展史结合起来进行研究，提出了一种综合性的语言学研究方法论。在当今跨学科背景下回顾该方法论，我们仍旧能够获得许多珍贵的启迪。

关键词：语言哲学；沙赫马托夫；心理交际理论；俄语标准语历史；俄罗斯民族史

与李锡胤先生产生第一次交集是在 2007 年的 5 月，当时王铭玉教授来复旦参加学术会议，他同时受李锡胤先生之委托去看望先生的好友——复旦大学资深教授、图书馆馆长贾植芳先生。我有幸受王铭玉教授邀请，一同去拜访贾植芳先生。后来见到李锡胤先生，他都要提及此事，并总是半开玩笑地说自己是复旦大学的"肄业生"。能与先生产生交集是晚学之荣幸。先生乃百科全书式的大师，拙文写的是俄罗斯一位百科全书式学者沙赫马托夫，以此致敬李锡胤先生。

---

① 本文系国家社科基金项目"范式视域的俄罗斯语言哲学史研究"（编号：17BYY034）的阶段性成果。

1. 问题的提出

沙赫马托夫（А. А. Шахматов，1864—1920）作为莫斯科语言学派（也称形式主义流派）创始人福尔图纳托夫（Ф. Ф. Фортунатов，1848—1914）的直系学生，是俄罗斯的天才语言学家、历史学家、民族学家和教育家，他是俄罗斯语言历史研究的奠基者，是古俄罗斯编年史研究的创始人，是俄罗斯句子中心学说的建构者，是语言史和民族史相结合研究的提倡者。此外，他在语音学、词汇学、句法学、词典学、方言学以及民族学和历史学等众多领域均造诣深厚，成果丰硕，称得上是一位百科全书式的学者。沙赫马托夫当选为科学院院士时，年仅 29 岁，是俄罗斯语言学史上最年轻的院士。正如维诺格拉多夫（В. В. Виноградов，1895—1969）所说："从 19 世纪 90 年代到苏联时代前几年的国内俄语科学史上，А. А. 沙赫马托夫院士也许占据着最突出的位置。"（Виноградов 1952：3）应该说，沙赫马托夫的许多思想和观点即便在今天看来，对我们也不无借鉴作用，尤其是其综合性语言学研究方法论对于当今的跨学科理念更是十分有益。然而，对于沙赫马托夫及其相关思想和学说，国内学术界鲜有涉及，对于其语言哲学思想更是如此，可以说，我国学者对这位杰出的俄罗斯学者的关注度还不够，这实属一件憾事。鉴于以上情况，本文拟就沙赫马托夫在语言哲学方面提出的主要思想进行提炼和评价，以期为跨学科背景下我国的语言学研究提供参考。

2. 沙赫马托夫的语言哲学思想

我们认为，就语言哲学[1] 方面来说，沙赫马托夫的思想和学说主要体现在以下几个方面：

（1）通过句子概念和心理交际理论来阐释语言与思维的辩证关系，建构起社会–心理学的语言–思维关系图。

沙赫马托夫在其语言哲学思想体系中，始终强调语言与思维之间不可分割的联系。这一观点不仅体现在其对俄语史和民族史研究的各种成果中，而且在他有关句子的各种定义和阐释中也得到了鲜明表达，他将句子定义为："表达思维的言语单位"（Шахматов 2001：19）；"为思维单位的语言表达服务的言语单位"（Шахматов 2001：19）；"发现词语中思维的唯一方法"（Шахматов 2001：573）。可见，在他看来，语言是思维的表达工具，二者密不可分。

如果说有关语言与思维密切关系的讨论在沙赫马托夫时代已经算不上是新的发现，那么沙赫马托夫的创新之处则在于他是通过句子的概念对该问题进行阐述的，而他的另一个创新，也是更为重要的思想，则是通过心理交际理论（теория психологической коммуникации）对语言和思维的关系做出了更为深刻的阐释。沙赫马托夫指出，概念的存储（запас представлений）是人类思维的心理基础，这种存储一方面得益于先辈们留给后代的经验，另一方面会因人类现在经历的变化而增加。这些概念的组合则是句子的心理基础，它们在人类交际这种特殊的思维活动中产生，这种特殊思维的目的是将存在于自己思维中的概念组合告知他人。交际和句子（即交际的表达）之间的中介是内部言语（внутренняя речь），交际开始于内部言语之外，但在内部言语的过程中结束，在这一过程中交际已经转为外部言语（внешняя речь）。因此，句子是通过语言手段对交际的再现；（Шахматов 2001：30）句子与交际之间的本质区别就是交际成分的具体化和句子成分的划分。例如，句子"被我们吓坏了的乌鸦飞上了高菩提树。"（Испуганная нами ворона взлетела на высокую липу.）对应于如下交际：其主题是"被我们吓坏了的乌鸦"（испуганная нами ворона），述题是"飞上了高菩提树"（взлетела на высокую липу）。在这里，交际的两个成分对应于七个单词，而这些词对应于句子的六个成分。（Шахматов 2001：28）

从上述话语中，我们可以发现沙赫马托夫所持的对语言和思维关系另一面的观点，那就是语言与思维并不完全相等，因为句子与交际以及二者的成分并不完全对应。不仅如此，我们还可以发现，心理交际理论的提出，其直接目的是确定与句子对应的思维单位，但其中却包含着沙赫马托夫对于语言的社会本质和思维的心理特质以及语言、思维和交际三者关系的理解，这是一种社会-心理主义的语言-思维关系图。这可以说是沙赫马托夫对语言哲学的一个重要贡献，著名语言学史专家别列津（Ф. М. Березин，1930—2003）对此做出了如下评说：现代语言学很难解释句子本质的心理主义色彩，而沙赫马托夫引入交际的概念来揭示语言、思维以及语言的社会本质之间的联系值得高度评价。

（Березин 1984：130）

（2）从思维的心理特征出发，在强调个体的重要作用的同时，指出语言的社会本质，将语言看作是一种社会现象。

首先，沙赫马托夫的心理-交际观决定了他的语言发展观，那就是个体-社会统一观。一方面他认为，在语言发生变化时，积极的动力总是来自个人；另一方面，说话者的集体环境只是被动地调节个人在语言中所做出的改变，或多或少地使它们与现有的社会语言规范相一致。语言现象的规律性影响的不是导致语言声音和形式变化的主动过程，而是调节它们的被动过程，使它们与当前规范相一致。这种被动的过程属于说话者（家庭、公社、部落、民族）的集体环境，而主动的过程则来自单独个体的语言，这些个体以其社会地位、思想、才能以及教育（文化）来反映这种环境。（Шахматов 2019：107）

其次，如前所说，有关语言和思维、语言和意识的关系在沙赫马托夫的句子学说中得到了体现。但是，沙赫马托夫不是在言语思想的个体表现中，而是在语言的社会功能中展示出这种联系的。在他看来，在解释鲜活语言的个体特征时，只有更加坚定地肯定语法范畴的社会本质，才能确定语言与思维联系的内在规律性。也就是说，对于沙赫马托夫来说，语言是一种社会现象，这一点不仅在其有关俄语历史的著述中得到了充分体现（见下文），而且在其名著《俄语句法学》[2]（Синтаксис русского языка 1925；1927）伊始他便指出："语言是作为人与人之间相互交际的工具而产生的。"（Шахматов 2001：8）也就是说，语言从产生之刻起，就肩负着协助人类沟通交流的重要使命，语言为交流而生，从其诞生之时便具备交际的功能。不仅如此，即便是他在引入"交际"这一概念时，其思维的心理主义和语言的社会功能都是紧密联系在一起的。在对交际概念的阐释中（见上文），他除了强调思维的心理基础是概念的存储，同时还指出这种存储与人类的历史经验和现在经历密切相关，不仅如此，他将思维活动理解为人类的交际，且认为这种特殊思维活动（也即交际）的目的就是说话人将存在于自己思维中的概念组合告知他人。

除上之外，沙赫马托夫还从社会学角度对 11 世纪基辅语言进行了划分，这可以说是他有关语言社会属性的一种表现。他将当时的语言划分为"统治阶级的语言"（язык господствующих классов）、"教育阶层的语言"（язык образованных классов）、"农村方言"（говоры сельской местности）。由此，他的结论是：口头语言在远古时期就有了社会类别。（Шахматов 1916：80-83）不仅如此，沙赫马托夫还就年龄和性别等社会因素对语言的影响做出了描述。他在《俄语历史教程》（«Курс истории русского языка» 1910-1911）的导论中指出："老一辈的语言与年轻一代的语言是有区别的，男性的说话方式和女性的说话方式也是不一样的。"（Шахматов 1910-1911：5）

沙赫马托夫的交际概念反映了语言和意识的关系以及语言的社会功能，在其整个思想系统中占据十分重要的位置，它是整个俄语语法发展史上的一个巨大推动力。俄罗斯著名语言学史专家、俄罗斯科学院通讯院士伊斯特林娜（Е. С. Истрина，1883—1957）在沙赫马托夫《俄语句法学》（2001）的序言中认为，沙赫马托夫的这一观点有两个很明显的缺憾，一是他在民族心理学（психология народов）的基础上提出的语言社会本质的观点，二是他有关交际的阐释（是将思维中概念的组合告知他人）。这种做法是无法说服当代读者的，因为对于第一个问题，当代读者很容易发现这种观点的唯心主义色彩，他的民族心理学中的社会内容，其本质只是"一般的个体"（общеиндивидуальное），与社会存在的形式无关，与社会发展的规律无关。而对于第二个问题，在当代人的理解中，通过言语交际告知他人的并非概念的组合，而是某一现实内容和客观事实，只不过它在言语中是通过反映这一客观内容的概念组合的方式体现的。但是，伊斯特林娜同时指出，我们必须承认，沙赫马托夫从语法和语言的社会基础出发的愿望是很有价值的。（Истрина 2001：9）

（3）强调语言与民族的密切关系，认为语言的发展史与民族发展史相互对应。

沙赫马托夫尤为强调语言历史与民族历史之间的密切关系。他致力于俄语史、方言学、词汇学、现代俄语标准语以及东方斯拉夫语的发展史研究，而所有这些问题都围绕着一个基本主题而展开，那就是俄语史和民族史的关系，而这一关系又始终穿插着俄语以及俄语标准语发展史这一主线。可以说，沙赫马托夫将自己的毕生精力都奉献给了俄语以及俄语标准语史的研究，而在考察俄语和俄语标准语史的过程中，他并非将它们看作是孤立的研究对象，而是始终将其与俄罗斯民族、东斯拉夫民族以及整个斯拉夫民族的发展历史联系起来进行剖析。这一鲜明特点充分反映在他的《俄语历史远古分期概述》（«Очерк древнейшего периода истории русского языка»1915）和《俄罗斯部落的远古历史》（«Древнейшие судьбы русского племени» 1919）等史学以及方言学和句法学研究的著述中。其相关思想主要体现为以下几点：

首先，语言的起源与民族以及民族语言的发展密切相关。沙赫马托夫认为，俄罗斯文字的起源和发展都受到古保加利亚语的影响，只是后来逐渐摆脱了这种影响。他说，俄语标准语就其起源来说，是一种转移到俄罗斯土地上的教会斯拉夫语（церковнославянский язык）（起源于古保加利亚语），几个世纪以来一直与鲜活的民间语言密切相关，只是逐渐失去了它的异国情调。由于与俄语比较接近，因此，教会斯拉夫语对于俄罗斯民族来说从未像拉丁语对德国人那样特别陌生，从它在俄罗斯土地上出现起，它就开始不可阻挡地同化民族语言。不过，书面语和民间语言的彻底融合到18世纪才开始，直到19世纪才实现。我们的书面语已经非常接近民间语言，然而，它至今仍然保留着它的外斯拉夫语构架（инославянский остов）。这种语言所包含的教会斯拉夫语元素不能被视为被迫的，也不能被视为借用的或外来的（заимствования）。相反，它们是共同教会斯拉夫语基础的残余，它们逐渐进入这一基础中，并取代了原始元素、俄语词汇、俄语形式和发音。（Шахматов 2019；转引自 Истрина 2001：4）

其次，语言的发展和变化与民族的发展和变化相互对应。沙赫马托夫在《俄语历史远古分期概述》中深入分析了斯拉夫民族在9—13世纪的发展状况，包括这一段时期的民族统一与民族分裂情况。与此同时，他还就这一时期语言的发展状况进行了考察，包括语言的统一和分化。最终他发现以上两者（民族和语言）之间呈现出的是一种平行关系，也即民族的统一与分裂直接影响着语言的统一与分化，民族的统一促成语言的统一，民族的分裂对应着语言的分化。（Шахматов 1915）

再次，语言与民族历史生活相互验证。沙赫马托夫认为，外斯拉夫语形式不仅渗透到古俄罗斯书面语的教会斯拉夫语中，而且是后者发展的重要来源。不仅如此，正是这些发展来源在最有价值的旧俄罗斯书面文字中得到了鲜明反映。就此，沙赫马托夫一方面坚持"用民族生活检验语言事实"（Шахматов 1911：12）；另一方面指出"因为某种原因，民间生活的大多数内部现象仍然没有被古代编年史家和编年史标记出来"（Шахматов 1911：13）。可见，沙赫马托夫意在表达民族生活事实应该被语言记录，一切文化生活的特征都不可避免地反映在语言中，语言生活中的事实是民族生活中事实的真实写照，语言与民族历史生活是一种相互验证的关系。

而在方言问题的研究上，沙赫马托夫同样也秉持以上理念和原则，将方言的产生和发展与民族部落的统一和分裂紧密联系在一起。他在《俄罗斯部落的远古历史》和《俄语历史远古分期概述》这两部著作中都阐述了方言的产生与发展和民族部落的产生与发展之间的密切关系，最终揭示了方言的产生与发展和民族部落的统一与分裂之间的平衡关系。我们知道，沙赫马托夫是一位著名的方言学家，他在方言学领域所做出的成就有目共睹。但是，他对方言学的研究兴趣以及他在这方面所收集的大量材料都是有其主要目的的，那就是重现俄罗斯民族的历史和建构俄语以及俄语标准语的历史。用沙赫马托夫的话说："俄语标准语的历史与俄罗斯民间语言的历史密切相关。"（Шахматов 1916：79）此外，他特别重视民间语言以及方言的研究及其语料的收集。对他来说，俄语方言语料都是历史解释和历史重建的最丰富和最有价值的材料来源，因为语言史与以该语言为母语的民族史以及该民族的方言史密不可分，历史研究的对象应该是整个俄语，而不只是标准的语言，不只是书面的语言。（Истрина 2001：3）

我们想说的是，从另一个角度来看，这是沙赫马托夫就语言功能的一种阐释，在他看来，语言具有文化记载和文化传承的重要功能。这可以说是他对斯拉夫主义范式基本理念的一种感悟和承袭，也是他对莫斯科语言学派（形式主义流派）主要思想的一种发扬光大。

正如俄罗斯历史学家伊斯特林所说："作为历史学家和语言学家，沙赫马托夫证明了研究俄语的科学不是一门自给自足的科学，它本身不是一门封闭的科学，而是研究俄语民族一般科学的一个分支。"（Истрин 1922：41）而另一位语言学史专家别列津也就此做出了如下评价：他（沙赫马托夫）的最大功绩就在于提出了语言现象研究的"综合性方法"（комплексный метод），把语言本身的研究与民族迁徙、民族历史和民族文化等问题联系起来进行考察，其最终目的是详尽和准确地重现共同俄罗斯源语这一鲜活的语言。（Березин 1979：185-189）

（4）坚持采用历史比较方法对语言进行研究，凸显语言历史与民族历史的关系。

基于对语言与民族、语言史与民族史之间密切关系的认识，沙赫马托夫就当时的中小学俄语课程的特点进行了批判："学生在校外获得语言知识，而学校本身的目的似乎只是使这种知识服从于一系列形式要求。"（Истрина 2001：5）由此，他提出了学校俄语研究和学习的另一个任务："在学校学习的应该是整个俄语，包括它的全部口头和书面现象"；"最丰富的实际语料是整个俄语"，而这一任务只能通过历史研究的方法才能完成，因为"只有通过历史研究才能把一门语言完整地呈现出来，把它的各个部分整体地呈现出来"（Истрина 2001：5）。"课程（предмет）的系统阐述（这是中小学教学所必需的）应该以课程的科学研究为基础"；"语言研究旨在解释所研究的现象，它首先必须是历史主义的"（Истрина 2001：5）。很显然，沙赫马托夫如此强调语言历史的研究是与他十分重视民族历史的理念分不开的。

沙赫马托夫将历史比较研究方法全面运用在其主要研究领域中，并取得了十分丰硕的成果。首先，他采用历史比较研究方法对俄语语音的历史问题展开了详细研究。他将古代俄语的语音同现代俄语的语音进行了对比，并在综合分析其他斯拉夫语的基础上提出了重构共同俄语原始语语音系统的设想。受自己老师福尔图纳托夫的影响，他并没有将共同俄语原始语系统视作某些语音特征的抽象总和，而认为它是一个具有多种区别性特征和内部规律的系统，这些规律和特点将反映在语言之后的发展过程之中。此外，他将历史比较法运用在自己多部编年史的编著中，其中包括《远古俄罗斯编年史》（«Хронология древнейших русских летописных сводов» 1897）、《早期基辅编年史及其来源》（«Начальный Киевский летописный свод и его источники» 1900）等。

通过以上方法，沙赫马托夫力图证明语言与民族、语言发展史与民族发展史之间是一种紧密相连的关系。对此，我们似乎还可以从另一角度加以说明。众所周知，沙赫马托夫是俄罗斯就现代俄语标准语进行全面描述的学者之一，"现代俄语"这门课程是因为他才被列入俄罗斯大学语言学的培养方案。但是，从某种程度上来说，沙赫马托夫对现代俄语标准语的研究重点实际上主要是其历史方面的内容，这指的是整个俄语历史，主要是其古代历史。因此，他真正感兴趣的并非俄语标准语系统本身，或者它的某个特定发展时期，也并非是已经形成的现代俄语标准语系统。（Истрина 2001：5）这使其对现代俄语的理解也带有民族历史研究的色彩。

作为比较历史语言学的主要代表之一，沙赫马托夫将其研究范围扩大到了俄语以外，涵盖了更广泛的斯拉夫学领域，并将与俄罗斯民族邻近的印欧语言和非印欧语言都纳入了研究范围。但这些都是为了同一个目标：对俄语和俄罗斯民族的古老命运进行历史重构。（Истрина 2001：3）

（5）在心理交际理论的基础上提出"句子学说"，强调句子的句法学地位，凸显俄罗斯语言的民族特性。

如果说语言与民族、语言历史与民族历史的关系是沙赫马托夫毕生的学术追求，那么他非常重视的另一个科学研究领域则是俄语句法学，他在这一领域可谓匠心独具、颇有建树。沙赫马托夫有关句法学的创新和理念主要集中体现在他的句法名著《俄语句法学》中。这在俄罗斯语言学史上是一部具有划时代意义的著作，因为此前俄罗斯还从来没有一部专门的语法著述对俄语句子做出如此全面和细腻的描写和研究。其最核心的语言哲学思想就在于其句子学说。沙赫马托夫的句子学说主要体现为以下几点：1）将句子看作是句法学的基本单位，提出句法学的任务是对句子进行研究；2）提出心理交际理论，在此基础上对俄语所有句子进行分类；3）将句法学和词法学结合起来，对句法学以及整个语言学的组成部分进行分类。

就"1）"来说，像福尔图纳托夫一样，沙赫马托夫也是从语言与思维的密切关系出发来解决句法学问题的，但是，与导师不同的是，他认为句法学的基本单位并非词组，而是句子。按照他的观点，词组学说应该从属于句子学说，句子的地位应该优于词组，并就此做出如下解释："语言是在其要素中形成，并在句子的构成中发展起来的，因为句子是揭示语言中思维的唯一方法。"（Шахматов 2001：573）"语言中首先获得存在的是句子；然后，根据句子的相互比较和影响来分解句子，从而从句子中分离出独立（尽管是非常有限和偶然的）存在和使用的词组和词（而词和词组通常可以在句子中找到）。"（Шахматов 2001：17）"句子是作为一个语法整体（грамматическое целое）被说话人和听话人所接受的言语单位（единица речи）。""句子是揭示词语中思维的唯一方法。""句子是思维单位的语言表达。"（Шахматов 2001：19）也就是说，语言与思维之间的联系是通过句子来实现的，语言的所有成分也是由

句子形成和发展起来的。因此，沙赫马托夫认为句法学的任务应该是对句子进行研究。（Шахматов 2001：17）

对于第二个思想［"2)"心理交际理论］，沙赫马托夫句法学理论的核心和基础是其心理交际理论。按照沙赫马托夫的观点，主体（субъект）和述体（предикат）不仅存在于心理判断中，也存在于其他心理交际中。他试图找到一个概念，不仅可以概括与判断相对应的句子类型，还可以概括其他思维单位，他找到的这一概念就是交际。他把交际理解为一种特殊的思维行为（особый акт мышления），其目的是将思维中的概念组合告知他人［详见本节的"（1）"］。而句子是人类言语最简单的单位，就其形式方面来说是一个语法整体，而就其意义来说，它是两个简单或者复杂概念的有意组合。言下之意，在句子和心理交际之间具有直接的联系，这种联系就是词与词的意义的联系。句子就是通过语言对心理交际的整体表达，或者说句子是通过语言手段对交际的再现（воспроизведение коммуникации средствами языка）。（Шахматов 2001：30）可见，按照沙赫马托夫的观点，句子具有逻辑–心理本质。值得强调的是，沙赫马托夫并未将句子与交际完全对应起来。对于这一问题，他是通过交际成分与句子成分之间的不完全对应关系来阐释的，他指出，句子与交际之间的本质区别就是交际成分的具体化和句子成分的划分，就此他引用了例句"被我们吓坏了的乌鸦飞上了高菩提树。"（Испуганная нами ворона взлетела на высокую липу.），并对它进行了交际成分和句法成分划分［详见本节的"（1）"］，进而发现句子与交际以及二者的成分并不完全对应，最终得出结论：句子并非交际的准确反映。（Шахматов 2001：30）

简而言之，沙赫马托夫的句法学是建立在交际研究的基础上的，而交际则是句子的心理基础。交际在沙赫马托夫看来是最简单的思维单位，它与命题（判断）并不完全相同。就像他说的，许多句法单位并不表达狭义的命题，但它们却充当着交际的符号。

心理交际理论不仅让沙赫马托夫建立其语言与思维之间的联系和区别，而且也是他对所有句子进行类型划分的心理基础。以他的理解，"交际的含义比判断更广，因为判断只包含对事物的肯定或否定，而交际还包括可以形成依赖或因果关系的其他类型的概念组合"（Шулежкова 2004：190）。也就是说，交际概念涵盖了各种各样的句子，其中也包括具有强烈情感色彩的句子。按照沙赫马托夫的说法，句子的元素、句子的组成部分、句子的成分不可能脱离于交际成分，但它们之间没有直接的对应关系。与此同时，句子的分解应该以它与交际的明确联系为前提。在每个句子中都应该包含与表达心理主体和述体组合的交际基本要素相对应的成分。（Шахматов 2001：30）于是，在心理交际理论的基础上，沙赫马托夫对俄语的所有句子以及句子成分进行了分类。例如，他分出了具有两个述谓成分的双部句（двусоставные предложения）和具有一个述谓成分的单部句（односоставные предложения），并对单部句的下位类型又做出了详尽划分，在他看来，单部句是俄语所特有的、带有民族特色的句子。再如，他将句子成分分为主要成分（главные члены）和次要成分（второстепенные члены）。以上显然是以其心理交际理论为前提的。

尽管在今天看来，沙赫马托夫的句子分类系统中还存在着不少问题和矛盾，但我们不得不承认，20 世纪初，"在青年语法学派关于心理主体（主语）和述体（谓语）的理论已经失败的情况下，沙赫马托夫的交际学说对普通句法理论的发展做出了重大贡献"（Шулежкова 2004：191）。

而至于第三个思想["3)"句法学和词法学相结合]，沙赫马托夫指出，句法学的基本单位——句子——的建构离不开词的词法形式，因此，词法的大部分内容（词类，词法范畴）都属于句法学的先导内容（ведение синтаксиса）。（Шахматов 2001：4）可见，沙赫马托夫将句法学和词法学结合在了一起，并指出了词法手段在形成句子和话语中的作用。这从某种意义上来说，具有一定的功能主义色彩。不仅如此，沙赫马托夫在此基础上对俄语句法学以及整个语言学的组成部分进行了分类。他说，句子可以分解出词组和词，但它们在形式和运用上都没有失去与句子的联系，而是保留了句子部分或者成分（части или члены предложения）的意义。而在句法之外，只剩下了那些与句法已经失去直接联系的语言成分，它们或者属于语法学的其他内容（语音学、词法学、词组学），或者属于语言学科的其他分支（词汇学、语义学）。由此，句法学可以分成几个部分：研究句子及其主要成分的核心部分；研究词组和句子次要成分以及词类的其他部分。也就是说，沙赫马托夫将语言学研究分成了七大部分：①句子学说，包括句子类型及其主要成分；②词组以及句子次要成分学说；③词类学说；④句子组合学说；⑤句子语调学说；⑥句子中的词序学说；⑦句子的意义以及句法范畴的类型学说。（Шахматов 2001：17-18）

我们知道，将词法学和句法学结合起来进行研究并非沙赫马托夫的独创，在他之前也有学者涉及过相关问题，但沙赫马托夫的创新在于他将词法成分和句法成分联系起来了，如果说在以往的著述中，对词法现象的分析总是优于句法材料的研究，那么在沙赫马托夫这里，句法学系统则包含了三个方面的内容："句子句法学、词组句法学和词类句法学，而且这三者在沙赫马托夫的体系中的排序也是如此。"（Клобуков 2001：5）

除上之外，沙赫马托夫还对俄语中的词组以及词类进行了类型划分。就词类来说，他提出了在当时看来是具有绝对创新性的观点。他将俄语的词汇划分成 14 种类型，区分出实词和虚词。以他的理解，虚词包括前置词、连接词、系词、语气词，甚至前缀。他把代词看作是物体或人的替代者。因此，他认为，代词不应被视作一种词类，而应被视为词类的组合。而感叹词在其词类体系中则占据了独立的位置。

3. 沙赫马托夫语言哲学当代评介

我们对沙赫马托夫的语言哲学思想进行了以上大致的梳理和阐释，对于在结构主义语言学环境中成长起来，尤其是对俄语语法学体系比较熟悉的读者来说，其中有关语法学的思想也许不够特别新鲜，因为句法学的基本单位是句子，语言学包括语音学、词汇学、语义学以及语法学（词法学和句法学）等主要分支理念，这对于当代的我们来说都是耳熟能详和理所当然的观念。但是，在此我们不得不强调如下：在青年语法学派十分盛行的年代，在福尔图纳托夫所领导的莫斯科语言学派框架之内，以上思想无不展现出沙赫马托夫作为俄罗斯杰出语言（哲）学家勇于开拓的创新精神和能力，同时也体现出他在语言哲学以及普通语言学方面的深厚造诣，无论是他就语言与思维以及语言与民族之关系所阐发的光辉思想，还是他对语法学乃至整个语言学的研究任务和主题所做出的哲学思考，尤其是他对俄语句子以及句子成分做出的全面描述，都充分体现出他作为莫斯科语言学派主要代表所应有的典型特征，那就是将语言（历史）与民族（历史）紧密结合起来，以及对语言形式的重视和细腻描写。

除此之外，需要指出的是，沙赫马托夫的语言哲学思想中还包含着功能主义和认知主义的内容。沙赫马托夫承认语言的社会性，其前提是把句子视作交际的表达，是言语的基础，是句法学的基本单位，而他有关句子以及句子成分的学说并非仅仅根据其形式，而是基于其所表达的概念来判断的。在句子的基础上建构句法学，这代表着 19—20 世纪语言学的先进思潮，它终止了词组学说的形式主义句法学，而最重要的则是其对句法学研究所采用的交际方法，这一方法直到几十年后才开始被俄罗斯语言学家们真正使用。克洛布科夫教授（Е. В. Клобуков）在沙赫马托夫的《俄语句法学》的序言中言道：这部著作实际上是俄罗斯首次对功能语法模型的全面实现，它采取的是从句子的交际意图到其在词法形式组合中实现的路径。如果说俄语句法学的研究纲领在沙赫马托夫的著作中并未得到彻底实现（尽管该纲领将句子组合规则、语调、词序和句法范畴等问题都已纳入进来），那么可以肯定的是，沙赫马托夫提出并打算解决的一系列复杂问题至今都尚未得到彻底的解决。（Клобуков 2001：5）而就认知主义的内容来说，我们可以发现，在沙赫马托夫的句法学理论中常有心理学术语（如思维、概念、感受、经验等）的出现，但是，这些术语蕴含的并非心理学本身的意义，它们体现的是语言学对语言与意识、语言与人类认知活动之关系问题的一种关注和追求。这不能不说就是当今认知语言学的兴趣所在。（Клобуков 2001：5）

更值得强调的则是沙赫马托夫建构的语言研究的综合性方法，这一方法主要体现在他对俄语以及俄语标准语的史学考察中。受其恩师福尔图纳托夫的影响，沙赫马托夫在自己的研究中一直努力将语言的历史与民族的历史联系起来，将俄语及其方言的起源与斯拉夫民族，尤其是东斯拉夫民族的起源联系起来，着重对斯拉夫语言与其他语言之间的相互影响和相互作用、古斯拉夫文献、斯拉夫社会-政治-文化史以及民俗学问题进行了观察。可以说，他毕生都献给了对以上问题的探索。他大大扩展了俄语标准语历史的考察范围和角度，一方面，他将俄语标准语的历史与所有其他斯拉夫标准语的历史紧密联系起来，另一方面，他通过俄语标准语发展史研究在俄语语言学体系中建构起一个中心，并使之成为俄语语言整个历史的中心，从而把民族语言史、民族文学史、民族诗歌创作史以及民族方言史全部纳入进来，就此形成了一种跨学科的语言学综合性研究方法论，这种方法论在严格采用历史比较分析方法的基础上，将民族文化史以及政治社会史融为一体对语言事实进行分析。通过这种综合性研究方法，沙赫马托夫试图在不同的地区差异中揭示标准语和民间语言之间，以及古代语言与现代作家和民间方言之间的相互联系和相互作用，从而克服并跨越了俄语标准语史与俄语方言史以及民间语言史之间的鸿沟。就此，维诺格拉多夫指出，沙赫马托夫在研究俄语史的过程中，广泛地、大胆地、独立地运用了斯拉夫语的比较历史方法，同时试图将语言史与民族历史联系起来。他感兴趣的是俄罗斯民族的文明史，并将之与东斯拉夫方言和语言的历史、俄罗斯国家的历史和俄罗斯知识分子的历史联系起来。而这些问题在沙赫马托夫那里是与俄语标准语的发展史密切相关的。（Виноградов 1952：3-4）

4. 结语

总而言之，沙赫马托夫不仅对莫斯科语言学派有关语言及其历史和民族及其历史之间密切关系的思想进行了发扬光大，而且通过句子学说对该学派做出了突破与创新。因此学界有人说，沙赫马托夫在很多方面都超越了他的导师、莫斯科语言学派的创始人福尔图纳托夫。（Шулежкова 2004：190）众所周知，21 世纪的语言科学十分重视研究语言与交际、语言与思维之间的关系，并且格外强调跨学科的语言研究，而新时代背景要求将语言学与中华民族伟大复兴联系起来，尤为注重民族历史与文化。事实上，所有这些问题在沙赫马托夫的语言哲学思想体系中都已经作为语言学的整体任务被提了出来。这恰恰就是其语言哲学（语言学方法论）思想的闪光之处，也是在今天仍旧值得我们去挖掘并加以参考的东西。

注释

1. 汉语的"语言哲学"这一笼统概念可以有三种不同含义：一是"语言哲学"；二是"语言的哲学"；三是"语言学哲学"。就俄罗斯语言哲学的研究而言，它更倾向于"语言的哲学"和"语言学哲学"两个方面的探讨，而且尤为注重语言以及语言学研究在人类社会和文化发展中所起到的作用和发挥的功能，那就是从语言的本质以及语言在人类社会和文化发展中的功能出发所展开的对语言与世界、现实、思维（认知）、文化、逻辑，以及操语言的人等相互关系的探究。（姜宏、齐芳溪 2018：261）

2. 该书第一版于 1925 年发行，本文采用的是其 2001 年版。

参考文献

［1］БЕРЕЗИН Ф М. История русского языкознания：учебное пособие для филологических специальностей［М］. Москва：Высшая школа，1979.

［2］БЕРЕЗИН Ф М. История лингвистических учений［М］. 2-е изд. Москва：Высшая школа，1984.

［3］ВИНОГРАДОВ В В. Учение акад. А. А. Шахматова о грамматических формах слов и о частях речи в современном русском языке［М］// ШАХМАТОВ А А. Из трудов А. А. Шахматова по современному русскому языку（Учение о частях речи）. Москва：Учпедгиз，1952：3－26.

［4］ИСТРИН В М. Очерк истории древнерусской литературы домосковского периода（11－13 вв.）［М］. Петроград：Наука и школа，1922.

［5］ИСТРИНА Е С. Работа А. А. Шахматова над синтаксисом［М］// ШАХМАТОВ А А. Синтаксис русского языка. 3-е изд. Москва：Эдиториал УРСС，2001：редакция и комментарии 3－11.

［6］КЛОБУКОВ Е. В. У истоков коммуникативной грамматики русского языка［М］//ШАХМАТОВ А А. Синтаксис русского языка. 3-е изд. Москва：Эдиториал УРСС，2001：вступ. 3－6.

［7］ШАХМАТОВ А А. Курс истории русского языка［М］. 2-е изд. Санкт-Петербург：Лит. Богданова，1910－1911.

［8］ШАХМАТОВ А А. Русская историческая диалектология［М］. Санкт-Петербург：Лит. Богданова，1911.

［9］ШАХМАТОВ А А. Очерк древнейшего периода истории русского языка［М］. Петроград：Типография Императорской Академии Наук，1915.

［10］ШАХМАТОВ А А. Введение в курс истории русского языка：Ч. 1［М］. Петроград：Издание Студенческого издательского комитета при Историко-филологическом факультете Петроградского университета，1916.

［11］ ШАХМАТОВ А А. Древнейшие судьбы русского племени ［М］. Петроград：Издание Русского Исторического Журнала，1919.

［12］ ШАХМАТОВ А А. Синтаксис русского языка ［М］. 3-е изд. Москва：Эдиториал УРСС，2001.

［13］ ШАХМАТОВ А А. Очерк современного русского литературного языка：учебник для вузов ［М］. Москва：Издательство Юрайт，2017.

［14］ ШУЛЕЖКОВА С Г. История лингвистических учений ［М］. Москва：Флинта，2004.

［15］ 姜宏，齐芳溪. 俄罗斯语言哲学史中的罗蒙诺索夫 ［J］. 社会科学战线，2018（9）：261-265.

作者简介：姜宏，文学博士，复旦大学外国语言文学学院教授，博士生导师，博士后合作导师，复旦大学俄文系主任，复旦大学教学名师，复旦大学优秀研究生导师，两次莫斯科国立大学访问学者。曾获得霍英东教育基金青年优秀教师奖、广东省级南粤优秀教师称号以及俄罗斯政府颁发的"俄语推广贡献奖"等多个荣誉。主要研究方向为理论语言学、功能语言学、对比语言学等。先后主持国家社科基金项目2项、国家社科基金重大项目子课题1项、省部级项目3项，参与国家及省部级项目多项，出版学术著作4部，在《现代外语》《外语研究》《社会科学战线》《外语与外语教学》《世界宗教文化》《外语学刊》《解放军外国语学院学报》《中国俄语教学》等国内外重要期刊上发表学术论文百余篇。

俄语功能交际语法视域下词汇
在句法中的功能探究
——兼纪念李锡胤先生对俄语词汇研究的贡献

郭淑芬

摘　要：本文在介绍俄语功能交际语法特点的基础上阐述了词汇在功能交际句法中的重要地位及其在不同语境中所表现出的不同功能。通过大量例证分析说明了词的词汇语义变体、词的所指归属、词的句法派生和句法零形式在功能交际句法中的重要作用；论述了相同的词或表示相同意义的不同词在不同的语境中会因交际意图的不同而位置不同，因交际角色的不同而受到的限制也不同；论证了形义对称词和形义非对称词以及形义对称结构和形义非对称结构在句法中地位和功能的强大，不仅能够帮助我们掌握表达相同所指内容的同义转换句的构成方法，还能提高还原文本和正确理解文本内涵的能力。

关键词：俄语功能交际语法；句法；词汇；词汇语义变体；形义对称词和形义非对称词

众所周知，李锡胤教授是蜚声国内外的辞书编撰学家、语言学家、翻译学家，李先生学贯中西、学识渊博、治学严谨、为人低调，吾辈实乃无从望其项背，但其为后辈树立的学术榜样是我们永远追求的目标。李先生毕生都在从事俄语词典编撰事业，他主编的《大俄汉词典》（1985）、四卷本《俄汉详解大词典》（1998）以及修订出版的四卷本巨著《新时代俄汉详解大词典》（2014）获奖无数，使他的名字响彻整个国内外俄语学界。那本厚厚的《大俄汉词典》一直是我的案头工具书，即使现在有了各种电子词典和手机翻译软件，我依然保存着这本已经被翻得卷了边的大词典，无论在教学实践还是学术论文中都时常引用其中的例句。

笔者作为黑龙江大学 83 级的学生，受益于李锡胤先生的"学生不仅要学好语言，更要培养自己的逻辑思维能力"的教学主张，有幸聆听了李先生当年给我们开设的逻辑学课程。虽然当时因读书少、学识有限，没太听懂先生教授的深厚复杂的逻辑学知识，但相信先生培养的逻辑思维能力还是潜移默化地影响了我，我也算得到李先生的言传身教，至今师恩难忘。遗憾的是，自1986 年 7 月本人离开母校去莫斯科大学留学之后就再未有机会受教于李先生，虽然 2001 年我又回到母校做博士后，但因各种原因未能抓住有限的时机向先生求教，现在想来仍后悔不已。鉴于李锡胤先生毕生都在与词典中的词汇打交道，并极其重视词的语义阐释、功能和语用（详见李锡胤 2007），为我国俄语词典编撰事业和词汇研究做出了宏伟贡献，作为先生曾经的学生，我愿继承大师注重词的语义研究的思想，谨以此拙文纪念我们全体学生心目中永远的学术榜样和平易近人的布衣大师，唯愿先生毕生一丝不苟、严谨治学的精神成为我国世世代代俄语学子在科研和教学事业上努力追求的不朽标杆。

1 俄语功能交际语法的特点及其对词汇地位的认识

俄语功能交际语法是在功能交际语言学教学法语言模式[①]（Функционально-коммуникативная лингводидактическая модель языка）（Амиантова、Битехтина、Всеволодова и др. 2001）框架下，由莫斯科大学语文系 М. В. Всеволодова[②]教授于对外俄语教学实践过程中建立起来的理论体系；是从功能和交际两个角度描写俄语的一种新方向，其研究思路与传统形式结构语法相反，是从功能、意义、交际目的和意图到语言已有手段的描写方法；是说者和写者的语法；是 Л. В. Щерба（2004）所说的"积极语法"（активная грамматика）；是言语语法（грамматика речи）与传统的"消极语法"（пассивная грамматика），即读者或听者的语法截然不同；是应用研究方向的著名学派；是为对外俄语教学服务，以教会外国人正确有效地用俄语进行交际为目的的大学实践派功能语法；同时是以其他语言（包括斯拉夫语系的亲族语言和类型学上完全不同的其他语言）为"棱镜"去描写俄语的语法，在对外俄语教学的理论和实践方面都颇具影响。

在传统的俄语语言学中词汇和语法是两个截然分开的部分，分别属于词汇学和语法学。词汇在句法中的作用鲜少有学者关注，一般认为只有在汉语一类的语言中词汇才对句法有重要价值，实则不然，俄语功能交际语法就把词汇置于句法的重要位置，研究词汇在句法中的功能，因为"词是最小的、可以独立运用的称名单位，句子是最小的交际单位"，"而句子又是由词组成的。因此对词的研究在音位学、形态音位学、构词法、词法学和句法学中都是不可少的"（华劭 1986：44）。可见，词汇是语言的建筑材料，词汇在句法中的功能强大。因此，功能交际语法把传统语法中被分离的语法学和词汇学紧密地结合在了一起。

Всеволодова 认为，词汇是句法不可分割的一部分，是语言的物质基础，也是把对客观现实的认知保存在语言意识里的内容层面要素，句法结构由词汇建构，且依赖于词汇，只有在句法结构中词汇才得以演变成言语，词汇在言语中的功能是由词法形式和句法结构体现的。（Всеволодова 2000：21；2016：40）然而，在言语中起作用的不是作为词位（лексема，即词法分析的抽象单位）的单词，而是其具体的词汇语义变体（лексико-семантический вариант）。

1.1　词汇语义变体在功能交际句法中的应用

词汇语义变体这个术语最初是由 Смирницкий（1954：36）引入语言学的，指同一个词的意义变体，即同一个词只有根据其在具体言语中的体现和上下文中的使用才能确定其词义。在功能交际句法中 Всеволодова（2000；2016）也使用这个术语，她在其专著中列举了下面两个句子来说明同一个词的词汇语义变体：

［1］Дети **выходят** в сад. [③]

［2］Окна **выходят** в сад.

其中的谓语 выходят 就是 выходить 的两个词汇语义变体，因为它们有不同的意义和不同的词法聚合体，比如例［1］可以说："Я **выхожу** в сад. Дети **вышли** в сад."而例［2］则不能，但该句有同义转换形式："Окна **смотрят** в сад. Дом **смотрит/ выходит окнами** в сад."例［1］又没有。

在汉语中这是两个完全不同的词：例［1］是"走进"，例［2］是"朝向"。在这两句话中表达的是完全不同的关系：例［1］表示的是"积极的身体行为",例[2]表示的是"空间关系"。

此外,相同词的不同词汇语义变体有不同的特点,具体说明如下:

(1)词汇语义变体在语句中可占据不同的位置,比如副词 холодно,жарко,тепло,горячо 等,在表示"人的生理状态或自然状态"时占据的是谓语位置:"Мне **холодно**.""На улице **жарко**.""Рукам **горячо**."而在表示"人的情感或智能感受评价"时占据的是动词依附位置(приглагольная позиция):"**Холодно** ответили.""**Горячо** приветствовали.""**Тепло** встретили."

(2)词汇语义变体在词组中有不同的语调,比如形容词 настоящий 在表示"真正"意义时与修饰名词时,或读成相同的语调,或读成突出的语调,比较:

[3]Леонов был **настоящий артист**.

[4]Только **настоящий** артист способен на такой поступок.

而在表示"像"意义时,重音移至名词上,比较:

[5]Наш кот — настоящий **артист**.

形容词 ранний 也是如此:

[6]То было раннею **весной**,Трава едва всходила.(А. Н. Толстой)

(表示春天伊始:那是**初春**,草刚刚生发。)

[7]В **раннюю** весну снег долго лежит на земле.

(表示早春:**早春**时节,积雪久久覆盖着大地。)

1.2 词的所指归属

在分析句子的内容层面时必须考虑词的所指归属(денотативная отнесённость),也就是要看到隐藏在词背后的客观事实。比如下面两个句子:

[8]Самолёт **летел** на высоте 10000 метров.

[9]**Полёт** самолёта проходил на высоте 10000 метров.

这两句的意思都是"飞机**飞行**在万米高空",其中 лететь 和 полёт 是两个不同的词,但表达的是相同的客观现象,只不过 полёт 是形义非对称词(关于这一词类详见后文)。这两个词与例[1]和例[2]不同的是:相同的 выходить 表达的是不同的情景。

1.3 句法派生词

句法派生（синтаксическая деривация）包括动名词（девербативы）和形名词（деадъективы），与构词层面的理据词（мотивированные слова）不完全对等，比如动词 ездить 的对应动名词不只是 езда，还可以是 поездка，而 поездка 同时还是动词 ехать 的派生词。动名词 ход 同时与动词 ходить 和 идти 有关系。对比如下例句：

［10］ Он **ездит** на велосипеде с удовольствием. / **Езда** на велосипеде доставляет ему удовольствие.（**骑**自行车使他快乐。）

［11］ Он **ездил** в Киев. / У него была **поездка** в Киев.（他**去过**基辅。）

［12］ Мы должны **ехать** в Орёл. / Нам предстоит **поездка** в Орёл.（我们应该**去**奥廖尔。）

［13］ Рыба совершает **ход**/ **идёт** на нерест.（鱼**去**产卵。）

1.4 词的句法零形式

词在语句中可以是句法零形式（синтаксический нуль），指某个词在句中虽没出现，但根据其他词形的位置可以确定其语义，如：

［14］ Ребятам — о зверятах.（给孩子们**讲**小动物的故事。）

［15］ Хасбулатов — о демократии.（哈斯布拉托夫**讲**民主。）

可以确定的是以上两句中的零形式为言语动词，而下面两句中的零形式是运动动词：

［16］ На полюс — дуэтом.（唱着二重唱**去**极地。）

［17］ На собаках — по тундре（坐着狗爬犁**穿越**冻土带）.

Н. Д. Арутюнова（1976：210）正是根据句法零形式的不同，判定下面两句话中 на столе 所占据的位置不同，从而属于不同的逻辑句法类型④：

［18］ На столе — книга.

透过该句的表面可推测出其中的零形式是词汇化存在动词 лежит，而 на столе 是状语。因此，该句属于存在句。

［19］ Книга — на столе.

透过该句的表面可推测出其中的零形式是系词 была，而 на столе 是谓语。因此，该句属于表征句。

通过以上例句分析，我们不难发现词在句法中的地位极其重要，无论是词的词汇语义变体和词的所指归属，还是词的句法派生和句法零形式在句法中都起着非常重要的作用。

2 词汇在语句中的功能体现

词汇在语句中的功能取决于其占据的句子成分位置，在句子成分框架里起作用的不是词本身，而是词形，哪怕该词类没有词变范畴。此时词义相近的词常常有自己独特的表现，比如相同词的词汇语义变体在句子的交际视角（коммуникативная перспектива）中可占据不同位置，起不同的交际作用。交际作用的集合就构成了句子的交际结构，而词形占据不同交际级的能力则构成了句子的交际聚合体（коммуникативная парадигма），即因词在语句中扮演不同的交际角色而形成的句子的集合体。

Всеволодова（2016：41）指出了有几类词在语句中的交际角色受限或不受限的情况。

2.1 副词 сегодня，вчера，завтра

副词 сегодня，вчера，завтра 的交际角色无限制，可出现在任何位置上，如：

[20a] 主位焦点：**Вчера**[3]// было собрание. ⑤

[206] 无逻辑重音的主位：У на[3]с **вчера** // было собрание.

[20в] 述位焦点：Собрание было // **вчера**[1].

[20г] 无逻辑重音的述位：Собрание у нас // **вчера** бы[2]ло.

[20д] 中间插入位（无逻辑重音）：Собра[3]ние в среду, то есть **вчера**, бы[1]ло.

[20е] 情态述位，即回答普遍问题时： — У вас **вчера**[3] было собрание？ — **Вчера**[1].

[20ж] 陈述述位，即回答具体问题时： — Когда[2] у вас было собрание？ — **Вчера**[1].

2.2 副词 вечно，зачастую，скоро，близко

副词 вечно，зачастую，скоро，близко 就不能出现在所有位置上，其交际角色受限。比如 вечно 就有两个词汇语义变体：

（1）вечно-1 表示"长久、永远"意义时只能出现在述位上，用调型 1 读：

［21］Я буду любить тебя ве¹чно.（我将爱你到**永远**。）

［22］Мы ве¹чно будем помнить о нём.（我们会**永远**记住他。）

（2）вечно-2 表示"经常、总是"意义时可能出现在主位上，用调型 7（强烈切分语调）读：

［23］Ве⁷чно он опа¹здывает.（他**总**迟到。）

［24］Петрушка, ве⁷чно ты с разорванным ло¹ктем.（А. С. Грибоедов）（彼得卢什卡，你胳膊肘**总是破的**。）

或者出现在无逻辑重音的述位上，但此时其典型搭配是表示"被积极行为或状态占据"的词：

［25］Дядюшка у меня... человек весьма прозаический, **вечно в дела¹х, в расчё¹тах**.（И. А. Гончаров）（我叔叔……是个相当务实的人，**总是在忙生意，忙算账**。）

［26］Он **вечно** куда-то **спеши¹т**, **вечно** чем-то **за¹нят**.（他**总是急匆匆，总在忙着什么**。）

2.3　副词 часто 和 зачастую

副词 часто 和 зачастую，虽然是同义词，但占据的位置却不同。

часто 可以占据所有位置：

［27］**Ча³сто** в последнее время // идут дожди¹.（最近**经常**下雨。）

［28］Дожди³ у нас // идут **ча¹сто**.（雨在我们这里**经常下**。）

［29］Дожди³ у нас // **часто** идут по 2–3 дня¹.（雨在我们这里**经常连下两三天**。）

而 зачастую 只能出现在中间插入位上：

［30］О³н **зачастую** не знает даже э¹того.（他**常常连这个都不知道**。）

［31］Дожди³ у нас **зачастую** идут по 2–3 дня¹.（雨在我们这里**常常连下两三天**。）

2.4　同义副词 скоро 和 близко

同义副词 скоро 和 близко 在述位上很自由：

［32］Экзамен уже **скоро / близко**.（考试已**快到/临近**。）

但占据情态述位的能力却不同，比如在陈述位上只能说 скоро：

［33］— Когда^2 экзамен? — Ско^{1}ро.（不能说 * Близко）

而在情态述位上就可以说 близко：

［34］— Экзамен бли^{3}зко? — Бли^{1}зко.

同义副词 скоро 和 близко 可以跟相同词的不同词形连用，比如在零系词时它们是同义的：

［35］Зима уже **скоро** / **близко**.

而在简单句中它们与系词 быть 的搭配各不相同，скоро 只能跟将来时连用：

［36］Зима **будет** уже **скоро**.（不能说 * Зима будет уже близко）（冬天已经**很快**将到来。）

而 близко 只跟过去时连用：

［37］Зима **была** уже **близко**.（不能说 * Зима была уже скоро）（冬天已经**近了**。）

只有在与情态成分连用时，скоро 才能与过去时连用：

［38］Экзамен **должен был быть** уже **скоро**.（考试**应该**已经**很快了**。）

在复合句中跟三个时间都连用的只有 близко：

［39］Он начнёт заниматься, когда экзамен **будет** уже **близко**.（考试已经**快**临近时，他才开始学习。）

［40］Он начал заниматься, когда экзамен **был** уже **близко**.（不能说 * Он начнёт готовиться к экзамену, когда он будет уже скоро.）（当考试**已经临近**，他开始学习了。）

2.5 всегда 和 вечно-2

всегда 和 вечно-2（“总是”）同义，вечно 本身没有任何否定意义，但当 вечно-2 在主位上，用调型 7 读时，就只表示说话者对事件的消极评价，试比较：

［41］**Ве^{7}чно** он опаздывает!（他总迟到！）

［42］Он **всегда^1** приходит вовремя.（他总是准时到。）

［43］**Ве^{7}чно** она какая-то лохматая.（她总是披头散发的。）

［44］Она **всегда** хорошо причё^{1}сана.（她总是梳理得很得体。）

2.6　语气词 тоже 和 также

语气词 тоже 和 также 虽然同义，但交际作用有区别，当表示"也"时，联合的是两个类比信息，都可出现在述位上：

［45］Я был в Орле. В Курске я то¹же / та¹кже был.（我去了奥廖尔，库尔斯克我**也**去了。）

［46］Я купил хлеб. Мясо я то¹же / та¹кже купил.（我买了面包，肉我**也**买了。）

［47］Оля уехала на юг. Я то¹же / та¹кже иду в отпуск.（奥利亚去南方了，我**也**要去休假。）

而当语气词 также 传达的是新信息时，则出现在中间插入位上：

［48］Я был в Орле. Я бы³л также в Ку¹рске.（我去了奥廖尔，我**还**去了库尔斯克。）

［49］Я купил хлеб. Купи⁶л я также и мя¹со.（我买了面包，我**还**买了肉。）

［50］Оля уехала на юг. В о⁶тпуск собираюсь также и я¹.（奥利亚去南方了，准备去休假的**还有我**。）

这两个词是中国学生学习的难点，常跟 ещё 混淆，可以用两个不同的汉字"也"（［45—47］句）和"还"（［48—50］句）及是否带逻辑重音来区分。

2.7　语气词 правда 和 и правда

语气词 правда 和 и правда 的交际作用也有不同，除了是否带 и，还有位置和是否带逻辑重音的区别。当 правда 表示"让步"意义时，出现在中间插入位上，且不带任何逻辑重音：

［51］Он, **правда**, за³нят, но обещал прие¹хать.（相当于"**Хотя** он занят, он обещал приехать."）（**没错**，他很忙，但他答应会来的。）

当 и правда 表示"确实"意义（相当于 действительно）时，总是带有述位逻辑重音：

［52］Он не обещал приехать — у него много работы. Они пра¹вда / действи¹тельно очень заняты.（他**确实**非常忙。）

2.8 一些名词词形的交际角色受限

一些名词词形的交际角色受限，比如词形 воды 在句子"Кислород получают методом гидролиза **воды**."中是位于述位上的名词依附位，不能将其移至主位"＊**Воды** кислород получают методом гидролиза."。正确的说法是必须将其变成词形 из воды："**Из воды** кислород получают методом гидролиза."与 воды 不同的是，из воды 的交际角色不受限，也可以出现在述位上："Кислород получают методом гидролиза **из воды**."但此时这个词形需要重读，因为它占据的是动词依附位 получают из воды，而且是比较独立的情景参项。

Всеволодова（2016：43）认为，正是交际角色的改变使得双名词句（биноминативное предложение）中的第二格词形可变成第三格或"y+N₂（第二格名词）"形式："Онегин — сосед **Лариных**."（奥涅金是**拉林一家的**邻居。）"Онегин **Лариным** — сосед."（**对拉林一家来说**奥涅金是邻居。）"**У Лариных** сосед — Онегин."（**拉林一家有个**邻居是奥涅金。）

综上可见，相同的一个词或同义的不同词在不同的语境中因交际意图的不同而位置不同，因交际角色的不同，受到的限制也不同。

3 形义对称词和形义非对称词在语句中的功能

俄语功能交际语法除了遵循传统语法划分出的十大基础词类外，还有按照对句法来说非常重要的一些特征划分的类别，比如形义对称词和形义非对称词（изосемические и неизосемические слова）。

形义对称（изосемия）理论是由 Г. А. Золотова（1982：122–123）提出来的，包括形义对称词（或称原型词）和形义非对称词以及由它们构成的形义对称结构和形义非对称结构（изосемическая и неизосемическая конструкция）两个概念。这一形式分类几乎囊括了所有实词，是词类范畴的核心，并将词所属的范畴类别与该类词所表示的客观事实对应起来。当某词与所表示的客观事实完全吻合时，它就是形义对称词，比如名词表示事物（стол, река, вода, дерево, собака），动词表示行为或过程（идти, говорить, кипеть, развиваться），形容词表示事物的特征（новый, белый, красивый, длинный），副词表示行为的特征（быстро，медленно，громко，грациозно）。而当某词与所表示的客观事实不吻合时则是形义非对称词，比如名词还可称谓行为（бег，ходьба，ожидание）、过程（развитие，строительство）和特征（высота，трудность）。因此，当名词 переход 表示"过街通道"时，是形义对称词：

［53］ **Переход** закрывается в час ночи.（**过街通道**夜里 1 点关闭。）

当表示运动动词 перейти / переходить 的行为时，就是形义非对称词：

［54］ **Переход** прекращается в час ночи.（禁止**通行**是在夜里 1 点。）

此外，行为或过程也可能由形容词或形动词（ходячий，ходящий，развитый，строительный），副词或副动词（стоймя，лёжа，строя）表示，而动词还可以表示特征，如：

［55］ У него волосы **вьются**.（他有一头**卷发**。）

其中动词表示头发的特征，功能相当于形容词。

［56］ Он **хромает，заикается**.（他走路**瘸腿**，说话**磕巴**。）

其中动词表示行为的特征，功能相当于副词。

形义非对称形容词可以是事物修饰事物：кирпичный дом（= из кирпича），яблочный пирог（= с яблоками），городской транспорт（= в городе）；行为修饰事物：швейная фабрика（制衣厂），строительный трест（建筑托拉斯），распиловочный материал（切割材料）；行为特征修饰事物：грациозная гимнастика（= двигается грациозно）（婀娜多姿的体操）；修饰行为或过程本身：громкий разговор（= говорят громко），удачливый охотник（= охотится удачно），медленное развитие（= развивается медленно），трудная задача（= трудно решить）等。

通常学者们认为表示状态述体[6]的形义对称词是动词（спать，висеть，болеть，волноваться，переживать 等）和述谓副词（холодно，сыро，тихо，больно，грустно，стыдно，горько 等）；但表示状态述体的还可以是名词（истерика，шок，транс，аффект，тоска，ангина，грипп，разгар，разруха 等），形容词（болен，слаб，пьян，трезв，рад，счастлив，готов 等）和形动词（взволнован，встревожен 等），此时这些词是形义非对称词。

俄语中有很多表示情感心理状态[7]的形义非对称名词，如 тревога，

восторг, восхищение, возмущение, гордость, наслаждение, умиление, увлечение, интерес, отчаяние 等，但不是所有这类名词都能够自由地变成"в +N₆（第六格名词）"作谓语，比如 в гордости, в увлечении, в наслаждении 等就不能作谓语："* Она была в огорчении." "* Мы в гордости за нашего героя." "* Он в наслаждении от тишины." 但这些形式在语句中可用作状语：

［57］**В своей гордости** он перешёл все границы. （**处于骄傲中**的他越过了所有界限。）

［58］**В её огорчении** было что-то фальшивое. （**她的悲伤中**有些虚伪的东西。）

此外，名词还可称谓开始和结束现象，也就是事件，比如表示昼夜的名称：утро, вечер, ночь, день；四季的名称：весна, лето, осень, зима。它们在俄语中是形义非对称词，但在所有语言里都是名词。

数量范畴里的形义对称词不只是数量数词和集合数词，还可以是名词，如 тысяча, миллион, миллиард, двойка, тройка, пятёрка, десятка（表示数字 2、3、5、10 时），因为它们称名的是事物，但名词 десяток, пяток, сотня, множество 等（比较 десяток яиц, сотня овец）则是形义非对称词，因为它们称名的不是事物，而是数量。

表示性能范畴的形义对称词是动词，如：

［59］Вещество обладает свойством **ускорять / замедлять** реакцию / **растворять** жиры / **вступать** в реакцию с инертными газами. （物质有**加快或放慢**反应、**溶解**脂肪、与惰性气体**发生**反应的性能。）

但从行为的性质方面确定性能时使用形义非对称形容词，如：

［60］Он **добрый**（= Он **по-доброму** относится к людям）.

［61］Он **активен**（= Он **активно** действует）.

［62］Он **критичен**（= Он **критически** оценивает действительность）.

或者使用形义非对称名词：

［63］Он отличается политической **активностью**. （他的特点是有政治**积极性**。）

［64］Ему свойственна **самокритичность**. （他善于**自我批评**。）

可见，语言中存在着只用形义非对称手段表示不同客观事实的情况，具有该特点的首先是名词，这一点正如 Г. А. Золотова（1982）指出的那样，说明名词在词类范畴中的地位最高。

形义非对称词的重要功能是由形义对称的原始句变成形义非对称的同义转换句，比较：

［65］Красивая девушка грациозно танцует.

该句是原始句，其中所有词都是形义对称词，事物由名词（девушка）表示，事物的特征由形容词（красивая）表示，行为由动词（танцует）表示，行为的特征由副词（грациозно）表示。

［66］**Танец** красивой девушки **грациозен**.（美丽姑娘的**舞蹈婀娜多姿**。）

该句是由形义非对称词构成的同义转换句，其中行为由名词（танец）表示，行为的特征由形容词短尾（грациозен）表示。

［67］**Танец** красивой девушки — сама **грациозность**.（美丽姑娘的**舞蹈**本身就是**优雅**。）

该句也是由形义非对称词构成的同义转换句，其中行为的特征由名词（грациозность）表示。

通过以上例句分析我们发现，俄语形义对称的原始句是最中性地表达客观事实的原型结构，跟其他外语最接近，也最容易掌握；而表达同一所指内容的形义非对称结构掌握起来则相对困难，需要知道形义非对称词和形义非对称结构是如何构成的，一旦对它们有了熟练的掌握将极大地丰富我们的俄语表达和写作能力。

小结

通过对俄语词汇语义变体在功能交际句法中的应用、词汇在语句中的功能体现及其交际角色转换的阐述，我们看到词的词汇语义变体、词的所指归属、词的句法派生和句法零形式在句法中都起着非常重要的作用。与此同时，相同的一个词或表示相同意义的不同词在不同的语境中会因交际意图的不同而位置不同，因交际角色的不同而受到的限制也不同。此外，形义对称词和形义非对称词及其相应的结构在句法中的地位和功能非常强大，不仅能够帮助我们掌握表达相同所指内容的同义转换句的构成方法，还能提高还原文本和正确理解文本内涵的能力。因此，在俄语教学中教师应该教会学生掌握将形义非对称结构还原成形义对称原始结构的能力，以呈现出其在所指层面的言语内容，亦即弄清楚句子与客观事实的对应情况，从而提高理解输入信息和表达输出信息的能力，尤其是对较多使用形义非对称结构的公文事务、报刊政论和科学语体文本的理解，同时也能大大提高学生正确撰写各类应用文、毕业论文和学位论文的能力。

注释

①语言模式指"在解决实际任务过程中语言使用者对语言是一个体系这一观点所形成的共识"（Всеволодова 2009：77），也就是说，任何一种语言模式都是在语言学家解决所面临的实际任务过程中形成的。功能交际语言学教学法语言模式的任务是在具体话语中建构言语时给出选择语法单位（词形、模型句、词序、语调等）的规则和规律，一方面看到静态中语言的动态，即了解在使用时语言是如何起作用的，在建构言语时语言单位是什么样的，哪些因素在起作用；另一方面了解词的构成和变化的所有细节。

②М. В. Всеволодова（1928—2020）是笔者在莫斯科大学攻读博士学位时的导师，她1951年毕业于莫斯科大学语文系斯拉夫部，并于当年留校任教于语文系对外俄语教研室。1966年在 Т. П. Ломтев 的指导下完成了副博士论文《波兰语中时间关系的表达手段研究》，1983年通过了博士论文《名词时间范畴及其言语体现的规律》答辩，1985年成为莫斯科大学自然科学系对外俄语教研室的教授，2000年成为莫斯科大学功勋教授。她毕生献给俄语学研究和对外俄语教学事业，公开发表著作和论文230多部（篇）（详见 Панков 2008）。

③文中未标出处的例句均引自"Всеволодова 2000；2016"，恕不逐一标注。

④Н. Д. Арутюнова（1976）根据句子的逻辑句法结构中涉及的关系类型把简单句分为：存在句（экзистенция）、称名句（номинация）、等同句（идентификация）、述谓句（предикация）或称表征句（характеризация）。

⑤例句中词的上角标数字表示该词读调型几，俄语中共有7个调型。

⑥关于俄语中表示状态述体的模型句详见"Всеволодова М. В.、Го Шуфень 1999""郭淑芬 2002"。

⑦关于俄语中表示情感心理状态的模型句详见"郭淑芬 2012"。

参考文献

［1］ АМИАНТОВА Э И, БИТЕХТИНА Г А, ВСЕВОЛОДОВА М В, и др. Функционально-коммуникативная лингводидактическая модель языка как одна из составляющих современной лингвистической парадигмы (становление специальности «Русский язык как иностранный») ［J］. Вестник Московского университета. Серия 9. Филология, 2001 (6)：215-233.

［2］ АРУТЮНОВА Н Д. Предложение и его смысл：Логико-семантические проблемы ［М］. Москва：Наука, 1976.

［3］ ВСЕВОЛОДОВА М В. Теория функционально-коммуникативного синтаксиса：Фрагмент фундаментальной прикладной (педагогической) модели языка ［М］. Москва：Издательство Московского университета, 2000.

［4］ ВСЕВОЛОДОВА М В. Поля, категории и концепты в грамматической системе языка ［J］. Вопросы языкознания, 2009 (3)：76-99.

［5］ ВСЕВОЛОДОВА М В. Теория функционально-коммуникативного синтаксиса：Фрагмент фундаментальной прикладной (педагогической) модели языка ［М］. Москва：УРСС, 2016.

［6］ ВСЕВОЛОВА М В, Го Шуфень. Классы моделей русского простого предложения и их типовых значений：Модели русских предложений со статальными предикатами и их речевые реализации (в зеркале китайского языка) ［М］. Москва：АЦФИ, 1999.

［7］ ЗОЛОТОВА Г А. Коммуникативные аспекты русского синтаксиса ［М］. Москва：Наука, 1982.

［8］ ПАНКОВ Ф И. Научная школа профессора М. В. Всеволодовой ［С］ // РЕМНЁВА М Л, и др. Язык-Культура-Человек：Сборник научных статей к юбилею заслуженного профессора МГУ имени М. В. Ломоносова М. В. Всеволодовой. Москва：МАКС Пресс，2008：5-10.

［9］ СМИРНИЦКИЙ А И. К вопросу о слове（Проблема «тождества слова»）［М］//ВИНОГРАДОВ В В，БОРКОВСКИЙ В И，БАСКАКОВ Н А，и др. Труды Института языкознания АН СССР. Том IV. Москва：Издательство Академии Наук СССР，1954：3-49.

［10］ ЩЕРБА Л В. Языковая система и речевая деятельность［М］. 2-е изд. Москва：УРСС，2004.

［11］ 郭淑芬. 试析用存在句模式表示的状态述体模型句［J］. 中国俄语教学，2002，21（3）：12-17.

［12］ 郭淑芬. 俄语表示主体情感心理状态的同义模型句及其语体特点［J］. 中国俄语教学，2012，31（4）：26-31.

［13］ 华劭. 关于语言单位及其聚合关系和组合关系问题——苏联科学院《俄语语法》（1980）理论研究之一［J］. 外语学刊，1986（4）：44-52.

［14］ 李锡胤. 李锡胤集［M］. 哈尔滨：黑龙江大学出版社，2007.

作者简介：郭淑芬，黑龙江大学外国语言文学学科博士后（2001—2003），合作导师张会森教授。北京外国语大学俄语学院教授，博士。获第二届和第三届全国高校俄语专业优秀教学学术论文奖一等奖、第二届全国高校俄语专业优秀教材三等奖等。主要研究方向：俄语语言学、俄语功能交际语法、俄汉语句型对比。

自然语言与逻辑语言：人脑与电脑

隋　然

摘　要：与自然语言相对的是逻辑语言。自然语言是人脑与人脑的交际工具，逻辑语言是人脑与电脑的交际工具。认知科学认为，思维和认知是知识的逻辑运算，任何计算化的自然语言分析都主要依赖逻辑语言对这种分析的表述。研究心智表现及其运算的认知科学理论追求的是心智研究的物质体现，这最终将导致语言学研究进入自然科学研究。自然语言的高度形式化描写对计算机程序的机械模仿至关重要，但理解力模仿不同于机械模仿，它们之间的区别非常类似自然语言中形式操作与意义操作之间的区别。机械模仿涉及的是形式性质，而理解力模仿涉及的却是准语义性质。现阶段计算机以机械模仿为主并通过逻辑语言与人类的自然语言对话。

关键词：自然语言；逻辑语言；形式化描写；计算机认知

1. 引语

自从 1946 年在美国宾夕法尼亚大学诞生了世界上第一台电子计算机 ENIAC（电子数值积分计算机）以来，计算机技术迅速发展，人类对于计算机认知能力的诉求越来越大，这使得计算机对人类自然语言的认知问题成为日益重要的研究课题。当今世界，在这一领域研究水平领先的欧美国家，已经将初步取得的研究成果应用于相关领域，其中美国科学家伍兹（W. Woods）"于1970年设计的'扩充转移网络语法'（ATN），是在乔姆斯基的转换生成语法的基础上建立起来的。……1972年伍兹用ATN为阿波罗登月舱的泥石采样工作设计了一个'月球科学自然语言信息系统'，简称LUNAR系统，这个系统里贮存了3500个英语单词，能够就月球泥石采样的化学成分，回答地质学家们提出的问题。"（戚雨村 1997：201）

早在一百多年前的20世纪初，语言学便与数理逻辑发生关系，哲学家在对自然语言进行分析的过程中，大量使用表示数理逻辑的形式符号，逐渐形成了初具系统的逻辑语言（人工语言、形式语言），语言学也因此与现代数学联系起来，产生了统计语言学（statistical linguistics）和代数语言学（algebraic linguistics），并形成普遍意义上的数理语言学（mathematical linguistics）和计算语言学（computational linguistics）。随着早期哲学、数学、心理学与语言学的相互影响和渗透，以及当代计算机科学、控制科学、信息科学、神经生理学与语言学的交叉融合，认知科学（cognitive science）作为一门新型的学科应运而生，并派生出认知语言学（cognitive linguistics）乃至认知语用学（cognitive pragmatics）等等。

自然语言的计算机理解和识别研究即使在人工智能迅速发展的今天仍然面临巨大的难题，其中自然语言的歧义性（ambiguity）问题尚无法有效地得到解决。因此，适应计算机科学的自然语言的语法描写便成为一项难度很高而又十分关键的课题。中国语言学界面临的困难更大，汉语与本民族整体性思维和比附性思维的内在联系在语言形式和结构上所表现的意合性和具象性特点，使得汉语的系统认知语法描写令人望而却步。然而，科学终将解决这一问题，就像汉字的计算机输入问题成功得到解决并显示出特有的优势一样。

2. 自然语言与逻辑语言的概念与区别

"自然语言"（natural language）是语言哲学（主要是逻辑语义学）中的一个概念，与计算语言学和认知语言学密切相关。自然语言是我们人类随时都在使用的交际工具、认识工具和艺术创造工具，它已经伴随我们人类经过了漫长的历史岁月，是与我们人类共生共存的超级现实，而且还将伴随我们人类面向未来的无限时光，只是我们人类从现在起还想要把它从人脑移植到电脑中去。鉴于计算语言学认识到计算机只能接受、理解和识别形式化的逻辑符号，人工智能技术只得努力将极其复杂的自然语言转换成逻辑语言并将其输入计算机的程序，目的在于解决计算机对自然语言的理解和识别问题。而自然语言的语境知识、背景知识等预设知识又难以成为形式化的逻辑符号，这使得包括人机对话、机器翻译等在内的计算机处理自然语言的研究陷入困境。所以，与自然语言相对的是逻辑语言，当不存在这种区分时，语言就没有必要再戴着"自然"的帽子了。自然语言的计算机理解与识别问题需要各个相关学科的密切合作才能得到最终的解决。总之，自然语言是人脑与人脑的交际工具，逻辑语言是人脑与电脑的交际工具。

关于自然语言和逻辑语言的区别，袁毓林先生对二者进行了对比分析并指出了逻辑语言的三个基本特点：基本单元的明确性；运算和关系的明确性；优先级的明确性。（袁毓林 1998：132）袁毓林先生接着将这三个基本特点与自然语言（汉语）进行了对比解释，认为"自然语言在这三个方面是极不明确的"，并辅以语言事实说明。简而述之就是：（1）语言范畴的边界不明确，表现在语素、词、词组及句子合格性的界限上；（2）结构关系难以定义，表现在主语、谓语、宾语等基本语法概念上；（3）层次不外现，表现在句法结构中不同成分之间组合的优先关系上。（袁毓林 1998：132-135）

伍铁平先生则从普遍意义上对自然语言和逻辑语言的区别做出了明确的阐释：自然语言同人工语言（人造的各种符号系统，包括数理语言和各种计算机语言，但不包括世界语这种接近自然语言的人工语言和密码语言这种自然语言的转化形式）的其他差别是：（1）一般说来，自然语言是开放的，人工语言是封闭的。（2）在自然语言中，由于每个人的生活经历不同，个人和个人，个人和集体对某种语言现象的理解不尽相同。人工语言则不然，其中的每个符号只代表一种固定的含义。因此，自然语言中存在语言和言语的差别，而人工语言则没有这种差别。（3）自然语言中除科学术语（它接近人工语言）外，很多词都有两个到几个甚至几十个义项。人工语言的特点则是每个符号都是单义的。（4）自然语言中有许多歧义性，虽然通过上下文往往可以加以消除。设计人工语言的目的之一就是避免歧义性。（5）自然语言中许多内容已包含在话语的预设之中，不言而喻，如"你妈妈好了吗?"的前提是已知对方有妈妈，妈妈病了。这些预设无须用语言表达出来，但是同电子计算机进行交际的人工语言必须交代全部预设，否则可能引起误解。（伍铁平 1999：6-7）伍铁平先生的著作《模糊语言学》是中国模糊语言学的奠基之力作，其中以渊博的知识有力地证明了该学科与自然语言的计算机理解和识别研究的必然联系。

认知能力是智力活动的最高能力，是心智（mind）和智能（intelligence）的现实反映，并为人类所掌握，只是程度上因人而异，因时而异。语言是人类智力活动的工具，但不是一个简单的工具，它与人的思维相辅相成，所以不仅仅表现为一套一般性的工具形式系统，而且在语言行为（linguistic performance）系统的深层还存在语言能力（linguistic competence）系统。逻辑语言的高度精确性与自然语言普遍的模糊性、较低的精确性以及较高的直觉判断效率性和可能性在句法、语义及语用方面是否能够达到真正的统一，这仍然是计算语言学中最大的难题，计算机理解和识别自然语言的进程因而受阻，这也决定了人工智能技术在研制计算机处理自然语言程序过程中的机械模仿和理解模仿的设计思路。

3. 自然语言的形式化分析和描写

早在 17—18 世纪，德国哲学家、数学家、数理逻辑创始人 G. W. Leibniz 就对哲学话语的自然语言属性提出了质疑，认为各种自然语言的民族性、地域性、不精确性和不规则性无法为哲学提供明确的概念和严密的推理，主张在哲学话语中用数理逻辑语言取代自然语言。尽管这一想法未能完全实现，但至少表明了人类对自然语言的理性认识。以语言形式为载体的人脑与电脑的逻辑结构区别就归结为自然语言与非自然语言的本质性区别，尽管二者都具有逻辑结构，但后者具有的是精确的逻辑结构。所以，人脑与电脑的交际工具目前只能是逻辑语言，而非自然语言，计算机只能接受高度形式化的逻辑语言。

在 20 世纪这一百年间，随着哲学研究的"语言学转向"，语言学研究的质量显著提高，自然语言研究领域产生了不同阶段、不同学派的大量研究成果，自然语言研究的专著和论文浩如烟海，同时自然语言习得研究的成果也层出不穷。在大规模自然语言研究的背景下，用于研究"目标语"（object language，成为研究对象的自然语言）的"元语言"（metalanguage，成为自然语言理论研究工具的、源于自然语言的语言）逐渐发达起来。逻辑语言的用途之一就在于使计算机能够理解和运用诸如汉语、英语、俄语等人类的自然语言。除非今后计算机的设计理念发生根本性的变化，否则逻辑语言将一直是人脑与电脑的交际工具。鉴于英语的世界性地位，逻辑语言的形式符号主要来自作为自然语言的英语。

将人类思维过程视为计算过程是当代心理学提出的一个假说。在认知科学中，符号主义（symbolism）认为，认知是知识的逻辑运算（operation），而思维就是计算（computation）。对于语言理解来说，它需要的知识既包括句法、语义等语言学知识，也包括其他为语言理解所必需的世界知识。如果能把这些知识形式化为一种符号表达，即表示成一个有限的、一致的命题集合，那么，作为一种认知过程，语言理解便是知识上的一种运算。由此看来，对语言的认知研究的自然而合理的延伸便是对语言的计算分析。（袁毓林 1998：44）所以，将自然语言规则予以形式逻辑化表达并使之可以"计算"，这只是计算机的自然语言理解和识别研究的首要步骤，而研究心智表现及其运算的认知科学理论追求的是心智研究的物质体现，这最终将导致语言学研究进入自然科学研究。半个多世纪以来，自然语言的形式化研究取得了重大发展，科学语言学的概念及研究方法逐渐产生和形成，其研究成果已经得到计算机科学的承认和接纳，并成为计算机逻辑语言的基础理论。

自然语言的形式化研究涉及人类智力活动计算能力的结构问题。在深入研究计算机理解和识别自然语言的过程中，人们所面临的问题已经从"电脑是否思维"转到"人脑是否计算"上来。如果说人脑的本质就是计算，并在科学的方法论意义上得到实证研究，那么与人类记忆、知觉、意象、概念等相关的自然语言理解和识别问题便可以成为计算机程序的研究对象，并通过递归性、聚合式、范畴化以及类型存储、水平搜索、垂直搜索、几何编码、语符编码等信息加工手段显示思维过程，从而得出类似人脑的输入输出系统、计算模拟描述和计算常规结构。自然语言的计算化技术致力于以可执行的程序代替日常语言的推理式解释，因而这也是自然语言逻辑形式化技术。

继 G. W. Leibniz 之后的 19 世纪后期，德国数学家、分析哲学家 G. Frege 也在追求"一种模仿算术语言构造的纯思维的形式语言"，其动机与 G. W. Leibniz 基本相同，原因是自然语言在语法关系、逻辑规则和精确表达方面存在"不完善性",所以需要设计一种形式语言,也即数理逻辑语言,其中所采用的最重要的数学符号是函数符号,从而使这种形式语言以运算方式达到精确推理的目的。比如 $f(x)$、$R(x, y)$ 等数学函数符号均可用于表示命题函项。为了使形式语言更加完整,G. Frege 还将自然语言中的联词予以形式化,使其成为诸如"&"(和)、"="(等于)这样一些我们如今非常熟悉的逻辑符号。G. Frege 关于命题函项、真值、逻辑联词的阐释和设计思想成为认知语言学的基础性成果,并非什么所谓的"坏的开头"。

20 世纪前半期,维也纳学派的代表人物 R. Carnap 也致力于构造人工的形式化语言,他于 1934 年出版了《语言的逻辑句法》一书,提出了一种作为普遍物理语言的逻辑语言的设想(人类的行为归根结底是物理事件,可以用物理语言描述),其中命题函项的变元相当于坐标,变元的值相当于坐标参数。R. Carnap 在演绎逻辑系统中增加一个确认函数 c 的定义,从而把归纳逻辑系统构造出来。所以,归纳逻辑系统必须以预设演绎逻辑系统为先决条件。这种独特的构思表现在他的公式"$c(h, e) = r$"之中(e 表示证据,h 表示假说,c 表示确定度,含义为:e 对 h 的 c 值等于 r)。这一公式的奇妙之处在于:归纳逻辑系统的元语言性质定理是通过演绎推理方式获得的。公式中的 e 和 h 属于对象语言,其关系是归纳性的,也即有一种概率值为 r 的归纳过程把 e 和 h 联系在一起。总之,e 和 h 都是综合命题,但"$c(h, e) = r$"却是分析命题。对这一公式的考察有助于认识演绎推理和归纳推理的关系和区分,进而思考"揭示语境"和"证明语境"的问题:理论的演绎和归纳、自然律、现象定律、假说、观念、概念、同类事实、异类事实等等。在设计形式化逻辑语言过程中,R. Carnap 对"逻辑因素"和"经验因素"的处理也相当奇妙,他对"$c(h, e) = r$"这一公式的解释纳入了人的主观经验因素,也即在证据 e 支持下对假说 h 的确信度(the degree of credence),因而需要为相对于逻辑因素的经验因素规定合理的限制条件。在以 $\dfrac{w}{k}$ 表示逻辑因素的情况下,已观察到 S 数量的个体中有 S_m 数量的 m 性质,则在第"$S+1$"个 m 性质的个体的可能性估计中加入以 $\dfrac{S_m}{S}$ 所表示的经验因素,并分别将权重 λ 和 β 赋予 $\dfrac{w}{k}$ 和 $\dfrac{S_m}{S}$:

$$c(h_m, e_m) = \frac{\lambda \dfrac{\omega}{k} + \beta \dfrac{S_m}{S}}{\lambda + \beta}$$

若以主观经验接受实例为确信原则，也即"有限实例置信原则"，则 $\beta = S$：

$$c(h_m,\ e_m) = \frac{\lambda\dfrac{\omega}{k} + S_m}{\lambda + S}$$

该公式似乎表明，经验因素的权重由客观有限的观察次数所决定，逻辑因素却由人的主观选择所决定，逻辑的客观形式被主观形式所替代。其实不然，逻辑因素的概念和权重是不同的，前者仅仅依赖自然语言的逻辑语义特性，具有客观和理性性质，后者取决于特定归纳法使用主体的经验因素及证实目的，具有主观和实用性质。（张志林 1998：193-201）R. Carnap 关于逻辑语言设想的目的在于将其证实（verification）原则的检验标准予以系统化和形式化。

G. Frege、B. A. W. Russell、L. Wittgenstein、R. Carnap 等分析哲学家（语言哲学家）关于数理逻辑与自然语言的研究工作在哲学界和语言学界得到广泛的承认，并深刻地影响了整个 20 世纪语言学研究的发展方向，尤其是为后来与计算机科学相关的认知科学的形成提供了理论基础。当世界上第一台电子计算机产生后不久，美国语言哲学家 A. N. Chomsky 开始广泛深入地以逻辑语言描述自然语言，他提出的"转换生成语法"（Transformational Generative Grammar，简称 TG 理论）成为计算机逻辑语言的基础理论，同时也成为认知心理学的基础理论，其作用远远超越了语言学自身的界限。除演绎性和理性主义之外，TG 理论的显著特点是形式化的描写方式，也即对规则的描写尽量避免使用自然语言，而是使用大量的数学研究方法。在 TG 理论建立过程中，A. N. Chomsky 大量分析歧义句，探讨合格句子生成的可能和不合格句子错误生成的原因及对其限制的规则和参数，从而显示出 TG 理论强势的解释能力，语言直觉通过数理逻辑公式被逐步推导出来。如果说结构主义语言学于 20 世纪初的形成与物理学和化学对原子和分子的研究以及格式塔（完形）心理学（Gestalt psychology）的分析有关，那么 TG 理论于 20 世纪中期的诞生则与计算机科学、信息科学、控制科学、数理逻辑以及认知心理学等学科的发展有关，其标志性特点——"转换"和"生成"两个术语分别来自控制论和逻辑学，同时运用数学模型使结构分析乃至后来的语义分析高度形式化，这就为计算机处理和识别自然语言提供了一定程度的可能性，并且也得到了实践检验。在后来的"管辖和约束理论"（Goverment and Binding Theory，简称管约论或 GB 理论）中，他提出了强调语法组合性的规则系统（rule system）和原则系统（system of principles）以及普遍语法（universal grammar）和核心语法（core grammar）。A. N. Chomsky 认为普遍语法是语言（知识系统）和言语（呈现的经验）之间的中介，也即普通语言学理论，而核心语法则是某一具体自然语言的语法，它在普遍语法的基础上以设定和添加参数的方式形成，也即普遍语法与变量值的具体结合体。根据普遍语法最终可以得出某一具体自然语言复杂的性质。对于认知语言学而言，GB 理论的重要意义之一就在于逻辑形式语言的描写方法可以从对象自然语言英语扩展至其他自然语言。

20 世纪 70 年代初，美国数理逻辑学家、语言学家 R. Montague 试图从逻辑角度对自然语言进行精确化、形式化的分析并提出描写模式，从而创立"蒙塔古语法"（Montague Grammar，简称 MG 理论）。MG 理论运用数学递归概念和数学模型理论描写自然语言的句法结构，以内涵逻辑为基础描写自然语言的语义表达，形成"句法、翻译和语义"三个组成部分，其中语义部分规定了相应的语义规则，通过这些规则可以将内涵逻辑表达式在特定模型中的语义所指表达出来。所以，语义部分主要解决语义所指和解释问题，这是 MG 理论的创新之处并区别于其他语言学理论。MG 理论体现了"弗雷格原理"（Frege's principle）的基本思想，即一个句子的整体意义是其各部分意义和组合方式的一个函数，甚至提出"一个句子的整体结构是其各部分结构和组合方式的一个函数"的观点，将"弗雷格原理"推演至句法部分的结构形式规则。MG 理论大量使用数理逻辑符号对自然语言进行高度形式化的描写和分析，旨在证明 R. Montague 的一个信念：自然语言与逻辑语言的句法和语义在理论体系上的同一性。

受 TG 理论和 MG 理论影响的是"广义短语结构语法"（Generalized Phrase Structure Grammar，简称 GPSG 理论），由语言学家 G. Gazdar、I. Sag、E. Klein 及 G. Pullum 于 20 世纪 80 年代创立。GPSG 理论由"句法规则、特征制约和语义解释"三个部分组成，主要以短语结构规则为基础描写句子的树形结构，继而通过特征系统对树形结构进行制约，使其在整体上正确反映自然语言的现实，同时又对句子树形结构实行特定的语义翻译，使其得到模型论语义解释。GPSG 理论的高度形式化特点表现为纷繁复杂的规则和公式，这恰恰符合计算机的运算原理，因此它受到计算机科学的重视便不足为奇了。

美国语言学家 R. Kaplan 在计算机模拟人脑处理自然语言机制方面进行了大量的研究工作，而曾经是 A. N. Chomsky 学生的 J. Bresnan 在从事 TG 理论研究的同时，将计算语言学和心理语言学的理论及方法组合起来，既主张对自然语言进行形式化的数学描写，又强调心理机制作用的反映，他的研究成果既源于 TG 理论，又不同于 TG 理论。J. Bresnan 和 R. Kaplan 在 20 世纪 80 年代初共同创立"词汇–功能语法"（Lexical-Functional Grammar，简称 LFG 理论），其出发点在于句法映射语义的语法机制和"直接句法编码原则"（The Principle of Direct Syntactic Encoding），因而与 GPSG 理论类似，LFG 理论的成分结构也呈孤立性。LFG 理论主要由词库和引入语义解释机制的句法组成。词库解决的是所有进入成分结构的词汇表达形式问题，包括语法功能的词汇编码、词汇规则和词项输入；句法指的是在成分结构和功能结构两个平面上同时进行的句法描写，包括语法功能的句法编码、成分结构、功能结构、制约成分结构和功能结构的合格性条件、充当成分结构和功能结构中介的功能描写、功能及照应控制理论等等。（俞如珍、金顺德 1994：366－474；戚雨村 1997：122－124）LFG 理论同样为计算机处理和识别自然语言所适用，以功能描写为例，其形式化特点使得计算机可以根据功能一致性原则判断句法的合格性条件，也使得计算机在一定程度上检验自然语言的表达方式成为可能。

自然语言的逻辑化和形式化描写在一个世纪前的西方便已形成传统，而自 20 世纪 50 年代以来西方语言学界运用逻辑语言描写自然语言的研究更是呈强势发展，其中 A. N. Chomsky 及其 TG 理论成为语言学发展的时代性标志，此后的各种语言学理论，无论是与之相似还是与之相左，都是在这一理论的基础之上发展起来的。除了上面介绍的 TG、GB、MG、GPSG、LFG 理论外，生成语义学（Generative Semantics，简称 GS 理论）、关系语法（Relational Grammar，简称 RG 理论）、对弧语法（Arc Pair Grammar，简称 APG 理论）等都不同程度地涉及自然语言的形式化描写问题。西方语言学的发展过程与人类认识的发展过程相互印证，并具有内在的必然关联，脱离了同步发展的自然语言认知研究，很难想象计算机科学会取得如此迅速的发展。

目前，自然语言的形式化分析和描写仍需要在理论上进一步探索。形式化如同计算化，取决于先验语言的表述，包括深入的原则陈述、系统的形式化、理性主义重建、新概念和新范畴的不断提出等等。形式化或计算化的目的在于完善逻辑语言对自然语言描写的严格性和精确性，没有先验语言的表述，就谈不上自然语言的形式化和计算化。现代计算机程序一般包括机械模仿和理解力模仿两个因素，其中机械模仿因素远远多于理解力模仿因素，而机械模仿这种模拟技术就是形式化技术，所以任何计算化的自然语言分析都主要依赖逻辑语言对这种分析的表述。自然语言的高度形式化描写对计算机程序的机械模仿至关重要，但这种形式化并非意味着纯粹的形式特征。很多人曾经学习过计算机的 Basic 高级语言，其中逻辑语句"Print x, y, z"发出的是指令信息，它使计算机程序实施"打印 x, y, z"的行为，但该行为操作的依据并非" x, y, z"自身的形式性质，而是" x, y, z"所代表的某些东西的形式性质。因此，计算假说不应该使我们仅仅推导出纯粹的形式特征模仿。再如，逻辑语句"IF $X>7$ THEN GO TO LINE 30"发出的也是指令信息，它使计算机程序实施"如果 X 的值大于 7，执行第 30 行指令"的行为，其依据条件涉及" X "在该语境中所指数的大小，语义性质成为关键，至于" X "和"7"自身的纯粹形式特征则毫无意义。

计算机程序是否可以成为人类理解力模仿的合适模型呢？这是一个很大的疑问，因为理解力模仿不同于机械模仿，它们之间的区别非常类似自然语言中形式操作与意义操作之间的区别。机械模仿涉及的是形式性质，而理解力模仿涉及的却是准语义性质，这两种模仿方式在计算机程序中往往错综复杂地共存，只是理解力模仿方式还十分薄弱。现阶段计算机以机械模仿为主并通过逻辑语言与人类的自然语言对话，这可以被视为计算机在某种程度上理解和识别自然语言，但还远远不够。现代逻辑学家对自然语言逻辑关系的句法和语义特征做出了区分，而对于逻辑形式化观念而言，表示句法和语义特征的逻辑语言（或元语言）孤立于感性意识，忽视或排除了意向意义、真值条件以及双语对译的等值性等复杂的直觉智力操作，自然语言表述的非常规推理和各种预设知识无法进入计算机程序，这在很大程度上限制了计算机对自然语言的理解和识别。即使是具有操作可能性的"形式语义学"或"纯语义学"，也无法解决人类计算所涉及的语境规约意义。"由于现代计算概念是一个非常有成效的新概念，与新技术的发展关系密切，因而在取自其他领域的旧有区分的框架（如形式和内容、句法和语义之间的区分）内不能把握它，我们对此完全不应该感到惊奇。……人们至少在原则上能够区别神经元变形的生理形态和计算功能，也能够区别机械模拟提供类比的那些计算功能活动和理解力模拟提供类比的那些功能活动，包括内心表示。"（科恩 1998：256）

4. 结语

A. Einstein 有一个著名的基于开放系统的"$E=mc^2$"公式，表示能量和物质可以相互转换，原子爆炸证实了这一演绎推理，与封闭性的转移（transfer）不同，开放系统可以转变（transform）。从对后现代语言学研究的隐喻角度以及语言事实性的系统自身角度看，意向性是人性的主要部分，也即人类从精神和物质生活中获取意义的方式，而人类及其言语行为的开放性与意向的终结性表现出其自身的悖论，它们在意识和生物等多种层面上进行复杂的相互作用并导致发生转变。在这一转变的语境中考察人类的言语活动，其交流性和目标性在与其他系统的类比中更为明显。关于语言系统和言语系统的封闭性和开放性二元论势必引发界定方式的再认识，并促进二元论认识方式的转变，从而设立新的复杂层面和平台以使封闭性和开放性相互依存。人类个体的基本行为、记忆、感觉保持着所谓"一体的图式连续性"（Weiss 1970：213）。在一种层面上，人脑是"混乱的"，而在另一种层面上，人脑则具有非常复杂的模式，两个层面彼此不能相互取代，也不能相互简化，而是相互补充，处于统合状态。被誉为"电子计算机之父"的 John von Neumann 1955 年指出："人脑的精确度极低，只相当于十进位制数字的二三位，然而它的效率和可靠程度却很高。"（伍铁平 1999：25-26）与人脑复杂的结构相适应的自然语言形式化研究必须考虑等级序列性、统一和互补的功能化及模式确认等。E. Mayr 指出："新实体在更高的整合水平上予以组合时，不是新实体的所有特点都是其构成特点的逻辑的或可预测的结果。"（Mayr 1988：34）H. Pattee 也曾经说过："生物组织……具有无限的能力用以演变新功能以及新的控制等级水平，同时在每一水平上保持相对固定的基本构成。"（Pattee 1973：106-107）就语言学话语而言，言语行为各种功能之间的转化并不明显，但却具有神奇的力量，其事实依据在于生命系统与活动环境之间所保持的平衡状态，至于该平衡状态如何反映并运算，这是认知科学、认知语言学和计算语言学面临的最大挑战，其中涉及 A. N. Chomsky 提出的语言能力和语言行为，以及他后来又提出的语法能力

（grammatical competence）和语用能力（pragmatic competence）等问题。同时需要指出的是，人脑中储存的自然语言不仅仅意味着完整的一套词汇、语法以及习得的"开放观"，自然语言的完整存在是另一种意义上的事实。这种完整存在的自然语言正在被科学的自我意识和主导的逻辑语言所分解，并将其置于研究对象的地位，但科学的自我意识和主导的逻辑语言自身同时又是由自然语言建构而成的事实，这种情况使得我们很难单纯从工具意义上看待自然语言。

参考文献

［1］ CARNAP R. The Nature and Application of Inductive Logic：Consisting of six sections from Logical Foundations of Probability ［M］. Chicago：University of Chicago Press，1951.

［2］ MAYR E. Toward a New Philosophy of Biology：Observations of an Evolutionist ［M］. Cambridge：Harvard University Press，1988.

［3］ PATTEE H H. Hierarchy Theory ［M］. New York：George Braziller，1973.

［4］ SHAPERE D. Scientific Theories and Their Domains ［M］//SUPPE F. The Structure of Scientific Theories. Urbana：University of Illinois Press，1974：518−565.

［5］ WEISS P. The Living System：Determination Stratified ［C］//KOESTLER A，SMYTHIES J R. Beyond Reductionism：New Perspectives in the Life Sciences. New York：Macmillan，1970.

［6］ 许良英，范岱年. 爱因斯坦文集：第一卷 ［M］. 北京：商务印书馆，1976.

［7］ 程琪龙. 认知语言学概论——语言的神经认知基础 ［M］. 北京：外语教学与研究出版社，1999.

［8］ 科恩. 理性的对话：分析哲学的分析 ［M］. 邱仁宗，译. 北京：社会科学文献出版社，1998.

［9］ 贾彦德. 汉语语义学 ［M］. 北京：北京大学出版社，1999.

［10］ 江天骥. 当代西方科学哲学 ［M］. 北京：中国社会科学出版社，1984.

［11］ 利奇. 语义学 ［M］. 李瑞华，王彤福，杨自俭，等译. 上海：上海外语教育出版社，1987.

［12］戚雨村. 现代语言学的特点和发展趋势［M］. 上海：上海外语教育出版社，1997.

［13］钱冠连. 哲学轨道上的语言研究［J］. 外国语（上海外国语大学学报），1999（6）：9-16，80.

［14］钱冠连. 哲学轨道上的语言研究［J］. 解放军外国语学院学报，2000，23（1）：21-23.

［15］乔姆斯基. 乔姆斯基语言哲学文选［M］. 徐烈炯，尹大贻，程雨民，译. 北京：商务印书馆，1992.

［16］束定芳. 现代语义学［M］. 上海：上海外语教育出版社，2000.

［17］伍铁平. 模糊语言学［M］. 上海：上海外语教育出版社，1999.

［18］熊学亮. 认知语用学概论［M］. 上海：上海外语教育出版社，1999.

［19］俞如珍，金顺德. 当代西方语法理论［M］. 上海：上海外语教育出版社，1994.

［20］袁毓林. 语言的认知研究和计算分析［M］. 北京：北京大学出版社，1998.

［21］张志林. 因果观念与休谟问题［M］. 长沙：湖南教育出版社，1998.

［22］朱新民. 现代西方哲学逻辑［M］. 上海：复旦大学出版社，1987.

作者简介：隋然，文学博士，首都师范大学教授、博士生导师、博士后合作导师，语言哲学研究所所长。

智能革命背景下对语言资源的再认识

傅兴尚　傅雅珅

摘　要：不同于语言的交际功能、文化载体功能和认知功能，语言资源性功能近年来越来越引起重视。语言资源可衍生新的产业，并转化为生产力，因此，在当今智能革命背景下对语言资源属性再认识具有重要意义。本文从大数据的认知视角对以下几个问题进行分析：①大数据的作用；②语言资源的本质和属性；③语言资源的功能和类别；④语言资源应用的重点和难点。

关键词：语言资源；本质和属性；功能和类别；语言资源应用

通常认为，语言是具有多侧面、多维度属性的符号系统，是思维和交际的工具，是信息和文化的载体。近年来，随着全球化和信息化进程的推进，我们又开始注重语言的另外一种属性——资源属性。所谓"资源"，和煤炭、石油、矿产一样，是指有价值、可利用、出效益、可开发、可挖掘的事物。语言是人类独有的，它依附于人类社会，承载着体现人类文明的科学知识和社会文化信息，能够为政治、经济、文化、科技等领域的发展带来价值增值，产生经济社会效益。所以语言资源是一种有价值、可再生、可利用、有变化发展的特殊社会资源。

语言作为资源，可衍生新的产业，并转化为生产力。语言产业、语言经济、语言服务、语言智能、新型语言生活等术语的产生表明，语言作为经济资源的性质愈发突出，语言潜在的经济价值逐渐凸显，必将促进语言工程建设、语言技术提升、语言智能的飞跃，进而拓宽语言社会服务的渠道和领域，形成方兴未艾的语言产业。

当今时代是人工智能的时代，人工智能的崛起正对人类生产、生活、思维方式、意识形态等所有方面产生革命性影响和颠覆性变革。堪称是继蒸汽技术革命（第一次工业革命）、电力技术革命（第二次工业革命）、计算机及信息技术革命（第三次工业革命）的又一次科技革命（第四次技术革命）。语言能力是人类最重要的智能表现形式，所以语言智能是人工智能领域最重要的组成部分，支撑语言智能开发的语言资源建设更是重中之重。同时应该看到，智能革命背景下，语言资源建设的理念、目标、方法、重点、技术、应用等都应该被重新审视，以适应快速发展的时代要求。本文先讨论四个方面问题：1）大数据的作用；2）语言资源的本质和属性；3）语言资源的功能和类别；4）语言资源应用的重点和难点。

一、大数据的作用

1. 大数据是生产资料

人工智能之所以成为时代主旋律，是因为四大要素的长足发展：一是互联网和物联网技术；二是不断产生和传播的海量大数据；三是超大运算能力的云计算技术；四是基于神经网络的机器学习的算法。阿里巴巴创始人马云曾把互联网比作生产关系，计算是生产力，大数据是生产资料。那接下来，有效的算法就应该被比作为生产工具。可见大数据在其中的作用，大数据和智能革命将重新定义未来，重塑未来的人类思维、生产生活的方方面面。

2. 数据成为智能革命的源泉和核心动力

大数据（Big data）不能被理解为大的数据集合，对此，研究机构 Gartner 给出了这样的定义："大数据是需要新处理模式才能具有更强的决策力、洞察发现力和流程优化能力来适应海量、高增长率和多样化的信息资产。"麦肯锡全球研究所给出的定义是："一种规模大到在获取、存储、管理、分析方面大大超出了传统数据库软件工具能力范围的数据集合。"大数据具有四大特点，简称 4V：大量（Volume）、高速（Velocity）、多样（Variety）、价值（Value）。除以上特点，百度董事长李彦宏对大数据的理解还有多维性、时间流动性、非结构化、重复性等特征。正因为大数据的到来，才为人工智能提供了充足的生产资料。没有大数据时，计算机并不擅长解决人类智能的问题，但是今天这些问题换个思路就解决了，其核心就是变智能问题为数据问题，数据成为技术革命和社会变革的源泉和核心动力。

3. 大数据思维突破了"牛顿时代"的认知方法论

新时代认识世界的方式与以往有根本的不同。所谓数据驱动，认知、感知世界，就是通过数据内部信息的相关性消除世界的不确定性，数据之间的相关性在某种程度上可以取代原来所说的因果关系，帮助完成预定的任务和得到相应的答案，这便是大数据思维的核心。所以，大数据思维应该改变我们过去的研究方法，突破"牛顿时代"的认知方法论。

大数据包罗万象、多种多样。但其体现者主要是语言，确切地说是言语。这与语言资源的概念密切相关，也引起我们对语言资源进行再认识。

二、语言资源的本质和属性

一般认为，资源指的是一切可被人类开发和利用的物质、能量和信息的总称，它广泛地存在于自然界和人类社会中（当然还存在于人类思维和意识领域），是一种自然存在物或能够给人类带来财富的财富。或者说，资源就是指自然界和人类社会（和/或人类思维和意识领域）中一种可以用以创造物质财富和精神财富的具有一定量的积累的客观存在形态，分自然资源和社会资源，前者如土地资源、矿产资源、森林资源、海洋资源、石油资源，后者如人力资源、信息资源等。这里体现了资源的两个属性：一是有用性，可应用，能应用；二是规模性，即一定量的积累。

语言是交际的工具，是知识和信息的载体，是思维的形式、内容和结果的体现者，广泛存在于人类社会和人类思维领域，能够给人类带来价值和财富。所以语言同样是资源，资源也包括语言。那么，作为一种特殊的资源，语言资源的本质是什么？语言资源有哪些特殊属性？语言资源具体用在哪些方面，怎么去用？语言资源包括哪些类型？

早在 20 世纪初，瑞士著名语言学家索绪尔首先提出要区分语言（язык）和言语（речь）这两个概念。指出语言是概括抽象的符号系统，言语则是这个系统的具体体现和存在形式；语言具有社会性，言语则既有社会群体世代相传的东西，又有个体偶然的成分。索绪尔作为结构主义语言学的开山鼻祖，主张语言研究就是对这个抽象的符号系统的研究。

语言是交际工具，言语则是使用这个工具的行为过程，只有在这个过程中，语言的交际功能才得以实现，我们要掌握的与其说是语言，不如说是活生生的言语。换言之，把语言视为本体存在，其主要体现为言语。

语言是言语的抽象、概括和系统化模型，是常体；言语是语言具体化、现实化存在，是变体。所以，从"本体"形式来看，"语言资源"中的"语言"实际上是指索绪尔提出的"言语"，即属于第一性的言语作品。或者是一段连续的语音束（言语作品的口语形式），或者是文字记载的文本（言语作品的书面语形式）。**语言资源本质上就是大量言语作品的集合。**

如果从这种对语言资源的本质理解出发，可发现其诸多独特属性。首先，**语言资源是第一性的**。这种第一性言语形式的资源承载各种知识和信息，是最原始的知识库和信息库。其次，**这种资源承载和蕴含多重知识和信息**。如果把言语作品看作一个符号，其形式表达层面就是语言，即能指，那么所指就是内容表征层面的知识和信息。与此相应，言语作品中至少承载着与能指层面——语言——相关的语言知识，以及与所指层面相关的本体知识（非语言知识）。前者如音位、词汇系统、形态特点、句法结构、组合聚合规则、语体修辞风格等；后者如领域、场景、事实的本体知识等。如，语料库语言学正是通过在大量语料（其实体现的也是言语作品）中发现、建立、验证和挖掘语言知识，建立语言的语音系统、语法系统、词汇系统、语义系统，发现语体风格和特点、抽取句类树库等。而事实抽取和知识图谱的研究正是针对上述第二类——非语言的本体知识。

此外，**语言资源应该具有应用性、可用性**。要具备这两个属性，一是要和大数据一样，具有一定的规模，有量上的积累，这样才能具有覆盖性、全面性和代表性，产生的结果才能更可信可靠。二是语言资源管理要有序化，有详细的属性标签，在存储方式上有分领域、分层级的目录化管理，这样才能保证资源的可用性、好用性。三是要解决好可处理性、多级处理方式和方法、程序技术和语言资源标注化等问题，标注化包括存储格式、代码、数据库结构等。上述属性的设计和实现决定和体现了语言资源的稀缺性。由此，语言资源经处理、加工和计算，可验证、创建，甚至挖掘大量的新的知识，不断产生叠加增值效应，不断满足和提高人类新的生产、生活需要。

三、语言资源的功能和类别

过去从语言功能出发，研究语言学、语言资源及类别，界定语言资源的内涵和外延。一般认为，语言资源指世界上所有国家和民族、部落使用的语言及其所有语言属性的总和。不论是口头的，还是书面的，不论是还在使用的，还是濒临灭绝的。就某一种语言来说，语言资源大致分为三类：1）本体资源。包括各种语言的语音、词汇、语法、语义系统和文字符号系统，及其相应的规范标准。2）派生资源。包括由语言知识所转化的语文辞书、教科书、课件、报纸、杂志、文学作品、科技论文、报告等文化产品及相关计算机软件产品，以及字库和基于语言信息处理的语言知识库、语料库、数据库等。3）以公民的语言能力为衡量标志的国民语文素质资源。语言能力也是国家重要的资源，包括公民的母语能力、第二语言能力等。

与此不同，我们把语言资源视为大量的、有序化的、标准化的言语作品集合，是多重知识的信息源，从而阐释这种语言资源的功能，再从这些功能出发对语言资源类型及其内涵和外延进行重新界定，实现以"应用驱动，倒逼机制"为理念的认知结果，以便在理论研究和工程实践中把握精准导向。

著名语言学家李宇明教授从大语言概念（包括语言、语言知识和语言技术）的3个方面和语言主体活动（语言运用、学习、研究）的3个维度出发，对语言生活进行了9个范畴的划分和概括。见表1：

表1　以人为主体对语言生活的分类

以人为主体	语言	语言知识	语言技术
运用	1. 运用语言	4. 运用语言知识	7. 运用语言技术
学习	2. 学习语言	5. 学习语言知识	8. 学习语言技术
研究	3. 研究语言	6. 研究语言知识	9. 研究语言技术

如果把以上语言生活的主体分为人和智能机器两类：那么，以上列表概括的语言生活变为了18种，增加的9种如表2：

表 2 以智能机器为主体对语言生活的分类

以智能机器为主体	语言	语言知识	语言技术
运用	10. 运用语言 （的智能化）	13. 运用语言知识 （的智能化）	16. 运用语言技术 （的智能化）
学习	11. 学习语言 （的智能化）	14. 学习语言知识 （的智能化）	17. 学习语言技术 （的智能化）
研究	12. 研究语言 （的智能化）	15. 研究语言知识 （的智能化）	18. 研究语言技术 （的智能化）

应该指出，对语言生活进行这样的逻辑化分块，具有重要的意义，因为语言智能的核心目标是要机器像人一样能听会说、能写会算，甚至会规划、思维、判断、决策和行动。由把机器当作客体和工具变为把机器视为会用工具的主体，只有这样，从长远看才能达到人类和机器的和谐共存。所以首先在语言生活中对主体性要互相尊重，在语言生活中不同主体互助互促、共同进步。

当然，从现有阶段看，18 个范畴的语言生活还远远未达到泾渭分明，如上表 7—9 范畴的语言生活目前可涵盖 10—18 的语言生活。其中，语言资源是不可或缺的语言生活要素。

从语言战略和语言规划格局来看，语言资源可用于以下三个主要方面：语言保护和救助；面向信息服务的领域知识、事实等信息的抽取、挖掘，领域知识库建设；语言智能开发建设。与此相应，可分出三类语言资源：1) 面向语保工程的语言资源，简称语保资源；2) 面向信息服务的语言资源，简称语信资源；3) 面向语言智能系统开发的语言资源，简称语智资源。

语保资源是为推广和规范使用国家通用语言文字、科学保护各民族语言文字而建设的语言资源。中国语言资源保护工程于 2015 年启动，而截至 2016 年已按计划完成 81 个少数民族语言（含濒危语言）调查点、53 个汉语方言（含濒危方言）调查点和 32 个语言文化调查点的工作任务。成果体现为中国语言资源有声数据库，它用现代信息技术采录语言数据，经转写、标记等加工程序将相关的文本文件、音频文件及视频文件整理入库，以数据库、互联网、博物馆、语言实验室等形式向学界和社会提供服务。分语言和方言调查以及"地方普通话"调查两大板块。中国语言资源有声数据库的调查内容主要为：1) 语言结构调查，用 1000 字调查语音系统，用 1200 词调查基本词汇系统，用 50

个句子调查主要的语法现象。2）话语调查，分为讲述和对话两部分。讲述包括"规定故事"和"自选话题"。

我国开展的中国语言资源保护工程是世界语言保护和救助的重要组成部分，也一定程度上体现了世界语保工作的方式、方法、内容和规范等。

可见，语保资源最后归结为能代表某种语言或方言的文本文件、音频文件及视频文件。我们认为，以上语保资源对实现语保目标来说还远远不够，为此，我们提出的一套针对濒危语言保存的工作思路，通过建立已知语言与未知语言的平行语料库，从已知语言自动分析被救助语言，从而缩短人工标注的时间，实现在短时间内保存濒危语言的目标。

语信资源是以知识储存、处理、分析、挖掘和服务为目标的基础文本作品资源库。语言是知识的容器。不论现代知识和过往知识，科学知识和社会知识，都主要储存在现代较为活跃的语言中，如英语。涉及和跨越人类生产、生活等不同领域和行业，如：政治领域、经贸领域、教育领域、文化领域，冶金业、材料业、能源开发业等。其中，现代科学知识是当今知识服务的主要关注点、切入点和落脚点。主要分布在世界前沿科技文献中，如：论文、专利、标准、报告、产品说明书等，这类资源内容丰富，内容广泛。主要有（见表3）：

表 3　语信资源分类表

	专业数据库	网络平台	持有机构	我国文献情报机构的信息资源
公开的	1. 全文数据库：包括综合性全文电子期刊数据库、专业性全文电子期刊数据库、学位论文全文数据库、标准全文文献库、智库数据库等。2. 文摘数据库：文献经浓缩、加工、整理后形成的数据库，例如 Web of Science。3. 非英文的专业数据库：如 EB-SCO 平台下的 The Belt and Road Initiative Reference Source 数据库。	1. 开放获取平台：可以通过公共网络免费获取文献的全文信息。2. 专门搜索学术资源的搜索引擎：例如必应学术、百度学术等。	国际顶级智库和咨询机构公开发布的科技类报告等，例如美国布鲁金斯学会、英国查塔姆社、法国国际关系研究所等，都会定期或不定期发布前沿科技类报告。	据与有关机构实地调研：1. 中国科学技术信息研究所每年购买的 41 个国外科技文献数据库，覆盖 6000 种期刊，2000 册会议录，2 万份学位论文，几千份科技报告。2. 中国科学院文献情报中心每年订购的 7000 多种外文文献。3. 万方数据公司的智库报告集，约 200 万份报告。
非公开的	非公开的科技文献资源：全球主要发达国家都有一些未公开的科技文献资源，尤其是涉及国家安全、关键行业和产业发展机密等方面的科技信息都不会对外公开。			

　　以上资源要解决好层级分类和领域化层级管理。对此，我们尝试进行如下层级分类，首先根据应用领域、言语特点对文本进行功能语体分类，在此基础上再进行层级范畴化。见表 4：

表 4　语言资源层级分类表

日常语体	政论语体	公文事务语体	文学语体	科技语体
1. 日常交往对话，可进行场景、脚本分类，如买票、问路、点菜、接电话等； 2. 舞台或影视作品对白； 3. 网络日常信息交流。	1. 报章； 2. 政治鼓动：呼吁、号召宣言； 3. 公文性政治思想；党的文件。	1. 政府报； 2. 政经新闻； 3. 国际交往电信文件、邀请函、工作函等； 4. 合同、协议； 5. 国际公约、协议等。	1. 传记； 2. 小说； 3. 诗歌； 4. 散文； 5. 随笔。	1. 社会科学领域：哲学、艺术、经济、文化专题著作等； 2. 自然科学领域：数学、物理、人工智能等领域的学术论文。

　　其中科技语体中的自然科学领域更为复杂，也更为重要。我们可参照自然科学基金项目类别做相应领域层级划分。如光学和光电子学领域类别片段：

F05 光学和光电子学

F0501 光学信息获取与处理

F050101 光学计算和光学逻辑

F050102 光学信号处理与人工视觉

F050103 光存贮材料、器件及技术

F050104 光全息与数字全息技术

F050105 光学成像、图像分析与处理

F050106 光电子显示材料、器件及技术

F0502 光子与光电子器件

F050201 有源器件

F050202 无源器件

F050203 功能集成器件

F050204 有机/聚合物光电子器件与光子器件

F050205 光探测材料与器件

F050206 紫外光电材料与器件

F050207 光子晶体及器件

F050208 光纤放大器与激光器

F050209 发光器件与光源

F050210 微纳光电子器件与光量子器件

F050211 光波导器件

F050212 新型光电子器件

F0503 传输与交换光子学

语智资源，是为实现各种自然语言处理目标，开发语音识别、合成系统，机器翻译、问答系统等语言智能系统必需的资源。根据当今语言智能的主要特点和主要任务（任务驱动原则），以下各类语言资源建设非常重要：1）多语语音库，语音和文本对应库；2）各类词典，包括词素词典、语词词典、短语词典、惯用语词典、谚语词典、缩略语词典、人名词典、地名词典、机构名词典，以及政治、经济、文化、教育、军事、科技及其分领域术语和专业词典；3）平行句对库，在这方面我们强调句对库的代表性、平衡性、规模性和准确性；4）文本对应库，对此，在对领域和分领域进行层级切分的基础上对文本对应库进行标注。以上各类资源库中尤其以平行句对库建设最为关键。

还可按不同标准对语言资源进行其他分类。如：按加工程度，可分为初级资源和加工资源（又可分为一级加工、二级加工）；按应用目的倾向，可分为语料库资源和信息知识库资源；按资源形态，可分为音频资源、文本资源和视频资源；按是否结构属性化，可分为原始资源和属性标签化资源；按中心与边缘结构，可分为纯语言资源和衍生语言资源，后者如语言主体（使用语言者）、语言技术、语言研究等。

四、语言资源应用的重点和难点

从不同功能目标出发，加强语言资源的建设，必将丰富语言生活、引领语言生活的时代潮流。语保资源的主要目标是能恢复和还原某种语言的本来面貌；语信资源主要是以提取、挖掘行业知识为主要任务，为人类提供领域和行业知识服务；语智资源主要为语言智能系统开发提供深度学习的保障。但三者并不是相互独立、彼此分割的。他们之间是互相借鉴充实、互相促进共享的关系。

　　当今语言智能的主要任务是语言救助和保护、领域信息和知识服务、机器翻译、人机对话。其中人机对话最为关键，成为语言智能的难点。深度学习算法在机器翻译、问答系统、图像识别、语音识别与合成等软件开发建设中发挥出色，成为人工智能王者归来的护卫神。但经过几年的研究和观察，也发现该算法面临瓶颈问题，必须让机器学会常识知识，所以下一轮冲击目标是通用（领域）知识的机器训练，使深度学习在语言智能领域再放异彩，再创辉煌。对此，我们将专门探索语言资源建设的原则、理念、方法、工具，以及基于事件图示构想的人机交互实现等问题，以期为语言智能化事业添砖加瓦。

参考文献

[1] 白文昌. 俄语教学与研究论丛. 第 20 辑 ［G］. 哈尔滨：黑龙江大学出版社，2017.

[2] 丛亚平，李学岩，张素. 实用商贸俄语 ［M］. 北京：外语教学与研究出版社，2010.

[3] 傅兴尚. 现代俄语事格语法 ［M］. 北京：军事谊文出版社，1999.

[4] 傅兴尚，许汉成，易绵竹，等. 俄罗斯计算语言学与机器翻译 ［M］. 北京：语文出版社，2009.

[5] 何安平. 语料库语言学与英语教学 ［M］. 北京：外语教学与研究出版社，2004.

[6] 柯飞. 汉语"把"字句特点、分布及英译 ［J］. 外语与外语教学，2003（12）：1-5.

[7] 李彦宏，等. 智能革命：迎接人工智能时代的社会、经济与文化变革 ［M］. 北京：中信出版社，2017.

[8] 罗颖. 利用语料库分析中学英语课堂提问技巧 ［J］. 国外外语教学，1999（4）：26-31.

[9] 王克非，等. 双语对应语料库：研制与应用 ［M］. 北京：外语教学与研究出版社，2004.

[10] 张俊萍，金婷. HSK（初中等）语法提高教程 ［M］. 北京：北京广播

学院出版社，2004.

[11] 伯迪克，德鲁克，伦恩费尔德，等. 数字人文：改变知识创新与分享的游戏规则 ［M］. 马林青，韩若画，译. 北京：中国人民大学出版社，2018.

作者简介：傅兴尚，教授，博士生导师。北京语言大学语言资源高精尖创新中心特聘研究员，大连外国语大学启航学者，黑龙江大学俄罗斯语言文学与文化研究中心兼职研究员，教育部学校规划建设发展中心专家。曾任中华人民共和国驻伊尔库茨克总领事馆经济商务领事，黑龙江省绥芬河市委常委、副市长等职。主要从事语言学、计算语言学、外国语言学的研究工作。主持承担国家社科基金、教育部人文社科研究重大及一般项目 5 项，省级项目 4 项，出版专著 5 部，发表学术论文 30 余篇。曾经在国内外首推俄汉通、俄汉行掌上电脑系统并得到产业化应用。

傅雅坤，俄语语言文学专业硕士研究生，现任中国航天科技集团中国长城工业集团职员，从事对俄科技合作交流工作。

新时代我国俄语语言与文化研究：问题与趋势①

彭文钊

摘　要：新时代条件下，作为哲学社会科学体系建设的有机组成部分，我国的俄语语言与文化研究要跟上时代发展的步伐，必须植根中俄人文交流实践，以鲜明的问题意识和原创精神，服务国家战略需要和现实需求。本文从新时代俄语语言与文化研究面临的四个主要问题入手，尝试性提出了我国俄语语言文化学发展的三个路径选择和五大发展趋势。我们认为，新时代俄语语言与文化研究应当坚持走具有中国特色、中国风格的发展道路，应当积极响应新时代国家发展现实需求，创新语言文化学学科理论和研究方法，积极开展以问题为导向的基础研究和应用研究，打造具有我国特色的俄语语言与文化研究学术体系和话语体系，提升我国俄语学界在国际学术界的学术话语权。

关键词：新时代；俄语语言与文化；中国化；问题；趋势

1. 问题的提出

习近平总书记在党的十九大报告中指出，"中国特色社会主义进入新时

① 本文系"一带一路"人文交流机制协同创新中心及辽宁省教育厅一般项目（项目编号：2016JYT25）的研究成果。

代"，要"加快构建中国特色哲学社会科学"。这一新的历史方位和总体要求为我国高等教育发展提出了根本遵循，为我国哲学社会科学体系建设指明了总方向和总目标。

新时代条件下，作为哲学社会科学体系建设的有机组成部分，我国的俄语语言与文化研究要跟上时代发展的步伐，必须植根中俄人文交流实践，以鲜明的问题意识和原创精神，服务国家战略需要和现实需求；从中俄语言-文化对话角度，加强理论创新，解决实践问题，拓展国际视野，打造具有中国特色的俄语语言与文化研究学术体系和话语体系，提升我国俄语学界在国际学术界的学术话语权。

近十年来，我国的俄语语言与文化研究取得了丰厚的成果，同时也面临一些突出问题。本文尝试从新时代我国俄语语言与文化研究面临的新问题入手，提出新时代条件下，我国俄语语言文化学学科建设和研究方法发展的新趋势，以抛砖引玉，就教方家。

2. 新时代我国俄语语言与文化研究：成就与问题

我国的俄语语言与文化研究经历了语言国情学和语言文化学两个阶段，呈现出在理论创新和实践应用方面的显著特点（刘宏 2005；赵爱国 2007）。语言文化学研究的中国化有望在：1）俄罗斯语言文化学教学法学研究；2）创新性理论研究；3）俄汉对比语言文化学研究；4）语言文化辞典学研究；5）汉语语言文化学研究等五个方面取得突破。（彭文钊 2008a）

从近十年来我国俄语语言文化学理论与实践研究的成果看，我国俄语学者主要在前四个问题领域做出了积极贡献，而在结合语言文化学理论对汉语语言与文化本体研究方面，除了少数俄汉语言文化对比研究成果，目前还存在诸多空白。

我们在中国知网以"俄语""语言与文化"作为关键词进行文献检索，共检出文献 1842 篇。在网站自动生成的计量可视化分析图表中，可以看到按照年度和主题进行统计的结果示意图：

图1　我国俄语语言与文化研究年度发文量图

图2　我国俄语语言与文化研究主题分布图

从上述图表，我们可以直观看到，从20世纪90年代以来，我国俄语语言与文化研究一直呈现上升趋势，涉及的问题领域也十分广泛，基本覆盖了上述前4个主要研究领域。经过近30年的建设，总体看来，我国俄语语言与文化研究取得了令人可喜的成绩。主要表现在以下五个方面：1）建立了较为完整的俄语语言文化学学科体系；2）形成了一支俄语语言与文化研究的学术队伍；3）产出了一大批俄语语言与文化研究成果；4）推动了我国俄语语言文化实践教学改革；5）培养了一批俄语语言与文化研究的硕士和博士。

从文献分析结果看，我们认为，近十年来，我国俄语语言与文化研究还存在以下四个方面的问题。

（1）具有中国特色的俄语语言文化学学科建设和学术话语体系仍有待完善。近十年，通过学界的共同努力，我们对俄语语言文化学的哲学基础、学科性质、研究对象、基本理论、研究方法等学科建设原则性问题有了比较深入完整的认识，但原创性、创新性理论与方法研究成果还不够多，还没有形成具有中国特色的、系统完善的语言文化学学术话语体系。这既表现在对既有的理论阐释性、验证性成果大于对新问题、新理论、新方法的创新性成果，又表现在实证研究方面问题意识的局限性和重复性。且已有的学科建设理论成果对当下的我国俄语语言与文化引领作用还不够充分。

当下的语言文化学学科建设急需突破在单一语言学学科内部的理论束缚，横向与其他人文学科，特别是社会学科，如文化人类学、社会学、政治学寻求进一步的交叉融合；纵向寻求与上位学科，如文化哲学、政治哲学、心灵哲学、语言哲学，特别是语言哲学中的现象学–阐释学传统进行对接，以建立具有我国特色的俄语语言文化学的学科体系和学术话语体系，同时扩大和深化俄语语言与文化研究的问题领域及其方法论基础。

（2）具有中国特色的俄语语言与文化基础研究与应用研究仍有待深化。近十年来，我国俄语语言与文化研究在经历了对俄罗斯语言文化学理论与方法的引介引用、应用转化之后，有意识地开始针对俄语语言世界图景、文化观念（域）、语言文化表意单位（先例现象、语言文化单位、语言信息单位、社会文化定型等）、语言意识、隐喻与象征、文化空缺等问题进行研讨，研究视角涉及俄汉对比、语用、认知、翻译、跨文化交际、教学法等理论与方法。（刘宏 2018）

分析表明，当前我国俄语语言与文化基础研究的问题领域相对狭窄，而研究对象又相对集中：一方面研究视野局限在语言文化学内部，问题相对集中且仍有许多空白领域、薄弱领域亟待开拓深化；另一方面，在业已开展的研究领域研究对象相对单一，成果相对零散，研究结论泛化、表面化的问题还比较突出。总体上看，学科意义上的俄语语言文化学基础研究还存在全面性、整体性、科学性、系统性亟待加强的问题。

在应用研究方面，我国学者的学术兴趣主要集中在跨文化交际与俄语教学法、俄语语言文化辞典编纂领域。同样存在问题领域急需拓展、研究对象急需对接现实需求、研究视野急需突破学科界限、研究成果急需实践检验等问题，需要学界同仁共同研讨解决。

（3）具有中国特色的俄语语言与文化研究方法论建设仍有待加强。如果说上述我国俄语语言与文化研究在学科建设、基础研究与应用研究存在的诸多问题是表象、是结果，那么造成这一结果的内在原因之一是我国俄语语言文化学方法论基础还比较薄弱，新的研究方法和研究工具还未能得到普及。新问题的提出需要坚实的方法论基础及有效的研究方法和工具加以解决。当前，我国在学科意义上的语言文化学方法论建设方面仍有待完善和深化，需要在学科方法论的科学性、系统性和可操作性方面，推出新的、有创见的理论与方法。

从近十年我国俄语语言与文化研究的成果看，我国俄语语言与文化研究的方法论建设仍需进一步加强。主要表现在：1）部分研究成果的方法意识薄弱。这一问题在俄语语言与文化相关学位论文中体现得尤为明显。有的研究方法部分缺失或泛化，有的研究方法描述错误，有的运用方法不准确。显示缺乏必要的方法论意识或基础研究方法培训。2）对以解释性为主导的语言文化学方法论基础理解还不深。部分研究成果描写性仍大于解释性，满足于解决"是什么"的问题，没有深入分析"为什么"的问题，与传统的语言国情学研究没有明显区分。部分研究成果有发现，而没有结论，未能就研究发现和研究结论进行区分。部分研究成果结论的有效性值得商榷。3）总体上看，相对于英语学界，俄语语言与文化质性研究仍大于量化研究，量化分析工具的使用仍比较薄弱。部分研究结论的信度和效度不足，与未能使用有效的研究方法及分析工具有直接关系。部分研究成果未能自建相关研究主题及对象的封闭语料库，语料选择、提取、分类、分析较随意，存在主题先行，结论先行，解释性分析泛化、表面化情况。部分研究成果定性分析与定量分析结合不够科学，建立在小样本问卷基础上的简单数据比例统计较为经常，运用语料库及其相关数据统计分析方法的研究还不多见。

（4）俄语语言与文化研究目标和国家现实需求还不相适应。传统上，我国俄语语言与文化研究多停留在"就俄语而为俄罗斯文化"的学科目标上，研究俄罗斯语言与文化的相互关系是为了增进对俄罗斯语言与文化本质和规律性的认识。从学科建设的意义上看，这是理所应当的。与此同时，随着中国特色社会主义进入了新时代，俄语语言与文化研究和其他人文社会科学研究一样，理应积极回应时代呼声，走出象牙塔，主动对接国家发展现实需求，在研究目标及研究取向上，增强我国俄语语言与文化研究的问题意识和服务意识。

3. 新时代俄语语言与文化研究：方向与趋势

针对上述问题，作为交叉学科、边缘学科的语言文化学在新的历史条件下既面临难得的历史机遇，同时又面临挑战。在我们看来，俄语语言文化学的中国化道路可望有以下几个路径选择：

（1）兼容并包，重构语言文化学学术体系。在参考国外语言与文化研究理论的基础上，将中国传统学术思想合理内核和俄罗斯语言与文化研究范式相结合，重构具有中国特色、中国风格的俄语语言文化学学术话语体系。正如梁启超在《<西学书目表>后序》指出的那样："舍西学而言中学者，其中学必为无用；舍中学而言西学者，其西学必为无本。无用、无本，皆不足以治天下。"（梁启超 2007：128）

这一理论体系的构建可以从以下三个方面入手：1）在语言与文化研究的意义本体论层面，辩证吸收中国古代言意之辨、名实之辩等语言哲学思想，整合优秀文化语义理论，建立一个新的既具有中国传统文化特色，又符合语义研究规范的民族文化语义分析模型。2）在语言与文化研究的理性主义与经验主义相结合的认识论层面，辩证吸收中国古代"道器一体""格物致知""知行合一"等认识论思想，与理性主义和经验主义认识论相互辨析，建立一个具有中国特色的、符合语言与文化知识系统生成与理解的认识论框架。3）在语言与文化研究的对话性方法论方面，辩证吸收中国古代文论方法论思想，例如《二十四诗品》《诗品》《人间词话》意境论等（彭峰 2015），与现当代西方文论进行对话交流，建立一个具有中国特色的、符合文本与话语作为语言与文化基本分析单位的方法论体系。同时在具体分析方法方面，亦可借鉴清朝乾嘉学派考据学研究法，在文本分析和概念分析两个方面与西方实证主义研究传统相结合，对某一主题观念进行关键词式的知识考古学描写与解释。

在上述三个方面，中国传统学术思想的精华与国外经典理论互为补充、相互印证，可望为中国俄语语言与文化研究提供新的理论支撑和方法保障，同时建立新的、具有中国特色的俄语语言与文化研究学术话语体系。当然，这一理论构想目前还是一己之见，是否可行，还需要学界同仁讨论争鸣。

（2）明确对象、"以我为主"，重建俄语语言与文化研究的知识系统。应当指出，除了少数课题项目制的研究成果，我国俄语语言与文化研究大部分还处在自发的分散状态。形式上单兵作战，内容上选题随机。新时代我国俄语语言与文化研究需要加强全局性、整体性的系统规划。我们建议，建立我国俄语语言与文化学术共同体，搭建各高校、各研究机构、各位学者之间沟通交流的学术平台。以此为基础，结合国家战略现实需求，"以我为主"，从总体上规划我国俄语语言与文化研究的问题领域，尽可能全面系统深入地研究俄罗斯语言与文化知识系统。这一知识系统总体上可以在实体文化指涉层、规范文化指涉层、精神文化指涉层三个层面进行。（彭文钊 2008b）在每一个层面上，可以以主题分类的模式，按照时间顺序、地域划分、重点领域等现实需要，集中力量重点突破，推出系列成果，形成集群效应。需要说明的是，新的知识系统的建立，需要首先明确作为研究对象的俄罗斯语言与文化知识系统的分类原则与体系划分，而这需要学界共同研讨，明确共识，分工合作，共同完成。结合国家现实需求，既需要基础研究的深刻创见，又需要应用研究的精准点穴。

（3）服务需求、提升质量，构建俄语语言与文化研究智库体系。党的十九大报告中明确提出要"加强中国特色新型智库建设"。我国的俄语语言文化研究者应当增加语言服务意识，既要做对象国语言与文化的研究者，又要做政府政策决策的建言者。教育部备案国别区域研究中心、各高校智库建设方兴未艾，尤以语言类高校为甚。俄语语言与文化研究应当并且必须主动服务对接国家战略需求，为国家"一带一路"倡议、中华语言文化对外交流有针对性地开展研究，做好资政建议，提升研究之路，为建设高校智库发挥作用。我国俄语语言与文化研究具有开展智库研究的先天优势。我们建议，在做好俄罗斯语言与文化知识系统规划基础上，结合各高校和研究机构智库建设职能以及国家和地方政府现实需求，打造一支智库队伍，建设俄语语言与文化研究的智库体系。

在这个意义上，新时代我国俄语语言与文化的研究目标应当增加"就俄语语言与文化而为国家战略需求"的服务面向。以此为契机，一方面，我国的俄语语言与文化基础研究与应用研究可望在中国社会发展实践的现实需求中获得取之不尽的新问题，解决这些问题既可直接服务国家建设，又可以增进我国对丝绸之路相关国家及区域的理解与认知；另一方面，俄语语言文化学的学科建设和智库体系可望在这一过程中由于新理论和新方法的产生而获得新发展。这一智库体系可以与各高校国别区域研究中心相结合，带动部分语言与文化学者进行转型研究，包括但不限于中俄语言与文化人文交流与对话研究、俄罗斯民族文化研究、丝绸之路经济带语言与文化政策研究等课题，为国家及地方全面对外开放进行决策咨询和语言服务。

以上，我们尝试提出新时代俄语语言与文化研究的三个路径选择。基于上述路径，我们认为，新时代条件下中国俄语语言与文化研究未来发展，在个体研究、研究方法、问题领域等方面有以下几个趋向性特征，一管之见，仅供参考。

（1）新时代俄语语言与文化理论建构的综合与分析的内外取向。从研究对象涉及的学科范围角度，可以将俄语语言与文化研究分为宏观语言文化学与微观语言文化学两大方向。分析表明，宏观语言文化学正在经历广泛而又深入的综合化过程。某种程度上，已经不存在纯粹的语言与文化相关性研究，我们把它称作学科发展的综合化趋势。宏观语言文化学与政治学、社会学、文化学、心理学、认知科学、符号学等人文社会学科普遍存在研究范式、研究对象、研究方法的交叉与融合。因此在学科意义上，如果我们把其他学科理论、方法、成果纳入语言与文化相关性研究，可以极大拓展俄语语言与文化研究的问题领域，开辟新的研究路径，呈现新的研究成果。对研究者而言，只要因势利导，善用其利，可以起到事半功倍的效果。

由于学科交叉的综合性趋势不断加强，出现了交叉学科的再交叉现象，俄罗斯国内也产生了一些新的语言学学科分支，例如心理－语言文化学。（Красных 2015）对此现象，国内学者应当保持客观审慎的态度。一方面，我们积极学习参考新理论、新方法；另一方面，也能够说明人类中心论视野下的语言与人的关系研究，俄罗斯学界学科交叉已成常态，并日益深化。国内学界也应避免亦步亦趋地跟踪模仿，引进一个新的学科名称和一套新的理论体系并非首要，重要的是探索符合我国俄语语言与文化研究特色的跨学科交叉理论与创新方法及成果。

与宏观语言文化学相对，在语言学内部，微观语言文化学与社会语言学、神学语言学、性别语言学、心理语言学、认知语言学、批评性话语分析等语言学分支学科也存在深度渗透与融合。我们把这一趋势称作语言学内部分工的分析化趋势。例如：观念研究作为语言文化学的重要领域，进一步分化出现了观念学新领域；观念学与神学语言学进一步交叉，又出现了宗教观念学新领域。（Постовалова 2014）这一趋势也体现在其他语言学分支学科之中，例如政治语言学内部又分化产生了政治隐喻学。（丘季诺夫 2012；Будаев 2010）在批评性话语分析流派内部又分化产生了批评认知分析流派。类似的还有认知语用学、语用文体学等等。这些新的研究领域都体现了语言学科内部的分析化趋势。

以上分析表明，俄语语言与文化研究和其他语言学分支学科一样，由于研究对象的复合性及复杂性，正在走向以语言与文化为本体，从跨学科交叉融合研究走向超学科多维研究的新路径，亦即"要在不同的学科之间，横跨这些不同的学科，取代并超越它们，从而发现一种新的视角和一种新的学习体验"（UNESCO 2003）（转自李颖、冯志伟 2015：407）。新时代的中国俄语语言与文化研究可望在宏观与微观两个层面，在内外两个方向，在坚持语言文化学学科本位基础上，基于不同的研究对象，以问题为导向，打破学科壁垒及门户成见，以超学科的视角整合相关学科理论与方法，做出有中国特色的理论创新与方法创新，成为新知识的发现者、生产者和提供者，从而提升我国学者在国际学界的话语权。

（2）新时代俄语语言与文化研究方法的整合性趋势。我们认为，新时代我国俄语语言与文化研究在研究方法上可望在以下两个方向取得突破。一是研究方法从归纳到演绎再到归纳与演绎的整合性方法。俄语语言与文化研究方法论取决于认识论。如果我们接受语言文化学建立在理性主义与经验主义相结合的认识论基础上，那么它的研究方法自然不是单一的，而是复合的。由归纳与演绎的整合可进一步细化为描写与解释整合性研究方法、定性与定量整合性研究方法。以此为基础，我国学者可结合特定研究对象的超学科多维研究背景，继续细分描写与解释、质性与量化相结合的具体研究方法，如上所述，参考中西方语文学传统中行之有效的研究方法并加以综合运用，从而丰富俄语语言与文化研究的方法论体系。二是在具体研究工具的应用方面。新时代俄语语言与文化研究更加注重量化分析工具的应用。我们建议研究者建立基于封闭语料的语料库，或基于线上大数据语料库，运用语料库语义标注、数据统计分析法、SPSS 等量化统计分析工具，对自建语料库已标注语料或基于线上线下大数据专题语料库进行计量分析。以此为基础，结合质性研究方法，讨论研究发现并得出结论。

除此以外，我们认为，基于超学科多维研究视角，在可见的将来，俄语语言与文化研究将与计算机科学和人工智能有机结合，真正实现特定对象的超学科多维研究，运用自然语言信息处理技术，为特定主题文本数据库提供语义信息标注、情感信息标注和信息检索、信息抽取、文本挖掘、舆情分析等帮助，有效实现对海量语料数据的快速处理，从而增强定性分析的有效性和可信度。

（3）新时代俄语语言与文化研究对象物的转变。传统上，俄语语言与文化研究的对象物为各种类型的语言文化表意单位，形式上体现为各级语言单位、各类语言文化中介单位、各类熟语、隐喻、象征、文化观念等。以上各类语言文化表意单位可以归纳为"文化文本"。近十年来，我国俄语语言与文化研究多是围绕文化文本的描写与解释性研究。新时代条件下，由于国别区域研究现实需求的不断增强，俄语语言与文化研究可望拓展其对象域，同时增加其对象物范围。分析表明，除文化文本外，文化话语将成为新时代我国俄语语言与文化研究新的对象物，单一的俄语语言与文化文本分析也将向文本分析与话语分析相结合转化。

与主要体现为书面形式的文化文本相对，文化话语主要表现为口头形式，二者是一体两面的关系。需要指出的是，做这样的区分是为了研究便利的需要，实践中，无论是文化文本还是文化话语都可以运用批评性话语分析的研究方法。如果说文本分析更注重语言文化学分析，话语分析则体现为语言学分析、话语实践分析、社会实践分析三个层面。（费尔克拉夫 2003）文化话语作为新的俄语语言与文化对象物，包括跨文化交际实践、俄罗斯民间口头文学创作、影视戏剧脚本、仪式话语、各类访谈、记者招待会记录等，将大大拓宽我国俄语语言与文化研究的问题领域。除俄罗斯文化话语研究以外，还可以进行中国文化话语研究在丝绸之路经济带俄语国家传播的路径、策略、方法等实证研究或对比研究，为促进中俄人文交流做出应有贡献。

（4）新时代俄语语言与文化研究的语言哲学进路。众所周知，人类中心论是俄语语言与文化研究的理论范式。但人类中心论之于学科意义上的语言文化学究竟意味着什么，需要进行再思考。在我们看来，人类中心论是人性与语言性的统一，暗含着人与语言之间天然而又内在的互证关系：人的本质规定性来源于语言性，而语言的本质规定性来自人性。语言是人类与生俱来的理性内核，是人类用来度量万物的那把尺子。某种程度上，是人的语言性决定着人的社会性、文化性、历史性、政治性、传统性等多重属性。因此，在抽象的哲学思辨层面，除了人的物质第一性外，人的语言性占据着定义人多重属性的主导地位，而人的这些其他属性在本质上其实也是语言性的。只是在这个意义上，人类中心论作为语言文化学、政治语言学、社会语言学、民族语言学等语言学分支学科共同的理论范式才是合理的。这样，如果语言文化学认为人具有某种天赋的语言文化能力，首先是因为人具有天赋的语言能力。因此，基于人类中心论的"语言 + X"研究，无非关心两类问题：1）说话的人；2）人说的话。对这两个问题的终极追问，不可避免地会走上语言哲学之路。新时代我国俄语语言与文化基础研究和应用研究发展到一定阶段，都会面临三个层面的终极追问：人与世界——俄罗斯人是如何认识世界的；人与人——俄罗斯人之间、俄罗斯人与他者之间的关系怎样；人与自身——俄罗斯是如何认识自己的。这样一来，俄语语言与文化研究必然会触及语言哲学关注的基本问题：词与物（名与实）、民族文化语义的生成与理解（言意之辨）、语言世界观（道可道，非常道）、说话人作为语言个性（言为心声、口是心非）、言语行为（信，言合于意也）等等。解决这些问题，无论是从"说话的人"的角度入手，还是描写、分析、阐释"人说的话"，都可以参考中西方语言哲学的思想与方法。我们的建议是，从西方语言哲学现象学–阐释学传统出发，以意义本体论为基础，回归中国传统语言哲学传统，构建新的语言文化学阐释框架，深入研究作为言语行为本身的文化文本与文化话语及说话人形象。从研究符号本身（文本），到研究作为符号的人（说话者形象）。

应当指出，以上所论，并不是要将俄语语言与文化研究变成语言哲学的一个部门。而是因为，如果要深入一个民族的精神文化内核，离不开语言哲学思想与方法的指引，正如加达默尔（2004）所言："能被理解的存在就是语言。"只有通过语言，人才能够获得存在的意义，也只有人，才是语言存在的主体。我们认为，俄语语言与文化研究的语言哲学进路可望抵达俄罗斯精神文化的深处，在那里将与俄罗斯宗教哲学话语汇合，获得对俄罗斯性（русскость）、宗教性、民族个性更多新的认识与知识。

（5）新时代我国俄语语言与文化研究的中国化趋势。我们认为，新时代条件下我国俄语语言与文化研究由于受到国家现实需求的强力推动，有可能与丝绸之路经济带国别区域研究相结合，走上"以我为主"的中国化发展道路。在这方面，其他人文社会科学学科已经有所行动。这一趋势可能的发展路径包括：1）如前所述，基于中外学术思想整合的俄语语言文化学学术话语体系的重构。2）中俄语言与文化人文交流的多维研究。以超学科多维研究视角，与国际政治、传播学、批评语言学等学科相结合，从事中俄文化话语理论与应用研究。3）服务国家国别区域研究需求的俄语语言与文化基础研究和应用研究。例如丝绸之路经济带俄语国家中国形象研究。4）基于问题导向的俄汉语言与文化对比研究。例如中俄特定主题语言意识对比研究、中俄文化认同对比研究等。

4. 结论

以上，我们从新时代俄语语言与文化研究面临的问题、路径选择和发展趋势三个方面从个人角度提出了一些尝试性方案。我们认为，新时代俄语语言与文化研究应当坚持走具有中国特色、中国风格的发展道路，应当积极响应新时代国家发展现实需求，创新语言文化学学科理论和研究方法，积极开展以问题为导向的基础研究和应用研究。新时代中国俄语语言与文化研究迎来了难得的历史机遇，也面临重重挑战，相信通过学界同仁的共同努力，我国俄语语言与文化研究一定会取得新的、更大的成绩。

参考文献：

［1］UNESCO. A transdisciplinary approach to education：An instrument for action ［P］. UNESCO Information Brief on the UN Decade for Education for Sustainable Development. Paris：UNESCO，2003.

［2］КРАСНЫХ В В. Роль и функции языка как объекта современных интегративных исследований （ психолингвистический, лингвокультурологический， психолингвокультурологический и комплексный общегуманитарный подходы） ［J］. Вопросы психолингвистики，2015（2）：90-97.

［3］ПОСТОВАЛОВА В И. Религиозные концепты в православном миросозерцании（опыт теолингвистического анализа）［J］. Критика и семиотика，2014（2）：127-148.

［4］БУДАЕВ Э В. Политическая метафорология：Ракурсы сопоставительного анализа ［J］. Политическая лингвистика，2010，1（31）：9-23.

［5］费尔克拉夫. 话语与社会变迁［M］. 殷晓蓉，译. 北京：华夏出版社，2003.

［6］加达默尔. 真理与方法：哲学诠释学的基本特征（上卷）［M］. 洪汉鼎，译. 上海：上海译文出版社，2004.

［7］加达默尔. 真理与方法：哲学诠释学的基本特征（下卷）［M］. 洪汉鼎，译. 上海：上海译文出版社，2004.

［8］黄坤明. 繁荣发展新时代中国特色哲学社会科学［N］. 人民日报，2018-5-15（4）.

［9］李颖，冯志伟. 计算语言学的超学科研究［J］. 现代外语，2015，38（3）：407-415.

［10］梁启超. 饮冰室合集（第一册）［M］. 昆明：云南教育出版社，2007.

［11］刘宏. 俄语语言国情学发展新趋势略说［J］. 中国俄语教学，2005，24（4）：47-51.

［12］刘宏. 俄语语言文化与跨文化交际［M］. 北京：外语教学与研究出版社，2018.

［13］彭峰. 意境论的重生［N］. 人民日报，2015-5-12（14）.

［14］彭文钊. 俄罗斯语言文化学：源流与发展［J］. 广东外语外贸大学学报，2008a，19（4）：15-20.

［15］彭文钊. 语言世界图景的知识系统：结构与生成［J］. 中国俄语教学，2008b，27（1）：29-33.

［16］丘季诺夫. 现代政治语言学［M］. 杨可，郭利，胡荣哲，译. 海口：南方出版社，2012.

［17］习近平. 决胜全面建成小康社会 夺取新时代中国特色社会主义伟大胜利［M］. 北京：人民出版社，2017.

［18］赵爱国. 从语言国情学到语言文化学［J］. 中国俄语教学，2007，26（3）：28-32.

作者简介：彭文钊，俄语语言文学博士，教授、博士生导师。现任大连外国语大学研究生处处长。兼任教育部外指委俄语分委会秘书长，国家语委中国东北亚语言研究中心副主任，辽宁省"一带一路"人文交流机制协同创新中心执行主任。入选"辽宁省高等学校优秀人才支持计划"（第一层次）、辽宁省"百千万人才工程"（百人层次），辽宁省普通高等学校教学名师。主要研究方向：俄语语言文化学、政治语言学、东北亚国别与区域研究。

语言单位多义性的超常组配探析①

彭玉海

摘 要：词汇单位多义性是自然语言所特有的意义属性，词汇多义的语义衍生同超常组配之间存在密不可分的联系，而体现这一实质联系、直接促成不同义位产出的是超常的语义错置运作体系。对于动词词汇单位而言，语义错置构成其多义语义衍生重要的内在机制，该机制通过表层意义关系中的语义冲突和逻辑范畴错置反映动词多义的语义意识根基以及动词多义义位的构成性限制，成为动词语义向外延展的基础条件。本文将就这一机制中的显性语义错置问题展开研究，具体分析中将首先讨论动词多义显性语义错置内涵及其实质，进而重点从以名指属的深层语义呼应、语义成分的异质同化选择、聚合对组合的渗透性与组合对聚合的映射性、心物转化的深层合作与对接、离境与应境的互动转化等五个方面对动词多义显性错置的运作机理和特点进行新的审视和多维分析与考察。相关分析和讨论将有助于深入揭示动词多义的语义衍生特点和语义逻辑机制，能够在超常组配的语义关系意识层面上为动词多义问题的探讨提供新的理论线索和分析路径。

关键词：语言多义性；超常组配；显性语义错置；运作机理；认知隐喻

---

① 本文系国家社科基金项目"俄语动词概念隐喻的文化认知研究"（批准号：19BYY209）、教育部人文社会科学重点研究基地重大项目"阿普列相语言学理论与现代汉语语义句法研究"（项目编号：17JJD740005）的研究成果。

0 引言

词汇单位多义性是自然语言所特有的意义属性，词汇多义的语义衍生同超常组配之间存在密不可分的联系。而体现这一实质联系、直接促成不同义位产出的是超常的语义错置运作体系。对于动词词汇单位而言，语义错置构成其多义语义衍生重要的内在机制，该机制通过表层意义关系中的语义冲突和逻辑范畴错置反映动词多义的语义意识根基以及动词多义义位的构成性限制，成为动词语义向外延展的基础条件。本文要谈的是与此相关的动词多义表层逻辑冲突和显性语义错置方面的问题。动词多义衍生中的显性语义错置看似违背自然语言语义认识逻辑，实则是在深层语义意识上构建意义关系的协调一致，这种既悖谬又谐和的语义关系表现是对语言语义机制的一种超常表释，通过它不仅达成新的语义逻辑形态和相应语义延伸，而且显示出语言主体同语义生成的特殊联系方式，反映出"人"及其认知识解在语言意义系统中的特殊地位，成为动词多义衍生机制中积极的语义转化因子。本文针对动词语言单位多义性的超常组配研究将首先讨论动词多义显性语义错置内涵及其实质，进而重点从以名指属的深层语义呼应、语义成分的异质同化选择、聚合对组合的渗透性与组合对聚合的映射性、心物转化的深层合作与对接、离境与应境的互动转化等五个方面对动词多义显性错置的运作机理和特点进行新的审视和多维分析与考察。相关分析和讨论充分表明词汇单位的多义性研究需要深入到语义结构内部成素及组配关系深层机理进行细致观察和分析，将有助于深入揭示动词多义的语义衍生特点和语义逻辑机制，能够在超常组配的语义关系意识层面上为动词多义问题的探讨提供新的理论线索和分析路径。

1 多义衍生与显性语义错置

从词汇发展的动态观点看，动词多义语义衍生是其作为词汇手段的基本存在形式和功能方式。动词多义既是概念事件关系的一种语义推导，又是其命题事件组构成素规则关系的特定表现形式，前者是动态的语义建构行为，后者是静态的语义结果。语词隐喻义许多时候被视为词语语义引申的特殊表现形式，但事实上动词隐喻意义的产生在动词多义语义衍生中相当普遍，而在这一语义衍生之中发挥重要作用的机制便是动词构式表层组配语义关系上的范畴逻辑冲突，即显性语义错置。如果说，"词义的变化就是词义结构中两个不同性质的语义成分发生互动"（施春宏 2003：22），那么显性语义错置即是这一互动关系的具体而又十分典型的表现形式，并且动词多义语义衍生的发生往往伴有显性错置这一超常组配范畴关系下的语义运作过程，它已然成为动词多义语义产出的一种内化机制。

1.1 动词多义中的显性错置

所谓显性语义错置是指在动词多义的衍生过程中，认知主体通过概念逻辑范畴错置的方式以实现动作事件相关项的概念意义交换和认知意识化等同，在语言表层组合关系中出现"不符合语义逻辑的悖谬性组合"（曹儒、张道新 2016：120），形成"词项与其所在形态句法环境出现语义不相容或误配"（L. A. Michaelis 2005：51），"属于隐藏于逻辑判断范畴和概念范畴背后的语义作用关系形式"（彭玉海、王叶 2003：34）。对于动词多义语义衍生来讲，产出新的语义内容和概念关系是其基本诉求，相应确定出一个新的语义张力点是基本前提条件，此时它需要打破原有的动词语义关联和组配项关系，找出一个不同于原有构式条件的语义增长点，从而发展出新的概念语义延伸关系和路向，这就促成了语词之间、语义成分之间离散性特征的矛盾和不相容，即显性语义错置。因此，动词多义显性错置意味着本原意义下的动词述体同当前、现时题元名词之间形成了语义搭配上的冲突和相应概念逻辑范畴方面的矛盾，彼此间语义上的不相容打破了动词组构的原有语义平衡和协调，在表层组合上看似错位、失配的语义环境和语义想象关系中为动词带来了新的语义释放点和生发点。这样，显性错置成为动词语义延伸、输出的重要语义前提和语义基础、手段。显性错置往往是动词新义生成的信号、暗示，通过显性错置中语义单位、特征之间的特殊沟通、碰撞方式，动词事件相关项各自都褪去了一些特征，同时又都可能根据现时环境的语义要求获得一些新的特征，褪去特征是为新的语义关系排除障碍，获得相应特征则是为新的事件关系找回语义成素对应点、重塑语义协调和顺应。

1.2 显性语义错置的实质

动词多义衍生的显性语义错置本质上是通过彼此矛盾的对立方式激活和强

化、凸显彼此之间的共同描写性语义特征，是将客观实在上远距离的动作行为拉近为心理上近距离的动作事件，进而向动作情境参与者、题元参项发起语义转化、语义策应的要求，形成超常组配构式中动词对题元名词的特殊语义驱动。作为意义形态上的语义矛盾和范畴冲突手段，显性错置既是动词多义的一个语义认识条件，又是其基本的认知操作方式和手段，实质上是语言主体为了实现动词新义有意而为的一种语义行为。因此，从范畴冲突的现实语义后果上讲，显性错置会迫使题元成分和动词谓核在现有语义条件和组配关系的制约下，各自进行语义特征方面的移变和置换，重新确立彼此之间的语义调适和互动。反映在范畴关系的语言认知实质上，显性错置的深层语义相容性集中表现为题元名词同动词述体之间既冲突又协调的语义作用关系机制，在"破"和"立"的对立转化中求得语义范畴逻辑的功能化实现。对于动词构式统辖之下的相关名项、事体以及语义特征来讲，动词多义的显性错置实际是各意义单位、成素之间的语义共进过程和机制，可以认为，它既是动词语义衍生的特殊"概念语义基础"（张翼 2016：13），又是识解动词多义衍生义位的一种重要"心理模型"（雷卿 2008：8）。

另外，从语境条件和语境关系上看，动词超常组配与显性错置中的语义冲突代表的是静态语境同动态语境关系之间的冲突，实质上就是原有上下文条件和当下语境关系之间的冲突，这意味着以静态语境的眼光来分析、审视动态条件的动词词围和语境即会产生语义冲突和矛盾，反映出动词多义显性错置是一种借助构式语境条件形成的语义衍生策略和模型，其静态、表象上的语义脱位、失配本质上是在动态、深层上谋求、落实动词新的语义归位——重构新的语义谐配。

2 动词多义显性错置的运作机理

表层矛盾的语义超常组配条件下，语义选择限制要求语义关系做出相应调整。例如："撕裂社会""扛起道义""斩断感情""兜售思想""扼杀人性""磨灭锐气""稀释支持度"。其中客体题元均发生了语义范畴上的变化，将它同表物理动作的动词基义述体关联为一个语义单位整体时，便不难发现它们之间的语义冲突，需要根据动词描写性特征的要求，对客体的范畴语义进行调整，跨越表层组配关系并建立新的语义协调关系和动词表义结构，而这一表义内容则是动词隐喻所产生的认知新义，动词多义语义衍生就是在显性错置这一自我矛盾的语义操作和识解中求得新的突破和语义再生。

显性语义错置直接促成了动词多义的语义衍生及其认知喻义的产出，有关这一点学界尚未给予应有重视，即使注意到了，但对其中隐匿的内在机理并没有做出深入分析和细致考察，显性语义错置作为一种特殊语义过程所蕴含的义位衍生基础、深层关系和条件以及运作机制远未得到充分讨论和揭示。

显性语义错置的分析中，首先可以通过对动词本义时的事件范畴类属、特点和语义结构成分的分析，建立起确定和区分出其新义环境下的语义条件变化，找出动词述体的语义相对常量之外的其他语义信息，并通过其多义变化的语义变体、变量而对应划分和确定出情境参项的语义范围信息，在此基础上考察错置构式内部语义关联、变化和认知跟进、协同的运作机理。本文提出，作为典型的语言词汇单位，动词的多义衍生所伴随的显性错置运作机制主要有以名指属、异质同化选择、聚合组合关联、心物转化和离境与应境互动转化等几个方面，通过这些方面的积极运作，可以消除显性错置的语义冲突，重新构建动词多义衍生的语义协调，产出动词新的语义。下面分别对此展开分析和讨论。

2.1 以名指属的深层语义呼应

动词本原意义即动词核心义本身代表一个意义的集合，动词多义衍生则是其意义输出和语义能量向外释放的管道。多义的产生是动词基于不同动作对象语义特征的相似关系反映形式，存在"以名指属"的机制，（曹儒，张道新 2018：80）以名指属是分析、识解显性错置的语义基础和前提条件。从表层结构所隐藏的语义关联和作用上看，以名指属就是分别以动词和题元名词的整体内容或语义特征集（即这里的"名"，代表类属关系中的"类"）作为外壳、始源体来代替和指向作为其"属"的语义特征——语词从自身抽离出来以执行现实功能的特定语义成素和概念语义属性。动词同题元名词产生语义联系时，表面上是词义整体而实际上是词义中的部分语义特征形成现实的语义勾连、对应，动词多义的显性错置运作之中，彼此矛盾的动词与题元名词语义协调是透过各自表"属"的那一（部分）语义特征建构而成，动词、名词的概念语义整体只是基于某种相似性，从认知框架背景和相应语义认知切入方式上为它们的语义关联进行引导和搭接。因此，对于显性错置动词构式中的语义单位来讲，"实际上这是描述性语义成分所关涉的对象发生了变化"（施春宏2003：21），进而动词、名词语义结构整体中的某一（些）功能性语义成分之间产生相应语义关系和组配作用联系形式。

非常重要的是，同一般的表层语义一致的"动–名"构式相比，超常组配动词构式中的"以名指属"关系显然不是直接在表层结构搭配关系中实现，而是要借助"透过表层找深层、透过显在找隐在"这一环节才能完成。动词和题元名词彼此相互指向（关联、映照）的表"属"的那一语义特征分布和操作情形为：动词的该语义特征以相似性联想的方式包含在它深层、隐在的物理动作本原意义中，而题元名词的该语义特征需要回到动词深层隐在的本原义之下、题元事物所对应的现象类别信息中才能确定出来，因此很大程度上都需要通过相似性联想回映到动词基义时的语义结构中，才能确立出动词现时表义的语义协调关系、发现语义成分的深层语义呼应。例如："铲除余孽""埋葬过去"。这里动词"铲除""埋葬"新义的衍生过程中，分别需要回到动词本原意义中找出它们深层、隐在的物理性质动作："连根拔除，清除""掩埋"，并确定出它们各自表"属"的基本语义特征，即："把……去除、消除""使……（在视野中）不再出现、存在"，另一方面，透过动词"铲除""埋葬"基本情景所关联的深层、隐在的物理现象类别（典型）事物"杂草""尸体"，确定出其各自表"属"的语义特征"多余、不好的……""没有存在必要和价值的……"，从而动词构式"铲除余孽""埋葬过去"分别形成"把多余、不好的东西去除掉""让失去存在意义和价值的事物（在视野中）不再出现"的以名指属特征的深层语义呼应关系，消解显性错置语义冲突，建立起动词构式内部的语义协调联系。

这样，作为动词意义衍生的一种语义逻辑机制，"以名指属"核心内容是基于动作特征和题元事物显在与隐在的心理相似性，用已有语词单位来指称与基本动作（事件）对象以及所涉事物之间具有心理层面共性语义特征的其他动作对象和物类。由"以名指属"转换得来的双方共性语义特征一方面旨在消弭语义冲突，另一方面更要重新确定出隐匿于表层之下的语义特征呼应关系。因此，以名指属深层语义呼应机制的策动实际意味着对动词义位结构体的特征分解与组构的双向共进行为，该行为的运作包括语义特征的概念化分解、照应与对接，以及语义特征的重新组配等三个方面。以动词"点燃"为例：
1）**点燃**希望，**点燃**理想；2）**点燃**激情，**点燃**斗志。这里动词衍生义位分别
为"激发""使产生、涌现"，构式中的显性错置语义运作分别借由"透过表
层找深层、透过显在找隐在"环节，从动词"点燃"和客体名词"希望""理
想""激情""斗志"的语义结构中间接分离，确定出"使可燃物致燃/激活能
量性物类"（来自对深层、隐在的基本物性动作"使燃烧"的认知推导和联
想）、"可燃性物类/能量性物类"（来自对深层、隐在的现象类别事物"柴火"
的联想）这一表"属"的语义特征，并使各自分解得来的语义特征相互关联、
对接，相应在心理意象层面建立起基于"可燃""燃烧"或与之有关的"能
量"这一共性语义特征的交集点，进而在现时动作命题和事件语义框架下重
建概念特征关系上的照应和协配，在新的概念语义基础上还原动词句子的语义
自洽性。（参见文旭 2017：52）

　　语义特征的认识、分析、确定和认知操作在显性错置的"以名指属"中
十分重要。记录于语词概念结构中的动作、事体都具有语义特征的多样性，这
由语言外客观对象的本体性能所决定。进入动词多义关系的构式中，语言主体
对语词语义特征和表现的认识、切分和判断、分析会成为制约"以名指属"
作用方式和运作特点的重要因素，它们通过语义对应、关联的形式影响动词衍
生义位的走向，体现出人的语义认知能动性以及"人对语言的主观编码"特
性。（R. W. Langacker 1991：315）与此相关，有了"以名指属"的概念语义特
征深层呼应，动词多义衍生之中显性错置的一个直观认知语义功能是它借助喻
体动作的核心语义特征和概念意象来刻画和凸显本体动作，并且借助这一凸显
关系鲜明地反映本体动作的核心语义内容和概念特征，同时也带动和激活题元
名词潜在的联想性语义特征与之协配，产生新的事件框架语义信息，进而其语
义焦点转移到了动词新义即动词构式目标事件的语义价值点上。也因如此，通
过认知隐喻衍生而来的动词义位往往都带有鲜明的语义特征。

2.2　语义成分的异质同化选择

　　动词多义的语义衍生是动词借助相应条件、手段使其语义成分发生各种变
化的结果，显性错置中的异质同化选择即是动词多义语义成分关系变化的一种
特殊而又典型的结构方式和运行策略。所谓异质同化选择指彼此矛盾、错合的
动词同题元之间本身在语义成分关系上是异质的、包含相互冲突的语义要素，

但它们却基于特定语义关系、关联达成了某种语义趋同和概念特征同化，进而为消解语义冲突、重建语义协同性创造条件，"是动词构式中语言成分单位意义共现关系在隐喻认知层面的概念成素作用方式映现"（彭玉海 2022：90）。

作为一种独特的语义机制和语义作用、表现形式，动词多义显性错置中的语义成分异质同化选择分两个步骤：一是语义特征的承继与转化，二是语义特征的覆盖与同化[1]。两个过程都同动词构式组配成分的语义特征的交叉、错接、延伸等功能操作以及概念化内容转化相关，本质上可归结于是异中求同的一种语义运作行为，通过语言认知的意识化语义判断，在动词与题元彼此相互冲突、异质的语义成分之间甄别、发现和确立共性语义成分。首先，语义特征的承继与转化是指通过动词基本语义关系下题元名词语义特征的想象性继承和概念性转化实现语义特征的转换、移变。以动词"打破"为例：**打破**僵局；**打破**沉默；**打破**计划；**打破**和谐；**打破**安宁。这意味着需要突破语义表象，通过一定方法在处于异质、矛盾的动词"打破"同题元名词"僵局""沉默""计划""和谐""安宁"之间找出新的概念语义联系，作为物理动作的"打破"本身同非物理的抽象事物"僵局"等是相异、冲突的，此时语义联想意识上可以超越这一相异点、矛盾点，在动词基本义的语义构式（"打破杯子"）中意念化"复建"　　　（参见 Л. О. Чернейко 1997：338；Л. О. Чернейко、В. А. Долинский 1996：20–41），并确定出"破坏、损坏……"和"可被破坏、损坏的……"这一基本认知语义内涵特征，该特征可分别投射于"打破"相关的一类动作性状、行为以及"杯子"及其意识同化而来的一类事物——动作与动作参与者的外延或类属成员，这一外延信息进而成为联系性的语义特征，即动词"打破"与题元"僵局"等之间的语义交换项、联结项，并分别在动词和题元内部实现语义特征的承继与转化：动词"打破"在新的语义条件下承继原有物理性"破坏"的语义特质，题元名词"僵局"等在概念意识中由此时的抽象物类转化为可被打坏、损坏的具体物件，从而在二者间建立起新的概念逻辑同一性。因此，动词构式中的动词、题元实际都经历了概念化语义特征的认知切换操作。其次，语义特征的覆盖与同化是指通过动词本原意义下题元语义特征对当下题元名词进行意识性同化，然后以这一语义特征来覆盖现有题元名词，进而在概念语义意识上以动词基义典型题元事物来替换对应项事体，相应"僵局""沉默""计划""和谐""安宁"等同于"杯子"类事物或者被概念化地替换为"杯子"[2]，从而完成现有组配题元同动词之间的概念化协调，重构超常组配成素之间的语义顺应。因此，这属于在语义特征承继与转化之外，对动词多义显性错置构式中题元名词的二性语义同化操作。

2.3　聚合对组合的渗透性与组合对聚合的映射性

动词多义显性错置包含构式单位成分特殊的语义选择限制关系和作用过程，深刻体现出语义衍生过程中聚合层面同组合层面之间紧密的语义联系，这主要表现为聚合关系对组合关系的渗透性以及组合对聚合的映射性、反映性。

首先，动词语义衍生的构式关系中，面对特定的语义分析参数和语义分析平面，题元参项会做出相应突破常规的联想性配置和语义搭配选择，以适应语义变化的线性关系要求，由此在组合关系层面显示出来自聚合关系特征的特定影响和作用。所谓聚合关系对组合关系的渗透性是指动词多义的显性错置语义组配中，聚合轴上的语义单位、成分基于替换、选择和联想关系，通过语义比照、语义迁移等方式有意扰乱、打破横轴上的语词常规搭配关系，一方面为动词构式的语义延伸开启了由不在场到在场的语义投射路径，另一方面为动词新义的语义衍生提供情景参与者方面的语义关联和支持，表现出动词构式的语义框架结构功能和语义辐射能力对组合成分选择手段、选择方向的显著作用和影响态势。此外，动词多义显性错置中聚合对组合的渗透性还表现为聚合上的"同"对组合上的"异"（异常、超常搭配）的解释性，即造成语义冲突的题元名词在组合关系上的超常性可以在它同动词基义下题元名词（事物）之间的认知相似性这一联想段关系（类同性）上得到说明，进而动词构式中的表层语义矛盾得以消解，由此形成聚合关系上的"同"对组合关系层面的"异"的特殊语义渗透性。其次，组合对聚合的映射性、反映性是指聚合关系对动词显性错置的语义布局及相应衍生义位的形成最终要通过组合关系才能实现，它需要投射到组合关系层面才会展现出其作为语义联想和语义选择方式参与动词多义显性错置和语义衍生的参数化功能、价值，组合关系会在组配条件的变化、组配矛盾的产生和消除等方面折射、映照出聚合关系在动词语义衍生中的独特语言性能。这样，通过显性错置中聚合、组合关系参与下的语义渗透、映射功能的交互影响和共同作用，语言主体能够对动词事件特性做出新的主观描述与认知语义定位，赋予物理动作意义动词以新的理解，动词新的语义内容、新的义位由此产生。

以动词"蒸发"为例：市值蒸发；思想蒸发；梦想蒸发；愁绪蒸发；疲惫蒸发。这里动词构式的语义矛盾一方面促使语言主体在动词"蒸发"的语义聚合意识里寻找概念关系依据，后者会转化为分析、思考超常组配的参数和语义因子渗透到表层结构组合关系，从而使人能够带着相应语义意识解读现时动词构式的语义结构和情景事件语义与动作概念关系，新的动词情境事件在组合关系上获得或确立了由不在场（物理现象意义上的"蒸发"）到在场（抽象的金融、心智、情感、生理活动意义上的"蒸发"）的语义迁移路向，题元名词"市值""思想""梦想""愁绪""疲惫"的语义组合选择限制相应也有了聚合联想方面的语义支持和依据，"市值"等题元事物同动词基义下所组合的题元名词对应物（"水"等典型液体事物）之间的相似性联想关系帮助解释并化解了它们同动词"蒸发"之间的语义异常和矛盾，体现出动词"蒸发"语义变化的显性错置构造中聚合对组合的渗透性。另一方面，这里显性错置构式中动词"蒸发"的聚合层面的新的不同语义功能、义位需要通过它同"市值"等题元名词在组合层面上的语义关联对比、互动才能直观显示出其语义区分价值以及动作概念表义特点与语义延伸功能，这一从聚合到组合的语义投射意味着横向组合关系帮助观察、分析动词同情境参项之间的语义作用关系，进而实现其聚合关系体所隐藏的语义潜能。因此，显性错置中的超常组配关系通过组合性能与相应语义区分关系映射和反映了动词聚合关系成分的语义功能与价值。

2.4 心物转化的深层合作与对接

显性语义错置包含语义意识中的心物转化关系和过程，是动词所对应动作与所涉物类的心理所指和表层物理所指之间的关系转化问题。这里非常重要的是，错置构式中的动词述体和题元名词所牵动的意识接受方式都与物理、心理两个层面的转换有关，语言主体对动作事件及其参项的体悟都会经历一个"从感觉发展为感受的过程"或者"从最初意识发展为反思意识的过程"（徐盛桓 2014：364），人的意识活动需要在物理层面的外在方式与心理层面的内在方式之间进行相应认知调动和信息转化，并且这一转化会进一步推动动词同题元参项在语义关系方面的深层合作与对接，为它们协同消除表层关系上的超常组配和范畴冲突做好语义铺垫和认知条件准备，使人的语义意识和认知状态同动词构式成素的概念结构之间构建起通往新的语义事象并达成语义共识的心理领悟、沟通渠道。动词多义的语义衍生中，正是这一心物转化性或心物勾连性、人的心理认知的能动性和语义意识处理能力保障了显性错置能够在可控语义范围或正常运作的框架之内进行，在可控制的语义组合"失配"或超常组配当中获得新颖的认知语义联想。

心物转化过程会伴随动词同题元名词之间的语义压制、语义互动，或者说显性错置本身伴有心物转化的语义压制特点。语言主体在动词基义的语义直觉提示和构式张力感之下，发现题元参项与动词彼此之间的语义矛盾，动词和题元名词不得不相互施加作用和语义影响力，使对方与自己取得一致，以求动词构式找到新的语义协调和平衡，从而产生彼此之间的语义压制[3]。与此同时，这里的双向式语义压制关系存在一个顺序问题，即先有动词对题元的压制，然后才有题元对动词的"反压制"[4]。首先是动词的物理作用行为和动作、活动所组配的题元名词与动词语义相矛盾。在心物转化的语义活动模式下，动词会对题元进行语义压制，它从自身出发，将组配构造中的当下题元压制回到动词基义下的情景参项、在心物转化的语义意识中迫使题元参项回映到动词基义的语义结构，据此找回动作所涉事物的现象类别信息或原型事物信息，并由此推导和理解动词现时所应有的、新的典型动作特性，为动词语义衍生创造充分条件，这也从侧面显示出动词对构式情景的语义引领性、决定性，形成动词对事件参项的离心式语义压制。其次体现的是题元参项对动词的向心式反向压制，通过这一语义反制，心物转化的语义操作迫使动词做出相应抽象化的理解、由物理动作事件转化成抽象范畴行为事件，为动词语义衍生创造必要条件，这也体现出题元参项对动词事件的反向促发性、构建性。以动词"推翻"为例：**推翻**统治；**推翻**设计；**推翻**结论；**推翻**陋习；**推翻**供词。这里显性错置的心物转化和语义压制中，一方面，动词"推翻"出自语义不适性，对"统治""设计""结论""陋习""供词"等客体题元发动离心式的语义压制，要求其在语义意识处理上解读为（物理）动作相关现象类别事物中的典型具体物类，如"桌子""饭桌"；另一方面，"统治""设计"等客体题元会在其抽象语义范畴属性的张力感驱使之下，对动词"推翻"发起向心式的语义反制，迫使该物质动作意义动词做出心理内在方式上的抽象化理解与语义偏移。这样，该动词构式中的相互压制共同促成、确立动词义位新的命题框架和动词语义新的理解方向，显示出"语义在组合中具有动态性"（张翼 2016：13）。因此，基于心物转化的合作与对接，语义压制成为显性错置对动词构式的一种必然语义要求，同时也是显性错置在语义作用关系层面上带来的一种语义后果，是共时关系下语言单位"意义相互作用原则"的积极体现（Ю. Д. Апресян 1980：18，2005：19-20；Е. В. Падучева 2004：147-176）。心物转化及由此而来的语义压制在动词多义显性错置和语义衍生过程中共同发挥了特殊的语义信息构件和信息处理器的功能，表明在动词多义的语义衍生和显性错置运作过程中，围绕动词和题元名词形成的人的心理转换和认知切换能力至关重要，也反映出动词多义衍生很大程度上是主体感知同客体性状相互塑造和构建的结果。

由此可见，动词构式内部的双向语义压制使"动作物象"转换为动词新义的"动作心象"，动词超常组配中"心"与"物"的关联、映合和深层对接相应成为可能；基于新的构式语义条件和语境关系，动词基本语义同上下文组合条件的矛盾迫使动词做出新的抽象化的理解，并以此达成动词在整个构式情景中的应境性，即语义顺应。

2.5　离境与应境的互动转化

显性错置的概念冲突中会产生一种语义张力感，语言主体会下意识地在表层错置关系之下探寻构式背后所隐藏的语义组配价值，这一语义运作过程便会带来离境与应境的互动转化。动词多义衍生的显性错置中，离境是表面上的语义冲突，应境是表层背后实质上的语义同一。表层上的离境意味着动词在字面上同词围语境外的事体和物类一致而同现时语义组配成分相矛盾，即需要离开表层语境关系，在字面之外找寻其语义组配事实的依据，确立语义分析和理解的思路（通过动词基义对题元参项的语义蕴含、语义规定来实现）；深层上的应境意味着动词在新的语义关系下同当下词围语境中的事体、物类重新建立起语义顺应，实质上同现时语义组配成分相呼应——实现深层上的语义呼应。显然，离境是这里语义生成和理解的必要条件和手段，而应境是动词多义衍生的语义指向和目标，显得尤为重要。与此同时，在多义动词义位转化的每一语义衍生（行为）单元中，离境与应境的操作实际都不是单一化地一蹴而就，两个过程都存在多次沟通和切换的可能性与现实需求，这既是通过动词原型情景以推敲、夯实现有情景语义[5]，又是借助当下情景义的应境性思考对原有动词情景的回溯，以图进一步准确和加深对动词新义独特性和创新点的识解和领悟，这一认知折返与转化本质上都是人的语义意识对动词事件意义表层与深层的一种语义比对和校正，反映出动词语义变化背后情景意识的调整和跟进，因此离境与应境两个方面又存在互动转化的关系。以动词"逃离"为例：**逃离现实**；**逃离**困境；**逃离**病魔；**逃离**苦涩初恋；**逃离**精神桎梏；**逃离**种族束缚。这里的超常组配构式中，一方面空间运动动词"逃离"为了避免表层语义冲突，需进行离境语义操作，即剥离于动词"逃离"同"现实""困境""病魔""初恋""桎梏""束缚"等客体题元名词的语义搭配表象和语境条件关系，在动词构式表层意义、动词基本义之外寻得心理表征上的语义吻合和语义交汇面。另一方面，动词"逃离"同客体题元"现实"等之间实际又存在深层上的语义协调和顺应，即从当下情景语义的目标关系衡量，它所表示的现实语义关系同其所指向的动作语义目标相一致，从而体现出该动词构式中显性错置的应境性。此外，动词"逃离"同超常题元名词所构成的语义关系背后完成的（多次）认知离境与应境互动转化可以加深动词喻义与动词基义的认知联觉和比照性，实现动词深层义与表层义的语义对应关系验证，也为动词"逃离"现时动态语义的正确理解和把握提供了积极的认知思考方向，使其新的情景语义内涵在范畴错置这一情景链接、转化关系中获得了新的语义表现（构建、生成）和语义识解手段。

进而从二者关系上讲，显性错置中事件关系的应境是对语义思维离境做出的一种范畴意识语义回应。离境是动词多义变化认知思维的操作点，也是确定多义语义变化方向的依据和策略，离境的目的是通过语义回溯并细察动词本原意义，以确定其对现有语义条件的规定性、引导性，从而找出切实、恰当的语义比照和语义分析、理解方式。应境是动词多义衍生的语义联想起始点，它的显著功能在于将悖异和超常的语义关系、语义思维拉回到当下动词语义环境和词围结构中，使看似矛盾的语义搭配同人的语义认知状态相协调，进而建立起意义感知同动词词汇组合之间的照应关系，激活人的认知语义判断和适应能力，引领语言意识中新的动作语义思考方向，使认知主体能够正确识别当下行为事件语义关系条件，在此基础上启动动词新的语义关系模式。如果从认知透视域的概念意识出发，将离境和应境元素作为一个语义结构整体来看，则离境好比基于语义图形、语义侧面开展的动词原型情景语义想象和比照，而应境关联于立足语义背景、语义基体进行的动词义位认知语义塑造和识解，从本义到新义的变化反映出动词语义衍生过程中意义成分的语义运动方向和认知特性。

3 结语

语言单位多义性之中的动词多义语义衍生是一个复杂的语义过程、机制，显性错置是其中极为重要的语义步骤和环节，它通过动词基本语义关系同其词围语境和组配条件之间的冲突和错合以生成和彰显动词新的义位。以上从以名指属的深层语义呼应、语义成分的异质同化选择、聚合对组合的渗透性与组合对聚合的映射性、心物转化的深层合作与对接以及离境与应境的互动转化等五个方面，对语言单位多义性的动词多义超常组配和显性错置问题进行了多维分析和考察。分析表明，动词多义语义衍生的核心点就是在显性错置的自我矛盾中求得语义突破和语义再生；语义选择限制关系以及语义特征的切分、组配和表现形式在动词多义显性错置运作机制中具有重要作用；显性错置之所以能够自我消解并成为动词多义衍生的一种语义机制，归根结底是它背后的语义关系在起作用，本质上它就是多义义位衍生中一种独特的语义组配现象；有关动词多义显性语义错置的分析是对线性组合构造中"动词-题元"语义成分之间相互关联和作用形式的分析，这是以显在的语义矛盾和冲突形式反映动词事件心理词库（mental lexicon）的动态平衡关系，（施春宏 2003：23）其间针对动词和题元名词形成的心理转换、认知切换能力以及心理信息方式组织、调配能力至关重要，也反映出动词多义衍生很大程度上是主体感知同客体性状相互塑造、相互构建的结果。此外，显性语义错置很大程度上是语义意识的错合和转化及其在动词句子（义位）表层结构中的外在表现形式以及动词语义张力的蕴蓄方式，并且从语义功能价值取向上看，显性错置恰恰是以反向操作的方式建立并强化动词构式内部成素间具有认知新意的语义契合性，并在此基础上达成动词概念意义关系的不断延拓。

注释：

1. 本文参考了桂永霞（2013）有关概念隐喻中的异质同化观点，与此同时根据分析目标的不同而对此进行了简化和一定变通处理。

2. 而这也属于相关语义联想的格式塔内容、认知心理完形内容。（参见 В. И. Гаврилова 2002：197；沈家煊 1999：2-3）

3. 压制的目的是消除语义冲突，"意义冲突的消除被称为'压制'"（李勇忠2004：434）。构式义与词汇义之间是这样，构式内部的词项或结构-语义单位之间也同样如此。

4. 由于动词本身就以"紧缩命题（свёрнутая пропозиция）"的方式代表着动词构式，（Н. Д. Арутюнова 2005：21-80；С. М. Прохорова 1999：294）并且"动词是句法结构中主观性表达的主要承担者"（方强、张萍2016：26），它在构式中更为凸显，在认知完形心理和格式塔因素制约下，它对构式中的题元名词具有一种潜在语义规定性，因此通常动词对题元的语义压制在先或者以它的语义压制为主。

5. 离境与应境的互动转化中，动词事件语义原型情景（喻体动作）和现有情景（本体动作）实际都转进和演化为认知者的一种"心理情景"。（Т. В. Булыгина、С. А. Крылов 2002：444）

参考文献：

［1］LANGACKER R W. Concept，image，and symbol：The cognitive basis of grammar［M］．Berlin：Mouton de Gruyter，1991．

［2］MICHAELIS L A. Entity and event coercion in a symbolic theory of syntax［C］//ÖSTMAN J，FRIED M. Construction Grammars：Cognitive grounding and theoretical extensions. Amsterdam：John Benjamins，2005：45-88．

［3］АРУТЮНОВА Н Д. Предложение и его смысл［M］．Москва：Едиториал УРСС，2005．

［4］АПРЕСЯН Ю Д. К формальной модели семантики：Правила взаимодействия значений［C］//НАРИНЬЯНИ А С. Представление знаний и моделирование процесса понимания. Новосибирск：ВЦ СО АН СССР，1980：16-24．

［5］АПРЕСЯН Ю Д. О Московской семантической школе［J］．Вопросы языкознания，2005（1）：3-30．

［6］БУЛЫГИНА Т В，КРЫЛОВ С А. СИГНИФИКАТ［M］//ЯРЦЕВА В Н. Лингвистический энциклопедический словарь. Москва：Большая российская энциклопедия，2002．

［7］ ГАВРИЛОВА В И. Семантика «начала» в спектре значений глаголов открыть ／ открыться，раскрыть ／ раскрыться ［C］//АРУТЮНОВА Н Д. Логический анализ языка：Семантика начала и конца. Москва：Индрик，2002：195-210.

［8］ ПАДУЧЕВА Е В. Динамические модели в семантике лексики ［M］. Москва：Языки славянской культуры，2004.

［9］ ПРОХОРОВА С М. Вертикальное синтаксическое поле как разновидность корреляции ［C］//TOŠOVIĆ B. Die grammatischen Korre-lationen：Grazer Linguistische Slawistentage. Graz：GraLiS，1999：291-298.

［10］ ЧЕРНЕЙКО Л О，Долинский В А. Имя СУДЬБА как объект концептуального и ассоциативного анализа ［J］. Вестник МГУ. Сер. 9. Филология，1996（6）：20-41.

［11］ ЧЕРНЕЙКО Л О. Лингво-философский анализ абстрактного имени ［M］. Москва：1997.

［12］ 曹儒，张道新. 词义结构与词语组合的意义形态 ［J］. 辽宁师范大学学报（社会科学版），2016，39（3）：120-125.

［13］ 曹儒，张道新. 汉语词义衍生的语义逻辑机制 ［J］. 汉语学习，2018（1）：76-85.

［14］ 方强，张萍. 构式对词项主观性的压制研究 ［J］. 现代外语，2016，39（1）：22-30，145.

［15］ 桂永霞. 隐喻："同质重合选择" 和 "异质同化选择" ——基于 "外延内涵传承说" 的研究 ［J］. 中国外语，2013，10（3）：44-52.

［16］ 雷卿. 基于心理模型的隐喻理解 ［J］. 外语教学，2008，29（3）：8-12.

［17］ 李勇忠. 语义压制的转喻理据 ［J］. 外语教学与研究，2004，36（6）：433-437.

［18］ 彭玉海. 俄语动词概念隐喻的认知运作分析 ［J］. 外国语文，2022，38（4）：87-95.

［19］ 彭玉海，王叶. 动词概念隐喻多义衍生的隐性错置 ［J］. 天津外国语大学学报，2023，30（1）：33-43，111-112.

［20］ 沈家煊. 语法研究的分析和综合 ［J］. 外语教学与研究，1999（2）：1-

7，80.

[21] 施春宏. 比喻义的生成基础及理解策略 [J]. 语文研究，2003（4）：19-24.

[22] 文旭. 从构式语法到构式语用学 [J]. 外国语文，2017，33（5）：51-55.

[23] 徐盛桓. 隐喻的起因、发生和建构 [J]. 外语教学与研究，2014，46（3）：364-374，479-480.

[24] 张翼. 汉语名词直接修饰动词的认知语法阐释 [J]. 外语与外语教学，2016（5）：12-19，144.

作者简介：彭玉海，黑龙江大学俄语语言文学博士（1995—1998），导师华劭教授。四川大学外国语学院教授、博士、博士生导师。主要研究方向：语义学、认知语言学、文化学。

高山仰止 泽被后生

——李锡胤与四卷本俄汉词典编纂

郑述谱

　　双语词典编纂是黑龙江大学的学科优势，《新时代俄汉详解大词典》（四卷本）堪称这一优势的代表作。借此机会，我作为词典编纂的参与者，想谈谈李锡胤先生与这部词典的二三事，以寄托对这位辞书泰斗的哀思。

　　前辈学人说："学者不可无宗主。"如果把"宗主"理解为一种师承关系，那么，黑龙江大学的词典编纂活动，开山宗师是其前身哈尔滨外语学院的副院长赵洵同志。20 世纪 50 年代，她就主持过俄汉成语词典的编纂。50 年代末，她在莫斯科大学进修时，选定的攻读方向也是词典学。60 年代初归国，正值国内困难时期，她突破重重阻力，在中宣部有关领导人的帮助下，最终组建起一个俄汉词典的编写班子，虽然它隶属于中国社会科学院的前身哲学社会科学学部语言研究所，但其主要成员却大多是从黑龙江大学借调过去的。先后追随赵洵从事词典编写的，有她在国内不同单位的一批学生，李锡胤、陈楚祥、潘国民等，可视为其中的优秀代表。进入 21 世纪，他们三人先后荣获中国辞书学会颁发的"辞书事业终身成就奖"，可谓实至名归。

　　事情可以从 1975 年说起。那年 5 月，国家有关部门在广州召开了中外语文词典编纂出版规划座谈会。已经从社科院调回黑大的李锡胤教授，应邀出席会议。其实，在这之前，黑大已经接受了商务印书馆委托的挖版修订刘泽荣主编的《俄汉大辞典》的任务。会议之后，原来的挖版修订升格为全面修订，原属两个单位之间的合作关系也随之上升为"国家规划"性质。今天，出于好奇，不妨一问，如果没有李老师的回归，这样的国家任务会不会下达给黑大？没有这样一个重要的缘起，会不会有后来的学科优势？答案只能是：两说着。话到这里，李先生对学科建设的开创、支撑与推进之功，也就无须多言了。

不过，"学科带头人"这词，那时候好像还没有。今天想来，李老师当时的所作所为，恰是对这个词的最好诠释。只是他的带头范围之广，作用之大，却远远超过如今平常惯用的意义。

代表商务印书馆与黑大联系的编辑部负责人是潘安荣先生。他曾是刘泽荣的入门弟子，专攻俄汉词典编纂，但是，据我观察，他个人的学术兴趣却是文学翻译。他曾在《光明日报》上撰文指出，颇为流行的俄罗斯歌曲《山楂树》实际上应该译为"花揪树"。这可以看作是他的文学翻译兴趣与词典业务结合而获取的心得。广州会议之后，他北上哈尔滨，南下广州，西走重庆，与黑大、广外与川外等院校，分别就不同的双语词典选题达成了合作协议。他的作为，堪称是在为词典事业的发展，从宏观上布下大局。他操着略带口音的男低音，亲口对我说过，有一家在京的出版社，请他去介绍词典组稿的经验。他不无得意地说："我就是一句话，只要找对了合作单位与领头人，其他就什么都有了。"我听得出，对商务印书馆与黑大的合作，他显然是满意的。而最令他满意的这位领头人，当然就是李先生。说到词典外的个人学术兴趣，这非但不妨碍他的本职工作，甚至还启发他在这方面有所创新。《便携俄汉大词典》的编辑与出版就是一个很说明问题的实例。这部词典可以说完全出自他的创意。而他的创意灵感恰恰来自他的文学兴趣。据他的实际体会，《大俄汉词典》部头太大，躺着看小说，查起来不方便。读者需要一本收词多、部头小、可以躺着查的词典。于是，去掉大型词典的例证、只提供简明释义的便携本词典的创意便产生了。作为《大俄汉词典》的副产品，这部词典的市场发行量远在前者之上。促成潘先生实现了这个美好创意的，也正是李老师，以及他领导的黑大词典班子。

《词典学论文选译》（1981）是另一个至今仍令人赞赏的成功合作范例。这大概是国内最早介绍国外词典学理论的译文集，可能是李锡胤与潘安荣的共同创意，译者几乎都是修订班子的成员，而原作者却并不仅仅局限于苏联。后来国内辞书界耳熟能详的谢尔巴的那篇名作《词典编纂学一般理论初探》，就收在这部文集的开篇。显然，组稿者明确意识到结合词典编纂开展词典学理论研究的必要性。这个想法不仅在当时难能可贵，对后来词典学的发展更具有深远意义。一段相当长的时间，在词典学论文调查报告里，来自黑大的论文曾占有相当大的分量。辞书界有人甚至不无赞许地把黑大说成是词典编纂与辞书学研究的"北方重镇"。值得注意的是，具有如此意义的这部文集，署名是"石肆壬"，即译者共"14人"的谐音。这几乎等于没有署名，两位创意者巧妙地隐身了。这样做的目的我们无从查考，但它明显透出那个年代知识分子的心理印迹。联想起当今的学风，我们不禁感慨系之，对前辈平添几分敬意。

刘泽荣的《俄汉大辞典》，以 20 世纪 30 年代苏联出版的乌沙阔夫词典为主要蓝本。20 世纪 70 年代的修订者，自然会吸收更新的词典学理论，参考更新版本的俄语词典。于是，修订后的词典面目与原词典在诸多方面都渐行渐远。刘泽荣的女儿刘华兰和潘安荣来到哈尔滨，读了部分修订稿，很快就注意到这一点。他们觉得，仍以《俄汉大辞典》修订版的名义出版未必合适。这时，修订班子的业务负责人陈楚祥、李锡胤等人，也表现出了应有的负责精神与敢自立于词典编者之林的担当精神。他们同意了潘安荣的建议，修订稿以《大俄汉词典》的名义作为一部新的词典单独出版，与刘泽荣的《俄汉大辞典》并列发行。今天看来，这个决策无疑是正确的。当事各方在解决问题过程中所表现出的实事求是、与时俱进、互相尊重、友好协商、勇于担当的精神，不仅在词典工作中，而且在任何成功的大型协作项目中，都是必不可少的。不过，新的《大俄汉词典》仍没有具体个人署名任主编。其中有什么不足与外人道的缘由吗？

20 世纪 80 年代初，中国大百科全书出版社的创始人姜椿芳，通过黑龙江省委，给黑大下达了将《苏联百科辞典（俄文）》译文初稿加工定稿并编辑成书的任务。一方面，通过完成这项任务，词典组成员得到了新的锻炼，对工具书的认识也有了许多新的体会，这对他们后来的业务方向很有影响。另一方面，随着学校教学秩序的逐步恢复，课堂教学任务日渐繁重，辞书所的存留便成了一个问题。偏偏在这时候，在完成了《苏联百科词典》任务之后，时任辞书所所长的李锡胤与副所长潘国民等，与时任中国社会科学院苏东所领导的赵洵，策划编纂一部"熔语词与百科词典于一炉"，以大量采用书证为特点的四卷本俄汉详解词典。为此，他们曾给黑龙江省委写信，阐明这个课题的意义，当然，也想借此证明辞书所继续存在的理由。最终省里给黑大特批了 8 个科研人员指标，辞书所得以继续存在。

同辈的熟人，常常称李先生为"老夫子"。这是因为他博学多才，学贯中西，还是喻指他不谙世事，墨守成规，晚辈人不便细问。不过，借助上述平台，别的不说，李先生卓越的学术组织能力的确让身边的同仁大开眼界，着实地领教了一番。当时，课题制好像还没有广泛实施，为了最终搞定编纂四卷本详解词典的项目，李锡胤提出了他戏称为"三通"的计划，即"通天（求得上层支持）、通钱（解决经费）、通外（纳入中苏合作项目）"。好一个"三通"！今天的年轻朋友，也许不能完全理解，在当时的内外条件下，这样一个任务目标，或者说是战略部署，从构思，到提出，到实施，到达成，是一个何等的大手笔。它要求当事人有多么高瞻远瞩的睿智、崇高的境界、博大的格局、锲而不舍的韧性、丰厚的人脉资源，甚至还有个人的人格魅力……最终，一句话，李锡胤竟然做到了。我不知道在他的平生事业中，这是否够得上一个大事，但身边人对此发出的赞叹与敬佩却是由衷的。我个人曾有机会多次陪他出差，或拜访有关领导，游说知名人士，或求助热心校友，接待外宾外教。在我的印象中，在这些场合的李老师，与其说是温文尔雅的学者、象牙塔的饱学之士，不如说是深谋远虑的智者、富有韬略的开拓者、值得托付的合作人、心念旧情的老友。对任务的完成，这些都是非物质的宝贵资源。

当初，《大俄汉词典》的编写耗时 5 年，而编辑排版也耗费了 5 年。照这样的进度，篇幅远超《大俄汉词典》的详解词典，编者在有生之年，是否能够看到它的出版，就会成为一个问题。已经升任所长的潘国民对这事比别人想得更多，心理负担也更重。那时，关于用计算机编词典的报道已经不少，但在国内实际采用的还不是很多。北大方正的技术可能已经步入市场，但还远非完善，特别是牵涉到俄文，有待解决的问题更是层出不穷。潘老师经反复考虑，最终提出了采用电脑自行排版的大胆想法，但遇到的困难是外人很难想象的。首先是经费，其次是技术，当然还有周围人认识上的分歧。无须讳言，在这件事上，已经担任名誉所长的李先生让潘老师失望了。最终的结果是，黑大辞书所与商务印书馆就详解词典进行的合作遗憾地被迫终止。不过，事情却还不算完。潘安荣个人对详解词典并没有就此死心。即使在脱钩之后，他还通过李锡胤和我，多次向潘国民转达，希望在走出困难之后，详解词典仍能回归商务印书馆。这也许就是所谓"买卖不成仁义在"吧？这样一部词典，交给一般出版社出版与委托商务印书馆，社会效益会大相径庭，这一点潘国民当然也心知肚明。到了2005年，商务印书馆通过来京开会的李锡胤，再次提出"回归问题"，并且顺利达成一致，继而由潘国民牵头，带领10位老编者，心悦诚服地签署了新的合作协议。只是李锡胤本人并不在这编者之中，他已经决定，主要精力不再投放在词典工作上。

没有谁比李先生更了解词典工作的艰巨与辛劳。他多次说过，编词典是会累死人的。由此，李先生的退出，有人首先想到了"惜命"两字。不过，我分明记得，他亲口说过，计算语言学是他最感兴趣的学科方向。为此，他在耄耋之年仍翻译出版了国外数理逻辑的专著，还为哲学系的博士生开设数理逻辑课程。那肯定都不是什么轻松的活计。今天，如果换一个视角，从更广的学科建设意义来考虑，在词典编纂方向已经有了潘国民老师这样开拓进取、吃苦耐劳、完全可以信赖的继任者之后，李先生的选择与安排，还是能够得到理解的。

终于到了潘老师领导组织并自行排版的四卷修订本交付出版的时候，出于市场方面的考虑，商务印书馆对词典的主编署名，提出了新的想法。他们希望，冠以"新时代"的修订版，主编署名也要尽可能地体现"新"。李先生随之主动要求，不要再署他的名字。然而，潘老师则坚决主张尊重历史状况，对原版本署名不做任何变动。好长一段时间，各方都坚持己见，争得面红耳赤。好在大家都是顾全大局的人，最终表示，最后尊重学校领导意见，个人服从。最终方案就是现在读者看到的那个样子。亲眼看到了这场"争执"，让我更切实地感受到，两位先生纯正闪光的心灵。

人与人之间相互理解，有时容易，有时很难。面对李先生这样知识渊博、思想深邃、思路开阔、经历多彩的长者，我等后辈，要做出接近正确的理解，有时候是很有难度的。作为一个历史的存在，李先生已经远去了。我的这点感触显得有些多余。一想到那么长时间，我或者自觉努力地，或者潜移默化地，从他那里得到那么多，我的眼睛有些湿润了。

2022年10月 燕郊潮白河畔

作者简介： 郑述谱，黑龙江大学俄罗斯语言文学与文化研究中心研究员，博士生导师，黑龙江大学辞书研究所原所长，黑龙江大学与全国科学技术名词审定委员会共建中国术语学研究所原所长。《大俄汉词典》（商务印书馆，1985）、《大俄汉词典（修订版）》（商务印书馆，2001）、《苏联百科词典》（中国大百科全书出版社，1986）、《俄汉详解大词典》（黑龙江人民出版社，1998）等主要编写成员，《新时代大俄汉词典》（商务印书馆，2019）主编。主要研究方向：术语学、词典学。

取效行为的界定、分类及表达手段

孙淑芳

摘　要： 作为完整言语行为的一个重要组成部分，取效行为研究长期被边缘化，得不到研究者应有的重视，甚至被排斥在语言学研究的视野之外，有时又与取效效果混为一谈。本文对取效行为的概念进行了梳理，对其实质和内涵进行了阐释和界定，并对取效行为的分类及表达手段进行了翔实的分析，以期从新的视角考察取效行为的理论价值及实践意义。

关键词： 取效行为；分类；表达手段

1. 取效行为的界定

取效行为（перлокутивный акт）是奥斯汀"言语行为三分说"中的一个重要概念。作为完整言语行为的一个重要组成部分，取效行为的研究长期被边缘化，得不到应有的重视。早有学者说过："取效行为是一个完整的言语行为的不可缺少的部分，但从事这方面研究的人甚少。"（顾曰国 1994：15）S. Davis 认为："取效行为应予以重视，因为它不仅可以丰富行为理论，而且有助于明晰交际中的复杂现象。"（Davis 1980：37）目前国内外学界关于取效行为这一术语的内涵众说纷纭，尚无统一界定，关于取效行为的研究对象大体有下述几种观点：（1）取效行为涉及许多语言外因素，分析取效行为是在话语之外分析语句的意义，它不是语言学研究的对象；（2）可以把取效行为看作一种有独特语言标志（词汇、语法、语调等）的独立言语行为来研究。因此，可以在话语句范围之内考虑这一意义，属语言学研究范畴；（3）取效行为是一种包含许多动作的超级结构，而每个动作又可以看作是言说行为和意向行为的具体表现。因此，取效行为是建立在言说行为和意向行为基础上的，使两者服从自己，并为之服务的一种复杂行为。还有研究者概括了取效行为研究的几点误区："（1）轻视说话行为的结构在成功的取效行为中的作用；（2）把取效行为仅仅看作是说话行为的结果；（3）忽视取效行为中说话人的作用；（4）忽视取效行为中听话人的作用；（5）忽视对听话人的实际影响；（6）将取效行为排除在话语意义之外。"（刘风光、张绍杰 2007：7）

奥斯汀虽然提供了取效行为的定义，并且通过例证加以阐释，但他对取效行为的研究远不如对施事行为（意向行为——笔者注）那样深入细致。尽管他这样做自有他的道理，结果却也使取效行为研究成为言语行为理论中的薄弱环节。导致言语行为理论研究者对取效行为有不同解释的原因应回溯到奥斯汀的取效行为术语上。奥斯汀对话语的取效行为进行了哲学探讨，他认为："取效行为指话语对受话人的思想、行为、意志、感情等产生的某种作用和影响。"（Austin 1962：101）他把完成这种产生影响的行为称为取效行为，使用的是"effects"一词，该词既有"影响"，又有"效果"之意。许国璋将这种行为称为"收言后之果"（许国璋 1991：302）。在奥斯汀看来，说话人实施言语行为时，同时也实施了取效行为。如语句"我的丈夫会帮助您的"，对不同的受话人可能产生不同的影响，达到不同的效果。该话语有没有取效行为呢？按奥斯汀对取效行为的界定，无法回答类似的问题。

讲话要注意效果，说话人期望以言取效，这一点无疑是正确的。然而，在我们看来，奥斯汀把行为混同于效果是不妥的。取效行为是说者所为，取效效果则发生在受话人一方。根据效果来定义行为，实质上是用受话人的反应来确定说话人的所为。这违背奥斯汀本人提出三重言语行为的初衷，因为他主张言说行为、意向行为和取效行为皆为说话人一人而为，三者在言语行为中是同步实现的。（孙淑芳 2001：202）事实上，多数研究者把奥斯汀提出的取效行为理解为取效效果。取效行为指语句对受话人施加的作用和影响。此时，"指的不是受话人对语句意义本身的理解，而是受话人的状态和行为所发生的变化，是对语句意义本身理解的结果"（Булыгина、Шмелёв 1997：247）。某个肯定、要求、提问、威胁等言语行为既会改变受话人的知识储备（如果他相信所述事实的真实性，接受所传递的信息），又可以令其气愤、担忧、害怕，或让其相信，迫使他完成或不完成某个行为，引发的上述效果不一定进入说话人的意图中。这就是通常意义上的取效行为。不同意向行为将导致不同的取效效果。基于上述理解，"我的丈夫会帮助您的"这句话就谈不上有某种确切的取效行为，产生的取效效果则指受话人听到"许诺"后的一系列心理感受，可能是因相信而高兴，也可能是因怀疑而失望。

对说话人的意图能否在受话人身上引起效果，应该从两方面看。一方面，看说话人的表达是否正确、得体，表述是否恰当；另一方面，受话人能否正确理解说话人的意图，取决于受话人的素养、悟性、处境和其他语用因素。由于建立在统觉基础上的领会能力不同，必然会导致受话人产生不同的反应。从说话人和受话人应该具备的共同统觉基础看，Л. П. Якубинский 精辟地指出："我们的统觉内容同谈话对方的统觉内容的共同部分越大，我们在与他谈话时就越容易理解和领悟他的话；而谈话双方的统觉内容差别越大，他们之间互相理解也就越困难。"（Якубовский 1986：42）交际双方的共同统觉基础就是双方拥有共同的前提信息和生活经验，可能是双方长久的生活经历，也可能是当前的、短暂的共同感知或经验。如果说话人和受话人基于各自的统觉对话语内容产生不同的理解，就会导致说话人的意图在受话人身上得出不同于预期效果的反应。因此，通常情况下，取效效果往往不确定，很难由说话人把握和控制。这就是一部分语言学家认为"取效"无法在语言层面上研究的原因。在这种情况下，人们不得不回避"取效行为"这一概念。然而，西方和俄罗斯部分学者对"以言取效"则持不同观点。

G. Helbig 认为，与其说取效行为，毋宁说是某种意向行为的取效效果。（Кочкарова 1989：14）В. В. Богданов 持类似观点，他认为："以通过各种意向行为达到取效效果。"（Богданов 1990：17）Н. Д. Арутюнова 用"取效效果"取代"取效行为"这一术语。（Арутюнова 1990：413）Е. В. Падучева 同样没有使用"取效行为"概念，取而代之的是"取效层面"（перлокутивный аспект）（Падучева 1996：226）。М. Я. Гловинская 的观点更加鲜明地表达了说话人的意向行为引发的受话人的相应反应。她认为："不同的意向行为会对受话人的理智、情感、意志、生理反射等产生不同的效果，作用于受话人理智的意向行为有：陈述、告密、确认、承认、提醒、讲解等；作用于情感的有：表白、哀求等；作用于意志的有：劝说、阻止等；作用于生理反射的有：命令、口令等。"（Гловинская 1993：214）

综上所述，我们认为，取效行为与取效效果是两个虽然有联系，但却彼此区别的概念。奥斯汀提出取效行为的概念无疑是正确的，遗憾的是，他未能给取效行为下一个明确的定义，造成一些混乱，导致一部分人把取效行为看作在话语之外研究语句的意义，它不像言说行为和意向行为那样构成交际行为的组成部分。根据我们的分析，奥斯汀设想的"以言取效"多数情况下指作用于受话人身上的取效效果，而并非说话人实施动作意义上的取效行为。实施言语行为时，对尚未取得的效果无法进行语言层面的分析，但对取效行为本身却可以进行语言分析。

2. 取效行为的分类

众所周知，奥斯汀对意向行为的分类是不尽人意的。塞尔认为奥斯汀的分类有 6 点不足，其中"缺乏一个贯穿始终的分类规则"是最大的缺点，"其他各种弊端均源于此"（何兆熊 2000：103）。奥斯汀、塞尔以及其他一些研究者，都尝试过对意向行为进行分类。对取效行为的分类很少有学者涉及，加之对取效行为概念的理解存在差异，对其分类也是众说纷纭，标准和视角不一。根据目前掌握的资料，国内外学界关于取效行为的分类大体有以下几个方面的论述：

第一，"取效行为本质上具有'交互性'（transaction）。取效行为可分为意义取效行为、语力取效行为和互动取效行为，这样，说话人和听话人的关系以及说话内容、说话意图和说话结果可统一纳入取效行为的概念之中。在意义取效行为层面上，取效行为是说话行为的结果，效果产生于听话人对话语内容及形式的识别和接受；在语力取效行为层面上，取效行为是施事行为内在而直接的结果，是说话人的意图被听话人识别而产生的影响；在互动取效行为层面上，取效行为是听话人在接受信息时生理、心理、行动上表现出来的多重影响"（刘凤光、张绍杰 2007：7）。

第二，认为"取效行为必须考虑说者的动机和意向"，并将取效行为分为"意欲取效行为，简称 I（PA）"，和"无意取效行为，用~I（PA）表示，其中'~'表示'无'"（王勇、汪小祥 2005：67）。

第三，从产生效果的角度把取效行为分为"显性取效行为、中性取效行为、隐性取效行为。显性取效行为是在表层结构中表现出来的，因而是显性的；而隐性取效行为对主体–客体关系的影响是深层结构中表现出来的，因而是隐性的，而且其所产生的效果可能是正面效果、中性效果，也可能是负面效果，这取决于它们是否与交际主体、客体的合理需要相符。当取效行为所产生的效果满足交际主体、客体的合理需要时，它所呈现的是正面的价值；反之，当与交际主体、客体的合理需要相冲突时，它所包含的价值更多地具有负面的性质；介于二者之间具有价值中立特点的属性"（罗迪江 2008：61）。

俄罗斯学者 М. Я. Гловинская 对意向行为进行了系统的分类，她认为，不同的意向行为会对受话人的理智（разум）、情感（чувство）、意志（воля）、生理反射（физические рефлексы）等产生不同的作用和效果，作用于受话人理智的意向行为有陈述、告密、确认、承认、提醒、讲解等；作用于情感的有表白、哀求等；作用于意志的有劝服等；作用于生理反射的有口令等。（Гловинская 1993：214）受 М. Я. Гловинская 观点的启发，我们以说话人言语行为目的为参照点，大体将取效行为分为：心理取效行为、动作取效行为和信息取效行为。

（1）心理取效行为

所谓心理取效行为指言语行为的实施会对受话人的情感、意志、思想等心理状态产生的影响，进而改变受话人的心理状态。心理取效行为通常是含有取效行为动词 упросить（恳求），убедить（使信服，使相信），уговорить（说服，劝服）等一类陈述言语行为，这类言语行为的实施会作用于受话人的心理。例如：

①Я давно уже упросил Вас занять пост министра иностранных дел.

②Очень рада, что удалось убедить вас.

③Я уговорил тебя подняться на верх.

④Я уговорил тебя взглянуть вниз на город.

（2）动作取效行为

所谓动作取效行为指预期对受话人做或不做某个动作而产生的影响，是准许或禁止受话人做某事。动作取效行为通常是含有施为动词 приказывать（命令），просить（请求），заклинать（祈求），советовать（劝告）等的祈使言语行为，这类言语行为的实施会影响受话人的行动。例如：

①Приказываю тебе повести меня в университет.

②Пока не поздно, советую вам тем упеременить.

（3）信息取效行为

所谓信息取效行为指预期对受话人提供某个或某些信息产生影响，说话人的目的是向受话人获取信息。无论奥斯汀，还是塞尔，都未提及日常交际中常见的一种言语行为类型，即提问言语行为。"提问语作为一个特殊的范畴是由利奇提出来的，它是交际中最常见的言语行为之一。"（徐翁宇 2008：56）该类言语行为的特殊性在于，行为的实施不是由言语行为动词决定的，而是受制于语调、疑问代词、疑问副词、连接词 или 等其他因素。例如：

— Ты завтракать сейчас будешь?

— Нет, я попозже.

在该例中，说话人的话语目的是想知道受话人是否现在用早餐，信息取效行为指对受话人提供的信息产生影响。

3. 实施取效行为的主要手段

（1）取效行为动词

顾名思义，取效行为动词（перлокутивный глагол）指在动词的语义结构中既表达某种意向，又暗含将达到效果的一类言语行为动词，如 выклянчить（央求，祈求），вымолить（祈求到），выпросить（恳求到），выцыганить（死乞白赖地求得），испросить（请准），напросить（恳求得到），напроситься（反复请求得到），отпроситься（得到准许），доказать（证明，证实），умолить（央求），упросить（恳求），убедить（使信服，使相信），уговорить（说服，劝服）等，见下例：

① Вот уже второй раз я пытаюсь умолить Вас пояснить Ваше же

собственное утверждение.

②ЕС упросил Австралию не называть свой алкоголь «шампанским».

③Ющенко упросил Медведева погостить в Украине.

④Я убедил вас в некоторых вещах, в которых нужно быть уверенным.

⑤Винский уговорил японцев построить метро в Донецке.

以上例证表明，绝大多数取效行为动词的言语意向表达祈使和说服，受话人的任务就是服从，并按说话人的要求行动，这是一种强制性的执行，此时说话人的目的和实际效果不一致的可能性很小。如例①中的取效行为动词умолить 表达 "央求"，例②、③中的取效行为动词 упросить 表达 "恳求"，例④中的取效行为动词 убедить 表达 "使信服，使相信"，例⑤中的 уговорить 表达 "说服、劝服" 之意。从表层结构看，当取效行为动词满足了肯定句完成体过去时的语法特征后，基本可以认定收到了实际效果。Kurzon 认为，劝说（persuasion）是一种能产生言后之果的典范的言语行为。如他发怒，我对他进行一番劝说，他听了我的劝说，怒气平了，恢复了理智。这就是我劝说的言后之果。（王道英、辜向东 2001：92）。王德春等学者也指出："在社会生活中，许多活动都包含着某种程度的说服。如：父母说服孩子努力学习，教师说服学生遵守纪律，厂长说服工人注意安全，推销员说服顾客慷慨解囊。演说者说服听众接受见解，广告说服消费者接受他的产品等。"（王德春、孙汝健、姚远 1995：88）

需要注意的是，取效行为动词的语义结构中已经暗含将取得某种效果，因此通常不能被否定，如不说 "*Он упросил меня выступить на вечере, но я отказался. "（他恳求我在晚会上表演，但我拒绝了。）如果言语行为动词的语义结构中没有取效成分，通常可以被否定，如 "Он попросил меня выступить на вечере, но я отказался. "（他请求我在晚会上表演，但我拒绝了。）（Гловинская 1992：124）

（2）取效行为句

在语言实践中，有这样一类言语行为，行为一经实施就意味着实际效果的出现。奥斯汀、塞尔称其为 "宣告类言语行为"。俄罗斯学者 С. В. Кодзасов 称其为 "取效行为句"（Кодзасов 1992：132），并举例如下：

①Объявляю Вас мужем и женой.

②С этого момента вы муж и жена.

③Признаю его виновным.

④Моё решение — виновен!

⑤Назначаю пенальти.

⑥Пенальти!

例①、②中的说话人身份是牧师，是在教堂举行婚礼仪式上说这番话的；例③、④中的说话人身份是法官，是在法庭审理案件时说这番话的；例⑤、⑥中的说话人身份是裁判，是在足球比赛中说这番话的。这类施为句的言后之果，不是由词汇语义决定的，而是受语言外部因素的制约。实施这类言语行为，经常涉及一些超语言外因素或构成规则。如要求说话人具有相应的身份、地位和职务，并且言语行为的实施还要处于相应的时间、地点和场合，这样说话人说出的话语才能达到实际效果。概言之，该类行为的成功实施、相应取效效果的顺利出现，需要满足充分的语用条件。

（3）第二人称祈使式

第二人称祈使式（императивное наклонение второго лица）广泛用于日常生活的各个领域。实施任何祈使言语行为之前，说话人都应该考虑以下内容：说话人自身范围的因素；受话人范围的因素；行为内容和语境特征。（孙淑芳 2001：209）第二人称祈使式作为表达取效行为的手段，必须满足两个条件：其一，说话人的社会地位高于受话人。如上级对下级、长辈对晚辈、老师对学生、警察对罪犯等。其二，受话人有能力实现该行为，即行为的实施在受话人的能力范围之内，客观上受话人可以完成行为。我们来分析电影《办公室的故事》（«Служебный роман»）中的两个例子：

①Калугина.（кричит）Юрий Григорьевич, да заберите этого хулигана.

②Калугина. Вера, зайди ко мне.

例①中卡卢金娜的身份是局长，地位高于受话人尤里·格里高利耶维奇（后者为副局长），例②中的受话人维拉为秘书。这两句话的内容是受话人能做到的，因此取效效果必然与话语目的一致，亦就成功地实施了取效行为。

（4）祈使感叹词

祈使感叹词（императивные междометия）广泛用来表达说话人祈使受话人完成或不完成行为的意愿。В. В. Виноградов 根据语义语法类别将感叹词分成如下几种（Виноградов 1986：592）："命令离开的'вон! прочь! долой!'；敦促行动的'ну! нуте!'；劝阻某行为的'полно-полноте!'；敦促对方拿去的'на-нате!'；表示禁止的'стоп! цыц! т-с-с!'等。"祈使感叹词多用来实施动作取效行为，常见于军队的各种口令中。根据语法属性，祈使感叹词还可分为4类：纯感叹词、名词化的感叹词、副词化的感叹词和词组化的感叹词。纯感叹词有"Марш!"（前进!），"Шагом марш!"（齐步走!），"Бегом марш!"（跑步走!），"Стоп!"（停止!）等；名词化的感叹词有"Подъём!"（起立!），"Огонь!"（开火!），"Перекличка!"（点名!），"Салют!"（敬礼!），"Пароль!"（口令!）等；副词化的感叹词有"Смирно!"（立正!），"Вольно!"（稍息!），"Кругом!"（向后转!），"Направо!"（向右转!），"Налево!"（向左转!）等；词组化的感叹词有"Поместам!"（各就各位!），"К бою!"（准备战斗!），"Шаг на месте!"（原地踏步走!），"Руки вверх!"（举起手来!）等。

4. 结语

取效行为是言语行为理论中的一个重要概念，是言语行为整体不可分割的组成部分，是一种非常复杂的、具有交互性本质的言语行为，与言说行为、意向行为、说话人目的、实际效果密切相关，涉及许多超语言因素，必须从说话人、受话人各方，从心理、生理等各个层面进行考察。我们认为，取效行为是以说话人目的为出发点，通过言说行为和意向行为，对受话人产生作用或影响的言语行为，取效效果事实上近似于言语行为的预期目的。对取效行为的概念进行梳理，对其内涵进行阐释和界定，并对其类型及主要表达手段加以分析，似乎可以从新的视角考察取效言语行为的理论价值及实践意义。

参考文献

［1］AUSTIN J L. How to Do Things with Words［M］. Oxford：Oxford University Press，1962.

［2］DAVIS S. Perlocutions［C］//SEARLE J，KIEFER F，BIERWISCH M. Speech Act Theory and Pragmatics. Dordrecht：D. Reidel，1980：37-55.

［3］Арутюнова Н Д. Речевой акт ［M/OL］//Лингвистический энциклопедический словарь. Москва，1990：413.

［4］БОГДАНОВ В В. Речевое общение：Прагматические и семантические аспекты ［M］. Лениград：ЛГУ，1990.

［5］БУЛЫГИНА Т В，ШМЕЛЁВ А Д. Языковая концептуализация мира（на материале русской грамматики）［M］. Москва：Школа «Языки русской культуры»，1997.

［6］ВИНОГРАДОВ В В. Русский Язык：Грамматическое учение о слове ［M］. 3-е изд. Москва：Высшая школа，1986.

［7］ГЛОВИНСКАЯ М Я. Семантика глаголов речи с точки зрения теории речевых актов ［M］//ВИНОКУР Т Г，ГЛОВИНСКАЯ М Я，ГОЛАНОВА Е И，и др. Русский язык в его функционировании：Коммуникативно-прагматический аспект. Москва：ФГУП издательство «Наука»，1993：158-215.

［8］ГЛОВИСКАЯ М Я. Русские речевые акты и вид глагола ［C］// АРУТЮНОВА Н Д，РЯБЦЕВА Н К. Логический анализ языка. Модели действия. Москва：ФГУП издательство «Наука»，1992：123-140.

［9］КОДЗАСОВ С В. Виды перформативности и их показатели ［C］// АРУТЮНОВА Н Д，РЯБЦЕВА Н К. Логический анализ языка. Модели действия. Москва：ФГУП издательство «Наука»，1992：130-134.

［10］КОЧКАРОВА З К. Средства выражения и диалогическая организация речевых актов убеждения-доказательства истинности и убеждения-побуждения к действию ［M］. Киев：гос. пед. ин-т иностр. яз.，1989.

［11］ПАДУЧЕВА Е В. Семантические исследования：Семантика времени и вида в русском языке. Семантика нарратива ［M］. Москва：Языки русской культуры，1996.

［12］Якубинский Л П. Избранные труды：Язык и его функционирование ［M］. Москва：Наука，1986.

［13］顾曰国 . John Searle 的言语行为理论：评判与借鉴 ［J］. 国外语言学，1994（3）：10-16.

［14］何兆熊. 新编语用学概要［M］上海. 上海外语教育出版社，2000.

［15］刘风光，张绍杰. 取效行为与诗歌语篇［J］. 外语与外语教学，2007（10）：6-8，21.

［16］罗迪江. 言语行为的内蕴诠释［J］. 集美大学学报（哲学社会科学版），2008，11（2）：60-63.

［17］孙淑芳. 俄语祈使言语行为研究［M］. 哈尔滨：黑龙江人民出版社，2001.

［18］王道英，辜向东. 论言后行为［J］. 重庆大学学报（社会科学版），2001，7（4）：90-93.

［19］王德春，孙汝健，姚远. 社会心理语言学［M］. 上海：上海外语教育出版社，1995.

［20］王勇，汪小祥. 取效行为研究：公交车公益广告词言语行为分析［J］. 淮南师范学院学报，2005，7（2）：66-68.

［21］徐翁宇. 俄语对话分析［M］. 北京：外语教学与研究出版社，2008.

［22］许国璋. 许国璋论语言［M］. 北京：外语教学与研究出版社，1991.

作者简介：孙淑芳，黑龙江大学俄语语言文学博士（1995—1998），导师华劭教授。黑龙江大学俄语学院教授，博士生导师，博士后合作导师。国务院学位委员会第八届外国语言文学学科评议组成员、黑龙江省"六个一批"理论人才、省政府特殊津贴专家、省级领军人才梯队带头人、龙江学者特聘教授等。现为俄罗斯科学院俄语研究所《术语与知识》国际会议文集编委、台湾政治大学《俄语学报》编委、《外语学刊》编委、首都师范大学北京斯拉夫研究中心学术委员会委员等。主要研究方向：普通语言学、语义学、语用学、俄汉语对比。

俄语专业学科一体化建设策略

孙 超

摘 要：新文科给外语专业建设带来了新的发展机遇。面对新挑战，黑龙江大学俄语专业学科应主动对接国家对俄战略及区域经济社会发展需求，科学优化本硕贯通式培养模式，实施学科专业一体化建设举措，全面提高人才培养质量。

关键词：学科专业一体化；俄语专业；人才培养

李锡胤先生是中国俄语教育事业和辞书编纂、文学翻译的先驱，1995 至 1998 年攻读硕士学位期间我有幸聆听先生的教诲，硕士毕业后我们成了同事，对先生的学术涵养和高尚人格钦佩不已。在纪念李锡胤先生之际，学生特以此文表达对一代名家的深切追思和由衷敬意。

当前，我国高等教育正处在追求高质量发展的关键期，教育部陆续推出了双一流（一流高校和一流学科）、双万计划、一流课程、新文科建设等重大举措，为各高校"带来了新的机遇与挑战"。（李春源 2021：2）国家和社会对外语人才的需求发生了本质变化。作为国家级重点学科和国家级一流专业建设点，黑龙江大学俄语专业学科如何积极应变、主动对接国家对俄战略及区域经济社会发展需求、科学优化本硕贯通式培养模式、实施学科专业一体化建设举措、全方位提升专业人才培养质量，成为特色发展、内涵式建设面临的迫切问题。

一、学科专业一体化建设的意义和内涵

在高校，学科与专业是两个相互联系而内涵不同的专门概念。专业是高校根据社会分工的需要而设置的一种课程组织形式，主要包括专业培养目标、专业培养方案（即课程体系）和专业教学条件等要素。专业培养方案的设置合理与否、质量高低、实施效果好坏直接影响专业的人才培养质量。

学科指的是一个相对独立的知识体系，学科建设主要有凝练学科方向、打造学术梯队、构建学术基地、加强科学研究等内容。其主要任务是发现和创新知识、培养研究生以上层次的人才，学位点和高水平的科研成果是其建设的标志性成果。

从大学中的学科建设、专业建设的两大系统来看，尽管学科建设与专业建设在划分的依据、构成要素、组织目标和组织结构等方面都具有显著的差别，但由于大学既是按知识分工体系组织起来的学术机构，同时又是按专业分工组织起来的教学机构，因此，两者在本质上存在一种共生关系。

首先，学科建设为专业建设提供支撑。学科建设能为专业建设提供高水平的师资队伍、先进的仪器设备、教学与研究基地、学科发展的最新成果、丰富的图书资料等等，这些要素与教学过程全方位结合，能够有效促进优质教育资源的快速凝聚和人才培养能力的提高。学科建设的水平越高，专业发展的后劲就越大，没有实力雄厚的学科建设基础，专业就很难上水平、上层次。

其次，专业建设为学科建设提供动力。一方面专业建设是研究生教育后备力量的人才培养基地，没有高水平的本科教育就没有高水平的研究生教育；另一方面，专业建设的过程也是对科研进行深入研究和总结的过程，因为课程、教学内容、教材是学科建设的重要组成部分，一流的课程和一流的教材也是重要的科研成果，当教师将新的科研成果吸收到课程内容中、编写到教材中、借此设置学科前沿性的选修课或讲座时，就必须对科研成果的理论基础和应用前景以及与其他学科的关联程度进行辨析，这个过程正是将科研成果系统化和知识化的过程。

另外，学科建设与专业建设的主体和目标具有一致性。主体都是教师，学

科建设的目标是要服务于专业建设和人才培养，而专业建设的目标是培养社会所需要的人才。

"学科专业一体化"建设的主要内涵是，以提高人才培养质量为核心，改进学校内部治理机制，打破一些条条框框，优化学科资源和专业发展资源配置，深化学科建设要素和专业建设要素有机融合、协同发展，促进学校办学水平和发展质量提升。

高校实施学科专业一体化建设是真正实现内涵式建设和特色发展的必要选择。首先，它可以矫正在处理学科建设与专业建设关系时可能出现的失衡状态，进一步筑牢本科教学的基石地位；其次，它可以实现教学与科研的资源共享，使两者"良性协调、互促互融，进一步提高本科教育教学质量"（张小芳2016：61）；再次，高水平的科研资源可以给本科教学的人才培养提供有力支持，培育学生的科研品格与实践能力，增强其职场就业竞争力；最后，依托优势学科资源，一流专业可以打造一批教学名师和教学团队，建设一批精品课程、精品教材和教学成果等，从而"提升专业的整体竞争力和社会声誉"（唐纪良 2008：127）。

二、俄语专业学科一体化建设的现状

1. 学科建设与专业建设衔接方面仍有进步空间

黑龙江大学俄语语言文学学科是国家级重点学科，以俄语学科为基础的外国语言文学学科在全国第四轮学科评估中获评 A 类，具有历史积淀深厚、高层次人才集聚和基础研究成果丰硕等突出成就。但外语学科建设和专业建设的衔接急需加强。首先，外语学科与专业之间的对应关系应更加清晰，对各外语类专业的引领示范作用也应更加明显，要更有效融合外语学科前沿知识与本科教学，加强专业教育中的学科教育，突出职业规划效果，促进专业对学科支撑作用的充分发挥。其次，在制订学科、专业发展规划、目标和台账时，设计需更加注重系统性，在人才队伍、经费投入、资源分配等方面形成合力。最后，现有体制机制需要发展优化，我校的学科团队和教学团队需要实现一体化建设。本科专业教学团队有待优化，要让更多更合适的学科梯队骨干成员成为专业教学团队骨干，以确保学术前沿内容被成功引入本科课堂；让专业负责人成为学科骨干，强调专业负责人的学科视野。学科与专业建设协同度有待加强，资源共享度也有待提高。

2. 本科教育和研究生教育连贯性有待加强

作为一所地处东北的省属高校，受区域整体经济社会发展水平的影响，再加上本硕、硕博、本硕博贯通的培养机制不够完善，俄语学院的优秀毕业生更多选择去往经济发达地区的"双一流"或985、211高校继续攻读研究生。显而易见，长此以往，这会影响本硕博的连贯人才培养和储备，也会影响为一流外语学科建设提供人才的驱动力。比如，俄语学院2022届本科毕业生共计121人，报名参加研究生考试的有55人，40人落榜，落榜率达到了73%，这一方面说明我院部分学生对考研准备不足、基础不够扎实、自我定位不够准确，同时，另一方面也说明我院在本科教育和研究生教育衔接方面还有很多工作亟待完善。我们再看一组数据，121名毕业生中28名顺利升学（含保研13人），实际录取本校的是15人，录取本校学生数占俄语学院2022年总体招生人数的20%。这意味着，俄语学院录取的学生中，80%的学生都是外校的。与我院研究生教育衔接的多是其他高校的教育。此外，由于对硕博连读人员发表学术论文数量和质量都有更高要求，近3年以来，俄语语言文学学科的硕博连读学生只有1人。这些情况影响到了俄语学院的高端人才培养质量，但这些情况的改善不是一朝一夕的事情。

3. 教学与科研连续性有待优化

教师面临着高校教学和科研的双重压力，外语专业教师一方面教学任务普遍繁重，另一方面面对学科评估、考核的压力，需要一定的科研绩效产出。不论在学校层面还是在教师层面，正确认识教学与科研，处理好二者的关系十分重要。

教学与科研是高校的两个重要职能，这两者之间是相辅相成、辩证统一、互相促进的关系。坚持教学与科研互促互融，是高校发展的基本原则。教学与科研的结合是高素质、创新性人才培养的需要。教学工作不仅是专业建设的重要内容，也是学科建设中学术研究的重要基础。高校的教学过程是师生共同认知世界和探索真理的特殊过程。高校科研课题一方面源自社会实践，同时，另一方面也来源于教学过程的逻辑发展。教学过程中的师生互动往往可以撞击出思想的火花，获得新灵感，发现新问题，启发新思路，提出新见解，为科学研究提供新的生长点。这也就是中国传统教育所提倡的"教学相长"。学科建设的科研成果可以反哺和充实教学内容，提高教学质量。例如，教师可以将自己的科研成果固化为课程教材，使之应用于教学；课堂教学中，教师将科研成果和科研思路传授给学生，能够增强学生的科研意识，培养学生的创新精神和创新思维；与此同时，学生通过参与教师的科研课题，可以培养自身的创新思维，提高理论水平和实践能力。因此，实施学科专业一体化建设，可以达成两者的资源共享，有利于教学与科研良性协调、互促互融，进一步提高本科教育教学质量。

三、俄语专业学科一体化建设的主要路径

造成学科、专业建设矛盾、冲突和"两张皮"的深层次原因是思想认识上的问题。认识上的误区和管理体制等方面的因素，会导致一些人将学科建设和专业建设分割开来。认识上的不到位，必然导致行动上的偏差。因此，转变观念，牢固确立学科、专业一体化建设理念，以科学的态度和方法实施建设工作，是实现"学科—专业"一体化发展的前提和关键。

在全省开展高校人才培养战略定位论证及专业结构优化调整论证的大背景下，在全省一流学科二期工程建设刚刚启动和国家级一流本科专业建设点面临评估的总体形势下，黑龙江大学俄语语言文学学科专业应全面总结以往建设经验和优势，客观分析国家及黑龙江省重大战略和人才需求现状，牢固树立学科专业一体化建设理念，通过建立学科专业一体化的激励体制、创新"贯通式"人才培养模式、强化课程建设、确立应用科研导向、培养学生创新能力等具体举措，全面提升俄语专业学科的师资水平和人才培养能力。

1. 建立学科专业一体化的激励机制

围绕学科专业一体化建设情况，建立并逐渐完善教学与科研相平衡的激励机制制度，并强化约束要求。引导教师将自己的科学研究成果及时运用到相关课程与教材建设中，积极参与指导学生开展各种创新实践活动，并对取得突出成绩和贡献的教师给予适当的奖励和激励。将各类教学奖项与科研奖项、教研项目与科研项目同等对待。在职称评聘中，将一体化建设业绩作为"应具备条件"，比如培养学生提高学历、本硕连读、硕博连读、参加创新创业竞赛获

奖等情况，并在师德师风、先优评选中将其作为参考条件。在年度考核工作中，增加课程建设的维度。在导师职责落实上，全面贯彻本科生导师制度，修订研究生导师工作条例，增加导师培养学生开展科研的要求。只有这样，才能有效建立科研与教学互动平衡的激励评价机制，从而形成学科专业一体化的新型格局。

2. 创新"贯通式"人才培养模式

当前我国高校外语人才培养模式面临诸多挑战，如全球化亟须打破"单一外语"的培养方式，高水平对外开放急需"外语+专业"人才，人工智能翻译的发展须加强外语人才的人文素养，讲好中国故事须培养外语专业学生的国际传播能力和国际话语能力，文化自信举措须进一步加强。这些新挑战对我国高校外语人才培养模式提出了新要求，需要高层次、复合型、国际化且具备良好背景和专业技能的人才，这就需要开展长学制贯通培养探索。目前黑龙江大学俄语学院培养的优秀本科生，大多数都考取了北上广等经济发达地区的院校，还有部分出国留学，部分同学直接就业，除保研的之外，真正想留在母校读研的学生相对较少。如果建立本—硕连读的模式，一方面会吸引更多的高质量的高考生考取我校，进一步提高生源质量；另一方面，可以引导学生从入学开始逐步确定未来的研究方向，在培养学生语言能力的同时培养学生的科研能力。建立硕—博连读机制，可以让学生的研究得到可持续发展，同时可以培养优秀的人才留校任教，作为学院师资队伍的有益补充。

未来一段时间，我们将依托俄语专业基础学科拔尖人才 2.0 培养计划，建立健全本硕连读机制，做好本硕课程内容有效衔接。俄语学院拔尖人才培养试验班中，在第四学年获得推免资格的学生如果留在本校攻读硕士学位，则实施"3+1+2"本研贯通式培养，即本科四年级时进入研究生的学习和硕士论文研究阶段。我们还将充分发挥外国语言文学学科引领作用，探索俄语语言文学学科"硕博连贯培养专项计划"。以俄语语言文学专业为试点，探索建立本科—硕士—博士连读培养模式，突出"会语言、通国家、精领域"的人才培养理念，培养高层次创新型国际化俄语人才。

3. 强化课程建设

专业会随着社会的发展变化而不断发展，正像专家学者所言，社会需求是专业建设的"风向标"。众所周知，课程的重新组合优化和课程内容的变化也是专业建设的重要组成部分，课程是"人才培养模式的核心要素"（周光礼2016：75），课程建设是"专业建设的核心和基础"（陈琳、龚秀敏2013：26）。首先，根据培养国际化高端俄语人才的目标，开发一批体现新发展理念和高规格的俄语专业课程，如当代中国俄语说、中俄文化比较、中国传统经典导读、欧亚文明等，打造新时期黑大俄语教育特色。其次，实行本硕课程贯通，把学科专业一体化培养的连续性和贯通性落到实处。在新版人才培养方案中，纳入跨学科与跨专业知识的相关课程，如专业交叉课、跨专业课、第三外语能力提升课等。再次，加强课程群建设，根据国家对外语专业人才提出的新要求，在研究生阶段开设国际传播、区域国别、涉外法治、外语教育、数字人文、国际中文教育等模块化课程，优化外国语言文学学科和专业结构。通过不断加强课程、课程群建设，不断提高俄语语言文学学科梯队的科研水平，有效助推学科建设再攀高峰。

4. 确立应用科研导向，使科研成果反哺课堂教学

有专家学者指出，在当前的外语学科建设中，教学质量、高质量的教师队伍建设、与教学紧密结合的科研工作是至关重要的三个环节（朱吉梅、楼青2010：323）。青年外语教师除了延续硕博期间原有的学术方向以外，应该确立以应用科研为指导的发展理念，积极开展与本校专业建设相关联的课题研究，如对所教授的课程内容、教学对象、教学效果、教学反馈、教学手段和方法、测试评估、思政育人等方面的研究，还可以将校内外实习实训基地、政产学研协同育人以及就业创业岗位的内涵建设等有机纳入学科与专业的协同互动中。如果教师能够将自己科研所得的理论和实践成果转化为所教授课程的基本内容，那么就能推动课程建设发展，从而提升人才培养质量，真正做到科研反哺教学。

5. 以培养学生创新能力来统一学科和专业建设

培养拔尖创新人才，必须改变课堂教学是人才培养主阵地的观念，把科学研究活动作为一种更有效的人才培养方式。在学院层面，开展院级科研立项和论文评奖活动，吸纳优秀本科生，对本科生科研能力进行培育。依托申获的省级及以上科研项目，支持研究生和本科生毕业论文与导师科研课题相贯通，培养潜在科研力量。深化校企合作，加强实习实训基地、研究生工作站、学术沙龙建设，推进学生参与横向科研项目。配合相应课程学习进行科研训练和学术

交流。例如，本硕班学生的科研能力培育方案可以这样设计：在第二学年开始创新创业的指导和训练，如鼓励学生参加全国高校俄语大赛、"挑战杯"大学生创业计划竞赛、"互联网+"大学生创新创业大赛、国家级大学生创新创业训练计划等；第三、四学年指导学生参加科研项目，并通过导师团队指导、课题参与、学术报告会、撰写学年论文等方式，进行系统化学术能力训练；第五学年开始要求学生年均参加一次学术报告会，分享个人学术心得体会以及后续研究计划。通过以上系统性的科研学术活动，不断培养学生总结并提炼科学规律和解决学术问题的素养和能力，进而使其"在所从事的研究方向上开展高水平科研项目"（陈达等 2019：94）。

6. 加强国际交流

随着我国综合实力的提高以及高等教育事业的发展，各个高校已逐渐意识到国际交流对人才培养，尤其是创新能力培养具有非常重要的作用。国际交流形式多样，根据贯通式培养特点，为实现充分的国际交流，具体安排以下交流活动：（1）开展认识性学习，感受前沿思想碰撞，初步了解国际通行学术规范，第二至第三学年由教师带队赴国外合作院校进行 2 个星期至 1 个月的交流学习，参观访问国外著名大学或研究机构的实验室；（2）开展访学性学习，第三学年至第四学年赴国外高校进行 2 至 3 个月的交流学习，参与短期研修课程或交流项目，以进一步开拓国际学术视野，增强跨文化交际能力；（3）开展公派留学实践，从第四学年开始，要有不少于 1 年的海外高水平大学公派留学实践经历，由国内外导师共同针对学生制定联合培养方案，共同指导学生完成科学研究及学位论文等方面任务。国内外联合培养，有助于学生汲取国内外导师不同的研究经验、不同的思维模式和研究方法，在密切合作与交流中，获得更多的创新性研究成果。

以上所述，仅仅是笔者对黑龙江大学俄语专业学科一体化建设的点滴思考。新形势下，黑龙江大学俄语学科专业建设任重道远，只要我们立足现有的办学基础和资源条件，采取务实措施不断推动学科、专业、课程的协同发展，一定能使俄语学科专业建设再上新台阶。

参考文献：

［1］陈达，王慧，仲建峰，等. 基于流程再造的"本硕博"贯通式培养模式

探索［J］. 现代教育科学，2019（12）：91-95.

［2］陈琳，龚秀敏. 基于协同理论的应用型大学学科、专业一体化建设研究［J］. 郑州师范教育，2013，2（3）：22-26.

［3］李春源. 地方综合性大学学科专业一体化建设的问题与对策研究［J］. 黑龙江教育（理论与实践），2021（3）：2-3.

［4］唐纪良. "学科—专业"一体化建设：动因与路径——"学科—专业"一体化建设研究之二［J］. 广西大学学报（哲学社会科学版），2008，30（3）：125-129.

［5］张小芳. 本科院校学科专业一体化建设理路［J］. 高教发展与评估，2016，32（2）：58-64，100-101.

［6］周光礼. "双一流"建设中的学术突破——论大学学科、专业、课程一体化建设［J］. 教育研究，2016，37（5）：72-76.

［7］朱吉梅，楼青. 应用型大学外语学科专业一体化建设的思考——以浙江科技学院外语学科专业一体化建设为例［J］. 浙江科技学院学报，2010，22（4）：321-324.

2018 年 10 月 26 日　　上海

　　作者简介：孙超，黑龙江大学俄语学院院长、博士生导师。中国俄罗斯东欧中亚学会俄语教学研究分会副会长、全国翻译专业资格（水平）考试专家委员会委员、中国外国文学学会理事、中国高等教育学会外国文学专业委员会常务理事、中国俄罗斯文学研究会副秘书长、黑龙江省外语专业教学指导委员会秘书长、黑龙江省俄语学会会长。主要研究方向：俄罗斯文学、俄语教育、文论。

传承黑大辞书精神，谱写词典时代新篇

赵　洁

半个多世纪以来，黑大辞书人在李锡胤先生的带领下，无论是在词典编纂的实践活动方面，还是在词典学理论研究方面都取得了堪称辉煌的成就。编纂词典的工作一直被视为"苦工"，用先生的话来说："虫鱼之役，病于夏畦。"黑大辞书团队正是以这种甘于献身的精神，铸就了《俄汉新词词典》《大俄汉词典》《俄汉详解大词典》等多部反映我国词典编纂最高水平的巨著。其中《大俄汉词典》1985 年由商务印书馆出版，以其收词丰富、释义准确、例证典型深受读者欢迎，成为俄语学习者案头必备的工具书，也成为我国双语词典编纂史上的里程碑。

三十多年过去了，俄罗斯社会生活发生了深刻变化，这突出地表现在词汇体系中。反映新生事物的新词语大量涌现自不必说，原有词语产生新义，修辞色彩发生变化，古旧词语复苏使用，俚俗词语大行其道，外来词潮水般涌入，原有词典已经不能够充分反映当代俄语的现状，词典如何客观全面地记录语言变化，满足读者学习和使用的需要，这是摆在词典编写者面前的首要任务。2019 年黑大辞书团队在《大俄汉词典》的基础上，重新编纂出版了《新时代大俄汉词典》，该词典的宗旨是与时俱进，提高词典的质量和使用价值，千锤百炼打造精品。本文将从增收新词和新义、更新例证、更新修辞标注这三个方面介绍此次编纂是如何反映当代俄语变化的。

一、增收新词和新义

语言发展日新月异，编纂《新时代大俄汉词典》的主要任务之一即是收入语言中趋于稳定使用的新词语，以 8 本俄语辞书为主要参考书目，其中有俄语新词词典、大型辞典的增补词，共计有 3 万条。广义上理解的新词既包括新构成的词语或从其他语言中借入的词语，也包括原来使用范围有限但现在广泛应用的词语。从我们选取的俄文词典蓝本来看，新增的词语中口语、俗语、俚语词占很大的比重，这反映出俄罗斯学者越来越具有广泛的语言意识，承认语言的多样化存在，在对待收录新词问题以及语言变化的态度上越来越宽容，能够务实地正视语言存在的真实状况，客观地记录语言变化，为俄语使用者扫清障碍，而不是保守地以促进语言规范化为己任，对多样化的语言现象视而不见。

词典中新增的词条有反映现实中新概念、新现象的词语，以及新引进、广泛使用的外来词，例如：ундевит（多种维生素制剂），фуршет（冷餐会），Чернобыль（〈口语〉切尔诺贝利核事故；［小写］〈政论〉人为造成的生态灾难），футболоман（狂热的足球迷），шейпинг（塑形、健美运动），диск-жокей（的士高夜总会主持人）。再如苏联解体引来人们对苏联时期社会政治现象的反思和重新评价，出现了 совок, совковый 这样的词，现在已经被收入词典中：совок（〈蔑〉①苏联，苏维埃政权；②苏联时期的人；保持苏联时期思维习惯的人），совковый（①与苏联时期有关的 ~ая идеология；②保持苏联时期思维方式、意识形态的 ~ая литература）。

此外，新增词条中还有扩大了使用范围的口俗语、俚语词等。例如：уголовка（〈口语〉刑事案件；刑事调查局），удостоверка（〈口语〉身份证照片），удочка（〈口语〉及格），фэбээровец（〈口语〉美国联邦调查局的工作人员），штатник（〈口语〉美国人；在编人员），эмвэдэшник（〈口语〉内务部工作人员），халявщик（〈行话〉游手好闲的人；总想吃白食的人），шмондя（〈俗〉令人讨厌的女人），чики（［用作谓语］〈行话〉一切正常，很好），чики-чики（［用作谓语］〈行话〉好，棒）чувак（〈行话〉年轻男子），шмаль（〈行话〉毒品），шмон（〈行话〉搜查，围捕；刺鼻难闻的气味），

щипач（〈行话〉扒手，掏兜儿的），целка（〈行话〉处女），чурки（〈粗〉中亚地区的居民），等等。有些来自英语的国际性俚、俗语也都被收入到标准语词典中，如：флэт（〈行话〉公寓），фан（〈行话〉狂热的崇拜者，粉丝），баксы（〈行话〉美元），等等。

　　社会生活的变化给许多原有词语增加了新的意义，编纂词典时，我们不仅把这些意义收入词典中，而且在词条内补充了典型的常见搭配，使词语的语义结构得到充实。例如，在абзац（文章的一段）词条内增加了：〈行话〉结束，完结；完蛋，死亡；破产，倒闭，垮台。而且附加了两个例句："Ну, это полный абзац."（嘿，这下子全玩儿完了。）"Тут ему и абзац."（他算是完蛋了。）在лоб（额头，前额）词条中增加了隐喻义：〈口语〉（某物的）前部，前身，~ машины（汽车的前部）。再如раскрутить（松开；使……迅速旋转）。新版收录了该词在近年报刊中已广泛使用的新义：使……运作、开展起来；炒作，宣传；〈行话〉让……出钱，~ идею о свободной экономической зоне（宣扬建立自由经济区的思想），~ нового певца（炒作新出道的歌手），"Сам не заметил, как раскрутили меня цыганки на сто тысяч."（我自己都没注意，吉普赛女人怎么就让我拿了10万。）。报刊以及人们口语中广泛出现的харизма一词，原有解释为"神授的超凡能力"，这样的词义解释显然不符合现在该词的使用语境，新版中将其改为：①（圣徒的）超凡天赋；②具有个性魅力的崇高威望。其他新增词义如例：

词目	原版词义	新版增收的词义
антивирус	抗病毒液，细菌滤液	〈信息〉杀毒软件
крыша	顶，房顶；房子，住房	〈行话〉保护（使免受敲诈），庇护
лимон	柠檬树；柠檬	〈行话〉一百万卢布
убойный	屠宰的，供屠宰的；杀伤的；致命的，要害的	〈行话〉极好的，出色的
укротитель	驯养者，驯兽员	〈政论〉能制服…的人
улей	蜂箱；蜂房；蜂群	〈口语〉聚集的一大堆（人或物）
упакованный	包装的	〈行话〉衣食无忧的
упад	до упаду〈口语〉直到精疲力竭，直到累得要倒下	至彻底垮台、崩溃

部分词条虽然没有增加新的义项，却对原有汉语释义做了补充和改进，体现词语的最新用法。有些词语体现的概念或事物在汉语中已经形成了习以为常的表达方式，词语的翻译也应该与时俱进。例如，фундаментализм 原版释义为：〈宗〉基要主义。新版改为：原教旨主义（主张严守宗教或某种理论的基本原则，反对进行修正或颠覆）；基本教义派；экономический ~ 市场经济派，市场经济理论。这样基本能反映出该词词义在新时期发生的变化和使用特点。

二、更新例证

《大俄汉词典》一大特色就是有丰富的例证，可以显示词语使用的信息，全面展示词语的搭配能力，即常见的搭配、典型的情景等，但由于篇幅所限，所配例证多为词组，有时因为缺少上下文语境，很难正确理解词语的意义内涵和使用特点。此次编写对这些例证做了修改，增加了短小的例句，而且收入能够反映新时期语言使用特点的例证，更好地指导词典使用者对词义进行理解，满足其积极使用语言的需要。如在 убийство（杀人，杀害）词条中，在原有例证后加入 заказное убийство（雇凶杀人）；在 увольнение（解职，辞职）词条中，增加例证 попасть под увольнение（遭遇裁员，被解雇）和 предупредить об увольнении заранее（事先告知辞职），同时删去了古旧的词义：解放农奴；在 упадок（衰落，衰败）词条中，增加例句："Кинематограф переживает упадок."（电影业不景气。）；убийственный（极其艰难的，非常糟糕的，极有害的）原版给出的例证都为词组：~ ые условия，~ ые последствия，~ ое известие，~ ая дорога，~ ая погода，搭配可谓丰富，但并不十分必要，因为含义和用法非常接近，新版将部分词组换以短句"Дальнейшая инфляция может оказаться убийственной для экономики."（通货膨胀继续对经济的影响可能会是极为不利的。），这样会使词语使用的语境更具体而清晰。

与此同时，此次编写删去了原词典中大量明显过时的内容，如带有意识形态色彩的苏联时期政治用语，这些例证已经不适应俄语使用的社会环境，自然应该退出历史舞台。如在 укрепить 词条中，去掉了 укрепить диктатуру пролетариата（巩固无产阶级专政），укрепить страну социализма（巩固社会主义国家），换为 укрепить семью（使家庭稳固）；在 ликвидировать 词条中将 ликвидировать эксплуататорские классы（消灭剥削阶级）改为 ликвидировать химическое оружие（销毁化学武器）；在 уклон 词条中，去掉了 мелкобуржуазный уклон（小资产阶级倾向）；在 убедиться 的例证中删去了 убедиться в преимуществах социалистического строя（确信社会主义制度的优越性）；在 холопский 的例证中去掉了"Буржуазное правительство холопски служило интересам фабрикантов."（资产阶级政府奴颜婢膝地为工厂主的利益服务）。再如，在俄罗斯早已大刀阔斧地进行经济私有化改革的今天，原版词典中的 упразднить частную собственность（废除私有制）这一例证是明显不合时宜的，信息已经过时了，因此新版替换为 упразднить льготы（取消优惠）。新版中这样的内容修改不胜枚举。

三、更新修辞标注

词典中词语的修辞标注有助于词语的正确使用。众所周知，词语的修辞色彩不是一成不变的，而是随着社会的变化而变化的。苏联解体后，许多词语的修辞色彩被重新定位，语言使用的大众化、自由化使得很多口语词、低品位的俗语词、使用受限制的俚语词扩大使用范围，常规化使用，逐渐充实到中性词汇中来，因此新版词典中许多原来标注为〈口语〉、〈俗〉的词语改为中性通用词语，例如：употребить（〈俗〉食用，饮用，服用）的修辞标注现已消失。类似的情况再如：рок（〈口语〉摇摆舞），умничать（〈口语〉卖弄聪明；自作聪明），лежаться（〈口语〉躺得住），лизун（〈俗〉拍马屁的人）等词语的修辞标注在新版中也不见了。大量诸如 легковушка（小汽车），легчать（减轻，减弱），лесина（一棵树），липовый（假的，伪造的），ловчила（机灵鬼，滑头）等词语的修辞标注都由〈俗〉改为〈口语〉，这说明这些词语逐渐进入到标准语中。

还有一些旧词、方言词语也扩大了使用范围，成为口语词或中性词语，例如：ловля（捕鱼的地方），улить（洒满），универсант（大学生；大学毕业生），укладистый（装得多的，容量大的；容易安放的），унывный（令人忧伤的），умыслить（蓄意，预谋）等词语的修辞标注在我们选取的蓝本中已由

〈旧、俗〉或〈旧〉改为〈口语〉；умягчиться（变得柔软），уличительный（揭发的，揭穿的），удручиться（疲惫不堪；抑郁不快）等词的修辞标注〈旧〉已经消失；умёт（旅店，大车店），умка（大白熊），угор（小岗，小丘），уда（钓竿），ледянка（冰橇）等原有的修辞标注〈方〉改为〈口语〉或〈俗〉。

当然也有个别中性词语的修辞色彩被重新定位为口语或俗语，但从整体来看，俄语词汇修辞色彩总的变化是处于词汇体系边缘地带的词语，如口俗词语、古旧词语、行话等有向中心区域靠拢的趋势，逐渐进入到标准语体系中。

此外，新版词典书面词语的语体色彩标注更具体细化，除〈文语〉外，还标有〈公文〉、〈政论〉、〈文学〉等，指明词语的使用范围，也就是语体局限性。显而易见的是词典提供的词语修辞色彩的信息越详细，词语的使用就越容易、越得体。例如：уведомить（告知），уведомитель（通知人）原版的修辞标注为〈旧，文语〉，新版改为〈公文〉；леветь（变左倾）原版没有修辞标注，新版增为〈政论〉；лик（面容，容颜）原版的修辞标注为〈旧，雅〉，新版改为〈诗〉。

词典中的另一类修辞标注是感情评价色彩，它也同样处于不断的变化之中，社会制度的变化、人们的价值心理取向的改变使得人们对社会现象的评价标准发生着变化，词语的评价色彩也跟着发生改变，例如：уравниловка（平均主义）原版中只注明该词具有口语色彩，现在没有了口语色彩，而增添了修辞标注〈贬〉，反映了当代人们的思想意识和对"平均主义"的否定评价态度；固定词组 честное пионерское слово［（少先队员用语）以少先队员的名义保证］以及一些苏联时期的套语原本没有修辞标注，是中性词语，在新版中获得了〈谑〉的修辞色彩，即使用中带有玩笑讽刺的口气。这些都说明人们的思想观念发生了改变。

词典编纂是一项永不停息的工作，此次编写《新时代大俄汉词典》并不能收尽近年来语言中出现的所有的新现象，在我们编写的同时，又有许多的新词新义悄悄地在标准语中固定下来，因此要求语言研究者不断追踪语言变化的趋势，为下一次的编写做好准备，以期更好地为俄语学习者和使用者服务。作为李锡胤先生的后辈学人，我们有责任传承先生的精神，坚守黑大辞书编纂的传统，为我国词典事业发展、中俄文化交流贡献自己的力量。

参考文献

［1］大俄汉词典（修订版）［M］. 北京：商务印书馆，2001.

［2］冯华英，郑云. 俄国的新词语研究与新词语词典编纂［J］. 辞书研究，
2003（2）：40-48，122.

［3］郑述谱. 从《大俄汉词典》到《俄汉详解大词典》［J］. 辞书研究，2000
（1）：11-14.

［4］КУЗНЕЦОВ С А. Большой толковый словарь русского языка ［М］.
Санкт-Петербург：Норинт，2000.

［5］СКЛЯРЕВСКАЯ Г Н. Толковый словарь русского языка конца XX века
［М］. Санкт-Петербург：Фолио-пресс，2000.

作者简介：赵洁，哈尔滨人，黑龙江大学俄语学院教授，博士，硕士生导师，研究方向为俄语修辞学、对比语言学。

基于实际切分的预设分析

惠秀梅

摘　要： 李锡胤教授基于句子的实际切分分析预设，提出"预设是一个主述结构或其否定式之所以能成立的必要条件"；认为预设问题是一个可能世界题，预设在一个可能世界中的真假决定着相应命题的真假。这种分析为研究预设提供了新思路，拓宽了对预设的理解。

关键词： 预设；实际切分；可能世界

预设（пресуппозиция，presupposition）最早由弗雷格提出，被视为一个句子成立的前提。"预设"概念引入语言学后，随着学者们从不同角度对它分析的不断深入，人们对它的理解也不断加深。本文主要说明李锡胤教授对预设的独特认识。

1　基于句子逻辑语义和言语行为理论的预设的分析

张家骅教授指出，预设概念源于逻辑分析哲学和日常语言分析哲学。

逻辑分析哲学是基于句子的逻辑语义来分析预设的。句子的命题与词汇单位语义一样，是由若干更小的意义单位组成的复杂结构。构成语句命题的直接成分是若干显性或隐性的准命题。预设就是其中的一种准命题，它是句子成立的前提，即只有预设为真，句子才有真值意义。例如，句子"开普勒死于贫困"有意义的前提，是预设"开普勒存在"为真，也即"开普勒"有所指。在逻辑分析哲学中，预设被用来研究句子的真值语义，分析命题之间的各种逻辑关系，被视为句子有真值意义的语义条件，命题逻辑关系的一种特殊类型。（张家骅 2011：134）

日常语言分析哲学是基于言语行为理论来分析预设的。

各种类型的言语行为都有相应的一组成功条件，遵守这些条件是成功实现该类言语行为意向所必需的。言语行为的成功条件对于施为句的作用相当于真值条件对于描写句的作用。只有符合真值条件的描写句才是真的，只有符合成功条件的施为句才是成功的或恰当的。所以，有些语言学家把言语行为的成功条件看作相应语句的预设。当然，也有学者，如 E. B. Падучева 就不同意这种观点，她认为还是应该把"预设"和"成功条件"两个概念区别开来。（张家骅 2011：139-140）

这是基于句子的逻辑语义和言语行为理论对预设的分析。而李锡胤教授则从句子实际切分（主位—述位，тема — рема，theme — rheme）角度来解释预设，为预设研究提供了一个新思路。李锡胤教授的预设思想主要体现在他的《对于预设与推涵的思考》（1990）、《再论预设与推涵》（2003）和《篇章中的预设问题》（1996）这三篇文章中。

2　基于实际切分的预设分析

从逻辑语义角度分析预设，目的是说明表达命题的句子之间的关系，探讨句子的真值。所以李锡胤教授指出，预设的通常定义是：

预设——表达一个命题的句子或表达其否定命题的句子之得以成立（即有意义可言）的必要条件。（李锡胤 1990：1）

与预设对应的是推涵（entailment）。李锡胤教授说，从"发生学"角度看，预设是本句之所以成立（或具有真值）的前提，而本句是推涵句的出发点。实际上，唯一给定的只有本句，而且它是作为真命题给出的，所以根本不会发生"如果本句假则……"的情况。（李锡胤 1990：2）所给定的只是本句，预设和推涵都是从本句出发推断出来的。所谓预先设定的 presupposition，实际上也是从本句事后推定的。（李锡胤 2003：1）

李锡胤教授指出，预设和推涵都是从句子—逻辑意义着眼，而不是从句子—形式成分着眼。因此他提出，研究的时候要从句子的实际切分，即主位—述位分析着手。（李锡胤 1990：2）这是李锡胤教授与其他学者对预设研究不同的地方。

李锡胤教授以下面这个例子来说明，基于实际切分的预设分析。

John writes poetry in his study.

句中每个画线的词或前置词短语都可能带句重音（也即逻辑重音），从而成为句子的焦点（focus），也就是句子的述位，即新知部分，而其余部分是主位，即已知部分。

一个句子一次分析只能有一个主位—述位结构，其中的主位和述位又可分别包孕低一级的主位—述位结构而有自己的预设。所谓预设的投射问题，就是低一级主位—述位结构的预设转到高一级主位—述位结构上去。据此，李锡胤教授将前面的"预设"定义改为：

预设——一个主述结构或其否定式之所以能成立的必要条件。（李锡胤1990：2）

这种分析预设的方法与句子的具体使用联系了起来，避免了孤立地分析句子时给人的错觉——似乎一个句子固定只有一个预设。实际上是，一个句子的预设是什么，要看句子的具体使用。因语境的不同、说话人强调的焦点不同，句子实际切分就会不同，从而句子的述位也就不同，相应地，句子的预设也不一样。

李锡胤教授说，就"John writes poetry in his study."而言，本句的主位—述位结构表面的逻辑形式是：$P(x) \wedge Q(x)$。（李锡胤 1990：2）一个简单句表达一个简单命题，它包含一个述位 P（predicate）和若干必有的论元 [argument（s）] α_i，构造成 $P(\alpha_1, \alpha_2, \ldots \alpha_n)$ 这样的表达式。但这还不是一个命题，只是一个命题函项。只有加上量词（∀或∃）之后，才成为逻辑命题，才可以有逻辑学真值。（李锡胤 2003：1）注意，$P(x) \wedge Q(x)$ 中的 $x = \alpha$。

尽管说话时不说出量词，但要使 $P(x) \wedge Q(x)$ 成为一个命题，需要加上量词，所以它相应的逻辑表达式就应该是：$\exists x(P(x) \wedge Q(x))$。但是，要使这个命题成立，还需要两个条件（预设）：

Ⅰ. 主位存在预设，即 $\exists x(P(x))$，意思是：存在 x，它是 P。

Ⅱ. 述位相容预设，即 $\exists Q \exists P \Diamond(P(x) \wedge Q(x))$，意思是：$Q$ 不是与 P 不相容的。（李锡胤 1990：2）

李锡胤教授不仅将预设与主位相联系，而且还将其与述位相联系。在莫斯科语义学派和张家骅教授的理论中，都是将预设解释为语句的主位，与述位相联系的是陈说。

述位相容预设中的"相容"是指主位和述位相容。李锡胤教授说，述位相容预设实际上也是述位存在预设，只是因为述位的所指不一定是人或物，常常是一个动作或一个事件，而且述位的所指的范围受主位范围的限制，所以述位存在的条件表现为与主位的相容性。例如，"张三秃头"满足条件Ⅱ，因为"是（或不是）秃头"与"张三"是相容的，也就是说，张三是有头可秃（可不秃）的。但是"张三用鳃呼吸"则没有满足条件Ⅱ，因为他无鳃可用。（李锡胤 1990：3）

李锡胤教授说，述位相容预设可以防止"范畴错乱"。这里的"述位相容预设"与张家骅教授（2011）提到的"范畴预设"本质是一样的，但区别在于：述位相容预设是对句子的整个述位而言的，而范畴预设则是针对谓词与其名项之间的关系而言的。

李锡胤教授认为，严格说，预设只有两种，即主位存在预设和述位相容预设。其他类似情况大都是由于代入 $P(x)$ 中替代 P 或 x 的语词之语义所引起的推论，可称之为推涵（post-supposition，亦即 entailment 或 implicature）。（李锡胤 2003：1）

但是李锡胤教授也指出，除了主位存在预设和述位相容预设之外，在主位和述位的联系中间也暗含以下几种预设：

Ⅲ. 时间预设

主位 ⎱时间词⎰ 述位　　预设：主位—述位

例如："张三昨天打了儿子"预设"张三打儿子"。

Ⅳ. 空间预设

主位 ⎱空间词⎰ 述位　　预设：主位—述位

例如："张三在家读书"预设"张三读书"。

李锡胤教授是从主位和述位之间可能存在时间、空间等方面的联系来分析的，将时间词、地点词单独划分出来，预设则是主位—述位结构。

按照李锡胤教授的观点，根据句子逻辑重音的不同，时间词、空间词也可能成为句子的焦点，做述位。这样，就可以把时间词、地点词看成另一层次的述位，当然，此时时间词、地点词带逻辑重音：

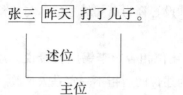

张三 昨天 打了儿子。

述位

主位

该句的意思是"张三打儿子是在昨天"。这样，"张三打儿子"就成了主位存在预设。李锡胤教授指出，下面的模态词、相态词、频率词、意愿词也可做类似解释。

Ⅴ. 模态预设

$$主位 \begin{cases} 实际是 \\ 大概是 \\ 可能是 \end{cases} 述位$$

实际是〈预设〉大概是〈预设〉可能是。

例如：张三有儿子〈预设〉张三大概有儿子〈预设〉张三可能有儿子。

Ⅵ. 相态预设

$$主位 \begin{cases} 停止 \\ 继续 \\ 开始 \\ 从前不 \end{cases} 述位$$

停止行动〈预设〉持续行动〈预设〉开始行动〈预设〉从前不行动。

Ⅶ. 频率预设

$$主位 \begin{cases} 总是 \\ 多次 \\ 几次^* \\ 某次 \end{cases} 述位$$

总是〈预设〉多次〈预设〉几次〈预设〉某次。

Ⅷ. 意愿预设

$$主位\begin{cases}请求\\希望\\愿意\\不反对\end{cases}述位$$

请求〈预设〉希望〈预设〉愿意〈预设〉不反对。

Ⅸ. 连接预设

这种预设涉及两个句子—命题之间或主位、述位内部两成分之间的关系，至少有下列四个小类：

（1）转折预设："P，可是 Q"　　　预设：$P \wedge Q$

（2）因果预设："P，因而 Q"　　　预设：$P \wedge Q$

（3）联言预设："P 和 Q"　　　　预设：$P \vee Q$

（4）选言预设："P 或 Q"　　　　预设：$P \vee Q$

转折/因果〈预设〉联言〈预设〉选言。（李锡胤 1990：3-4）

当然，对预设的这种分析与相应词语的意义密切相关。

3　预设与可能世界

李锡胤教授说，预设问题是一个可能世界问题。（李锡胤 1996：7）所以，他在分析预设时，明确划分了与预设相关的可能世界。

预设问题涉及指称问题。在逻辑分析哲学家那里，分析指称问题时，指称对象存在的世界通常都是指语言外的现实世界。

李锡胤教授认为，主位的所指可以存在于三个"世界"中：

（1）现实世界，如"法国皇帝"在当前现实中是不存在的，"英国国王"则是存在的。

（2）观念世界，如 God、"雪人"只存在于人们的观念中。观念世界在很大程度上受文化背景的影响。

（3）语词世界，主要是指上下文（context），最典型的是童话的开场白，如"从前有座山，山上有个庙"中的"山""庙"都存在于该特定文本中。（李锡胤 1990：2）

后来，李锡胤教授把一篇作品看成一个可能世界，因此从篇章的角度，他分出四种可能世界：现实世界、过去世界、设定世界（包括预测的未来世界）、幻想世界。而时空词、模态词、意愿词等就是用来限定可能世界的。（李锡胤 1996：7-8）

这里的"现实世界"与前面的现实世界相同，是指当前的现实世界。"过去世界"也是指现实世界，只不过是过去的现实世界。引入时间维度，可以根据时间确定主位所指是否存在，从而更准确地确定句子的真假。

"设定世界"的确立是为了某种理论上的需要，大胆假设，以便据以推理。如上演«Ревизор»（《钦差大臣》）时，虽然现实中没有 Хрестоков（赫列斯达可夫）这个人，但他存在于这部戏剧中，所以可以确定根据剧情得出的"Хрестоков 招谣撞骗"是个真命题。

"幻想世界"中允许想入非非，允许出现那些现实世界中叫作矛盾的事件。"幻想世界"包括前面的"词语世界"，如各种文学作品的世界。例如，因孙猴子存在于《西游记》世界中，所以在该世界中"孙猴子大闹天宫"是个真命题。区分出"设定世界"和"幻想世界"，就可以解决因指称对象在现实世界中不存在而导致的句子无真值的问题。

把一个语篇视为一个可能世界，并在这个世界中讨论预设，按照李锡胤教授的观点，这是语篇层次的预设。在语篇层次上的预设分析，分析的还是该语篇中每个句子的预设，所以实质上仍是句子层面的预设分析。

4　结束语

预设是语言学中的一个重要概念。李锡胤教授从句子的实际切分出发分析预设，从述位角度重新定义了预设，提出预设问题就是可能世界问题，并对预设存在的可能世界做出了明确划分。此外，李锡胤教授还详细论述了预设与推涵的区别。李锡胤教授对预设的分析不仅为研究预设提供了新思路，还拓宽了对预设的理解；而且在分析预设时，他充分利用逻辑理论来阐述自己的观点，这也是李锡胤教授语言学研究的一个特点。

附注：

＊此处，李锡胤教授原来写的是"数次"，我们认为，按照频率递减次

序，此处应为"几次"。

参考文献

［1］李锡胤. 对于预设与推涵的思考［J］. 外语学刊（黑龙江大学学报），
1990（3）：1-6.

［2］李锡胤. 再论预设与推涵［J］. 外语研究，2003（6）：1-2.

［3］李锡胤. 篇章中的预设问题［J］. 外语学刊（黑龙江大学学报校庆专号），
1996（4）：7-8.

［4］张家骅. 俄罗斯语义学：理论与研究［M］. 北京：中国社会科学出版
社，2011.

作者简介：惠秀梅，黑龙江大学俄语学院俄语语言文学博士（2000—
2004），导师张家骅教授。黑龙江大学俄罗斯语言文学与文化研究中心副研究
员。主要研究方向：俄语语言学、语言哲学。

如词典般严谨，如小说般丰富

——李锡胤教授词典学研究建树简介

张春新

  李锡胤教授生于 1926 年 5 月，浙江绍兴人。他是我国著名的语言学家、词典学家，是第一届"中国辞书事业终身成就奖"的获得者。因其在学术研究和词典编纂等方面的卓越贡献，曾多次获得省、市级劳动模范称号，曾担任第七、八届全国人大代表，被国家教委评为全国优秀教师，获得普希金奖章，他的传记被收录到《中国社会科学家大辞典（英文版）》中。

  李锡胤教授涉猎广泛，精通多门外语，翻译了《聪明误》（俄：格里鲍耶多夫）、《老人与海》（美：海明威）、《伊戈尔出征记》（古俄语文献）、《现代逻辑》（法：布莱斯·格里兹），与人合译《俄罗斯抒情诗百首》、《俄语语法》（苏：科学院）、《词的语法学说导论》（苏：维诺格拉多夫）等。他在国内较早地把符号学、逻辑学的方法引入语言研究领域，在数理逻辑学、认知心理学、语言哲学等方面也有很深的造诣。他受家庭熏陶，酷爱中国古代文学，自编《霜天星影 李锡胤诗存》，喜好书法篆刻，堪称是一位真正多才多艺的学者。本文主要回顾李锡胤教授在词典学方面所取得的成就。

一、李锡胤教授的词典编纂实践

  辞书是供人查检的知识体系，承载着民族的集体记忆，承载着人类的知识世界，推动着社会文明的进步。辞书这一文化产品的产生和发展离不开一个最重要的因素——编者。古往今来，众多词典精品流芳百世，泽被后人。这些词典的诞生往往凝聚着编纂者数年、数十年甚至毕生的时间和心血，而编纂工作之艰辛又往往是常人难以想象的。因此，我国著名出版家陈原先生曾经说过，编词典的工作不是人干的，它是圣人干的。李锡胤教授毕生所从事的工作就是这项"圣人的苦役"。

李锡胤教授的词典编纂实践工作起始于 20 世纪 50 年代。他通晓英、俄、法语，谙熟社会学、人类学、诗词学，在 50 多年的辞书编纂活动中参与编纂了多部重要词典，其中最主要的就是黑龙江大学词典编辑室编纂的《大俄汉词典》和黑龙江大学辞书研究所编纂的《俄汉详解大词典》。由他作为主要负责人之一的《大俄汉词典》，其编纂工作从 20 世纪 70 年代中期开始，耗时十载，于 1985 年由商务印书馆出版。该词典出版之后在国内外引起了强烈的反响，被俄罗斯科学院院士誉为"具有创世纪意义的词典"。在这一工作结束之后，他又和赵洵、潘国民共同主编了四卷本《俄汉详解大词典》，这部词典是国家"七五"社科规划项目，并通过文化部与苏联有关部门达成了合作协议，有来自全国各地的 50 多位资深学者参与编纂，编纂工作历时 13 年，于 1998 年由黑龙江人民出版社出版。如今，《大俄汉词典》和《俄汉详解大词典》已成为每一个学俄语的人案头必备的工具书。《大俄汉词典》荣获首届中国辞书奖一等奖（1995），《俄汉详解大词典》获第三届国家辞书奖一等奖及第四届国家图书奖（1999）。《大俄汉词典》出版发行时，苏联有 5 家杂志进行了报道介绍；《俄汉详解大词典》更是被作为国礼送给了原俄罗斯总统叶利钦。

除了上述两部词典，李锡胤教授还是《苏联百科词典》中译本译审委员会副主任，《俄汉成语词典》《俄语新词新义词典》《外国文学大词典》的编者。这些词典作品是李锡胤教授词典编纂工作的辛勤结晶，是留给后人的宝贵财富，体现了他作为一位辞书人不断追求、不停进取的精神，也充分展示了他在词典编纂实践方面所达到的高度。正是在李锡胤教授这一批老一辈辞书人的引领下，黑龙江大学辞书研究所的词典编纂实践活动才能够蒸蒸日上，不断取得新的成果。

二、李锡胤教授的词典学理论研究

词典学是一门具有独立理论框架的交叉性应用学科，与词典编纂实践活动有着密不可分的关系。作为一位有着数十年词典编纂经验的资深编者，李锡胤教授一直对词典学理论孜孜以求，力求在编纂实践中总结词典学理论，并将其应用于编纂实践活动，以便更好地实现理论与实践二者的结合。他著有多篇词典学学术论文，涉及词典学一般原理、词典类型学、语义学及语用学与词典学的关系及相互作用等多方面问题。

1. 对国外词典编纂理论与经验的推介

李锡胤教授非常关注世界各国词典学理论研究的动向，尤为注重向我国词典学者推介俄苏及其他国家词典编纂理论与经验。俄罗斯的词典学理论研究处于世界领先地位，在词典编纂实践方面有着非常优良的传统，参与词典编纂的大多是科学院著名的语言学家，因而他们编纂的科学院词典在世界上享有盛誉。1957—1961 年，苏联科学院四卷本《俄语词典》问世，李锡胤教授专门撰文对其进行了详细的介绍，包括词典的收词原则、句法特征标注、动词对应体的处理方式、修辞标注体系、词义解释和例证等各方面的特点。他评价该词典为"水平相当高的词汇工具书和俄语词汇学、语义学方面的科学著作"（李锡胤 1963：67），用他自己的话说，撰写这篇文章的目的是希望有助于我国读者利用这部词典，但从更广泛的层面来看，这篇文章不仅仅对于词典使用者来说是一个提纲挈领的使用指南，对于词典学研究者和词典编者来说，更是一篇具有理论指导意义的规范性标准语详解词典编纂原则和方法的翔实阐释，这些编纂原则和方法通过李锡胤教授的引介在我国的词典学理论研究和词典编纂实践中得到了实际的应用和推广。

对俄苏词典编纂理论的推介还直观体现在他的《词典的广度、深度，词义层次及体系》一文中。他借用苏联词典编纂实践中所采用的"词义""意味""用法"这种词义划分方式阐明了词典中的"覆盖深度"这一概念。他指出：词典要正确区分同音现象和多义现象；词条中要区分出各义项；义项中要区分出各意味和'用法'——这样就使词条成为多层次的结构，形象点说，成为立体的了。（李锡胤 1986b：8）这种释义方法被他身体力行地应用在由他主编的《俄汉详解大词典》中，在该词典的编纂细则中明确写道：采用多层次释义法，区分出意义、意味和特用三个层次；意义和意味、用法不在一个平面上。意义是总括的。意味用"‖"号隔开，加解释，注意传达其细微差别。特用用"｜"号隔开，一般不给解释，有时给解释或翻译，或加"指……"。这种释义方法使《俄汉详解大词典》在我国双语词典之林独树一帜，更加符合双语词典的特点和中国读者的需要。在 2005 年发表的《辞书中的十组关系》一文中，他根据多年编写双语词典的经验与体会，对辞书中的深度与广度问题做了进一步阐释，同时还对"断代和历代""能指和所指""严师和益友""求解和应用""规则和特例""纵轴和横轴""定义和详解""单语和双语""体式和内容"这九组关系做了论述。（李锡胤 2005：2-9）这篇文章对于词典学研究者和词典编者从总体上了解词典学理论和词典编纂的一般原则具有很重要的指导作用。

2. 对语义学与词典学的关系的阐释

李锡胤教授非常重视语义学与词典学的关系，尤为注重双语词典中不同语言之间的语义对比问题，著有《双语词典的灵魂——语义对比》《双语词典与语义比较》《词典中的几个语义理论问题》等多篇论文。他认为：双语词典作为一种词典类型，特点就在于条目中被定义者与定义者是两种语言手段，因此双语词典中词义反映得正确与否，精确的程度如何都取决于两种语言词汇的语义对比（李锡胤 1980：69）；而词汇的语义对比应该从两个方面着手："第一，从某词的某一意义与另一种语言中对应词的对应意义进行对比；第二，从同一语言中某词义和其他词义之间的关系及联系为一方面，与另一语言中对应词义的对应关系及联系为另一方面来进行对比"（李锡胤 1980：71）。他将前者称为"意义（sens，значение）的对比"，将后者称为"意值（valeur，значимость）的对比"。在进行两种语言的词义对比时，李锡胤教授首先将词义分为四类：（1）事物—现象的名称：名词词义；（2）性质的名称：形容词、表示性质的抽象名词等的词义；（3）动作—状态的名称：动词、动名词等的词义；（4）关系的名称：介词、连词及表示关系的名词、形容词等的词义。通过上面所谈到的意义和意值两方面的对比，可以发现，这四类词义都有一部分词义在另一语言中没有"等价物"，那么这样的情况在双语词典中应该如何处理呢？李锡胤教授对上述的每种情况都提出了解决的办法，并列举了词典实践中的实例加以佐证。他还指出，双语词典应该像单语词典一样，从索绪尔提出的聚合关系、组合关系等方面客观地反映词的在词汇系统中的"价值"。

除了上述的部分词义无"等价物"的现象，双语词典中还存在着同义对应现象，但这种对应在极大多数场合并非绝对同义，而只是近似，即在两种语言的对应词间存在若干共同的语义要素，同时还具有个别互相区别的语义要素。李锡胤教授指出，双语词典在处理同义对应现象时，正在由简单的以单词翻译单词的形式转向使用一种语言给另一种语言的词义下定义的形式，这可以部分地解决同义现象和同义对应对象的问题，同时，他还建议，可以按照国外词典的做法，在词典中增加辨义一项，以便更好解决同义对应词的问题。另外，李锡胤教授还反驳了有关翻译的同义词不能算作同义词的保守观点，他认为翻译的同义词是客观存在的，翻译工作者经常碰到，并且这个问题对于文化—心理语言学是有很大意义的。

3. 对词典释义问题的论述

词典的首要任务是解释词义，对于释义这个重要的任务来说，词典编者本身对词义的理解是非常关键的问题。李锡胤教授强调，编者自己必须要"吃透"词义，才能给查词典的人讲清词的意思，而不应该"以其昏昏，使人昭昭"。在《编词典要从多方面理解词义》一文中，他指出，编者要从下列几个方面理解词义：（1）实物理解，即弄清词指的是什么东西；（2）概念的理解，即理解概念的内涵和外延及概念引起的感情色彩和各种联想；（3）文化—历史背景的理解；（4）词源的理解；（5）词汇—语义学的理解，指同义—反义关系、近义关系、同根关系、同前缀关系、同后缀关系、同音异义关系、多义性问题等；（6）语法的理解，指与某些特定语法特征联系在一起的词义；（7）语境的理解；（8）语用的理解，指表达说话者对话语内容以及听话者的态度等等的词或词义的理解，例如俄语中表示爱昵的指小和表示谦卑的指大词汇；（9）语义比较的理解，指从两种语言的词汇意义出发比较其异同。（李锡胤1988：56-62）可以说，李锡胤教授对词典编者提出了极为高标准的要求，因为只有具备这样高水平语言修养的编者，才能真正编纂出高质量的词典，才能使词典成为真正的"典范"之作。

在"吃透"词义的基础上，编者进而要完成的任务是将词义在词典中准确地描写出来，这便是词典编纂中最重要的一个环节——释义。关于释义理论的问题，李锡胤教授也曾专门撰文进行了探讨。在谈到双语词典中名物词释义的问题时，他总结了四种释义方式：同义对释、内涵定义、外延定义、列举若干同义词或近义词揭示共有属性。（李锡胤1982：19-25）上述的四种方法中，后面的三种和单语词典对名物词的释义方法是一样的。他认为，用传统的

"属+种差"的方法给名物词下定义是行之有效的，但是种差五花八门，有时很难确定哪一个才是最有代表性的，因此，在传统的释义方法之外，还可以采用原型释义法。（李锡胤 1997：1-2）原型释义法在 2000 年以后才被我国词典学研究者广泛关注，由此可见，李锡胤教授一直站在词典学理论的前沿，对我国词典学理论的发展起到了重要的引领作用。

4. 对词典中语用学问题的探讨

作为语言高度形式化研究的反作用，语用学蓬勃兴起，在理论上和实践中对词典编纂提出了新的要求，开辟了新的途径，《柯林斯精选英语词典》在这方面就做出了很好的尝试，在词典中系统地说明了词的语用特点。在词典学理论研究中，词汇研究的语用学原则受到越来越多词典学家的关注，李锡胤教授敏锐地捕捉到了这一现象，并对此进行了探讨。他在《词典中的语用学问题》一文中指出，从语用方面着眼来编纂词典，至少须详细而系统地反映词的下列几种用法：（1）与语义引申相关的用法特点，尤其是带普遍性的引申用法；（2）与句型相关的用法特点；（3）与形态学范畴相关的用法特点；（4）由于内部形式两可理解而引起的用法特点；（5）与不同使用场合相关的用法特点；（6）由于视角不同而出现的用法特点；（7）由于词义十分笼统而引起的用法特点。（李锡胤 1996：43-44）针对上述的每种情况，李锡胤教授都举出了典型的例子，并加以分析说明，有理有据地阐明了语用原则在反映词汇单位的意义和用法时的重要作用及其在词典编纂中的具体体现。

上述语用原则更倾向于词的特殊用法，这些特殊用法中与语义引申相关的特点便是语言环境中的语义修辞类语用信息，而与不同使用场合相关的用法特点则属于社会环境中的语体或语域信息。关于这些用法原则，在他的《多层次反映词义结构——谈〈俄汉详解大词典〉的释义特点》一文中也有相关的阐述。（李锡胤 2000：25-29）总之，李锡胤教授是我国较早关注词典中语用信息的研究者，他对这一问题的研究为其他学者的后续研究提供了参考。

三、李锡胤教授独特的"词典—小说观"

很多人都认为，编词典是非常枯燥的工作，就像是"做苦工"一样，而李锡胤教授却说过："词典比小说更引人入胜"（李锡胤 1985：32）。这种对词典及词典编纂工作"甘之如饴"的境界，恐怕不是一般词典工作者能够达到的。

　　李锡胤教授独特的词典观体现在他的《词典中的婚事"马赛克"》一文中。他将俄国 19 世纪最著名的《大俄罗斯语详解词典》（俗称达里词典）中有关婚事的词语、俗语及例证收集起来，生动描绘了一幅由酝酿婚礼、相亲、请媒人、许婚、举行婚礼、婚后酬宾、回门等等一系列活动构成的俄罗斯民族传统婚礼的画卷。例如，最初男家开始酝酿（семейный совет），派一名"空口媒人"（пустосват）非正式地向女方兄弟悄悄探听口气，说"你家中有货物，我手头有买主。"（У вас товар, а у меня купец.）。接着介绍"他家什么都有，只缺了飞鸟的奶"（только птичьего молока нет）之类的情况，反正"做媒就得吹大牛！"（Сватать, так хвастать!）等等。（李锡胤 1985：33）词典中这些语料都是离散的，而李锡胤教授不仅从浩瀚的词典语料中将它们整理出来，还按时间顺序构架成了有完整情节的小故事。这个摘录、整理、拼接的整个过程的确已经超出了单纯的词典编纂的范畴，上升到了"小说创作"的层次了。不用说词典中所涉及的反映 19 世纪俄罗斯民俗和日常生活的词语、谚语、俗语等的理解需要多么丰富的俄罗斯民族文化底蕴和深厚的俄语功底，单单是静下心来将一部大部头的词典通读一遍甚至更多遍，这个行动本身就是非常了不起的！

　　李锡胤教授从阅读词典和繁重的词典编纂活动中体验到了真正的乐趣，他渊博的学识则为他的词典学研究提供了其他研究者所不具备的得天独厚的条件。比如他的《俄语词典与格里鲍耶陀夫的〈聪明误〉》一文，正是在他翻译了《聪明误》一书的基础之上才得以成文的。他深厚的逻辑学功底则反映在《郝恩贝：他的词典与动词型式》一文中。在这篇文章中，李锡胤教授再次阐述了他的"词典比小说更引人入胜"这一观点。他认为，词典也是有"主题思想"和"故事线索"的。郝恩贝《流畅英语词典》的"主题思想"便是编者所说的"在培养说、写、读三种语言技能上给予学习者最实用的协助"，而"故事线索"则是贯穿词典中动词条目的二十五个动词型式。（李锡胤 1986a：123–124）李锡胤教授将现代逻辑的三个部分——类逻辑、谓词逻辑和关系逻辑与述语的最基本的三个范畴——实体范畴、属性范畴、关系范畴对应起来，用抽象逻辑推理公式的形式列出了 25 个述语表达手段转换模式，他还将这些模式与郝氏词典做了对照，并在郝氏词典里找到了这些动词型式。由此可见，对李锡胤教授来说，词典并不仅仅是工具书，还是将词典学、语言学、逻辑学、语言国情学、文学乃至更多学科知识集于一身的集大成者。只有像他这样真正欣赏词典、热爱词典编纂事业的人才能发现这种乐趣。

四、结语

李锡胤教授从事词典工作 60 多年，一生笔耕不辍。编纂了多部大型俄汉词典，从多个方面、多个角度探讨了词典学理论问题，是一位理论与实践并举的词典工作者。笔者从本科开始就读于黑龙江大学俄语系，有幸亲耳聆听了李锡胤教授讲授的课程，他也曾对我学习和研究中遇到的问题做出耐心的指导，他谦逊的为人、渊博的学识、严谨的学风深深地感染和激励着后辈学者。正如上文所说，李锡胤教授一生涉猎广泛，在众多领域都有建树，如果总结起来，也许可以用这样一句话概括：如词典般严谨，如小说般丰富。本文仅仅撷取其中的一个方面加以简述，以此向先生致敬。

参考文献：

[1] 李锡胤. 介绍苏联科学院四卷本《俄语词典》 [J]. 外语教学与研究，1963 (2)：65-67.

[2] 李锡胤. 双语词典的灵魂——语义对比 [J]. 辞书研究，1980 (2)：68-86.

[3] 李锡胤. 双语词典中名物词的释义 [J]. 辞书研究，1982 (4)：19-25.

[4] 李锡胤. 词典中的婚事"马赛克" [J]. 辞书研究，1985 (1)：32-35，101.

[5] 李锡胤. 郝恩贝：他的词典与动词型式 [J]. 辞书研究，1986a (2)：123-127.

[6] 李锡胤. 词典的广度、深度，词义层次及体系 [J]. 辞书研究，1986b (3)：1-13.

[7] 李锡胤. 编词典要从多方面理解词义 [J]. 辞书研究，1988 (1)：56-62.

[8] 李蕴真，李锡胤. 双语词典与语义比较 [J]. 外语与外语教学，1994

（3）：44-46.

[9] 李锡胤. 词典中的语用学问题［J］. 外语与外语教学（大连外国语学院学报），1996（1）：42-44.

[10] 李锡胤. 词典中的几个语义理论问题［J］. 辞书研究，1997（5）：1-4.

[11] 李锡胤. 俄语词典与格里鲍耶陀夫的《聪明误》［J］. 解放军外国语学院学报，1999（2）：6-7.

[12] 李锡胤. 多层次反映词义结构——谈《俄汉详解大词典》的释义特点［J］. 辞书研究，2000（1）：25-29.

[13] 李锡胤. 辞书中的十组关系［J］. 辞书研究，2005（1）：2-9.

作者简介：张春新，黑龙江大学俄语语言文学博士（2000—2003年），导师为郑述谱教授。教育部人文社会科学重点研究基地黑龙江大学俄罗斯语言文学与文化研究中心副研究员、硕士生导师。主要研究方向：词典学。

黑龙江大学俄汉、汉俄教学词典发展史略

叶其松

摘　要：本文梳理黑龙江大学俄汉、汉俄教学词典发展的历史，将其分成准备期（1951—1955）、初创期（1956—1962）、萧条期（1963—1974）、上升期（1975—1999）、拓展期（2000 年至今）5 个时期，对每个时期教学词典的编写情况作一介绍，并分析其思想来源和理论依据。

关键词：黑龙江大学；教学词典；学习词典

在黑龙江大学辞书发展史上，俄汉、汉俄教学词典恐怕只能算是"支流"：一是所编词典的规模和影响都不能跟《俄汉详解大词典》《大俄汉词典》相比，二是相应的理论著述和文章不多。虽然是条支流，却从未"断流"，过去 60 多年间，编纂出版或编纂未能出版的俄汉、汉俄教学词典有 10 来部。应该说，这些词典并不是凭空编出来的，它们既体现编者对教学实践中所遇问题的解决办法的思索，也有相应的理论支撑。本文拟对黑龙江大学俄汉、汉俄教学词典的发展历史进行梳理，并分析其思想来源和理论依据。本文将黑龙江大学俄汉、汉俄教学词典的发展划分成 5 个时期：准备期（1951—1955）、初创期（1956—1962）、萧条期（1963—1974）、上升期（1975—1999）、拓展期（2000 年至今）。

1. 准备期 （1951—1955）

为使读者弄清楚前后的继承关系，有必要对黑龙江大学的历史沿革作一说明。黑龙江大学的前身是 1941 年创办的中国人民抗日军政大学第三分校俄文队，1946 年迁到黑龙江，历经东北民主联军总司令部附设外国语学校、哈尔滨外国语专门学校、哈尔滨外国语专科学校、哈尔滨外国语学院四个阶段，1958 年更名为黑龙江大学。

我校词典编纂的源头可以追溯到哈尔滨外国语专门学校时期，起初正是从教学词典开始的。1951 年，时任副校长的赵洵主持编写《俄汉成语词典》，做法是把乌沙阔夫（Д. Н. Ушаков ）所编写的《俄语详解词典》里的成语摘出来，配以例句和译文。1953 年，根据苏联专家乌汉诺夫（Уханов）的建议[1]，彻底改编：选定 150 多种俄苏文学作品，从中挑出句子，勾乙成语，进行编译。（李锡胤 2007：243）

事实上，在这一期间，并未编写出版过一部完整的教学词典，但它为辞书事业后续的发展作了准备，这体现在三个方面。（1）认识上的准备。在建国初期办学环境和条件都十分艰苦的情况下，提出编词典并将其视为科研和学术活动，这本身就需要勇气和智慧，而且，将词典作为一项事业向前推进，也体现出了前辈学人学术上的执着和远见。为提升理论水平，赵洵于 1959 年赴莫斯科大学进修，专攻词汇学和词典学，后通过答辩，获副博士学位，（2）材料上的准备。除上面提到的俄语文学作品外，当时还对苏联专家的授课笔记进行过搜集和整理，这些材料在后来的词典编写中都派上过用场。（3）队伍上的准备。这一时期，经过有意识的培养和引导，词典编写班底已经组成，后来的一些业务骨干如李锡胤、潘国民等走上词典编写道路，而这支队伍的引领者正是赵洵。赵洵是黑龙江大学辞书事业当之无愧的"宗师"（郑述谱 2011：7 –9）。

2. 初创期 （1956—1962）

这一时期，促使教学词典编纂的积极因素主要有两个：一是学校原有的教材编译科扩充为编译室，下面大致包括 4 个小组，即教材编写组、语言学理论组、词典组和文学组。词典组是黑龙江大学辞书研究所的前身，培养出多位俄汉辞书编纂方面的专家，其中包括李锡胤、陈楚祥[2]、潘国民和郑述谱这 4 位中国辞书事业终身成就奖获得者。二是从 1956 年开始，学校俄语招生规模激增，当年招收俄语学员 1700 名，授课教师从以苏联专家为主变成以国内教师为主。在教学过程中，学生们感到最为困惑的问题有两个：一是词的搭配能力，二是同义词的辨异。

为解决上述两个问题，编纂《俄语词汇辨异》和《俄语搭配词典》的想法被提将出来并很快启动相关工作。《俄语搭配词典》和已经开始编写的《俄汉成语词典》重在解决词的搭配能力问题，《俄语词汇辨异》主要解决词汇辨异问题。从语言学理论上讲，这些想法恰恰与语言系统的两个重要方面——组合关系和聚合关系相契合。《俄语搭配词典》和《俄汉成语词典》面向组合关系，《俄语词汇辨异》面向聚合关系。

三部词典的编者是以哈尔滨外国语学院与后来黑龙江大学的俄语老师为主的，同期在校的苏联专家参与资料搜检的工作。他们基本上是白手起家，没有什么"蓝本"可以参照，因为当时信息沟通远不如今天方便、快捷。而且，有些词典在编写年代上与苏联类似词典几乎同步，甚至更早。莫罗特阔夫（А. И. Молотков）等人编写苏联第一部详解性的《俄语熟语词典》（«Фразеологический словарь русского языка»）恰好也在 20 世纪 50 年代，该词典于 1962 年出版，比《俄汉成语词典》晚了 4 年，而苏联时期的第一部《俄语词汇搭配教学词典》（«Учебный словарь сочетаемости слов русского языка»）直到 1978 年才出版。难怪对于编写搭配词典的想法，好几位苏联专家当时极力反对。这也恰恰说明一个问题：无论今天在英美风头正劲的学习词典，还是俄苏的教学词典，都是面向二语学习者的，因为学习外语中遇到的那些困难，操母语的人不会有切身感受，比方说词的搭配问题。教学词典源于二语教学实践，是完全合乎情理的。

至于编写这些词典的理论基础，当时也有所考虑。编词典和语法研究在路子上是正好相反的。语法研究是在大量语言材料的基础上形成若干规则，编词典则是从某一理论出发，配以相应的语言材料。《俄汉成语词典》背后的理论基础是苏联著名语言学家维诺格拉多夫（В. В. Виноградов）1947 年《论俄语熟语单位的基本类型》(«Об основых типах фразеологических единиц в русском языке») 一文中阐述的熟语思想[3]。该词典前言对维诺格拉多夫的这篇文章进行了一番阐述。该文是俄语熟语学发展史的经典著述，其中关于融合性熟语、接合性熟语和组合性熟语 3 个基本类型的划分一直沿用至今。

再来说说 3 部词典的结局。《俄语词汇辨异》共分两辑，分别于 1959 年和 1960 年由商务印书馆出版。《俄汉成语词典》于 1958 年由黑龙江大学编辑出版。《俄语搭配词典》的编写过程略显曲折。编者们最初受谢尔巴（Л. В. Щерба）思想的启发，试图把俄语基础阶段 2000—3000 个单词的使用范围划定出来。这与学习词典和教学词典学理论中构建基本词汇的思想是一致的。而且，后来的研究表明：各门语言中基础词汇的数量也恰好在 2000—3000 之间。但在编写过程中，编者们感觉到：原先编纂想法虽好，但对编者的俄语水平要求非常高，要有近乎母语的语感，国内的编者很难达到，因此词典编写的进度刚开始很慢。后来他们把注意力转到刚出版的苏联科学院四卷本《俄语详解词典》（«Толковый словарь русского языка»）的前两卷上，对其中常用词的例证进行摘编。该词典于 1960 年最终编完，但由于种种原因，最后未能出版。不过，词典稿子经过潘国民教授的誊写，最终保存下来。40 多年后，另一部《俄汉搭配词典》才由四川外语学院的教师编写完成并于 2003 年由商务印书馆出版。这部词典的策划者正是曾任《俄汉详解大词典》第三卷主编的蒋锡淮。

1962 年，由于办学的需要，词典组解散，黑龙江大学的教学词典编写也转入萧条期。

3. 萧条期（1963—1974）

萧条是不景气，并不等于彻底中断。1962 年，赵洵学成回国后调到中国社会科学院哲学社会科学学部语言研究所。第二年，她开始组织编写《俄汉教学词典》，编写班底仍以黑龙江大学俄语专业的毕业生为主，这部词典的上册于 1963 年在商务印书馆出版，下册的一部分也已编完，后因故未能出版。直到 1982 年，四川外语学院才又组织编写、出版两卷本的《俄语教学词典》。

1972 年，潘国民调回到俄语系工作。他主动提出去资料室，并利用业余时间整理 50 年代苏联专家和国内教师合编的共同教案[4]，并于次年编写出版《俄语常用动词例解》，其中包括 1401 个动词，3028 个词义。

由于众所周知的原因，这一时期教学词典编写总体上较为低迷。

4. 上升期（1975—1999）

将该时期称为教学词典编写的上升期，有国外和国内两方面条件：前者是苏联教学词典学的发展，后者是国内词典发展环境的改善。

苏联教学词典学的发展始于 20 世纪 60 年代末。1969 年，莫斯科大学的俄语科学教育中心词汇与词典室杰尼索夫（П. Н. Денисов）和诺维科夫（Л. А. Новиков）两位教授组织编写论文集《教学词典编纂问题》。著名的学术期刊《国外俄语》（«Русский язык за рубежом»）次年发表对该著述的介绍性文章并引起学者们的注意。1971 年，巴尔胡达罗夫（С. Г. Бархударов）和诺维科夫在该杂志发表一篇名为《教学词典学应当何如？》（«Каким должен быть учебный словарь?»）的文章，从而引起苏联词汇学界和词典学界对此问题的一场讨论，这场讨论历时 4 年，尚斯基（Н. М. Шанский）、加克（В. Г. Гак）、莫尔阔夫金（В. В. Морковкин）等纷纷撰文参与。这场讨论以 1975 年巴尔胡达罗夫和诺维科夫合写的总结性文章《教学词典学当前的问题和任务：对教学词典学讨论的总结》（«Актуальные проблемы и задачи учебной лексикографии. К итогам дискуссии»）而告结束。这场讨论不仅推动了苏联教学词典学的发展，也对我国俄汉、汉俄教学词典的发展产生了积极的影响。

说起国内词典发展环境的改善，不能不提及 1975 年在广州召开的中国辞书规划会议，词典编写上升为国家战略，这也为教学词典提供了发展契机。

这一时期具有代表性的教学词典是潘国民主编的《俄语 8000 常用词词典》，它是在系统性的思想指导下编写出来的。潘国民在提交 1986 年 10 月俄汉双语词典编纂学术研讨会的会议论文中对此进行过总结。

该文共分 8 个部分，我们把其中主要部分的标题列出来，如"8000 常用词的思想""'五常'的思想""释义和例证并重的思想""用词造句是主线""难点有个性""知识要系统化，8000 常用词给出一个范围"。细心的读者从这些标题中已然能看出端倪。把它们与苏联词典学家提出的教学词典编纂思想加以比较，有些是十分吻合的。诺维科夫认为，编写教学词典应遵循 5 条基本原则，即将可用于教学的语言数量降到最低、对外语语言事实的解释要独到、从消极和积极两个方面描写、对语言基本单位的描写要实用、要考虑学习者的母语。（Л. А. Новиков 1970：64）其中，从消极和积极两个方面描写的思想与潘国民教授提出的释义和例证并重的思想就十分接近。

《俄语 8000 常用词词典》于 1985 年 10 月由黑龙江人民出版社出版，前后共售出 57000 册。对于已是非通用语种的俄语来说，这足能说明读者对这部词典的认可度。20 世纪 80 年代末，俄罗斯著名教学词典学家莫尔阔夫金来黑龙江大学进行学术交流，他看到这部词典时，给出如下评价："这部词典出自行家之手"。这充分说明该词典的学术价值。

这一时期，由于承担《大俄汉词典》和《俄汉详解大词典》两部大型双语词典的编写任务，黑龙江大学编写的教学词典在数量上并不多。但有《俄语 8000 常用词词典》这样一部有理论指导、受读者青睐、得到国外同行认可的词典，足以表明教学词典在当时已经发展到一定高度。

5. 拓展期（2000 年至今）

这一时期出版的俄汉教学词典有《俄语常用动词用例》《俄语常用名词用例》《俄语常用形容词、数词、副词、代词用例》。在已有的《俄语 8000 常用词词典》基础上，补以新词，编成《俄语常用词词典》。但这里所说的拓展主要并不在此，而是指从俄汉教学词典向汉外教学词典的拓展。

这样的拓展是顺乎自然的。新世纪以来，随着我国经济的发展，来我国留学的外国学生逐年增多。如果说编纂俄汉教学词典是为中国人学习外语服务，那么汉外教学词典则是服务于对外汉语教学。基于这样的背景，在 2001 年 7 月南京召开的第四届全国双语词典学术研讨会上，郑述谱、张春新（2006）提出《汉外教学词典》的编纂构想。

这一系列词典的指导思想是"以字为中心"，突出汉字与汉语关系的规律性，在常用汉字上下足功夫，计划编写《汉英》《汉日》《汉韩》《汉俄》4 部词典。其中，《基础汉语学习字典》（韩语版）和《基础汉语学习字典》（英语版）分别于 2007 年和 2008 年出版，《汉日》和《汉俄》词典已基本编写完毕，即将出版。不仅如此，围绕词典编写进行了理论探索和框架建构的工作，研究成果体现为张春新博士的著作《〈汉俄教学字典〉：理论建构与编纂实践》和系列学术论文。这种编纂实践和理论研究相结合的思路，正是这套词典总主编郑述谱教授在自己的词典学学术道路上一直恪守的。

读者到此或许会有个疑问：文章标题和文中多次提到的教学词典和本节的学习词典是怎样的关系。从理论上讲，继承苏俄传统的教学词典（учебный словарь）和英美风行的学习词典（learning dictionary，learner's dictionary）并不完全一致。后者是面向二语学习者的，是相对于面向母语学习者的词典（school dictionary）而言的。教学词典似乎没有这样的对应。俄语中的учёба（学习）一词的词根уч-构成的动词учить既有"学习"之义，也有"教授"之义。因此，教学词典体现"学"和"教"的统一，学习者要有使用词典的意识，也要有使用词典的能力。意识可以培养，能力则需别人传授。这样的认识是有实验依据的：一些研究者曾让莫斯科一所实验中学低年级的部分班级学生在课堂上系统使用奥热果夫词典，一段时间之后，这些学生的母语和逻辑思维能力都有显著提高。但是，本文将教学词典和学习词典看作与传统消极词典相对的积极词典，对它们不作严格区分。

从1951年赵洵编写《俄汉成语词典》至今，俄汉、汉俄教学词典已走过70余年的发展历程。如果把霍恩比（A. S. Hornby）于1948年编写的《牛津高阶英语词典》（*Oxford Advanced Learner's Dictionary*）作为西方学习词典真正开端的话，我国教学词典的起步实际上并未晚多久。而且，源自国内外语教学实践的教学词典编纂思想在原创性上是无须怀疑的。

注释

1. 这里的乌汉诺夫有可能是苏联著名句法学家、特维尔国立大学的格里高利·彼德洛维奇·乌汉诺夫（Григорий Петрович Уханов），他曾担任特维尔国立大学语文系俄语教研室主任。

2. 陈楚祥，1949—1950在华北大学及哈尔滨外国语专门学校学习，毕业后留校任教。1985年调至广州外国语学院（现广东外语外贸大学）工作，2006年荣获中国翻译协会"资深翻译家"称号。

3. фразеологизм一般译成"熟语"，它与汉语的"成语"相似，但不完全相同。

4. 部分教案是由赵洵从苏联专家那里买下的，现惠存于黑龙江大学俄语学院资料室。

参考文献

［1］李锡胤. 赵洵小传［A］//李锡胤. 语言·词典·翻译论稿［C］. 黑龙江：黑龙江人民出版社，2007 年.

［2］郑述谱. 坚守词典编纂 拓宽词汇研究——写于黑龙江大学 70 周年校庆［J］. 外语学刊，2011（5）：7–9.

［3］НОВИКОВ Л А. Русский язык как иностранный и основные вопросы его описания［J］. Русский язык за рубежом，1970（4）：63–67.

［4］张春新.《汉俄教学字典》：理论建构与编纂实践［M］. 哈尔滨：黑龙江人民出版社，2006.

作者简介：叶其松，黑龙江大学俄语学院俄语语言文学博士（2006—2010），导师郑述谱教授。研究员，黑龙江大学俄罗斯语言文学与文化研究中心主任，博士生导师。主要研究方向：词典学、术语学、词汇语义学。

文学翻译形象性重构论

关秀娟

摘　要：文学作品具有形象性特征，包含"言"、"象"和"意"三要素，三者关系复杂，在创作和解读中表现不同。文学翻译是解构形象和建构形象的连续过程，文学形象性通过对象译、换象译、减象译、增象译、转象译、分象译、合象译等策略加以重构，以适应不同的翻译目的，解决"言"、"象"与"意"在双语/双文化转换中的矛盾。

关键词：形象；形象性；文学翻译；重构

1　引言

文学语体具有形象性特征，形象性是文学作品的灵魂，形象性重构则成为文学翻译的主要任务之一。文学翻译形象性重构是指，译者在保证传达原文作者创作意图的前提下，将原文中创造的形象在译文中再现出来。形象性重构过程是一个解构原文本形象和结构译文本形象的连续过程，在此过程中存在意图与形象的矛盾，形象与语言的矛盾（"意"与"象"，"象"与"言"的矛盾）。为了再现原文风格，译者应尽量用与原文对应的语词去状貌描形，摹声绘色，但有时为了传情达意，译者又不得已而转貌换形，改声变色。

2 文学形象性特征

形象性是"艺术语体的本质特征"（王德春、陈晨 2001：38），是文学语言的"总特点"（张静 1994：707）、"本体特征"（白春仁 1999：31）。文学语言的形象性特征是指文学语言手段的形象化特征，即文学语言写人、叙事、绘景、状物、抒情所形成的可见、可闻、可感等富有具象性、体验性的特征。文学作品中的形象往往通过语言手段的形象性来体现。所谓形象，是指客观的物象和事象（张豫鄂 2003：101），包含生活情境、人物形象及其情感（张今、张宁 2005：56），或人物的外形、动作、内心活动；自然景色、社会环境、事件等等（王德春、陈晨 2001：96）。文学作品的形象体现为人物形象，场面、景物、事件、环境，以及情景交融的画面或氛围意境等。文学作为语言艺术，主要以词汇、语法、修辞等语言手段来塑造形象（柳亦胜 1999：64）。文学形象属间接形象，隐藏于字里行间，只有透过语言符号才能看到具体可感的形象。文学创作通过艺术形象来反映生活，即以个别显示一般（张今、张宁 2005：55），突出言语的指物性功能，以物质形式反映对社会认识思辨的过程与结论。

文学作品中的形象，即"象"，是"言"和"意"之间的一个中介环节（朱玲 2002：105）。一般，据"言"可观"象"，观"象"可寻"意"。然而，实际状况却远非如此理想，三者的传递关系并不顺畅，言不尽象，象不尽意，总有偏差。此外，读者的主观介入也可能使"象"非原"象"，"意"非原"意"。"象"有创作者和接受者之别，创作者的"象"由"意"而生，而接受者的"象"从"言"而得。文学作品的创作是意→象→言的过程，而文学作品解读则相反为言→象→意。其中象→言是符号化过程，而言→象为图像化过程。

3 文学翻译形象性重构矛盾

文学作品创作和解读尚且如此复杂，文学翻译，作为形象的翻译、艺术的翻译（郑海凌 1999：98），将涉及更为复杂的"言"、"象"和"意"的双语转换过程。从宏观而言，翻译过程体现为意$_1$→象$_1$→言$_1$→象$_2$→意$_2$→言$_2$→象$_3$→意$_3$，其中：意$_1$→象$_1$→言$_1$为作者的创作过程，属译前过程；言$_1$→象$_2$→意$_2$→言$_2$是译者的转换过程，属译中过程；而言$_2$→象$_3$→意$_3$为读者的解读过程，属译后过程。"言"、"象"和"意"的对位转换（言$_1$＝言$_2$，象$_1$＝象$_2$＝象$_3$，意$_1$＝意$_2$＝意$_3$）是理想状态，三者在不同阶段产生变化是正常现象，译者的翻译策略是解决问题的关键。在跨语言、跨文化的交际活动中，译者不仅作为原文本的接受者要根据原文的"言"联想"象"、破解"意"，而且作为译文本的创作者要用译入语的"言"再现其破解到的"象"和"意"，努力使读者（潜在接受者）通过译入语的"言"获得与译者相同的"象"和"意"。

文学翻译是一个形象性重构过程，译者要采取策略解决"言"、"象"、"意"的矛盾："言"的转换不仅涉及对应指物义的原语语符与译语语符的转换，而且关涉到不对应指物义的原语语符与译语语符的转换；作者、译者和读者头脑中"象"和"意"的异同问题客观存在，如何避异趋同，转异为同；如何修正错位的"言"、"象"、"意"关系。文学翻译中，有时对应转换了"言"和"象"，却改变了"意"，即"言"、"象"同，"意"不同（言$_1$＝言$_2$，象$_1$＝象$_2$＝象$_3$，意$_1$≠意$_2$≠意$_3$）。翻译是译"意"，双语转换时，当内容和形式出现矛盾时，应舍形取义（黄忠廉 2009：19）。"言"是形式，"象"是桥梁，"意"是内容。文学翻译形象性重构必须引入"意"来平衡矛盾，保义是根本所在，当内容得不到保证时，应拆桥换形，改变"言"和"象"，形成新"言"来适应"意"。这时的"意"主要是指言外之意，艺术语体的表意方式是通过形象的中介曲折表达，有时含而不露，有时意在言外（王德春、陈晨 2001：97）。文学翻译中艺术形象的传达，不仅是对原文语言形式的复制，也不仅限于追求语义等值，而是要自觉运用形象思维去感知原文潜在的"象"，用逻辑思维去把握原文的语义信息，透过"言"捕捉原作"象"及其背后的"意"，才能在译文中生动勾勒出原文本的艺术形象。当然，若言内之意就是作者所表达的全部之"意"，则只需对位替换语言符号即可。

4 文学翻译形象性重构策略

文学翻译形象性重构的途径不一，译者可根据具体情况，采用不同的策略，如对象译、换象译、减象译、增象译、转象译、分象译、合象译等。其中对象译是形象性重构的最理想策略，该策略使"言"、"象"与"意"达到最佳结合；换象译退而求其次，为"意"而换"象"、"言"；减象译是在无恰当形象可换的情况下，突显作者意图的无奈之举；增象译则包含了译者的目的，体现了译者的风格，为译文附加了色彩；转象译、分象译、合象译则从不同角度实现形象性重构。

4.1　对象译

对象译，即以原形象译原形象，译文和原文中形象相同。为了再现原文的修辞特色，达到风格极似，译者保留原文形象性的语言手段，译文中所体现的形象与原文相同，且能够再现原文作者的意图和美学效果。"以形象译形象"（П. М. Топер 2000：144）是文学翻译的重要原则，也是译文重现原文灵魂的途径。如"Куй железо, пока горячо."译为"趁热打铁"，原文与译文所用语言手段的指物意义相同，读者头脑中产生的形象也相同，领悟到的意义和美学享受也极似。可以说，这是"言"、"象"、"意"对等转换的典型代表。当"言"和"象"的结合在原语和译语中对应，或原语的"言"所承载的"象"和"意"不难被读者所理解，可直接对译原文，保留其中的形象。这样，既可还原指物意义，也不会改变语用意义。例如：

［1］《*Слава богу*, отказала》， — подумала мать, и лицо её просияло обычною улыбкой, с которою она встречала по четвергам гостей. （Л. Толстой，《Анна Каренина》）

译文 1："**赞美上帝**，她拒绝他了，"做母亲的想。她脸上又浮现起每星期四接待客人时惯常的微笑。（草婴 译）//译文 2："**谢天谢地**，她拒绝了，"母亲想，脸上顿时漾起了平素每周四迎接客人时的微笑。（高惠群、石国生 译）

［2］Кто я? развратная женщина. *Камень на твоей шее*. Я не хочу мучать тебя, не хочу!（Л. Толстой，《Анна Каренина》）

译文 1：我是什么人？一个堕落的女人呀。**是一块吊在你脖子上的石头。**我不想折磨你，不想啊。（智量 译）//译文 2：我算得了什么人呢？一个堕落的女人罢了。**是你的累赘！**我不愿意折磨你，我不愿意！（周扬、谢素台 译）

例 1 中译文 1 和译文 2 分别将 бог 这个具有丰富内涵的形象译成了"上帝"和"天地"，前者以原形象译原形象，保留了基督教中 бог 在读者心中的形象，而后者则改变了原形象，代之以新形象"天地"，读者阅读时产生的联想会截然不同。俄罗斯人读到 слава богу 时，自然会联想到基督教中全知全能、至善至洁的唯一真神形象，而中国人读到"谢天谢地"时，可能会联想起天上地下模糊不清的各路神祇形象。"文学的翻译是用另一种语言，把原作的艺术意境传达出来，使读者在读译文的时候能够像读原作时一样得到启发、感动和美的感受。"（茅盾 1984：10）译文 2 改变了原文的形象，会误导读者产生另外的形象联想，不能达到读原作的效果。译文 1 更可取，或稍作改动，将 слава богу 译为"感谢上帝"或基督教徒常说的"感谢主"。例 2 节选自安娜对弗龙斯基的抱怨，她用 камень на шее 这一表达形象、生动地突出了自己的处境。译文 1 保留了原文的形象，将其对译为"吊在脖子上的石头"，译文读者不仅能够产生与原文读者相同的形象联想，而且完全能够理解形象背后"累赘"这一深层含义。相反，译文 2 把说话人要表达的意思直接译出，失去了形象性，读者不能再现原文创造的想象空间。

4.2　换象译

换象译，即以新形象译原形象，译文形象较之原文形象有所改变。为了迎合译语读者需求，译者替换原文形象性的语言手段，代之以译语读者易于接受的语言手段，译文中所体现的形象与原文不同，但原文作者的意图和美学效果得到了保留。"Дождь льет как из ведра." 译为"倾盆大雨"，而非"倾桶大雨"，"桶"换成了"盆"，原文与译文所用语言手段的指物意义不同，读者头脑中产生的形象也存异，但领悟到的深层意思相同。可以说，这是"言"和"象"为了"意"做了调整。如果原语形象所承载的语义无法在译语中再现，或再现不够顺畅，可以用译语中读者所熟知的形象替换原语形象，指物意义有所改变，但语用意义相同，最终译文达到与原文相同或极似的表达效果。文学翻译中形象替换往往难以避免，但应把无意识的替换控制在一定限度内，否则文学翻译的美学价值丧失殆尽。当然，对于译者有意识的改变也应慎重。例如：

[3] Голод не *картошка*. Голодный и грубости говорит, и ворует, и, может ещё что похуже... （А. Чехов, 《Жена》）

原译：挨饿不是*土豆*。人一挨饿，就说粗话，偷东西，也许会做更出格的事……// 改译：挨饿可不是*鸡毛蒜皮的小事*，人一挨饿，就说粗话，偷东西，

也许会做更出格的事…… (张豫鄂 译)

［4］Эти петербургские слетки всегда зазнаются, пока их не ударишь по **носу**! (М. Лермонтов, «Герой нашего времени»)

这些不知天高地厚的彼得堡小子们，你不抽到他的**脸**上，他就不知道他是老几! (吕绍宗 译)

例 3 中用"土豆"意指最微不足道的东西、事件，但译文读者不能把"土豆"这一形象与其背后的"意"连接起来，应该说，这条思维线路是短路的，原译将 картошка 对象译为"土豆"，不能实现原文作者的意图。改译则恰当地用"鸡毛蒜皮"加以替换，这一形象易于译文读者接受，又可保留原文的意思和形象效果。例 4 如果将 нос 直接译为"鼻子"就会使读者误认为，只有"鼻子"是认识问题的关键，且仅停留在"鼻子"这一形象本身，不能连接到其背后的深意——"要害部位"。为了避免理解中断，将"鼻子"换为"脸"，虽然指物意义不同，形象有变，但原文作者的意图和语言手段的美学效果未变。

4.3 减象译

减象译，即以非形象译形象，译文中省略了原文中的形象。为了突出作者的写作意图，重现其思想感情，译者删去了原文形象性的语言手段，而代之以非形象性语言手段。如果原文的经典形象在对译译文中出现空位，则应"舍弃形象意义，只译出隐含意义"(王金凤 2008：74)，即舍"象"取"意"。当语言与文化交融一处时，"译"则难尽其"意"，文化形象、文化信息难免有所失，如 быть не в своей тарелке 译为"心绪不佳"，而不能对译为"不在自己盘中"。语际转换中将文化意义消除，这当然是不得已而为之，以利行文。(刘宓庆 1999：278)"意"在翻译决策中起决定作用。请见下例：

［5］Мне, ты знаешь, никакой корысти в Лукине. **Сват, брат**, племянник там по двадцатой линии. (А. Ананьев, «Годы без войны»)

你知道，我对卢金并没有什么私心。是**沾亲带故**，但只是个八竿子打不着的外甥。(刘登科、徐光雄 译)

［6］— Я только хочу сказать, что, подав надежду одному...

— Мама, **голубчик**, ради бога, не говорите. Так страшно говорить про это. (Л. Толстой, «Анна Каренина»)

"我要说的只是给予了一个人希望以后……"

"妈妈，**亲爱的**，看在上帝面上，不要谈那种事吧。谈那种事多么可怕呀。"（周扬 译）

例 5 中 сват，брат 作为 ни сват，ни брат 的反义变体形式，表达的意思是"有亲有故"，即译文中的"沾亲带故"。译者完全传达了原作所要表达的深层含义，但同时失去了两个鲜活的形象："媒婆"和"兄弟"。能否将两个形象译出呢？不能，因为在我们的语言和文化里"媒婆"和"兄弟"没有"沾亲带故"的意思，直接对译形象读者理解不了。例 6 中原文用 голубчик（小鸽子）形象表达说话人对对方的亲昵态度，汉语文化中不能产生共鸣，只能舍弃这一形象，取其抽象意义"亲爱的"。另外，歌曲《Катюша》歌词的第一句 Расцветали **яблони и груши** 被译为"正当**梨花**开遍了天涯"，很明显，译者是从文化和译词配曲角度出发，去掉了"苹果树"的形象，译文形象虽有所损失，但其所构建的情景与原文是一致的，且审美效果极似。

4.4 增象译

增象译，即以形象译非形象，译文中增加了原文没有的形象。为了实现某种翻译目的，译者用形象性语言手段来替换原文的非形象性语言手段，并不改变原文作者的写作意图，但美学效果有所加强。翻译实践中，为使译语更贴切达意，易于读者接受，原语本无形象，可根据表达之需适当增添形象，或原语虽有形象，内涵意义体现不明，也可适当增添形象。

［7］С лица и с рук *сошел загар*，румянец разыгрался на щеках.（М. Лермонтов，《Герой нашего времени》）

晒黑的脸蛋和手臂**变得雪白**，双颊泛起红晕。（冯春 译）

［8］Он（Николай Николаевич）был зол на себя за то，что выболтал чурбану Выволочнову часть своих заветных мыслей，*не произведя на него ни малейшего впечатления*.（Б. Пастернак，《Доктор Живаго》）

他悔恨自己把心中一些隐秘的思想泄露给了没有头脑的维沃洛奇诺夫，这几乎是对**牛弹琴**。（顾亚铃、白春仁 译）

例 7 中译文增加了"雪白"这一形象，突出了肤色的变化，并与"红晕"相呼应，易于读者形成合理的形象联想，通过形象思维转入逻辑思维，得到正确的语义、语用信息。例 8 中原文只是表达了"没有给他留下一点印象"的意思，从否定句和形容词最高级的使用上我们可以领会到主体极为不满的情绪。译者在此基础上运用了一个形象性成语"对牛弹琴"，突出了主体的不良情绪，使读者不仅能理解原文的"意"，还增添了想象空间。值得注意的是，原文形象的再创造，应该是完整的，但完整并不等于包罗万象，更不是任意创造发挥，"超额"翻译。（范勇 2001：87）增象译要把握一定尺度，不能加入太多译者的主观元素，更不能借题发挥。

4.5　转象译

转象译，即形象转移，是指原文 A 处所体现的形象在译文中被移至 B 处，或由甲形象引申为乙形象，以利行文，并保证再现原文的形象性表达风格。为了迎合译语读者需求，译者在语表位置上或语里层面上转移原文形象性的语言手段，代之以译语读者易于接受的语言手段，译文中所体现的形象与原文在位置和层面上不同，但形象的美学功能不变。

［9］Не слышны в саду даже шорохи, всё здесь замерло до утра. （М. Л. Матусовский，«Подмосковные вечера»）

深夜花园里，四处静悄悄，树叶儿也不再沙沙响。（薛范 译配）

［10］Капли жемчужные, капли прекрасные, //Как хороши вы в лучах золотых，//И как печальны вы, капли ненастные，//**Осенью черной** на окнах сырых. （С. А. Есенин，«Капли»）

珍珠般的水滴啊，绚丽的水滴，//你们披着金色的阳光多么漂亮，//可在**悲秋**的时节，凄凄的水滴，//你们洒落在湿窗上又何等悲凉。（顾蕴璞 译）

例 9 中译者将情景中的时间形象 до утра 从句末移至句首，根据汉语读者的思维方式先给出时空形象"深夜花园里"。此外，译者将原文中后半句的整体形象 всё здесь замерло 前移，先描写宏观形象"四处静悄悄"，再把个体形象 не слышны шорохи 置后，展示微观形象"树叶儿也不再沙沙响"。译文的形象推进方式符合汉语读者的思维和阅读习惯。例 10 原文中 осень черная 是用色彩来描绘秋天的形象，这也是叶赛宁的一种重要抒情方式，译文中将这种色彩引申为情感，用"悲秋"来重构秋天的形象。译文与原文"言"不同，"象"在不同层面，而"意"相同，形象美学功能没有流失。

4.6　分象译

分象译，即以多形象译一形象，原文中的形象在译文中被拆分几处。为了译文表达时"言"更流畅，形象更清晰，译者在不改变"意"的情况下，将"象"分解，以便于读者接受。

［11］Путник, в лазурь уходящий, //Ты не **дойдёшь** до пустыни. (С. А. Есенин,《Воздух прозрачный и синий》)

奔向碧色天际的旅人啊，//你一路**走**去**看**不到荒原。(顾蕴璞 译)

［12］Лугом **пройдёшь**, как садом, //Садом — в цветенье диком, //Ты не удержишься взглядом, //Чтоб не припасть к гвоздикам. (С. А. Есенин,《Воздух прозрачный и синий》)

你**走过**草地似**穿过**花园，//园中的百花争妍斗艳，//你不禁要把你的目光，//停在一丛丛石竹上流连。(顾蕴璞 译)

例 11 中原文的 дойти 是一个具有射线特征的动作形象，体现为"走"的过程和"到达"的结果。译文在语表上将这一形象特征表现出来，用"走"和"看到"来重构原文的动作形象，体现了过程和结果特征。例 12 中原文的 пройти 是一个动作形象，动作发生的地点是 луг，луг 类比为 сад，二者是描写 пройти 的同等成分，译文中将一个 пройти 分译为"走过"和"穿过"，分别与"草地"和"花园"搭配，把隐藏的动作形象显示出来，不增加意思，却满足了汉语表达规范。若译为"你走过草地似花园"，意义不完整。

4.7　合象译

合象译，即将多形象合并，原文中的几个形象在译文中合而译之。为了译文表达时"言"更流畅，形象更完整，译者在不改变"意"的情况下，将"象"整合，以便于读者接受。

［13］Еду. Тихо. Слышны звоны, //Под копытом на снегу. (С. А. Есенин,《Пороша》)

我在静静的雪原纵马，//马蹄下发出嗒嗒的蹄声。(顾蕴璞 译)

例 13 原文两行诗，三句话，呈现出三个画面，描写了动作、声音、空间、事物等多个形象。译文将分立的画面整合为两个，将分布在三个句子中的形象重组。译文语言流畅，形象清晰、完整。

5　结语

文学作品的形象体现为人物形象、场面、景物、事件、环境，以及情景交融的画面或氛围意境等。形象性是文学语言的本质特征。文学翻译形象性重构是一个原文中形象解构和译文中形象结构的连续过程。这一过程中为平衡"言""象""意"三者的矛盾，可根据具体情况，采用对象译、换象译、减象译、增象译、转象译、分象译、合象译等不同策略。本文所提七种策略在翻译实践中的使用频率和效果是递减的。译者对形象的调整和处理应控制在一定范围之内。

文章为作者读博期间的习作，2013 年曾发表于《俄罗斯文艺》。特以此文纪念李锡胤先生，感谢先生课堂上的点播和启发。

参考文献

［1］王德春，陈晨. 现代修辞学［M］. 上海：上海外语教育出版社，2000.

［2］张静. 语言·语用·语法［M］. 郑州：文心出版社，1994.

［3］白春仁. 俄语语体研究［M］. 北京：外语教学与研究出版社，1998.

［4］张豫鄂. 论俄语成语汉译中的"用形象译形象"原则及其应用［J］. 湖北大学学报 哲学社会科学版，2003，30（3）：101-103.

［5］张今，张宁. 文学翻译原理［M］. 修订版. 北京：清华大学出版社，2005.

［6］柳亦胜. 准确把握风格 如实再现形象——浅谈人物语言翻译［J］. 外语研究，1999（1）：64.

［7］朱玲. 文学符号的审美文化阐释［M］. 合肥：安徽大学出版社，2002.

［8］郑海凌. 文学翻译界说考辨［J］. 四川外语学院学报，1999，15（3）：96-98，106.

［9］黄忠廉. 翻译方法论［M］. 北京：中国社会科学出版社，2009.

［10］ТОПЕР П М. Перевод в системе сравнительного литературоведения［M］. Масква：Наследие，2000.

［11］茅盾. 为发展文学翻译事业和提高翻译质量而奋斗［C］//翻译研究论文集.《翻译通讯》编辑部. 北京：外语教学与研究出版社，1984.

［12］王金凤. 俄语成语的意义及其翻译［J］. 中国翻译，2008（5）：72-74.

［13］刘宓庆. 文化翻译论纲［M］. 武汉：湖北教育出版社，1999.

[14] 范勇. 文学翻译中的形象思维 [J]. 外语学刊, 2001 (2): 85-89.

作者简介: 关秀娟, 黑龙江大学俄语学院博士, 教授, 博士生导师, 副院长。于 2009—2012 年在黑龙江大学俄语学院攻读博士学位, 导师为黄忠廉教授。

李锡胤先生学术思想常读常新

——浅析形容词语义衍生义子变化路径[①]

马丽萍

摘　要： 李锡胤先生学术思想广厚深透、博大精深，其中关于词汇多义性的分析为形容词语义衍生研究提供了指导性参考。先生指出，形容词的词义引申有"趋广""趋窄""趋强""趋弱"等情况，从词汇语义演变路径角度观之，这与"义子增加""义子缺失""义子强化""义子弱化"形成一致对应，因形容词语义内涵丰富且变化极多，除以上义子变化方式外，还存在两种或几种演变方式复合并存的情况。本文以形容词词义引申方式为理论指导，旨在探究形容词义子变化路径进而深入考察形容词语义生成与语义转化的具体情况。先生智慧之言辞约意丰，德厚流光，谨以此文怀念敬爱的大师——李锡胤先生。

关键词： 形容词；语义衍生；词义引申；义子变化

①　本文为 2021 年黑龙江省经济社会发展重点研究课题（外语学科专项）"基于语料库的俄语空间参数形容词认知语义研究"（WY2021039-B）的阶段性成果、2022 年黑龙江大学高等教育教学改革项目"认知隐喻理论在俄语词汇教学中的应用研究"（2022C75）的阶段性成果。

1 忆先生成就点滴

李锡胤先生是我国著名语言学家、辞书编纂家、翻译家、全国人大代表、国务院特殊津贴获得者，荣获哈尔滨市劳动模范、黑龙江省劳动模范、全国优秀教师、普希金奖章、全国资深翻译家称号、第一届辞书事业终身成就奖以及中国俄语教育终身成就奖等多项殊荣，是黑龙江大学资深教授、研究员、博士生导师、博士后合作导师。先生先后参与或主持了《俄汉成语词典》《俄汉详解大词典》《苏联百科全书》《大俄汉词典》等辞书的编纂工作，参加翻译并审定苏联科学院《俄语语法》《苏联百科词典》《词的语法学说导论》《俄语构词分析基础》，翻译了《伊戈尔出征记》《聪明误》《老人与海》《现代逻辑》《翻译算法》等文学作品和学术著作。此外，先生精通俄语、英语、法语，对数理逻辑、计算语言学也颇有研究，他深谙国学，善作古诗词，著有《霜天星影 李锡胤诗存》。学生有幸在硕士研究生阶段师从先生学习逻辑学，时光一晃已十年有余，但先生渊博的知识学问、严谨的治学态度、儒雅的君子之风，还有标志性的绍兴口音，至今仍令我记忆犹新。李锡胤先生的学术思想覆盖词典学、语言学以及文学翻译等多个领域，著有多篇相关学术文章，先生行文至简、逻辑至强、论证至明，无晦涩术语却富含深刻思想、无长篇大论却深蕴无限理致，文理融汇、古今贯通、辞朴意丰、妙笔生花、深入浅出、历久弥新。李锡胤先生一生治学严谨、勤勉奉献、学贯中西、兼收并蓄、大家风范、高山仰止，实乃后辈之典范。

2 读先生学术思想

李锡胤先生对俄语、英语、法语词汇的多义现象多有研究，在《俄语词汇的多义现象》（1980 年）一文中列举了达姆斯特泰尔（A. Darmesteter）、厄尔曼（St. Ullmann）、赵元任等语言学家对词汇多义现象的看法，并加以评议：他们关注个别词的意义，忽略对共时性多义体系的分析，此外还介绍了波克罗夫斯基（М. М. Покровский）、阿普列相（Ю. Д. Апресян）、什梅廖夫（Д. Н. Шмелев）等语言学家从不同角度对词汇多义语义的研究，先生将语言学家们的思想整合并博采众长，巧妙运用"集""映射""象"和"象源"等概念，将集合概念与逻辑推理融入多义现象规律性的演绎之中，分别以动词、名词、形容词为例分析词汇的多义现象。其中对形容词多义现象的论述全面且详尽，为俄语形容词词汇语义研究提供了有力的指导。根据先生提到的"趋广引申"、"趋窄引申"、"趋强引申"以及"趋弱引申"（李锡胤 2007：122-123），学生尝试将其扩展、延伸，从词义演变的基本路径角度对形容词语义衍生现象进行论述，以期利用形容词义子变化路径来全面揭示语义变化的运作特点和来龙去脉。

形容词的多义性十分突出，特别是就性质形容词而言，类属其中的多数成员都具有若干个义项，这些义项可能在词典中没有得到明确划分，但却并不影响其多义语义关系的存在，它们同样进入到形容词多义义项所构成的语义网络。该网络中有一个基本义项（原型义项），其他义项一般从它衍生而来。从多义词义位结构的内部分解上讲，多义词词汇语义变体中包含着若干有层级结构的义子，换言之，多义词的每个词汇语义变体或义位在内容层面都可以分解为若干义子，义子在初始意义和派生意义中发生各种转化、变异、重组和搭配，这一操作可以激发义子进行变化和重构，从而产生新的义子组合结构，这一过程使词汇语义衍生出新的义项、意义变体，相应形成形容词的语义衍生。简而言之，形容词语义衍生是形容词多义义位结构发生改变并重新整合的过程，这一过程的显性标志是义子的变化（吴哲 2007：161），即形容词词汇语义变体中不同层级、不同地位、不同作用的义子进行变化和重组的过程。

义子作为多义形容词义位结构中最主要的组成成分，其变化直接作用于词汇语义的内容层面，最突出的外显表现为形容词的语义发生衍生现象。通过分析多义形容词义位结构中义子的变化方式，可以发现形容词语义演变的一些基本途径，如"义子增加""义子缺失""义子强化""义子弱化""义子独立"和"义子变异"等。（吴哲 2007：161-167）其中"义子增加""义子缺失""义子强化""义子弱化"与李锡胤先生提出的"趋广引申""趋窄引申""趋强引申""趋弱引申"相互对应，"义子独立"与"义子变异"是对该理论的补充与扩展。此外，由于义子的变化具有多样性和复杂性，在词汇语义衍生过程中常常伴随两种或两种以上的义子变化形式，例如：义子A缺失+义子B增加、义子A弱化+义子B强化、义子A弱化+义子B增加、义子A缺失+义子

B 强化、义子 A 弱化+变异以及义子 A 弱化+义子 B 强化+义子 C 增加等。这些义子的微调和重组从义位结构角度影响着词汇单位的内容层面，使词汇单位获得全新义项。下面从形容词义位结构中义子的具体表现入手，对俄语多义形容词的语义衍生现象加以分析。

2.1 义子增加：在形容词初始义项的义位结构中加入新的义子，赋予形容词新的语义和搭配。

（1）высокий/高的，表示垂直轴线上从下向上距离大的。высокий 属于空间维度形容词范畴，基本义项体现空间意义，在基本义项中增加义子"音域"，表示在音域范围内能达到高音的位置，由此衍生出"高的、尖细的（指声音）"，如：высокий голос/高嗓音，высокий тон/高的音调。

（2）большой/大的，表示在大小、尺寸方面大的。空间维度形容词большой 的基本义项中增加义子"年纪"，表示年纪上岁数大的，由此衍生出"长大的、成年的"，如：большой сын/成年的儿子，большой мальчик/大孩子。

（3）сладкий/甜的，表示糖或蜂蜜特有的味道，令人愉悦的味道。сладкий 属于感知意义形容词范畴，表示味觉体验，基本义项中增加义子"声音"，表示声音特有的令人愉悦的特征，由此衍生出表示听觉体验的义项"悦耳的、动听的"，如：сладкий голос/悦耳的嗓音，сладкая мелодия/动听的旋律。

（4）холодный/冷的，表示有很低或相对低温度的，感知意义形容词холодный 表示通过触觉感受到的低温体验，基本义项中增加义子"思维"，表示思考、处理事情时不头脑发热、不感情用事，指思想感情冷静、不冲动，由此衍生出表示思维特点的义项"冷静的"，如：холодный мыслитель/冷静的思想家，холодный ум/冷静的有头脑的人。

2.2 义子缺失：形容词基本义项中的某个或某些义子隐没、消失*，义位结构上的变化使形容词产生新的语义。

（1）низкий/低的、矮的，表示高度上小的，从下向上的距离不大的。низкий 的基本义项中表示"空间"的义子消失，同时增加义子"社会地位"，表示在社会地位方面位置低的，由此衍生出"级别低的、等级低的"，如：низкое звание/低级职称，низкий чин/低的官阶。

（2）маленький/小的，表示在尺寸、大小方面不大的。маленький 基本义项中"空间"义子缺失，同时增加"数量"义子，表示数量少的，由此衍生出表示数量意义的语义"成员少的、人数不多的，数额小的"，如：маленький коллектив/小集体，маленький доход 微薄的收入。

（3）горячий/热的，表示有很高温度的、十分温暖的。感知意义形容词 горячий 的基本义项与触觉有关，通过皮肤直接或间接接触客体体验到高温的感觉，基本义项中"温度"义子缺失，同时增加"情感"义子，表示内心情感深厚的，流露出强烈感情的，由此衍生出表达情感程度的义项"强烈的"，如：горячая вера/强烈的信念，горячий протест/强烈的反对。

（4）кислый/酸的，表示有像柠檬、醋、蔓越橘一样专门的刺激性味道的，кислый 属于感知意义形容词，表达的事物特征与味觉相关，基本义项中"味觉"义子缺失，同时增加"情绪"义子，表示不满意的、忧愁的情绪，由此衍生出与"味觉感受"不相干的义项"不满的、忧愁的"，如：кислое настроение/不满的情绪，кислый вид/愁容。

2.3 义子强化：形容词基本义项中某个义子的作用增强，该义子所表示的特征被放大，从而使形容词产生新的语义。

（1）широкий/宽的，表示在横向轴线上有很大延展性的。空间意义形容词 широкий 基本义项中表示空间语义的义子"延展性"被放大，其作用增强，表示横向轴线上的延展程度增强，由此衍生出语义"辽阔的、广阔的"，与 обширный 同义。例如：широкое поле/辽阔的田野，широкая равнина/广阔的平原。基本义项和衍生义项的基本语义方向没有改变，只是在程度上有不同的体现。

（2）тонкий/薄的，表示在横向尺寸上占据很小空间的。空间意义形容词 тонкий 表示扁平的物体上下面之间的距离小、厚度小，如：тонкая доска/薄板，тонкое стекло/薄玻璃，这种特征通过视觉器官和触觉器官均可感知。基本义项中义子"厚度"被反方向放大，表示极度轻薄，触觉无法感知的特征，由此衍生出义项"稀薄的（指烟、雾）"，如：тонкий туман/稀薄的雾，тонкие тучи/稀薄的乌云。

（3）солёный/咸的，表示含有盐分的，如：солёное озеро/盐湖，солёный суп/咸汤。味觉感知形容词 солёный 基本义项中义子"盐"的作用增强，程度加深，使 солёный 衍生出义项"腌制的、腌的"，表示用大量的盐浸渍使味道变咸，如：солёные огурцы/腌黄瓜，солёные грибы/腌蘑菇。

（4）тяжёлый/重的，表示有很大质量的。形容词 тяжёлый 表示身体与客观事物相互作用后获得的重力感知，基本义项中义子"重"被放大强化，表示重量、体积等方面特别大的，由此获得衍生义项"重型的（一般形容大型机械）"，如：тяжёлый танк/重型坦克，тяжёлое орудие/重炮。

2.4 义子弱化：形容词基本义项中某个义子的作用减弱，该义子所表示的特征被缩小，从而使形容词产生新的语义。

（1）белый/白色的，表示雪或粉笔的颜色。颜色形容词 белый 基本义项中义子"白色"程度减弱，由肉眼可见的"白"逐渐变为"发亮"，"白色"特征弱化，由此衍生出新的义项"明亮的（指天色等）"，如：белый день/大白天，белое утро/黎明。

（2）чёрный/黑色的，表示现有颜色中最深的，煤炭的颜色。颜色形容词 чёрный 基本义项中义子"黑色"程度减弱，由"纯黑的"转变为"可见微弱光的昏暗"，由此衍生出新义"昏暗的"，如：чёрная ночь/昏暗的夜晚，чёрное небо/阴暗的天空。

需要指出的是，义子弱化与义子缺失之间的界限并不明显，义子弱化的程度达到极限可以看成义子缺失，相反，义子缺失的程度达到最小化也可以看作义子弱化，总之，两者之间不存在明显界限，只是在程度强弱上进行区别。

2.5 义子独立：形容词基本义项中某个义子从原有义位结构中脱离出来，独立表示新的语义内容，从而使形容词获得新义。

（1）острый/尖的；锋利的，快的，表示容易切割的，削尖的。感知意义形容词 острый 与人的触觉相关，基本义项中义子"切割的，削尖的"包含潜在语义成分"刺痛的，刺伤的"，该义子从原有义位结构中独立出来，成为新义位结构中的核心意义成分，经过一系列认知操作，从生理范畴转而表达社会范畴，衍生出新的语义"尖锐的，尖刻的，激烈的"。如：острая критика/尖锐的批评，острый вопрос/尖锐的问题。

（2）сильный/有力气的，体力强的（指人、动物），表示具有强大身体力量的。基本义项中表示人或动物"有力气"的义子独立出来，作用在机器运转特征上，表示机器运转时"有劲"、"有力量"，从而衍生出新的义项"功率大的、马力大的"。如：сильный мотор/马力大的发动机，сильная машина/功率大的机器。此外，基本义项中义子"体力强"独立出来，表示在某方面"很强的"、"有能力的"，与способный, умелый同义，如：сильный пловец/游泳好手，сильная команда/强队。

2.6 义子变异：形容词基本义项中某个义子发生变异，使词汇语义产生跨域改变，即基本义项和派生义项属于不同范畴。

（1）железный/铁的，表示铁制的、含铁的。从基本义项看，该词属于化学领域，义子"铁"发生变异，使词汇语义的范畴改变，派生出属于其他范畴的全新语义。如，植物学范畴：железное дерево/硬木树（数种木质特别坚硬的树木的总称，如铁木、山榄等）；考古学范畴：железный век/铁器时代。

（2）серебряный/银的，银质的，银制的，表示含银的。从基本义项看，该词属于化学领域，义子"银"发生变异，使词汇语义的范畴改变，派生出属于另一范畴的新的语义。如，植物学范畴：серебряное дерево/银树。

（3）каменный/石的，石头的，表示由石头或砖制成的。基本义项中义子"石头"表示一种物质，通过义子变异可转变为属于其他范畴的语义，例如，动物学范畴：каменная куница/榉貂，石貂；植物学领域：каменный дуб/冬青栎；考古学领域：каменный век/石器时代。

值得一提的是，形容词语义衍生过程中，有时义子强化与独立、义子缺失与弱化之间可能并没有绝对的界限，差别只体现在程度上。另外，义子变化的方法、途径也不是单一绝对的，往往是各种途径的协同作用促成了形容词语义的最终变异和衍生。除上述形容词多义演变的基本途径外，以下几种组合演变方式也是形容词语义衍生过程中十分常见的语义变化方式。

义子 A 缺失+义子 B 增加

далёкий/远的、遥远的，表示离某处距离大的。空间意义形容词далёкий基本义项中表示空间的义子"远"隐没缺失，同时增加表示时间的义子"久"，使далёкий获得新的义项："久远的、遥远的（时间间隔很长的）"，如：далёкая старина/远古，далёкое прошлое/遥远的过去。若增加表示关系的义子"远（指亲属关系）"，则далёкий获得新义："疏远的"，如：далёкий родственник/远房亲戚。

义子 A 弱化+义子 B 强化

длинный/长的，表示有很大长度的或有很大距离的。длинный 属于空间范畴，表示两点间的横向距离大。基本义项中"横向距离"义子作用减弱，同时"纵向距离"义子加强，使 длинный 衍生出义项"个子高的"，如：длинный парень/身材高大的小伙子。

义子 A 弱化+义子 B 增加

лёгкий/轻的、重量小的。感知意义形容词 лёгкий 基本义项中物理属性义子"轻"弱化，同时增加表示运动敏捷性的义子"轻盈"，使 лёгкий 获得衍生意义："灵活的、轻巧的"。如：лёгкая походка/轻盈的步子，лёгкая собака/灵巧的狗，лёгкая серна/灵巧的岩羚羊。

义子 A 缺失+义子 B 强化

глухой/耳聋的，表示无听力的。感知意义形容词 глухой 表示听觉感知功能消失，听不见的，基本义项中表示听觉能力的义子"听"缺失，同时表示听觉结果的义子"听不清、不明白"作用增强，使 глухой 获得义项："含糊不清的"，如：глухие слухи/含糊不清的传言。

义子 A 弱化+变异

колючий/扎人的，刺人的，有刺的。感知意义形容词 колючий 与触觉感受直接相关，基本义项中物理感知义子"扎人"作用减弱，同时向其他范畴衍生，产生动植物范畴的派生意义，如：боярышник колючий/刺山楂，татарник колючий/苏格兰刺蓟，акула колючая/角鲨，камбала колючая/刺鲽。

义子 A 弱化+义子 B 强化+义子 C 增加

липкий/黏的，有黏性的，表示很容易附着的、黏住的、有黏性的。липкий 的基本义项中表示物理属性的义子"黏"弱化，表示关系属性的义子"在一起、不分开"强化，同时增加表示负面评价意义的义子，一系列组合操作赋予形容词 липкий 新的义项："纠缠不休的、难以摆脱的"，如：липкая девушка/纠缠不休的女孩，"До сих пор у него в памяти звучит этот ерундовый, липкий мотивчик."/直到现在他的脑子里还响着这个缠磨人的无聊曲调。

形容词语义衍生义位结构中义子变化的途径错综复杂，义子增加与强化、义子缺失与弱化之间没有绝对的界限，只是程度上的凸显不同。语义衍生过程涉及因素众多，且操作步骤烦琐，因此义子的变化往往不是单一形式的，一般会伴随其他形式的变化，以组合的形式实现词汇的语义衍生。义子的动态性变化是词汇语义改变的基本衍生机制，正是形容词义位结构中义子的积极调整，使得形容词的词汇语义体系得到有力拓展，使语言表达手段丰富多样。

3　继先生研学精神

李锡胤先生于 2022 年 9 月 5 日不幸辞世，享年 97 岁。噩耗传来，整个俄语界笼罩在巨大的悲伤之中，我们怀着无比沉痛的心情，悼念这位甘为人梯的榜样恩师、德高望重的学术前辈。李锡胤先生是"国宝级的学术泰斗""语言学界少有的大家"，凡俄语界、英语界，甚至语言文学界同仁，均仰慕之，先生的辞世是中国俄语领域的重大损失。李锡胤先生品格高洁、怀真抱素、大雅君子、一身正气，先生一生胸怀祖国、无私奉献、潜心育人、勤勉治学，用精益求精的态度和笃志学术的信念向后辈展示那一代人的奋斗剪影。先生在呈丁声树、吕叔湘、李荣诸公的小诗中写下了"语学新年思老辈，诸多题目待开山"的诗句，以此表达对老一辈语言学家的敬重以及对投身语言学研究的决心，而这何尝不是对后辈的鞭策与激励！继承李锡胤先生的研学品质，发扬踔厉奋发、笃行不息的精神，将先生的学术思想与现代研究有机融合，分别构建词典学、语言学以及文学翻译的学术共同体，这是所有语言学者共同的努力方向与奋斗目标，这也是对李锡胤先生最好的怀念。

云山苍苍，江水泱泱，先生之风，山高水长。先生虽去，风范长存，文章佳作，嘉惠后学。先生之风，吾辈学之；先生之德，吾辈悟之；先生之志，吾辈继之。

致敬李锡胤先生！吾辈自强，先生千古！

注释：

*通过义子变化实现的语义衍生中，义子隐没往往伴随义子的增加，即实现了义子的交换。见下文"义子 A 缺失+义子 B 增加"部分。

参考文献

［1］李锡胤. 李锡胤集［M］. 哈尔滨：黑龙江大学出版社，2007.

［2］吴哲. 现代俄语词汇的多义性研究［M］. 北京：商务印书馆，2007.

作者简介：马丽萍，黑龙江大学中俄学院教师、讲师。主要研究方向：认知语言学、词汇语义学。

与李锡胤先生的

一生情缘

李锡胤先生对我治学道路的影响

王加兴

我虽并非李先生的及门弟子，亦未曾幸得先生的耳提面命，但在治学道路，尤其是在学术方向的选择上深受先生泽惠。

小辈出生于 1962 年。印象中我们这代人的童年和少年，就普遍情形而言，无论是物质方面还是精神层面，都是在"营养不良"的状态中度过的。所幸，我赶上了拨乱反正和恢复高考，成了新三届大学生中的一员。所谓"新三届"，即指 1977、1978、1979 级的大学生。这三届大学生中，大部分都有过三年到十年的农村、工厂、商业、部队、学校之类的工作阅历。为了把损失的时间抢回来，他们始终保持着时不我待、只争朝夕的精神状态，我们这些为数不多的应届毕业生也完全被他们"带了节奏"。四年的恶补着实让我贫瘠的脑袋得到了些许充实。作为一名俄罗斯语言文学专业的学生，亟须补给的自然是俄国文学经典的养料。

大二时我购得黑龙江人民出版社 1980 年出版的格里鲍耶多夫代表作《聪明误》（书价为 4 角 4 分），当时并不知道译者李锡胤为何许人也。展卷阅览之余，不得不惊诧于译者文字功底之深厚。这部辞采丰赡、音律流畅的锦绣译作深深吸引了我，其中既有我颇为生疏的书卷词汇，如："喧阗""耄然""休咎""祸祟""束脩""绳其祖武""乘鸾吉士"；也有生动鲜活的口语化表达，如："吓得心头像吊桶""这桩恋爱不顺溜""嫁给他/不如投河找鱼虾"——典雅与通俗精美结合的迻译风格令我悠然神往。除了译文，篇末的 86 条注释

（第 152-164 页）也让我受益良多，我从中获取了包括俄罗斯历史文化方面的一些知识。例如有两条注释对十二月党人作了专门介绍："（教科书审查委员会系）一八一七年成立的书籍检查机关。当时沙皇政府对书报控制很严。十二月党人准备在起义成功之后公布《宪法》，第三条就是：'出版自由，废除书报检查制度。'""当时进步人士，特别是十二月党人，都蔑视沙皇'恩典'，纷纷放弃军职或文职。雷列耶夫说过：'当祖国需要公民服务时，我参加了工作，而现在我发现只能为那些独裁者的私欲谋利，因此我不愿继续工作。'"此外，该书"译者序"中的五首绝句也让我艳羡不已，其中有一首这样写道："因袭希、罗生气尽，竖琴牧笛漫为工。汰除古典归真实，筚路梨园第一功。"这是李先生作为译者以旧体诗的形式对这部诗体喜剧所做的独特评价。（后来发现，李先生在其著作的"序"或"后记"中皆写有绝句或律诗。）而在当时的全国俄语教师队伍中精擅此道者寥寥无几（遑论后辈！）。我对旧体诗写家顶礼膜拜。通常，他们在童年时就背诵了大量的古诗词。李先生便是在诗书雅乐的环境中长大的，练就了一身古诗文的"童子功"。据有关人士回忆，"李锡胤背过两三千首古诗词，90 多岁时，许多古文篇章仍然张口就来、倒背如流。这些古诗词都是他小时候'唱'着背的，在吟唱中，诗词就慢慢扎根在心里了。"

1983 年甫一毕业，我即淘得商务印书馆当年出版发行的李先生译注本《聪明误》（书价 1 元 1 角），此书是俄汉对照文学名著丛书之一，排版格式为左页俄文，右页中文。其译文相较于 1980 年版，更贴近原文的字面意思，即采用的是教学翻译体（учебный перевод）。请看这两个版本对同一处原文的不同处理。1980 年版："人物的司命是谁？——/是那些：年老胸窄，/与自由天不共戴；/他们的金科玉律，/还反映征服奥恰可夫和克里木那个时代！"（第 54 页）；1983 年版："裁判是些什么人？——他们年老昏惯，对自由生活深恶痛绝；他们的见解都来自征服奥恰可夫和克里木那个时代的陈报旧刊；"（第 89 页）。可以发现，首先，第一版译文采用的是诗体，而第二版则是散文体。体式的改用更利于译文的表达贴近原文的字面意义。其次，两版的不同还表现为措辞的改换，如："司命"换为"裁判"；"金科玉律"换作"见解"等等。显然这也是为了在表达形式上尽量缩小与原文的差异［二者的原文分别为 судьи（裁判，审判员，法官）和 сужденья（意见，见解，判断）］。此外，俄汉对照版大幅增加了注释条目，篇末注长达 53 页，其内容，如后记中所载，除了"文化—历史性的掌故"，还包括"比较难于理解而且在译文中意思不太明显的词、词组，以及个别句子的意义和读音、语法、修辞等方面的特点"，"19 世纪初期俄罗斯文学语言发展过程中的特点"。这些注释抉微发隐，大大丰富了我的俄语修辞知识。如：对"Твердила я，в любви не будет в этой прока/"（我再三说过：这桩恋爱不会有好结果）的注释："这一句中前置词 в 重迭使用是民间文学的特点。"再如：对"Ах! Тот скажи любви конец,/ Кто на три года в даль уедет."（嗳，谁若是走开三年，恋爱就休想蝉联。）的注解："第二人称命令式 скажи 与第三人称代词 тот 连用，表示一定，肯定等情态语气。〈……〉这句话脱胎于法国俗语：L'absence est aussi bien un remède à la haine qu'un appareil contre l'amour.（出自 La Fontaine.）（分离能使夙怨和解，使爱情冷却。）"。仅此一端，即可看出注释者腹笥丰盈、学养甚高。于我而言，更为重要的是作为附录的《从〈聪明误〉看十九世纪初叶俄语的若干特点》一文，该文从读音、书写、词形变化、句法、词汇、名言及谚语这六个方面作了详论。细读李先生的文章和注释之余，深感应好好探究一下这部俄国文学名著的语言特色。

数年后，我掌握了一些新材料，写成《析〈智慧的痛苦〉人物语言的口语化特征——兼论格利鲍耶多夫对俄罗斯标准语的贡献》和《析〈智慧的痛苦〉的诗律特色——兼论格利鲍耶多夫对俄国喜剧诗律的贡献》二文，并和我指导的博士生合作撰写了《出自〈智慧的痛苦〉的常用名言》一文。

可以毫不夸张地说，正是这两个版本的《聪明误》使我对俄罗斯文学名著的语言研究产生了浓厚兴趣，并以此确立了自己的学术方向。

这两本书经过迢迢 40 年，依然静静地立在我的书架上（尽管我历经 N 次搬家，许多书籍都不知了去向），我还将什袭珍藏，作为对李先生的一份纪念、一份感佩。

2004 年我将平生第一本学术专著寄呈李先生指正（书中收有《〈智慧的痛苦〉人物语言的口语化特征》一文），不久便先后收到李先生寄来的两封手书，现将其中的一封钞录如下："惠赠之书《俄罗斯文学修辞特色研究》，已大部拜读了，深佩精深。尤其是关于维诺格拉多夫提出的'作者形象'理论谈得比较透彻。事实上，任何文学作品都折射出作者的形象，有的强烈些，有的平淡些。太史公所谓'读其文，想见其为人'，就是此意。中国文人往往'心知其意'足矣，不去条分缕析。足下引进他山'之玉'，作为加工本土'之玉'的方法，贡献不小。《人物语层篇》也写得很好，要言不烦，重点突出。关于阿赫玛托娃的两篇文章对我很有启发。"先生的充分肯定是对我这个末学后进的莫大鞭策和激励。

我与李先生曾有过一面之缘。2009年5月，我受邀参加上海外语教育出版社举办的《汉俄大词典》出版新闻发布会，李先生和我先后做了发言。令我印象深刻的是，83岁高龄的李先生着一身俭朴的装束，走到台上先向众人鞠躬致意；他在发言中不仅对在场的词典主编、上海外国语大学顾柏林教授表示了祝贺，而且还谈到了双语词典编撰的发展趋向。记得在用早餐时，李先生与我作了简短交谈。发布会结束时，先生惠赠了我一本刚出版的旧体诗集《霜天星影诗词手稿》。

有件事情一度让我惴惴不安——我对李先生曾有所冒犯，做出造次之举。2002年我在《中国俄语教学》发表了《试析〈俄汉详解大词典〉词条释义和例证翻译中的得与失》一文。后进不揣识浅技疏，对四卷本《俄汉详解大词典》的"得失"妄加评骘。李先生是其三位主编之一。文章草成后，我未呈请李先生审阅，就直接投给了杂志社。每念及此，心中不免戚戚然。直到后来听说李先生一向至盼读者"不吝赐教"，我才感到些许释然。近日，我读到与此相关的一段文字："1994年，香港读者沈国祥对李锡胤所主编《大俄汉词典》提出意见，他几次回复说：'您的意见，我们一定认真对待，以改进和提高新词典的质量。……有像您这样认真的读者，我们引以安慰和自豪。''您的意见和建议我们在新的词典中一定要考虑。……又告，我不日赴俄修学，三个月后回来，容后再请教。'"想必，李先生即便看到了我的那篇小文也不会怪罪于我。

李先生不仅通晓、创作汉语古诗词，而且精通古俄语和古斯拉夫语（译有《伊戈尔出征记》）；除了俄语，还掌握英语和法语（译有海明威的《老人与海》和法国人编著的教材《现代逻辑》）；既攻于人文领域，又精于自然学科（曾为逻辑学专业的硕士生开设过数理逻辑的课程，译有《数理逻辑》教材），可谓广博专精，专通结合。在当今学界，罕见俪偶。世上再无李先生！

　　作者简介：王加兴，南京大学外国语学院教授，南京大学俄罗斯学研究中心主任、博士、博士生导师；兼任教育部人文社会科学重点研究基地黑龙江大学俄罗斯语言文学与文化研究中心专职研究员、教育部高等学校外国语言文学类专业教学指导委员会委员、俄语专业教学指导分委会副主任委员、中国外国文学学会文学理论与比较诗学研究会副会长、中国中外文艺理论学会巴赫金研究会常务副会长、中国俄罗斯东欧中亚学会常务理事等；《俄罗斯文艺》、《解放军外国语学院学报》、《中国俄语教学》和俄罗斯核心期刊《社会·交际·教育》编委。主要研究方向：俄罗斯文学、俄语修辞学、俄罗斯文化。

李锡胤先生二三事

王利众

1998 年，我有幸考入黑龙江大学俄语系攻读博士学位。那时候我刚刚在哈尔滨工业大学俄语教研室工作，对外面的世界知之甚少。加之当时通讯没有现在发达，没有网络，除了在学术杂志上看到过一些前辈的名字，对黑龙江大学俄语系学术大师的崇拜还只局限于想象。想象中俄语系的各位先生一定西装革履，学术气息写在脸上。

第一次见到李锡胤教授是在先生的课堂上。先生与我的想象大相径庭，他不穿西服，不系领带，一身随和的衣着。除了和蔼，就是亲切。那时候先生给俄语系的博士生讲授逻辑学课程。身边的学友都是黑龙江大学毕业的，和先生已经很熟。虽然刚开始我有些拘谨，但很快也融入集体，和先生熟悉起来。

上先生的课很放松，可以随时和先生讨论问题。先生当时已是古稀之年，但头脑非常敏捷。先生的逻辑学讲得有声有色。我受过四年的理工科大学教育，自己觉得头脑逻辑性很强，但有时思路还是跟不上先生。但没关系，课上课下可以随时请教先生，感觉自己收获很大。有时候，我也会带自己的一些朋友去听先生的课，他们对先生也充满了敬仰。先生从不过多询问，依然当作自己的学生一样讲课、提问。

最初知道先生的名字是因为读了他的一些文章。攻读硕士学位期间阅读一些学术论文并不轻松，常常被一些语言学术语弄得云里雾里。但先生的文章感觉能读得懂。先生的文章里很少有术语，很多文章似乎都是在谈自己的体会或经验，文章有的也并不是很长，读起来感觉有很多收获。特别感到吃惊的是，先生的很多文章是专门论述英语或法语现象的，甚至还有相关的译作出版，佩服得五体投地。

在黑龙江大学俄语系攻读博士学位期间和后来，因为一些事情去过先生家几次。每次打电话先生都在家，感觉先生很少参加应酬。第一次去先生家特别紧张，不知怎么办，花二十几块钱买了一串香蕉到他家。师母开门后我把香蕉放在门口，先生并不知道。过了几天，先生专门委托一位黑龙江大学的老师给我捎回来 30 块钱，并且告诉我先生从来不收任何礼物。第一次去先生家"还赚了几块钱"，所以以后再去先生家都是空手而去。有几次临近节日去先生家，还带回来师母做的粽子等美食。

先生的家特别安静，每次他都会耐心给我讲解我咨询的问题，师母则坐在旁边。师母说，她没读过多少书，但并不影响他们的幸福生活，先生一生胸怀坦荡，躺到床上就能睡得着，我感觉这就是人生的最高境界。我和师母都是从辽宁省黑山县来的，两家相隔不远，特别有共同语言，有时我和师母的谈话甚至比和先生的还要多，那时候先生就在旁边倾听。

先生没有"架子"。每次在黑龙江大学俄语系的走廊里相遇，先生都会主动打招呼。先生的记忆力特别好，每次都能叫出我的名字，说起上次提及的问题。先生多次语重心长地对我说，哈工大一定要发挥自己的优势，把科技俄语的研究发展起来。

感恩先生的教诲！唯有更努力不辜负先生的教诲！

作者简介：王利众，博士，哈尔滨工业大学外国语学院俄语系教授，黑龙江省俄语学会副会长。研究方向：俄语语法学、修辞学、对比语言学、俄罗斯问题。

回忆我的导师李锡胤先生

王松亭

我于 1993 年至 1996 年在黑龙江大学俄语系攻读博士学位，导师是李锡胤先生。虽然在先生身边只有三年多的时间，但他那宽广的胸襟、高尚的道德风范、渊博的学识、儒雅的君子之风，无不深深地影响和感染着我。即使在博士毕业之后，我们师徒之间仍一直保持着密切的联系。每当在教学和研究工作中遇到困难和挫折，遇到想不明白的问题，首先想到的就是向先生请教。回想自己三十多年来的学术生涯，自己所取得的每一个进步，每一个成果，无不得益于先生的潜心指导和帮助。对先生的感激和怀念之情，难以言表。

第一次知道先生的名字，是在 1990 年。当时我在华中师范大学俄语系攻读硕士学位，研究方向为俄语历史语法，师从杨隽先生。临近毕业，我向杨先生提出，想报考博士研究生，继续学习深造。但研究历史语言学的学者很少，不知应拜在哪位老师门下。杨先生告诉我，可以报考黑龙江大学李锡胤老师的博士生，他是学问大家，博闻强识，学贯中西，跟他学习肯定会有收获。于是我决定报考先生的博士研究生。不久，我所属的单位洛阳外国语学院通知我们，因师资短缺，研究生毕业后必须马上回校工作。如此，报考博士研究生之事未能遂愿。

1991 年至 1993 年，我在洛阳外国语学院工作，从事俄语教学，但报考博士生之事始终未能释怀。1993 年初，经努力争取，领导终于同意我报考黑龙江大学的博士研究生，于是我开始认真备考，并请丁昕教授做推荐人。

1993 年 6 月，我顺利通过博士生入学考试，被黑大录取。8 月底，我从洛阳来到黑大上学，终于见到了李锡胤先生。在见到先生之前，在我的想象中，先生是著名学者、学术大家，一定是不苟言笑、非常严厉的。等我真正见到先生时，发现与自己原来的想象大相径庭：消瘦的身影、朴实的穿着、温文儒雅的举止、浓重的江浙口音，先生原来是一个如此和蔼可亲的长者。

入学后第二天，先生与我谈起研究方向的选择问题，征求我的意见。我表示，既然硕士研究生阶段所学的是俄语历史语法，那就仍然将历史语言学作为自己的研究方向，继续深化学习。先生考虑了一会儿，语重心长地说，历史语言学不是不可以研究，但当前学术研究的主流是现代语言学，如果单纯从事历史语言学的研究，面会非常窄，在学术界也很难有同行进行交流对话，学问也就难以长进。不如选择现代语言学作为主攻方向，将历史语言学作为副业，这样更稳妥一些，对自己的学术发展也更为有利。于是我听从先生的意见，从他学习语义学、语用学等，并在他的指导下完成了博士论文。事过这么多年，回想自己的学术发展之路，回想先生当时给出的中肯意见，我非常感谢先生的把关和指导。正是在他的指导下，我才得以系统地学习现代语言学的相关理论和方法，为以后的学术研究和教学工作打下了较为坚实的基础。

开学后不久，有一次先生找到我，将一本复印材料交给我，告诉我，这是俄罗斯古代编年史«Повесть временных лет»的复印本，把它翻译出来，历史语言学这门课就算通过了，不再采用上课的方式，这也正是先生所说的把历史语言学作为副业的一种处理方法。对于先生给我的翻译任务，我不敢怠慢，也很高兴，认为既不用上课，还能出翻译成果，何乐而不为呢？但当我着手翻译工作时，就认识到，自己把这事想得过于简单了。先生给的文本是经里哈乔夫（Д. С. Лихачёв）院士整理的«Повесть временных лет»的古俄语文本，虽然有里哈乔夫的现代俄语译文可供参考，翻译难度依然很大，我在这方面的知识储备欠缺很多。当时互联网并不普及，很多东西无处可查，有时冥思苦想一个晚上，也只能译出几行字而已，并且译文中留下很多空缺，待考证补充。就这样马不停蹄，白天上课，晚上翻译，一刻也不敢放松，到 1993 年年底，终于完成了翻译初稿，呈先生过目。先生还曾表扬我说"午夜一灯晓窗千字"，实际上，没有先生的鼓励和鞭策，我很难将这项工作坚持下去，其难度实在太大，有好几次甚至想到放弃。但转念一想，刚刚拜到先生的门下，便干这种半途而废的事，实在对不起先生，所以还是逼迫自己咬牙坚持做下去。

先生学风严谨，对译文要求极高，逐字逐句修改译稿，我不懂或译错的地方，他耐心讲解，还亲自到图书馆查阅资料进行考证，对译文进行补充完善。令我印象最深刻的是关于书名的翻译，国内学界一般译为《往年纪事》，但先生认为，这是一部严肃的历史著作，如此译法，不是不可，但略显随意，不如译为《古史纪年》，以更好地体现本书的风格和特点。1993 年，先生收我为徒的时候，已年近七十，现在回想起先生灯下修改译文、亲赴图书馆查阅资料的情景，于心凄然。

经先生的修改审定，该书于 1994 年上半年最终定稿，并且在黑龙江大学俄语系出了一个内部印刷本，印数 300 册，供本校研究生阅读。1994 年下半年，我跟随先生到普希金俄语学院学习，还曾将该内部印刷本送给普希金俄语学院、列宁图书馆以及宋采夫（В. М. Солнцев）、科斯塔马罗夫（В. Г. Костамаров）、普罗科菲耶夫（Н. И. Прокофьев）等著名学者。1997 年，先生将《古史纪年》译本连同他译注的《伊戈尔出征记》（古俄语—汉语对照）两个译注本一起送给北京大学左少兴教授，并请他为这两个译注本的正式出版做审校工作。2003 年和 2010 年，经进一步修改完善，《伊戈尔出征记》和《古史纪年：古俄语—汉语对照》两个译注本在冯华英、王立新两位老师的帮助下，先后由商务印书馆正式出版。我至今仍清楚地记得，当我把刚出版的新书送给先生时，他那高兴的样子。

有了先生的指导，我对俄罗斯编年史有了初步的了解，也积累了一定的翻译经验。1994 年下半年，我陪先生在莫斯科逛书店，买到一本库济明（А. Г. Кузьмин）主编的《拉夫连季编年史》（«Лаврентьевская летопись»）现代俄语译本，纪事到 1305 年，而《古史纪年》的纪事则是到 1110 年。先生说，既然有了《古史纪年》的翻译经验，等你有空的时候，应该把《拉夫连季编年史》也完整地翻译出来，这是很有学术价值、也很有意义的一项工作。先生的指导，我始终未敢忘记，博士毕业之后，工作之余，一直在断断续续地进行着翻译工作，无奈这些年忙于教学科研和管理工作，加之翻译难度很大，推进很慢，一直到 2021 年 10 月，我才最终完成了《拉夫连季编年史》的翻译工作，目前正在修改完善。只是我已经再也无法向先生请教了。

作为先生的学生，令我印象最深刻的，是他对书的热爱。先生读书，涉猎面极广，语言学、文史、哲学等，无所不及，且家中藏书很多。上学期间，我们师兄弟曾为先生搬家，书就占了大半的家当，大家开玩笑说，这真应了俗话所说的：老夫子搬家 —— 尽书（黑大的老师们私下里都亲切地称先生为"老夫子"）。但先生读书，与常人不同，有其独特的方法。他曾教导我们：尽信书，不如无书，读书要学会甄别，学会批判，学会思考，形成自己的观点和思想。2015 年，有一次我到黑大出差，去家里看望先生，发现满屋的书架空空如也。先生告诉我，他已经将自己的所有藏书捐给了大学的图书馆，让它们继续发挥作用。先生从书架一角取出几本书，是他专门留给我的，一本乌克兰语版的《古史纪年》，几本语言学著作，还有先生用毛笔写的两个扇面，内容是他的诗作。这些书和扇面，连同先生以前给我的书信等，我一直珍藏着，这是对先生永远的纪念。

做先生的学生近 30 年，无论是学问方面，还是为人处世方面，都获益良多，他不仅是学问上的领路人，还是我的人生导师、道德楷模。我只是先生众多学生中的一人，这么多年来，得到先生指导和帮助的学术晚辈数不胜数，每个人都深怀着对先生的感恩与思念。我们将永远牢记先生的教诲，学习先生的风范，将先生毕生钟爱的事业发展和传承下去。

先生之风，高山景行；先生之德，朗月清风。我们永远怀念亲爱的老师——李锡胤先生。

2022 年 11 月于北京

作者简介：王松亭，黑龙江大学俄语语言文学博士（1993—1996），导师李锡胤研究员。战略支援部队信息工程大学研究生院教授、博士生导师、博士后合作导师，教育部高等学校外语教学指导委员会委员、俄语分委会副主任委员。曾任中国俄语教学研究会副会长、俄罗斯东欧中亚学会常务理事等职。主要研究方向：普通语言学、语用学、俄语历史语言学。

我眼里的李锡胤先生

冯华英

一、交往中感受高尚人格

2022 年 9 月 6 日李锡胤先生走了，他给我们留下了多少美好的回忆和无尽的思念啊！

有人说，一个人一生做好一件事情就是成功，就堪称成功人士，李先生却要令人瞠目结舌了！他在俄语事业上奋斗了大半辈子，在不同分支上取得了多个令人瞩目的光环：1995 年获俄罗斯颁发的国家级奖项 "普希金奖章"，2003年获 "全国资深翻译家" 称号，2006 年获中国辞书学会第一届 "辞书事业终生成就奖"，2016 年获 "俄语教学终身成就奖"。上面的每一个奖项都属于国际国内的顶级项目，李先生获得的每一个奖项，背后都有令人瞩目的实际成就做支撑。比如，获得 "普希金奖章" 是因为李先生在俄语教育和科研事业方面奋斗了六十年，他的劳动泽及几代俄语人，他的影响范围早已超越国界，他已成为国际俄语名人；"全国资深翻译家" 称号后面，是李先生翻译的作品《聪明误》《伊戈尔出征记》《伊诺克·阿登》《老人与海》等等，其中的每一部作品都具有重要意义，它们涵盖了诗歌、剧作体裁，涵盖了俄语、古俄语、英语、法语的翻译；"辞书事业终生成就奖" 的支撑点就更加具有震撼力了，它们都是里程碑式的辞书作品：《大俄汉词典》《俄汉详解大词典》《新时代俄汉详解大词典》，等等；"俄语教学终身成就奖"，是国内俄语界对他一生钟爱俄语教学、培养出无数俄语顶尖学者和俄语人才的突出成就所予以的最高褒扬！

其实无论奖项多么辉煌灿烂，都无法概括李先生所做贡献之广、之高。他还是诗人，著有《霜天星影诗词手稿》，他的译著也大多是诗体作品；而《霜天星影诗词手稿》这部影印的手书还说明李先生是书法家，而且他还热爱金石，精于篆刻！一个人需要多么勤恳才能将如此之多的才艺汇聚一身？李先生就是奇迹的创造者！

还不止于这些方面，李先生作为博导，还打破外语学界惯常的专业方向分割，培养出兼修语言和文学两个方向的博士研究生。有人说李先生是最后的大先生，是大师，乃至泰斗，这都毫不突兀！

借助商务印书馆这个知名工作平台，我在做编辑工作伊始就有幸结识久仰大名的李锡胤先生，而亦师亦友的关系绵延二十多年，历久弥新。如今，大师已去，每每忆起件件往事，不由泪眼婆娑，感慨万千……

初识李先生是 1997 年秋天。那时我入行不久，因工作事宜出差黑龙江大学，刚在学校招待所落定，就赶紧打电话给李先生请求登门拜访。这时就听得电话另一头一个温和却坚定的声音："你不熟悉环境，你就在招待所等着我，我很快就到！"仅仅几分钟之后，我就在招待所门口迎到了匆匆而来的李先生。只见李先生精神矍铄、和蔼可亲，让我感觉宛若见到了久违的长辈、家中的亲人！此后，我多次拜访李先生，总是能得到他亲自"迎来送往"，不辞辛苦，不摆架子。

再见李先生是在 1999 年仲夏，黑龙江大学俄语语言文学研究中心在哈尔滨市电力宾馆主办学术会议，我前往参加，见到了李先生，他一如既往地那样和蔼可亲、问长问短。大家围绕在这位被称作"基地旗帜和灵魂"的大师身旁，请教各种疑难学术问题。

在与李先生的交谈中，我提及近期在筹备编纂一部新词词典，不久会赴俄进行为期半年的高访活动，为新词词典收集资料。上午会议结束后，大家到餐厅落座就餐，唯独不见了李先生。直到下午会议即将开始时，额头冒着汗珠的李先生急匆匆地出现在会场。他递给我一张小纸条，说上面有俄罗斯词典学著名学者 B. B. 玛尔科夫金教授的联系地址和电话号码，他告诉我到了莫斯科可以前往拜访。原来，上午谈话之际李先生就想到了他的这位莫斯科老朋友、词典学专家，便利用大家用餐之际，自己悄悄地乘坐公交车赶回家中取来了这张小纸条！当然能拜访俄罗斯本土的顶级词典学专家是我期盼不已的事情。凭借这张宝贵的纸条我见到了 B. B. 玛尔科夫金教授，并得以倾听他有关新词词典编纂的高论和提醒事项，真是受益匪浅。李先生给予的支持无疑是雪中送炭，使我的莫斯科之行更增添了学术价值。

后来的一件事情让我对李先生敬佩有加，这与其译作《伊戈尔出征记》（古俄语汉语对照版）有关。该选题列选时我正在俄罗斯做学术访问，回来后听同事说起李先生婉拒了稿费，我觉得于心不安，即使事出他本人的推辞。于是我建议重新确定稿酬办法。我的建议得到馆里同事和领导的同意。然而在该书出版后稿费却发不出去，李先生坚持放弃稿费，他说北京正处抗击 SARS 的艰苦战役中，请我们将其稿费代捐给相关机构！我们告诉他说北京的 SARS 抗疫行动已经结束，相关机构也已经撤销，因此稿费无处可捐。他这才无奈收下。

时至 2012 年，李先生所作的《老人与海》译注版在商务印书馆出版（见图 1）。作为责编，我完成了申报选题、编辑加工和出版成书的全流程。期间，在李先生给我写的几封亲笔信的其中一封里，他对原著的主旨做如是评述（见图 2）：

不为别的，我佩服丁尼生（笔误，应为海明威）对青年和儿童很重视〈……〉还有一点就是书中充分显示出"硬汉子精神"〈……〉

由此我们读到了李先生的价值观和人生观。在此次出版过程中，作为责编，我按照有关规定进行了认真编辑加工。对于我的吹毛求疵，李先生不仅毫不介意，还认真对待，对修改之处逐一做了确认，并对我做"作嫁衣"的活儿以实际行动表示了肯定。他馈赠给我一把精美的折扇（见图 3），在扇子的两面亲手书写了自己创作的诗词，说是供我"案头挥汗之用"（见图 4）。李先生就是这样，非常尊重别人的劳动，以莫大的善意对待别人，虚心接受有关书稿的意见和建议。这把扇子于我而言是极为珍贵，我珍藏了，并时常取出来欣赏，却舍不得用来挥汗！

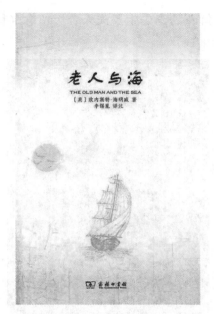

图 1　《老人与海》

又及：《老人与海》同时收到了。我很高兴。不为别的，我佩服丁尼生对青年和儿童很重视。曾经他想把书名定为The old man and the boy。我也以为青少年是我们的接班人。他们是早上的太阳。国家的前途要靠他们。还有一点就是书中充分显示出"硬汉子"精神。我们要实现"中国梦"，非拿出"硬汉子"精神不可！不知尊意以为如何？请指教。

老而不死的李锡胤

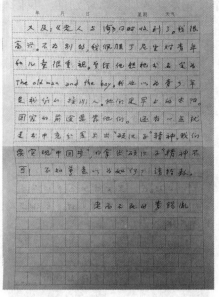

图 2　有关《老人与海》的主旨评述

图 3　李锡胤亲笔书写诗词的折扇

冯华英同志：

《老人与海》样本收到。其中包含商务人的巨大劳动，尤其是责编的心血。我十分感激。时近盛夏，我写了一把扇子，送给您，为消暑挥汗之用。扇中字句不好，请包涵。此致

敬礼！

李锡胤 敬上

2012.3.26.

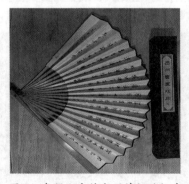

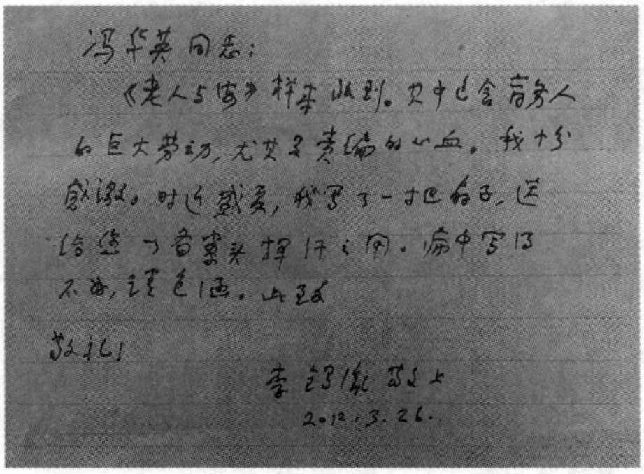

图 4　馈赠书信

最后一次见面是 2017 年春在李先生的上海住所（见图 5）。当时，大李（勤）老师驾车带领小李（利群）老师和我馆三位同人一起从上海外国语大学出发，穿越闹市区的高架桥，来到上海的另一端李先生的女儿家里。巧合的是三位李姓教授齐聚一堂，他们差不多正好代表了三代俄语人。大家相谈甚欢。李先生说自己现在是五项全能运动员，这五项分别是"吃喝拉撒睡"！我们被李先生风趣幽默的话语引得哈哈大笑。他还拿出自己早已写就的遗嘱给我们看，主要内容有：病危之时不做过度治疗、死后捐献遗体、丧事一切从简等（图 6）。字字令我们动容，句句让我们潸然泪下！这也许是他能想出的最后一

个发光发热的机会。离别前，我们与手捧鲜花的李先生及夫人合影留念（图7）。未曾想此去竟成永别！

图5　2017年笔者与李先生（左一）在上海

图6　李先生遗嘱

图7　探望李先生（左三）和夫人（中间），"二李"（李勤，左二；李利群，右一）等一行合影

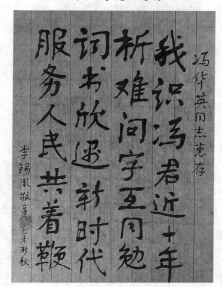

图8　《新时代俄汉大词典》的出版消息后，李先生再次欣然提笔书写诗篇并给我邮寄墨宝

以上是二十多年间我与李先生见面和交往的一些难忘场面，每次见面都让我对李先生的高尚人格有更进一步的认识，且成为我灵魂受到震荡和洗涤的机会。我视李先生为学问和品格之师，而李先生却虚怀若谷，以其一贯极其谦逊的态度与我平等相待。当得知我责编的鸿篇巨制《新时代俄汉大词典》出版后，李先生再次欣然提笔书写诗篇并给我邮寄过来一份墨宝："我识冯君近十年，析难问字互同勉。词书欣遇新时代，服务人民共着鞭！"（见图 8）当然，我不会自以为真的能与李先生"析难问字互同勉"，我对李先生的崇敬之情不仅从未因其低调和谦逊有所减弱，相反，越是深入了解，就越是尊崇有加！而"服务人民共着鞭"则是我从业半世的座右铭。李先生永远是我"高山仰止景行行止虽不能至然心向往之"的人生楷模。

二、合作中感受博学多才

回顾李先生与商务印书馆的合作历程，我们看到自 20 世纪 80 年代初起，他就领衔黑龙江大学俄语系词典编辑室，与商务印书馆携手推出了《大俄汉词典》（1985 年版，见图 9）。2014 年李先生还与潘国民先生、郑述谱先生一起领衔黑龙江大学俄罗斯语言文学与文化研究中心辞书研究所集体，推出了在国内首屈一指的大型四卷本双语词典《新时代俄汉详解大词典》（2014 年版，见图 10）。它们刚一出版就成为同业的天花板级作品，分别在两届国家辞书奖颁奖仪式上力夺"国家辞书一等奖"！以上作品都进入号称"辞书王国"的商务印书馆镇馆之宝行列，成为经典作品；它们几乎走近每一位俄语学人，其中包括教师、从业人员和学生，成为其案头必备之权威工具书；同时，在词典学界，它们很快成为国内大大小小的俄汉双语词典的编纂母本，从中衍生出规模不一、专业分类不同的多部工具书。

图 9 　《大俄汉词典》　　　　　图 10 　《新时代俄汉详解大词典》

　　李先生在商务印书馆出版的双语翻译作品有《聪明误》（1983 年，见图 11）、《伊戈尔出征记》（2003 年，见图 12）、《老人与海》，它们的原著语言分属俄语、古俄语和英语。从中我们可以看到李先生与众不同的译者面貌：博闻强识，多语种和汉语并举，俱佳！

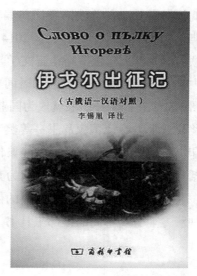

图 11 　《聪明误》　　　　　　　　图 12 　《伊戈尔出征记》

　　然而细心的学人会发现，以李先生之饱学及驾驭文字能力之出色，其著述却并没有我们想象的那么多。究其缘由，我们发现李先生的另一个非同寻常的坚持。我曾经听赵国琦先生——一位词典学界的著名专家，与李先生专门讨论过此事，得到的答复是："在我自己埋头著书立说和培养后世人才方面，我更愿意选择后者。试想，如果培养出一批学人来著书立说，那不用说，他们肯定会远超于我。"李先生就这样带着树人愿望而把更多时间花费于教学和培养人才之中。如今，如李先生所愿，他付出心血着力培养的弟子一批又一批地成为学界新一代领军人物、栋梁之材。他们的作品也蔚为壮观，仅以在商务印书馆推出的力作为例，如王松亭教授的《古史纪年：古俄语—汉语对照》、黄忠廉教授的《严复变译思想考》、彭文钊教授的《语言文化阐释学》（待出），等等。从中都能看到李先生对后人的托举之力！

我没能成为李先生的入门弟子，不能直接受教于李先生，但却因工作关系有幸学到很多并受益匪浅。

（1）读"李序"感受其博学多才

最早读"李序"的机会，来自李先生欣然允诺为我们编纂出版的《俄汉新词词典》（2005 年出版，见图 13）亲笔所撰之序。

《俄汉新词词典》"序一"共 1274 个字符，文字不多，却旁征博引，条分缕析，内涵极其丰富。李先生开篇便引用了俄罗斯著名文学评论家别林斯基的话语：

别林斯基（В. Г. Белинский）说过："俄语尚未定型，但愿它还能在尽可能长的期间不定型，因为，它的定型过程越是长久，它就会变得越发完美和丰富……"。

李先生表示异议：

我不完全同意。因为活的自然语言都是开放的符号系统，使用者"人多嘴杂"，使它随时变化，永无止境。人不能两次进入同一语流之中！

此语一出，令人震惊。李先生这是在与俄罗斯 19 世纪著名的文学评论家别林斯基商榷有关语言的本质和源流问题！虽然评论家早已作古，不能反驳，但是后世学人却是可以见证并评判所提论点的是非曲直和水准高低的。李先生着重强调"人不能两次进入同一语流之中！"他确定"语言中最活跃的因素是词汇。"

李先生还以法国学者保尔·拉法格（P. Lafargue）在《法国革命前后的法语》和 А. 弗列根（А. Флегон）在《俄语词典之外的不入流词汇》中所举的例子为证，以《现代俄语详解词典》编纂者斯克里亚列夫斯卡娅（Г. Н. Скляревская）有关新词概念的四点论述为依据，逐步论证了新词词典的本质以及编写俄语新词语词典的重要性。

最后，李先生抒发了自己对词典编纂的情有独钟，并以成为"快乐的国王"来激励编纂者们继续前行：

编词典是一件出力"不讨好"的工作。Johnson 博士把词典编者定义为"无害的苦力"，谢尔巴（Л. В. Щерба）院士把编写词典视做"苦役"。不佞侧身同仁之末，参与此"苦役"，尔来四十余春秋矣。可我是不可救药的乐观主义者，曾经错口说出"词典比小说更引人入胜"而受同行友人责难。后来发现 M. M. Mathews 1955 年在芝加哥一次会议上说得更邪乎："我们可能在词典的宝藏里发现天然金块而快乐得像国王。"这里我衷心祝愿年轻的"国王们"比我们快乐，而且给更多读者以更多的快乐。

李先生风趣幽默又充满乐观豁达情感的序文激励了"快乐的王子"们，编者们深受感染，一部全新的《俄汉新词词典》（第二版）（2022 年版，见图14）问世了！也许正是李先生的鼓励推动了艰辛并"快乐"着的"王子们"砥砺前行！

图 13 《俄汉新词词典》

图 14 《俄汉新词词典》（第二版）

李先生再次如约而至，为《俄汉新词词典》（第二版）作序，而此序仅用340 个字符。序言简约至此，恐怕在学界极为少见，但却并不影响李先生发扬其惯有的既高屋建瓴又平稳踏实的写作风格。这里李先生以全新的论据雄辩地论证了语言的发展是催生新词词典的根本要素：

世界上任何事物不论多完美，都只能"空前"，而不能"绝后"。因为万物都要发展，不发展就不能生存。词典万象，像一面镜子；万象在变，它不能不变。尤其是科学飞速发展的时代。

作为一面镜子的词典，有反映因时代变化而新词频出的语言现象的历史使命！

接着，李先生指出新词词典编纂所采用的蓝本来自俄罗斯科学院编纂出版的权威新词资料，而这也正是一部双语词典是否具有可靠性和权威性的要件：

俄罗斯科学院语言学研究所词典部新词研究室有鉴于此，每年编辑出版一部《俄语词汇新资料》，每10年出版一部合辑《俄语新词新义》。

李先生还梳理了我国俄汉双语新词词典出版的历史演变和来龙去脉：

25年前，黑龙江大学编译过一部《俄汉新词语词典》，事过境迁，不能适应目前的需要了。2005年，《俄汉新词词典》出版，将苏联解体前后的20年俄语新词及时提供给急需了解俄语现状的中国读者。

李先生仅用短短数语便为《俄汉新词词典》（第二版）做了内容概述，并言明其价值所在，真可谓是浓缩的语言精华范本：

《俄汉新词词典》（第二版）问世，内容与《俄汉新词词典》衔接，包括语文类词、科技和文化等各个领域的词语；有文语、口语和行话等各个修辞方面的词语，正好能满足当前需要……

由此我们还得以窥见，《俄汉新词词典》与《俄汉新词词典》（第二版）两者之间并非如很多词典的前后版次那样属于修订补充的关系，而是内容很不同的前后衔接关系。

类似的"李序"在李先生笔下比比皆是，《俄汉标题对比研究》之"序"颠覆了我们的想象力：包括落款在内，用字总共不到200！真可谓是惜墨如金了！试想，以寥寥数语为学术新著作序，不是一般人能做或敢做的事情，这既需要广博的知识积累、出色的文字驾驭能力，还要有非凡的自信！

李先生在"序"中说，社会上通常把书名、标题当作寻常，"谁认真研究！""刘老师'不贪夜识金银气'，却抓了个正着。"此处借用杜甫的诗句，使文字变得异常生动有趣，且一语中的：本书作者发现了被别人忽略的寻常语言现象，并从中开掘出实际并不寻常的学术价值，此举便是大学问！真乃点睛之笔，让人读来耳目一新！

契诃夫说过："简洁是天才的姊妹。""李序"之所以可以简洁如斯，正是基于撰写者丰富深厚的语言学、词典学的理论学养，以及驾驭中文的极高天赋，所以毫不夸张地说，李先生就是语言天才！

（2）"顾问"问出大学问

李先生欣然应邀为《俄汉新词词典》担任编纂顾问，此事是"李序"之外应该被记住的主要事件。在词典稿即将杀青的时候，李先生主动提出做全面审读。按照李先生所言："既然你们要求我做顾问，我就不能顾而不问！"学界虚挂顾问名头的人和事并不少见！而李先生对待"顾问"一词的理解和做法体现的是他一生践行的行为规则——严谨和实干！

为审读新词词典，李先生放下了手头几乎所有其他工作，坚持一个月没有出门，全力以赴地进行通读和修正。当我们收到李先生发回的审改稿后，我们不由惊呼：天哪，真是一字一句皆有关注，字里行间见真功夫！大量修改之处，不仅涉及俄汉双语语文方面的错讹，还涉及一些新科技语言的问题，比如计算机、航空航天、国际经贸等多个领域问题。更有一个方面是唯李先生莫属的，这就是多语种并举的能力！李先生深度并纠正了一些有关俄、英、法等单词本身的拼写以及与汉语之间的语义对应。编者、编委会审定人员，包括后期的校对人员，因受俄语之外的其他外语语种限制，很难发现其中的拼写错漏现象。而李先生以一己之力，为词典稿堵住了多语种把控缺口，使词典稿的质量更为严谨可靠。

2022 年 12 月 31 日于北京

作者简介：冯华英，商务印书馆编审、北京大学俄语语言文学博士（1993—1996 年）。黑龙江大学客座教授、中国辞书学会北京市双语词典研究中心秘书长、九三学社北京市委文化委员会委员。

著名词典学家李锡胤

傅兴尚

　　李锡胤先生是黑龙江大学辞书研究所名誉所长、研究员、俄语语言文学专业博士生导师，俄罗斯普希金奖章获得者。他一生勤勤恳恳、默默奉献，曾多次获得省、市级劳动模范称号。1988 年以后为第七、八届全国人大代表。1990 年被国家教委评为全国优秀教师。1995 年他的传记被收录到《中国社会科学家大辞典：英文版》中。

　　李先生生于 1926 年 5 月，浙江绍兴人。青年时期就刻苦好学，先后在复旦大学、浙江大学、台湾省立师范学院主修英文。1948 年考入燕京大学（北京大学前身）社会学系，师从林耀华、严景耀、费孝通、邵可侣等著名教授学习。1950 年至 1952 年在哈尔滨外国语专门学校主攻俄文。毕业后留校至今一直从事俄语语言文学及其相关学科的科研和教学工作。李先生从俄语翻译《聪明误》（并作详注），从古俄语翻译《伊戈尔出征记》（并作详注），从英文翻译《老人与海》，从法文翻译《现代逻辑》等，发表《俄语词汇的多义现象》《英语多义现象举隅》《A. S. Hornby 英语动词型式图示》《法语词汇多义现象举隅》等多篇语言学论文；校订《现代汉语句法结构》译文。

　　李先生结合现代词汇学、语义学理论，对双语词典的编写原则、释义、配例等一系列问题进行长期研究。由他担任主编或参与编写的大型辞书达六七部之多。其中《大俄汉词典》（1985）荣获全国辞书一等奖。收录 24 万词条的四卷本《俄汉详解大词典》也于 1998 年问世。在语言学方面李先生对词汇学、语义学、语法学、篇章分析都多有涉猎。这些领域的著述主要收录在《李锡胤论文选》、《李锡胤文选》（续篇）中。他不仅较系统地介绍苏联、俄罗斯各学派的语言学理论，而且努力引进欧美当代语言学理论。他主张语言研究的视角要多元化，强调充分挖掘语言作为复杂的矛盾统一的共性、个性特征，并在占有大量语言事实的基础上去揭示语言的内在机制及功能。在翻译理论与实践方面强调理论研究和实践相结合。他在译文标准上揭出"近似"和"应变"两条原则。他的译作除小说、散文外，还有散文诗、诗歌。其中《聪明误》的译文曾受到茅盾先生称许和勉励。在学术研究中，李先生注意吸收和研究边缘学科的理论成果。他在国内较早地把符号学、逻辑学的方法引入语言研究领域。他在数理逻辑学、认知心理学、语言哲学等方面也有很深的造诣，并取得较多成果。他热爱中国诗词，辑有《霜天星影 李锡胤诗存》。

李先生向来注重人才培养，甘做人梯，不遗余力。在教学目的上贯彻系统性、创新性原则，治学严谨，文风简捷明快，逻辑严密。为人谦和善厚，常默默帮助他人。一生淡泊名利，一贯以"勤能补拙、俭以养廉"自勉。李先生虽年过七旬，但仍然精神矍铄，思维敏捷。目前正以饱满的热情投身在所热爱的事业中。

祝李先生健康长寿！

（本文收录于《外语研究》1999年第二期，这是李先生过目并亲自修正过的。）

作者简介：傅兴尚，教授，博士生导师。北京语言大学语言资源高精尖创新中心特聘研究员，大连外国语大学启航学者，黑龙江大学俄语语言文学与文化研究中心兼职研究员，教育部学校规划建设发展中心专家。曾任中国驻伊尔库茨克总领馆经济商务领事，黑龙江省绥芬河市委常委、政府副市长等职。主要从事语言学、计算语言学、外国语言学的研究工作。主持承担国家社科基金、教育部人文社科研究重大及一般项目5项，省级项目4项，出版专著5部，发表学术论文30余篇。曾经在国内外首推俄汉通、俄汉行掌上电脑系统并得到产业化应用。

一城丁香万家甜
——追忆敬爱的李锡胤先生

刘永红

2022 年 9 月 5 日，惊悉李锡胤先生仙逝，不禁眼含泪水，心里久久不能平静。回想多年对先生的崇拜，领受先生二十余载的教诲，看着先生所写的序言、赠送的书字、邮寄的贺卡，许多珍贵的画面历历在目，先生的音容笑貌徘徊在心头。2022 年 9 月 21 日，有幸收到黑龙江大学俄语学院孙超院长的微信，得知黑龙江大学俄语学院正在筹集出版《李锡胤先生纪念文集》，我非常感激，因为它让我有机会把对锡胤先生的景仰和谢忱释放出来，既表达对先生的崇敬与追忆，也为后学者树立楷模和高度。

一、仰止的大师

锡胤先生是俄语界的著名学者和辞书泰斗，也是周纪生师和我崇敬的大家。周纪生师（1927–2007）是华中师范大学俄语系的知名教授，对俄罗斯文学造诣深厚，也是我的硕士生导师（1986–1989）。纪生师生前多次向我提到，是李锡胤先生对她的指导和帮助，才保证了《俄汉成语词典》编纂工作的顺利完成。根据《俄汉成语词典》（湖北人民出版社，1984）前言介绍，它是"根据 1975 年，周恩来总理在病中批发了国务院〔1975〕137 号文件规划"编纂而成，周纪生师任主编。当时，纪生师一直研究俄罗斯文学，于成语和成语词典编纂方面可以说是白手起家，词典的体例设计、收词标准、立条释义、例句选配、规模规格等工作都需要从头开始。纪生师得知黑龙江大学锡胤先生是辞书专家，于是，1975 年底，一行四人专程赴哈尔滨，向锡胤先生请教。锡胤先生热情接待，认真细致地介绍了词典编纂在理论与实践方面的各种问题，尤其在成语的概念、范围、释义和例证上给予了专业性的指导，直到 1984 年《俄汉成语词典》完成出版，始终念念在心，有问必答。每次说到锡胤先生对这部词典的关心和指导，纪生师都会对锡胤先生表示出由衷的感激和敬佩，也让我铭记至今。

我作为后辈，得到锡胤先生的指导、教诲和关爱就更多了。

1996 年，纪生师与商务印书馆签订大型辞书《俄汉双解成语词典》的编纂合同。为了审核词条编纂和翻译情况，保证词典质量，2002 年 5 月 20 日，我作为主编，有幸请到锡胤先生来武汉参加《俄汉双解成语词典》中期专家审稿会。这是一个小型的高级专家会议，邀请到了全国著名的俄语词典学、俄语成语学方面的专家，他们是黑龙江大学资深教授李锡胤先生、商务印书馆著名编审潘安荣先生、武汉大学俄语系康兆安先生、商务印书馆责任编辑王立新女士、华中师范大学陈振声先生等五位专家。每位专家都在会前认真审阅了我们提交的词稿，并提出了宝贵的意见和建议。但最让我们感动和敬佩的是，锡胤先生做得更为细致和严谨，充分体现了一代学术大家的学术风范和严谨学风。锡胤先生除了认真细致地审阅了每一个词条、释义与例证及其译文外，最令人感佩的是，他还带来了两篇与成语编纂关系密切的小论文，让我们更好地认识了俄语成语的本质，更加重视校订工作在保证词典的规范性和权威性上的分量。

为了完整清晰和原汁原味地传达锡胤先生的思想和风格，这里简要摘录一些他的原作，只用楷体（中文）突出，而不加引号（以下引文同例）。

（一）关于俄语成语的性质与分类，锡胤先生写道：

А. В. Кунин. Некоторые вопросы английской фразеологии

（作为《Англо-русский фразеологический словарь》的附录，1955）

Ⅰ. фразеологические сочетания

1）动+名（take heed, take a fancy）

2）动+前置+名（take into account）

3）动+形/副（make sure, set free, put right）

4）名+形/形动（capital crime, clenched fist）

5）前置+名（hash of〈hope, merriment〉）

Ⅱ. промежуточная категория между Ⅰ и Ⅲ

1）其中一个或数个成分用于非自由意义，如：

bear a grudge, green hand

2）лексическое единство на расстоянии，如：

to be（badly, better, well, comfortaly）off

to be a（bad, poor, good, great, old）hand at sth.

to do the（handsome）act

Ⅲ. фразеологические единства

1）образные ф. е.

a. 整个儿的形象用法（holy of holis, a bed of roses）

b. 个别词的形象用法（pirated edition, yellow pess）

2）необразные ф. е.

a. фразовые штампы, клише（good bye, don't mention it, yours truly）

в. пословицы（all's well that ends well）

c. термины（general election）

Ⅳ. промежуточная категория между Ⅲ и Ⅴ（it is raining cats and dogs, pay through the nose 其中 ведущий компонет мотивирован, а остальные немотивированы）。胤按：此处可商榷。不应包括 rain 和 pay！

Ⅴ. фразеологические сращения

先生的这篇小论文更加深了我们对俄语成语的性质和分类、成语的立条与释义的理解。因为，俄语成语与汉语成语在形式和语体上有很大的区别。一般而言，俄语成语没有固定的典型形式，而多赖固定成分，所以，俄语成语基本上是口语性的，而汉语有典型的四字形式，形式固定而整齐，所以多是书面性质的。而先生引用英语成语的分类情况，更让我们找到了印欧语系成语的共性特征。

（二）关于校订对词典的作用，锡胤先生写道：

我们编写《俄汉详解大词典》总的思想是"接力跑步"，也就是说：一方面充分继承国内外前人的成果，一方面根据我们的对象和目的，做好汇集、选择、分析、综合、比较、重组、移译等工作。我们认为外语词典的创造性主要表现在第二方面，而且这方面的创造性也真谈何容易。这一点我们同志们经过几年辛勤工作大概都有所体会，而且对取材范围的广和窄、选材的精与粗、分析的精细度、各种手段综合应用的充分和合理的程度、比较的客观性、重组对原语来说的科学性和对读者来说的可接受性及方便程度、翻译的确切性和自足通顺程度等等都有一定的判断力和处理的熟巧。这些方面都值得深入总结，今天暂且不谈。

目前我们的词典编写任务还有1/3左右，校对定稿工作摆到重要位置上来了。校对工作就是"吹毛求疵"，找别人的毛病不说明校对者自己不会出类似的毛病。尤其大型词典，汪洋大海，千头万绪，个人的知识真像沧海一粟！时至今日，词典的宏观问题已经定下来了，留下来的是大量微观问题。编者和校订定稿人消灭卷面错误是关键的关键。因为，词典中如果卷面错误超过一定数量，就不能"取信"于读者了，全书就变得不足信了。"典"字的分量就在这里。下面举一些例子，作为我们共同的"警钟"，不对之处请批评。

接下来，锡胤先生从释义、词义划分、例证的确切理解、截句、书证的理解与翻译五个方面，举例说明了他在审稿中所发现的问题、错误与改正办法，分析细致，印证丰富，言之理丰，非常令人信服，让我们受益匪浅。尤其是，让我们进一步认识了校订工作与词典的典范性，词典的权威性与科学性之间的关系，使我们能够在后来的工作中兢兢业业，如履薄冰，下决心把《俄汉双解成语词典》当作一件应该倾尽心力的大事，尽最大努力把它编写好、校订好，既不辜负锡胤先生的教导与期望，更不贻误读者，影响商务印书馆的声誉。

二、温暖的长者

锡胤先生的名字和魅力虽然早就植根于心，但是，第一次真正与先生交往却是在1993年。当时，我有一篇文章已经收到了《外语学刊》的采用通知，但是，一年多了，仍未见面世，我年轻性急，见编辑部没有动静，急中生智，想到了锡胤先生，于是冒昧地给他写了一封信。不久收到了先生寄给我的一本书，是一本先生的论文集，还是清样本。又过不久，我的文章问世了。我非常感动，更非常钦佩。感动的是，先生对我的默默的关心；而钦佩的是，先生送我文集，文集里论点新颖，论述深刻，涉及俄语、英语、法语、日语、语音、词汇、语义、词典、语言文化等方方面面，而且，在那个严肃的时代，收到一部个人出版的学术文集，对于一个初入学途的学人而言，是一件多么令人敬佩的大事！于是，从那时起，先生的做人、为学与出书，就成了我努力的标杆。于是，我就模仿锡胤先生文集中有关词汇意义的描写模式，写作了一篇《俄语成语语义形成过程中的文化渗透》，发表在《外语学刊（黑龙江大学学报）》（1995 年第 4 期）上；据中国知网显示，这篇文章被引 13 次，下载 343 次，足证锡胤先生理论的科学性。

自 2002 年在词典专家审稿会上，与先生谋面后，每年先生都必会回复我的新年明信片。而每次的回复都是一次新的温暖，每一回的新年贺词都引发一次我对先生人格魅力的感悟。比如

在 2003 年的贺年片上，先生写的元旦贺词（按照贺卡上原文的格式）是：

> 永红学弟：
>
> 　祝
>
> 　新年愉快，
>
> 　身体健康！
>
> "来年还舒满眼花！"
>
> 　　锡胤 寄

读完这个贺词，心中十分激动，清晰地感受到锡胤先生对词典的偏爱、对词典人的平易和对后学的提携。先生对杜甫诗句"来年（岁）还舒满眼花！"的引用更是寄托了先生对我的亲切的祝福与无限的期望。

在 2005 年的贺年片上，先生写的元旦和春节贺词（按照贺卡上原文的格式）是：

> 永红同志：
>
> 　向你祝贺 2005 年新年
>
> 　和春节。祝你愉快、健康、
>
> 　全家幸福。
>
> 　希望在新的一年里拜读你主

编的《俄汉双解成语词典》。它将是
你一生中主要的学术成果之一。勉
之勉之。

锡胤 寄

的确，自 1986 年周纪生师在广州参加全国辞书编纂出版规划会议时，与
商务印书馆潘安荣先生签订《俄汉双解成语词典》出版意向后，直至 2008 年
基本定稿完成，整整过去了二十多年！其中该有多少曲折与坚持，多少扶持与
鼓励！锡胤先生是最关心与爱护我们的长者，一位伟大而温暖的长者！从
2002 春节起，直至 2018，整整十六年来，每年大年初一，十点钟的时候，我
都会准时给锡胤先生打电话拜年，感谢先生，祝福先生，但是，每次先生说得
最多的都是对词典的关心和对我的鼓励。我记得，他每次都会问词典的进度，
提醒词典的难处，并说，一定要坚持做下去，坚持做好啊！每次听到这些话，
我都会清晰地感觉到自己肩上的压力、心中的感激和浑身的精神。每次放下电
话，我总要坐上几分钟，回想一下先生的鼓励与叮嘱，于是，又精神抖擞地
"自投罗网"地去做这"苦役"般的词典编纂与校订工作。我总希望自己的努
力能够对得起先生的慈仁的关爱和殷切的期望。

三、大写的人

2002 年 4 月，词典专家审稿会期间，我的博士论文刚刚打印好，准备答
辩。有机会送给锡胤先生指正。原本以为，像先生这样的大学者，一定无暇顾
及，或直接顺手扔进垃圾桶里。但是，过了两个月，即 2002 年 6 月 17 日，收
到先生的来信。读完先生的来信，非常惊讶与感动。信中，不仅充满了关切，
更是一次学术的指导。信不长，我想原样抄录如下，既展示先生的学风与造
诣，更给后学者们看看大师的风范与高度。

永红同志：

感谢你临别送我博士论文《诗筑的远离》，这几天我拜读完了。很佩服你
的学问，读了不少参考书，而且有思想，不人云亦云；论文结构严整，文字流
畅。当今外语学者有如此祖国文学修养，颇为难得。

我对于象征主义诗歌是门外汉。读过一些这方面的作品，但没有深入进去。我这一辈子人与你们经历大不一样。说起象征，我记得最早的印象是中国地图，它像一片海棠叶子，被日本用蚕食政策吞去了一大块。至今哼起"我的家在东北松花江上……"，我就会想起我小时候的奶妈，她是个乡村妇女，不识字，只学唱过"孟姜女哭长城"之类的民歌，可很快她学会唱"流亡三部曲"了。琼瑶的小说我看不下去，也不让孩子看。后来我读了她的自传，发现她的童年和我的童年有不少相似之处。我开始理解她的心境了。我们能要求各位作家都写出《战争与和平》《人间喜剧》吗？记得美国在珍珠港事件后，动员青年参军时，有人说过："对于不同时代的人，历史给他们提供不同的条件，也向他们提出不同的要求！"你文中提到李金发、卞之琳、何其芳等人的思想转变是很有说服力的例子。苏联十月革命后，不少诗人也经历过这种转变。甚至十月革命前后逃到国外的一批诗人，在30年代欧洲大陆上法西斯猖獗，而同时左派影响抬头的时候，不少人开始与苏联接触，与之合作，先后回国参加卫国战争。其中不少人是象征派文人。

文学流派（我不大赞成文学中用"……主义"字眼。因为-ism的意思是相当广泛的。）不能与政治派别相提并论，但我总以为文学不能脱离（大文中几次提到的"超越"）社会的人。文学创作和任何社会行为一样，总该尽量为民造福。现在我国暂时没有战争，经济也较以前发展。但社会上隐伏的矛盾还不少，需要国人清醒地认识到守成不易。《易经》给我们的教育和启示不在于象征，而在于"天行健，君子以自强不息"。中国在20世纪经历了艰苦卓绝的年代，但愿在21世纪中富强康乐。

拉杂写此。对大作来说是门外之谈，但恰是大文触发我的一些"隐约"、"朦胧"的活思想。寄上我的小诗，请批评指正。

向各位老师、朋友问好！《成语词典》顺利否？

另：论文中有数处打印错误，如34页5行"脱变"似应作"蜕变"，2页4行"入彀"似应作"入彀"等。

锡胤 6月15日（端阳）

这封信中充满了对祖国的拳拳之心、对文学的恳恳之见、对后辈的谆谆之意。我们这个时代，是一个物质文明繁盛、精神文明已经起步的转型时期，十分需要像锡胤先生这样的一些大家们的满腔的爱国之情、勤勉的事业之心、对传统文化的深切热爱、对庸俗文学的自觉抵制、对自己职业的精研，以及学贯中西的底蕴、博古通今的视域，作为时代的清醒剂，作为后学者们前行的路标。

回想锡胤先生伟大的人格、渊博的学识、对事业的执着、对青年后学的提携与关爱，尤其是多年来对我本人的鼓励与爱护、对《俄汉双解成语词典》的指导与关心，写到这里，千言万语，都难以抒写我心，德高望重、良师益友、高山仰止等等雅词，都不足以表达我意。想起先生对《俄汉双解成语词典》的叮嘱，想起先生桃李满天下，想起五月哈尔滨满城迷人和清芬的丁香花，我想把我在 2009 年 9 月收到锡胤先生惠寄的诗集《霜天星影》（三个版本都惠寄给了我）并一口气读完后，来不及讲究平仄之规、对仗之要，随心而吟，顺意而作的一首小诗，作为本文的结尾，以表达我对先生的敬佩之心、仰止之情。记得诗词格律书上说过，只要是真情、是实感，平仄、对仗也是可以不讲究的，因循害义不如直抒胸臆。

《谢锡胤先生寄书》

> 语词匠心行字间，
> 瘦影秋霜星满天。
> 千里诗传叮咛意，
> 一城丁香万家甜。

锡胤先生，安息！我们深深铭记您！

2023 年 1 月 5 日，于武昌桂子山

作者简介：刘永红，华中师范大学外国语学院俄语系主任，文学博士。

难忘的谈话，难忘的情

——永远怀念敬爱的李老师

许高渝

李锡胤老师是我国俄语界的老前辈，为中国俄语学科的发展做出了不可磨灭的巨大贡献。1976 年 10 月，由于各种原因南方不少大学的俄语教学仍处于很不景气的状态。我所在的杭州大学也不例外，自 1970 和 1972 年招了两届俄语专业学生后，已数年未招新生，教师的主要工作是翻译俄文的政治类书籍。有一天，教研室的领导冯昭玙老师告诉大家，他浙大外文系的老同学、黑龙江大学的李锡胤教授有可能回浙江工作，这个消息让教研室的老师们都十分振奋，我更是万分期盼着李老师早日到来，除了李老师是俄语界的权威这个主因外，我祖籍绍兴也是一个因素，加上从未有机会见过他本人。没过几天，传来了李老师不来我校工作的消息。虽然这让大家很失望，但我坚信今后总是有机会拜见李老师的。

80 年代中后期和 90 年代初，我曾参加过几次全国性的俄语学术会议，李老师也到会，可是由于他在俄语界有极高的威望，大家都想利用与会的机会向他讨教学术问题，所以我根本没有机会和他交谈，只能远而望之。

2002 年，我申请到了黑龙江俄语语言文化中心的一个课题"俄罗斯心理语言学和俄语教学"，到黑大的次数多了，也就是自那时候起，才有了向李锡胤老师倾心求教的机会。

和李锡胤老师的几次谈话特别让我难忘。

一次是 2011 年 8 月 15 日下午在黑大的大操场边的交谈。那次我到哈尔滨是为了参加黑大主办的语义学会议，由于会议将在市郊伏尔加庄园举行，我们这些与会的外地老师先被安排在外国留学生楼报到休息，在晚餐后再和黑大和其他当地院校的老师一起乘车去庄园。我中午到外国留学生楼报到后，就向会议组委会打听李老师是否也一起去开会。组委会工作人员告诉我李老师这次不参加。"那我下午能不能见到他?"，我请那位工作人员帮助联系。但她打了好几次电话，没有联系上。"那可怎么办呢?"，旁边的另一位工作人员连忙安慰我说，"李老师每天到大操场散步，下午4点左右准在那里，你在那里一定可以见到他"。就这样，我4点钟来到了操场，找了一圈，没有见到李老师，但在一堆人群里有人发现了李师母。我赶紧跑到她跟前，向她打听李老师今天是否来锻炼。李师母告诉我，李老师有点事情，等一下就会来。没过多久，李师母向操场的另一头指了指，"这不，他就在那里"。我赶忙迎上前去，对李老师说，"您每天准时锻炼，真不容易"。他看见我，很高兴地说，"许老师，我知道你要来，本来想去留学生楼看你呐。现在你既然来了操场，那我们就坐在那边的长凳上聊一会吧!"我就跟着李老师在操场边的凳子上坐了下来。

我当时正在写浙江大学外文学科发展史，这次来黑大除参加会议外，也想请李老师谈一下他在浙江大学龙泉分校外文系学习的情况。我是一个讲话不会拐弯抹角的人，一坐下来，就直截了当地对李老师说："我知道您和冯老师在龙泉分校外文系是同学，但我在档案馆的学生名册里怎么也找不到您的名字，是不是漏了?"李老师回答道："你在学校档案里查不到我的名字，这完全有可能，因为我在龙泉分校是借读生"。"啊，原来如此"，我随声叹了一声，我内心责怪自己怎么会没有想到。接着李老师讲述了他于1943年在上海一所中学毕业后考上复旦大学英文系，后来休学回绍，1944年秋，他冲破日伪封锁线到浙江大学在浙西的龙泉分校就读的经过。他一一介绍了教过他的分校老师，林祝梧老师是他记忆最深刻的。他特别详细地向我描述了抗战胜利的消息传到龙泉，全城一片欢腾的场面，这时他的情绪变得十分兴奋，犹如一切就发生在当时，我也深深地被他的激情感染了。接下去他用英语背诵了一首长诗，他说这是当时英语老师在龙泉分校的课堂上教给他们的，他一口气背下来，是那么流利，并带着那么丰富的感情，简直使我忘记，坐在我身旁的是一位八十多岁的老者。我在佩服李老师惊人记忆力的同时，也突然意识到，他在浙大龙泉分校的学习虽然仅仅只有一年多的时间，但对李老师而言，是何等重要! 这一定是他一生中最难以忘怀的时期之一。时间不知不觉地过去了一个多小时，我请李老师一起去餐厅用餐，他谢绝了，我没有强求，因为这是李老师对自己提出的一条生活准则。

过了半年光景，2012年2月10日—12日，我应邀赴黑大参加"俄罗斯《语言学大百科词典》翻译工程"子课题负责人会议。2月10日下午到住宿地（又是在校内的外国留学生楼），不久，李老师就来看望大家了，由于他要看望的人比较多，所以和我交谈的时间很短。他到房间里一坐下来，就和我说了他昨晚做的一个梦，他说，他梦见了龙泉分校的三位老同学（唐梓衍、冯昭玙、吴震）。梦里和他们一起重游西湖，边说着，边从口袋里掏出了一张小纸，上面密密麻麻地写着一些字。李老师说这是他梦醒之后写下的诗，他拿给我看，诗写在一张装袋茶的纸的背面，字虽小，但写得很端正，是七言诗："千红万紫映天青，燕子争泥鱼戏萍。狂喜故人颜色好，同舟轻揖访西泠。"他动情地对我说，这三位龙泉分校求学时期的同学是他经常想起的，可惜他们都离世了，只能以诗来抒发自己对他们的深厚情谊。我问李老师，能不能把这首诗留给我，他欣然同意了，并说，"以后给你写一张大的"，我当然十分高兴，连连点头说，"那太好了"。事后，李老师果然给了我一张重新抄录的那首悼念亡友的诗，并盖上了他的印章。至今，这两张李老师的墨宝我都珍藏着。李老师对龙泉分校老同学的感情十分真挚，我们在他的《霜天星影》诗集中，可以见到他写的另外四首怀念这三位同学的诗。我想，李老师对三位龙泉分校校友的感情，不仅仅是个人之间的感情，也是对那个难忘的战争年代里艰苦学习生活的追忆和怀念。

另外一次印象深刻的和李老师的交谈是在2014年7月20日，在李老师家中。我于7月18日启程赴哈尔滨参加国际应用语言学会议，在参加完20日的会议后，利用晚上空余的时间由黄忠廉教授陪同拜访李老师。李老师在前一两年身体不太好，这次看到他，已经恢复。我们彼此为又一次见面而十分高兴。李老师那天的谈话的兴致很高，声音也响亮，根本看不出是一位近九十岁，又曾经患病的老人。他知道我对他在台湾的经历有兴趣，所以谈话也就讲述他是如何去台湾师范大学（李老师就读时称台湾省立师范学院）学习的，后来又怎么回来的。

抗日战争胜利后，台湾回到了祖国怀抱，行政长官陈仪是绍兴人，李老师父亲和他有点熟悉，这是促成李老师在 1946 年去台湾学习的原因之一。李老师在台湾省立师范学院英文系读了一年专科，并按时毕业。李老师在认真学习专业的同时，积极参与社会活动。1946 年年底，发生了北京大学先修班女生沈崇去看电影途经东单时，被美国海军陆战队伍长皮尔逊等 2 人施行强奸的事件，消息传开后，全国各地爆发了大规模的抗议美军暴行的活动，台湾也举行了游行。李老师因积极参加游行等活动被特务列入了黑名单，情况十分险恶，后来李老师幸运地搞到一张从台北经基隆至福建的船票，终于脱离险境回到大陆。

李老师对他在台湾短暂的经历是十分怀念的，2014 年 5 月底至 6 月初，我去台湾参加学术会议，访问浙大前辈校友和台湾的几所大学，其中也有台湾师范大学。去之前，我把这个消息告诉了李老师，李老师叮嘱我，一定要把台湾师范大学的老校舍拍几张下来，他十分想念他曾经学习过的地方。

自和李老师认识后，李老师一直和我保持着联系。他从年龄上说是我的长辈，就浙大而言，他是长我 10 多届的前辈。他热爱祖国、知识渊博、学贯中西、为人谦和、实事求是、待人真诚、善解人意，他的学养、学识、学风，都是我终身要认真学习的。

虽然我无缘成为李老师直接授业的学生，但我始终把他视为最值得尊敬的老师和人生楷模。他和我的每次谈话，都使我受益良多，尤其是他在谈话里表露的对往年岁月的怀念，对老师、学友、对和他一起共事和战斗过同事、对生活过的旧地的眷恋情怀，更让我永远难忘！

作者简介：作者简介：许高渝，浙江大学外国语言文化与国际交流学院教授、教育部人文社会科学重点研究基地黑龙江大学俄罗斯语言文学与文化研究中心兼职研究员，2016 年被中国俄语教学研究会授予"中国俄语教育杰出贡献奖"。主要研究方向：俄汉语言对比、心理语言学、中国俄语教育史。

"磨而不磷，涅而不缁"

——回忆李锡胤先生

陈学貌

李锡胤先生是我国著名翻译家、辞书编纂家、语言学家，是黑龙江大学资深教授、研究员、博士生导师、博士后合作导师，"普希金奖章"和"中国俄语教育终身成就奖"获得者，是真正的"大先生"、纯粹的读书人、淡泊名利的知识分子……李锡胤先生有着许许多多的称号、头衔和光环，不过我比较喜欢称呼他为"老师"，一方面是习惯使然，另一方面也感觉这样既带有一份尊敬，又显亲切自然。

我与李锡胤老师仅有几面之缘，但这些"慢镜头"似的记忆却是那么清晰、那么深刻，已经永远地印在了我的脑海里。当然，也因见面次数不太多，所以这些记忆显得弥足珍贵。我与李老师最初的一些"见面"都是在俄语学院的走廊里。俄语学院位于黑龙江大学主楼四楼，整层楼的走廊墙壁上都悬挂着诸多俄罗斯文化名人画像和名家画作，在主楼 A417 室旁边的墙壁上还贴有一块宣传栏，上面印有俄语学院所有博士生导师的照片和简介，从南至北来看，位于第一位的就是李锡胤老师。先生比较清瘦，但精神矍铄，微微一笑，又颇显和蔼慈祥。每次走在俄院走廊里，我都会有意或无意地边走边看墙上的照片，那时感觉这些大师离我们那么远又这么近。他们像是一盏盏明灯，为无数后辈学子指引着不断奋力前进的方向。

其实，在课堂上也经常能与李锡胤老师"见面"。李锡胤老师在黑龙江大学教了一辈子的书，学校的许多老师都是他教过的学生。因此，我们在课堂上经常能听到老师们提到李锡胤先生，他们对先生满怀钦佩之情，并勉励我们像先生一样做人、做学问。赵为和荣洁两位老师就经常向我们说起李锡胤先生，言谈中他们的脸上和嘴角都不觉洋溢着对先生的感激和敬佩之情。先生在工作之余颇爱运动健身，习惯在联通广场跑步，雨雪无阻。人们都说，先生常年跑步的身影成了黑大校园的三景之一（也有人说是十景之一）。这些都激起了我极大的好奇心，于是我的心中充满了渴盼，期待有一天能真正见到李锡胤先生本人。

第一次见到李老师的真容是在先生的一次学术讲座上。那是我读本科时的某年冬天，李锡胤老师在汇文楼的一间大教室里给我们做讲座。这次讲座距今约有十年了，讲座的具体内容我已经记不太清了，但是我印象最为深刻的是李老师当时已有八十多岁高龄，仍然坚持站着给我们做完讲座。记得他说站着讲课是他教书以来的惯例。讲座的最后，说到动情处，他还用绍兴家乡话朗诵了一篇古诗文。后来我才明白，这不仅与李老师自己的人生经历有关，也与他的渊博学识有关，更与他的外语教学理念有关。李锡胤先生少年时期读过私塾，国学基础深厚，工诗词、善书法，又精通俄英法三语，真正称得上是学贯中西。先生曾说，"我们中国人必须要学好自己的文化"（杨其滨 2022）。他还在《对翻译的思考》一文中指出，"只懂母语的人很难发掘语言的特点，懂得两种以上语言的人却经常觉察到语言的独特性，特别是从事语言对比研究或从事翻译工作的时候。"（李锡胤 1987：4）其实，每一位外语学习者应该都对这两句话深有感触，我们学习外语绝不是为了抛弃母语和自己的文化，而是为了挖掘语言的特性、彰显汉语之美，为了更好地学习和宣传汉语和中国文化，向世界讲述好中国故事，展现我们的语言自信、文化自信。记得赵为老师也特别强调母语水平对外语学习的影响和制约作用，他多次说过，一个人母语水平的高低决定了其外语水平的高低。就此来看，外语学习者既要注重本专业的学习和研究，同时更应该注重母语和祖国文化的学习和研究。

我读研二时，有一天在学府路下了公交，照例到学府书店前的旧书摊"逛"了一会，刚刚在书摊前站了不多一会，就看中了两本书，一本是《安德列耶夫小说戏剧选》，另一本就是李锡胤先生和张草纫先生合译的《俄罗斯抒情诗百首》。当时心里非常激动，也没有跟摊主讨价还价，花了 10 元买下了这两本书。《俄罗斯抒情诗百首》一书出版于 1983 年，共收录 28 位诗人的 100

首诗作。通过阅读此书，读者既能对 19 世纪和 20 世纪初期的俄罗斯抒情诗"有一个比较全面的概念"，也能体会到两位先生不同的译诗理念："重诗律"和"求意境"。这本小书开阔了我的视野，让我了解了除普希金、莱蒙托夫、涅克拉索夫、勃洛克等著名诗人之外的其他许多知名和不知名的诗人。在此前后，我还读过李锡胤先生的其他作品，比如文集《李锡胤集》和译著《翻译算法》等，在荣洁老师的文学课上读过李锡胤先生译注的《伊戈尔出征记》，并与魏荒弩先生翻译的《伊戈尔远征记》进行了对比阅读和讨论。

记得有一次，学校需要为一些著名专家学者填报信息，院里派我负责搜集和整理李锡胤、华劭、金亚娜三位先生的信息，我因此十分荣幸地获得与这些俄语前辈和大师近距离接触和交流学习的天赐良机。我非常珍视这次机会，提前通过电话与三位先生一一约好见面时间，并在网上大致浏览了他们的学术简历等信息，做到心中有数。一切都进行得很顺利，记得去拜访李锡胤先生时，他亲自在电梯口接我，没有一点"架子"。先生的房间陈设尽显朴素和整洁，先生及其夫人待人也都极其真诚亲切，与他们谈话让人感觉很轻松自然，像是相识已久的好友。

过了些日子，李老师不知有什么事自己一人来到院办。恰巧，此前几日，办公室收到了先生的诗稿《霜天星影》的一批样书，特意给先生留了两本。念及先生年事已高，学院委派我护送李老师回家，并多拍些照片。我原想陪李老师坐电梯下楼，但先生却说不用，坚持要走楼梯，还说自己身体很好，让我不用担心，边说边做出奔跑的姿势，原地跑起步来，这一刻我仿佛看到了先生在联通广场跑步的情景。于是我扶着李老师，从楼梯一步一步走下来，出了主楼正门往右一拐有一条靠背长椅，我提议李老师休息片刻。在长椅上我大着胆子向他请教一些问题，还说了些家常话，当然也谈到了他的诗稿《霜天星影》。聊了一会，李老师要把他手中的一本样书送给我。我一看先生自己也就只有两本，虽然很想要，但也不想"夺人所爱"，于是谎说自己已经在办公室领了一本，请他自己保存好手中的这两本样书。虽然事后我也向负责领导要了一本，但总感觉少了点什么。从校园走到家属区时，李锡胤老师说要塑封一个文件，于是我带他到最近的一家打印店里，塑封完成后，李老师准备付款时发现我已悄悄付了款，他坚决不让我"破费"，硬是将塑封费还给了我。后来，在路上又遇见了袁长在老师，李老师与他交谈甚欢。因为我"身负使命"，所以趁机给两位先生照了几张合影。

有一天，我正在办公室忙着工作，突然听到有别的老师说李锡胤老师找我，我赶紧起身去迎接李老师，只见他手里拿着一张不太大的纸。这是他要送给我的一幅字，我打开来看，米黄色的宣纸上写着十六个大字："不曰坚乎，磨而不磷；不曰白乎，涅而不缁。"左下角落款"李锡胤书与学貌同志共勉"，落款下方钤盖一方朱文印"李锡胤"。但李老师并没有书写日期，于是我用铅笔将收到赠字的那一天轻轻地小心地写在了印章旁边，以作纪念。李老师非常贴心和细心，特意将这幅字的出处标注在了末尾处。这是出自《论语·阳货》中的名句，后来逐渐演变为成语"磨不磷，涅不缁""磨而不磷""磨而不磷，涅而不缁"等，比喻人品质高洁、意志坚定、不受外界环境的影响。我认为这恰恰是对李锡胤先生学品和人品的总结和评价。收到李老师的赠字，我内心当然非常感动和激动，连声道谢。最让我意想不到和惊喜的是，李老师居然一下子就记住了我的名字，并赠给我他的亲笔题字，作为晚辈，何其有幸，何其感动，何其激动！

隔天，我也写了两首打油诗回赠，但由于没有留底稿，具体的诗句现在已经记不真切了，主要是表达了两种情感：一是对李老师的衷心感谢，二是自己要以李老师为榜样，向他学习。过了几天，李老师又来到学院办公室。我因为不会写书法，也没有宣纸，就用签字笔规规矩矩地将自己那不成熟但诚意满满的打油诗，写在 A4 打印纸上，趁机送给了他，向他表达了衷心的感谢。李老师收下了，但我总觉得"对不起"他，毕竟打印纸和宣纸并不"对等"。

后来，听说李老师以 89 岁高龄办理了退休手续，离哈南迁。再后来对李老师的消息虽偶有耳闻，但始终未曾有缘与先生再见一面，实为遗憾！直到 2022 年 9 月 5 日，在朋友圈看到多位师友转发关于李老师的纪念和回忆文章，才惊闻他已经永远地离开了，我们痛失一位老师、先生、"校宝"……

这些本来是再普通平常不过的几件点滴小事，在历史的巨大洪流中几乎可以忽略不计，但李锡胤先生的言行、精神以及与他的短暂交往，都深深地影响了我，并且仍在持续影响着我和其他人的一生。今天，先生的故事和精神在某座中原小城的课堂上仍在继续讲述着。李锡胤老师走了，但他的高贵精神永存，我想这就是黑大俄语精神的代代传承吧！

参考文献

[1]李锡胤.对翻译的思考[J].外语学刊(黑龙江大学学报),1987(2).

[2]杨其滨.李锡胤:纯粹的灵魂 奉献的一生[N].中国青年报,2022-10-19
(6).

作者简介:陈学貌,河南大学俄罗斯研究中心讲师,外语学院博士后。主要研究方向:俄罗斯文学与文化、俄罗斯民间文学。

霜天星影 致敬吾师

李战子

2014 年春在上海李老师女儿家中

认识大名鼎鼎的李锡胤教授是在世纪之交，李老师的挚友、我所在学校的徐翁宇教授问我：有没有考虑去黑龙江大学做外国语言文学的博士后，博士刚毕业的我，正是做研究趣味盎然的时候，欣然接受了这个机会。给李老师打的头几个电话，我对"李战子同志"这个"俄式"叫法还很不习惯，可是后来这就成了独一无二的来自李老师的称呼了，听起来就是那么的亲切！电话里他回答了我的一些琐碎的问题，如关于去黑大做博士后的时间和手续等，但仅仅从这种就事论事的电话，你是听不出要结识的是那样一个伟大的人物的。

去哈尔滨前我把头伸进冰箱冷冻室——当时的冰箱冷冻室是在上面的，想体会一下零下十八度是什么感觉，到了黑龙江大学李老师的家里，那种温暖如春的感觉，让我觉得自己是个傻子。虽然外面还是很冷的，但李老师简朴的小屋子里，一派暖洋洋的，是暖气，更是他见到年轻后学时由衷的开心，他那温暖的气场，仿佛融化了所有的冰雪。

也就去了三四次吧，每学期去黑大一周多时间，去他那里汇报学习，我们聊个不停，他知识渊博：文学、语言学、翻译，在他那里这些没有什么截然的划分，他还对人工智能和翻译有强烈的关注和深入的研究，这体现在相关的语义学和形式逻辑方面的论著上。这真是神一样的思维啊，就在几年前，他还在黑大给学生讲形式逻辑和语义学的课！而他翻译起俄语和英语的诗也是驾轻就熟，他特别和我推荐了阿赫玛托娃的诗，这里面有多少勤奋和才华的代入，也有我所了解的李老师独特的心路历程。从那个特定年代一路耕耘过来，有时想要弃文学而做点语言和翻译研究等"实事"，但深厚悲悯的人文情怀让他终于不能放弃对文学的热爱，他就是这样一个外国语言文学博士后站的"合作导师"！

做博士后的时候，因为报销路费和书报费等杂事，要和学校的机关打一些交道，当时我在这方面经验值极低，有时会因为没有耐心在李老师那里嘟囔几句，他老先生没有对我循循善诱地进行说教，而是想不到的，好像很欣赏我的样子，笑容可掬地说："李战子同志，你的性格很好"。"你这样很好"——这真是奇妙的教导方式，让我领悟到其实什么事都没有，是自己不了解机关的忙碌，有点没耐心罢了。李老师这种欣赏式的教导，现在想来，才是润物无声的育人之道呢。果然各种事项都在研究生处的帮助下妥妥地解决了。

在黑大停留期间，李老师亲自领我去了学校的图书馆，馆里新到的书还没登记，就可以让我借来先睹为快，还让我参加了一个博士论文的开题，和一屋子俄语系的老师们坐在一起，很有融入感，这大概也是李老师希望给我的感觉吧——希望我汲取一份黑大光荣悠久的学术传统。他送我的黑大老校长《王季愚文集》我一直放在书架上并早已通读。他早些年新年寄来的贺卡也是印有黑大校训的明信片。

难得的是，和李老师之间有非常难忘的互动。他亲自给我的书《话语的人际意义研究》写了热情洋溢的序言，谈到了学术对话的重要性，并向我的博士导师胡壮麟教授致意；我和我爱人的译作《上帝之城》，他亲自写了书评；连我儿子的小说，他也细读之后挑出了文字上的十几处问题列出清单给我，供重印时更正！读了李老师的诗词兼书法体自传《霜天星影》，膜拜之余，我写了《〈霜天星影〉：澄澈之境》的论文并发表。像他这样的旷世才思和高贵情怀，今生能以"合作导师"的名义相遇，是我们做学生的多大的幸运！

李老师，我和我爱人经常这样谈到他，虽然学生也经常这样叫我，但自从结识了李老师，这个称呼在我们家就是他的专属，这是多么奇妙的能指和所指！2014 年四月间去上海他女儿家看他，李老师和师母热情地接待了我们，李老师一开始对我爱人说，你儿子都这么大了！师母在一旁纠正，这是他爱人，我们笑而不语。也许是好久不见了，他的高龄让他有些许的恍惚，但那并不影响我们的交谈，他又拿出早就签好字的《数理逻辑入门》送我，谈天说地的，时光并没改变我们之间浓浓的师生情。

作者简介：国防科技大学国际关系学院教授，博士生导师。北京大学英语语言文学专业博士。教育部高等学校外语教学指导委员会英语分委员会委员。曾担任功能语言学研究会副会长。在国防语言、话语分析、功能语言学和军事外交话语研究领域发表论文九十余篇，著有代表作、博士后著作《话语的人际意义研究》和国家社科基金著作《跨文化自传与英语教学》，以及《外交外事礼仪》（主编）、《语言学教程》（第一章）、《语言学高级教程》（第一章）和《系统功能语言学概论》（第十章、第十一章）等国家级规划教材。获评全军优秀教师、国防科大优秀教师、国防科大优秀研究生导师等。

李锡胤：永远的"大先生"

杨其滨

9月5日上午，黑龙江大学资深教授、中国著名语言学家、辞书编撰家、翻译家、全国人大代表、国务院政府特殊津贴获得者李锡胤先生因病不幸辞世，享年97岁。

噩耗传来，沙曼笼悲，师生倾泪！

巨匠陨落，草木知秋，万花低垂！

学生们所敬重的"凡尼亚"老师走了，他们再也无法聆听恩师的谆谆教诲！黑龙江大学最忠诚的"老学生"走了，联通广场上再也看不到他跑步的身影！

所幸笔者几年前曾赴上海拜访先生，并留下了大量先生的影音和文字资料，加之日常搜集整理材料，遂将李锡胤先生的故事迅速整理出来，一则告慰先生，二则与大家共勉。

说起李锡胤的名字，大家首先想到的是俄语，那部《俄汉详解大词典》，足以让他的名字响彻整个俄语界。但大家不知道的是，除了俄语，先生还精通英语和法语。多年来他译自俄语的作品有：《聪明误》、《伊戈尔出征记》、《俄罗斯抒情诗百首》、《俄语语法》（参译）、《词的语法学说导论》（参译）等；英语译著有：《老人与海》《伊诺克·阿登》《翻译算法》；法语译著有：《现代逻辑》《数理逻辑入门》等。

在黑龙江大学，很多人都知道，先生擅长书法，又非常"好说话"，大家经常向他求字，装裱起来挂在办公室。但是大家不知道的是，先生除了书法，还精通篆刻，更喜爱诗词歌赋，自己著有诗存《霜天星影》。

先生知识广博的程度令人惊叹，他在语言、国学等人文领域取得显著成就的同时，对数理逻辑这样的艰深学科也颇有研究，他关注计算语言学、自然语言处理中新技术新理论新方法的应用，成为中国外语界计算语言学研究和教学的先行者。

艰辛求学

1926 年 5 月，李锡胤出生于浙江绍兴，少年时期读私塾长大，这也让李锡胤奠定了最扎实的国学基础。他说："我们中国人必须要学好自己的文化，要读古人的书，要直接与古人为友。"李锡胤背过两三千首古诗词，九十多岁的时候，许多古文篇章仍然张口就来、倒背如流。李锡胤告诉笔者，这些古诗词小的时候都是"唱"着背的，在吟唱中慢慢就扎根在心里了。

走出私塾的李锡胤先后在绍兴稽山中学、上海东南中学读书。中学毕业后，李锡胤先是在上海复旦大学英文系学习，由于战乱等原因，又辗转浙江大学龙泉分校外语系、台湾省立师范学院英文专科学习英语，后又考入燕京大学社会学系，师从于费孝通先生学习社会学。

新中国成立后，国家急需大量俄语翻译人才。1950 年，王季愚校长和熊映梧老师到燕京大学招生，李锡胤早想学习俄文，又听说哈外专是一所革命干部学校，他毅然报名，要到哈尔滨外国语专门学校（黑龙江大学前身）学习俄文。他回忆说："出关有点凉意，可参加革命这一意识，像一股暖流在车厢里激荡。"

在哈外专，李锡胤碰到王季愚、赵洵两位恩师。有两位老校长的引路，有高水平师资的培养，李锡胤在哈外专接受了最高水平的俄文教育。李锡胤废寝忘食、潜心学习，加之语言上的天赋，他很快就成为哈外专的青年骨干。

潜心育人

1952 年秋，李锡胤在哈尔滨外国语专门学校毕业后，留校在编译室工作，并担任俄语助教。李锡胤清晰地记得他所带的第一班学生是八级部的 112 班。每天的早自习和晚自习，李锡胤都要到教室"查堂"，解答学生的疑难问题，检查学生作业的完成情况，风雨不误、节假不休。学生们非常喜欢这位极其认真的"小老师"，都亲切地叫着李锡胤的俄文名字"凡尼亚"。

1953 年春节前后，112 班学生奉命转到大连俄专，然后陆续被派往抗美援朝前线。学生们兴高采烈，大有枕戈待旦的气概。回忆起这件事儿，李锡胤曾说："吃过晚饭，我送这批学生到哈尔滨火车站，他们齐声用俄语唱着《青年进行曲》，那是二战时期苏联青年奔赴战场前向家人告别时唱的歌，'别难过，莫悲伤，祝福我们一路平安吧！'我相信，这就是青春，这就是生机。青春决不在声色犬马，生机决不在利禄声闻！"多年后，李锡胤一致惦记着这些学生，他说："不知道我的那些上战场的学生们是不是活着回来了，没有了他们的消息是我最大的遗憾！"

像对待他的第一班学生一样，李锡胤把自己最真挚的情感、最渊博的学识都奉献给了他的学生，把毕生精力都奉献给了他所热爱的俄语教育事业。对俄语教学，他，呕心沥血、披荆斩棘；对单位同事，他，热情诚恳、严谨谦虚；对后辈学生，他，循循善诱、孜孜不倦。担任博士生导师的李锡胤说："当博士生导师是一件任务，不是'待遇'。这任务不轻松。光荣吗？要看干得怎么样：可能光荣，可能不太光荣，可能很不光彩！"他说："我不懂教学法，但我坚持两条：一条是循序渐进，一条是以身作则。"

李锡胤用一生在践行着这两条属于他自己的教学法。李锡胤还教导学生们："可以不发财，可以不当官，可以不成名，但一定要做一个对祖国有用的人！"他先后指导蒋国辉、易绵竹、吴国华、王松亭、傅兴尚、荣洁等博士研究生，柳艳梅等硕士研究生，还曾是吴军、许汉成、许宗华、李战子、黄忠廉、韩习武等诸多学者的博士后合作导师。

2016 年 11 月 19 日，在北京大学隆重举行了中国俄语教学研究会成立 35 周年纪念大会，此次大会为德高望重、桃李满园、为中国俄语教育事业辛勤工作 50 年以上的前辈学者颁发了"中国俄语教育终身成就奖"，李锡胤名列其中。李锡胤的学养、成就和品德堪称学界楷模，曾获得全国优秀教师、俄罗斯普希金奖章等多项荣誉。

倾情辞书

20 世纪 50 年代，新中国俄汉词典编纂事业的萌芽孕育在哈外专，李锡胤、潘国民等辞书专家，在俄语词典编纂先驱——老校长赵洵的带领下，开始了俄汉词典的编纂工作。1950 年，哈外专成立了编译科（后改名编译室），专门负责编教材、词典和译学术专著、文学著作等工作。很多人都知道编译室工作辛苦，身份上又属于教辅人员，不太愿意去，而更愿意在俄语教学工作的第一线上。但是李锡胤选择了遵从时代的召唤、服从组织安排，同意到编译室工作，毅然地接过了学校交给他的词典编写任务。

1951 年，赵洵开始主持编写《俄汉成语词典》，主要由苏侨教师从原著中收集材料，中国教师负责翻译、编纂，李锡胤正是其中的骨干之一，该词典于 1958 年出版。期间，为了解决学生同义词辨析和词的搭配问题，赵洵还带领李锡胤、潘国民试图编纂《俄汉搭配词典》，遗憾的是终因种种原因未能问世。

1958 年，李锡胤、潘国民、秦万年三人联名写信给赵洵，建议用翻译代替自己收集语料、编写的方法，编写《俄汉详解词典》。赵洵回应说："一个人一辈子干不了许多事，编词典是很有意义的！"雷厉风行的赵洵老校长立刻决定一定要把词典编出来。但令赵洵和她的弟子们所意想不到的是，这本词典直至 40 年后的 1998 年才得以出版，期间因为下乡办学、辞书所解散、赵校长蒙冤入狱等原因曾几度夭折。

1975 年，在广州召开全国辞书规划会议，辞书编纂的春天悄然到来。李锡胤与会并领回编写《俄汉新词词典》（1978 年出版）和《大俄汉词典》（1985 年出版）两部词典的任务。之后又在赵洵的带领下克服重重困难，译审完成《苏联百科词典》。此时的李锡胤已经年近六十。但在黑大辞书人的心里，《俄汉详解词典》像一束光，照耀着他们前行，一步也不肯停歇。预料到短期不会再有这么多从事俄语教学、编俄汉词典数十年的人，他们表示"有责任留点东西给后人"。

李锡胤亲自赴京请老校长赵洵出山，邀请她担任主编，搭建词典编写班子，帮忙解决经费问题；同时，又邀请阎明复担任词典顾问，帮忙沟通解决困难问题，联络出版社。编委会上，李锡胤做学术报告，大胆地提出了词典编纂的蓝图。已望七高龄的赵洵曾说过："我在和死神赛跑，我希望死神到来之前把这个四卷本编完"，"如果我看不到词典，请把词典放在我的遗像前面"。遗憾的是赵洵校长没能等到《俄汉详解大词典》出版，1988 年 12 月 14 日，因突发心脏病与世长辞。

但是李锡胤、潘国民没有忘记老校长的嘱托，为了这部词典李锡胤联系文化部外联局，将词典列为中苏两国文化部共同出版项目，又联系国家教委将词典列为中苏两国教委共同编写项目，并同商务印书馆的同志一起会见俄语出版社的纳扎罗夫社长，以寻求苏方的帮助。后来辞书所的同事们回忆：李锡胤也是六十多岁的人了，为了节省开支，他四处奔走却连"打的"的钱都不舍得花。

就这样，李锡胤、潘国民以及赵洵老校长的一众弟子，他们坚守着对老校长的承诺，一面奔波联络、四处求援，一面午夜一灯、晓窗千字，终于完成了老校长的遗愿。这部经历了 40 年编纂时光的《俄汉详解大词典》终于问世，成为当时国内收词最多的一部双语工具书，该书获全国辞书奖和国家图书奖。李锡胤也因为在辞书领域所作出的卓越贡献，获得了全国资深翻译家、首届辞书事业终身成就奖等荣誉。

面对着辞书领域所取得的成就，李锡胤却说："我编了 40 多年的俄汉词典，这是时代的需要，不是我个人的成就。""我只是大词典中的一条小爬虫，幸亏有党的领导，没有迷失方向。我没有做对不起人、对不起人民和对不起党的事儿。"

学贯中西

李锡胤的弟子、广东外语外贸大学黄忠廉曾撰文说："在黑龙江大学，这齐飞的群雁中，那只领头的便是李锡胤，他是一面旗帜，一支标杆，一张名片。凡俄语界，甚至是英语界，进而语言文学界同人，均仰慕之。"这一点，几乎是所有认识李锡胤人的一个共识。他的好友周退密赋诗赞誉其，"学贯中西一代宗，文星灿烂耀长空"。广东外语外贸大学陈楚祥教授则赞其，"学贯中西富五车，诗词书法见真功"。

工作之余，李锡胤十分重视中华优秀传统文化的传承，诗词与书法几乎融入他生活的点点滴滴。参加词典工作会议，他写下"何当报捷重经过，不负高天日正明"的诗句，以表达其振奋之情。在呈丁声树、吕叔湘、李荣诸公小诗中，他写下"语学新年思老辈，诸多题目待开山"的诗句，表达了对老一辈语言学家的敬重和投身语言学研究的万丈豪情。参加画展归来，他也要写下"亦是画师怜我老，殷勤彩笔示天姿"的感叹。

李锡胤坚信，"只有当中国文化的精髓引领人类文明时，世界历史才能找到自己真正的归宿"。对于汤因比这句话李锡胤极为赞同，他认为汤因比真正看到了我们中国文化的深刻内涵。

李锡胤一直主张他的学生，不仅要学好语言，更要培养自己的逻辑思维，他说："哲学是用哲学语词写出来的数学式子，数学是用阿拉伯数字写出来的哲学论式。我建议外语系的学生必须修逻辑学、心理学和离散数学。"他还主张将数理逻辑应用于语言研究，一直参加和指导黑大机器翻译研究，并培养出一大批中青年计算语言学者。

教育部计算语言学家冯志伟教授和北大数学家马希文教授曾赴黑龙江大学参加英汉机器翻译系统的鉴定会议，李锡胤登门向他们请教一些关于机器翻译技术的问题，并谦虚地表示，自己对于数学和计算机都是外行，不过他愿意更新知识，关注机器翻译这样的语言学新技术。回京不久，二人就看到一本关于数理逻辑的专书，作者竟然就是李锡胤教授。冯志伟回忆说："我估计我们在哈尔滨给他介绍的有关机器翻译的那些粗浅的常识，他其实早就进行过精透的研究和深入的思考了！"

"后来李锡胤向我介绍了图佐夫基于函数的语言信息处理理论和实践操作模式，建议我读一读图佐夫的《语言的数学模型》和《俄语计算语义学》，使我对于计算语言学当前在俄罗斯的发展有了清楚的认识，眼界更加开阔了。近年来，我国计算语言学界对于欧美的计算语言学研究很关注，基本上不了解俄罗斯的计算语言学研究，李锡胤教授为我打开了俄罗斯计算语言学的大门。"冯志伟回忆说。

心系国家

李锡胤一生都将党和国家放在心中最重要位置，十分感怀祖国的日益强大。他说："我们学习和研究不是为了人的功利，而是为实现毛泽东同志号召的'为人民服务'。""中国共产党领导人民为祖国开辟了广阔的道路。在这历史洪流中，我得以足衣足食，并能'行有余力，则以学文'，深感荣幸。而我对人民的回报微乎其微。"

李锡胤改写南社词人刘约真先生的"未报春恩，化作春泥补"为"未报春恩，愧说春泥补"，并说"我的几块'干泥巴'也太贫瘠了！"李锡胤曾经对他的关门弟子宋宏说："我们生在这个社会，就要多为这个社会做出贡献，要为人民服务。只有这样，社会才能进步。不该抱怨条件不好，不能被现实条件束缚，能尽多少力量就尽多少力量。我们不动摇，只要对人民有好处的就干。"

李锡胤就是这样一个纯粹的人，他的笑容永远是最真挚的！在他眼里，真心实意、平等待人永远最为重要。他坚持以"同志"称呼他人，无论是同事，还是学生；他总是以"老学生"自称，无论是前辈，还是后学。钱冠连评价说：先生属于"真淡心人也"，其典型特征是看透、看开、看淡、不争，真正做到了"以其不争，故天下莫能与之争"。

同样看淡的，又岂止是名利？先生还看淡了生死，能够坦然面对。或许是感叹自己的"风前残烛"，李锡胤在自己的书柜上，早早地贴上了自己的"遗嘱"，他写道："我年将九十，此生经历抗战胜利、全国解放；至今国泰民安、不断进步。生老病死人生常事，夫复何憾。我病危之日，拒绝治疗，不大量输血，不换内脏，于国于己庶免重负"。他说："我不怕死，我都九十多岁怎能怕死？我不怕活，今天的幸福生活这么好我怎能怕活？我最怕半死不活，给党和国家增添负担！死后不举办丧葬仪式……"

李锡胤静静地走来，他怀着对祖国的极度忠诚、对事业的无限热忱、对未来的美好憧憬永远地离开了我们！如先生所愿，不给党和国家增添负担，没给学校亲朋带来麻烦！

云山苍苍，江水泱泱，先生之风，高山景行！

桃李不言，下自成蹊，先生之德，朗月清风！

教师节来临之际，致敬李锡胤！致敬大先生！

作者简介：杨其滨，黑龙江大学党委宣传部部长。黑龙江省网络思想政治工作中心主任，全国高校思想政治工作网特聘专家。主要研究方向：黑龙江大学校史、思想政治教育。

落红不是无情物，化作春泥更护花

易绵竹

　　"师者，所以传道、授业、解惑也。"李锡胤先生作为我的授业恩师，不仅传我学问之道，也教我为人之道；不仅解我学问之惑，更解我人生之困。在我处于弱冠尚未而立之年岁，先生对我悉心栽培，既奠定了我的学术根基，也铸就了我的人格底色。

　　清晰记得，1985 年我在原洛阳外院读大三时，在学校书店购得由李锡胤先生译注、商务印书馆 1983 年出版的俄汉对照注释读本《聪明误》，由此便知先生尊姓大名。哪曾想，时隔四年我从南开大学硕士毕业考取先生门下博士研究生，有幸成为先生的入室弟子。回想 30 多年来向先生当面求教、与先生通信或通电交谈的桩桩往事，深切感受这确是冥冥之中命运之神对我的眷顾。

　　那是 1989 年 3 月上旬某日晚饭前，我和室友拿着饭碗去学三食堂，习惯性地先到研究生宿舍楼下玻璃橱窗浏览当天的报纸，偶然在《光明日报》广告栏发现黑龙江大学的招生简章，先生的大名再次映入眼帘，按捺不住心中一阵欣喜，当即对室友说我想试试报考黑大俄语语言文学专业博士生。这位室友是英语专业硕士生，比我年长 3 至 4 岁，曾在辽宁抚顺石油学院任教，他在鼓励我报考之余还说：黑大俄语专业可厉害哟，以前与导师见过面吗？我听出了他的言外之意："以你在南开所学知识报考黑大俄语博士有难度啊！"晚饭后与室友一同回到宿舍情绪有些低落，我对毕业后何去何从这一事关个人前途命运的重大问题思虑再三，暗下决心报考试试，抱着初生牛犊不怕虎的勇气，斗胆提笔给素昧平生的李先生写了一封信，第二天就到学校邮局寄出。在信中先自我介绍一番，谈了自己在本科阶段和研究生期间的学习成绩，吹嘘拜读了先生若干论著［坦白说，我没有读完先生译注的《聪明误》，对所读内容也一知半解，但在确定以俄语中的 паронимы（形似词/易混词）为硕士论文选题后，研读并援引了先生几篇有关词汇语义学的期刊论文］，强烈表达了自己对黑大俄语专业和导师的仰慕之情，决意报考博士研究生。约莫过了一个礼拜先生回信表示欢迎报考，让我把已成型的硕士论文复印一份邮寄给他看看。

颇费周折填报并提交考博相关手续之后，我寻得一间僻静的教室复习备考，猛攻 1980 版苏联科学院两卷本《俄语语法》和招生简章所列其他专业书籍，通读新概念英语课文，背记便携式英语小词典。6 月中旬我从天津奔哈尔滨赴考，可能是研究生处告知李先生我已到校，一天清晨朦胧中听见有人敲门自报姓名，我猛一激灵醒来，没想到开门迎进的就是未曾谋面的李先生，慈眉善目，精神矍铄，如挺立山松。先生见桌上摆着几本书，问我是第一次来哈尔滨吧，建议我到松花江边去转转放松一下，这让我因应考而紧绷的情绪轻松了不少。笔试和面试考完第二天，我准备返回天津，临别时先生对我说不必担心这次考试，并赠予我一本先生翻译带签章的《老人与海》，从先生的话语中我暗自揣摩考试成绩也许还凑合吧。7 月上旬我收到黑大挂号邮寄的录取通知书，考博如愿以偿！

根据通知书要求，我 9 月上旬来黑大研究生处报到，被安排与四川老乡蒋国辉大师兄同室，他比我年长十几岁，下过乡、拉过纤、挖过煤，讲一口纯正的川普（四川普通话），同乡同门相处一室甚为融洽。蒋师兄是李老师招收的第一个博士生，当时基本完成学位论文，正在修改完善准备来年答辩。他对导师的为人治学赞不绝口，说李老师何啻是外国语言文学教授，在中文系可以当教授，在哲学系和数学系可以当副教授。师兄所言在我跟随先生学习那几年有着切身体验，记忆犹新的情景是先生手持卡片讲授《数理逻辑》，板书推导公式，启迪学生从数理逻辑视角思考语言学问题的求解路径。

开学后第一次到李老师的辞书所办公室，看见屋子里摆放好几个纸箱，那里面装着用于编纂四卷本《俄汉详解大词典》的一捆捆卡片，李老师作为主编要对每个词条逐一审校，看得眼底出血，可想词典编纂工作之艰巨。根据第一学年博士专业课程安排，华劭老师讲授《普通语言学》，张会森老师讲授

《俄语语法》，李老师为我开设两个学期的专业导读课。

大家知道李老师通晓俄、英、法等多种语言，他专门为我设计的专业导读课，先看英文原版语言学著作，再读俄语专业书籍。导师约定每周三下午三点钟，让我带着读书笔记到他家书房汇报心得，每次去书桌旁都有一杯为我沏好的热茶，感觉到心里暖融融的。我阅读了乔姆斯基的转换生成语法、菲尔默的格语法等著述，研读了法德语言学家的依存语法和配价语法、莫斯科语义学派和国内汉语学界的代表性论著，这不仅拓宽了我语言学研究的学术视野，也慢慢让我领会到先生有意引导我从事计算语言学研究的良苦用心。导师和我商量以俄语三价动词句法语义研究作为学位论文选题，第三学期开题之后即动笔撰写，半年多时间完成了论文初稿，每写完一章交给导师审读修改。

1991 年秋季，根据黑龙江大学与伊尔库茨克国立大学校际交流协议，我随伊尔库茨克国立大学留学生代表团赴苏访学。十月的哈尔滨已寒意料峭，学校派车晚饭后送代表团到火车站，临行前李老师来到车门边紧握着我的手说，伊尔库茨克虽是"十二月党人"流放地，条件可能艰苦一些，但苏武曾在附近的贝加尔湖畔牧羊呢，他叮嘱我要多向俄罗斯学者咨询请教，争取把基本成型的学位论文转写成俄文，尽管中文稿修订之后也可提交答辩。

初到伊尔库茨克确实有些不适应，我住在离学校本部较远的位于半山腰的学生公寓。我把在那边的学习和生活情况写信如实告知李老师，至今记得他在回信中鼓励我的一句话："Master your Russian language."，他还托熟人从哈尔滨捎给我一罐听说是他亲手炒的花生米，吃在嘴里暖在心里，亦师亦父之情终生难忘！访学一年之后回国，我未敢辜负李老师的期望，将用俄语撰写的论文打印稿呈上，得到了导师组主要专家首肯，1993 年春季在黑龙江大学顺利通过答辩。

承蒙伊尔库茨克国立大学语文系专家的鼎力推荐和黑龙江大学各级领导的大力支持，我回国之前向普希金俄语学院提交的答辩申请已获该校学位委员会批准，在国内答辩之后不久，我即以博士学位应考者身份再赴莫斯科。1989 年仲秋时节，李老师曾邀请普希金俄语学院教学词典学家莫尔科夫金教授（В. В. Морковкин）来黑大辞书所进行学术交流，学术活动之余组织游览太阳岛，让我作陪同翻译练习口语。他俩学术兴趣相近，性格脾气相投，可谓莫逆之交。李老师叮嘱我多向莫尔科夫金先生请教，对原论文所涉及理论与应用相关问题进行深化和细化拓展性研究，接受俄罗斯一流语言学家的检验。1993年暑假前，我提交的以 «Трёхместные глаголы современного русского языка в системном рассмотрении» （《现代俄语三位动词系统研究》）为题的论文通过了预答辩。根据普希金俄语学院各位专家的意见和建议，经过近一年时间修改完善，拙文于 1994 年 6 月 15 日通过了由俄罗斯科学院语言学研究所和俄语研究所、莫斯科国立大学语文系、莫斯科语言大学等单位的专家组成的答辩委员会的评审检验，所申论的主要观点受到了与会专家的肯定与好评。

尤为感念的是，在我的正式答辩会前两天，黑龙江大学时任副校长陈震先生率团赴俄声援，与时任俄语系主任阎家业先生和李老师一道，从哈尔滨出发经由哈巴罗夫斯克飞抵莫斯科。吃完晚饭后，李老师不顾旅途劳顿和 5 个小时的时差影响，让我把答辩委员会专家的评阅意见书送到他房间，听说他看完这些材料才躺下休息。我们都知道李老师作息很规律，我至今留存莫斯科大学语文系 М. В. Всеволодова 教授写的长达 17 页 A4 纸评阅意见书，不知老师当晚几点钟才入睡，第二天早上吃饭时老师对我说："我这次来也是受审的，不是来玩儿的。"（大意如此）在正式答辩会上，李老师代表黑龙江大学用俄语发言（题为 «Выступление по диссертации докторанта И Мяньчжу в Институте русского языка имени А. С. Пушкина»，载《外语学刊》1995 第 4 期），表达了对答辩委员会专家的诚挚谢意，阐明了俄语格语法范畴（表层格）与菲尔默格语法（深层格）之间的关系。回忆此情此景，我深深领悟到李老师作为语言学家所特有的深厚学术修养和宏阔学术视野。答辩会后第二天，黑龙江大学在中国驻俄罗斯大使馆举办招待会，所有答辩委员、普院领导、使馆教育处领导应邀出席，陈震副校长在招待会上发表了热情洋溢的讲话。

与答辩相关的事项结束之后，陈震副校长和阎家业主任办完公务即启程回国，李老师则留下与莫尔科夫金教授开展词典学合作研究工作。暑假期间，我和王松亭、赖天荣陪李老师，到市区拜会了老师在哈外专读书时的苏联外教，先后从莫斯科乘电气火车到图拉市亚斯纳亚-波良纳（Ясная Поляна）拜谒托尔斯泰故居，乘高速列车到俄罗斯科学院圣彼得堡分院语言研究所进行学术交流，参观了俄语词典编纂室（看了专家们的手抄词条卡片和一排排高耸的词条编目卡片壁柜，非常震撼），工作之余还游览了夏宫、冬宫、普希金城、叶卡捷琳宫、阿芙乐尔号巡洋舰等名胜古迹，师生同游，其乐融融，美好时光记忆犹新。

暑期还有一件难忘的事，时任俄罗斯科学院语言学研究所所长、著名汉学家宋采夫（В. М. Солнцев）通讯院士，设家宴款待李老师和黑大 10 余名留学生，时任普希金俄语学院院长科斯托马罗夫（В. Г. Костомаров）夫妇应邀出席。在宽敞的客厅摆放一张长条桌，俄式和中式菜肴丰盛，宋采夫先生拿出珍藏的自酿酒请大家开怀畅饮，记得李老师没喝酒只饮了克瓦斯，酒过三巡气氛热烈，老师从座位上站起来，用中文深情吟唱苏轼的《水调歌头·明月几时有》，那曲调迥异于后来流行歌曲的唱腔，很惋惜现场没有录音拍照。

转眼间到了 9 月份，李老师已完成合作研究工作准备回国。老师和我商量，先乘火车到伊尔库茨克看望我访学期间给予我指导答疑的两位专家Ю. И. Кашевская（我读研时她在南开大学任外教，讲授俄语语音学、词汇学、成语学等课程）和 А. П. Леонтьев（时任教研室主任，主攻句法学和语义学），我陪老师坐了三天多才到达目的地。在同行列车上，记得老师简略聊了他出生于绍兴的家庭以及求学和工作经历，勉励我学成要回国做贡献。我通过熟人提前预订了伊尔库茨克大学招待所，到达当天下午联系两位专家见面茶叙吃便餐，老师送给两位专家亲笔题字。第二天上午，Ю. И. Кашевская 陪我们搭乘公交车到位于安卡拉河畔的校本部游览并合影留念，一同参观了十二月党人博物馆。她私下对我说李老师有抒情性格（лирический характер），我说我老师就是诗人啊，他创作了许多中国古体诗呢。在伊尔库茨克总共待了两天，原计划陪老师去贝加尔湖观光，老师说不去啦，在回国的火车上就能看到湖。

从游这段经历让后生们得以窥见老师感性细腻而丰富的精神世界，同时也发现老师非常重视并乐于同海内外学者坦诚交流的真性情，老师举手投足间散发出一种儒雅、沉稳的谦谦君子之风至今仍时时浮现眼前，我想老师的精神风范也许对我们的影响更加深远。

10 月下旬接到通知，我领取了俄罗斯联邦最高学位评定委员会颁发的语文科学博士学位证书，告别众师友，收拾行装即启程回国。

1995 年春季我回到原单位工作，与熟练掌握俄语操作系统的薛恩奎教员合作，为硕士研究生开设计算语言学选修课程。当时，我对计算语言学理论研究和技术开发有些迷茫，李老师经常来信指点迷津，为我引见了著名计算语言学家冯志伟研究员和鲁川先教授，此后在全国学术会议上还拜会结识了清华大学黄昌宁教授、北京大学俞士汶教授、东北大学姚天顺教授、军科院董振东先生、社科院刘倬和刘涌泉先生、中科院陈肇雄研究员等一批知名专家，1997年我被推荐为中国中文信息学会理事，受邀到陈肇雄先生领衔的中科院语言信息工程研究中心和华建集团，参与俄汉机器翻译系统词库编译工作。这么多年来，在李老师时时鞭策鼓励下，我逐渐明晰学术主攻方向，先后申获部委级和国家级科研课题10余项，在国内外学术刊物发表了几十篇论文，出版了几本著作，指导培养了一批年轻学子，其中两位已遴选为博士生导师，唯愿这种师承关系赓续更久长。

　　我与李师锡胤先生相识相处30多年来，几乎每年应邀到母校参加博士学位论文答辩、博士后出站报告评审和学术研讨会，先生每次与我见面都会问及国内外计算语言学新进展情况，还向我推荐新书研读。2012年隆冬，在太阳岛参加学术研讨会之后，时任俄语学院党委书记孙勇同志盛情邀我作一场讲座，初拟题目是《数据密集型科学范式制导的俄语研究》。孙书记告知李老师我的讲座安排在晚上，老师病愈不久拄着拐杖，执意要去听讲座，只得开车把他送到会场。老师听得很仔细，当我讲到学界对 e-Science 这个术语还没有确切的中文翻译时，老师说既然数据密集型科学范式被称为"第四范式"，那么 e-Science 可译为"第五科学"。我后来得知，孙书记和移居上海的李老师几乎每周通话一次，他俩已成为忘年之交，即使孙书记调离到其他工作单位任职，仍然一直保持通话联系。李老师不仅关注我的学术工作，对我个人生活和家庭情况也很关心，曾多次劝我戒烟，要坚持运动，随着年岁增长，我深深领悟父爱如山的确切含意！

　　2020年12月初，我趁去三亚参加项目验收会之机，带一名博士生乘坐环岛高铁到万宁市看望李老师，李彤师姐开车接我们到家里，提醒我进屋别报自己的名字，试试老师能否认出我来。我走进卧室叫了一声刚午休起床的老师，他抬头一望居然没有叫错我的名字，拉着我的手来到客厅，边吃水果边翻看相册。老师目光清澈有神，师母坐在一旁笑着说，从眼神和脸色看老师还能活几年，我想包括我在内的所有弟子都祈愿老师长命百岁。那年春节，我试用清华大学孙茂松教授主持开发的人工智能诗歌写作系统"九歌"，输入地名"万宁"自动生成两副对联发给师姐打印出来，唯愿老师在居住地颐养天年、福寿康宁！

时隔两年，李师锡胤先生在金秋时节驾鹤西游，噩耗传来顿觉天地失色，再也听不到恩师叮咛，由于各种原因也无法赶赴当地为老师送别，唯有沉潜计算语言学研究领域做出一点成绩，以告慰先生在天之灵！如今细细回顾师从先生座下 30 多年的种种往事，不禁感慨万千，有师如此，何其幸哉！

作者简介：易绵竹，战略支援部队信息工程大学洛阳校区教授、黑龙江大学俄罗斯语言文学与文化研究中心客座研究员。1989—1993 黑龙江大学俄语系博士研究生，导师李锡胤研究员；1993—1994 莫斯科普希金俄语学院博士学位应考者。

回忆李锡胤先生二三事

段光达

前日得悉李锡胤先生驾鹤西去，唏嘘不已。追忆锡胤老几件往事，以寄哀思……

一

1982 年 8 月我来黑龙江大学工作。不久，便得知锡胤老为学界鸿儒名宿，但只是远远仰慕。1993 年，我带学生在市档案局实习，协助整理馆藏档案，遇到若干看似俄文的外侨档案难以译识。档案局曾请教若干专业人士均不得其解，就委托我携几份档案回校找专家咨询。我先去请教刁绍华教授，刁先生说这事你去找李锡胤老师，随即打电话做了"推介"，我就有了第一次当面向锡胤老请教的机会。记得是在后楼四楼的一个教室，刚上完课的锡胤老看了档案后说，有些可能是 20 世纪初来到哈尔滨的俄国籍波兰裔犹太人社区档案，有的可能是立陶宛或其他国家的犹太人档案，他也不是都认识，需要查一下资料，过几天再告诉我。

没想到的是，几天后锡胤老不仅把这几份档案译成汉语，还对我说，这些档案里面包含着太多的波兰、犹太元素，沙俄征服了他们的国家，但不能消灭这些民族的文化。他们一直用各种方式，特别是用语言来表示不屈和独立，看这些国家不是又都站起来了？他还说，我们有世界史专业，应该研究这些问题。作为语言大师能对社会历史问题有如此深刻的洞悉和解读，是我绝没有想到的，从此对锡胤老高山仰止。可惜的是，锡胤老的指教我们一直没有践行……

二

在学校博物馆工作期间，我曾做过几年校史研究。这期间，锡胤老给予多方面的指导和帮助，他不仅谙熟学校从延安迁哈复校后的诸多史实，而且在老校友中有着极广的"人脉"和极好的"人缘"。他亲自引领我面见的"黑大籍"名人有：齐怀远（外交部首任新闻发言人）、王福祥（原北外校长）、姜长斌（原中央党校战略部主任）、艾钢阳（原北京协和医院党委书记）、王超尘（原北二外副校长）、林钢（原文化部电影处长）、赵云中（原华东师大副校长）、丁昕（原洛外负责人）、卜维勒（著名版画家）……细数前后竟有二十几人。这些共和国史上熠熠生辉的名字，是学校的光荣与骄傲，但锡胤老与他们相见时既无当今模式化的恭维寒暄，也没有多余的煽情客套，他那种真诚、礼貌、平和、周到的接人待物方式给我留下非常深刻的印象。

2006 年盛夏，锡胤老领我们去拜访原上海市政协主席王立平（王季愚校长之子）。联系时王的秘书要派车来接，锡胤老却对我们说，王立平已经退下来了，我们自己去吧，别麻烦他了。来到王立平办公室，王立平看到汗水淋淋的锡胤老感到很过意不去，对我们说他是在黑大院里长大的，小时候李老师可没少抱过他……回程王执意派车送我们回驻地。

那次去上海，锡胤老还领我们去拜访了他的老朋友、被称为"沪上寓公"的周退密。周先生曾在黑大工作 8 年，他工诗词、擅翰墨、精碑帖、富收藏，首编国内法汉词典，那时已九十有四，但仍精书善画笔耕不辍。来到周寓所门前，我要打电话通报一声，锡胤老却说他家楼道不好走，要上楼敲门。进楼后发现，这老式公寓楼道昏暗，木制楼梯窄仄，且居室门槛下就是陡峭的楼梯。显然，锡胤老是怕周先生接到电话后下楼迎接。此刻，真为锡胤老考虑得如此细致、周到而感动和感慨。

2006 年 5 月下旬的一天下午，锡胤老给我打电话说，刚刚得知北京校友会秘书长赵劭坚去世了，他已经订好车票去北京参加追悼会。请示学校后，派我及几位同事赴京参加追悼会，并劝锡胤老就不要去了，但他执意前往。后来，为了减少旅途劳顿，学校让我陪锡胤老乘飞机傍晚赴京，这样可以让他晚间能多些时间休息。可那天飞临北京时遇雷雨，飞机先是备降天津，二次起飞后又备降沈阳。那天深夜，沈阳机场候机大厅人满为患，一座难求，我跟锡胤老商量先出机场找个酒店休息，第二日一早再赶往北京。他却坚持不走，要等飞机重新起飞，怕第二日早晨到北京赶不上追悼会。熬到子夜，锡胤老双眼通红，却一再跟我说起赵劭坚：他是老革命呀，新中国成立前就是山东大学地下党的负责人，也是青岛地下党负责人，后来学俄语，革命了一辈子……我曾多次见过赵劭坚，他古道热肠、耿直正派，为北京校友会做了大量工作。早先只闻听他把落实政策的钱都交了党费，此刻才知道这是一个那么值得敬重的真正的老革命呀！那天我们终于在黎明前到达北京，休息了不长时间就陪着锡胤老去参加追悼会向赵劭坚做最后的告别。一直愧悔让锡胤老遭了一宿罪，也一直记得他红着眼睛给我讲赵劭坚革命历史的那一幕一幕场景……

三

锡胤老善书法喜金石，我曾请他书孟子"得天下英才而教育之"大字条幅悬挂在我们学院会议室。在博物馆工作期间，偶得一方青石料，我就送去请锡胤老为博物馆篆刻章印。几日后，锡胤老来办公室找我说石料太硬手没劲，刻了一半刻不动了。说罢，就把那方青石递了过来。我接过来仔细一看，印稿"黑龙江大学博物馆"已画好，字也刻了几个，便十分不解。锡胤老见状，解释道，这是为博物馆里治的"官印"，由他来刻不太合适。我连忙说请他治印就是想增加学校的文化财富，希望他别想那么多。锡胤老笑着说若喜欢，可以把那些字磨掉，给我刻别的字。后来我没舍得磨掉这刻了一半的字，这方"半成品"青石印我至今保留着，也一直铭记着锡胤老的谦虚谨慎。

锡胤老鲐背之年仗乡归沪，打电话送别时我还谈起这方未治完的青石印，并说以后看到好石头一定送去请他治印。锡胤老说，老了眼睛不好用，手也没劲儿了……

作者简介： 段光达，黑龙江大学历史文化旅游学院教授。

永远的导师李锡胤先生

柳艳梅

九月母校黑龙江大学迎来了八十一岁华诞，她从当初的外语专科学校，发展成如今包含人文社会科学，自然科学等多学科的综合大学，拥有众多国内、省内领先的学术带头人，可谓人才济济，师资雄厚。莘莘学子在这样的学术环境中学习，深受不同学科的交互影响全面发展，成为国家社会的栋梁之材。

九月迎来第三十八个教师节，今年的教师节却令人悲伤。9月5日，教师节即将来临之际，我们痛失了最令人尊敬的一位大师，一代鸿儒，博古通今、学贯中西的著名的词典编纂家、语言学家、翻译家、教授、被大家尊称为"老夫子"的李锡胤先生。

黑大俄语系师资力量雄厚，1980年入学时，77至80级，四个年级共有七十多名学生，但当时有研究员、副教授、讲师四十多位，李锡胤老师是当时唯一的正教授级研究员。老师们在各自的教学和研究领域都卓有建树、才华横溢，令我这个初进大学学堂的学生十分敬仰。记忆中每堂课都非常精彩，其他系的校友常来俄语系旁听；我们也常去其他系聆听学习。英语系张芷美老师的英语实践课、中文系、哲学系中外教授的讲座都是我"课外"中的最爱。

四年的本科学习中，经常听到老师们谈起系里最受尊敬、最有学问的李锡胤老师。大家都说李锡胤老师博古通今、学贯中西、不仅精通古汉语、诗词，犹善书法、篆刻。李老师的书法有其独特的颜体风格，功底深厚。我至今珍藏着读研时李老师赠送的书法和篆刻作品，勉力我学无止境、自强不息。李老师在英语、法语、俄语、拉丁文、社会学、数理逻辑、中外文翻译、诗歌创作等方面也都造诣很深。著有《李锡胤论文选》及续篇、《词典学中的语用学问题》、《词典学中的几个语义理问题》、《事格与句义》、《语用学与预设》，以及有关俄语、英语、法语词汇多义现象的论文等。参与翻译出版苏联科学院的《俄语语法》，维洪格拉多夫的《词的语法学说导论》等专业权威巨作，合译《俄罗斯抒情诗百首》，出版《霜天星影 李锡胤诗存》等。

中文系一位教授曾说他非常敬佩李锡胤老师，李老师不仅在外文方面是教授，在中文方面也堪称教授。李锡胤老师翻译的俄国作家格里鲍耶多夫名著《聪明误》有两个版本，一个是俄汉对照的教学翻译版，用的是白话文，以便帮助读者学习理解十九世纪初俄国语言的特点，更好地阅读和欣赏原作。另一个版本是诗体翻译，读起来酷似中国的元曲，充满元代韵味美感，好像是一位生活在中国元代的大师执笔一蹴而成，李锡胤老师的语言文字功夫由此可见一斑。李锡胤老师翻译的美国著名作家海明威作品《老人与海》最接近原著，引起国内翻译界对此书的广泛重视，进而多种翻译版本出版面世。李老师编译了《数理逻辑入门》，翻译了法国学者让–布莱斯·格里兹的《现代逻辑》。他的翻译和创作的诗歌都影响巨大，给我们以精神和知识启迪，是极其宝贵的文化财富。

时光飞逝，临近毕业也没有见过系里这位德高望重，大名鼎鼎，最受尊敬的学者，原来李锡胤老师当时正忙于主编《大俄汉词典》《苏联百科词典》等多部词典。从 20 世纪六十年代初起，直到 20 世纪末，几十年如一日，他为中国的辞书编纂事业呕心沥血，默默耕耘奉献了几十年。试想，在没有电脑存储，全靠手抄，在一张一张卡片上推敲释义，收集记录每一个词条的年代，一部词典可能会有几十万个甚至上百万个词条，一张张卡片有序排列，校对出版，这是需要多少学者一起努力多少年甚至一辈子才能完成的浩瀚庞大的文字工程！

谈到编纂词典，大百科全书奠基人法国著名学者狄德罗先生曾说过一句非常生动形象的话："如果罚谁去服苦役，就让他去编词典！"

几十年如一日，去做一件事——编纂词典，人们通常也会认为这是件很艰苦、枯燥无味的工作，然而就是这种不畏艰难、持之以恒、精工细做的匠人精神，让我们看到了《俄汉详解大词典》《苏联百科词典》《大俄汉词典》《俄汉成语词典》等众多权威且影响广泛的词典工具书的诞生。

李锡胤老师，赵洵校长，中国大百科全书奠基人姜椿芳先生，上海辞书出版社及《辞书研究》编审、著名作家耿庸先生，中国社科院马福聚老师等众多前辈学者，为中国现代辞书编纂事业奋力一生，做出了不可磨灭的贡献。陈楚祥、潘国民、郭育英、陈叔琪、郑述谱、吕存亮、穆武祥、鲁桓、高森、王乃仁、王鲁生、李蕴真、邢慈娥、卜云燕等学者，还有校外，如中国社科院马福聚研究员、张捷、陈靖国、赵国琦研究员、成都科技大学的蒋锡淮教授等众多国内知名学者，不畏艰辛，在没有电脑存储的 20 世纪后半期，不论冬夏春秋，几十年如一日，一句一句、一条一条地共同完成上百万词条的各类词典编纂工作，并在中国大百科全书出版社、商务印书馆、上海辞书出版社等众多出版机构的支持下让一部部词典出版面世。

我当年通过硕士研究生入学统考后，荣幸地成为李锡胤老师和陈楚祥教授的第一位词典学与词汇学专业硕士研究生。恩师难忘，虽然只有三年，却受益终生。李老师不仅是我们的学业导师，以渊博的知识开悟我们，还是我们的人生导师。他教书育人，诲人不倦，哪怕是一些细微的小事，都让人终生难忘。刚考上李老师研究生时，在校园遇到的每位师友，甚至后勤工作人员都说你真有福气，能有李老师做导师。上海辞书出版社及《辞书研究》编审、著名作家耿庸先生在 1985 年给笔者本人的信中说："锡胤先生是个学识和气质都令人钦敬的学者，你有这么一位老师真令人羡慕。其人如其诗文，其诗文如其人，可钦可敬也。"

虽然很多年过去了，至今清晰记得第一个学期开学前李老师布置给我的暑假阅读书单：古汉语任选 10–16 篇，英文小说 2 本，俄文自选 150–200 页（见图 1）。

开学后李锡胤老师主讲的语义学、词典学、数理逻辑，陈楚祥老师主讲的词汇学都加深了我对相关学科的认识和了解。就这样，我在李老师的谆谆教诲下，忘我地浸润在古今中外文化知识的海洋中，也深切感受到李老师是如何纯粹地做学问。李老师虽学贯中西、博古通今，却温文谦虚、虚怀若谷、一心为学、无心名利。李老师对人和蔼真诚，无论谁向他请教学术问题，李老师都认真解答。系里的老师都亲切地尊称他为老夫子。很多老师讲，无论向李老师请教什么问题，他都会提供很多相关研究资料，因为李老师早已研究过很多问题并愿意将自己的研究笔记提供给向他请教的同事参考。有的老师论文得到李锡胤老师的指导帮助，出于对李老师的尊敬，发表时提议共同署名，都被李老师谦虚婉拒。

李老师大女儿向他请教生僻的、认识的或不认识的繁体字，李老师都解释得清清楚楚，包括来源，如源于诗经、史记或论语等。古文典故在李老师创作的诗歌中也处处可见，引经据典，信手拈来，融会贯通，运用自如，让我们进一步见识古文之美和李老师深厚的古汉语功底，不愧为一代语言大师。

有一次向李老师请教英语复合词问题，李老师举例并对我说可以好好研究一下，写篇文章。没想到第二天李老师找到他多年前就英语复合词写的研究笔记给我学习参考。那一页页发黄稿纸上的论述，就是一篇完整的论文。更加敬佩李老师对各种语言现象广泛和深刻的研究，但不想借助李老师的研究成果著文发表相关学术文章，怀着对李老师的深深感激，将李老师这篇论述英语复合词，工工整整的 11 页手稿珍藏至今。第一页右上方通常给作者署名的地方被撕掉一小块（见图 2），可能是李老师写此文时的署名，他找出旧作让我学习参考并进一步著文阐述，却撕掉了自己之前的署名，这令我更加佩服李老师涉猎广泛，纯粹做学问、不为发表、不为名利、一心钻研学问的精神。李老师无形中言传身教，永远指导我如何做人和学问。

李锡胤老师身为名师，为人师表，不仅在繁忙的词典编纂工作之余认真教授每一课，也积极向我引荐国内其他著名学者——中国社会科学院语言研究所著名语言学家吕叔湘先生，北京大学著名语言学家王力先生，季羡林先生，上海外国语学院的张草纫先生，姚以恩先生，上海辞书出版社及《辞书研究》编审、著名作家耿庸先生等。李锡胤老师与国内很多学者相知或合作多年，结下深厚友谊。这些前辈学者、李老师的众多老朋友们，如中国社科院的马福聚老师、张捷老师、陈靖国老师、吴安迪老师、广州外国语学院张达三老师，上海辞书出版社的作家耿庸先生，中国大百科全书的奠基人姜椿芳先生等前辈学者对我这个晚辈都非常关心和爱护，令我十分感动。虽然他们中很多人已经作古，但那一代学者的博学多识、平易近人的大师风范却让我永远难忘。

李老师敬重的老朋友耿庸先生原名郑炳中，少年时代就开始发表诗歌、散文等作品。后任职上海辞书出版社、《辞书研究》编审，上海科技大学客座教授。从 1936 年开始发表诗歌、戏剧、散文、小说、杂文、文艺评论等作品，主要作品有《〈阿 Q 正传〉研究》、《文学对话》（与何满子合著）、《回收》、《逢时笔记》等，编辑出版《新编美学百科词典》等。有幸获耿庸先生及夫人赠书十余本，珍藏至今。耿庸先生及其夫人信中传记中多次提及与李锡胤老师的友谊，赞李老师诗如其人，人如其诗，令人钦佩。

1985 年 12 月去上海外国语学院参加学术研讨会时第一次拜访了耿庸先生。耿庸先生信中告诉我他不坐班，画了一幅从上外到他当时位于乌鲁木齐中路家的详细线路图。学术讨论会后致电耿庸先生去拜访他，巧遇南京航空大学的张晓谷教授也来拜访耿庸先生。

耿庸先生还带我去拜访他的邻居，著名翻译家草婴先生，还介绍他们二位的好友、远在北京的中国大百科全书奠基人姜椿芳先生。虽然多次搬家，至今保留着三十多封耿庸先生、姜椿芳先生、以及到北京工作后收到的李老师的信函。1987 年收到一封姜老关心我学习工作的信件，字迹有些模糊，有的字还重叠写在一起。后来姜老的女儿告诉我，当时姜老刚做过青光眼手术，虽然手术成功，却还戴着绷带，不肯让秘书代劳写信，听后我的双眼也模糊了。1987 年 12 月耿庸先生的一封信很沉重，因为那天他收到我的信说准备去看望姜老，同天草婴先生的夫人打电话告诉他姜老逝世的消息。还有李老师的信同样沉重，遗憾不及赴京参加姜老追悼会，嘱我代为致敬。1988 年 1 月 7 日姜老的追悼会在北京八宝山公墓举行，有两千多人参加，很多年轻人顿足失声痛哭，为德高望重的中国大百科全书奠基人姜椿芳先生送行。九十年代国外回来去看望姜老夫人和女儿，巧遇来京开会，看望已故老友家人的草婴先生，自然也提起了介绍我认识、带我去拜访草婴先生的邻居耿庸先生。

2005 年 10 月回国探亲时又去上海看望拜访了耿庸先生和夫人。他们搬到了柳州路的新居，当时先生虽然年事已高，但身体尚可，令人欣慰。遗憾的是 2008 年 1 月耿庸先生因肺炎病逝于上海，很遗憾未能为先生送行，但心中有一座为先生而设的永久纪念碑，像姜椿芳先生一样，耿庸先生、李锡胤老师永远活在我心中。

读研期间，在李锡胤老师、辞书所吕存亮、郭育英等老师的指导下，有幸参加了《俄汉双解俄语方言词典》（商务印书馆，1992 年出版）的部分编纂工作，进一步深刻体验了需要耐心、细心、毅力，不怕烦琐，像雕刻大师一样精雕细刻，不能多，不能少，用最精简的文字精准描述定义每一个单词的词典编纂过程，极大地丰富了自己的文化知识和人生经历。毕业后虽然去了北京外国语学院俄语系工作，但李锡胤老师的谆谆教诲一直铭记在心。

每次李老师来北京出差或自己回哈尔滨都要去拜访李老师。李老师来京办完公务后，在百忙中都抽时间去看望他当年在燕京大学求学时的仍健在的老师。我和其他在京校友也借机去看望我们最尊敬的李老师。最后一次拜访李老师是2013年春节，当时李老师身体微恙。暗自着急的同时，也庆幸李老师为中国的辞书和教育事业奉献一生，终于能够休息一下了。李老师八十多岁高龄退休后移居上海与女儿们团聚，女儿们陪护李老师辗转北京、上海医治眼疾和类风湿疾病，后又移居海南万宁。这期间每逢节假日都致电问候，非常高兴得知李锡胤老师移居海南后健康状况好转许多，期待能有时间去海南陪李老师和师母在海边散步，但还未及成行，李锡胤老师却已驾鹤西去，成为心中永久的遗憾。

世界如有完人的话，李锡胤老师就是其中之一。李老师一生只求奉献他热爱的这个世界，是真正的老夫子、大师。李老师留给我们那么多宝贵的精神和文化财富，却谦虚地表示"如果60分是及格的话，给自己打59分"，还遗憾"未能给世界做出更大贡献"。李老师曾感慨年轻时因战乱不得不四处求学，英语、法语、社会学，后又开始学习俄语，未曾有机会研究理工科、自然科学。如果不是这样的话，以李老师的才能、治学精神和毅力，世界肯定还会多一位集中外语言学家、词典编纂学家和伟大的科学家于一身的大师！

李老师一生致力于研究古今中外语言和文化，中外词典编纂以及教学工作中，就像他翻译的美国作家海明威《老人与海》中那位毅力非凡的老人一样，以其超人的毅力、耐心和天赋，一生畅游在古今中外语言和文化的海洋中，并为后人编舟渡海，为我们留下众多极其宝贵的文化和精神财富，最后安息在那方叫万宁的土地，世界又少了一位大师，令人叹息悲伤难过。

李锡胤老师十年前立下遗嘱：遗体捐献给有需要的机构或个人，为他爱的这个世界奉献他的一切。李老师的遗愿因故未能实现，但李老师逝世后，小女儿和女婿签署了人体器官志愿捐赠卡，代李老师加倍实现了这个最后遗愿，又一平凡伟大的善举！

向李老师致敬！谦谦夫子，博古通今，学贯中西，文海编舟，词典留世，鞠躬尽瘁，死而后已，安息万宁！永远怀念李锡胤老师，老师千古，安息，一路走好，您永远活在学生心中，愿来生还能有幸做您的学生！愿照顾老师一生的师母节哀顺变，在海南颐养天年，健康长寿！

作者简历：柳艳梅，前北京外国语学院俄语系讲师，后移民美国。

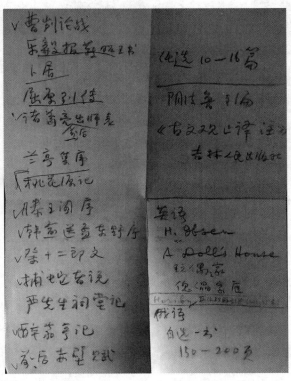

图 1　李锡胤老师 1984 年手书，建议我暑假阅读的书目

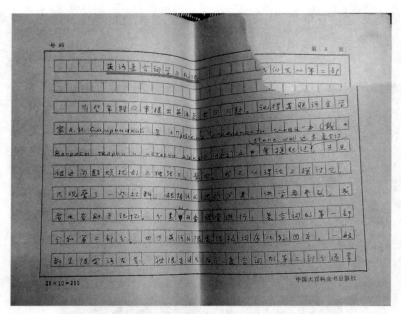

图 2　李锡胤老师就英语复合词写的读书札记手稿第一页（原稿共 11 页）

捧着一颗心来，不带半根草去

赵秋野

　　这篇小文是恩师李锡胤先生九十寿辰时，学生感怀先生的教导，记下与先生相识、相处的点滴小事，以此表达恭贺和师恩难忘之情，只是先生在世时并没有机会读到本文。我最后一次看望先生是 2017 年的秋天，那一次的见面此生难忘。没有想到，那竟是最后的相见。2022 年，恩师永远离开了我们，但是，先生的音容笑貌和精神永存。

　　2017 年深秋的一天，我去上海出差，提前预留了时间专程去拜见恩师和师母。循着地址从主城区去了松江区，想着要给老师一个惊喜，所以，之前并没有惊动老人家，也担心万一去不成会让老师失望。说来也巧，那天我顺利地找到了小区，只是发现老师家没有人。于是，我在小区四处转转，判断着老师可能去了哪里。我判断对了方向，在一条林荫小路上，我看见远处缓缓走过来的老师和师母。也许是有几年没有去看望老师了，又或许是因为事先没有向老师禀报，以至于这样的拜访、见面太意外了，最初老师并没有认出我是谁。于是我自报家门，老师开心坏了，声称刚刚竟没有看出是我。陪老师和师母上楼后，老师特别兴奋地与我攀谈起来，一会儿说说现在，一会儿回忆过去，一会儿拿出自己的电话本，告诉我经常和谁通电话，一会儿又哈哈大笑，分享往日快乐的时光。时间一分一秒地过去，想到老师早该休息了，而且夕阳已西下，回到主城区路途较远，松江区又比较偏，我路不熟，该尽早和老师说再见。我几次张罗着告别，老师和师母热情留我吃晚饭，我多想再陪老师多聊一会儿，又生怕老师辛苦。于是师母张罗着照张合影，我也给老师和师母单独拍了两张照片，想着日后可以分享给同学们，让大家少些惦记。那天下午，老师和我说了很多，印象最深的是关于"老人与海"。老师说，虽然自己已年逾古稀，但不能向命运投降，要像海明威笔下的《老人与海》中那位老人一样勇敢地与暴风雨顽强搏斗，站好人生最后一班岗。老师还说，人生如烟，但并不如梦。我在想，老师历经近百年的人生感悟需要后生慢慢经历、慢慢体验。那晚老师坚持送我出小区，我和师母怎样劝阻都不成，是老师担心天黑、我路不熟，是老师深知再见面不知何时？我和老师边走边聊，老师的思路清晰，脚步沉稳。到了小区门口，老师坚持看我上了车才肯转身离去。看着老师的背影，我的眼角湿了，我怎么能放心他老人家一个人走夜路回家呢？于是我叮嘱司机等我一会儿，我又和门卫商量，放我进去。门卫很疑惑，我说明了情况，他表示理解并放我进了门。于是，老师在前面走，我悄悄地跟在老师后面，默默地守护，保持一米的距离。那天不知为何小区里路灯没有亮，黑乎乎的。就这样师徒俩一前一后慢慢地走着，老师很快就走到了楼门口，至此并没有发现跟在后面的我，我给师母打电话说明了经过，请师母在电梯口接一下老师。看着老师安全回家了，我转身走向小区大门，一路止不住流泪，感激、感动、敬仰、牵挂、祝福……想不到这竟是和恩师最后的相见，这一幕永远刻在了我的心里，定格在记忆深处。

和先生的相识始于1994年，那年秋天我被黑龙江大学录取攻读俄语语言文学博士，由于母校哈尔滨师范大学学科建设需要，我被单位建议选读俄语教学法方向。很荣幸，我的导师是俞约法先生，我的挂名导师是李锡胤先生。就这样，我和先生有缘相识并成了师徒。初次见面，先生就给我留下了很深的印象。先生是典型的江浙人，无论是外在气质还是口音。先生清瘦，穿着朴素，一身蓝色的中山装早已洗得有些发白，脚穿布鞋，走路很轻很急。讲话也很轻，南方口音很重。我是地道的黑龙江人，从小到大生活中相识的南方人很少，而先生的模样似乎只是在电影里、小说中见到过。第一次与先生见面，先生的口音着实让我不知如何是好，因为真的有些听不懂。回到家我静下心来想，先生是我的导师，只要我慢慢了解，用心揣摩，总能听明白老师的话。结果真的是这样，很快我就能听懂了，无论是课堂上还是课下。

入学不久，两位导师就着手商定我的博士论文选题，商量的结果是，先生希望我接着做他主持的国家社科基金项目"中国俄语教育史"。认真思考后，我决定接受这个任务，原因有二：一是硕士阶段我的研究方向就是俄语教学法，在三年的探索中早已经喜欢上了俄语教学法研究；二是我对中国俄语教学历史充满了好奇和敬畏，很想尽一己之力去梳理、总结、评价、分析。于是在导师和先生的指引下，我用了半年时间搜集资料、整理文献。可博士论文开题时，我的论文选题却被意外地推翻了。有的老师认为，过于年轻的博士研究生是很难胜任写俄语教育史的，因为年龄较小，我既对中国俄语教学现状没有深入了解，又缺少对中国俄语教学历史的亲身经历，更没有对俄语教育史的整体把握能力。当时，年轻的我怀有一腔热情和无知无畏的自信，相信通过自己的努力和导师的指导，我一定能够完成这个研究任务。我在搜集资料的半年时间里已经对中国俄语教育史产生了浓厚的兴趣，甚至认为这是年轻一代俄语人的历史责任。于是，在开题会上真的不愿意接受让我放弃原来选题的观点，甚至很想固执地坚持做下去。开题会上老师们给我确定了一个新的研究方向，新的选题，那就是俄罗斯心理语言学研究，理由为心理语言学是新兴交叉学科，需要俄语界的年轻人去大胆探索、开辟新的领域，而恰好俞约法先生又是国内俄语界该研究领域的先行者，于是一切变得顺理成章。我读研究生那三年因为修的是俄语教学法，所以阅读了大量心理学书籍，可以说具备了一定的心理学学科知识基础。正因为此，我比较了解心理学理论，也很喜欢心理学研究。于是懵懵懂懂地接受了新的选题，放弃了先生给我的选题，开始了心理语言学研究的漫漫旅程。

事实上，我在黑龙江大学读书期间和先生相处的时间不多，因为博士学位论文刚一开题我就被学校派到俄罗斯进修了。而为了我能如愿去莫斯科进修，先生没少费心。1995年秋天，黑龙江大学刚刚与俄罗斯普希金俄语学院签署新的合作协议，协议中的一个条款就是接受黑龙江大学的博士研究生进修，学习时间为半年。很幸运，协议生效后我是第一个去普希金俄语学院进修的博士研究生。当时，我甚至很犹豫是否应出国学习，因为孩子小，单位还有教学任务，走不开；另外，学校是否会派我一个外校生也是一个未知数。那时，先生十分关心我这名外校来的学生，一方面鼓励我要争取出国进修的机会，一方面还开导我要出去长见识，搜集资料，开阔视野。有一天，午后一点左右在校园的小路上我与先生偶遇，时值盛夏，艳阳高照，先生关心我留学的事和论文选题的事，于是我们就站在路边攀谈起来。我们聊了很久，天很热，也站得很累，于是我们又走进教学楼辞书所接着谈我的论文选题。辞书所与室外很不一样，阴凉，说着说着，我们竟感觉有些冷，我甚至有些打冷战。就这样转眼间一个下午就过去了，那时我刚想起请先生回去休息，年轻的我竟然不懂得照顾老师的身体，似乎老师永远不知道疲倦。言谈中我了解了先生年轻时的求学经历，知道了先生也曾血气方刚，也曾像我们一样对一些社会现象有自己的看法，也会代表同学去向校长慷慨陈词。更知道了先生年轻时读过多所大学，修过不同专业，在燕京大学社会学系读书时还师从林耀华、严景耀、费孝通教授，也许正是那时的求学经历为日后先生学贯中西打下了坚实基础。

在两位先生的鼓励和帮助下，我终于决定离开熟悉的一切去陌生的莫斯科求学。与其说是因为导师的开导，不如说是为了导师的期望在科研的道路上披荆斩棘往前走。直到此时，我对于学术研究并没有清醒的认识，对于前途、事业更没有明确的规划，只知道导师信任我，给了我一个如此艰巨的任务。到了莫斯科，一个向往又远离故乡的异国他乡，语言文化的差异、用俄语写作博士论文的压力、对家人的思念让我开始怀疑自己来莫斯科进修的意义，如果不出国查阅资料，难道就完不成博士论文撰写吗？我困惑了，彷徨了。就在这个时候，我先后收到两位先生还有时任系主任的阎家业教授的来信，每位先生都给我写过两三封信，来信的主要内容是建议我在进修同时还应申请攻读俄罗斯科学博士学位。那时，我完全没有这个计划，也没有这个愿望和理想，也不十分了解何为科学博士，以及副博士和科学博士有何差异，只是知道两位师兄易绵竹、吴国华已先后在俄罗斯普希金俄语学院通过答辩，并获得中俄两国双博士学位，我很敬佩他们的才华和毅力，却从没有把这件事情和自己关联起来。接到了先生们的信，既欢喜、感激，又压力重重。不应让先生们失望，又没有勇气做这样的选择，因为一旦做了攻读的决定，就意味着将付出双倍艰苦的努力和开始长久的学术研究之路。我一遍一遍读着先生们的亲笔信，心里感受着先生对学子的信任和期待，真是左右为难，甚至很长一段时间经常失眠。每每想起与先生那次长谈的内容，记得先生对我说，读中小学时学习是为父母学的，上了大学，有了专业就该是为自己的未来发奋读书，而硕士、博士阶段的学习就应致力于服务国家和社会，学成之后将来要建设一个专业、一个学科，带一个团队、一个学院，为国家培养俄语师资、培养优秀俄语人才。先生语重心长的教诲让我长久地陷入了深思：我是否可以读完国内博士就马放南山？我一定要再读个俄罗斯科学博士吗？为了什么？在先生们的信任和期许中，在黑龙江大学、哈尔滨师范大学、俄罗斯普希金俄语学院、中国教育部、中国驻俄罗斯大使馆、俄罗斯教育部的大力支持下，我最终选择了攻读俄罗斯科学博士。

1996年，我在普希金俄语学院注册博士研究生之后回国补修国内博士课程，那段时间有机会跟先生学习逻辑学。听先生的课是一种享受，因为先生可以信手拿来一本英文或法文文献给学生讲其中的观点或例证。先生常年讲授对于文科学生而言并不能轻松理解的逻辑学。先生通晓几种语言，学贯语言学、词典学、翻译学、逻辑学、文学等多个学科，在授课过程中给予我们潜移默化的影响。

1997年，我在黑龙江大学顺利通过国内博士学位论文答辩。答辩会上先生就端坐在第一排，我能感觉到那是先生对学生和俄语教学论、心理语言学学科无声的支持。在我顺利通过答辩之时，我深信两位导师远比我本人更激动、更开心，因为这不仅仅意味着又培养了一位博士，而且意味着俄语界有人开始从事俄罗斯心理语言学研究，同时兼顾俄语教学法研究，这是先生们对后生的期盼，对心理语言学、外语学科教学论学科建设的贡献。答辩之后的第三天，带着先生和学校的重托，我就启程远赴莫斯科完成下一个艰巨任务。经过两年多的奋斗、求索，1999年6月我在普希金俄语学院如期通过答辩，并于10月顺利获得俄罗斯科学博士学位。完成任务，回到祖国，心里装着的第一件事就是感谢所有帮助过我的黑龙江大学、哈尔滨师范大学的老师和领导，是他们引领我读完了中俄两国博士，从此坚定地踏上了学术道路。那一天的答谢会来了不少老师，只有先生没有出席，我在深感遗憾的同时却又是满心的感动和感慨，因为先生托人带给我一幅字——"捧着一颗心来，不带半根草去"。这是先生亲笔为刚毕业的学子书写的，寓意很深，既是先生为人、为师、做学问的写照，也是先生对后生的希望和教诲。我把这幅字装裱好挂在自己的办公室，先生的教诲、嘱托一直是我日后在教学、科研、管理工作中所遵循的，每每遇到困难、疑惑，先生的期望都会让我坚持下来。先生在我回国之时曾建议我去黑龙江大学工作，或者留在哈尔滨师范大学建设俄语专业、学科，带起一支教师队伍。他常说：一个人做得优秀很容易，但更重要的是应影响、带动一大批人；做一名优秀教师容易，但更重要的是培养出成百上千的优秀人才；要把所学的知识服务于国家发展、民族复兴。这么多年来，我正是按照先生的教诲在哈尔滨师范大学这块未开垦的处女地和同事们一起努力着、奋斗着，同时也影响着更多年轻学子。就是这样，以先生为榜样，在育人、求索的道路上默默地前行，无怨无悔。2004 年入选教育部首批新世纪优秀人才支持计划，2017 年带领哈尔滨师范大学斯拉夫语学院获批外国语言文学一级学科博士点，2018 年入选国家高层次人才、国家"万人计划"教学名师，2022 年带领的斯拉夫语言文化教学研究团队入选全国高校黄大年式教师团队。

我与先生还有书缘，书也成了我们学术交流的小小纽带。读博士的那些年，常常会与先生交流图书信息。受先生之托，我从俄罗斯找到有关《伊戈尔出征记》的原文资料，2003 年先生的译作《伊戈尔出征记》（古俄语–汉语对照）由商务印书馆出版；受先生之托，找到普希金俄语学院词典学专家马尔果夫金（Морковкин），向他转交先生的书信或词典；受先生之托，去俄罗斯科学院拜会时任语言研究所所长、汉学家宋采夫（Солнцев），请他为先生主编的《俄汉详解大词典》写序。而先生也时常送我书、词典，如《俄汉详解大词典》一套、《斯拉夫语通论》等，每本书上先生都恭谦地署名，称学生为同志。那段时间，我与先生也经常复印外文新书送给彼此。先生的诗集《霜天星影》于 2005 年 9 月出版，11 月先生赠我留念。我拜读后久久不能平静，因为这本诗集的字里行间记录了先生一生的心路历程和对人生的感悟，那里有家国情怀，有师生情，有友情，有亲情，有对生命和死亡的思考，有对大自然和人类文明的热爱。

先生还始终关心、支持哈尔滨师范大学俄语学科建设。我校第一次申报俄语语言文学硕士点、博士点时，先生均是评委，他发自内心地关心我们，为我们助威。因为，在他的心里，天下俄语是一家，培养人才是大家的事，所以，他总是支持、帮助所有俄语人，不考虑是否是本校的，更不认为校际俄语学科发展存在什么竞争关系。记得我个人或学科的一些评审材料需要专家鉴定或写推荐书时，我们总是第一个想得到先生的支持，先生从不拒绝，总是耐心认真地为我们写评阅意见或推荐意见。先生亲笔书写的文字一直被我们保留着，这是先生对学生的关心、爱护，是对年轻人的支持和鼓励，更是对俄语大学科整体发展的长远考虑。2005 年，先生应邀参加了我校举办的"心理语言学与外语教学国际学术研讨会"，那是对俄语界心理语言学学科建设强有力的支持。

还记得那年我受邀参加黑龙江大学词典学方向博士答辩会，我任答辩委员会委员，答辩人是我的同事，先生也参加了答辩会。在答辩会上先生站起来发言，让人十分意外地当着大家的面向学生鞠躬答谢，感谢哈尔滨师范大学致力于培养俄语词典学方向研究人才，支持俄语词典学学科建设。听了先生的一席话，我沉默良久，在场的师生无不动容，被先生的品格深深打动了，也更知自己未来的使命和责任。还有一件事令我难以忘怀。2005 年左右，先生为黑龙江大学俄语语言文学博士生开课。有一天，先生打来电话，希望我去为博士生们做一次"维果茨基心理语言学思想"讲座。接到任务时我有些紧张，又很感动，为先生对我的期望和信任，为先生的胸怀，为先生对我校学科人才培养的重视和支持。去先生的课堂上，当着先生的面为博士生们做讲座，我很忐忑，但我还是去了，讲了，因为先生的心很纯净，我们也该很简单，权当作是一次校内外的学术交流。记得课堂上还有两位我十分尊敬的老师辈的在读博士。2007年，我校在原俄语系基础上筹建了国内首个斯拉夫语学院，当时我们压力很大，缺少明确的建设思路，对未来发展也没有足够的信心。那期间，先生每次见到我都会关心斯拉夫语学院建设问题，多次表达自己的愿望和观点，指出斯拉夫语言学习、文化研究及人才培养的重要性，发自内心地为我们鼓劲，还向我们赠送了斯拉夫语研究的参考文献，并帮助我们联系中国社科院的专家来学校讲学。

先生始终关心学生的成长。每次去看望先生时我们都会交流各方面情况，先生也经常打电话询问我们的工作情况、健康状况，常常叮嘱我不能"小车不倒只管推"，"身体是革命的本钱，是物质基础"。有一段时间我的身体状况很不好，先生为此很担心，于是约我一同在体育场徒步走。走步的时候先生先是开导我要重视健康，工作要"量力而行"，见我并没往心里去，于是严肃地对我说，"你不能只活精神，要有身体基础"。听了先生的话，我的眼眶湿润了，一句话也说不出来，只是默默地点着头。每一次接到先生的电话既开心，又惭愧，因为自己没有处理好健康和工作的关系，害得先生一直为学生操心，也是从那时起我开始认真思考健康问题。

先生的清廉是尽人皆知的，家里最值钱的就是陪伴先生一辈子的书籍。搬家的时候先生总是十分用心地把这些书分类打包，我们能够感受得到，书是先生最宝贵的财富。近些年去看先生时，他对我说，到了该把这些书分类赠送的时候了，临走时，先生也送了我几本书，那天我是含着眼泪道别的。

先生为人十分谦逊，尊敬同事，爱护同行。有一次我和来哈尔滨开会的易绵竹师兄计划去看望患病的阎家业教授，得知我们的想法后，先生坚持说要同去看望，当时我和师兄不知如何是好，最终还是尊重先生的愿望一同去看望了阎老师夫妇，久别重逢，那一幕我终生难忘。先生话不多，但是他的心里装着对同事深深的友爱和祝福，我们都能感觉得到。有一次，广东外语外贸大学的何自然先生来哈尔滨师范大学做讲座，希望实现一个夙愿，那就是见见李锡胤、俞约法两位先生，于是我有机会陪同何自然老师夫妇去黑龙江大学看望两位导师。那天温度很高，甚至是炎热，何老师与两位先生平生第一次会面，他们都很兴奋，很珍惜这次见面机会，亲切地交谈着、问候着，没有学科的界限，没有地域的差异，这感人的一幕被我年幼的孩子用摄像机记录下来，只是那时的他并不知道镜头里的爷爷们都是令学界敬仰的先生。

最近几年去看望先生的次数并不多，但是我感觉到先生的变化。每一次探望时先生总是有说不完的话，谈我们的斯拉夫语学院建设情况，了解先生熟识的我的同事和同学的近况，交流俄语教育及人才培养现状。先生也常常回忆过去的岁月，坦诚地表达对世事的看法，也会给我们的工作、生活、事业提一些宝贵的建议。每一次见面先生总是觉得时间过得太快，还有很多想法没来得及交流，每一次道别的时候先生总是送到楼梯间，依依不舍。是啊，我们总是在忙啊忙，先生总是盼了很长时间才能见到学生们……

光阴如梭，逝者如斯夫。回首成长的道路，我们一直在先生的希望和教诲中前行，一直受先生为人、做事原则的影响。革命尚未成功，同志仍须努力。捧着一颗心来，不带半根草去……

最后，摘抄先生的《霜天星影》（2005）中的《梦境》诗作一首：

> 读书惭愧太匆忙，难悟此心即道场。
> 梦里海天明月影，幽光一霎破微茫。

2016 年 6 月 30 日完成，2022 年 12 月修改

作者简介：赵秋野，哈尔滨师范大学斯拉夫语学院教授。1994—1997 年在黑龙江大学俄语系攻读博士学位，师从李锡胤、俞约法先生；1996—1999 年在俄罗斯普希金俄语学院攻读科学博士学位。

光影犹存急网罗
——忆李锡胤先生

顾俊玲

2022 年 9 月 5 日，中国著名语言学家、辞书编纂家、翻译家，黑龙江大学资深教授李锡胤先生与世长辞，黑龙江大学俄语学科拟出版《李锡胤先生纪念文集》，面向学界、同人和师生征稿。虽然我自知才疏学浅，经历时光雕琢不够，读书历练不足，无法写出李先生的厚度与高度，但读博期间与先生的交流、交往确实对我产生了巨大影响。直到现在，每每忆起先生的话语，都能拥有无限的力量。我且尝试以浅薄文笔记录与李老师接触的点滴，落笔成文深感惶恐：且不说他身上厚重的文化积淀，单是先生经历的中国从战乱走向和平富强的九十七年光阴也足以让我静默深思。作为后辈，即使读懂他的一根皱纹，也是对生命无限的崇敬，也是对人生深深的体悟。借用李先生著作中纪念罗玲文中所言："年光飘萧，好像廉纤雨丝，凝缩成一滴水珠。我尽力从中抽绎出蛛丝鸿爪，龚自珍所谓'光影犹存急网罗'。"（《悼念罗玲同志》）

一、结缘始末

都说中国俄语一半"黑"，即国内俄语人才有一半是黑龙江大学培养出来的，剩下的一半俄语人也与黑大或多或少有着某种关联。也有人说，天下俄语在黑大，李锡胤老师就是黑大的一面旗帜，所有仰慕黑大俄语，并造访黑大的学者同人莫不以拜访李老为荣。无名后辈的我在郑州大学外文系学习俄语，黑大俄语也曾是我一个遥远的梦想。人生的机缘巧合安排我定居哈尔滨，黑大近在咫尺，李锡胤先生在我脑海中也逐步从抽象的精神旗帜具象为一位真实、和蔼、博学、谦逊、可爱的老人。

（一）远见与听闻

考入黑大之前，我曾在校园的联通广场见过慢跑锻炼的李锡胤先生两三次。了解到他是普希金奖章获得者，精通法语、俄语、英语，为编撰《大俄汉词典》做出巨大贡献，虽对他无比崇敬，却不敢叨扰。

随后听说的一件事让我意识到，李老师的高见与学识远超出语言专家的领域。作为黑龙江省文史馆的馆员，李先生十分关心国计民生。他曾专程去黑大经济学院找灾害经济领域的教授探讨未来从俄罗斯贝加尔湖到中国修建输水管道的可行性，以解决未来东北、华北地区淡水资源的危机。李先生的深谋远虑和非凡的想象力可见一斑。

2011 年我考上黑龙江大学俄罗斯语言文学与文化研究中心博士，一批老专家因健康原因都未能给我们授课，其中包括李先生，这是个巨大的遗憾。博士生的课堂上也曾听几位老师提起李老师的一些事迹，这更增加了我对李老的仰慕之情。本以为再无机会与李老相识，却又峰回路转……

（二）教室聆听高见

2012 年 5 月 4 日导师黄忠廉教授邀请李锡胤先生莅临第二十五期翻译沙龙，为同学们讲述他最新译作《老人与海》的译后感。李先生认为学外语的基本功就是背诵，总结成顺口溜为：音形不兼容，组合太费工，欲与交流便，勉求背诵功。活记活背是解决外语排列组合问题的最佳方法。李老师指出，要学习海明威塑造的"硬汉子"精神，认为《老人与海》歌颂的是 boy，海明威其实是把希望寄托在年轻人身上，而并非歌颂个人英雄主义……并认为歌德的《浮士德》是一个悲剧……李先生当时虽然看起来比较羸弱，但精神状态很不错。

2014 年 4 月 25 日第四十五期沙龙，李先生从上海返回哈尔滨，期望与青年学生交流，黄老师安排他在沙龙上发言，题目为《读书·学习·思考》。李老师看起来气色较去年要好。这次的发言也比上次要丰富和深入。发言末尾，给我们推荐一些学习材料。一个细节让我很感动——材料中夹着一张俄罗斯几个地方的风景照，李老指着其中的一处（拍的是莫斯科河）开心地说："我还在这里玩过!"一刹那间,让我感受到一介书生的简单幸福,这一刻的李老是那样单纯可爱。

(三) 登门拜访

若不是黄老师提议,我们并不敢惊扰李先生。黄老师几次在课堂上说起,我们应该趁大师还在身边、趁他思维还清晰时多去请教,建议我们可以每周去探望李老一次,退休在家的李老其实很孤独、寂寞……导师嘱咐我们好好用心捕捉先生的精神,才可览胜境脱俗见,所谓"用心,用爱,有得"。于是由我负责,每周组织若干同门去李老家,带着问题和李老师讨论。此后的一年多,我有时与同门一起,有时自己去李先生家拜访、交流,直到 2013 年冬天先生搬去上海女儿家居住。

二、耳提面命

当时的李老师虽年过八旬,但思维依然清晰,记忆力也不错。几次拜访,就我们提出的问题,李老师的答复点到为止,并未解决我们的求知饥渴。随后我细读李老的书稿,一切豁然。同为俄语人,大师的高度让我一生仰望。通过近距离接触,我对他的礼贤下士、学识广博、细心周到、幽默风趣,以及他对后辈的殷切期望更有切身体会。

礼贤下士。我们去请教,李先生会说"我们一起讨论……这是我的观点,不知道对不对,你们再查查"。交流中,我曾流露出来黑大学习一次,没能听李老师讲课的遗憾之情。李老立即解释:"因为我病了,哎,实在是对不起你们啊,耽误你们了……"每次到访,李老都接送到电梯门口,无论我们怎么劝阻都不行,他总是说:через порог не прощаются(隔着门槛不告别),必须送出门口。

学识广博。凭着国学功底,李老对历史文化的熟悉度远在我辈之上。在讨论中,对于我提出的李白因为来自边关地域,接受了两种文化(边关文化和中原文化),所以他视野的开阔、心态的从容好于杜甫,李老虽然没有完全否定,但也举例说明杜诗的豪迈。

细心周到。虽然我们多次告知李老,我们住在学校,稍晚回去不会有安全问题,但是他仍不放心,询问我们几人是否同路,且每次约见都尽量在下午 3

点，好让我们天黑前离开。

幽默风趣。当我说及导师的学养之厚远非我们这些跨行弟子所能比，李老开玩笑说："黄老师走的是古典主义道路，你们可以走浪漫主义道路，体现自己的特色。"虽为玩笑之言，却见老先生睿智。黄忠廉教授曾经把幽默归为四类：滑稽的幽默，刻薄的幽默，智慧的幽默，仁慈的幽默——所谓"幽默四境"。李锡胤老师的幽默是淡淡的，仁慈的幽默。这种仁慈渗透在他与学生、后辈交流的点滴中。

殷切期望。李锡胤先生是黄忠廉教授的博士后合作导师，论辈分黄门弟子都算是先生的徒孙，但先生从未视我们为后辈小生，也是以"同志"称呼——视我们为学术路上的志同道合之人。嘱咐我多向导师学习，发挥自己的优势，一定要成为栋梁之材，为国家人民服务，这些似乎"过时"之言却体现出先生对国家和人民的深情与真爱。

三、珍贵的通话

李老师夫妇因年事已高，自 2013 年冬天搬去上海女儿家，方便照顾，我自此也再未见过李老。有时暗想：李老师桃李满天下，想来已把我这个半路学生淡忘。让我惊喜的是 2014 年底，突然接到归属地是上海的来电，心生诧异，接通后听到李老师独具特色的绍兴普通话："顾俊玲同志你好！我是老李，李锡胤。最近很是想念你们呀……你们年富力强，能为国家和社会多做贡献，我们老了，不中用了……你们年轻人一定要保重身体！"

这个电话让我十分感动：我不过是 2012 年下半年拜访过李老师几次，李老师还能清楚地记得我，能给我打电话，记得我们讨论过的问题，并对我等后辈抱有殷切的希望……

2016 年教师节我给李老师打电话祝贺节日，告知他我在广州，那边传来李老师爽朗的笑声："广州啊，大风大浪的①，你要当心啊！……我老了，你要好好为人民服务啊。"并随口赋诗道："人生如梦，要把梦做好；岁月如烟，莫使烟成霾。"简短、幽默的几句话可见李老师虽然退休多年，但依然胸怀天

---

① 那一段时间广州时常有台风和暴雨，想必李老师也关注了天气预报。

下，关注社会，关心学生。

人生若能遇上几位让你感受到"生命壮阔"的人，实在是幸事。与李锡胤先生的交往、交流给我这样深刻的感觉：在信息爆炸的网络时代，先生如同一座风雨长亭、万卷斜阳，温暖得让人流泪。每次交流中都能感受到他殷切的期望和满满的关爱。越是学富五车之人，越是虚怀若谷，礼贤下士。从他们身上，我们学得的不仅是知识，还有如何做人，如何做事……

李先生一生简朴，为人坦诚，为学勤奋，对事业无限热爱，对学生无比关爱，对生命充满仁慈！有缘、有幸在求学、为学路上与李先生这样的大师相识，在交流中、在学习他的著作中获得知识、思想和力量。我也会铭记先生的期望，用自己的所学为人民服务，为社会服务。

作者简介：顾俊玲，郑州大学外国语与国际关系学院俄语系主任，副教授，博士生导师。2011—2014 年在黑龙江大学俄语学院攻读博士学位。研究方向：翻译学、俄语教育、汉俄文化对比。

邂逅李先生的"二春"

倪璐璐

自从得知李锡胤先生离开，心中的痛就时隐时现，片片回忆浮现于脑海。在黑大读书十载，从本科时代的懵懵懂懂时，就知道黑大俄语三巨头：华劭、李锡胤、张会森。对李老师的回忆定格在两个春天。

第一春是2005年4月15日，清晨，在黑大联通广场某一处角落晨读俄语，偶遇两位老者，其中一位瘦瘦的，似乎是飘到我面前，但话语却柔软温馨："小姑娘，你俄语学了几年级了？"我抬头，腼腆地反问道："啊，您怎么知道我是学俄语的？"他笑了，说："你这个单词重音读错了。""啊？"我羞。他紧接着说："我也学过俄语，这个单词的重音为什么在这哈，我来解释一下……"后来他鼓励我努力学习俄语。上课时间快到了，我没来得及问姓名，就匆匆告别了两位老者，飞快跑向教室。后来，我晨读俄语及傍晚读俄语时，多了个期待，期待遇到那位不知道姓名的老者，还真的就遇见过很多次，甚至是大冬天，冰天雪地之中。2008年读研，秋冬时节，正式知道了长者的姓名，看到课表上写着的"李锡胤，逻辑学"，顿时觉得巨人从书本上走下来了。那时还不知先生是格里兹著的《现代逻辑》一书的翻译者。人文学科的教授，竟然可以讲授数理逻辑。我特别好奇，早早去黑大主楼1层小课堂，如愿抢到了第一排座位。上课铃声还未响起，一位耄耋老人颤颤巍巍走到黑板前，用粉笔密密麻麻地写了一黑板数字和符号。全班都懵了，数学公式！当年高考时学数学不得要理的挫败感昨日重现了！高考志愿报俄语专业就是因为不想继续啃数学，没想到要在研究生阶段补上。人生啊！欠的债迟早要还吗?！李老师，柔软的声音，就拉开了数字之旅，那声音一下子就变得铿锵有力，闭上眼睛听，很难想象这声音来自一位看起来如此虚弱的老人。一学期的小课堂，堂堂震惊。讲起课来，李先生完全变了一个人，精气神儿十足，仿佛战场上的大将军，排兵布阵，收发自如！他将枯燥的数学符号灵活地调动，数学符号仿佛活了！我们跟着他游走在符号之中，居然觉得很有趣！有时，他自己推导着推导着就忘了思路，回头着急地擦一把汗，和同学们说"抱歉，我年纪大了，记性不好，没事儿，我重来"，就又回头到黑板上，一步一步用粉笔比画着。大家突然觉得这位爱穿蓝色中山装的老者可爱极了，随着他一步一步回忆着，七嘴八舌着。等到破解了，他高兴地笑呵呵，如释重负一般。学生们坐着听，他站着讲，考虑到老师的年纪，班长就搬来椅子，让他坐着讲。他很感激地坐下了，可是讲着讲着就又站起来，贴近黑板，直到下课铃声响起。大家都很珍惜李先生的课程，但又怕期末考试考砸了。每每问到他如何考试，他说课堂上讲什么就考什么，叫大家不用担心，只管每堂课都弄清楚原理。现如今，李老师驾鹤西游，离开了我们。但好多美好的情景总会浮现眼前，尤其是上课时，左耳听右耳冒，好像也没有太记住啥，因为光顾看了，满眼都是可爱的老人家。自己今生有幸，结识了李老师，结识了"真、善、美"，人生最高境界！现如今，回忆那段时光，特别感激俄语学院能让学识渊博的大博导走进课堂。李锡胤先生、华劭先生等人都在硕博课堂上传道授业、谈笑风生……可能也是那时起，心中认为语言学枯燥的刻板印象动摇了，而这为未来读博的我，奠定了心理基础。

第二春是读博时，我师随李老师的得意弟子黄忠廉先生。黄导有带领学生开学术沙龙的习惯。2014 年 4 月 25 日，也是在一个春天，翻译沙龙第四十五期，黄导请了李先生来教室，给大家讲了治学方法。李老师讲首先要多读书，靠间接经验来验证直接经验。而且要读外文书，要读进去，练习并模仿表达，入其外，以观其内，入其内，以观其外，做学问要"无欲以观其妙，有欲以观其窍"，达到学以致用的目的。其次，他讲模仿前人作品很重要，孔子都说"三人行必有我师"，我们做学问就是要多学多问。如果可能，尽量多学几种外语，学习第一种外语时难，到了第二种就容易多了，第三种就更容易了。要知道李老本人精通俄语、英语，兼通法语、日语，深谙国学，写得一手古诗词，出版了诗集《霜天星影》。他告诉我们学外语要下定决心，排除万难，有必胜信心。学外语要"三心二意"。要有决心、有信心、有恒心，更要得意和乐意，正所谓"知之者不如好之者，好之者不如乐之者"。最后，李老师讲到了有关俄语成语的问题，他说就概念而言，пословица、поговорка 和 крылатые слова 的含义略有区别，而中国的成语、俗语或顺口溜，不用太过区分，顺口溜，顺口溜，爱怎么溜就怎么溜，老话说的某某某基本可以表达明确的思想感情。李老师带来的俄语原版书籍，后来我们纷纷复印，至今稳稳地立在我的书架之中，每当翻阅时，头脑中就会浮现李老当年讲话时的画面。读博期间，学习了李老翻译过的一些文章，尤其喜欢他译屠格涅夫的散文。他的译文有如高山清泉般甘美，又如天空行云般轻柔，这是我读了他的文章之后在阅读笔记中记录的有感而发的文字。他的文风精简干练，辞朴意丰。我自己的翻译练笔是"七月最后的一天；方圆千里都是俄罗斯——我的故土"，但当看到先生的译文"七月将尽；极目千里，伸展着我的故土——俄罗斯"之后，我完全折服了。此后陆续接触到李先生所译文学，特别喜欢他在前言或后记中的智慧言语。商务印书馆1983年出版了他的《聪明误》译注，他不仅译注了原著，还翻译了蔡特金（A. Цейтгин）的《列宁与〈聪明误〉》一文，并且他自己也研究，他从读音、书写、词形变化、句法、词汇、名言谚语等六大方面分析了"从《聪明误》看十九世纪初叶俄语的若干特点"。他说："语言的主人是人民，作家并不是语言的'立法者'。优秀作家运用语言的杰出技巧，能起很好的示范作用，影响语言的发展，淘汰糟粕，提炼精华。然而，作家只有在当代全民通用语言的基础上，才能进行加工。优秀作品之容易为广大群众所接受，就因为彼此有'共同的语言'。"（格里鲍耶多夫 1983：316-317）不仅如此，他还专门在《后记》中交代了此译注版本使用的是"课堂翻译"（учебный перевод）方法，目的是"帮助读者理解词、词组和句子的字面意思，以便更好地阅读和欣赏原作"。他的另一种诗体翻译已由黑龙江人民出版社出版。他的这种翻译的不同版本加研究的思路，他的这种严谨的学术作风，让我们由衷地钦佩。而《后记》结尾处的二绝又让我们敬仰他的诗情。二绝内容如下：

（一）自由无价血难偿，一队人才遣大荒。莫怨索菲亚负汝，无情毕竟是沙皇。

（二）敢拟三郎吊拜伦，倘容片语慰诗魂：人间纸贵先生剧，未必聪明总误人！

李先生的这种翻译思想，即利用不同的翻译方法能产生不同的译本，服务于不同的读者，不正是翻译变体或曰变译理论的前身吗?！特别是其诗体翻译，俨然是文学变译的绝佳例证。从翻译到创作，从译者到作家，李先生自由穿梭，丝毫没有违和感，他的每一种译本，都透露着藏不住的才华。

总会怀念黑大十年。那时，操场上遛弯的李老师是一道靓丽的风景。那时，无论是年纪还是学术认知都很青涩，李老师是宝藏，但我们能从他身上学到的知识非常有限，这局限于自我的认知水平。在学术素养和风范上，我们见识到了老一辈知识分子的正直与谦逊风骨。李先生记得每一位学生提出的问题，他不仅详细解答，还会去查很多资料，下次碰到你了，一定还会从另一个方面给你讲解！在中国俄语界，向来流传着"天下俄语一半'黑'"的说法，毕业这些年，验证了这一种说法。无论走到哪，无论国内国外，只要有俄语圈，不超三个人总能关联到黑大。而黑大，正因为有李老这样的精神贵族，有一群具有黑大"拼命三郎"实干精神的老师们，我们才能师承，继承着无比丰富的精神遗产。想到黑大，想到李老师，总想起那句"高山仰止，景行行止；虽不能至，心向往之"。

2009 年 12 月 31 日 哈尔滨黑大联通广场午后散步偶遇

参考文献

[1] 格里鲍耶多夫. 聪明误 [M]. 李锡胤, 译注. 北京：商务印书馆, 1983.

作者简介：倪璐璐，西安外国语大学俄语学院教师，副教授，硕士生导师。陕西省外国文学学会会员，陕西省高等学校专业共同体建设委员会外国语言文学类专业工作委员会秘书，西安外国语大学翻译与跨文化研究院研究员、白俄罗斯中心研究员。研究方向：翻译学。

我认识的李老师

诸克军

本人 1980 年 7 月从黑龙江大学数学系计算机软件专业毕业，现在上海市统计局数据管理中心担任总工程师。

我是 1970 年上山下乡、支援边疆到黑龙江工作的浙江绍兴知青，1977 年 3 月从大庆油田被选送到黑大学习的工农兵大学生（算 76 届）。那时候我在数学系，李锡胤老师在俄语系，所以认识李老师和他一家有些偶然和幸运。那时候的黑大规模还远没有现在大，各系的老教师互相都很熟悉。数学系的王连福老师当时是我班辅导员，而我是班里党支部书记，联系比较多。一次王老师知道我是绍兴人后告诉我，俄语系李锡胤老师是我老乡，是个一心做学问、颇有建树的好老师。这是我听到的关于李老师的第一印象：老乡、做学问、有建树。慢慢地，我又从多个老师和同学口中听到对李老师同样的评价，还知道李老师的爱人刘老师在书库工作，也是勤勤恳恳、任劳任怨的……李、刘二位老师受到这么多人自然流露的如此好评，我对他们的崇敬之心油然而生。

1977 年 "文革" 刚结束，教育秩序开始恢复，我们的上课已基本正常，在形势的感召和老师的教导下，我们学生中多数人对学习的重视、对知识的渴望日益强烈，我们常常去书库询问、购买当时紧缺的工具书、参考书。一次我去书库时顺便和刘老师唠起李老师、老乡、大庆来的等话题，我们立即亲近许多，刘老师热情邀我星期天到她家去。

星期天我走进了李、刘二位老师的家，终于和李老师近距离坐在一起，吃着饺子，唠家乡，谈学习。李老师的温和谦恭、朴素热忱、丰富知识给我留下了深刻印象。之后一直到毕业，我常去李老师家。和李老师相处久了，我才慢慢懂得怎样才是做学问，怎样才是与时俱进，什么是创新，他研究学问从不局限于俄语本身，他 70 多岁的时候还跟我谈起，如何把信息技术运用到语言领域；和李老师相处久了，我才慢慢知道什么才是超凡脱俗的思想境界，他穿最普通的衣服，他每天在操场慢跑，他硬生生要求把分房、加工资的机会让给他人。

1981 年我回母校进修半年数据库课程，又多次到李老师家，李老师每次回南方探访亲友，我们也总是要见面聚一聚。每次和李老师见面我都获益匪浅，既是聆听良师的亲切教诲，又像是和朋友促膝谈心。

三十多年来由于相距较远我们见面不多，但情不自禁常常想起。李老师对自己学而不厌、对人家诲人不倦的崇高师德，他学问博雅仍不耻下问的精神，他追求真理、关爱他人胜过关爱自己、不计个人得失的境界，影响着我几十年的工作和生活，始终给我正能量，使我在自己人生道路上从不敢懈怠。

2013 年 4 月 26 日于上海

作者简介：诸克军，黑龙江大学数学系计算机软件专业毕业，曾任上海市统计局数据管理中心总工程师。

李锡胤：“词典比小说更引人入胜”

黄忠廉

学人小传

李锡胤，1926 年生，浙江绍兴人，语言学家、俄语大家、词典学家、资深翻译家，黑龙江大学首届资深教授，1987 年起任博士生导师，1995 年获俄罗斯普希金奖章，入选国家级优秀教师，第七、第八届全国人大代表。主编《大俄汉词典》获首届中国辞书奖，主编四卷本《俄汉详解大词典》具有国际影响力，获第四届国家图书奖，2006 年荣获首届辞书事业终身成就奖，2016 年主编修订巨著四卷本《新时代俄汉详解大词典》，荣获“感动龙江”年度人物（群体）称号和首届“中国俄语教育终身成就奖”。

多年前的黑龙江大学，不论寒暑，每日清晨和傍晚，运动场上总会有一个步履轻盈的瘦影，飘然向前慢跑。而这位长年跑者如今已是位“90 后”了，

他就是我的博士后协作导师——李锡胤教授。这个倾而不倒的身影也成为黑大校园半个世纪的一道风景。

"译文有如高山清泉般甘美，又如天空行云般轻柔"

有人赞誉："天下俄语一半'黑'。"在黑龙江大学，这齐飞的群雁中，那只领头的便是李锡胤，他是一面旗帜，一支标杆，一张名片。凡俄语界，甚至是英语界，进而语言文学界同人，均仰慕之。"2010 年哈尔滨论坛"召开之际，当介绍到李锡胤时，全场掌声不息，如此受人推崇，俄语界恐怕无人出其右。

俄罗斯科学院院士宋采夫赞赏李锡胤主编的《俄汉详解大词典》是"具有创世纪意义的词典"。辽宁大学李英魁教授回国时，她的普希金俄语学院博士生导师说，李锡胤是其"所见到的外国俄语学者中出类拔萃者之一，只要你问他俄语，他无所不知，无所不晓，真了不起"。

2014 年，适逢李锡胤米字寿，百岁老友周退密教授贺诗道："学贯中西一代宗，文星灿烂耀长空。"广东外语外贸大学陈楚祥教授则赞："学贯中西富五车，诗词书法见真功。"

以李锡胤为代表的这代学者知识结构可谓"空前绝后"。说空前，是因为他懂西学，所知甚丰，先后求学于复旦大学、浙江大学、台湾省立师范学院的英文专业，燕京大学社会学系和哈尔滨外专俄语专业，精通英俄语言文学，兼通法语、日语，研究涉猎哲学、逻辑学、高等数学、社会学等多个领域。说绝后，是因为他深谙国学，从小背诵古诗词三千多首，善作古诗词，诗集《霜天星影》一版再版。

有此才情，"熏"出的文字则极简，李锡胤为人作序，篇幅精短，以尺幅阔千里。在他看来，言简意赅为上，专著并非越厚越好。

李锡胤的文章辞朴意丰，诚如本人，虽瘦实腴。以此文风与学风，他在词典编纂、语言学、逻辑学、翻译学、文学、哲学、认知科学、文学创作、书法篆刻等领域均有建树。

李锡胤领衔翻译或主编了多部大型工具书，其中《大俄汉词典》和四卷本《俄汉详解大词典》，是我国两部标志性的俄语辞书，更是海内外俄语人案头必备工具书，因此被俄语界誉为国宝级的学术泰斗、中国语言学界少有的大家。

李锡胤还是多语种资深翻译大家，曾参译苏联科学院《俄语语法》，译格里鲍耶多夫《聪明误》，译审《苏联百科词典》，译校维诺格拉多夫《词的语法学说导论》《词汇意义的基本类型》等。英译汉代表作有海明威《老人与海》、格里兹《现代逻辑》等。

"他的译文有如高山清泉般甘美，又如天空行云般轻柔。"博士生倪璐璐说。原文意为"七月最后的一天；方圆千里都是俄罗斯——我的故土"，却在恩师的笔端这样流出："七月将尽；极目千里，伸展着我的故土——俄罗斯。"

李锡胤不仅翻译文学、哲社和自然科学著作，还从语言文学理论出发展开研究，如《走向现实主义——（俄国）格里鲍耶多夫的〈聪明误〉》《普希金给我们的启示》《两根藤上的一双苦瓜——［俄］纳德生和［清］黄仲则》《从篇章语言学角度读〈豪门外的沉思〉》《〈上帝之城〉的思绪》等。此外，他还培养了一位俄罗斯文学博士，即荣洁教授。

1987年，李锡胤较早翻译了《老人与海》，译文雅洁，风格最似于海明威原作，引发了国内对原著的更多关注、研究与一再重译。2012年商务印书馆出版了先生译文的英汉对照版，成为汉译经典化的标志。

广东外语外贸大学钱冠连教授一直迷恋钱锺书化境式汉译，待他读了李锡胤的英译汉和俄译汉后不禁赞叹："能与钱锺书比肩者，非锡胤师莫属。"

"假我十年再读书，不立程门立李门"

由理通文易，由文通理难。李锡胤是中国外语界计算语言学研究与教学的先行者，他主张将数理逻辑应用于语言研究，一直参加和指导黑大机器翻译研究，培养出易绵竹、傅兴尚、许汉成、韩习武等一批中青年计算语言学者。

1989年，李锡胤将法国人格里兹所著《现代逻辑》译出，教育部计算语言学家冯志伟教授和北大数学家马希文教授惊叹："译者竟是李锡胤教授，作为一位人文科学的专家，对于数理逻辑这样的深奥领域竟然有如此精深的研究。"

李锡胤后来有关篇章语义、预设、蕴涵等的论文均涉及数理逻辑。凭借缜密的逻辑思维与深厚的国学功底，他的逻辑学课程幽默易懂。黑板前，耄耋老人"有火与有烟"的幽默逻辑推理过程，仍让博士后毛延生记忆犹新："有一次，先生讲，泛函数思想实为模糊中的精确；类型化与反函数是不错的结合，具体应用时，却要注意计算机处理的特殊性，可能更适于外译汉，而非汉译外。现在看来，每句话都可写成论文。"

李锡胤的学术论著，乃至平常话语，不仅富含学术学理价值，且有深刻的思想性。其智慧之言，常常文理融通，富于哲理，比如：数学是用阿拉伯字母写出来的语句，语句是用文字写出来的数学论题；抽象是往深度的引申，引申是往广度的抽象；甭管它白猫黑猫，能捉到耗子的就是好猫，可见"功能"的重要；对人理解是客观的支持，给人支持是主观的理解；语用研究要学会从小处着手，分而食之才有可能成功；双语词典编纂要"咬文嚼字"，就是"咬"住原文本义，"嚼"出相应的汉语"字"义，等等。

为了照顾李锡胤的身体，黑大俄语学院几年前不再请他参加学术活动了。而我那时安排每周两个研究生带着问题去探望先生，偶尔也请他指导我们的"翻译沙龙"，还有一次直接把沙龙开到了先生家，并请校方录了音，摄了像，想留一份宝贵的资料。

在中科院 10 年，在黑大 60 年，李锡胤的工作多是在辞书研究机构，但他始终关注整个俄语语言文学学科的建设与人才培养。1992 年，他曾与俞约法教授联袂撰文专论中国俄语学科建设，那是一段时间内中国俄语界所"仅见"的佳作。自 1987 年起，他任博士生导师，后任博士后协作导师，为我国培养俄语高级人才，甚至跨界培养英语专业博士后，比如南京国际关系学院的李战子、东北师大的宋宏、哈工程的毛延生、黑大信息工程学院的韩习武等。

虽然操一口绍兴吴语，但李锡胤却能把学理讲得深入浅出，文章好读，毫无学究气，术语少到极限，似乎在谈体会或经验，所蕴内涵却丰富无比。即便在常人看来枯燥的语言学文章，先生也写得干净动人，透出淡淡的幽默。比如，论及"动词型式"，李锡胤这样煞尾："后来英国俘虏了一位日军将领，英国政府拿他将郝氏交换回国。曹孟德'镶黄旗下赎文姝'的故事，冷不防在英国重演。莫非孟德公割须弃袍之后，趁月明星稀，登上英伦三岛？且住，此事待考。"

就连已近八旬的钱冠连教授都惊呼："一下甩出至少三个典故！把一个要

板起面孔说理的论文写得如此兴趣盎然，突然收手，很像一长段京剧故事演绎完毕之后，锣、鼓、钵痛快淋漓地一阵敲打，猛然刹住。读到这里，我情不自禁地自言自语：'假我十年再读书，不立程门立李门。'"

"以其不争，故天下莫能与之争"

低调为人是李锡胤的最大特点，却反助他获得了各种社会荣誉。先生任过省和全国人大代表，是外语界仅有的几位上过央视《东方之子》栏目的学者。先生从不自傲，不盛气凌人，甘于无闻，尽量不麻烦单位、他人，甚至是家人。学校和学生多次要为他过生日、做寿或开纪念会、研讨会，都被他拒绝了。

1994年，香港读者沈国祥对李锡胤所主编《大俄汉词典》提出意见，李锡胤几次回复说："您的意见，我们一定认真对待，以改进和提高新词典的质量。……有像您这样认真的读者，我们引以安慰和自豪。""您的意见和建议我们在新的词典中一定要考虑。……又告，我不日赴俄修学，三个月后回来，容后再请教。"

近年来，李锡胤坚持以"同志"称呼几乎所有的人，在他眼里，真心实意平等待人，无论是同道，还是学生。钱冠连认为，先生属于"真淡心人也"，其典型特征是看透、看开、看淡、不争，"以其不争，故天下莫能与之争"。

但如此低调之人，也免不了有时"高调"。

李锡胤不止一次感慨：现在国家强盛，天下太平，生活真是太幸福了！但他也提醒我们，"居危思安易，居安思危难"，不要忘记伏契克的话："人们，我爱你们，你要警惕。"

20世纪90年代，一批学有专长的俄语学者迅速老化，又难以物色安心接班的后学。眼看平生所学将付东流，李锡胤慨叹："这不是个人的损失！"为了防止重蹈20世纪50年代忽视英语的覆辙，1993年，他在全国人大八届一次会议上提议，将黑龙江省立为俄语基地，在黑龙江大学成立俄罗斯学研究所，培养高中级俄语接班人。他曾上书中央领导人，建议与普希金俄语学院联办"中俄联合研究所"。八年后，教育部人文社科重点研究基地"俄语语言文学研究中心"获批创建,先生功莫大焉。

李锡胤的首位博士生蒋国辉考自四川外国语学院。1987 年 4 月,他去面试,校内无住处,只能随便找了一间大车店住下。中午时分,他躺下刚要休息,就听见外面有人问起他。李锡胤不知怎么亲自找来了,说小店不宜休息,带他去了自己家。第二天又带他办理手续,熟悉考场。

2007 年,我来黑龙江大学工作,八年间每到入冬,先生都要叮嘱:"黄忠廉同志,要戴帽啊!南方来的同志不了解哈尔滨的冬天!"有时我笑答:"呐,春天一过,您得给我摘帽哦!"

李锡胤的弟子遍及全国,有时他也情不自禁:"我为部队培养了'五虎上将'啰!"先生扶携后学,不分内外。无论中年,还是青年,无论身边,还是外地,无论书信,还是面谈,只要有心向学,他都有求必应,或交谈,或寄书,或复印装订相送,或无私奉送思路和观点,或为其引荐专家。

当年,我博士后研究严复变译,李锡胤带我登门拜访历史文化学院张锡勤教授,请教近代史问题。而现供职于首都师大的贾洪伟博士是先生的私淑弟子,先生为其安排语言学读书计划,推荐他跟俄语学院华劭教授学普通语言学,跟文学院戴昭铭教授听汉语功能语法课,学习人类语言学,跟佛罗里达大学屈承熹教授在黑大听"美国功能句法""汉语认知功能语法"等讲座。甚至,贾洪伟从北外博士毕业后留京,先生仍叮嘱他虚心务学,不为花花世界所惑,专心研习,勤于笔耕。

从左至右:李毓榛、李锡胤、黄忠廉

有一件小事更是触动人心。一日，李锡胤上课，课前带来一份《光明日报》给他的博士生杨晓静，并告之报上有文论及歌曲翻译的文章，其他同学一看，告诉先生那正是杨晓静的文章。李锡胤一愣，随即欣然一笑，只顾帮学生搜集材料，竟然目中无"人"。

大外语观、大语言观、大文化观、大学科观、大学问观，李锡胤一贯倡导无学科门户之见，以通统专。为了出身英语的毛延生能进当时只有俄语博士后协作导师的博士后流动站，他不知亲自跑了多少次协调。在博与专上，先生眼光独具，他常告诫我们，要"风物长宜放眼量"，做有深度的研究，主张40岁前广涉各科，40岁后有所为有所不为。

可爱的"书呆子"

博士生顾俊玲曾问恩师李锡胤："如果有来世，您会选择什么样的人生？"先生答得干脆："我依然会选择如今生这样的书呆子的一生。"

那是什么样的一生呢？

品德高洁真君子。先生是难得的文人，淡泊名利，温文尔雅。他以文化己，纯粹而高尚，为学与为人浑然一体。黑龙江大学原校长鲁刚曾被错划为"右派"，揭发会上，李锡胤没有墙倒众人推，没有讲违心话，当着"造反派"的面实事求是。他曾对女儿说："现在想想心里面无愧啊！"

一心只读圣贤书。先生享受孤寂，几乎不看电视，不进影院，更少有举家出行，身居斗室，却心游天下。为2008级硕士生讲数理逻辑时，他劝大家多读书："我80多了，不怕死，一到图书馆我就怕了。"先生常说："年末守岁之时能得一本新书来读，是件幸福的事。如果有瓜子和花生之类伴读，则感觉幸福无比。"

春风化雨育英才。虽耄耋之年，先生仍能勇开新课，博士生要什么，他讲什么。认知语言学在国内兴起后，先生广泛阅读英俄语著作，分清俄罗斯的研究与英语世界的差别，课堂上以英文输入、俄语输出的方式，为研究生开设认知语言学课程，丰富和开拓了他们的学术视野。

一生俭朴享长寿。先生生活简朴，常年一套旧蓝中山装，冬天一脚棉鞋，其他三季多是一双解放鞋。先生别无养生之道，粗茶淡饭，无不良嗜好，唯有超然心态和常年慢跑，一生自律，才一生自由；一生坦荡，躺床便能入睡，与疾病基本无缘。他曾笑言："词典比小说更引人入胜。""编词典能长寿！"

先生自嘲"书呆子"，其实，那不是呆，是"傻"得可爱可敬。

2009 年，先生搬新居前，将旧房占一面墙的图书文献全部捐给了黑龙江大学图书馆，部分留给了门生，新居真是"家徒四壁"，只留书柜一架，书桌一张，还有桌上周总理的大幅照片。每次答辩会上，先生都会将自己的思想或观点无私奉送。对学术同道，先生总是伸出援助之手，黑大文学院刁绍华教授编辑《中国（哈尔滨—上海）俄侨作家文献存目》时，不幸早逝。先生接起未竟之业，直至出版。

先生为人严谨，出语也严，翻译更精，比如对于业界要引入"关联理论"（relevance theory），他表示，"我宁愿将它译为'切题论'，因为我觉得'关联'两字太泛，可以包括广义的含意，而'切题'比较收敛些"。只有深谙双语者才可如此睿智。

先生谨严，但不严肃，甚至庄谐并重。他为博士后许汉成作序："当前世界语言学界有的专攻'与时俱进'的计算语言学，有的专攻'以人为本'的认知语言学；正好形成合围态势。我们要避免入则主之、出则奴之的狭隘观点。硬要玄奘开荤，要鲁智深持斋，何苦来？！"如此好序，能不怡人。

这种幽默，也常常影响学生，愉悦亲人。外孙女俞简 9 岁那年，先生送她两本簿册，上书"姥爷出版社"。俞简翻开书便"哇"了一声，她发现簿册里面贴满了各类报摘：诗歌呀，小新闻呀……另一册则贴满了多彩的儿童画，还有考场小故事，附言："考！考！考！教师的法宝！分！分！分！学生的命根！"

鸿儒犹有顽童意，谐语更见舐犊情。即使偶尔生病，先生比谁都乐观。2011 年，先生患了类风湿，在哈尔滨未能查明。我逗他："您平时少病，这次是零存整取啰！"后赴京就医，先得验血，回来路上，先生还喃喃地说："第一堂课要开始了……"

先生要离哈赴沪与女儿同住，走前将图书资料分留给弟子们，博士后毛延生玩笑说："您真的不留着了啊？"先生认真答曰："不留了！不留了！人都不留了！"

这种幽默源自于先生的博学、人生阅历，以及他的多才多艺。有人以为先生古板，那只是"以貌取人"。先生思想活跃，从不保守，从善如流。据他的老同事、后任职中国国际广播电台的金铁侠译审揭秘：李锡胤幽默，但有分寸；谙诗律，口头多引古诗，笔下才露诗情。懂书法，从不到处题词，只是关键时刻才泼墨，有时还裱好送人；棋术不低，但不入迷，不争强好胜，偶尔跟同事"杀"上一盘，凑趣而已。

我与先生相识 25 年，楼上楼下隔层为邻 4 年有余。2015 年，我离哈南下，先生东赴沪上，天各一方。有一天，再读毛泽东对白求恩的评价"一个高尚的人，一个纯粹的人，一个有道德的人，一个脱离了低级趣味的人，一个有益于人民的人"，李锡胤先生不正是这样的人吗?!

原载《光明日报》，2017 年 7 月 3 日

作者简介：黄忠廉，黑龙江大学外国语言文学博士后（2005—2008 年），合作导师李锡胤研究员。广东外语外贸大学二级教授，博士生导师和博士后协作导师。国务院政府特殊津贴专家、国务院学位委员会第七届学科评议组成员、国家社科 基金学科评议组成员、广东省"珠江学者"特聘教授、中国英汉语比较研究会翻译学科委员会副主任。"全球俄汉互译大赛"创办人，获第六届高等学校科学研究优秀成果奖（人文社会科学）。

回忆先生二三事

黄　飞

　　我有幸与李锡胤先生同事多年，但与先生是因晨练走近、结缘。我很喜欢运动，多年来保持着晨练的习惯。1996年深冬，那时候有锻炼习惯的人不多，寒冷更是挡住了很多晨练人的脚步。天蒙蒙亮，学校操场上的人寥寥无几，我像往常一样绕着跑道快走，听到后面脚步声越来越近，然后追上我，与我并肩走起来，我侧头看见李先生正看着我。见我侧头，老先生笑着操着一口绍兴普通话对我说："同志，你的这个运动习惯很好，一直坚持下去，身体会非常健康，你今年五十几？快退休了吧？"那一年不到三十岁的我瞬间懵了一下，想起来，天冷，我戴着帽子，衣服领子竖起来挡了半边脸，根本看不出来是谁，可能在先生心里，喜欢锻炼的大多是中老年人吧。那时候快走锻炼身体还不时兴，在先生眼里我可能是个特别的存在吧。当时我是俄语系参加工作不久的青年教工，当先生认出是我时，直说"黄飞同志，锻炼很好呀，要坚持"。之后，只是晨练的我发现先生每天会在运动场锻炼三次，每次半个小时。先生到了七十岁后，才改为每天早晚两次。现在五十多岁的我早在十年前就养成了早晚锻炼两次的习惯，受先生的影响是主要的原因。

　　先生为人低调，对物质生活不看重，生活朴素清苦，一心扑在他所热爱的科研和教学上，从不在意生活的细节。2001年，黑龙江大学俄语申报全国重点学科，先生靠威望和人脉为申报奔走，立下汗马功劳。大家不知道怎么表达对先生的感谢，因为看到先生运动的时候总是穿着一条洗得泛白的普通裤子，时任俄语系副主任的我和时任俄语系党委书记的曲依民同志商量着给先生买了一套运动服，送到先生家里。一进家门，让人一眼注意到的是，白色地砖中间有一块深色的地砖，非常突兀、扎眼。先生看到我和曲书记多看了几眼那块地砖，笑着解释，装修时算少了一块，要去找一样的地砖很麻烦，浪费时间，就在附近建材店买了一块，配不上色，但不耽误使用，也就对付着用了，好搞卫生就好。我们说明来意，先生坚决不收，他说："无功不受碌，赶紧拿走，要不我就死看死守，把衣服还回去。"他女儿见状说："别为难我爸了。"我们只好作罢，后来把运动服给了一名系里的特困学生。

还有一件听曲依民书记讲的趣事。有一次先生找到曲书记，说家里的窗户玻璃坏了，重新买了一块，但怎么也安不上，看曲书记能不能帮个忙。曲书记到家里一看，当时都是木头窗框，玻璃尺寸应该量里面，李老师量的却是外面，根本装不上。曲书记笑着说："我可爱的李老师，量错面了。"先生恍然大悟，哈哈大笑着说："曲书记，还是你聪明，我怎么没想到。"先生是语言界的巨匠，却是生活中的"婴儿"。他对生活的要求标准很低，把全部的心思都用来搞科研和教书育人了，他对同事热情诚恳、虚怀若谷，对学生耐心细致、诲人不倦。俄语系原副主任徐忠鑫开玩笑说："这老爷子哪里是人呢，早就已经成仙了。"

这些都是二三十年前的事了，先生仙风道骨，生活中无欲无求，但他治学严谨，学贯中西，桃李天下，甘为人梯，无私奉献，虚怀若谷，是当之无愧的一代巨匠。

作者简介：黄飞，黑龙江大学产业发展中心党委书记。曾任黑龙江大学俄语系（学院）党总支副书记、副主任（副院长）。

最后的大师

富金壁

　　我与李锡胤先生相识，是在 2009 年，忘了几月份。当时黑龙江省文史馆出版其馆员作品集，我应邀参加评论。因时间较为紧迫，我便随手翻开了较薄的一本，正是李锡胤先生毛笔手书影印的《霜天星影诗词手稿》。甫一展读，便立即被李先生的诗品与人格所感动，故写了《一种幽愁伴独醒——读〈霜天星影诗词手稿〉有感》，在评论会上发言。

　　记得去开评论会的那天上午，文史馆来了一辆面包车，绕了一圈，把住在这一片的馆员与与会者都接去。我上车时，李锡胤先生已在车上，坐在前排。我熟识的丁广惠先生为我介绍车上的各位，说到李先生，原来是一位精瘦的老者。我立即说："四川大学的张永言先生曾向我打听您的近况！"没想到他在车的行进之中，立刻敏捷地从前排挪到我坐的后排，用江浙一带口音同我亲切地攀谈。下车时，记得他还小跑了几步。进文史馆的时候，我请他先走，他也不肯，而是拉着我一起走。那天开完评论会，宴会后便散去，没有机会深谈。而第一面给我最深的印象，就是他的动作灵活，对人态度谦恭。那时他已 83 岁了！听人说他每天坚持跑步。

　　因为我也是学俄文出身，又喜欢旧诗，李先生旧诗中既多言及译俄诗之体会，便激起我欲为李先生诗集作注的冲动，于是就想去拜望李先生一次，以便求教。这个想法曾对我的黑龙江大学的俄文先师姚伟丹先生的夫人邢慈娥老师说过。她说，她曾与李先生一起编过词典，关系很好，可以领我一起去见。

可是，去见一位耄耋老人，人家忙不忙，情绪如何，还记得不记得我，这都是要考虑的。再加上我一直忙东忙西，事过境迁，自忖又没有什么可观的长进，恐怕愧对这位海内外驰名的长者，就一直没有去看他老人家。时光荏苒，这一拖就是五年！连邢老师的好意都给辜负了！而这一直是我心中一个未了的愿望，《诗经》有云："心乎爱矣，遐不谓矣？中心藏之，何日忘之？"但若无外力推动，恐怕我的这个愿望难以实现了！

不料后来认识了黑大教日语的青年教师张广。交谈之中，自然提起了我素所仰慕的李先生。我说，目前语言学界硕果仅存的老先生不多了，不知他近来如何。张广老师说，他恰好与李先生熟悉，且住一个楼。老先生去年重病一场，人已浮肿，学校曾安排去北京治病。不过老人十分顽强，坚持下楼晒太阳，现已好转；虽已不能慢跑，但常下楼散步，且头脑尚灵活云云。又讲李老师一生淡泊名利，起初学校分房子，他没钱买。学生听说，纷纷寄钱来，他却马上一份一份地把钱寄还给学生，光邮费就搭了上千元钱。又说他对学生如何好，如何客气。这更引起我对他的敬佩。张老师知道我想去看李先生，极口赞成，愿为介绍并提供方便。我自然高兴，但未确定拜访日期。

一日，张广老师来电话，说在校园里遇见了李先生，向他提起我；李先生说，他记得你，很想见你。张广老师并问我是否要跟李老师说话，他可以把手机递给李先生。我当然喜出望外，立即与李老师通话，果然，他提起那次在文史馆见面的往事，头脑十分清楚。我们商定，第二天上午，张广老师领我去李先生家。

开门的是他的女儿，上海华东理工大学教师李彤，她说："我爸爸正在等您。"

老先生面色略显苍白，行动也远不如五年前灵活，但还是很有精神，很是高兴。我回忆起因文史馆评论会而相识的往事，谈对他的印象与评价，他依旧只是谦逊地摇头。我向他汇报我这几年的情况，他很认真又略带玩笑地说："你要把你的书送给我！这是你欠我的债，欠债是要还的，跑得了和尚跑不了庙！我活到老学到老。"我说，我写过一本《训诂学说略》，他马上说："这本书你给过我。可是，我去年生病，以为要去见阎王爷了，就把全部藏书一千八百本都送给了黑大，你那本书也在其中。没有黑大，就没有我李锡胤。"说着，回头看了看书柜。我顺他的目光看过去，书柜中果然荡然无存。可是他的

与李锡胤先生的一生情缘

案头却放着一本《黄仲则资料汇编》。我问："先生喜欢黄景仁的诗？"他颇含感情地说："我于中国的诗人中，喜欢杜甫、黄景仁与顾炎武。黄诗的情调特别悲苦。"我想到李先生的诗中也常见悲苦之句，看来是受到了黄景仁的感染。

我说，我最近有《论语新编译注》将在北大出版社出版，《诗经新译注》将在上海古籍出版社出版（按，后因故作罢，改名为《诗经新释》，由北京联合出版公司出版）。老人家拊掌祝贺，并嘱我书出后一定送给他。我索要先生的墨宝，他爽快地答应："我明天就写！"张广老师建议我与李先生合影留念，我的意思是老先生坐，我立——其实这十分自然：年龄上李先生长我17岁，学问上我也许仅仅勉强够他的学生。可老先生坚决不同意，连声说："你听我的，你听我的！"硬是站着与我挽手并肩合了影。

临别，老先生笑着打开抽屉，拿出一张鲜红的绸面贺年卡，说："开玩笑！"我展开一看，里页是工楷的几行字：

敬聘

李锡胤同志任阎王殿判官助理 请于新年前到任

阎王三鞠躬

我不禁失笑。李老先生也为自己的玩笑十分开心，他指着"聘书"说："你看，阎王称我为'同志'！"看了此物，我知道老先生去年肯定是病重而有预感，如同陶渊明逝前写了《自祭文》与《挽歌辞》一样，于是又不由得为他，也为中国的学术界、文化界庆幸这位巨匠沉疴复起。我也开玩笑说："反正您也不忙着去上任，这个聘书就送给我，让我也沾点阎王爷的灵气！"老人家笑着答应了——这个"宝贝"就归了我！

我们辞别时，他老人家坚持送到电梯门口。

当天下午，张广老师就接到老人家的电话，说字已写好，要给他送去。张广老师当然不会让老人家跑路，即去李老师家取来，并马上驱车送给我。李老师也为他题了字。

我迫不及待地展开红栏宣纸诗笺，给张广老师的是：

人生永远是彩排而没有正式上演 托尔斯泰说："永远在路上。"

锡胤书与张广同志共勉

给我的，是一首七言绝句：

同丁多事大时代，清泪同挥惜苍生……

555

他老人家以简洁之诗笔，回忆了一段我们二十五年前传奇般首次会面的令人难忘之事。这使我激动不已，当时亦有一首七绝奉和。其中之曲折，不能尽述。

第二天通话致谢时，我仍然对前一天他非要与我并肩站着合影一事耿耿于怀，便在电话里用晚辈的口气埋怨李老师："您也不大度点，您坐我站，不等于赐给我点学生的名分吗？"他却斩钉截铁地说："那怎么行，那怎么行！那是要天诛地灭的！"我注意到，他赠给我的英文诗译本《伊诺克·阿登》，题字竟然是"请金壁学长指教　弟锡胤敬奉"！

这是真正的大家风范！《论语》所谓"虑以下人"（我依俞樾《群经平议》说，虑，大抵之意。虑以下人，即"每以下人"），《论语·泰伯》曾子所谓"有若无，实若虚"，李先生之谓也！

在二十世纪上半叶，当中国传统文化与西洋现代文化发生大碰撞的那个时代，涌现了一批学兼中西的大师级人物，如张之洞、辜鸿铭、鲁迅、胡适、陈寅恪、钱锺书等人。而李锡胤先生，我敢断言，是二十世纪遗留给中国学界最后的大师。所谓大师，我以为，应该是在数个相关学科知识淹通的大学者，应该是对一国文化乃至世界文化产生重大影响、做出重要贡献的学问家。李锡胤先生在俄语学界是泰斗级的人物，是《大俄汉词典》的主编，是古俄语文献《伊戈尔出征记》、苏联科学院《俄语语法》、苏联维诺格拉多夫《词的语法学说导论》、英文名著《老人与海》《伊诺克·阿登》、法国让-布莱斯·格里兹《现代逻辑》等书的译者，曾与人合译《俄罗斯抒情诗百首》；他的中国旧诗的思想境界与艺术水平，可与龚自珍、鲁迅旧诗媲美，他的书法、篆刻也自成一家——如此学问淹通、博大精深，有世界级的影响，加以忧国忧民、淡泊名利、品德高尚、谦卑儒雅，非大师而何？李先生的学术造诣、渊博知识与思想境界，非一般学者所能企及。颜渊赞孔子"仰之弥高，钻之弥坚；瞻之在前，忽焉在后"，李锡胤先生当之无愧也！

清华大学原校长梅贻琦先生说过："所谓大学者，非谓有大楼之谓也，有大师之谓也。"大学有了大师，就有了道德、学术的高境界、高品位，教师、学生就有了学习效法的榜样，就能形成"长江后浪推前浪""江山代有才人出"的学术繁荣局面；才能逐渐摒除浮躁浅薄的不良学风，我们的高等教育才有复兴的希望！社会只有懂得敬畏大师，才能敬畏学术，才能尊师重道；也才能逐步鄙弃谄媚权势、崇拜金钱的市井流氓之邪气——我们的民族、社会、国家才有希望！

大师不是能轻易出现的，他们是特殊时代特殊条件造就的特殊人物。数亿人中，可能几十年数百年才出现一个，也可能数百年也不见踪影。如同昆山之玉、隋侯之珠，必钟天地之灵气，经火山之冶熔，被风雷之激荡，才能偶尔形成。大师不是自封的，也不是册封的，是因其品格学问感人至深、令人敬畏，而为学界所公认。四川大学的张永言先生生前曾向我打听黑龙江省李先生的近况，我原来一直以为，这两位学界巨人一定有着非同寻常的友谊与交往。询问李先生之后，我才惊奇地得知，原来，他们两位素未谋面，张永言先生纯是凭李先生的学术成就才产生了对他的敬慕，而惺惺相惜，李先生对张先生亦是如此。太史公《史记·李将军列传》引古谣谚"桃李不言，下自成蹊"赞李将军，李锡胤先生殆太史公所谓"不言"之"桃李"乎？

行文至此，谨将我在 2009 年黑龙江省文史馆馆员著作出版评论会上的发言录于此，题目为《一种幽愁伴独醒——读〈霜天星影诗词手稿〉有感》：

李锡胤先生的诗，感人至深。

李先生是翻译家，是辞书学家，但他首先是传统的儒者，是志士。何以知之？他的闲章《论语·泰伯》名句"士不可以不弘毅，任重而道远"这样告诉我们，他的《鹊桥仙·立春》对往事的回顾"狼攻虎突，醉生梦死，谁问东亚沉痼"这样告诉我们。当他见报载，某地有人落水，围观者众，竟无人救援，且有索酬者，他痛赋《病狮》："病狮东亚劫几经，梦回舐痛一雷鸣。翻身又是沉沉睡，援溺攘金史可曾？"好一个"翻身又是沉沉睡"！呜呼，诗人之痛，谁其知之？先生见世风浮华，又慨叹："世风国步互相关，忧乐废兴若转环。到眼纷华谁共喻？散沙容易聚沙难。"（《纷华》）好一个"散沙容易聚沙难"！呜呼，先生心事，谁其喻之！先生《读〈易〉》有句："剥复[1]预言未敢论，转于人事卜天心。分明忧患饱经日，两字自强付后人。"诗后自注："《易·系辞》：'作易者其有忧患乎？'"记得有人谓，真正知识分子的特点，即有忧患意识。先生在《译〈老人与海〉》十首之一头两句吟道："无边夜气压沧溟，一种幽愁伴独醒。"呜呼，先生于古稀、耄耋之年，位卑未敢忘忧国，他自谓"媚世无方忘世难"（《笔耕》）、"入世非谀世"（《古稀告存》），皆肺腑之言。而他赞其师赵洵[2]"雨雨风风志益清，党人大义自硜硜"（《悼赵洵师》四首之二），赞与恶鲨拼搏之老人"阅尽人间人老矣，几回烽火幻云烟。鲨鳔未尽湾流恶，肯放苍颜暂息肩"（《译〈老人与海〉》十首之六），不正是这位老诗人不屈心志之写照吗?！

先生的心是热的，先生的头脑又是清醒的。虽然他自嘲"眼前一片潇湘影，我亦红楼梦里人"，但他早已看透了"蝇头蜗角[3]漫纷纷"的俗气（《北京游"大观园"，水边小睡》）；他赞扬"中阪迁延力不胜，斯人赍志竟无成"的蒋筑英，而痛斥斗富之大款："高楼纸醉金迷夕，可识并时有筑英?"他立志"一滴愿同岩下水，不将污迹染清波"（《四川行》五首之四）。此诗开头两句说"未凋姓氏已凋柯[4]，民史千秋视此河"，意思是，物易朽而英名不朽，人民的评价如长江水清而永存。这正是极富现实意义的警世之言！

先生咏历史、时事之卓见与逸才，尤使我拍案叫绝者，为先生《伊尔库茨克访十二月党人流放寓所》，他这样评价俄国十二月革命党人："慷慨干戈赴国仇，旧乡临睨哀高丘[5]。党人若使成功业，未必上风让美洲。"真知灼见，令人耳目一新。又《莫斯科宵吟》十首之十："潮高潮落亦天心，要是自强日日新。一语惊人出《三国》：'久分必合合还分！'"明眼人一看便知，此诗所咏何事。自来说此事者，非痛心疾首，即义愤填膺，而均不出颠顶极左之窠臼。先生独以清醒睿智之哲人诗语说其真谛，真难能可贵也！先生悼其师赵洵有句，"欧人头脑古人心"，此真先生之谓也！

俗语说：诗如其人。读李锡胤先生之诗，足见其爱国爱民爱真理之一片赤心。白居易《与元九书》有句："文章合为时而著，歌诗合为事而作。"李先生之诗，真乃如张草纫先生所评："可以与龚定盦《己亥杂诗》相比。"我则以为，李先生诗有鲁迅旧诗之遗风。近有人常叹诗坛风气陵夷，李先生诗集之出，或可为当今诗坛之嚆矢鸣镝，使积年萎靡之诗风为之一扫乎？

说到其诗之艺术水平，亦殊有可观。我们不难从先生诗句中时时窥见屈原、李白、杜甫、李贺、李商隐、杜牧、范成大、李清照、黄景仁等名家的文风笔意，而李先生已融诸家之美于一炉，形成了含蓄、隽永、典雅、精炼之独特风格。可以说，新中国成立以来，思想、艺术均达到如此高度的古诗词，尚不多见。

李先生是一位著名翻译家，又是一位杰出诗人。他以诗笔道出了翻译的艰苦："中西移译事良艰，旬月踌躇只字间。我亦妄求神似已，莫从语学笑疏顽。"(《译〈聪明误〉后》七首之五)诸君思之,比唐代诗人卢延让之"吟安一个字,捻断数茎须"意境何如?恐有过之而无不及也!他做到"神似"了吗?我看是做到了。他能用诗句勾勒外文的意境,同时加上自己的感悟。如《译〈俄罗斯抒情诗百首〉》(二十三首)中的《张草纫译普希金〈致恰达耶夫〉》:"爱情时誉两难凭,祖国声声唤独醒。天外芒寒星色好,起予风露舞纵横。"又《张君译普希金〈囚徒〉》:"雏鹰伴我度凄凉,欲语无言意倍长。槛外摇天海涛绿,假君羽翮好飞翔。"我是读过普希金这两首俄文诗的(笔者为黑龙江大学原外语系俄语专业毕业生),李先生所作,真是极其生动而传神!他竟然能将西方谚语及英人诗句入诗,如《除夕》"窗前漫舞行消雪,灯下难牵欲逝裾",即用西谚"去年白雪何在"与英诗"I see the skirt of departing year."(我看见行将逝去的旧岁之裾裾),真是奇绝妙极!

又如,他用这样的诗句译出赵洵之言"如果让我第二次选择生活道路,我将作同样的选择":"轮回若准自由例,但得他生似此生。"真乃信达雅之典范!可与之媲美的,恐只有当年左联作家白莽所译裴多菲的《格言》"生命诚可贵,爱情价更高。若为自由故,二者皆可抛"了吧?一将外文诗译成古诗,一将今人言译为古诗,而皆精妙绝伦,可谓同工异曲!

《论语·子罕》载人称赞孔子:"大哉孔子!博学而无所成名!"今李先生如此博学而仅以"俄语语言研究家、辞书学家"名,总觉不甚全面。我以为,"俄语语言研究家、辞书学家",仅能概括李先生的部分成就而不足以概括李先生的学问。在学问上,李先生可谓通人。近来,常有"当代有无大师,孰可称为大师"之讨论。某些声闻过情而慨然自任者,可姑置不论;依鄙见,如李先生之学贯中西古今,可谓庶几近之矣。然而李先生自来淡泊名利,他自谓"利禄声名身外事"(《余热》),又引禅语赞其赵洵师"雨过天清一月圆"(《悼赵洵师》四首之一),可谓"夫子自道"。然而虚怀若谷,视名利为身外物,正是真正大师之品格。李锡胤先生给我之印象,正是如此。

文成而无题,姑以先生诗句"一种幽愁伴独醒"题之。

注释:

1. 剥、复,《周易》两卦名,两卦有对前景的预言。如,剥:"六四,剥床以肤,凶。《象》曰:'剥床以肤,切近灾也。'"复:"上六,迷复,凶,有灾眚。用行师，终有大败，以其国君凶，至于十年不克征。"

2. 赵洵，女，黑龙江大学前身哈外专副校长，俄罗斯语言文字学家。

3. 蝇头蜗角，语出《庄子·则阳》："有国于蜗之左角者，曰触氏；有国于蜗之右角者，曰蛮氏。时相与争地而战，伏尸数万。"后以蝇头蜗角喻微末小事。

4. 凋柯，即烂柯；柯，斧柄。典出宋朱胜非《绀珠集》："信安山有石室，王质入其室，见童子对棋，看之。局未终，视其所执伐薪斧，柯已烂朽。遽归，乡里已非。"后以喻沧海桑田，世异人非。

5. 哀高丘，语出屈原《离骚》："忽反顾以流涕兮，哀高丘之无女。"这里借以哀悼烈士。

附记：写在李锡胤先生逝世之后

昨日下午，微信上赫然出现我的大学俄语老师姚伟丹先生夫人邢慈娥老师转来的讣告："黑龙江大学资深教授，中国知名的语言学家李锡胤先生不幸逝世，终年97岁。"我心中悲痛、怅惘的心情难以言表。

我是黑龙江大学原外语系俄语专业1962年入校的学生，是李锡胤先生的晚辈。我无缘受到李先生的亲炙，我们也极少交往。只是在我改学古代汉语、在哈师大中文系任教之后，曾偶与李先生同车，但是我却不知同车者即是我终生仰慕的李先生，当然更未主动攀谈，而极其失礼。

2009年，李锡胤先生的《霜天星影诗词手稿》出版，我撰写了评论文章《一种幽愁伴独醒——读〈霜天星影诗词手稿〉有感》，在黑龙江省文史馆馆员著作出版评论会上发言，才得以拜识李先生，从而悟到，李锡胤先生的道德学问出类拔萃，是当代硕果仅存的最后的大师。我遂于2014年夏登师门拜访先生，并撰写了《最后的大师》《影响世界的学术大师，独步一时的伟大诗人——李锡胤先生》二文，在"古代小说网"公众号上发表。我选了李锡胤先生的《除夕》等11首旧诗，收入鄙著《国学经典读本》（因故未出版）。李先生的旧诗，是鄙著所收唯一当代诗人的作品，与所收近现代诗人秋瑾、鲁迅作品并列。

我在2014年拜访李先生之后，亲身感到李先生的道德学问感人至深，意识到自己有责任宣传推崇李锡胤先生的为人和治学业绩，于是求见当时黑龙江大学校长何颖同志，提出四点建议：一、建立李锡胤先生纪念馆，收藏他所献的图书和有关文物；二、整理出版他的专著、译著合集；三、派人协助李老撰写自传、编撰学术年表；四、尽快筹办李锡胤先生国际学术研讨会。何校长认真听取了我的意见，做了详细的笔录。此后，我担心匆忙交谈之间没有把道理讲清楚，于是又给何校长写了一封信并托人转去。现在看，除了没有召开国际性的学术研讨会以外，其他的三点，黑龙江大学都做到了。

附带要说的是，自从我得以拜见李老先生之后，每过一两个月，李先生都会给我打个电话，我在逢年过节也会给他打个电话（惭愧，他老人家打得多，我却较少），谈谈过去的事。但是近两年，他老人家的电话停了，我就知道，也许是头脑出了点问题，我便愈不敢打电话了。近来我得到一段他老人家的录像，是推着助行车边走边唱，性格似有反常。前半月我去看望我的姚老师的时候，听邢老师说，李老偶或出现幻觉，不祥的阴影笼罩了我的心。昨天我收到了讣告。一个所亲近仰慕的人，明明知道他即将离开，却又盼望这一天晚些、再晚些到来：我们每个人都会有这种感觉吧！

一位距我们最近的大师逝去了，他的一生是那样的清白平淡，而学术影响却辉耀世界、激动人心；他的学术研究是那样的广博深邃，而他的心灵却像处子般单纯；他代表着一个时代的学术高峰，而他待人却是出奇地谦卑——真是绝妙的奇异的然而是完美的矛盾的协调和统一，而这样绝妙的、奇异的、完美的协调和统一，只有在大师身上才能存在吧？

再次端详我与李锡胤先生的合影，当时我还曾因此合影中没有体现与李老先生的师生名分而感到遗憾。现在想来，李先生于赠诗中，以"同丁多事大时代，清泪同挥惜苍生"的肺腑之言相许，一位世界级的学术大师，以"同志"之情怀示我这个未曾及门之后学弟子，这是怎样浩瀚博大的师恩，是怎样永生难报的知己之情？思及于此，我不禁潸然泪下。得先生如此之真情相待，今生今世，永世永生，夫复何求！

永别了，李锡胤先生！我们敬爱的大师，我亲爱的长辈！

2022 年 9 月 7 日

作者简介：富金壁，曾任哈尔滨师范大学人文学院教授，古代汉语教研室主任，硕士生导师。黑龙江省高等院校首届教学名师。黑龙江省中华文化促进会国学教育委员会主任，哈尔滨市国学学会名誉会长。主要研究方向：古代汉语、中国文献学。

师情山海

傅兴尚

松花江畔，学府路段。

黑龙江大学，一座美丽的校园。

风雨几十载，一直那样神圣巍然！

育才千千万，辉煌令人爱戴神往！

每每信步校园，一阵阵暖流心中激荡！

何来这份深情，何来这份爱恋？

何来这份温暖，何来这份敬仰？

朋友们，师兄师弟、师姐师妹们，你们最懂得，来自哪里——这强大的正能量。

因为这里，处处有恩师李锡胤先生踏出的芬芳！

因为这里，时时享受到老师捧出的陈年佳酿！

因为这里，天天遇见老师栽培的大树参天！

因为这里，年年收获老师开辟的万亩良田！

脑海翻腾，打开记忆的闸门！

一个个故事，一丝丝话语，一幕幕片段，浮现眼前，清晰如昨天……

啊，师情如山川，师情似海洋！

1995年，初春洛阳，

外语学院，百花含苞待放。

老师受邀来讲学，大家热切期盼！

从专家楼通往教学楼的小路上，

丁老师引见，我与先生初次谋面。

只见头戴普通的前进帽，

身着再普通不过的夹克衫，

步履轻盈，双目炯然！

老师称我"傅兴尚同志"，

从那时到今，从未改变。

老师精讲逻辑课，我痴听讲，未间断。课间勤求教，由此拜师续新篇。

未入师门悉心导，为我定题此春天。

《现代俄语事格语法》寄厚望，

博士论文成研篇！

啊，师情如山川，师情似海洋！

1996 年，时令入秋晚，

冰城报到读博，求学老师身边。

当年老师 70 整，

精神矍铄，敏锐慈祥！

辞书研究所，学问殿堂，

也是老师授业解惑，点燃激情的地方。

虽然没有像样的沙发、桌椅、家具，却有整齐的辞书满墙，卡片琳琅。

四卷本《俄汉详解大词典》赫然其间，曾令学术界震撼！

在这里，每周一次的专业授课，

变为最珍贵和最为享受的单兵真传！两个小时延长为半天，

天黑了，还没完，有好多问题要讨论，有好多想法需详谈！

在这里，学业得到进步，科研得到了阳光、雨露和甘泉！

在这里，我记得和懂得，学术无止境，山外还有山，人生目标应该是"多为国家做贡献"！

啊，师情如山川，师情似海洋！

图书馆旁，宽广大操场，

一道美丽的风景线！

不论绿草青青，还是披雪挂霜，一个身影总有规律地出现在早晚。健步如飞，身轻如燕！

精神奋发，催人向上！

与师并肩走操场，

无话不说，无所不谈。

幸福当年求学问！

啊，师情如山川，师情似海洋！

1997 年，寒假已过，我从洛阳冰城返，临行前，师兄托我茶叶转，表达心意尝个鲜。

老师当时收，感谢之情挂脸上。

不曾想，半年过后回洛阳，

老师塞我一信笺，内是师兄茶叶钱。怕我路途不便带，托我带钱顶茶并问安。

当时非常不理解，

现在想来，这是老师冰心一片，

从不索取，只有奉献！

啊，师情如山川，师情似海洋！

97 中秋，冰城渐寒，

正值思亲思乡。

清晨天未亮，酣梦正香，

寝室门轻轻敲响。

后听有喊"傅兴尚"，

翻身下床，开门探看，

一个小袋映眼帘。

月饼两块，便条一张。

上写"中秋快乐！"永刻记忆间。

全国人大代表的慰问品，
给了学生分享。
我吃过的所有月饼中，数它最香甜。
关怀化动力，温暖心流淌。
啊，师情如山川，师情似海洋！

1998 年，松花江洪水泛滥，
老师心急忧老乡，
家中衣物都捐完。
这还不算，
40 年教龄资深教师的奖品，
刚领到手，就径直送校工会来捐献。
为灾民送去又一份爱，又一份温暖！
这是一个普通的毛毯吗？
不，是老师心系他人的情怀一片！
啊，师情如山川，师情似海洋！

家里整洁的办公桌，虽然老旧，坑迹点点，
却是老师辛勤耕耘，智慧闪耀的乐园。
多少个日日夜夜，
无数的手稿、论文、专著、诗词歌赋诞生在这个地方。
多少个悉心指导的学士、硕士、博士、博士后，
没有同门异门之见。
在这个地方，启发论文思路，形成真知灼见！
在这个地方，多少智慧的火花被激发点燃！
办公桌正前方摆放周总理的画像
这是老师最敬仰的领袖，
是老师"鞠躬尽瘁"的榜样。
桌子的玻璃板下，整齐地珍藏着和学生们的合影。
每次促膝而谈，

少不了把每个弟子翻说一遍，

如数家珍，侃侃而谈，激情满满。

啊，师情如山川，师情似海洋！

明明知道，老师在上海安度晚年，

可每次走在校园，都不由自主地瞄望，

主楼辞书所、27 号家属楼、新高层一号老师办公和生活的地方。

熟悉的门窗始终那样亲切，

闪耀的灯光依然在心中闪亮，

轻轻地问一句："老师，您好，近来身体怎样?"

熟悉的、带有绍兴口音的声音随即回响：

"我很好，放心，很想念你们，

国家发展靠你们，多为国家做贡献!"

因为，同样的话语电话中嘱咐过无数遍。

放心吧，老师，

记住了，老师，

我们听话，以您为榜样，

不辜负您的期望。

啊，师情如山川，师情似海洋！

为人之道，千古先贤献箴言，

忠义仁爱，善孝诚和舍勤俭。

依我看，老师朴素的言行含答案。

在他喜爱的题词"大道至简，知行统一"中有答案。

在他尊奉的"勤以修身，俭以养德"生活习惯中有答案。

在"人生永远在路上"——他摘选的托尔斯泰名言里有答案。

在"脱离名利局外看，世界一切变另样"的豁达情怀中有答案。

在老师"多视角的辩证观"中有答案!

啊，师情如山川，师情似海洋！

老师看书多，知识广，

面对学生幼稚的提问，那样耐心，从不嫌烦。

学生喜爱您，喜爱听您课，

喜爱与您讨论，直到问题解决完全。

您从来都尊重学生的意见，

从不轻易否定别人的观点。

您做的是拓思路，找材料，从不武断。

激发自我悟性，在快乐中获得真知灼见。

您自创的"点穴式"教学法，

使学生的自创力得到充分释放，

为学生插上自由思考的翅膀！

这也许是老师为师之道的部分体现。

啊，师情如山川，师情似海洋！

有人以"学贯中西，通晓古今"概括您的学识博渊，

有人以"活着的百科全书"比喻您的学术深广，

有人以"通晓俄英法，跨界众学科"总结您的知识积淀，

有人以"夫子"的尊称表达对您的敬仰……

我不知道如何总结概括老师铸就的辉煌，

但我知道，老师是如何建造了学术殿堂。

就是谦虚、执着和习惯。

曾记得，图书馆出来，提一包书，步履匆匆，兴致满满。

您见我说："不到图书馆不知道我知识少。"

这就是您的为学之道。

啊，师情如山川，师情似海洋！

老师的故事很多，无法讲完，

老师的成果累累，不需再讲。

老师九十寿辰时，谨祝愿：

福如东海，寿比南山，

长命百岁，万寿无疆！

此诗写于李先生 90 寿辰前夕

作者简介：傅兴尚，教授，博士生导师。北京语言大学语言资源高精尖创新中心特聘研究员，大连外国语大学启航学者，黑龙江大学俄罗斯语言文学与文化研究中心兼职研究员，教育部学校规划建设发展中心专家。曾任中国驻伊尔库茨克总领馆经济商务领事，黑龙江省绥芬河市委常委、副市长等职。主要从事语言学、计算语言学、外国语言学的研究工作。主持承担国家社科基金、教育部人文社科研究重大及一般项目 5 项，省级项目 4 项，出版专著 5 部，发表学术论文 30 余篇。曾经在国内外首推俄汉通、俄汉行掌上电脑系统并促其得到产业化应用。

我的导师李锡胤先生

蒋国辉

　　20 世纪 80 年代初，我在四川外国语学院攻读硕士学位，毕业后回到西南师大（现西南大学）外语系工作。至此，我似乎基本完成了人生中那个比较重大的愿望——成为一名大学教师。

　　1987 年，我在西南师大任教的第三个年头，系里得到一个去俄罗斯（苏联——那时尚未解体）留学的名额。得知系领导决定安排我去攻读博士学位，时年 38 岁的我原本已经比较淡定的心，又一次开始充满激情和向往，出国留学，去苏联看看，是我整个青少年时期的一个瑰丽的梦。

　　天有不测风云，临出国的前几天，我突然被告知，出国留学的将是另外一个同事，这个事就这样搁浅了。虽然已年近不惑，但毫无心理准备的我在听到消息的那一刹那，还是愣住了，有些被击懵了的感觉，甚至，内心在那一瞬间充满了迷惑和失落。

　　所幸，其时黑龙江大学俄语系开始招收博士研究生，虽然不是全国第一个俄语博士点，但众所周知，黑大的俄语水平在全国是排名第一位的。我决定了，报考我们自己的大学，继续攻读博士学位。我打算报考全国俄语界的老前辈、著名的专家李锡胤先生的博士研究生。

　　据了解，当时很多高等院校里的俄语学科带头人、系领导乃至院校级领导，论起来都可算作李锡胤先生的学生。早在 20 世纪 50 年代初期，这些学科带头人和领导们在黑龙江大学（当时叫哈尔滨外国语专科学校）开始学习俄语的时候，李锡胤先生就已经是苏联来华教师的助教了。

笔试之后，我专程去了一趟我的硕士导师程贤光老师家，向他了解黑大俄语系的情况。从程老师那里得知，四川外语学院（现四川外国语大学）一位和我在学术问题上有分歧的老师，曾经跟李锡胤先生在一起编过词典，他们一直保持着不错的关系。

程老师的介绍让我心中生出一些忐忑，不知道李锡胤先生会不会因此对我这个在学术问题上有些"初生牛犊不怕虎"的学生产生不好的印象——比如不够"谦虚"，不够"尊重学术前辈"，等等？

1987 年 4 月中旬，我接到通知去黑大参加口试。此时南方已是暮春季节，而哈尔滨当地的气温还在零度左右，一下火车，我这个南方人就感到了逼人的严寒。

那时，黑龙江大学好像还没有招待所之类的地方可以方便考生住宿，校门之外也还是大片的农田，附近没什么像样的旅馆。我转悠了好一阵才找到一个小旅店，是那种典型的北方大车店——一间大屋，屋里密密匝匝挤满了上下铺的床，人们进进出出都得侧着身子。大车店，顾名思义，就是以前赶大车的穷把式晚上歇脚的地方。

旅店里除了提供一个能让人把身体放平闭目休息的床铺之外，任何其他设施都没有。几十个人挤在一间屋子里，人员杂乱，空气污浊，各种气味混合在一起，说乌烟瘴气也不过分。在这里住宿不过是找个遮风避雨的地方而已，想要好好休息是完全不可能的。

我之所以选择大车店，一方面是因为这里离学校比较近，方便我参加考试；另一方面是因为我 8 年的知青和矿工经历，让我养成了节约的习惯，想着不过是住一两晚，不愿意太破费。

登记好旅店安顿下来已经差不多中午了。因为乘坐了两天三夜的火车，很疲惫，我在自己的铺位上躺下来，准备稍事休息。刚刚进入朦朦胧胧的状态，迷糊中我听见外面有人问，有没有一位四川来的姓蒋的同志住在里面？

我在当地并没有熟人，也没有任何可能认识的人，怎么会有人找？急忙起身穿上衣服走出门去，一位 60 岁左右、身体瘦削、穿戴简朴的普通老人迎面进入了我的眼帘。我有些讶异，试着询问……这才知道他就是学富五车、名冠中国俄语界的李锡胤先生。

一股暖流在我身上迅速弥漫，驱赶着零度气温的环绕带给我的寒冷。想不到先生在学术界有那么高的地位，却是这样的平易近人。先生关切地对我说："你是来参加考试的，这个地方休息不好，跟我到家里去住。"

来黑龙江之前，李锡胤先生的名字已经如雷贯耳，想象中的他是一个不苟言笑、寡言少语、不好接近的老夫子。殊不知我刚到哈尔滨他就亲自找来了，还带来了如此殷切的关怀和爱护。

也不知他从哪里得知我是这一天中午到达，并且住进这个大车店的。望着这个慈爱的长辈，我的眼睛有些潮湿，感动和敬佩之外，之前的所有忐忑、不安、担心、疑虑，都在顷刻间烟消云散。

第二天就要考试，先生担心我第一次到黑龙江大学不熟悉学校的环境，便又亲自带领我去办理各种手续和熟悉考场。我为自己投到了这样一位治学严谨又为人和善的先生名下，做他的弟子，庆幸不已。

进入黑龙江大学，我再一次开始了熟悉而又不尽同于以往的校园生活。不久我就发现，我接触到的一切人——教师、图书馆职员、教学楼收发处员工、宿舍管理员甚至食堂炊事员——不论他们在什么工作岗位上，也不论他们处于什么地位和知识层面，只要说起李教授，无一不是敬佩有加。人们众口一词，赞扬李老师的人品和学问。

开始，我也以为是人们的一般性客套，但经过较长时间的观察之后我知道了，我听到的所有赞叹都是发自他们的内心。我也是从小生活在大学校园知识分子成堆的环境中，遇到先生之前，在我的记忆中几乎没有看到过或是听说过某位教师甚至教授被圈内圈外所有人一致认可。

成为先生的弟子后，先生言传身教，让我对他的治学和为人有了更为深刻的了解。他胸怀大度，治学严谨，对有疑点的问题从不轻易做结论。记得有一次上逻辑学课，我对一个逻辑学问题提出了质疑。先生没有因为我的质疑而不高兴，更没有为导师的面子而随意反驳我，也没有立即给我一个答复。我不知道先生下课后做了些什么，能肯定的是，他在课后查阅了不少相关书籍资料，第二天才给了我一个确切的答复。这就是先生治学的严谨态度。

先生思想开放，乐于让学生自己思考研究、提出自己的见解。在弟子们论文选题、收集参考资料、访学、论文写作的过程中，他从不对我们的思考范围和思考方式做任何限制，只是在行政、经费等方面提供方便。

先生严于律己，品格高尚，除在黑大教职员工中有口皆碑之外，我自己也有切身的体会。记得有一次，先生推荐我参加一部哲学辞典的编辑工作，让我撰写一部分词条。我告知先生我只帮忙写，不署名，以先生的名义参加。但先生坚决不同意。词典出版后，我的名字出现在了编写者的名单中。这些看似如绿豆芝麻一般的小事，却实实在在地烘托出了先生甘于"燃烧自己照亮别人"的高贵品质。

先生虽然是知名教授，但他的夫人来自农村，没有工作，在那个年代家庭经济不算宽裕。作为他的弟子，我从来没有听到过先生对生活有任何形式的不满和抱怨。他生活简朴，常年穿一套款式陈旧的蓝色中山装；除了严寒的冬季，他脚上永远是一双解放鞋。

2010年我回国去黑大探望他，看到先生依旧是这一身中山服和解放鞋的装束，都不知道他的解放鞋如今在哪里还能买得到。从我认识先生至今，除了那几年作为人大代表，他曾到北京参加全国人大会议之外，我没见到或听说过他有什么休闲、休假、外出旅游的经历。

迄今为止，他的业余生活，除每天早晚锻炼身体，就是永无止境地读书。先生以他年近90的高龄，还在一如既往地坚持着。这就是学者，这才是真正的民族之脊梁。

先生爱才，我到黑大以后一直备受先生器重，虽然先生从未正式跟我谈论过博士毕业后的去向问题，但他在我身上倾注的殷殷关切和厚重期望，我是有深刻感觉的。我毕业后由于种种原因没能留在黑大，后来更是离开了国内学术界，辗转俄罗斯、乌克兰，最后定居德国。想来，我是辜负了先生对我的一片厚爱之心。

不过，出国后这么多年，我没有忘记过先生和先生的教诲，更没有放弃学术研究。经过20多年的资料累积、思考和研究，我撰写出版了一部80多万字的学术专著，也可算作我对先生辛勤培养交出的一份答卷吧。

当年离开黑大的时候，先生送给我一幅他亲手书写的条幅：

> 壮也无成况老衰，
>
> 风尘难得蜀江才。
>
> 送君别有崖边意，
>
> 仁看新枝渡岭开。

　　这幅条幅，如今挂在我法兰克福家中的客厅里。岁月如白驹过隙，而今的我也已经到了先生当年的年纪。每每面对这幅条幅，往事便在眼前清晰浮现，我对先生的敬爱之意和感激之情难以言表。今天，在先生 88 岁诞辰之际写下这篇文字，借以表达我对先生永远的感念。

2013 年 3 月 14 日于法兰克福

　　作者简介：蒋国辉，黑龙江大学俄语语言文学博士（1987—1990 年），导师华劭教授。曾任乌克兰国立第聂伯大学语文系教授、英国 COLT 电信公司德国分公司微软系统工程师。

回忆李锡胤先生

蒋智妍

当我听说李锡胤先生去世的消息时，心里感到特别难过。我相信每个黑大俄语学子和认识李先生的人都会陷入无限的悲痛之中。

直到现在我脑海中还清晰地记得，冬日夜晚暮色中一个身穿短袖衬衫和短裤的人，他在黑龙江大学联通广场上奔跑，这个让我难以忘怀的身影就是让我们黑大俄语学子们尊重的李锡胤先生。联通广场上记录了李锡胤先生一圈一圈、一年又一年地奔跑的身影和流下的汗水。黑大俄语学院也留下了李先生一生努力的成果，他在教学工作中不断地奔跑，他把几十年的时间、全部的精力都献给了俄语教育事业；他一直在为传授他的学术思想不断地奔跑，一直在为不同时期学习俄语的学子们奔跑解惑……

一、初识李锡胤先生

由于李锡胤先生的才学、博学和为人师表，在黑龙江大学学习期间，无论是课上还是课下，我们都会听到有关李先生的事迹。李先生是中国俄语界的泰斗，在我们常人想象中，他的身份和地位很高，可能会不好接近。但事实恰恰相反，李先生平时的着装很简单、很朴素，像他为人一样特别朴实。他待人谦逊平和，没有任何的距离感。

我与李锡胤先生第一次相识是在 2008 年冬季夜晚的联通广场上。那时，我正在黑大俄语学院的研究生班学习，发现周围的同学都非常的优秀，自己感到压力超大。我的同学杨海涛告诉我，李老师经常在广场上跑步锻炼。他说李老师人很好，有什么问题可以向李老师请教。他还说，他与李老师已经相识，他经常在联通广场上向李老师请教各种问题。我听了很高兴，我们就跑去李老师跑步的地方等他。当李老师跑过来时，我们走到他身边跟他打招呼，然后不知不觉就与李老师在联通广场一起走圈。在这过程中，李老师为我们解答了各种我们刚步入研究生学习生活时的困惑，还有如何克服研究生学习中的困难。李老师这人就是这样容易接近，他从来没有长辈和前辈的姿态，他与学生之间从来没有过距离，他是我们真正的良师益友，他是我们每个学生永远的朋友和知音。

二、出国前与李锡胤先生的邂逅

在 2011 年，我快要答辩的时候在俄语学院意外地遇到了李老师，他告诉我他读了我的论文，我写得很好，还给我纠正了一个小标题的语言表述。他精简了我的表述之后，论文题目增加了学术性。我意外得到了专家的指导，心里满怀对他的感激。李老师和我一起离开俄语学院，当他得知我要出国留学时，他嘱咐我要好好学习，日后需要我们这些出国回来的学生。为了指导我在国外如何学习，我与他开始在联通广场走圈，他边走边告诉我，应该怎样克服语言的困难，应该怎样在外国学习……

这些往事都仿佛还在昨天，当我回国时听说李先生不在哈尔滨居住，还在上海治病，所以未曾见到李先生最后一面，深感遗憾。

三、李锡胤先生最后一次讲座

李锡胤先生在决定离开黑大去上海治病时做了最后一次讲座。我有幸参加了这次讲座，李先生给我们唱了一支歌，这是对他教师工作的总结，我差点流出眼泪。当一个伟大的教师，不能在讲台上继续战斗，即将离开自己心爱的战场，还有很多不舍的学生，这种心情真是难以表达。在这次讲座上，李老师给我们传授了他几十年来的学术经验，他个人关于翻译的一些心得和体会，我们与会的师生都感到受益匪浅。

当李先生起身离开时，我追上去请求李先生和我拍一张照片。李先生爽快地答应了，这样，我与李先生留下了一张合影照（附有照片）。当我想念李先生时，除了回忆之外，还可以看看这张珍贵的照片。

我们每个人的成功，正如牛顿说的："如果说我比别人看得更远些，那是因为我站在了巨人的肩膀上。"我们都是站在巨人的肩膀上向前迈进的。之所以我们能不断迈进，就是因为有像李先生这样无私的前辈为我们铺好了路。如此我们才能平稳地走在学术的前沿，避免弯路。我们才能在国内外学术阵地不断创作新的作品，不断地受到新思想的启示，提出超过前人的创新科研成果。当我们成功时，不可以忘记那些背后为我们拼搏过的前辈是怎样扶持我们的，从零点开始起步，到能够在学术竞争中发表自己的观点和看法，曾经帮助过我们的前辈们……

李先生的一生是在告诉我们后辈：应该如何做一名合格的教师，如何为人师表，如何培养外语人才，如何培养学术人才……

总之，我与李锡胤先生点点滴滴难忘的回忆不仅局限于此。逝者难忘，怎能用一件或几件事就表达所有对他的怀念之情？以此拙文，怀念李先生。

作者简介：蒋智妍，西北师范大学讲师。主要研究方向：语言文化学、语用学、熟语学等。

追忆李老师

蔡　晖

不久前，友人告，李老师仙逝了

……

心里仿佛塌陷了一块

再前不久，友人告，先生有恙

总觉得会发生奇迹，李老师能多陪陪我们

然而，先生终究绝尘而去

这两年有太多的先生离开我们，汪嘉斐老师，肖敏老师，华劭老师……

留给我们太多的遗憾和不舍

仿佛有他们在，就会有人时刻激励着我们，鞭策着我们，指引着我们未来

的方向

有问题可以求解，有疑问可以相告

如今……

"仙逝"，用在先生身上再合适不过

绝世而独立

令后人仰望和追寻

晔明老师曾经说，先生是有慧根的人

仿佛三界之外

与先生的相识是在 1992 年的一次研讨会

从哈尔滨开往牡丹江的列车上

斜对过坐着一个清隽的长者

手捧一本书在凭窗阅读

路过的肖敏老师跟我耳语，这就是李锡胤老师

我居然有如此的幸运

先生告诉我，他每周都要完整读一本书

已经成了习惯

春节也不例外

瞬间我明白了自己渺小在哪里

后来的求学生涯中

遇到逻辑语言学问题

先后给先生写了三封信

每一封都有回复

都有详细的解释和答疑

仿佛是接通了百宝箱，装满了锦囊妙计

先生用钢笔一字一句写的回信

至今还保存着

写信前我并没有丝毫的迟疑和顾虑

因为我深信，先生肯定会答复我

只因为

他跟我们不一样

他超凡脱俗

在求学的路上，我与先生这数次交集

让我明白高山仰止

时刻提醒我担负起前辈的责任

成为后辈的"百宝箱"和"锦囊"

我想，这也许也是先生的感召力之一

墨西哥有个民间故事

人世间只要有人在思念亡亲

那么，他会永生

先生

也将会永生

因为后辈会永远铭记

他的各种好

我的曾经有你

谢谢你

先生

蔡晖

悼于 2023 年 1 月 18 日

莫斯科友谊路 6 号

作者简介：蔡晖，黑龙江大学外国语言文学博士后（2006—2009 年），合作导师华劭教授。北京外国语大学教授，《欧亚人文研究》主编，《中国俄语教学》责任编辑（2006—2020 年）。曾任教育部人文社会科学重点研究基地黑龙江大学俄罗斯语言文学与文化研究中心特聘研究员。获得在莫斯科举办的第三届世界最佳俄语教师大赛总冠军，2008 年全国百篇优秀博士学位论文提名。主要研究方向：俄语语言学、认知语言学。

在李锡胤先生追思会上的发言

陈叔琪

李锡胤，生于 1926 年 5 月，浙江绍兴人。肄业于上海复旦大学、浙江大学英文系，燕京大学社会学系。毕业于台湾省立师范学院和哈尔滨外国语专门学校。1950 年考入哈外专，分在 55 班。毕业后留校工作。

李锡胤是《俄汉详解大词典》三位主编之一，其他两位主编是赵洵副校长和潘国民。去年我参加校庆活动，学校送给我一份礼物《八秩弦歌》，"秩"是"十年"的意思，"八十年弦声歌声"的意思是"八十年成就"。在这幅校史长卷中词典编者占有一席之地。这是词典主编李锡胤，这是第四分卷主编王鲁生，这是我，第二分卷副主编，这是第二分卷编者吕存亮。这个大概是要画潘国民，画得不像。旁边画着我们编写的《俄汉详解大词典》和《新时代俄汉详解大词典》等词典。

1986 年 1 月，辞书研究所在哈尔滨召开学术讨论会，请来北京、重庆、长春的主要编者。会上，李锡胤宣读了论文《双语词典的几个问题》。潘国民发表了《大型俄汉词典中的十类词》。编者一致认为李锡胤的论文是《俄汉详解大词典》的理论基础。会前，李锡胤起草了《编纂说明书（试用编）》。会后，把说明书修改为《〈俄汉详解大词典〉编纂细则》。

李锡胤提出：编写《俄汉详解大词典》要解决一系列重要问题，并说"这事我去办"。首先是请赵洵副校长当主编，阎明复为顾问。有了赵洵副校长，可以组织她的学生搭词典编写班子，还可以请她帮助解决经费问题。赵洵副校长和李锡胤在北京论证《俄汉详解大词典》列入国家社会科学规划重点项目。其次，1987 年，李锡胤在文化部外联局，把《俄汉详解大词典》列为中苏两国文化部共同出版项目。1989 年，国家终于把《俄汉详解大词典》列为中苏两国教委共同编写项目。1991 年苏联解体，共同编写和出版未能实现。由我方自己编写、出版。最后，从国家和黑龙江省获得 27 万经费。

李锡胤关心别人，体贴入微。有一年，在北京开编委会，北京编者安排我们游览长城。在长城山脚下，李锡胤自己掏钱买了三张缆车票，一张给我，对我说："你身体不好，坐缆车上去。"另外两张给北京的女编者辛若男和朱文修。我一直感激在心。

2022 年 9 月 12 日

作者简介：陈叔琪，黑龙江大学俄语学院教授，《俄汉详解大词典》编者之一。

在李锡胤先生追思会上的发言

邢慈娥

9月5日，李锡胤老师去世了。学校发讣告前，就从校外听说了这个消息。我最后见到李锡胤老师，是从他女儿发给我的视频中，他在海南万宁的海边唱歌，所以我直到现在总觉得他没离开我们。他的女儿跟我说，他在去世前两天住进医院，没遭什么罪。李老师已经97岁高龄了，应该说是寿终正寝，但我心里还是很难受，这种悲痛不可名状。

李锡胤老师一生都与词典结缘，没有李锡胤老师，《大俄汉词典》《俄汉详解大词典》《苏联百科词典》中译本就不会顺利出版。李锡胤老师并不是"书呆子"，正如陈叔琪老师所言，他在编纂词典的过程中解决了经费、团队等一系列问题。编词典不是只要把专家请来就可以了，中间有非常多的坎坷。词典编纂过程中的协调工作都是李锡胤老师完成的，包括去跑经费，这是很了不起的。他一直都是不忘初心，肩负使命，保证了词典顺利出版。

《大俄汉词典》出版后，词典编辑室面临解散的危险，赵洵副校长去省里争取到了编制名额，成立了辞书研究所，当时是全国唯一一个辞书机构。辞书研究所此后又编纂了很多词典，如《俄语常用词词典》《乌克兰语汉语词典》《便携俄汉大词典》等。词典由于体量巨大，无法像教材一样随时修订。但现在语言变化非常大，因此有个不成文规定：像这样大部头的词典，要十年修订一次，否则无法适应时代变化。后来郑述谱老师领衔修订《大俄汉词典》和《俄汉详解大词典》，出版了《新时代大俄汉词典》和《新时代俄汉详解大词典》。

我从 1975 年开始就与李锡胤老师共事，一直在他手下工作。从年龄、资历和学历来看我都是小字辈。校内外各界人士对李锡胤老师的评价都非常高，他有很多身份，辞书编纂家、语言学家、翻译家，但我认为李锡胤老师是一位"能留在人们心中的人"。无论是做学问还是做人，他都是我们的楷模。论做学问，我们望尘莫及，但我们一直勤恳地学他做人。

李锡胤老师的为人堪称完美。1984 年《苏联百科词典》编纂完成后，我们去上海中国大百科全书出版社上海分社开会。李锡胤教授穿着涤卡的中山装，黄颜色的胶鞋，都很旧了。与会的专家学者虽然谈不上穿得西装革履，但都穿着夹克衫，只有李锡胤老师的穿着特别简朴。学科楼的服务员都好奇地问我这个人是干什么的，我说他是我们辞书研究所所长，是我们学校的老教授。生活中，他看上去就是一个普通到不能再普通的长者了。李锡胤老师生活简朴，淡泊名利，做人做到李锡胤老师这个程度算是到头了。他是第七届、第八届全国人大代表，但他去北京开会从来不用学校的车送站，而是自己坐公交车去车站。

哈师大中文系的富金壁教授，是著名的古汉语专家。他是黑大俄语系 62 级的校友，俄语学得也非常好。1978 年，李景琪老师让他考黑大俄语的研究生，但是他由于酷爱汉语加之家学渊源，就考了哈师大学习汉语。他曾在微信公众号上写过一篇文章《最后的大师》介绍李锡胤老师的诗词。他与李锡胤老师相见恨晚，特别推崇和研究李锡胤老师的古诗词创作，对这些古诗词都做了注释。从中也能看出李锡胤老师学贯中西的深厚素养。

今天是李锡胤老师的追思会，我谈了李锡胤老师生活中的一些小事，只是想感怀他崇高的品格，追思他留给我们的美好回忆。他是一位谦和平易的长者，一位朴实无华、再普通不过的老人，是我们可敬可爱的李老师，永远的老师！

作者简介：邢慈娥，黑龙江大学俄语学院教授，《俄汉详解大词典》编者之一。

怀念李锡胤先生

袁长在

跟李锡胤先生是同事、邻居和朋友。1956 年我刚来到哈外专就与李先生相识，到他离去，我们共同走过了半个多世纪的风风雨雨。虽然同系，但由于教研方向不同，我们往来走动并不频密。我们之间的感情是典型的"君子之交淡如水"。随着时间流逝，特别是都步入老年以后，我们的这种情感却在不断加深，路上遇到会互致问候，他近年去上海后，还常微信交流，那种感觉如品茗茶，越品味道越浓。

李先生在学术上的造诣、贡献、地位都是高山仰止，他是俄语教学、科研从业者心中的一座丰碑。他严谨的治学风格、豁达的人生态度、平易近人且无私助人的优良品格，都给大家留下了美好的印象。

2011 年，我将半生科研成就写成专著《俄语语调——理论与实践》，并专门去李先生家拜访，请他指导、斧正，我们还就这本书的内容进行了长时间的沟通。从李先生家出来时，夫人还担心，说李老师日理万机，承担着诸多重要的学术工作，也许很难拿出那么多时间来审阅书稿。

万没想到，不到一个月的时间，李先生研阅了全书，还认真为专著写了精彩的序言，当时已年过八旬的李先生以他的诚恳、真挚和极高的学术素养，温暖了我这个七十七岁老人的心。他说："我敢预言，目前计算机语言学正向语音识别方向发展，不久的将来定能有惊人的成果，则语调理论是不可或缺的。"他还说，这部专著应尽快出俄文版，让更多人分享到研究的成果。

八年后，专著俄文版由北方文艺出版社付诸梨枣。内容略加完善，书名变更为《俄语逻辑语调理论系统及实践》，但李先生精彩、珍贵的序言我们全文照搬，只字未动。我开心地将消息告知了身在上海的李先生，他很高兴，两人聊了许久，最后互致祝福，叮嘱都保重身体。李先生还表达了美好愿望——期待看到专著的英文版。

这是一个毕生献身于学术的老人最后的叮咛，他自己一生创造无数，也念念不忘对身边人的鼓舞鼓励。写到这里想起了一位伟人的名句，用来评价我的老友毫不为过：他是一个高尚的人，一个纯粹的人，一个有道德的人，一个脱离了低级趣味的人，一个有益于人民的人。

李锡胤师长千古！

作者简介：袁长在，黑龙江大学俄语学院退休教授，长期钻研俄语语音语调，著有《俄语语调——理论与实践》一书。

我的李老师　永远的李老师

荣　洁

　　1980 年刚入校时，青春年少的我们对主楼四楼的一间办公室产生了浓厚的兴趣，那里的桌上摆满卡片箱，那里的大课间总是静悄悄的，与实践课教研室形成鲜明的对比（里面的老师用俄语交谈，时不时发出有感染力的笑声）。经打探得知：那是黑大辞书所。原来我们使用的词典就是在这间屋子里、由里面的老师编纂出来的！敬意油然而生。

　　主楼四楼楼道是俄语系学生深爱的背诵及朗读课文的宝地。我们面向墙壁，一心"背"着俄语书。背书时，灵敏的耳朵不甘寂寞，总去捕捉一些"有用、有趣"的信息。有时，为了看到"信息源"，不争气的我们会转过身去。

　　一次，一种与我们讲话决然不同的口音引起了我的浓厚兴趣。讲话者是一个面容清瘦的老师，他正与五楼的英语系老师谈着英语翻译问题。由于对这位老师怀有特别的好奇心，每每碰到这位老师，我都会假意有事，驻足一会儿"偷听"老师们的对话。听懂的时候不多，总觉得谈话内容好高深。后来，去问师姐，方知，这就是大名鼎鼎的李锡胤老师。

　　之后见到李老师的机会越来越多，有时是在中文系的"地盘"，听他和中文系的老师交流学术问题，有一次竟然听到中文系老师向李老师请教元曲方面的问题。还有几次，在系办小黑板旁边，听到李老师与英语系老师用英语交谈，估计所谈也必是学术问题。

大一的我们感叹不已：李老师太了不起了！太有才了！太神秘了！

操场是我们与李老师相遇的第二个空间。在那里，在相同的时间点，我们总能看到跑起步来节奏如一的李老师。跑步的李老师经常会被同在操场上跑步或散步的老师、同学"拦住"，或打招呼或被问问题。即便是在大雪纷飞、寒冷的冬日，也能看到穿着单薄的李老师（我们穿得可比李老师厚多了）在跑步……年少的我们由衷地感叹：李老师太有毅力了！太有活力了！

研究生毕业留校后，由于工作关系，多了与李老师近距离学习和交流的机会。1994 年回国后，与李老师交谈的内容发生了一些变化：探讨有关植物学方面的术语翻译、文学翻译中的一些翻译原则等问题。每次交谈后李老师都会劝我："荣洁同志，你应该考博士！"老师中肯的话语和所讲的道理，老师讲话的表情和语调，令我终生难忘！李老师时刻关心年轻教师的成长，时刻心系中国俄语教育事业的发展，心系黑大俄语的发展和壮大。相信，与李老师交往过的年轻教师，和我一样，都得到过同样的鼓励和"劝导"。

1998 年春天，我决定考博士试试。那时的黑大俄语学科只有两位博士生导师：李锡胤老师和华劭老师。硕士学习期间，所学方向是俄罗斯文学，所以，博士报考方向肯定也是俄罗斯文学。注意：那时的黑大俄语学科没有文学方向呦！当我把我的想法告诉李老师时，李老师特别高兴，让我好好准备，并说相信我一定能考上！白天被上课、教学秘书工作、备课等占得满满的。晚上，做完家务后，开始挑灯夜战。两个多月的拼命夜读成了走进目标大门的唯一路径。备考时没敢请一天假。现在想起来，也挺佩服自己的。这也是一种毅力的体现吧。我没有辜负李老师对我的信任，这一年夏天成了李老师的博士研究生。成了"李门"唯一一个文学方向，也是黑大俄罗斯文学方向的第一个博士研究生。

报考博士研究生前，我已获批国家留学基金委资助，1998—1999 年要去普希金俄语学院（下称普院）做一年访问学者。出发前，数次与李老师商量这一年的学习计划和论文撰写的大致方向，李老师推荐了阅读书目。关于论文写作方向问题，李老师建议我到莫斯科后，多向俄罗斯专家请教，利用当地图书馆资源，在多读、多听、多看并深入思考后再做决定。带着老师和家人的嘱托，1998 年 8 月 30 日开启了为期一年的访学生活。

在俄罗斯这一年，每天上完普院安排的各门课程后，余下的时间都"泡"

在列图或 ИНИОН 的图书馆里，有些周末还要去位于 Химки 的列图分馆。在查阅大量相关资料，与相关专家、同行朋友进行了多种可能性的探讨后，"瞄"定了茨维塔耶娃，开始了"靶向"资料收集工作和资料研读工作。由于李老师给了我很大的自主选择权，我在论文选题方面赢得了很大的空间，更重要的是，有效地利用了国外访学的机会和时间。这一点让我感触良多、受益良多！所以在我带博士研究生时，在论文选题方面，我承袭了老师的这一"风格"，给学生自主选择权，当然，也会根据学生的特点，提出一些建议。从某种意义上来看，这也是一种言传身教、一种师承吧。

1999 年如期回国后，开启了博士课程学习阶段，修读出国期间未能学习的课程。其中两门课是李老师专门为我开设的。我家和李老师家住得非常近，一楼之隔。每周都去李老师家上两次课，每次都是一上午。每次课前，老师都会给我泡上一杯家乡的好茶。茶香的味道早已淡去，但恩师对学生的关爱和真诚朴实的待客之道，令我没齿难忘。

"私塾课"让我对李老师有了更多的了解。

课上，我们讨论柏拉图的《理想国》、亚里士多德的《诗学》《修辞学》、贺拉斯的《诗艺》、明屠尔诺的《诗的艺术》、伏尔泰的《论史诗》，探讨中外诗歌创作中的诸多问题，尤其是诗学问题。李老师以其深厚的学识，对问题的深刻理解和独特的关照为我点亮了通往幽深学术道路的隐秘之火。谈及一些费解问题和现象时，李老师总能用中国文化、中国文学、中国哲学中的同类现象对其进行阐释，让我理解到"触类旁通"的真谛，见证了"活生生的""博大精深""通晓古今中外事"。在之后的教学工作中，虽然学识和修为根本无法与老师比肩，但把从老师那里"偷学"到的方法着实运用到我的教学和指导学生的实践中了。

那一年对我而言，收获的不仅仅是知识，更多的是看到了让我钦佩不已的品格。恩师有那么深的学问，却始终用讨论的方式上每一次课。老师的言传身教，让我对他的治学和为人有了更为深刻的了解。老师胸怀大度、治学严谨，对有疑点的问题从不轻易下结论。

课上，我们更多的话题是围绕茨维塔耶娃展开的。

一次，我和老师说起，茨维塔耶娃让年幼的女儿阿丽娅做家务，因为她是诗人，她要写诗。老师听后，说话的声调骤起，激动地说："一个母亲，怎么能这样自私，怎能让这么小的孩子做家务?!"我当时的反应是：原来老师也是性情中人。我说出了我对茨维塔耶娃日常生活哲学的理解。老师说："唉，也是！茨维塔耶娃，诗人的命运啊！"

一次，我和老师说起茨维塔耶娃因生活所迫，在一个熟人的劝说下，将两个女儿送到儿童收容所的故事。那时诗人的大女儿阿丽娅7岁，小女儿伊拉2岁。收容所收留的孩子都是孤儿，所以茨维塔耶娃谎说，她们都是孤儿，并告诉孩子们，千万不要对别人说她们有妈妈。时隔不久，两个女儿在条件艰苦的收容所里病倒了。得知消息后，茨维塔耶娃将大女儿领回了家，却把小女儿留在了收容所。诗人打算先治好大女儿，然后再领回小女儿。结果，伊拉再也没能看到妈妈，病死了。得知小女儿的死讯后，诗人没有去收容所。相反，在阿丽娅康复后，茨维塔耶娃带着她四处去朗读自己创作的诗歌作品。讲到这里，我看到老师的眼中泛起了泪花，听到老师说："怎么会有这样的母亲?!"关于这件事，茨维塔耶娃研究者有着不同的发声：有人认为，茨维塔耶娃自私，她不爱伊拉，把更多的爱和关注给了天资聪慧的大女儿；有人认为，茨维塔耶娃就是诗人，活得自我。在一封致友人的信中我们看到，茨维塔耶娃将其归咎于她的先锋思想，她面对困难时未加深思熟虑的所做出的决定等。不过，我们也看到诗人写给阿丽娅的这段文字：两人中我救了你，没能救出两个人。我选择去救了你……

我们尽量去理解诗人的处境，尽量去接受诗人的做法。可内心却无法平静。诗人真的不爱自己的小女儿吗？真的对小女儿的夭折无动于衷吗？不是的！她的内心是充满悔意、充满痛苦的。这是茨维塔耶娃写于1920年的诗篇：

Две руки, легко опущенные...

Две руки, легко опущенные
На младенческую голову!
Были — по одной на каждую —
Две головки мне дарованы.

Но обеими — зажатыми —
Яростными — как могла! —

Старшую у тьмы выхватывая —

Младшей не уберегла.

Две руки — ласкать — разглаживать

Нежные головки пышные.

Две руки — и вот одна из них

За ночь оказалась лишняя.

Светлая — на шейке тоненькой —

Одуванчик на стебле!

Мной ещё совсем непонято,

Что дитя моё в земле.

Пасхальная неделя 1920.

我们注意到，时间的标记是 Пасхальная неделя。诗人只有在对其而言极具重要意义的诗篇后才标注带有宗教意义的日期。这种痛是埋在骨子里的，更痛！我和李老师都感受到了这种痛，都读出了诗人茨维塔耶娃特有的母爱……

还有一次，我们说到茨维塔耶娃 1939 年从侨居地法国返回苏联的细节和背景，说起回国后一家人的遭遇，说起茨维塔耶娃 1931 年写给好友捷斯科娃的信，并把重点落在 "Всё меня выталкивает в Россию, в которую — я ехать не могу. Здесь я не нужна. Там я невозможна." 中的 "Здесь я не нужна. Там я невозможна." 上。诗人的内心是多么苦楚和绝望啊！一个人在深知自己一定会有的结局后，依旧义无反顾地回到祖国。她的艾弗龙和阿丽娅在那里，她的 "精神家园" 在那里。我们又读了诗人的另一首诗 «Тоска по родине! Давно / Разоблаченная морока! ... »，老师对诗人的回归充满敬意和感动，说："人总是要回家的，梦中的家园是人的最后归宿。"一段时间后，当我读了李老师《霜天星影》中《老来》的诗句"老来不作首丘想，无故稽山入梦来。十里平林蘸碧水，南泥竿影织金波"后，明白了老师当时所说话语的内涵。后来，又读了老师的《归雁》："熨波剪绿镜湖滑，来认梁间隔世尘。桥外春山门外水，大樟树下旧吟魂。"不知怎的，心底生出丝丝悲凉之意。巧的是，老师这首诗写于 1992 年，那一年正值茨维塔耶娃百年诞辰……

李老师是诗人，诗人对诗人总会多出更多的理解和解读，细腻、诗意又深沉。

在我撰写论文过程中，李老师非常认真地审读我翻译的茨维塔耶娃的诗句，以及我对茨维塔耶娃诗歌的解读，提出了许多宝贵的意见和建议，正是在李老师的建议下，我加强了对诗歌韵律、音调等的学习，不断推敲每一个字符和字符下的内涵……

李老师对文学翻译的见解，尤其是诗歌翻译的见解对我影响至深。

作为《老人与海》《聪明误》《伊戈尔出征记》《现代逻辑》等经典名著的译者，老师对翻译有着独到的见解。一次大课间，老师和我讲起他去加拿大访学时的一段往事。当时老师在着手翻译海明威的《老人与海》。为了走进海明威的世界，走进《老人与海》的世界，老师在那里的图书馆查阅了能查阅到的所有相关文献资料。加拿大的同行有些不解，问为什么。我亦不解。老师当时说的一句话至今在耳边回响："要是想了解一部作品，必须先了解这个人，想翻译一部作品，必须了解作家当时创作背景，掌握相关的研究。要把原文吃透了，用中文的形式表达出来。"他翻译的《老人与海》因为风格简洁，最接近原作，成为该作品的经典汉译本。

老师认为，翻译的关键是思想的转换。在文学翻译理论上，恩师提出"近似"和"应变"两个尺度。用他的话说，就是要"活译"，要把原来作品的精神面貌交给读者。他主张翻译和研究工作相结合。

谈及文学翻译和诗歌翻译，老师更注重语境和意境。深受老师的影响，翻译实践和课堂教学中，我非常注重对语境和意境的解读，注重开展文本分析，甚至是放到显微镜下"解剖式"的文本分析。

老师经常对我们说：做学问、搞研究不能脱离实际，不能闭门造车；做学问必须触类旁通。关于做学问，老师有一句名言：做学问要"三心二意"。看到我们惊讶的表情，老师发出他特有的爽朗笑声，并解释说：所谓三心是指决心、信心和恒心；所谓二意是得意和乐意。老师认为：只有坚守"三心二意"，才能把学问做好。只有坚守"三心二意"，才能传承中华文明，进而复兴中华文明，将其发扬光大。

具有深厚国学功底的老师，深知母语对外语学习的重要性。他经常对我们说："我们中国人必须要学好自己的文化，要读古人的书。"

2012 年，86 岁的李老师发表了《我的预言》一文，文中写道：在两百年以内，甚至就在 21 世纪，第二次文明复兴将会在中国出现。这个文明复兴不是文艺复兴。"我预言 21 世纪在中国要掀起一场文明复兴。"

时年 91 岁的老师在接受中国之声《新闻纵横》采访时说："李锡胤是大时代当中的一条小爬虫，给人民做了一点小事情。"

一个饱读诗书、学贯中西，精通英语、法语、俄语的俄语界学术泰斗、中国语言学界的大家，始终看重同事的付出和贡献。作为《大俄汉词典》《俄汉详解大词典》等重要辞书的主编之一，提出"双语词典的灵魂是语义对比"学术思想的学者，面对记者采访时谦虚地说："关于词典贡献，我只出了五十分之一的力量。"李老师在为拙著《茨维塔耶娃的诗歌创作研究》所写的序中有这样一句至今让我汗颜不止的话："我对茨氏知解甚浅，有些诗篇荣洁同志谈得津津有味，我竟品味不出来。这时我猛然憬悟龚自珍'词家从不觅知音，累汝千回带泪吟'的境界。"可以说，谦虚是每一个接触过李老师的人给出的一个共识性评价。

我的老师是一个真正跨学科的大学者。老师的学识和广阔学术视野既来自于其私塾、大学的学习积累，更源于终生的潜心学习。老师是"活到老，学到老""三人行，必有我师"的忠实践行者。

"哲学是用哲学语句写出来的数学式子，数学是用阿拉伯数字写出来的哲学论式。"这段话成为名言，被一届一届博士生、硕士生传颂……

五年前，中国之声《先生》栏目组来到黑大，作为李老师的弟子，我接受了采访，记得我当时说了一句话："先生就是一个纯粹的读书人，传统意义上的知识分子。我对他的笑声印象深刻。只有心里特别干净的人，才会发出如此爽朗的笑声。"

敬仰李老师，不仅仅是因为他的学识，更因为他的为人：他真诚，正直，是一个真正的知识分子。

师母常说，李老师就有两个爱好：读书和锻炼身体。

李老师，您在那里好吗？还在读书和锻炼身体吗？您还记得"Единственная обязанность на земле человека — правда всего существа."这句话吧？

年华似水，追忆不断！

第 24 届世界大学生冬季运动会火炬手李锡胤教授

2018 年 10 月 26 日在上海

2022 年 2 月 10 日在万宁

生于爱患
死于安乐

李锡胤教授书写的座右铭

作者简介：荣洁，教授，博士生导师。《俄罗斯文艺》《外语教育研究》编委，中国俄罗斯文学研究会理事，中国文化对外翻译与传播研究中心俄语专家委员会委员，中俄人文合作和上海合作组织教育合作俄语翻译中心特聘专家。主要研究方向：俄罗斯文学和文学翻译。

先生虽逝，精神永存

——深切怀念李锡胤老师

姜振军

在教学楼和校园里经常能够看到可亲可敬的李锡胤老师，每次遇见，说"李老师，您好!"，李老师都点头微笑。李老师生活朴素无华，总是穿着一身蓝色或驼色衣服，脚穿布鞋。李老师给我留下的印象是：注重慢跑锻炼、平易近人、惜时如金、严谨治学、奖掖后学、默默付出……老先生给我们留下了宝贵的知识财富和精神食粮，永远激励我们为俄语教学事业不断奋斗，为国家培养出更多优秀的俄语人才。

一、强身健体，坚持不懈的独特锻炼秘籍

在学校联通广场上，一年四季几乎每天下午四五点钟，都会看到一位衣着朴素、身材瘦小的老者在跑步，这就是有俄语泰斗之称的、大名鼎鼎的李锡胤老师。

与李老师相视微笑点头问候，偶尔交谈一会儿。听听李老师关于健康养生的独家秘籍。李老师说，他坚持每天下午慢跑一小时，调整呼吸。在健身器材上适度拉伸，磨蹭后背和腿部等部位。

李老师很认真地向我介绍自己的独家强身健体秘籍——"瓶子理论"。什么是"瓶子理论"呢？李老师说，冬季外出一定要保护好两头，即头和脚。头上必须戴帽子，脚上必须穿棉鞋，这样头脚保暖，不着凉，不受冻，寒气就

无法侵入机体。李老师说，从中医理论来讲，人体生病往往与着凉有很大关联。因此，保暖好头和脚的"瓶子理论"是最通俗实用的健康保养秘籍。

二、和蔼可亲，平易近人的待人接物之道

李老师身为享誉中外的语言大师，从未摆出一副高高在上、盛气凌人的派头。平时与人相处总是心平气和，和蔼可亲，平等相待，与人为善。

我的硕士研究生郑桂银在读期间仰慕李老师久矣，但苦于没有机会与李老师相识。后来，他发现李老师天天在广场上锻炼，认为这是能够接近李老师并向李老师讨教的最佳时机。于是，郑桂银就伴随在李老师身边跑步，大声唱俄文歌曲，以此引起李老师的注意。这样做果然有效，李老师就问他，是学俄语的吗，夸赞他歌唱得不错。

郑桂银说，李老师颇具大师风范，非常平易近人，和他聊了自己的治学之路，对俄语相关语言学理论的见解，鼓励他学有所成，为国家做出俄语人应有的贡献。郑桂银谨记李老师的谆谆教诲，现在国家对欧亚地区合作的大型公司工作，契合并实现了李老师的愿望。

三、较少应酬，分秒必争的惜时如金的习惯

经常参加一些学术活动，有时会有饭局，李老师总是借口有事，恕不能参加。其实是李老师惜时如金，不愿在饭桌上浪费时间。他曾说过："我时间不多了，我要争分夺秒地看书学习。"听到李老师这话，我们作为后辈真的泪目了，并且感到羞愧难当啊！

有人说："一个人的成功取决于八小时之外在干什么。"李老师珍惜时间，从不虚度光阴，时时都在潜心钻研学术前沿理论知识，是学界后辈学习的楷模。

四、严谨治学，参天尽物的执着探索精神

李老师潜心研究语言学、修辞学、翻译理论与方法，积淀深厚，见解独

到。李老师思维敏锐，紧紧追踪学科前沿，对计算语言学的研究在当时具有较大影响。

五、甘为人梯，奖掖后学的无私奉献精神

无论谁有问题，向李老师请教，李老师都会毫无保留地表达自己的立场和看法，并对比国内外专家学者对问题的各种不同观点。

凡是得到李老师教诲的人，都有同样的感受，李老师甘为人梯，奖掖后学，把自己多年搜集整理的系统的中外文献资料无私奉送。

六、伏案笔耕，铸就巨典的默默付出精神

板凳坐得十年冷，词林巨典方铸就。李老师及其词典编纂团队的各位老师，几十年伏案笔耕，默默无闻，精编每个词条，释意表达字斟句酌，精益求精。不同时期、不同版本的俄汉大词典树立为一座座享誉世界的词林丰碑，为中国与斯拉夫国家的文化交流做出巨大贡献。

先生乃前贤典范，后学津梁，先生之风，高山仰止，先生之德，朗月清风……

作者简介：姜振军，黑龙江大学俄罗斯语言文学与文化研究中心研究员。

惟勤惟勉 求真求实

——纪念恩师李锡胤先生

贾旭杰

2022 年 9 月 5 日，噩耗传来，我们无比尊敬的李锡胤先生永远地离开了我们。时过数月，心情仍无比悲痛，无法平复，既难过又遗憾。难过的是，众多学子痛失恩师，我们学校痛失大师，语言学界痛失泰斗！遗憾的是，李老师 2014 年以后移居上海女儿家，加之近三年不断反复的新冠疫情，无奈鲜有机会前去探望先生，虽然对老师特别关心，经常通过同事和同学多方打听了解，但与老师面对面的交流却很少。此时此刻，看着多年来始终摆在案头的《大俄汉词典》，翻阅着先生的著作文章，眼前闪过的是三十多年间与李老师相处的点点滴滴，萦绕脑际的是李老师带着绍兴口音的谆谆教诲，感怀的是李老师的精神品格。

一、感怀师恩

我是在 20 世纪 80 年代后期进入黑龙江大学学习的。青涩懵懂的我怀揣梦想，极其珍惜得来不易的学习机会，一周有 6 天时间坚持晨读和晚自习。学校高度重视外语专业教学，在主楼为我们设置了专用教室，晚自习我们都主动集中在教室里写作业、听录音、编对话。但是老师们要求一定要坚持晨读，每天读、大声读。所以每天一大早大家就不约而同到校园的各个角落"抢地块"。春夏季节自然更喜欢空气清新的户外，就在我第一次抢到了运动场（现在的联通广场）西南角的一个位置，开始认真读课文的时候，眼前闪过一个瘦削但强健的身影，一位老者迈着小碎步慢慢跑过，他看上去年龄大约 50—60 岁，姿势端正，面带微笑。第一眼，这位长者给我留下深刻印象的是穿着，并不是运动服，而是一身洗得发白的中山装，看上去至少穿了十年以上。虽然 20 世纪 80 年代末是改革开放的起步阶段，但随着城乡居民收入的增长，人们的生活方式也发生了巨大变化，老百姓的衣食住行越来越注重时尚和个性，在象牙塔里这洗得发白的外套仍属罕见，我不由得默默注视这位老者多时，这个形象也永远地镌刻在了我的记忆中。然而，当时的我竟然不知道这就是名字印在大词典上的大师李锡胤先生！

攻读硕士期间，有幸在师兄师姐的硕士和博士毕业论文答辩会上听过李老师的评议和指导，但没有机会近距离接触。毕业留校任教三年后，我决定再次回到课堂，继续师从俞约法教授攻读博士学位，此时我才真正有机会聆听李锡胤先生讲授的逻辑学课程。对于一个文科生而言，逻辑学的入门是有很大难度的，除了研读李老师推荐的文献外，专门找到了先生的法语译著《现代逻辑》和《数理逻辑入门》，仍觉深奥。但每每回想起来，听先生的课却感受颇多，一是"累"，是巨大的挑战和考验，二是"得"，是学有所得，学有所获，三是"爱"，是老师对教育的爱，对学术的爱，对学生的爱，四是"享受"，享受学习的快乐，享受大师引经据典、娓娓道来的氛围……李老师的课开设在秋季学期，入秋过后，北方的天很快就转凉了。先生经常穿着素朴的中山装或棉外套，拎着装满材料的布袋子早早来到教室。李老师的课堂总是座无虚席，他始终站立式教学，从不坐着，授课语言和板书是汉语、俄语和英语，偶尔还夹杂着法语，因先生口音较重，有时讲完一个概念，看到我们皱眉或停笔就马上将这个概念的俄语和英语都写在黑板上，并将哲学、语言学、逻辑学等相关学科知识融于一体，结合实例说明问题，因此讲着讲着就挥汗如雨，于是脱掉外套，露出里面由好几种颜色拼接的手工毛织背心。这一幕幕，直到今天都让我难以忘怀，直到今天，我每一次走上讲台，仍心怀忐忑，感到重任如山，不敢轻视。

导师俞约法先生建议我转攻苏俄心理语言学，但当时能够找到的相关资料很有限，在课下与李老师交流时不经意就提到了这一点。令我完全没想到的是，过了大概一周左右，李老师竟带着德国学者恩格尔坎普所著的《心理语言学》找到了我，这是他亲自到学府书店买回来的！老师还拿出了一张写满各种中、英、俄文心理语言学文献的稿纸，逐一给我介绍这些学者的研究方向和著作的基本内容，建议我有机会到外语教学与研究出版社书店去购买其他相关书籍。后来的一段时间里，先生还相继赠送了我几本其他国内外学者的著作，而且对每一本著作的内容老师都是研读过、有独到见解的。

走上工作岗位后，还有一件事令我终生难忘。彼时我校的博士生招生名额非常有限，系里的青年教师也都面临着提升学历的任务。有一次，在全系教师大会上集体讨论博士名额的分配。系里有两位老师准备参加博士生入学考试，还有一位其他学校的优秀毕业生也提交了申请。讨论时大家众说纷纭，意见一时无法统一。李老师思索良久后，示意发言，先生语速较慢，但坚定地表达了自己的观点。大致意思是，我们应该给所有申请者均等的机会，让他们通过公平考试参与竞争，无论他们来自哪里，只要有求学的意愿，有远大理想，都应支持。诚然，我们首先应该为本校的学科发展、教学科研积极谋划，尽快让更多的青年教师考取博士，早日成才，但是我们这所大学是具有光荣革命传统的，我们的任务是为全中国培养俄语语言文学专业高层次人才，应得天下英才而育之。这一番话讲完，虽然室内很静，但我分明听到了每个人心中为先生广博的胸怀而发出的阵阵掌声。

第一次给研究生开课，我在各位老师的鼓励和支持下，选择了理论讲解与原著选读结合的方式。原著是我自己从俄罗斯访学带回来的新书，自己读过一遍，但是给学生讲解时突然发现有一个词很陌生，查遍了我手头的词典，一无所获，我马上想到了李老师。第二天，我和老师约好在教研室见面，我们一起研究上下文，研究该章节的关键词，分析这个词与文本的内在联系，始终没有找到答案。我已经打算放弃了，但李老师坚持要继续分析。随后连续几天，先生到系里的资料室、学校图书馆，查遍了相关章节的英文和俄文论述，然后得出结论，应该是技术原因，漏印了几个字母，没有校对出来，判定应为某个词。这让我顿时豁然开朗，心存感激的同时，让我无比敬佩的是李老师的求真精神。这么一个大学者，在百忙中为了一个年轻教师的小困惑，为了一个词竟然攻关了好几天。

二、感念师德

我的导师俞约法先生经常把李锡胤老师称为"老夫子",而我们这些后辈则习惯于称李老师为先生。

先生是潜心育人、以德立身的模范教师。先生一生从事语言教学与研究,秉承读书报国之心,淡泊名利,不计得失;几十年如一日孜孜以求,严谨治学;先生担任硕士生、博士生导师多年,始终认为这是责任,是使命,带着一颗真诚的心,用师者的仁心和耐心,循循善诱,传道授业解惑,把自己渊博的学识、人生的感悟、生活的经验无私地传递给无数的学生。无论何时何地,只要学生求教,先生一定第一时间解答并提供建议阅读书目,有时还会第二次、第三次主动找到学生讨论,春风化雨,润物无声。先生常常告诫我们,要走对路子,不骄不躁,脚踏实地,认真教学科研,做对国家有贡献的人。先生桃李满园,春晖四方,自己就是尊师重教的典范。1999 年,我获得了去俄罗斯普希金俄语学院进修的机会,临行前,先生找到我,拿着一封信和 100 元钱,请我一定想方设法联系到当时高尔基文学院的院长 А. И. Горшков 先生,并让我一定用他给我的钱给这位俄罗斯专家买礼物。我答应一定把事情办好,但是钱不能收,可是无论如何也没能说服先生,只好收下。Горшков 先生 1956 年 1 月来到哈尔滨外国语专科学校工作,在这里一直工作到 1959 年 5 月(期间学校经历两次更名:1956 年 6 月更名为哈尔滨外国语学院,1958 年 8 月更名为黑龙江大学),任苏联专家组组长,比李老师年长几岁。用李老师自己的话说,Горшков 先生"对他的成长和未来研究方向的选择具有重要指导意义"。在莫斯科学习期间,我得以到 Горшков 先生的家中去拜访,给他夫人带去了中国的丝绸围巾,给先生带的是茶叶,更重要的是带去了李老师的问候、感激和祝福。我们交流了两个多小时,还拍了照片带给李老师。回国后和李老师"汇报"完成任务的过程时,老师还不停地说,这些俄罗斯专家为黑大的发展做出了重要贡献,不能忘啊!

先生是德高望重、学富才博的泰斗。先生阅历丰富,学识广博,有口皆碑,是语言学家、文学家、语法学家、翻译家、词典学家、书法家、教育学家,堪称学界泰斗。先生一生求学于多地多校,学贯中西,但是却为了报效祖国毅然决然来到天寒地冻的大东北，从此扎根边陲，为祖国的俄语教育研究事业奋斗了一辈子，培养了众多俄语界的著名学者。先生的知识体系具有交叉性、融合性和应用性，思维和视野也是多维的、与时俱进的，无论是理科还是文科都广泛涉猎并极致钻研，指导博士生从事前沿的数理分析、自然语言处理、机器翻译等方向的研究，开俄语界先河，为后世楷模。除了先生主编的几套大词典外，我们都拜读过先生的译著《俄语语法》《词的语法学说导论》《聪明误》《伊戈尔出征记》《俄罗斯抒情诗百首》《老人与海》《翻译算法》，无数次地惊叹于先生的语言精准、文学功底和翻译家的匠心；我们在不同阶段都学习过先生教学科研融为一体的论述《词典中的语用学问题》《与研究生讨论动词谓语与题元的关系及其他》《普希金给我们的启示》，书柜中都藏有先生的《霜天星影》和珍贵墨宝。2011 年，为进一步发挥优势，服务国家需要，扩展对俄办学模式，学校党委决定成立中俄学院。学院建立之初，我多次去请教老先生们如何建好新学院，有幸多次坐在先生家破旧的沙发上聆听谆谆教诲。先生超越时代的教育观一次次令我震撼，先生给中俄学院题词"扎根中国，放眼世界"，叮嘱我力争引智引教，扬长补短，做好与各个学科俄罗斯专家的交流与互鉴，为新时代中俄关系发展和两国人民世代友好培养高水平复合型人才。春华秋实，岁月无痕，中俄学院已走过 11 个年头，我们的探索还在路上，先生沉甸甸的嘱托永远铭记。

先生是淳厚笃诚、卓尔不群的大师。先生一生品德高洁，浩然正气，温和儒雅。先生在教学科研、辞书编纂、文学翻译等领域成就卓著，声名远扬，却一直极其低调，朴素谦逊，从不在学生晚辈前谈及自己的研究成果，对自己所做的巨大贡献总是一语带过，更多地夸奖、感谢他人。先生的人生境界是一心为公，一尘不染，培根铸魂育人，先生的价值观是奉献不言苦，追求无止境。几十年生活简单清苦，家里除了必备的书桌书柜、沙发椅子，几乎没有多余的像样的家具，却始终无私地出钱出力，帮助温暖那些千里迢迢前来求学的后辈们。先生自己一件外套穿十几年，甚至更久，一双布鞋走过无数个春夏秋冬，却毫不犹豫地将刚刚拿到的"从教 40 年"奖品——一条崭新的毛毯捐给灾区百姓。在思想上，先生始终站在时代的前列，高瞻远瞩，见解深刻，引领学科发展，引导学生进步；在行动上，学生默默地扛起知识分子的社会责任与历史使命，终身学习，守正创新，这种精神和风骨令我们无比尊敬，高山仰止。

　　何其有幸，做先生的学生，以先生为标尺；何其难得，做先生的后辈，学习致敬先生。我本人才疏学浅，但我愿意像先生那样，干干净净做事，清清白白做人。

　　怀念亲爱的老师！致敬亲爱的老师！先生千古！

　　作者简介：贾旭杰，女，黑龙江大学中俄学院教授，1994 年毕业于黑龙江大学俄语系，留校任教至今。

感念恩师

靳铭吉

  第一次听到李锡胤老师这个名字是在我本科三年级（1996 年）的词法学课上，讲课的李洪儒老师告诉我们，李锡胤老师和华劭老师是全国俄语学界的泰山北斗。李锡胤老师的特点是知识非常渊博，虽然李老师是英语专业毕业，但他通晓哲学、文学、数学、逻辑学、语言学等多学科知识，完全可以到上述任一学科授课、做教授。不仅如此，李老师还擅长书法、篆刻，诗词歌赋不逊古人。当时的我一下子被李老师的学识和才华震撼了，特别希望能见到这位"泰山"爷爷。

  与李老师的相识让人如此期待，但真的相遇时我却"有眼无珠"。

  记得那是夏季的一个午后，我走在黑大的老操场（现在的"联通广场"）上，就在靠近二号教学楼这一侧操场跑道的尽头，我看到一个老者走着走着突然特别奇怪地拐出了一个近乎 90 度的直角弯。看到这一场景的我当时觉得有点莫名其妙，心想："这老人家走路可真有意思，跑道有自然弯你干吗不走，偏硬生生地拐个直角弯给我们看，这直角弯有啥说法吗？"然后我就情不自禁地打量起这位老者。他个子不高，整个人瘦瘦的，穿着非常简朴，是一个看上去再寻常不过的老人，但我注意到，他的眼睛真的可以用小时候就学到但一直用得比较草率的一个词——"炯炯有神"来形容，同时，"精神矍铄"这样的词语用在他身上也绝对名副其实。这是我记忆中第一次与李老师的相遇，但那时我还不知道这个拐直角弯的"老头"就是李老师。多年以后，当学到"宽转弯，勿触棱"这句话时我才明白，原来，李老师这一代人是接受中国私塾教育的最后一代人，从小他们被告知为了保护自己的身体不受伤害，走路时要尽量做到宽转弯，避免被桌角等有棱角的家具或器物碰伤。所谓"一举足而不敢忘父母，一出言而不敢忘父母。一举足而不敢忘父母，是故道而不径，舟而不游，不敢以先父母之遗体行殆；一出言而不敢忘父母，是故恶言不出于口，忿言不反于身。不辱其身，不羞其亲，可谓孝矣"。所以，在李老师身上我们还可以看到学习中国优秀传统文化的一代人"谨慎行事"的风范。可惜，这样的传统文化在李老师之后几乎就断掉了，像我父亲这代人根本就没有接受过这类教育。今年年初，当我父亲在家里因被床角绊了一下摔倒而造成股骨颈骨折时，我不由得想起了拐直角弯的李老师，随之想起传统文化带给他们那代人的气质。

1997 年我顺利成为黑大硕士研究生。记得入学之初，院里的曲依民书记向我们讲起俄语学科的老先生。讲到李锡胤老师时曲书记说："李锡胤老师是个什么样的人呢？如果你们在黑大院里看到一个个头不高、精瘦精瘦、走起路来迈着小碎步但走得很有劲头的老先生，那这个老先生就是李老师。或者，你在黑大院里问路，如果有个老先生热情地把你送到你想去的地方，那这个老先生就是李老师！"从曲依民书记简单的话语中我感受到了李老师对他人满满的善意。

终于，我们每周都可以见到李老师了！他为研究生开设了逻辑学课程。听学长说，李老师是江浙人，有口音，所以听课最好往前坐，可以听得更清楚明白一些。于是每节课我都早早来到教室前排就座，几节课下来我已经适应了李老师的口音。李老师每次都非常认真地为我们讲解，逻辑特别清晰，语言十分简练，他特别喜欢把复杂的内容最后总结为几个字或用符号表达的公式。我想，"大道至简"可能是李老师在生活和学问上追求的目标吧！逻辑学课程是有作业的，李老师让我们翻译逻辑学相关的俄文材料。记得当时的作业我完成得很用心，但有一个术语我觉得自己翻译得可能不够准确，于是我参考了其他同学的对译词。李老师批改完我们的作业让坐在前排的我帮忙发下去的时候，我发现在我作业首页的右上角有一个铅笔画的、非常小的圆圈。等我发到我参考对译词的那个同学的作业时，我发现大概在同样的位置同学的作业首页也画有一个小圆圈。我们作业的得分都算比较高的，但我一直不明白李老师画那两个小圆圈的意思是什么？是因为那个关键术语我们翻译得更好，还是他认为我们的翻译是雷同的？但李老师并没有在课堂上说什么，也没有找我们说什么。无论如何，我在这件事上感受到了李老师对学生作业的认真态度。我也因此告诉自己，作业要反映自己真实的认知水平，参考别人这件事可以在提交作业之后进行。

这之后的日子里我经常在硕士和博士的开题、预答辩和正式答辩中见到李老师。李老师在上述场合下总是首先会给学生一些肯定，然后非常温和地表达自己对论文的看法，对于论文中存在的主要问题他总是会给出自己的建议，或者提出让论文锦上添花的更完善的方案。他会在那种自粘便条纸上把自己的想法写下来，再粘贴在论文对应的页码上。记得参加我的博士论文答辩时李老师就在一张不大的纸上给出了对我论文各章逻辑结构进行穿连的图表。前两年我收拾书柜看到这张图表时感到非常亲切，由衷地感谢李老师对学生论文的认真审读和他用自己的知识、智慧和责任心给出的每一次真诚建议。

在我做了妈妈之后，很多与李老师的交集都是因为孩子。李老师特别特别喜欢小孩子，每次见到我儿子，都会做出一个武术动作。这个动作是我家小孩一岁多的时候模仿一位练武的老爷爷做的，恰巧被李老师看到了，所以每次见面他们爷孙俩就先对一遍武术动作，好像是他们的秘密接头暗号。小孩子虽然不是很能听懂李爷爷的口音，但每次看到李爷爷笑呵呵地同自己说话，就特别开心，非常喜欢这个笑眯眯的爷爷。有一次，李老师特意跑到我办公室，从兜里掏出来一个小猴子的挂件，还有几张米老鼠的贴纸，说是送给"畅畅"小朋友的，因为他知道畅畅是属猴的。我双手接过李老师送给孩子的小礼物，当时特别感动，因老人家心中对孩子的这份情义。他一定是希望这些小礼物能让孩子高兴，而他愿意看到孩子每天高兴的样子，这大概是所有老人对小孩子共有的情感吧！

2009年我有缘接触到中国传统文化。当时主要是为了儿子从小读诵国学经典，学习传统文化中的人生智慧，没想到自己接触后发现最该学习的其实是自己。所以，在喜欢上传统文化之后，我把更多的时间用来看相关书籍，对自己的语言学专业提不起兴趣。考虑到这种状态对我们专业发展会造成不好的影响，于是从2011年开始我动了转方向的念头，只不过当时我还不明确要往哪个方向转。也是在2011年，我申报的第二个国家社科基金项目获批，而且当时我还参与了张家骅老师的国家社科基金重大项目，从 2011 到 2015 年每年都有任务分工。这样的现实迫使我必须做出选择：继续原来的语言学方向还是转方向？当时的我很困惑，也很撕扯，完成自己和导师的课题是必须要做的事，学习传统文化的坚定决心同样也是不可动摇的，因为我认为如果能从中国儒释道文化中真正有所得，是会让我和我周边的人受益终生的。就在我处在这种模糊不清的过渡状态时，2012 年由我责编的李老师的一篇文章让我对未来有了清晰的认识。文章的题目叫作《我的预言》，发表在 2012 年第 4 期《俄罗斯语言文学与文化研究》上。一向非常谦虚低调的李老师在文章的开始就表示："今天在这里我要讲点大话，为我们中国文明讲个大话。我预言：21 世纪，在中国将会出现，甚至可以说现在已经开始了第二次文明复兴。"这个高调的开篇让人特别期待讲这个"大话"的依据是什么。李老师在文中共讲了五个问题。第一个问题是澄清"文明复兴"绝不是"文艺复兴"，认为"'文艺'二字涵盖不了'文明复兴'的广泛领域"；第二个问题是质疑罗素将实质蕴含与命题蕴含拆分开来的观点，并举例说明该观点对语言学研究带来的不良影响；第三个问题在于指出"翻译的关键其实是思想的转换，人们的交流实质上也是思想的交流"。第四、第五两个问题都围绕李老师开篇的预言展开。他引用英国历史学家汤因比的"只有当中国文化的精髓引领人类文明时，世界历史才能找到自己真正的归宿"这句话展开讨论，认为"汤因比看到了我们中国文化的伟大与深刻内涵。我们的文化精髓理应包括十三经：《论语》《孟子》等经典作品"。不过，李老师认为，在所有这些内容里，最重要的一点是孔孟的"明知不可为而为之"精神，但可惜的是朱熹"在整理《论语》《孟子》等经典作品时，把孔子的'明知不可为而为之'这些思想全都去掉了，只谈天理，不谈人治"。李老师进而指出，"现在我们需要的是现代化的科学。我们要学习现代的语言学，一切都要与网络信息挂上钩，不能总是囿于前人的那一套。但是，我们要学习他们的精神，而这精神的精髓就在于'明知不可为而为之'。孔明的一句'臣鞠躬尽力，死而后已'感动了一代又一代多少中国人，这是一种明知不可为而为之。我们生在这个社会，就要为这个社会做出贡献。在现在这个阶段，我们要为人民服务。只有这样，社会才能进步。不该抱怨条件不好，不能被现实条件束缚，能尽多少力量就尽多少力量，做到这点就已经足够"。李老师的这些话鼓舞了我，让我豁然开朗，虽然年逾四十的我在转方向这件事上可能会有千难万难，没有好的条件，又被现实情况所束缚，但只要我尽力而为，做自己真心热爱的事，不愧于这个时代对我们的召唤就已经足够。所以，从那时起我坚定了信心，勇敢地迈出了转向俄罗斯汉学方向的脚步，并聚焦俄罗斯儒学研究，希望有幸通过自己的研究看到"中国文化的精髓"如何"引领人类文明"，如何让"世界历史找到自己真正的归宿"。

依稀记得好像是 2014 年，听说李老师要去上海女儿家生活，将要离开黑大。我带着孩子与惠秀梅老师一起去李老师家与他道别。李老师非常高兴，热情地招待我们，我们坐下来想多陪老人家一起说说话。记不清是如何切入话题的了，只记得他向我们讲述了当年他们那一批人是如何从台湾艰难地回到大陆的，经历了怎样的大风大浪，最终死里逃生。讲到那一段记忆，李老师的眼神显得有些暗淡，表情有些沧桑，那应该是他们那代人不愿提起但永远不会忘记的记忆，也是我们这些没有亲身经历的人很难能感同身受的。但看着眼前的李老师，我由衷地感佩他内心的强大，他积极乐观的生活态度，他对生活的无比热爱更像是从苦难生活中开出的一朵绚丽的花，这应该就是罗曼·罗兰所称道的"世界上只有一种真正的英雄主义"吧。谈及此去一别，李老师流露出他对黑大的不舍。他递给我一幅字，让我代他转交给黑大校办。李老师轻轻展开那幅字，"永别了，黑大"五个字慢慢呈现在我眼前。那一刻我的眼眶湿润了，我感受到了一个把自己几乎一生的时光都奉献给黑大、奉献给他所钟爱的俄语事业、奉献给学生的老先生在写下这五个字时的那份情感。我想，如果不是因为两位老人家考虑到生活在异地的女儿担心他们而成全女儿的一片孝心，他们又怎愿离开自己工作和生活了几十年的黑大、离开身边的挚友和同人呢？不仅如此，临别之际，李老师还惦记着在黑大国际交流学院学习的俄罗斯留学生，让我把自己写的几幅字转交给留学生。对于李老师的嘱托，我自然一一照办，然后回复他老人家。李老师也不忘叮嘱我，询问我当下在做哪方面的研究，然后送给我他比较看好的几本书，希望可以拓宽我的学术视野。

不知不觉我们和李老师聊了一个多小时，怕他老人家会累或者有其他事情需要处理，我们三人与李老师和师母分别合影留念。李老师和师母坚持要送我们到小区门口，我们随顺了老人家的心意。特别庆幸的是，在黑大第三和第四高层大门口，我们迎面遇到了华老师和师母，他们非常自然地"捉对"攀谈起来，我趁机留下两位学界"泰山"及其伉俪的合影。他们看上去是那么平凡，而走近之后你会真实地感受到他们的不凡与伟大。那是我最后一次见到李老师。

在往后的日子里，我时常会想起李老师。有几次过年我打电话问候李老师，他有时会记起我，有时会把我当作惠秀梅老师，但只要一提我是"畅畅的妈妈"，他就又会记起来，会给予我们关心、叮咛，每次都会感谢我打电话给他。

后来，李老师离开了上海的二女儿家，先是回到了浙江绍兴老家，而后又去了海南万宁。每次从不同渠道得知李老师的消息或者看到他最近的照片，知道他身体还好，我都特别开心，并在心里默默祝福他老人家。

2022年9月4日，我突然得到消息说李老师状况不太好，在万宁医院的重症监护室抢救，我的心顿时揪在一起。我想了解更多李老师的信息，想找到更好的办法、更多的渠道让李老师挺过这一关。在得知李老师在医疗方面已经得到最大的支持后，我努力让自己的心安定下来，希望用这一颗安定的心为李老师祈福，祈求他老人家有惊无险、平安无事。那一夜我们很多俄语人都在为李老师祈祷！

9月5日中午11时许，当我还在为李老师挺过昨晚而高兴时，突然得到消息说他老人家已然驾鹤西归。那一刻我的眼泪夺眶而出，眼前浮现出李老师如炬的目光和温存的表情。我尽力让自己冷静下来，因为我似乎听到他用我熟悉且亲切的口音安慰说："靳铭吉同志，请你不要难过。你要好好教书，好好做学问，为国家培养更多的人才！"我忍住眼泪，望向窗外的蓝天和白云，拜托它们带去我对李老师无尽的感恩、无尽的思念、无尽的祝福，祝福李老师那纯净善良的灵魂去到他最想去的地方，并相信能安放李老师灵魂的地方一定是最最美好的所在。

李老师，您用自己的一生践行了大学之道——大学之道，在明明德，在亲民，在止于至善。您为中国的俄语教育事业鞠躬尽瘁，培养无数栋梁之材！李老师，我何其有幸，今生与您相识并成为您的学生！请您放心，我虽愚钝，但愿意不断学习，愿意视师志如己志，敦伦尽份，闲邪存诚，踏踏实实做人，认认真真做事，尽心尽力育人。

李老师，德风永存，光照千古！我们永远感恩您，永远怀念您！

作者简介：靳铭吉，黑龙江大学俄语语言文学博士（2000—2003 年），导师张家骅教授。教育部人文社会科学重点研究基地黑龙江大学俄罗斯语言文学与文化研究中心研究员、博士生导师。主要研究方向：语言文化比较研究。

高山仰止，景行行止

——追忆敬爱的李锡胤先生

杨志欣

李锡胤先生走了，享年 97 岁。

2022 年 9 月 5 日上午 11 时，李锡胤先生永远离开了我们，走完了他充满爱和智慧的一生。李锡胤先生是中国著名语言学家、辞书学家、翻译家，黑龙江大学资深教授、研究员、博士生导师、博士后合作导师。"君子万年，永锡祚胤。"先生学贯中西、博古通今、淡泊名利、德高望重，是名副其实的学术巨擘。在六十五年的从教生涯中，他深耕教学，潜心学术，无私奉献，诲人不倦，桃李满天下，赢得了无数人的敬仰和爱戴，他的风骨和风范是全体后辈学人的榜样。在 2016 年中国俄语教学研究会成立三十五周年纪念大会上，李锡胤先生获得了"中国俄语教育终身成就奖"。

初次听到先生的名字是在 1991 年，那时候我还是黑龙江大学俄语系大一的一名新生。进入黑龙江大学俄语系不久，从给我们上课的老师们口中时不时就会听到先生的名字，知道先生是普希金奖章获得者，是德高望重的教授，很自然地就记住了李锡胤先生的名字。尽管那时候没有机会听过先生的课，但是在我们学生中却流传着"李锡胤教授不仅仅可以当俄语系博导，还可以当英语系博导、中文系博导、哲学系博导"的说法。记忆中的先生总是穿着一身藏蓝色中山装，有时候手里会拿着一个装书的蓝色布袋子，身形清瘦，笑容可掬，充满智慧的额头总是亮亮的，走起路来特别轻快，没有一点声响。

先生和我的师生缘始于 1995 年 9 月，那一年我在黑龙江大学攻读硕士研究生，李锡胤先生为我们讲授普通逻辑学这门课程。先生一直主张学习语言的同时，不要忘记培养逻辑思维，主张将数理逻辑应用于语言研究。先生是中国外语学界计算语言学教学和研究的先行者。在课堂上他带领我们这些学术小白学习逻辑概念和逻辑理论，逐步剖析逻辑形式和语言形式之间的密切联系，进行逻辑演算。那时的自己对逻辑学完全没有概念，听先生的课也是一知半解，但他对学生真挚的态度、严谨的学术精神却深深地留在了我的心里。李锡胤先生一生坚持学习，一直走在语言研究的前沿，并且把自己的研究毫无保留地传授给学生。早在二十年前，2003年我读博士期间，就有幸聆听了先生的认知语言学课程，我依稀记得我们那届并不是李老师第一次开设这门课程。他引导我们从认知的角度观察和研究语言，通过观察语言现象找出内在的规律性，分析语言反映的认知取向，从语言的各个层面探讨认知与语言的关系及其性质。在他的课堂上，我们第一次系统地认识了语言研究的发展变化和整个社会认知程度之间的密切联系。我不是先生的好学生，先生的学识我望尘莫及，但是在先生的影响下，我开始尝试把认知的理念引入本科生的教学过程中。多年之后，在我开设研究生课程时，在备课过程中翻看自己当年的听课笔记，才领悟到了什么是大道至简，才深刻体会到了能有机会听过先生的课、做过先生的学生是何等幸运！

先生为人为学谦虚友善、充满大爱，是我心中永远儒雅的君子。无论是哪个学校的、哪个年龄段的，无论学术积累深浅，先生都会根据每个学生的具体特点给予热情的指导。先生尊重所有人，每每回答学生的问题时必称呼对方为"同志"，而且总是非常谦虚。上学的时候每每问先生问题，先生总会讲很久，而且绝不是讲一次。记忆中他总是对我说"小杨同志，这是我的一点想法，供你参考"。而且第二次看到我时，总是会对上一次提出的问题做进一步讲解，有的时候还会复印一些资料送给我，资料上还会加上自己的批注。记得有一次我给学生上完课，在学院走廊碰到李老师的时候，他还给我讲了自己对"语言个性"问题的理解和认识，那次是李老师第三次给我讲解这个问题。

李锡胤先生一生自律而纯粹。他待人亲切而真诚，走在路上只要有人和他打招呼，先生都会驻足，轻轻俯身，微笑回礼，笑容可掬。记忆中先生一直身体硬朗，精神矍铄，有坚持跑步的习惯，三百六十五天如一日。寒冬时节，当我们都身着羽绒服的时候，先生只穿一件秋衣，外加一件羽绒坎肩。记得那是一个学期末，应该是哈尔滨最冷的时节，在联通广场旁偶遇先生跑步，打招呼时问他："李老师，您穿这么少，不冷吗?"先生回答道："不冷。凡事不可太满，要留有余地。"记得我读硕士的第一年，那时先生应该是 69 岁了。有一次去上课的路上，我看见先生走在我的前面，我们大概有二三十米的距离，本不想在先生的后面进入教室，就从另外一个楼梯跑进教室。当自己气喘吁吁进入教室时，先生已经站在教室里了。后来，在校园里还是能经常看到先生跑步的身影，直到 2015 年先生于 89 岁高龄才离开工作岗位。李锡胤先生在黑龙江大学整整工作了六十五个年头，他把一生的爱和智慧都奉献给了黑龙江大学俄语学科，奉献给了中国俄语教学和科研事业。

和李锡胤先生虽然同在一个学校，除去和先生在课堂上相处的时间，和先生进行交谈的次数寥寥无几，但是每次谈话的场景却铭记在我的脑海里，从未离去。它们无须回忆，一切却依然那么生动而难忘，影响着我，引领着我为人为师。感恩命运，让我有幸遇到先生，先生的言传身教影响至深，让我受益终生。

谨以此小文怀念我心中永远的老师——李锡胤先生。

作者简介：杨志欣，黑龙江大学俄语语言文学博士（2003—2008 年），导师邓军教授。黑龙江大学俄语学院副教授。主要研究方向：篇章语言学、语言文化学、俄语教学法。

我记忆中的李锡胤先生

刘柏威

"夫君子之行，静以修身，俭以养德。非淡泊无以明志，非宁静无以致远。"在我看来，李锡胤先生就是这样一位德才兼备的君子。他用内心的安静来修养身心，用俭朴的作风来培养高尚的品德。他看淡世俗的名利，明确自己的志向；他身心宁静，得以实现远大的理想。

一、福被后人的李锡胤先生

起初关注先生，是因为好奇他名字的由来。后来才知道，"锡胤"语出刘勰《文心雕龙·诏策》："命喻自天，故授官锡胤。"范文澜注曰："锡胤，犹言赐姓。""锡胤"意为"赐姓"，多指以国姓赐予功臣，以示恩宠。而先生的父辈以"锡胤"二字为他命名，是希望他能事业有成、福被后人。先生一生，名如其人，学贯中西，兼收并蓄。先生在文学、哲学、语言学、词典编纂、逻辑学、翻译学和书法篆刻等领域均有建树。

2003 年，我考入黑龙江大学俄语系攻读博士学位研究生，有幸听李锡胤先生的课。他为语言学方向博士生开设数理逻辑课程。先生没有使用任何教材，也没有提前发放授课资料。年近八十岁的先生总是一边热情洋溢地讲解，一边认真板书，一节课下来甚至可以写满一黑板。而李锡胤先生后来有关篇章语义、预设、蕴涵等的论文均涉及数理逻辑，可见其数理逻辑功底之深厚。

先生是浙江绍兴人，说一口绍兴吴语，虽已离开家乡多年，但依然乡音未改。我们 2003 级的五位语言学方向博士生中，四位是土生土长的东北人，一位是湖南长沙人。每次上课的时候，我们会做彼此的传译员，仔细确认先生所说的每一句话，生怕自己的一个"耳误"曲解了先生的意思。而数理逻辑课上，我们也从不敢溜号，因为担心溜号后，再也无法跟上先生的思路，错过那么多精彩的内容。

二、可敬可爱的李锡胤先生

记得有一次，李锡胤先生下课后离开了教室，而我们则在教室等待下一位老师来上课。忽然，我们发现先生的外套忘在了讲台的椅子上，而那时正值寒冬。我们连忙拿起外套冲出教室，一开门，先生刚刚返回走到门口。先生说，他回家走到半路，忽然觉得有点冷，才发现外套没有穿，然后自己也哈哈大笑起来。我想，这大抵是因为先生上课时那种忘我的状态，让他早已忘记了身外之物。

2015 年先生随女儿去了上海。而此前的校园里，不论寒冬酷暑，每天的清晨和傍晚，运动场上总会有一个步履轻盈的身影在慢跑，成为黑大校园半个世纪的一道风景。每次路过运动场，我都会主动与先生打招呼。我想，先生应该是记得我的。先生教过的学生很多，他可能会记得，但不一定记得特别准确。所以，每次打招呼的内容都令我体会到先生的"可爱"。他有时候会说："你好，放学了？""你好，下课了？""你好，去上班？""你好，有课呀？"就这样，伴随着先生的不同问候，博士毕业后，我从一名学生留校成为一名教师。

三、简朴率真的李锡胤先生

李锡胤先生生活简朴，常年一件灰色或白色的衬衫，一套旧蓝中山装，冬天一双棉鞋，其他季节则多是一双解放鞋。甚至当他成为黑龙江省教学名师，宣传部组织照相时，先生依然穿着那件有些褪色的灰色衬衣，挽着袖子，率真而自然。先生的性格就是看透、看开、看淡和不争，他也把"以其不争，故天下莫能与之争”这句话的内涵彰显得淋漓尽致。

李锡胤先生懂书法，但他从不到处题词，只有兴之所至才挥毫泼墨。刚刚成为老师不久的我，有一次在主楼的资料室遇到了前来看书的李锡胤先生，我把自己科研遇到的困难向先生提起。先生很开心地为我答疑解惑，并一定请我到他家中，送我一幅字——“博学之，审问之，慎思之，明辨之，笃行之”。而且还告诫我，要“风物长宜放眼量”，做有深度的科学研究。

“令公桃李满天下，何用堂前更种花。”我想，唯有不忘初心再出发，才能告慰先生的在天之灵；唯有厉兵秣马再奋进，才能赓续先生的家国情怀。

作者简介：刘柏威，黑龙江大学俄语学院教授。

学高为师 德正为范
——记心目中的李锡胤老师

孙秋花

　　没来黑大读书前，就久闻李锡胤老师的大名，也曾在图书馆翻阅过他编译的《数理逻辑入门》（知识出版社，1984），译注的《伊戈尔出征记》（黑龙江大学辞书研究所，1991），独著的《语言·词典·翻译论稿》（黑龙江人民出版社，2007）、《霜天星影诗词手稿》（黑龙江教育出版社，2009）等。他的这些著作让我受益匪浅。

　　2012 年 9 月来到黑大读博后，进入黄忠廉老师门下，有幸开始和李老师接触。李老师是黄忠廉老师的博士后导师，也可称为"我的师爷"。第一次见李老师是在他家里。那是一个秋天的夜晚，被告知李老师家有个"学术讲座"。我准时去了他家，看到客厅里坐着黑大俄语基地、俄语学院和哈师大的一些老师，屋里已是座无虚席，为陆续前来的听者还另加了一些板凳。可见，李老师的学问之高，吸引着兄弟院校的励志学者。那天晚上除了学到不少知识外，还深切体会到了真正的学者风范。

　　与李老师相识后，我们见面比较多。原因是那时黄忠廉老师给学生的任务是每周一次，要有两个人到李老师家里与之聊天，也可探讨学习中的疑惑。去李老师家期间，正赶上我的论文将要开题，李老师给了我不少有益的意见，在家里还特意为我找到一些需要的资料。印象中最深刻的是向我提供了 Solso 的 *Cognitive Psychology*（2005）一书，李老师特意语重心长地向我说："这本书你好好读读，会对你很有帮助。"李老师的举动令我非常感动。对于我们俄语专业的学生而言，收集英文文献不是那么容易的事，在时间紧、任务重的情况下，真可谓雪中送炭。这样的高龄，对读过的书的内容仍是记忆犹新，真是令人佩服呀！与李老师的每次交谈都会深深地触动我。常常感叹道，做学问就应该向李老师学习！

与李老师相知后，我们也会在联通广场上偶遇。他常对我说，"俄语事业就靠你们年轻人了""学习俄语要多去记一些惯用句式，多用脑，多学东西""死记硬背是学习外语的一种很好方法"等。李老师的这些话总会围绕在我的耳旁，常令我深思。耄耋之年老者的肺腑之言，句句都是他过去的真切体验。他的箴言至今令我寻味。

李老师为人处事、做学问都非常令我佩服，他是一位经验丰富的老者，又是一位桃李满天下的老师，还是一位学高为师、德正为范的楷模。

作者简介：孙秋花，黑龙江大学俄语学院副院长、硕士生导师。主要研究方向：翻译学。

忆李锡胤先生点滴

徐丽红

2022 年 9 月 5 日李锡胤先生永远离开了我们，留下的是黑大学子们对先生无尽的思念。

2003 年我考入黑龙江大学俄语系，从开学典礼到俄语学院的新生见面会，校领导和老师们讲得最多的就是黑大俄语泰斗、俄语系开拓者们的辛勤劳动和累累硕果。这一切像一剂强心针，让我充满了对未来的期望，下决心学好俄语，像先生们一样，在俄语专业中做出一番成绩。当时我们在主楼四楼每天都可以看到李老师的照片，当然那时并没有机会听李老师讲课。

我在研究生阶段听李老师的逻辑学课程时，李老师已年逾八旬。秋季学期的课程大部分在寒冬时节讲授，李老师总是身着单薄的中山装，站在讲台上一遍遍重复逻辑学的原理。为文科生讲逻辑学的难度可想而知，我们一遍遍提出简单乏味的问题，李老师总是耐心讲解。因为深感逻辑学对学习语言的重要性，我随下一届同学们又听了一遍，对李老师的课印象更加深刻。

记得有一次在一楼上课，班长还没到，几位同学在门口等，李老师提前到了，看到教室门没开，老先生自己上四楼到王德庄老师那里取钥匙，王老师带着钥匙下楼了，说同学们怎么能让李老师去取钥匙呢，李老师年龄那么大了，上楼下楼多不方便。同学们甚是愧疚。李老师说："我身体很好，上下楼溜达溜达没事的，不怪同学们的。"这件事我现在都记忆犹新，李老师没有一点架子，而且永远充满了孩子般的纯真，想必是心灵清澈才让先生如此长寿吧。

上学时也常听老师们说，俄语学院发的慰问品李老师都悉数送回学院办公室，让办公室联系灾区和贫困山区捐献出去。李老师家的饮食简单，萝卜、土豆、白菜而已。他衣着朴素，一件中山装一穿就是几十年。上学时我们经常看到李老师在联通广场慢跑，这个习惯也是老先生几十年一直坚持下来的，而我们在大学四年里能够坚持跑步的有几人呢？

清晰记得曾经听过李老师做的一场讲座，李老师回忆了自己的求学经历，多次重复的话就是："感谢共产党，感谢党给了我机会学习，又在工作和科研探索上给予最大的支持，我做得还不够多，党的关爱无以回报。"李老师的贡献有目共睹，但他没有沾沾自喜，没有停下前进的脚步，这又是黑大俄语的一笔精神财富。

先生离开的第二天，我做了一个梦：我看到李老师和薛范老师在俄语学院本科生教室学习，我想他们都已经是大学者了，怎么还来学习？原来是老一辈在影响下一代学习。下课后，外面突然下雨了，我找了个车将先生们送走了。醒来后才明白，先生们确实已经离我们远去了，但是他们的精神还是在影响着一代代学子。

2022年9月12日黑龙江大学俄语学科为先生举办追思会。先生培养的博士、博士后和俄语学科的代表们回忆了先生生前的点点滴滴，也从不同角度总结了先生为师、为人、为学的精神。这次追思是对先生过往的追忆，同时也是黑大俄语学科未来的新起点。我作为一个普通的教师，同时也是李老师的师孙（我的第一位硕士生导师傅兴尚教授曾是先生的博士生），有义务也有责任将李先生的精神传承下去，为党育人，为国育才。

作者简介：徐丽红，黑龙江大学俄语学院教师，副教授，中国翻译协会专家会员。主要研究方向：俄语语言学、翻译学。

李锡胤先生家人的追忆

记锡胤叔公二三事

李朝阳

　　我最年轻的叔公（叔祖父）李锡胤，今年适逢米寿（八十八岁）高龄，他的工作单位黑龙江大学俄罗斯语言文学与文化研究中心来函征稿，拟为他编一文集做点纪念。我作为他的晚辈，断断续续与叔公有七十余年的交往。闻之欣然命笔，爰忆及二三事述之为下。

　　锡胤叔公出生于二十世纪二十年代中期，故乡在绍兴城西鉴湖之滨的湖塘镇。山阴故地，人杰地灵。那年月军阀混战，时局多艰。叔公天资聪颖，勤奋好学。故乡稽山镜水，文化底蕴深厚。他就读于城南稽山中学，各科成绩均十分出色。除学校规定的课程外，他还搜读各种书刊，又醉心于书法、金石，花鸟虫鱼无所不爱，唐诗宋词无所不读。少年书生，才气纵横。记得我还不足八岁时，他就刻了一方图章专门送我，长方形的石章顶上还有一尊猴子蹲着。我对它十分喜爱，视为珍宝。图章阴文篆字，侧面还浅浅地刻上三字"锡胤刊"，至今已七十余年了，弥足珍贵。

　　他上大学时曾就读于多所名校，如复旦大学、燕京大学、浙江大学，在抗战时并随大学西迁，战乱不停，弦歌不辍。抗战胜利后又首途去台湾省立师范学院读书，新中国成立后又转读哈外专，在语言文学上他学的功夫很深。后来曾工作于北京中国科学院语言研究所，专攻俄语。

　　"文革"开始，互相音讯暌隔。到二十世纪八十年代初，他偕夫人从哈尔滨来沪，探望女儿李彤一家，方知我和长兄信息。长兄李宰我也是他侄孙，反而年长他三岁。锡胤叔公在族里辈分很高，读书也最多，也最具才气。他和我长兄及另一位堂叔永和三人相知很深，从总角之交直到如今，年轻时互有作诗唱和之作。而我小于叔公七岁，余生也晚，未能在年轻时多有交谈。大家无论长幼都称锡胤为"六三公公"，也不明白此称呼何来。那一回在上海晤面，盘桓多日，相聚甚欢。也在那次，他得知我在"文革"中受到严重冲击，身心俱伤，亲友凋零，神情不振。他曾加以抚慰，回黑龙江大学不久，他就寄来手书对联一副相赠，上联是"曾经沧海甘为水"，下联是"尚有琴书且未贫"，充满了长辈对我的慰勉励志之意。他在落款上还题跋"集元稹、黄仲则句，改易一字请朝阳族友雅正"，这改易一字是指唐代大诗人原作的名句是"曾经沧海难为水"，他把"难"字改成"甘"字，意兴立变。他希望我朝前看，不消沉，以淡泊心态看待世事相期许，他的殷切心情溢于言表。近二十多年来，这副对联始终挂在我家厅上，朝夕相见，如奉教诲。

随稿附上两帧照片，一帧是四人在上海宾馆门前合影。时间约为二十世纪八十年代末，左起我的长兄李宰我，中间的是锡胤叔公，右边的是我，站在叔公前面的是我女儿李一羽，当年还是小学生，忽忽至今已二十余年过去了。

第二帧摄于 2009 年 4 月，相距前一张照片也已二十多年过去了，地点在上海乐山新村我长兄寓所，是叔公的二女儿李秋拍摄的。当时我曾记下一语：三人年龄合计已逾二百四十五岁了。光阴荏苒，不胜浩叹。

第一帧

第二帧

李朝阳是为记

2013 年 3 月早春

已年八十一岁

六十三年钻石婚

——怀念丈夫李锡胤

刘桂英

1959 年经人介绍，我和李锡胤闪婚，马上有了第一个孩子，是个男婴，身体非常健康。丈夫工作很忙，也不擅长干家务，因此，家务活我全包。别看我丈夫睡眠非常好，倒床就着，但是如果有一宿受到打扰，他就头痛。他还有脑供血不足，腰肌劳损（修江堤时得的病）。因此，都是我一人陪孩子睡觉，绝不干扰到他。他没时间逗孩子玩儿，孩子 24 个月时突然走了，我们非常伤心。看他也咧嘴哭泣，我知道他欠孩子一个拥抱、一个吻。那次，幼儿园里的其他小婴儿都恢复了，可是我们的儿子被沙门氏菌夺去了生命……

我们一共生三个孩子，但我坐月子时没吃上一顿他做的饭菜。他煮的鸡蛋，用筷子一夹，散黄了（没熟）。他看书累了，就主动说要帮着干家务。让他去买菜吧，他一定把烂叶老帮子买回来，说人家卖菜也不容易。请工人来家里干活，自己不监督，也不让我去看着，说要顾及人家感受。倒垃圾应该是他做得最合格的家务。他从不讲究穿着，专挑破旧衣服往身上套。我说他不食人间烟火，只认读书，连陪我看一场电影的时间都抽不出。有时候生气了就会抱怨几句，让他"上山上当和尚去吧"！他从不回一句，这是默认了吧？他说过，羡慕杭州山上和尚的生活。

他工作非常积极进取，但是遇到利益就向后让。如：评职称总是落下；而分房子，总是住一楼，阴面，有穿墙滴漏水管道的小房型。从八平方米的两三家合用一个厨房，到教授楼，一点点鸟枪换炮了。学校新教授楼竣工了，他说现在住的房子已经很好，不用申请新房，也省得搬家，麻烦。学校分房办找我们说，如果李老师申请，分数最高……最终，我们住上宽敞、亮堂的大房间了。他组织编词典，请了一些外校的老师，其中也包括中学老师。他被派去江西丰城搞调查，听贫农老大娘诉苦，同情其经历，最后留下一百元钱走人。见他诗集中《贫农老大娘诉苦》一诗，其中有两句为：

> 听君旧事到深更，话到伤心话不成。
>
> 不是当年解放了，不甘求死求生难！

他在河南五七干校时，我们有一年一次的探亲假。我俩认为：两地分居是革命需要，不能提个人要求，也没人能给解决。那次他清晨步行从干校到信阳火车站接我们娘俩，手里拿着一根扁担，说是预防路上遇到野狗的袭击。我们进一个小饭店，要一碗粥。几个小乞丐围坐在丈夫周围。他把碗挪给孩子们，他们哄抢着一扫而光。又要了一碗，孩子们又围坐过来。

我生在辽宁黑山县农村。我妈生了十个孩子，活了六个，其中一个男孩。我爸——一个面朝黄土背朝天的农民，认为女孩子不要读书，早晚要嫁人的，因此早早给我定了娃娃亲（收人家彩礼了）。我不愿意在人家当家庭妇女，因此一人逃出来。我拿了一张过期的铁路职工家属证，登上去哈尔滨的火车，想投奔小学同学的叔叔家。结果检票员发现了，把我带去审问半天，我一口咬定是铁路职工家属，最后他们看我是一个身无分文的农民女孩，也就把我放了。出门那刻，我哭了？笑了？永远难忘。我下决心在大城市找到工作，养活自己。黑大招学徒工，33元一个月……让我开心极了。我努力工作，先进、入党积极分子都当过。每当夜晚有急活，我都保证完成任务，没有加班费的。我扔下刚懂事的小彤一人在家，反锁家门，第一时间去单位排版印刷。

在那段特殊年代，有人曾提出，说李锡胤天天啃书本，只专不红，思想跟不上形势，是白专道路的典型。赵洵副校长为他说话："他钻研业务，目的也是为人民服务。"他常常念叨老校长。

丈夫曾写诗赠给我这个"四门贴告示"——不识字的人。《题结婚照赠内》：

> 似箭光阴六十载，分明如梦复如烟，
>
> 恩情此世难报得，愿结来生未了情。

在他的诗集里，2014年写《赠桂英》：

过了金婚钻石婚，匆匆驹隙百年恩，

殷勤我与人间约，比翼双飞誓他生。

本文由刘桂英 2022 年 12 月 12 日口述于海南万宁

珍贵的礼物

俞 简

一说到礼物，我可是津津乐道，我收到的礼物可多啦！但要选出最珍贵的礼物，还是我 9 岁那年姥爷送我的礼物。

马上要过生日了，姥爷曾告诉我，要送我一件很棒的礼物。他说："你会在生日那天收到这份礼物。"那会是什么呢？我期待着这份神秘的礼物。

期待的日子既难熬又漫长。好不容易到了生日这一天，我心中的疑团越发浓郁。这时爸爸来了，手中拿了个包裹。"这是什么？这是什么？"我迫不及待地叫了起来。爸爸手一扬，（包裹）划出了一道漂亮的弧线。我一接，撕开包裹。只见里面静静地躺着两本小薄册子，上面写着"姥爷出版社"。不用说，这是姥爷自制的。我翻开，哇！里面贴满了从报纸上摘下来的好段落！里面有诗歌，有新颖的边边角角的小新闻。另一本上还贴满了色调鲜明的儿童画，内容丰富，令我大开眼界。"考！考！考！教师的法宝！分！分！分！学生的命根！"令我啼笑皆非。另一些有关考场上的小故事也让我增长了见识。"这真是一份珍贵的礼物！"我由衷地赞叹道。妈妈也称赞姥爷的别出心裁，给我这么一份礼物。

如今，这份礼物还在我的书架上放着。这虽然做工粗糙、看似简单的礼物却寄托了老一代长辈对我们的希望。在我眼中，它永远是最珍贵的礼物。

父亲轶事

李 彤

（一）一个鸡蛋

在河南信阳时，一天，父亲在集市上看见一个当地小孩在卖菜的人队伍中，手里拿着一个鸡蛋。上前问他为什么只有一个时，孩子用河南话说："想买个本写作业，问妈妈要钱，妈妈就给我个鸡蛋，让我卖 6 分钱好买本子。"父亲说："那卖我一个蛋吧。"看到孩子高兴的背影，父亲心里一定更高兴。是的，他喜欢看孩子无忧无虑的笑脸。其实，我认为父亲买蛋没啥用。他不会做饭（包括煮鸡蛋）。妈妈常说连生孩子时都没吃上他煮熟的鸡蛋。

（二）吃烤鸭要先填出身

父亲调入北京共 11 年，北京烤鸭店只去过一次。那时"文革"开始了，同事提议去吃烤鸭。他们走进一家老字号全聚德烤鸭店，门口的服务员把他们给拦住了，说："请先填写你们的家庭出身！"这句话把父亲难住了：写上吧，他们全都家庭出身不好；不写吧，服务员不让进。怎么办？看来烤鸭是吃不成了。正想打道回府，这时，还是头脑活络的赵国奇叔叔挺身而出，笔一挥写上四个字"革命干部"，于是大摇大摆地走进饭厅。他们紧随其后说："还是我们的老赵行啊，两个字（地主）不行，三个字（资本家）更不行，这四个字怎么给你想出来的?"

（三）杀鸡

妈妈让父亲去杀鸡，父亲不敢杀。他让我去找十条绳子，给鸡翅膀绑上、鸡腿绑上、鸡头也绕上几圈，最后还是下不去刀。

（四）要烟盒

小时候没玩具，除了玻璃碴子、猪骨头、打针小瓶，就是花纸头了。父亲当时在河南某招待所当所长、招待员兼服务生（招待所就他一个人）。妈妈说："有客人抽完烟，让爸爸向客人要烟盒就行。"父亲答应得很爽，可就是不见行动。终于有一天问他，他说："你爸脸皮薄，实在不好意思向客人要东西。"

（五）编瞎话

父亲从俄罗斯访学回来时带了一条围巾。围巾色彩艳丽，图案大方，具有异国风味，一直安静地放在衣柜里。一天，正值青春期的我想拿出来戴一戴，可是，怎么翻也找不到了。问妹妹没见过，问妈妈不知道。问父亲，原来父亲去北京出差时顺便送给 W 阿姨了。

C 叔叔和父亲是（大学）同学、（一同调到北京的）同事。C 叔叔和 W 阿姨原是一家的。他们的两个儿子不幸都先后没了，两人的婚姻也亮起了红灯。父亲为了让两人和好，想到了一个"好主意"。他以 C 叔叔的名义，向 W 阿姨送礼物——一条俄罗斯围巾。虽然，之后的事情并没有按父亲的愿望发展，但由于他这善意的谎言，W 阿姨在天之灵一定在微笑，C 叔叔也能理解他的好意。父亲编字典行，编瞎话不行。

（六）幸运儿

父亲说，他这辈子很幸运：老师对他好，同学对他好，同事对他好，领导对他好，学生们对他更好。他说："我很走运的。第一批副教授、第一批教授、第一批硕导、第一批博导、第一批住进教授楼……"

（七）提职称

到了开始提职称的时候了，父亲听说外语系名额少，就找到一位老同事商量："罗玲同志，这次提职称的事，僧多粥少，不好办哪。咱俩先约定好，这次评选会上，我不会选你，咱俩是俄语老外专的了，先不急……"罗阿姨说："好的，老李，明白了，投票会上，我也不会提你。这事儿就这么定了。"父亲这"胳膊肘往外拐"的主意，竟然也得到了罗阿姨的积极配合。

（八）让名额

特殊时期，有些知识分子的才能被埋没，潘维白先生就是这样一位。评职称时，父亲认为这位曾在香港做播音工作的英语系教师够水平，极力推荐他。可是评选结果下来，并没有他。上面解释说，原因是名额有限。父亲主动找到领导说："如果是名额的原因，那太好办了，我愿意把我的名额让给他。"时至今日，我仍然记得潘教授紧紧握住父亲的手和肺腑的话语。

父亲学外孙女摇呼啦圈

父亲把自己的奖牌戴在外孙女身上

作者简介：李彤，上海华东理工大学机械与动力工程学院力学组。

父亲的脚步

李　彤

　　从十八岁开始，考上南京航空航天大学，到大连理工大学读研，现在上海扎根，大学里任教。距离父母家——哈尔滨的路程远了，分离的时间长了，见面的次数少了。我最不能忘的是父亲的脚步。

　　他的脚步与众不同，是外八字，走起路来，手还往后一甩一甩的，频率很高。他跑起步来特别快。提到他的跑步，他说："至少有五十年的晨练史。"父亲生于绍兴师爷家庭，年轻时求学多所大学。他说使他养成快走锻炼习惯的是复旦大学。后来被同学们称为"铁脚板"。这个习惯对他后来大有帮助。现身为大学教授、资深翻译家的他，当年当过干校招待所招待员、食堂采购员。他有小孩缘。在河南明岗、信阳，小胖孩见到他都主动大声问好，都知道这叔叔能给他们买到大肥肉吃。父亲也教育我们从小就吃苦，培养锻炼身体的意识。每周末带我来回步行十多站去市中心（秋林公司）买凭特供票供应的东西（鸡蛋、带鱼）。他言传身教，利用休息时间跑步。在物质缺乏的年代，蔬菜、日用百货都少。经常有人拦住他问："前面市场来什么菜了？""不知道！""那您为什么跑啊？""锻炼身体。"

　　父亲教育我做事要务实。今年春天杭州的表哥、表姐相约去绍兴枢里的一个地方找当年爷爷的坟墓……父亲知道后说："主要是活着做点有意义的事，才是对祖宗最大的孝敬……"每当期末我以报喜不报忧的心情向父亲汇报今年的成绩，"学生在网上评语很好，打分很高"，父亲总是回应："好，好，不过这些东西不要太在意，只要自己尽力就行了。"

父亲教育我记住历史。当我学习、工作上遇到困难的时候，父亲却说："你们现在很幸福了，条件优越。我的青年是在逃难中度过的。敌机随时就到，想轰哪里就扔炸弹，哪有个安静的地方放课桌啊。往山里逃啊。绍兴一条美丽的河现在已变成风景旅游景点了。当年逃难的时候就路过那里，16 岁，刻骨铭心。"我搬新家的时候，父亲为我们写了一副对联：勤能补拙，简以养廉。我的女儿出生时，做外公的他给起了个好名字："叫简吧。做人简简单单，平平凡凡。"

我的简简一天天长大。在小学，她的一篇作文《珍贵的礼物》写的是外公给她的生日礼物——一本用报纸剪贴下来的书。这篇作文获得征文赛奖。她说：这本由姥爷出版社出版的书是不值钱的，但是书中的内容是值得一读的。

如今，八十多岁的他，依然精神抖擞地站在教学讲台上。"锻炼身体，心情愉快，努力工作使人活得充实。""过一日，当尽一日勤；与人为善；生活习惯是健康的金钥匙"是他的口头禅。"自强不息"是接受记者白岩松采访时他说的心里话。

2009 年，冒着零下二十多度的严寒，他凭着他的那双铁脚板参加世界大学生冬季运动会火炬的传递活动。我全家都感到自豪，我有这样一个父亲，孩子有这样一个外公。

跑步锻炼是每个人都能做到的事。但是坚持不懈，我指的是天天坚持，风雨无阻不是人人都能办到的。今年的哈尔滨特别冷（零下三十多度）。在黑龙江大学校园的操场上、教室里、马路边您看见一位脚穿非名牌跑鞋、不穿棉裤（南方人不习惯）、后背挺直、行走如梭的 84 岁教授，也许就是我的父亲。

父亲的脚步令人难忘，父亲的脚步时时激励我，父亲的脚步永不停歇。人说父母的健康是儿女的福分。新年到了，来为天下所有的父母祝福！

写于 2009 年冬

作者简介：李彤，上海华东理工大学机械与动力工程学院力学组。

回忆父亲

李　彤

　　1969 年我七岁，被送到辽宁农村姥姥家——黑山县姜屯公社杨屯大队，满山遍野跑玩很高兴，就是没啥吃的。记得那期间父亲从北京回哈尔滨顺路来看我，那是父亲唯一一次去母亲家。小脚姥姥亲口告诉我，当时正在灶台馇猪食，突然听见狗叫，一看当院站着一位穿破衣烂衫的，以为是要饭的，那时乞丐也不多见，再一看，吃惊地说："妈呀！咱家二女婿呀。当家的，来贵客了……"我老姨曾说："看人家鞍山老薄大姐夫，提干坐办公室的。到咱乡下，一身毛料，里面露的的确良衬领，左手搭的是呢子大衣。看二姐夫，哪像个大学教师？"我俩戴着当时稀有的眼镜，走在村街头招来乡亲异样的目光，孩子们围观我们……由于穿着不入流遭特殊对待，类似的情况不少。父亲的同事说过，一起去省里开会时，门卫专门拦住他俩说："修水管的，向右走。"回到哈尔滨，我转入清滨小学。由于农村和城市里的学习进度不一样，如我没学过拼音，九九歌不会颂，老师甚至说："这孩子基础太差，跟不上……"1972 年父亲从北京调回哈尔滨工作，我的学习成绩火箭般上升。

　　2022 年 9 月 5 日上午 11：00，父亲永远离开了我们。他十年前写好了遗嘱：遗体捐献给需要的机构，不开追悼会，一切从简，不建坟墓。我一人全权代表，向他做最后告别。他突然离世，我还要照顾八十八岁的母亲，我冷静振作。我翻看他几年前出版的诗集《霜天星影》，平时读它真是晦涩，癞蛤蟆跳河——不懂不懂，现在突然顿悟了。里面有不认识的字、词，更有典故、隐喻。我文学水平不高，但总觉得来日方长。有朋友早就提醒我，抓紧时间啊，把老人家的东西整理整理啊……他能如数家珍、烂熟于心地解释诗中的意境。是啊，那是他自己写的。里面有他自己写的预作辞世诗几首，写给自己的挽联，口占，与阎王爷的对话……诗里有六十多处提到老死，十几处念家乡江南，十几处写童心、对后人的希望。如辞世诗之一："形销心迹在，爱国爱人民，今朝辞【逆旅】，祝福后来人。"注意到逆旅做了标记："【逆旅】：逆着你的旅途方向，欢迎你的地方，就是指旅馆。源自苏轼'人生如【逆旅】，我亦是行人'，李白'夫天地者，万物之【逆旅】也，光阴者，百代之过客也'。""形销音容在，驾鹤西飞归，明朝辞【逆旅】，都是过路客。"此诗是我写的，参照了他出版的诗集里给自己写的预作辞世诗之一。

看他常喜欢在书里夹图片、树叶啊，我在南京上大学时给他买回来有江南风景的书签，他说："不要把钱花在没用的东西上。"他天天晨跑，坚持了五十年，说："跑步最好了，不用去健身房。"他反对夏天滑冰、冬天游泳的逆季节活动。

暑假，我带女儿回哈尔滨，让父亲教书法。他滔滔不绝讲了半天历史、人文，就是不动笔。他外孙女急了，说："别讲没用的东西，只讲有用的——横竖提顿就行。"他说书法讲究文化底蕴、人文情怀……没几天他外孙女写了一首打油诗：

"正有好时光，一起写毛笔，可惜笔头粗，哀叹旁听错。"

父亲把这张纸头一直保留，常常翻出来笑吟。

在上海，一天他要查俄语说明书上的一个俄语单词，向外孙女借英汉词典。外孙女对他说："姥爷，英汉词典里能查到俄语单词吗？"父亲说："有的专有词汇发音是相同的，所以能查到相关内容。"

我们会在日常生活的不经意间，想起父亲的点点滴滴。父亲健在时，总以为来日方长……他的诗集，他的书法格言是留给后人的精神遗产。父亲没有离开我们，在梦里，在心里，在诗里。

父亲从1952年毕业留校任教就一心扑在工作上，一直没谈女朋友，没有成家。当时日语系主任刘耀武教授及夫人王莲阿姨看他不会处对象，教他写情书，他死活不肯，于是就给他物色了一个印刷厂女工（后来变成了我母亲）。两个家庭出身、个人经历、共同爱好完全不同的南/北方人走到了一起。母亲说，其实当初不同意的，自己出身虽然好，但文化水平浅（小学没念完），不想攀高级知识分子……父亲这时展现了他的公关能力，托了好多人说情。

母亲是人家给父亲介绍的第一位女友，也是唯一一位。母亲至今记得，第一次相亲见面，男方上身穿一件破旧大衣，滴里嘟噜的。女方压根没看上这个"臭老九"。不像个单身汉，倒像一位家有老小负担重的汉子。女方由于不满家庭包办婚姻，从东北辽宁农村逃到大城市。被黑大招工过来，干过食堂收银员、印刷厂学徒，有了固定工作，每月 37 元钱，对生活很满意，不急于成家。有很多人给她介绍对象，火车站站长、印刷厂职员、做皮包的，都比这位看着干净立正。

父亲紧追不舍，表白自己只是出身不好，但是历史清白，档案没问题。女方说自己脾气不好，爱骂人……男方发誓说："我脾气好，以后一切听你的。"他单身时，穿衣服随便往身上套，婚后第一次吵架，是母亲说："穿这很难看的，像叫花子。"他急了，说："请你不要骂人。"母亲回答："我这哪里是骂人，难听的话还没说呐……"随后的日子里，类似这种鸡毛蒜皮、穿衣戴帽的小事摩擦不断。至今母亲经常唠叨说："地球上没有人穿一双不合脚的大鞋，鞋后跟被缝上（做个鬏，奶奶的杰作）。去北京探亲，到了中国科学院大院门口，迎面走来的正是这位……"在日后，父亲以他的"好脾气"，兑现了"承诺"。无论母亲天天骂啥，他都当没听见，从不顶嘴，也坚决不改。晚年，他（白内障手术后视力大增，总去捡地上的烟头、纸屑扔到垃圾桶里，回家却不洗手……）耳朵是最先聋的。无论对他说啥，他都回"好好好，是是是"。但是每当给他买糖或冰激凌时，他都开心地笑着说："好吃。"证明高兴时候，他耳朵又好使了，或是返老还童？此时，想起他的诗句"儿时只识乐中甜"，"清明闪烁是童心"，"亦愿童心老犹在"，表达对先辈的敬意。

母亲说："要结婚了，学校领导马上特批房子给我们住……那时，他已经是高级译员，月薪 120 元。不抽烟，不喝酒，不打麻将。可家里锅碗瓢盆等生活用品样样缺，床上枕头是用一个装内衣的破布袋子代替的，没书架，地上堆的一箱一箱的全是书……他的工资全买书了，都是进口原版的。"

在北京中国科学院院里院外，出出进进的，哪个不是风流倜傥、风度翩翩的？母亲看他没衣服穿，专门到王府井大街，给他买了裤子、内衣、袜子、鞋子，都是他要用的。探亲的限期到了，母亲专门嘱咐："这包东西放在这里是给你准备的，用吧。"第二年两人再次相会时，问他穿新衣服了没有，他一脸茫然地回答："哪包东西啊，不知道。"一提起这事母亲很生气，叨叨没完……母亲回忆：第一个孩子出生，他工作忙，没时间抱孩子。她在厨房做饭，让他带一会儿小婴儿。小婴儿不停地哭，一看，他用腋窝夹着婴儿在看书，还说："这孩子太闹人了……"这事彻底惹怒了孩子娘，把他一顿骂："婴儿是要抱的，不能夹着……"1962年奶奶回南方，我出生了，当年父亲随赵洵副校长调到北京工作。

在北京任中国科学院哲学社会科学学部外语词典组组长，工资连涨两级。他自己主动找领导说："本来工资就够高的，现在连涨两级工资太多了，怕影响不好，涨一级吧……"我和母亲一直住在八平方米的小屋，两三家合用一个厨房。爸爸的书箱子——放到邻居家的床底下，楼道的鸡窝旁。那时候，经常有小偷光顾，偷灯泡，偷鸡，就是没有偷书的。母亲一人拉扯孩子，年年秋天挖菜窖，买秋菜，多么需要个强劳力。

1972年父亲正式调回哈尔滨工作，住房成问题。黑大和另一家单位交界处有一栋宿舍楼。两单位都有权支配分房权——谁抢到是谁的。母亲抢到了一间房，将父亲的书箱子派上用场——占领房间。我当时正在写作业，另一家单位的职工找来一帮人扔出我们的东西。后来我在楼道里睡了一宿。母亲也带来印刷厂工友们，双方大吵大闹，场面壮观，我至今记得。最后的结果是，我家得到一间一层阴面房，无单独厕所，无水池，无厨房。住了一段时间，母亲很高兴了。

当时黑大按人口分房，我家人口少没资格提要求。房产科领导说："你家一个孩儿，不够资格。"母亲指着肚子说："写上吧，我家多了一口人。"1973年我妹妹出生了。母亲说："跟他生活在一起别扭。"比如：想包饺子让他去买面，他把苞米面和白面放进一个袋子背回来了。母亲说："这样混就不能包饺子吃了。"父亲说："奇怪?! 白面能吃，苞米面能吃，混在一起怎么就不能吃了?"母亲还说："不能让他去买菜。他买回来的菜，都是烂的啦、冻的啦。你问他，他说：卖家在寒风中叫卖，不好意思挑挑拣拣的。"好丈夫? 好父亲? 还是好同事? 好老师? 好学生? 如果有选择，谁会怎么选呢?

我定居上海，父亲利用暑假来出差，都要拜访他的老朋友：汪培，耿庸，贾植芳，张草纫，周昌枢，何兆源，王立平……那时天气炎热，我们乘公交车到上海外国语大学张草纫先生家里。他俩久逢知己，谈诗歌，谈画。我们临走时张先生还送我们字画。去看 95 岁的周昌枢先生，他身体健朗，思路敏捷，动作优雅，家里全是一卷一卷的挂轴———一位儒雅学者。每年过年，四面八方的老同事通电话互致问候。还有黑大原校长鲁刚从美国打电话，讨论写神话词典问题。

父亲给人的第一印象是，不会办事，不会交际，只会读书———典型的书呆子。俞约法叔叔称他为夫子。我当时认为是贬义词。但是两件事足以证明他办大事的能力———两件终身大事。一件是生活终身大事：脱单成家。另一件终身大事就是编《俄汉详解大词典》了。2022 年 9 月 12 日在父亲的原单位为他举办的追思会上，陈叔琪教授描述了出版词典时，他如何为大词典的编纂呕心沥血。"明知不可为而为之"是他的座右铭。

我遇到不认识的汉字，不会念也查不到，他能解释出来，对于成语典故他能滔滔不绝、如数家珍。这是一辈子的知识储备吧？父亲对我说："你还是学习古文吧。"我一直学不进去，但在亲人离世的当口，如此近距离面对生死，我突然开窍了。这就是所谓顿悟吗？从他给后人留下的诗集里的诗句，可以发现许多名人的影子、典故，比如：苏轼，李白，黄景仁，范仲淹，孔子，孟子，曾子……

最后，附上他写的诗：

平生大梦我先觉，九十年光弹指时，
我自会心向天笑，钟鸣漏尽任安之。

韶华弹指已九旬，愿为龙江悴此生，
衣带虽宽终不悔，临歧挥手见真情。

自挽联：

七十年奖状不绝，深荷党恩，
八九岁寿终归西，我爱中国。

口占：

年来老病应知份，遗世平心作放翁，
暮年何时惊心最，梦觉枕边【滴答】声。

我和父母（游北京长城）

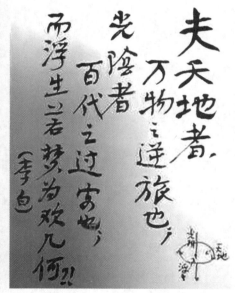

父亲在李白墓前的照片（左图）

（右图是他在照片背面所写的李白诗句，还画了示意图，解释天地、光阴与浮生的关系）

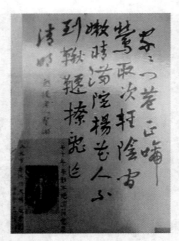

父亲送给自己的挽联（用诗词给自己办的生前葬礼）

唁函、唁电

唁电

黑龙江大学俄语学院：

　　惊悉李锡胤先生溘然仙逝，俄语学界同人不胜哀痛，深致哀悼。李锡胤先生是我国著名俄语教育家，俄罗斯辞书学、语言学、翻译学泰斗，尤以西方及俄罗斯辞书学、理论语言学及认知语言学、计算语言学、语言文化学、数理逻辑、翻译理论与实践等领域成就最为卓著。李锡胤先生博学多才，术业专攻，不但精通英语、俄语、法语，还善作古体诗，精于书法，长于俄英法诗词及学术著作翻译。先生勤于治学，道德文章，堪称楷模，学为人师，桃李芬芳，行为世范，嘉惠学林。俄语学界同人受教先生者众多，受益先生著作者更是不知凡几，对李锡胤先生恬淡冲和的人生态度、精深高妙的诗词华章、关爱他人的仁者情怀、雍容谦和的大师风范万分景仰。李锡胤先生的逝世是我国俄语学界和教育界的重大损失。

　　教育部外指委俄语分委会谨对李锡胤先生的逝世表示深切哀悼，并向家属表示亲切慰问！李锡胤先生永垂千古！

教育部高等学校外语类专业教学指导委员会

俄语专业教学指导分委员会

2022 年 9 月 5 日

唁电

黑龙江大学俄语学院：

惊悉黑龙江大学资深教授李锡胤先生不幸辞世，中国俄语教育界同人深感悲痛，特致电慰问并致以深切哀悼，并向李先生亲属致以诚挚的慰问！

李锡胤先生是我国著名的语言学家、资深翻译家、辞书学家，新中国俄语教育的见证人，知识渊博，治学严谨，德高望重，桃李满园，成就卓著，功可垂范，为人为学，堪称楷模！先生的去世是中国俄语教学研究界的重大损失。

高山仰止，景行行止。李锡胤先生为开创和推进中国俄语教学研究事业的发展做出巨大贡献，我会同人同心崇敬！

李锡胤先生千古！

中国俄罗斯东欧中亚学会俄语教学研究分会

（原中国俄语教学研究会）

2022 年 9 月 5 日

唁电

黑龙江大学俄语学院、俄罗斯语言文学与文化研究中心
转李锡胤先生家人礼鉴：

惊悉黑龙江大学资深教授李锡胤先生仙逝之耗，不胜悲惜！

李锡胤先生是商务印书馆尊敬的学者，长期从事俄语语言学、词典学研究，毕生致力于翻译工作，在学界享有盛誉。李锡胤先生是商务印书馆的老朋友，对我馆编辑出版工作给予了极大支持。李先生曾多次参加我馆的重大出版活动，并将他主编的《大俄汉词典》和《俄汉详解大词典》等交由我馆出版，惠及中国读者。

李锡胤先生的仙逝让我们失去了一位博学广识的语言学家和翻译大家，失去了一位可亲可敬的智者和长者！实为我馆及中国学术界、翻译界无法弥补的重大损失！

沉痛悼念并深切缅怀李锡胤先生！谨向李先生家属致以诚挚慰问。相信李先生的精神和事业将沾溉后人，永世长存！

李锡胤先生千古！

商务印书馆

2022 年 9 月 6 日

唁电

李锡胤先生治丧委员会：

惊悉李锡胤先生仙逝，深感悲痛并致以沉痛哀悼。

李锡胤先生是蜚声中外的辞书学家、语言学家和多语种翻译家，精通英语、法语和俄语，古俄语造诣深厚。先生将毕生的精力献给了中国教育事业。编撰的《俄汉详解大词典》《大俄汉词典》等众多辞书，翻译的古俄语史诗《伊戈尔出征记》，译自英语、法语和俄语的文学、语言学和自然科学著作为一代代学人提供了无尽的学术滋养。先生虚怀若谷、品德高尚，是后辈学人永远敬仰和学习的典范。

李锡胤先生的逝世是我国俄语学界的重大损失！

北京大学外国语学院俄罗斯语言文学系全体师生沉痛悼念李锡胤先生，并向李先生亲属表示诚挚的慰问。

李锡胤先生千古！

北京大学外国语学院俄罗斯语言文学系
2022 年 9 月 6 日

唁电

黑龙江大学俄语学院：

　　惊闻我国俄语界前辈、著名语言学家、辞书学家、翻译家、俄罗斯联邦"普希金奖章"获得者李锡胤教授不幸逝世，我系全体师生深感悲痛！

　　李锡胤教授在辞书编撰、语言学研究领域做出了巨大贡献，2006 年荣获首届辞书事业终身成就奖。他潜心语言学研究，著述丰硕，并将毕生所学投注于教学之中。他精通俄语、英语、法语，译有文学名著、语言学论著等。他学贯中西，古诗文造诣高深，出版诗集《霜天星影》。他的辞世是我国俄语界、翻译界的重大损失。我们沉痛悼念李教授，并请转达对李教授亲属的诚挚慰问！

南京大学俄语系

2022 年 9 月 6 日

唁电

  惊悉第七和第八届全国人大代表、全国优秀教师、著名教育家、国际著名学者、辞书学家、翻译家、诗人、中国俄语学界泰斗、黑龙江大学资深教授李锡胤先生驾鹤西行，我们和全国俄语学界同人一样，深感先生的离去是学界的重大损失，谨对先生离去致以深切的哀悼，并向贵院致以真挚的慰问。

  先生学贯中西，桃李天下，他那清正刚直的人格、高山仰止的学问、一丝不苟的学风都是为学界留下的宝贵的遗产，守护、传承这笔财富是学界对先生最好的怀念。

  先生之风，山高水长，师道儒风，千古永存。

北京师范大学《俄罗斯文艺》编辑部

北京师范大学俄文系

唁 函

尊敬的李锡胤先生家属、亲友们，
尊敬的黑龙江大学俄语同人们：

惊闻黑龙江大学资深教授、研究员、博士生导师、博士后合作导师，我国著名语言学家、辞书编纂家、翻译家、全国人大代表、国务院特殊津贴获得者李锡胤先生驾鹤西去，巨星陨落，俄语界全体同人不胜悲痛！

李锡胤先生是中国高等俄语教育界的一代名师，他以深厚的理论功底、前沿的学术观点，耕耘三尺讲台，培育满园桃李。他培养的学生多数已成长为全国各个高校的骨干教师和学科带头人，推动着中国的外语教育和学术研究不断地向前发展。

李锡胤先生是中国俄语学术界的旗帜与标杆人物，在语言学方面，他对词汇学、语义学、语法学、篇章分析等都有深入研究，著述丰厚。李锡胤先生结合现代词汇学、语义学理论，对双语词典的编写原则、释义、配例等一系列问题进行长期研究，主编或参编的大型辞书达六七部之多，硕果累累。李锡胤先生还是我国较早从事自然语言信息处理研究、翻译研究等的学者之一，他在数理逻辑学、认知心理学、语言哲学等领域也深有造诣。

李锡胤先生的家人失去了一位至亲，学生弟子失去了一位良师，黑龙江大学失去了一位卓越的学者，中国俄语界失去了一颗北斗明星。让我们化悲痛为力量，学习李锡胤先生潜心钻研、甘于寂寞、敢挑业务重担、勇攀科研高峰的精神，以实际行动告慰、追思先生。

　　李锡胤先生虽离开了我们，但先生所创造的精神财富却超越时空，永留后人，先生将永远活在俄语人的心中。德范常在，雅训永存！

上海外国语大学俄罗斯东欧中亚学院

二〇二二年九月七日

唁电

黑龙江大学俄语学院：

　　惊悉李锡胤同志辞世，我单位全体同志无不深感惋惜，谨以此向李锡胤同志表示沉痛哀悼，并向其亲属表示深切慰问。

　　李锡胤同志是黑龙江大学资深教授、中国著名语言学家、辞书编撰家、翻译家、全国人大代表、国务院政府特殊津贴获得者，一生桃李满天下，是吾辈教书育人的楷模。高山仰止，景行行止，先生虽逝，风范长存。李锡胤同志千古！

国防科技大学国际关系学院军事外交与国际合作系

2022 年 9 月 7 日

唁电

黑龙江大学俄语学院：

惊悉李锡胤先生溘然仙逝，信息工程大学洛阳校区俄语同人不胜悲痛！李锡胤先生是中国著名语言学家、辞书学家、翻译家，毕生致力于语言研究、辞书编纂和多语言翻译事业，曾获俄罗斯普希金奖章、国务院特殊津贴、中国俄语教育终身成就奖、首届辞书事业终身成就奖，当选第七届、第八届全国人大代表，获评全国优秀教师和省市各级劳模，是俄语学界公认的领路人和一代宗师！

李先生广泛涉猎语言学、哲学、社会学、数理逻辑、认知科学等多学科领域，通晓俄、英、法、日等多种语言，具有深厚的国学功底，精于书法篆刻和古诗词创作，是名副其实学贯中西、博古通今、文理兼修的鸿儒硕学。作为黑龙江大学资深教授，李锡胤先生是国内俄语学科的主要开拓者和杰出贡献者，默默坚守在人才培养和科研学术工作第一线六十余载，师表天下，桃李满园，终生向学，成就斐然！信息工程大学洛阳校区广大俄语教师或沐浴先生师恩，或研读先生著作，或聆听先生教诲，或感佩先生情怀，对先生博大精深的学术思想和雍容谦和的大师风范万分景仰。我们为失去这样一个严师典范、良师表率和人生楷模感到无比痛心！

　　谨向李锡胤先生的辞世表示深切哀悼，并向家属表示亲切慰问！李锡胤先生永垂千古！

信息工程大学洛阳校区

2022 年 9 月 5 日

唁电

黑龙江大学俄语学院：

惊悉李锡胤先生因病辞世，至为悲恸，深表哀悼！

李锡胤先生是中国俄语界一代宗师，学界泰斗。先生学贯中西，学养深厚，为中国外语事业鞠躬尽瘁，留下无数传世之作。先生为人谦逊，品德高洁，一心为国培养人才，扶掖后学，桃李满天下。

先生虽然离我们而去，但他的高贵精神与天地永恒，与枝叶长青。

李锡胤先生千古！

对外经济贸易大学

区域国别研究院

2022 年 9 月 6 日

唁电

黑龙江大学俄语学院：

惊悉李锡胤先生不幸辞世，不胜震惊与悲痛。李锡胤先生是我国蜚声海内外的著名语言学家、辞书学家、世界文学与科学翻译家，一生著作等身，为国家培养了众多优秀俄语学者，是我国俄语学界泰斗，为人师表之楷模。先生遽然西归，是俄语学术界和教育界的一大损失。谨致唁电，对先生的辞世表示沉痛的哀悼，并向其家属表示深切的慰问！

吉林大学外国语学院

2022 年 9 月 6 日

唁电

黑龙江大学俄语学院：

惊悉贵院离休教授、国内著名辞书学家、语言学家、俄罗斯联邦国家奖"普希金奖章"获得者李锡胤先生不幸去世的噩耗，我们深感悲痛。

李锡胤先生是我国俄语界前辈，也是新中国第一代俄语教育家，一生致力于俄语教育事业，著述等身，桃李天下。李先生长期从事俄语词典编纂工作，合编的《俄汉成语词典》《大俄汉词典》《俄汉新词词典》《现代俄语语法》等辞书和教辅材料惠及几代俄语后辈学习者。李先生在我国俄语学界享有崇高声誉，深受同行敬仰，他宽厚仁爱的长者风范、严谨谦逊的工作作风、勤奋进取的敬业精神永远是我们学习的榜样。他的去世，是我国俄语学界乃至外语学界的重大损失，我们为失去这样一位优秀前辈学者深感悲痛。

我们谨通过贵院表示哀悼，并向李锡胤先生家属表示慰问。

肃此电达！

山东大学外国语学院

2022 年 9 月 6 日

唁电

黑龙江大学俄语学院：

惊悉李锡胤教授仙逝，哲人其萎，曷胜悲悼！

李锡胤教授是我国外语学界的一面旗帜、翻译界的泰斗、中国辞书编撰业的奠基人。李先生勤奋认真，严谨求实，治学精神千古流芳；笔耕不辍，著作等身，治学成就嘉惠学林；诲人不倦，桃李芬芳，治学育人泽被后世。今先生驾鹤西归，其精神与风骨、修为与风范、奉献与成就，将永垂于世，为后来之典范。

"人生是得要会做梦，还得把梦做好。"先生的名言萦于耳畔、刻于心间。先生之辞世，诚为学界之重大损失！我们深切缅怀李锡胤先生，共寄思怀于浮云，托唁文于悲风！恳望先生家人及贵院同人节哀顺变，多多珍重！

李锡胤先生千古！

郑州大学外国语与国际关系学院 敬悼

二〇二二年九月六日

唁电

黑龙江大学俄语学院：

惊悉李锡胤先生与世长辞，深感悲恸，特致唁电表示沉痛哀悼，并向李锡胤先生家属致以深切的慰问！

李锡胤先生是我国著名语言学家、辞书编纂家和翻译家，毕生致力于我国俄语教学与研究事业，为外语学科的建设和发展做出了卓越的贡献。先生治学严谨，学贯中西，著作等身，学术造诣极为深厚，是我国语义学研究、自然语言信息处理研究和翻译研究的开拓者之一。先生一生作育栋梁，诲人不倦，桃李芬芳，长期辛勤奋战在教书育人事业第一线，为国家培养了大批优秀的外语人才和行业骨干。如今先生驾鹤西去，龙隐海天，是我国外语学界的重大损失。

李锡胤先生严谨勤勉的治学态度，甘于奉献的教育精神和心怀家国的学者风范将永远激励后辈学人。广东外语外贸大学翻译学研究中心全体教师深切缅怀李锡胤先生。

李锡胤先生千古！

广东外语外贸大学翻译学研究中心
二〇二二年九月八日

唁电

李锡胤先生治丧办：

　　惊悉李锡胤先生不幸逝世，我院全体教师万分悲痛！谨向李锡胤先生表示沉痛哀悼，向其亲属表示亲切慰问！李锡胤先生一生为俄语教育事业奋斗不息，以他高尚的师德、渊博的学识，为国家培养了一批批高素质俄语人才，他的无私奉献、严于律己、为人师表的大师风范和高尚品格将永远铭记在我们心中！李锡胤先生的逝世是我国俄语教育界的重大损失。我们将化悲痛为力量，继承李锡胤先生的遗志，努力做好教书育人工作，以告慰先生的在天之灵！

　　李锡胤先生千古！

哈尔滨师范大学斯拉夫语学院

2022 年 9 月 6 日

唁电

李锡胤先生治丧委员会并家属：

惊悉李锡胤先生仙逝，不胜悲悼！谨此代表哈尔滨理工大学俄语系全体师生致以最深切的缅怀和哀思。

李锡胤先生是我国著名的语言学家、辞书学家、世界文学与科学翻译家，是公认的我国俄语教学与研究的泰斗。先生治学严谨、博古通今、学贯中西、桃李天下，毕生致力于治学育人，对我国俄语事业的创立与发展贡献卓著，乃为哈理工俄语人敬仰之楷模！

先生的爱国情怀、奉献精神、崇高的品格修养及为人师表的风范，感动并教育俄语学界的后辈师生，并将永远激励我们在俄语事业中不断前行！先生的品德与精神历久弥新、永垂不朽！

李锡胤先生千古！

哈尔滨理工大学外国语学院
二〇二二年九月六日

唁电

黑龙江大学俄语学院：

惊悉李锡胤先生逝世，深感悲痛。李锡胤先生是我国著名的语言学家、辞书学家，长期从事俄语词典编纂工作，一生为俄语教育事业鞠躬尽瘁，成绩斐然，贡献卓著。1998 年，黑龙江人民出版社在国内率先出版由李锡胤先生主编的四卷本《俄汉详解大词典》，在国内外学术界引起巨大反响。该书曾荣获国家图书奖、全国辞书奖，并作为国礼赠送给俄罗斯总统。李锡胤先生的去世是我国学术界和教育界的一大损失，出版界也失去了一位德高望重、令人敬仰的出版专家。

李锡胤先生一路走好！

黑龙江人民出版社

2022 年 9 月 6 日

唁电

黑龙江大学俄语学院：

惊闻我国著名辞书学家、语言学家李锡胤先生不幸辞世的消息，深感悲痛。李锡胤先生一生精勤不倦，奋斗不息，在诸多领域都颇具建树，更是我国俄语学界的泰斗级学者。

李锡胤先生一直非常关心我社的发展与建设，多次赐书稿和手稿，为我社扩大社会影响发挥了重要作用。我社已出版的《李锡胤集》（为"当代中国俄语名家学术文库"分册之一）获"第二届中国出版政府奖图书奖提名奖""第三届中华优秀出版物图书提名奖"；诗集《霜天星影：李锡胤诗稿》《伊诺克·阿登》及教材《数理逻辑入门》也多次重印，影响广泛。先生为人谦和、致学踏实、成果精湛，他的辞世是国家和学术界的重大损失。

请转达我单位的哀悼之意，并向李锡胤先生家属表示慰问之心，并望节哀。顺致敬意！

黑龙江大学出版社

2022 年 9 月 6 日

唁电

黑龙江大学俄语学院：

　　惊悉李锡胤先生仙逝，黑龙江大学哲学学院全体同人深感悲痛。李锡胤先生为俄语学界泰斗，是蜚声国内的辞书学家、语言学家、翻译学家、教育学家。先生汇通中西，融贯古今，淡泊名利求真知、呕心沥血育英才，学者风范向为学界同人所敬崇，堪为后辈之表率。

　　李锡胤先生千古！

黑龙江大学哲学学院

2022 年 9 月 6 日

唁电

李锡胤先生家属：

惊悉先生不幸逝世，谨表示沉痛哀悼。

李锡胤先生一直关心和扶持日语语言文学学科的发展。多年来，先生为促进日语学科的博士点建设、博士后人才培养事业做出了不懈的努力，为增进日语、俄语学科人员的相互了解与沟通做出了积极的贡献。我们将永远缅怀先生！

李锡胤先生永垂不朽！

黑龙江大学东语学院

2022 年 9 月 5 日

李锡胤先生科研成果

目录

主编或参编辞书

[1] 哈尔滨外国语学院. 俄汉成语词典 [M]. 哈尔滨：哈尔滨外国语学院，1958.

[2] 黑龙江大学《俄汉新词词典》编写组. 俄汉新词词典 [M]. 哈尔滨：黑龙江人民出版社，1978.

[3] 黑龙江大学俄语系词典编辑室. 大俄汉词典 [M]. 北京：商务印书馆，1985.

[4] 黑龙江大学辞书研究所. 俄汉详解大词典 [M]. 哈尔滨：黑龙江人民出版社，1998.

[5] 黑龙江大学编译室. 俄语词汇辨异：第一辑 [M]. 北京：商务印书馆，1959.

[6] 黑龙江大学编译室. 俄语词汇辨异：第二辑 [M]. 北京：商务印书馆，1960.

[7] 黑龙江大学俄罗斯语言文学与文化研究中心辞书研究所. 新时代俄汉详解大词典 [M]. 北京：商务印书馆，2014.

翻译、译注或编译作品

[1] 格里鲍耶多夫. 聪明误 [M]. 李锡胤，译注. 北京：商务印书馆，1983.

[2] 李锡胤. 数理逻辑入门 [M]. 北京：知识出版社，1984.

[3] 格里兹. 现代逻辑 [M]. 李锡胤，译. 北京：社会科学文献出版社，1989.

[4] 米兰. 翻译算法 [M]. 李锡胤，译. 哈尔滨：黑龙江人民出版社，2003.

[5] 李锡胤. 伊戈尔出征记 [M]. 北京：商务印书馆，2003.

[6] 丁尼生. 伊诺克·阿登 [M]. 李锡胤，译. 哈尔滨：黑龙江大学出版

社，2011.

［7］海明威. 老人与海［M］. 李锡胤，译注. 北京：商务印书馆，2012.

论文集

［1］李锡胤. 李锡胤论文选［M］. 哈尔滨：黑龙江人民出版社，1991.

［2］李锡胤. 语言·词典·翻译论稿［M］. 哈尔滨：黑龙江人民出版社，2007.

［3］李锡胤. 李锡胤集［M］. 哈尔滨：黑龙江大学出版社，2007.

古诗词集

［1］李锡胤. 霜天星影诗词手稿［M］. 哈尔滨：黑龙江教育出版社，2009.

［2］李锡胤. 霜天星影——李锡胤诗稿［M］. 哈尔滨：黑龙江大学出版社，2015.

校订翻译

［1］谢尔巴. 外语教学法对社会情况及其任务的依赖关系［M］李锡胤，译//外语教学译丛：第一辑. 哈尔滨：俄语杂志社，1954：15-27.

［2］李锡胤. 关于俄语拼写法的改革和整顿［M］//外语教学译丛. 哈尔滨：俄语杂志社，1955.

［3］李锡胤. 关于俄语拼写法和标点法规则草案［M］//外语教学译丛. 哈尔滨：俄语杂志社，1955.

［4］李锡胤. 拼写法委员会的任务［M］//外语教学译丛. 哈尔滨：俄语杂志社，1955.

［5］李锡胤. 关于整顿俄语拼写法［M］//外语教学译丛. 哈尔滨：俄语杂志社，1955.

［6］桥本. 现代汉语句法结构［M］. 宁春岩，侯方，译. 李锡胤，校. 哈尔滨：黑龙江人民出版社，1982.

学术论文

［1］李锡胤. 对俄语课第一学期词法集中讲授的意见［J］. 外专校刊，1954.

［2］李锡胤. 介绍乌尔曼新著《语义学》［J］. 语言学资料，1963（1）：18-21.

［3］赵洵，李锡胤. 批判结构主义语言学的几条方法论原则［J］. 中国语文，

1965（2）：85-92.

[4] 李锡胤. A. S. Hornby 英语动词型式图示［J］. 黑龙江大学学报（外语版），1979（1）：77-78.

[5] 李锡胤. 浅谈英语动词分类［J］. 黑龙江大学学报（外语版），1979（2）：25-32.

[6] 李锡胤. 俄语词汇的多义现象［J］. 外语学刊，1980（1）：1-16.

[7] 李锡胤. 双语词典的灵魂——语义对比［J］. 辞书研究，1980（2）：68-86.

[8] 李锡胤. 俄语名词的多义现象［J］. 外国语（上海外国语学院学报），1981（3）：39-43.

[9] 李锡胤. 双语词典中名物词的释义［J］. 辞书研究，1982（4）：19-25.

[10] Manfred Bierwisch. 形式语义学和词汇语义学［J］. 李锡胤，译. 外语学刊，1983（1）：58-69.

[11] 李锡胤. 雪莱的《奥西曼狄亚斯》与译诗浅尝［J］. 外语学刊，1983（2）：72-73.

[12] 李锡胤. 俄国东正教几个节日简介——文化与语言之一般（注："般"字原文有误，应为"斑"）［J］. 俄语教学与研究论丛，1983.

[13] 李锡胤. 俄语中的圣经词语［J］. 俄语教学与研究论丛，1984.

[14] 李锡胤. 词典中的婚事"马赛克"［J］. 辞书研究，1985（1）：32-35.

[15] 李锡胤. 俄国东正教节日简介——文化与语言之一斑［J］. 外语学刊（黑龙江大学学报），1985（1）：70-74.

[16] 李锡胤. 法语词汇多义现象举隅［J］. 南外学报，1985（1）：25-32.

[17] 李锡胤. 俄国东正教节日简介（续完）——文化与语言之一斑［J］. 外语学刊（黑龙江大学学报），1985（2）：79-81.

[18] 李锡胤. 俄语同义词参考书管窥［J］. 辞书研究，1985（5）：82-85.

[19] 李锡胤. 从共同印欧语到共同斯拉夫语名词、代词变格法的沿变［J］. 俄语教学与研究论丛，1986.

[20] 李锡胤. 郝恩贝：他的词典与动词型式［J］. 辞书研究，1986（2）：123-127.

[21] 李锡胤. 词典的广度、深度，词义层次及体系［J］. 辞书研究，1986

（3）：1-13.

[22] 李锡胤. 词典学中的矛盾○百科性释义○插图——为纪念赵洵同志翻译工作五十年而作［J］. 外语学刊（黑龙江大学学报），1986（4）：34-36.

[23] 李锡胤. 关于连接词 что 和 чтобы 的一管之见［J］. 南外学报，1986（4）：7-11.

[24] 李锡胤. 走向现实主义——（俄国）格里鲍耶多夫的《聪明误》［J］. 外国语文，1987（1）：105-108.

[25] 李锡胤. 对翻译的思考［J］. 外语学刊（黑龙江大学学报），1987（2）：1-7.

[26] 李锡胤. 答卢龙同志［J］. 外语教学与研究，1987（4）：65.

[27] 俞约法，李锡胤. 读《语言学漫步》［J］. 现代外语，1987（4）：70.

[28] 李锡胤. 编词典要从多方面理解词义［J］. 辞书研究，1988（1）：56-62.

[29] 李锡胤. 双语词典的配例问题［J］. 辞书研究，1988（2）：21-26.

[30] 李锡胤. 师—友［J］. 辞书研究，1989（2）：2-4.

[31] 李锡胤. 关于文学翻译的思考［J］. 中国翻译，1989（3）：7-8.

[32] 李锡胤. 写实与象征——试评《老人与海》［J］. 求是学刊，1990（1）：59-65.

[33] 李锡胤. 对于预设与推涵的思考［J］. 外语学刊（黑龙江大学学报），1990（3）：1-6.

[34] 俞约法，李锡胤. 评信德麟新作《斯拉夫语通论》［J］. 外语学刊（黑龙江大学学报），1992（1）：57-58.

[35] 李锡胤. 《伊戈尔出征记》译注前言［J］. 外语学刊（黑龙江大学学报），1992（2）：10-14.

[36] 李锡胤. 从李清照《如梦令》英译文谈起——在哈尔滨王守义·诺弗尔唐宋诗词英译讨论会上的发言［J］. 外语学刊（黑龙江大学学报），1992（3）：12-15.

[37] 李锡胤. 篇章结构的功能分析尝试［J］. 外语学刊（黑龙江大学学报），1993（6）：1-7.

［38］李锡胤. 讨论《美学语言学》的一封信［J］. 现代外语，1994（1）：30-31.

［39］李锡胤. 评介《从历史功能角度看俄语词汇借入》［J］. 外语学刊（黑龙江大学学报），1994（2）：63-64.

［40］李蕴真，李锡胤. 双语词典与语义比较［J］. 外语与外语教学（大连外国语学院学报），1994（3）：44-46.

［41］李锡胤，张中华. 言语生成过程透视——文化背景和说话者意志的限定效力［J］. 现代外语，1995（2）：18-20.

［42］Ли Си-ин（李锡胤）. Выступление по диссертации докторанта И Мяньчжу в Институте русского языка имени А. С. Пушкина［J］. 外语学刊（黑龙江大学学报），1995（4）：10.

［43］李锡胤. 词典中的语用学问题［J］. 俄语教学与研究论丛，1995.

［44］李锡胤. 词典中的语用学问题［J］. 外语与外语教学（大连外国语学院学报），1996（1）：42-44.

［45］李锡胤. 篇章中的预设问题［J］. 外语学刊（黑龙江大学学报），1996（4）：7-8.

［46］李锡胤. 事有必至 理有固然［J］. 辞书研究，1997（2）：9-10.

［47］李锡胤. 词典中的几个语义理论问题［J］. 辞书研究，1997（5）：1-4.

［48］李锡胤. 从比较语法学角度读《马氏文通》［J］. 求是学刊，1998（2）：118-119.

［49］李锡胤. 英语多义现象举隅［J］. 外语学刊（黑龙江大学学报），1998（2）：2-13.

［50］李锡胤. 事格与句义［J］. 外语与外语教学（大连外国语学院学报），1998（7）：4-9.

［51］李锡胤. 为了纪念而发表的旧译文［J］. 外语学刊（黑龙江大学学报），1998（3）：67.

［52］李锡胤. 喜读《俄语古文读本》［J］. 中国俄语教学（季刊），1998（3）：53-54.

［53］李锡胤. 俄语词典与格里鲍耶陀夫的《聪明误》［J］. 解放军外国语学院学报，1999（2）：6-7.

［54］李锡胤. 王松亭新著《隐喻的机制和社会文化模式》序［J］. 外语与外语教学（大连外国语学院学报），1999（7）：8.

［55］李锡胤. 普希金给我们的启示［J］. 俄语教学与研究论丛，1999.

［56］李锡胤. 转向：在别人还没注意时，先看出问题——就《语用学的哲学渊源》给作者的信［J］. 外语与外语教学，2000（1）：48-49.

［57］李锡胤. 多层次反映词义结构——谈《俄汉详解大词典》的释义特点［J］. 辞书研究，2000（1）：25-29.

［58］李锡胤. 月亮是个球体——《二十世纪俄罗斯文学词典》序［J］. 俄罗斯文艺，2000（1）：81.

［59］李锡胤.《文化语义学》序［J］. 外语与外语教学，2001（1）：62.

［60］李锡胤. 余养才与李延龄——两位国产俄文诗人［J］. 中国俄语教学，2001（3）：58-60.

［61］李锡胤. 关于成语的几个问题——以俄语为材料［J］. 外语研究，2003（4）：1-2.

［62］李锡胤. 再论预设与推涵［J］. 外语研究，2003（6）：1-2.

［63］李锡胤. 从篇章语言学角度读《豪门外的沉思》［J］. 外语学刊，2004（2）：44-47.

［64］李锡胤. 辞书中的十组关系［J］. 辞书研究，2005（1）：2-9.

［65］李锡胤. 喜读《俄汉翻译开发基础》［J］. 中国俄语教学，2007（4）：56-57.

［66］李锡胤. 俄罗斯计算语言学家 В. А. Тузов 的俄语形式化理论［J］. 当代语言学，2007（4）：331-346.

［67］李锡胤. 谈谈外语学者的科研问题［J］. 语言文化研究辑刊，2014（2）：3-4.

［68］李锡胤，宋宏. 语言文化研究经验谈——李锡胤教授访谈录［J］. 语言文化研究辑刊，2016（1）：3-8.